Springer-Lehrbuch

Peter Hantel

Europäisches Arbeitsrecht

Mit zahlreichen Beispielsfällen aus der
Rechtsprechung des EuGH

3. Auflage

 Springer

Peter Hantel
FB Wirtschaft, Informatik, Recht
Technische Hochschule Wildau
Wildau, Deutschland

ISSN 0937-7433   ISSN 2512-5214 (electronic)
Springer-Lehrbuch
ISBN 978-3-662-70225-3   ISBN 978-3-662-70226-0 (eBook)
https://doi.org/10.1007/978-3-662-70226-0

Die Deutsche Nationalbibliothek verzeichnet diese Publikation in der Deutschen Nationalbibliografie;
detaillierte bibliografische Daten sind im Internet über https://portal.dnb.de abrufbar.

Springer ist ein Imprint der eingetragenen Gesellschaft Springer-Verlag GmbH, DE und ist ein Teil von
Springer Nature.
Die Anschrift der Gesellschaft ist: Heidelberger Platz 3, 14197 Berlin, Germany

Wenn Sie dieses Produkt entsorgen, geben Sie das Papier bitte zum Recycling.

Vorwort zur 3. Auflage

Seit Erscheinen der 1. Auflage hat sich die Entwicklung des Europäischen Arbeitsrechts zu einer Spezialmaterie, die immer stärker die nationalen Rechtsordnungen beeinflusst, fortgesetzt. Obwohl es sich um eher unsystematische und punktuelle Regelungen handelt, denen eine nachvollziehbare Struktur zu fehlen scheint, nimmt die Bedeutung des Europäischen Arbeitsrechts für die betriebliche Praxis zu. Der EuGH hat wichtige Entscheidungen, insbesondere zum Antidiskriminierungsrecht, zum Entsende- und Befristungsrecht, zur Teilzeit- sowie Leiharbeit und zur Massenentlassung getroffen. Auch hatten nationale Mindestlohnregelungen Auswirkungen auf unionsrechtliche Fragestellungen, die in dieser Auflage mit berücksichtigt wurden. In der Literatur zum Europäischen Arbeitsrecht ist die Kritik am EuGH im Vergleich zu früheren Zeiten etwas moderater geworden. War noch in den 90er-Jahren von einer schwarzen Serie von EuGH-Entscheidungen die Rede, scheint sich das deutsche Schrifttum – wenn auch notgedrungen – mit der Rechtsprechung des EuGH arrangiert zu haben. Entwicklungslinien der Rechtsprechung sind nach wie vor die weite Auslegung des Arbeitnehmer- oder Entgeltbegriffs sowie die restriktive Auslegung von Regelungen, die den Anwendungsbereich von Verordnungen und Richtlinien einschränken. Dem Unionsrecht soll eine möglichst große Wirkung zukommen (effet utile).

So ist es nur konsequent, dass der EuGH immer weniger bereit ist, nationale Rechtsinstitute als Einschränkungen des Unionsrechts anzuerkennen, etwa im Zusammenhang mit der Dogmatik einer Gesamtrechtsnachfolge nach § 1922 BGB (Urlaubsabgeltungsanspruch als vererbbares Vermögen) oder mit beamtenrechtlichen Strukturprinzipien. Letzteres ist hinsichtlich einer unterschiedlichen Behandlung zwischen Beamten und Angestellten in Diskriminierungs- und Freizügigkeitsfragen bedeutsam. Insoweit sind in der Neuauflage auch Urteile zur Rechtsstellung von Beamten berücksichtigt worden, soweit sie Aspekte aufweisen, die für das Arbeitsrecht von Belang sind. Sodann werden in einem gesonderten Kapitel grundsätzliche Entscheidungen zum Beschäftigten-Datenschutz behandelt.

Mein Dank gilt nach wie vor den engagierten und kritischen Studierenden der Technischen Hochschule Wildau aus den Studiengängen European Management, Wirtschaft und Recht, Verwaltung und Recht sowie Betriebswirtschaftslehre. Die Diskussion mit ihnen hat die Entwicklung dieses Lehrbuchs erheblich gefördert.

Dank gilt schließlich auch der Notarfachwirtin Annegret Müller, die durch ihre re-
daktionelle Hilfe auf die Erstellung und Gestaltung auch dieser Auflage maßgeblichen
Einfluss hatte.Ferner danke ich dem Springer Verlag für die gute und effektive Zusammenarbeit bei der Erstellung der 3. Auflage.

Wildau, Deutschland   Peter Hantel

Inhaltsverzeichnis

Abkürzungsverzeichnis

a. a. O.	am angegebenen Ort
Abb.	Abbildung
ABl	Amtsblatt
Abs.	Absatz
AEntG	Gesetz über zwingende Arbeitsbedingungen bei grenzüberschreitenden Dienstleistungen (Arbeitnehmer-Entsendegesetz)
AEUV	Vertrag über die Arbeitsweise der Europäischen Union
AG	Arbeitgeber/Arbeitgeberin
AGG	Allgemeines Gleichbehandlungsgesetz
AN	Arbeitnehmer/Arbeitnehmerin
Anm.	Anmerkung
AP	Arbeitsrechtliche Praxis
ArbG	Arbeitsgericht
ArbZG	Arbeitszeitgesetz
Art.	Artikel
AÜG	Gesetz zur Regelung der gewerbsmäßigen Arbeitnehmerüberlassung (Arbeitnehmerüberlassungsgesetz)
AuR	Arbeit und Recht (Zeitschrift)
AV	Arbeitsvertrag
BAG	Bundesarbeitsgericht
BAGE	Entscheidungen des Bundesarbeitsgerichts
BAT	Bundesangestelltentarif
BB	Betriebs-Berater (Zeitschrift)
BEEG	Gesetz zum Elterngeld und zur Elternzeit (Bundeselterngeld- und Elternzeitgesetz)
BetrAVG	Gesetz zur Verbesserung der betrieblichen Altersversorgung
BetrVG	Betriebsverfassungsgesetz
BGB	Bürgerliches Gesetzbuch
BGBl	Bundesgesetzblatt
BGH	Bundesgerichtshof
BT-Drs.	Bundestagsdrucksache
BUrlG	Bundesurlaubsgesetz
BVerfG	Bundesverfassungsgericht

BVerfGE	Entscheidungen des Bundesverfassungsgerichts
BVerwG	Bundesverwaltungsgericht
BVerwGE	Entscheidungen des Bundesverwaltungsgerichts
CEEP	Europäischer Zentralverband der öffentlichen Wirtschaft
DB	Der Betrieb (Zeitschrift)
ders.	derselbe
d. h.	das heißt
EBRG	Gesetz über Europäische Betriebsräte
EG	Europäische Gemeinschaft
EGB	Europäischer Gewerkschaftsbund
EGBGB	Einführungsgesetz zum Bürgerlichen Gesetzbuch
EGV	Vertrag zur Gründung der Europäischen Gemeinschaft
EMRK	Europäische Menschenrechtskonvention
EU	Europäische Union
EuG	Gericht erster Instanz der Europäischen Gemeinschaften
EuGH	Europäischer Gerichtshof
EuGVVO	Verordnung 44/2001 über die gerichtliche Zuständigkeit und die Anerkennung und Vollstreckung von Entscheidungen in Zivil- und Handelssachen
EuGVÜ	Europäisches Gerichtsstands- und Vollstreckungsübereinkommen
EUV	Vertrag über die Europäische Union
EuZA	Europäische Zeitschrift für Arbeitsrecht
EuZW	Europäische Zeitschrift für Wirtschaftsrecht
EWG	Europäische Wirtschaftsgemeinschaft
ff.	fortfolgende
gem.	gemäß
GG	Grundgesetz
ggf.	gegebenenfalls
GRCh	Charta der Grundrechte der Europäischen Union
i. d. R.	in der Regel
i. S.	im Sinne
i. V. m.	in Verbindung mit
InsO	Insolvenzordnung
IPR	Internationales Privatrecht
JuS	Juristische Schulung (Zeitschrift)
JZ	Juristen Zeitung
KSchG	Kündigungsschutzgesetz
LAG	Landesarbeitsgericht
lfd.	laufend€
LG	Landgericht
Ltd.	private limited company by shares
MuSchG	Gesetz zum Schutz der erwerbstätigen Mutter (Mutterschutzgesetz)
NJW	Neue Juristische Wochenschrift (Zeitschrift)
Nr.	Nummer
NVwZ	Neue Zeitschrift für Verwaltungsrecht

NZA	Neue Zeitschrift für Arbeitsrecht
NZA-RR	Neue Zeitschrift für Arbeitsrecht – Rechtsprechungsreport
NZS	Neue Zeitschrift für Sozialrecht
RdA	Recht der Arbeit (Zeitschrift)
RIW	Recht der Internationalen Wirtschaft (Zeitschrift)
RL	Richtlinie
Rn.	Randnummer
Rs.	Rechtssache
Rz.	Randziffer
S.	Seite
SGB	Sozialgesetzbuch
Slg.	Sammlung der Rechtsprechung des Gerichtshofes der Europäischen Gemeinschaften
sog.	sogenannt
StGB	Strafgesetzbuch
TV	Tarifvertrag
TVG	Tarifvertragsgesetz
TVöD	Tarifvertrag öffentlicher Dienst
TzBfG	Teilzeit- und Befristungsgesetz
u. a.	und andere/unter anderem
Unterabs.	Unterabsatz
UNICE	Union der Industrie- und Arbeitgeberverbände Europas
vgl.	vergleiche
VO	Verordnung
Vorb.	Vorbemerkung
z. B.	zum Beispiel
ZESAR	Zeitschrift für europäisches Sozial- und Arbeitsrecht
ZfA	Zeitschrift für Arbeitsrecht
Ziff.	Ziffer
ZIP	Zeitschrift für Wirtschaftsrecht
ZTR	Zeitschrift für Tarif-, Arbeits- und Sozialrecht des öffentliches Dienstes

Europarecht und Arbeitsrecht

1

▶ **Aktuelle Verordnungen und Richtlinien**
- Vertrag über die Europäisches Union (EUV) in der Fassung der Bekanntmachung vom 13. Dezember 2007[1]
- Vertrag über die Arbeitsweise der Europäischen Union (AEUV) in der Fassung der Bekanntmachung vom 9. Mai 2008[2]
- Charta der Grundrechte der Europäischen Union (GRCh)[3]

1.1 Grundlagen des Europäischen Arbeitsrechts

Das Europäische Arbeitsrecht stellt die Summe der arbeitsrechtlichen Regelungen dar, die die Union aufgrund der Regelungen im Lissabon-Vertrag bzw. der Vorgängerverträge erlassen hat und künftig erlassen wird. Dabei handelt es sich nicht um ein abgeschlossenes Regelungswerk sondern um ergänzende Normen zu den nationalen Arbeitsrechtsordnungen der Mitgliedsstaaten.[4] Die EU-Rechtssetzungsakte, insbesondere EU-Verträge, Verordnungen und Richtlinien haben unmittelbaren bzw. mittelbaren Einfluss auf die nationale Arbeitsrechtsordnung. Ergänzt wird diese Bedeutung noch durch die Rechtsprechung des Europäischen Gerichtshofs (EuGH), die ebenfalls die Rechtsprechung der nationalen Gerichte in Arbeitssachen beeinflusst (vgl. hierzu unten Abschn. 1.6).

---

[1] ABl. Nr. C 306/1.

[2] ABl. Nr. C 115 S. 47.

[3] ABl. Nr. C 303 S. 1.

[4] Vgl. Riesenhuber, Europäisches Arbeitsrecht, 2. Auflage § 1 Rn. 1–6; Thüsing, Europäisches Arbeitsrecht, 4. Auflage, § 1 Rn. 1, 2; siehe auch Fuchs/Marhold/Friedrich, Europäisches Arbeitsrecht, 6. Auflage, S. 7–9 zum Problem der Harmonisierung.

© Der/die Herausgeber bzw. der/die Autor(en), exklusiv lizenziert an Springer-Verlag GmbH, DE, ein Teil von Springer Nature 2025
P. Hantel, *Europäisches Arbeitsrecht*, Springer-Lehrbuch,
https://doi.org/10.1007/978-3-662-70226-0_1

1.1.1 Ziele des Europäischen Arbeitsrechts

Die Europäische Union ist als Freihandelsgemeinschaft mit dem Ziel der Harmonisierung der wirtschaftlichen Bedingungen ihrer Mitglieder entstanden. Ihr Zweck bestand neben der Schaffung einer einheitlichen Agrarpolitik zunächst in der Schaffung eines gemeinsamen Binnenmarktes mit möglichst großer Wettbewerbsfreiheit. Erst im Zuge der Konsolidierung und Erweiterung der Union wurden Regelungen über möglichst einheitliche Sozialstandards geschaffen.[5]

Nach den nunmehr bestehenden Regelungen des Lissabon-Vertrages besteht die Zielsetzung des Europäischen Arbeitsrechts vorrangig in einer Verbesserung und Angleichung der Lebens- und Arbeitsbedingungen von Arbeitnehmern. In Art. 151 Abs. 1 Satz 2 AEUV – einer Zentralnorm der EU-Sozialpolitik – werden daher als Ziele des Unionsgesetzgebers genannt: die Förderung der Beschäftigung, die Verbesserung der Lebens- und Arbeitsbedingungen, um dadurch auf dem Wege des Fortschritts ihre Angleichung zu ermöglichen, ein angemessener sozialer Schutz, der soziale Dialog, die Entwicklung des Arbeitskräftepotenzials im Hinblick auf ein dauerhaft hohes Beschäftigungsniveau und die Bekämpfung von Ausgrenzungen. Insoweit handelt es sich beim europäischen Arbeitsrecht – vergleichbar mit der deutschen Rechtsordnung – primär um Schutzvorschriften für Arbeitnehmer/Arbeitnehmerinnen (im Folgenden AN),[6] obwohl aus der Auflistung deutlich wird, dass das Ziel auch in der Förderung und Entwicklung des Arbeitskräftepotenzials im gesamtwirtschaftlichen Interesse besteht.

1.1.2 Erkenntnis- und Rechtsquellen des Europäischen Arbeitsrechts

Die arbeitsrechtliche Praxis orientiert sich bei der Auslegung des primären und sekundären EU-Rechts (vgl. hierzu Abschn. 1.2 und 1.3) vorrangig an Entscheidungen des EuGH und weniger an Literatur zum EU-Arbeitsrecht.[7] Auch der EuGH begründet seine Urteile in der Regel nur unter Hinweis auf seine vorangegangene Entscheidung. Rechtswissenschaftlichen Schrifttum wird nicht zitiert. Daher wird von einer weitgehenden Literaturresistenz des EuGH gesprochen.[8] Die Auslegung von Normen des EU-Arbeitsrechts konzentriert sich daher vorrangig auf eine Interpretation der einschlägigen EuGH-Entscheidungen. Diese Interpretation ersetzt in der Regel einen EU-weiten Rechtsdiskurs über die Auslegung einzelner EU-rechtlicher Normen.[9] So wird der EuGH zu Recht als Ersatzgesetzgeber der Union

---

[5] Vgl. hierzu Thüsing, Europäisches Arbeitsrecht, 4. Auflage, § 1 Rn. 27; Sagan in Preis/Sagan, Europäisches Arbeitsrecht, 2. Auflage, § 1 Rz. 1.1–1.21.

[6] Vgl. hierzu Riesenhuber a. a. O.; Thüsing a. a. O.; Fuchs/Marhold/Friedrich a. a. O. S. 67–70 Blanpain, European Labour Law, 2014, 640; ferner Kaiser, NZA 2000, 1149.

[7] Vgl. Rebhahn, ZESAR 2008, 110; Griebeling, NZA 1996, 452, 453; Reiner, ZESAR 2008, 412.

[8] Vgl. Reiner, ZESAR 2008, 412; ferner Blomeyer, NZA 1994, 636–639; Kaiser, NZA 2000, 1144.

[9] Vgl. Rebhahn a. a. O.; ferner Reiner, ZESAR 2008, 412.

bezeichnet, da zu seinen Aufgaben nicht nur die Streitentscheidung, sondern auch die Rechtsfortbildung und die Rechtsschöpfung gehören.[10] Der EuGH entscheide daher, was als Recht in der EU gilt.[11] Insoweit beschränkt sich die Diskussion über das Europarecht nicht nur bei arbeitsrechtlichen Sachverhalten häufig darauf, Inhalt und Folgen der vom EuGH getroffenen Ansicht zu entwickeln, ohne die Urteile selbst allzu sehr in Frage zu stellen.[12]

Es soll an dieser Stelle nicht weiter auf die Sinnhaftigkeit der bloßen Wiedergabe und Interpretation der EuGH-Entscheidungen für die Rechtswissenschaft eingegangen werden.[13] Der vorgenannte Befund unterstreicht aber die wesentliche Bedeutung von EuGH-Entscheidungen für die arbeitsrechtliche und damit betriebliche Praxis. Daher werden nachfolgend die wesentlichen europarechtlichen Problembereiche, wie der Begriff AN, Gleichbehandlung in Lohnfragen, Diskriminierung, Massenentlassung, Insolvenzsicherungs- und Betriebsübergangsfragen, Arbeitszeitfragen, Teilzeit- und Befristungsfragen, Urlaubsfragen sowie kollektivrechtliche und kollisionsrechtliche Fragen sowie der Beschäftigten-Datenschutz im Zusammenhang mit EuGH-Entscheidungen behandelt. Dabei wird der Sachverhalt stichwortartig zusammengefasst und die Leitsätze komprimiert wiedergegeben. An dieser Stelle wird ausdrücklich darauf hingewiesen, dass die in diesem Buch enthaltenen Leitsätze nicht die offiziellen Leitsätze des EuGH, sondern lediglich eine sprachlich geänderte Zusammenfassung ihres wesentlichen Inhalts darstellen.

Die Rechtsausführungen in den Entscheidungen des EuGH beziehen sich zudem häufig auf EU-Recht, das gegenwärtig zwar dem Inhalt aber nicht mehr der Form nach besteht. Durch eine Vielzahl von Novellen haben sich die einschlägigen Fundstellen in den EU-Verträgen, in Verordnungen oder Richtlinien geändert. Der Umstand, dass diese Änderungen sowohl das primäre als auch das sekundäre EU-Recht betreffen, erschwert die Lektüre von EuGH-Entscheidungen. Daher wird in den hier dargestellten EuGH-Entscheidungen regelmäßig auch auf die aktuellen Rechtsnormen in den Leitsätzen verwiesen, sodass ein Abgleich mit der gegenwärtigen Rechtslage leichter möglich ist.

1.1.3 Begrifflichkeit des Europäischen Arbeitsrechts

Schließlich hat auch die Bezeichnung des gesamten EU-Rechts eine Änderung erfahren. Während je nach dem Stand der Integration einmal die Bezeichnung EWG-Recht bzw. EG-Recht, Gemeinschaftsrecht und schließlich Europarecht bzw. EU-Recht üblich waren, ist nach Wirksamwerden des Lissabon-Vertrages – in Deutschland am 1. Dezember 2009 – die Bezeichnung Unionsrecht einschlägig. Die

---

[10]Vgl. Borchardt, Schriftenreihe der Europäischen Richterakademie Trier, Band 9, S. 53–56; hierzu kritisch: Griebeling, NZA 1996, 452, 453.

[11]So Borchardt a. a. O.; ferner Griebeling a. a. O.; Colneric, EuZA 2008, 212; Sagan in Preis/Sagan, Europäisches Arbeitsrecht, 2. Auflage, § 1 Rz. 1.79.

[12]Vgl. Rebhahn a. a. O.; Reiner a. a. O.; Griebeling a. a. O., Colneric a. a. O.

[13]Vgl. Rebhahn a. a. O.; Griebling a. a. O.; Colneric a. a. O.

bisherigen materiellen Vertragsregelungen wurden vom Lissabon-Vertrag übernommen und in geänderter Form im Vertrag über die Europäische Union (EUV) und
in dem geänderten Vertrag über die Arbeitsweise der Europäischen Union (AEUV)
fortgeführt. Beide Verträgen stellen die Grundlage zur Schaffung einer Europäischen Union dar, Art. 1 Abs. 3 Satz 1 EUV. Die bisherige Bezeichnung „Europäisches Gemeinschaft" wird in den vorgenannten Verträgen durchgehend durch die
Bezeichnung „Union" ersetzt. Die Union tritt an die Stelle der Europäischen Gemeinschaft, deren Nachfolgerin sie ist, Art. 1 Abs. 3 Satz 3 EUV. Die Union besitzt
eine eigene Rechtsfähigkeit, Art. 47 EUV, Art. 335 AEUV. Die bisherige
3-Säulen-Struktur[14] wird durch die Schaffung einer einheitlichen Union aufgehoben.

In den dem Lissabon-Vertrag folgenden EuGH-Entscheidungen sowie in Aufsätzen
und Monografien findet sich daher in der Regel nicht mehr die Bezeichnung Gemeinschaftsrecht, EU-Recht oder Europarecht, sondern nur noch Unionsrecht. Für die nachfolgende Darstellung und Untersuchung wird auf eine einheitliche Bezeichnung verzichtet, da in einer Vielzahl von Rechtsquellen und Urteilen noch die alten Be-
zeichnungen EWG-Recht bzw. EG-Recht, Gemeinschaftsrecht oder EU-Recht enthalten
sind. Gleichwohl soll an dieser Stelle darauf hingewiesen werden, dass mit der unterschiedlichen Bezeichnung keine andere Rechtsmaterie gemeint ist als das Europarecht.

1.1.4   Anwendungsvorrang des Europäischen Arbeitsrechts

Wie im Europarecht generell, gilt auch für das Europäische Arbeitsrecht ein Vorrang vor der Anwendung mitgliedsstaatsschaftlichen Rechts.[15] Dieser Anwendungs-
vorrang begründet für innerstaatliche Organe die Verpflichtung, unmittelbar geltendes Unionsrecht ohne Rücksicht auf nationales Recht anzuwenden und entgegen-
stehendes innerstaatliches Recht unberücksichtigt zu lassen.[16] Der Grundsatz des
Vorrangs gilt nicht nur – wie im Völkerrecht – für das Verhältnis zwischen den Mitgliedsstaaten untereinander, sondern auch im Verhältnis zu den einzelnen Unionsbürgern.[17] Insoweit gilt europäisches Arbeitsrecht – insbesondere wenn es sich um
Primärrecht handelt – unmittelbar und unabhängig von der Frage, ob ein grenzüberschreitender Sachverhalt vorliegt. Nur dann, wenn das Unionsrecht selbst grenzüberschreitende Sachverhalte voraussetzt,[18] hängt die Anwendung von Unionsrecht
vom Vorliegen grenzüberschreitender Sachverhalte ab. Insoweit kommt entspre-

---

[14] Vgl. zur historischen Entwicklung Herdegen, Europarecht, 24. Auflage, § 4 Rn. 1 ff., sowie § 1
Rn. 11; Hobe/Fremuth, Europarecht, 11. Auflage, § 2 Rn. 1 ff.; Frenz, Europarecht, 3. Auflage,
S. 234; Schütz u. a., Casebook Europarecht, S. 17, 18; Thüsing, Europäisches Arbeitsrecht, 4. Auf-
lage, § 1 Rn. 27–29; Sagan in Preis/Sagan, Europäisches Arbeitsrecht, 2. Auflage, § 1 Rz. 1.10.

[15] Vgl. Sagan in Preis/Sagan, Europäisches Arbeitsrecht, 2. Auflage, § 1 Rz. 1.31; Herdegen,
Europarecht, 24. Auflage, § 10 Rn. 1; ferner zu den arbeitsrechtlichen Folgen des Brexit Steinau-
Steinrück/Jöris, NJW Spezial 2021, 242.

[16] Vgl. Sagan a. a. O.; Herdegen a. a. O.

[17] Vgl. EuGH vom 15.07.1964, Rs. C-6/64 (Costa/E.N.E.L.), ECLI:EU:C:1964:66; EuGH vom
09.03.1978, Rs. C-106/77 (Simmenthal), ECLI:EU:C:1978:49.

[18] Etwa bei der Arbeitnehmerfreizügigkeit oder der Niederlassungsfreiheit.

chend den nachfolgenden Ausführungen europäisches Arbeitsrecht auch für rein
mitgliedsstaatliche Rechtsstreitigkeiten unmittelbar zu Anwendung.

1.2 Primärrechtliche Grundlagen von Freizügigkeitsregelungen, Diskriminierungsverboten und Gesetzgebungskompetenzen

Wie im gesamten EU-Recht ist auch beim Europäischen Arbeitsrecht zwischen dem
sog. primären und sekundären EU-Recht zu unterscheiden. Primärrecht sind –
vergleichbar dem nationalen Verfassungsrecht – Regelungen, die sich unmittelbar
aus den EU-Verträgen, also dem Vertrag über die Europäische Union (EUV) und
dem Vertrag über die Arbeitsweise der Europäischen Union (AEUV) ergeben. Die
wichtigsten primärrechtlichen EU-Regelungen betreffend das Arbeitsrecht sind die
Freizügigkeit der AN nach Art. 45 AEUV und der Grundsatz über gleiches Entgelt
für Männer und Frauen nach Art. 157 AEUV.

1.2.1 Arbeitsrechtliche Grundfreiheiten, Diskriminierungsverbote und EU-Grundrechte

Die Freizügigkeit der AN nach Art. 45 AEUV gehört zu den EU-Grundfreiheiten.
Neben dem freien Zugang zum Arbeitsmarkt anderer Mitgliedsstaaten umfasst dieses Freizügigkeitsrecht auch Diskriminierungs- und Beschränkungsverbote (vgl.
Kap. 2, 3 und 4). Das Freizügigkeitsrecht ist konstituierender Bestandteil des
EU-Binnenmarktes nach Art. 26 AEUV und war daher bereits in den römischen Verträgen von 1957 enthalten.[19] Die Freizügigkeit der AN hatte als fundamentaler
Grundsatz der Union vorrangig das Ziel, die Arbeitsmarktchancen der AN aber auch
die Wettbewerbsfreiheit der AG zu stärken. Letzteren sollte das Arbeitskräfte-
potenzial des gesamten Gemeinschaftsraums zur Verfügung stehen.[20] Gleichwohl hat
sich die Arbeitnehmerfreizügigkeit im Laufe der Zeit zu einer wesentlichen Grundlage auf dem Gebiet der sozialen Sicherheit und des Schutzes von AN entwickelt.

Der Grundsatz des gleichen Entgelts für Männer und Frauen bei gleicher und gleichwertiger Arbeit nach Art. 157 AEUV war in seiner Grundform ebenfalls bereits im römischen EWG-Vertrag von 1957 als Art. 119 EWG-Vertrag enthalten. Auch diese Regelung ist eher wettbewerbs- bzw. wirtschaftspolitischen Ursprungs. Eine entsprechende Regelung bestand bereits im französischen Arbeitsrecht, sodass Frankreich
ohne die Erstreckung auf alle Mitgliedsstaaten einen Standortnachteil im Wettbewerb
befürchtete.[21] Gleichwohl hat der EuGH trotz dieser eher wettbewerbsbezogenen

---

[19]Vgl. Sagan in Preis/Sagan, Europäisches Arbeitsrecht, 2. Auflage, § 1 Rz. 1.48; Riesenhuber,
Europäisches Arbeitsrecht, 2. Auflage, § 3 Rn. 3; Blanpain, European Labour Law, 2014, 641–646.
[20]Vgl. hierzu Sagan a. a. O.; Thüsing a. a. O.; Blanpain, European Labour Law, 2014, 704–708.
[21]Vgl. hierzu Riesenhuber a. a. O., § 8 Rn. 4; Thüsing, Europäisches Arbeitsrecht, 4. Auflage,
§ 1 Rn. 26.

Sichtweise dem Verbot der Entgeltdiskriminierung wegen des Geschlechts von Anfang an einen sozialen Schutzzweck zuerkannt und hieraus grundlegende unmittelbare und mittelbare Diskriminierungsverbote hergeleitet[22] (vgl. insbesondere Kap. 5 und 6).

Zum Primärrecht gehört auch die Charta der Grundrechte der EU. Arbeitsrechtliche Regelungen finden sich hier in den Art. 27–32 GRCh.[23] Durch die GRCh erkennt die Union die in ihr enthaltenen Rechte, Freiheiten und Grundsätze ausdrücklich an. Sie hat nach Art. 6 Abs. 1 EUV gleichen Rang wie die Verträge. Allerdings werden durch die GRCh die in den Verträgen festgelegten Zuständigkeiten in keiner Weise erweitert, Art. 6 Abs. 2 EUV. Daher gilt die GRCh nach Art. 51 GRCh nur für Organe, Einrichtungen und sonstige Stellen der Union unter Wahrung des Subsidiaritätsprinzips und für die Mitglieder ausschließlich bei der Durchführung von Unionsrecht. Eine Bindung an Grundrechte besteht zum einen dann, wenn Mitgliedsstaaten aufgrund von EU-Recht eine Pflicht zum Handeln auferlegt wird und zum anderen dann, wenn Mitgliedsstaaten Ausnahmen vom EU-Recht schaffen.[24] In neueren Entscheidungen beruft sich der EuGH auch zunehmend im Zusammenhang mit der Auslegung von Arbeitnehmerschutzregelungen auf die Charta der Grundrechte der EU.[25] Auch wendet der EuGH den allgemeinen Gleichbehandlungsgrundsatz nach Art. 20 GRCh im Rahmen von arbeitsrechtlichen Streitigkeiten an.[26] Zum verweist der EuGH hinsichtlich der Arbeitgeberinteressen in den neueren Entscheidungen nicht nur auf die Dienstleistungsfreiheit nach Art. 56 AEUV,[27] sondern auch auf die unternehmerische Freiheit nach Art. 16 GRCh.[28]

Ergänzend zur GRCh ist auch die Konvention zum Schutz der Menschenrechte und Grundfreiheiten (EMRK) zu nennen. Die EMRK ist Teil eines internationalen Vertrages über den Schutz der Menschenrechte, den die EU-Mitgliedsstaaten abgeschlossen haben. Bereits vor Verabschiedung der oben genannten GRCh hat der EuGH der EMRK bei der Herleitung von Grundrechte eine besondere Bedeutung zugemessen.[29]

---

[22] Vgl. Riesenhuber a. a. O.; Sagan a. a. O., § 1 Rz. 1.64.

[23] Vgl. hierzu grundlegend Pötters in Preis/Sagan, Europäisches Arbeitsrecht, 2. Auflage, § 3 Rz. 3.1 ff.

[24] Vgl. EuGH vom 13.07.1989, Rs. C-5/88 (Wachauf), ECLI:EU:C:1989:321; EuGH vom 13.04.2000, Rs. C-292/97 (Karlsson u. a.), ECLI:EU:C:2000:202; LAG Düsseldorf, NZA-RR 2012, 128; ferner Lenartz, AnwBL 2014, 773; Calliess/Ruffert, EUV/AEUV 6. Auflage, GRCh Art. 51, Rn. 8; ferner Pötters a. a. O. Rz. 3.13 sowie 3.50–3.57.

[25] So in EuGH vom 03.05.2012, Rs. C-337/10 (Neidel), ECLI:EU:C:2012:263 zu Art. 31 Abs. 2 GRCh; ferner EuGH vom 22.11.2011, Rs. C-214/10 (KHS/Schulte), ECLI:EU:C:2011:761 zu Art. 31 Abs. 3 GRCh; EuGH vom 18.12.2007, Rs. C-341/05 (Laval un Partneri), ECLI:EU:C:2007:809 zu Art. 28 GRCh; EuGH vom 08.09.2011, Rs. C-297/10 (Hennigs u. Mai), ECLI:EU:C:2011:560 zu Art. 28 GRCh.

[26] So in EuGH vom 09.03.2017, Rs. C-406/15 (Milkova), ECLI:EU:C: 2017:198.

[27] Vgl. hierzu Blanpain, European Labour Law, 2014, 888–899.

[28] Vgl. EuGH vom 14.03.2017, Rs. C-157/15 (Achbita/G4S Secure Solutions NV), ECLI:EU:C:2017:203; EuGH vom 18.07.2013, Rs. C-426/11 (Alemo-Herron u. a.), ECLI:EU:C:2013:521; EuGH vom 27.04.2017, Rs. C-680/15 u. C-681/15 (Asklepios Kliniken), ECLI:EU:C:2017:317.

[29] Vgl. EuGH vom 21.09.1989, Rs. C-46/87 (Hoechst./.Kommission), ECLI:EU:C:1989:337 (Rn. 13); ferner Pötters a. a. O. Rz. 3.79–3.82.

Für das Arbeitsrecht von Bedeutung ist insbesondere Art. 11 EMRK, wonach jede Person das Recht hat, zum Schutz seiner Interessen Gewerkschaften zu gründen und Gewerkschaften beizutreten. Mit Schaffung der GRCh finden die Regelungen der EMRK über die sog. Querschnittsklausel des Art. 52 Abs. 3 Satz 1 GRCh als Primärrecht Anwendung.[30]

1.2.2 Rechtssetzungskompetenzen für das Europäische Arbeitsrecht

Für das Arbeitsrecht von unmittelbarer Bedeutung sind die Regelungen über die Grundsätze einer gemeinsamen Sozialpolitik nach Art. 151 ff. AEUV.[31] Der Art. 151 AEUV bezweckt u. a. die bereits angesprochene Förderung der Beschäftigung, die Verbesserung der Lebens- und Arbeitsbedingungen und einen angemessenen sozialen Schutz innerhalb der EU.

Zu diesem Zweck enthält Art. 153 Abs. 1 AEUV einen weitreichenden Kompetenzkatalog u. a. für Gebiete der Verbesserung, insbesondere der Arbeitsumwelt und dem Gesundheitsschutz der AN, der Arbeitsbedingungen, der sozialen Sicherheit und des sozialeen Schutzes der AN, der Unterrichtung und Anhörung der AN, der Vertretung und kollektiven Wahrnehmung der AN- und AG-Interessen, einschließlich Mitbestimmung und der Chancengleichheit von Männern und Frauen im Arbeitsmarkt und am Arbeitsplatz.

Für die vorgenannten Gebiete können das Europäische Parlament und der Rat Richtlinien über Mindestvorschriften erlassen. Damit besteht nach Art. 153 Abs. 2 a u. b AEUV für das Europäische Parlament und den Rat eine mittlerweile recht weitgehende Richtlinienkompetenz für die in Abs. 1 genannten Kompetenztitel. Gleichermaßen von Bedeutung ist allerdings die Bereichsausnahme nach Art. 153 Abs. 5 AEUV. Danach gelten die Kompetenzen des Art. 153 Abs. 1 AEUV nicht für das Arbeitsentgelt , das Koalitionsrecht, das Streikrecht und das Aussperrungsrecht. Europapolitisch in der Diskussion sind seit mehreren Jahren Kompetenzen für einen unionsweiten Mindestlohn,[32] die sich allerdings an den klaren Beschränkungen nach Art. 153 Abs. 5 AEUV messen lassen müssen.

Sodann sind spezielle Gesetzgebungskompetenzen im Zusammenhang mit der Arbeitnehmerfreizügigkeit in Art. 46 u. 48 AEUV, mit dem Verbot der Entgeltdiskriminierung in Art. 157 Abs. 3 AEUV sowie mit Antidiskriminierungsmaßnahmen in Art. 19 AEUV enthalten.

---

[30] Vgl. Thüsing, Europäisches Arbeitsrecht, 4. Auflage, § 12 Rn. 16–18; Schütz u. a., Casebook Europarecht, S. 861.

[31] Vgl. Sagan in Preis/Sagan, Europäisches Arbeitsrecht, 2. Auflage, § 1 Rz. 1.52–1.62; Blanpain, European Labour Law, 2014, 340–350.

[32] Vgl. u. a. hierzu Sagan/Witschen/Schneider, ZESAR 2021, 103; Klocke/Hautkappe, ZESAR 2021, 63 sowie Bendrick, ZESAR 2024, 163 zu der bis zum 15.11.2024 umzusetzenden RL (EU) 2022/2041 sog. Mindest-Lohn-RL.

1.3 Sekundärrechtliche Regelungen in Verordnungen, Richtlinien und Rahmenvereinbarungen

Zum sekundären EU-Recht gehören nach Art. 288 Abs. 1 AEUV Verordnungen, Richtlinien, Beschlüsse, Empfehlungen und Stellungnahmen. Für das europäische Arbeitsrecht sind vorrangig Verordnungen und Richtlinien bedeutsam.

1.3.1 Arbeitsrechtliche relevante EU-Verordnungen und Richtlinien

Da die EU-Verordnung nach Art. 288 Abs. 2 AEUV unmittelbar gegenüber den Bürgern der Einzelstaaten wirkt, wird dieses Regelungsinstrument vor dem Hintergrund des Subsidiaritätsgrundsatzes nach Art. 5 Abs. 1 EUV nur selten angewandt und ist an besonders strengere Voraussetzungen gebunden.[33] Nur dort, wo die EU sehr weitgehende Regelungskompetenz hat, wie z. B. im Bereich der Freizügigkeit (hier Freizügigkeits-Verordnung) oder im Bereich der Bestimmung von gerichtlichen Zuständigkeiten und Anerkennung von Entscheidungen (EuGVVO) oder im Bereich von Regelungen über das Kollisionsrecht (Rom I-Verordnung sowie Rom II-Verordnung), kommt unmittelbar geltendes Europarecht zur Anwendung. Dagegen lässt die Umsetzung einer Richtlinie, wie in Art. 153 Abs. 2 AEUV vorgesehen, den Mitgliedsstaaten anders als die Verordnung noch einen Gestaltungsspielraum. Insbesondere bei der Wahl der Mittel zur Umsetzung der Richtlinien sind die Mitgliedsstaaten frei.[34] So ist es z. B. den Mitgliedsstaaten aufgrund der Arbeitnehmerentsende-Richtlinie oder der Insolvenzschutz-Richtlinie weitgehend freigestellt, wie sie AN im Falle der Entsendung oder der Insolvenz des AG schützen. Die Mitgliedsstaaten haben bei Ausübung ihres Umsetzungsermessens lediglich die Vorgaben der EU-Richtlinien sowie der allgemeinen Grundfreiheiten zu beachten[35] (vgl. Kap. 13 und 18).

Die Handlungsform der Richtlinie stellt daher kein unmittelbar geltendes Recht dar. Entsprechend dem EU-Grundsatz der Subsidiarität stellen EU-Richtlinien vielmehr Regelungsbefehle an die Mitgliedsstaaten dar, die ihren Inhalt entsprechend den Zielen und Bestimmungen innerhalb einer bestimmten Frist umsetzen müssen. Allerdings ist anerkannt, dass eine unmittelbare Geltung gegenüber den öffentlich-rechtlichen AG bzw. gegenüber solchen AG, die öffentlich-rechtliche Aufgaben – auch in der Rechtsform des Privatrechts – wahrnehmen, besteht.[36] Noch nicht

---

[33] Vgl. Thüsing, Europäisches Arbeitsrecht, 4. Auflage, § 1 Rn. 38–40; Riesenhuber, Europäisches Arbeitsrecht, 2. Auflage § 1 Rn. 19–22.

[34] Vgl. Thüsing, Europäisches Arbeitsrecht, 4. Auflage, § 1 Rn. 39, 40.

[35] Vgl. Thüsing a. a. O.; ferner Sagan in Preis/Sagan, Europäisches Arbeitsrecht, 2. Auflage, § 1 Rz. 1.118.

[36] Vgl. EuGH vom 12.07.1990, Rs. C-188/89 (Foster u. a.), ECLI:EU:C:1990:313; EuGH vom 26.05.2005, Rs. C-297/03 (Sozialhilfeverband Rohrbach), ECLI:EU:C:2005:315; siehe auch Thüsing a. a. O. § 1 Rn. 42–46; vgl. zum Urteil des EuGH vom 08.03.2022, Rs. C-205/20 Hartberg-Fürstenfeld, ECLI:EU:C:2022:168, Hennecke, ZESAR 2023, 375.

abschließend geklärt ist, ob auch Kirchen – sofern sie als Körperschaft des öffentlichen Rechts wie in Deutschland nach Art. 137 WRV i. V. m. Art. 140 GG verfasst sind – als Staat gelten.[37]

Ob eine Richtlinie dann unmittelbar wirkt, wenn die dem Mitgliedsstaat von der EU-Instanz gesetzte Frist zur Umsetzung versäumt wurde, ist dagegen strittig. Nach der bislang vorherrschenden Meinung wird auch bei Versäumung einer solchen Umsetzungsfrist wohl eher ein sog. „Self-Executing" abgelehnt.[38] Bei einer nicht fristgerechten Umsetzung können Privatpersonen gegebenenfalls Schadenersatzansprüche gegen Mitgliedsstaaten geltend machen.[39] Sofern eine Richtlinie aber zu Gunsten des Unionsbürgers subjektive Rechte gegenüber den Mitgliedsstaaten enthält, wird im Falle der nicht fristgerechten oder mangelhaften Umsetzung der Richtlinie von einer unmittelbaren Wirkung ausgegangen.[40]

In jedem Fall können aber auch die nicht unmittelbar geltenden Richtlinien, Empfehlungen und Entscheidungen nach Auffassung des EuGH zur Auslegung des maßgebenden EU-Rechts mit herangezogen werden. Insoweit besteht für nationale Gerichte eine Verpflichtung zur gemeinschaftskonformen Rechtsauslegung von EU-Recht, sodass auch Richtlinien auf diesem Wege bei der Rechtsprechung unmittelbar angewandt werden.[41] Sollte nach der nationalen Rechtsordnung ein Auslegungsspielraum verbleiben, so haben nationale Gerichte und Behörden das nationale Recht im Lichte der erlassenen aber noch nicht umgesetzten Richtlinie auszulegen.[42] Somit genießen sowohl das EU-Primär- als auch das EU-Sekundärrecht Vorrang vor dem nationalen Recht.

1.3.2 Die Rahmenvereinbarung als spezielle Handlungsform des Europäischen Arbeitsrechts

Als weitere, für das Arbeitsrecht wichtige EU-Handlungsform ist die Rahmenvereinbarung zu nennen. Die Rahmenvereinbarung stellt eine Sonderform im Bereich

---

[37] Vgl. Reichold, NZA 2001, 1054; Stotz, EuZW 1998, 737; Thüsing a. a. O. § 1 Rn. 47.

[38] Vgl. Thüsing, Europäisches Arbeitsrecht, 4. Auflage, § 1 Rn. 40; Riesenhuber, Europäisches Arbeitsrecht, 2. Auflage , § 1 Rn. 82–85; zur Drittwirkung von Richtlinien Steinau-Steinrück/Benkert, NJW-Spezial 2024, S. 274, 275.

[39] Vgl. EuGH vom 19.11.1991, Rs. C-6/90 (Francovich), ECLI:EU:C:1991:428; ferner EuGH vom 10.07.1997, Rs. C-373/95 (Maso u. a.), ECLI:EU:C:1997:353; Schiek, Europäisches Arbeitsrecht, 3. Auflage, S. 91; Riesenhuber a. a. O. Rn. 74, 75.

[40] Vgl. EuGH vom 04.12.1974, Rs. C-41/74 (van Duyn), ECLI:EU:C:1974:133; Magiera, DÖV 1998, 118; Heilbronner, JZ 1992, 285 sowie ferner zur Auswirkung auf das deutsche Verfassungsrecht: BVerfGE 75, 223, 235 (Kloppenburg).

[41] Vgl. EuGH vom 05.10.2004, Rs. C-397/01 (Pfeiffer u. a.), ECLI:EU:C:2004:584 ferner NZA 2004, 1145; EuGH vom 19.01.2010, Rs. C-555/07 (Kücükdeveci), ECLI:EU:C:2010:21 ferner NZA 2010, 85; BAG AP BetrVG § 87 Gesundheitsschutz Nr. 5; Thüsing a. a. O.; Schiek, Europäisches Arbeitsrecht, 3. Auflage, S. 91 ff.; Riesenhuber a. a. O. Rn. 72; Sagan in Preis/Sagan, Europäisches Arbeitsrecht, 2. Auflage, § 1 Rz. 1.142–1.148.

[42] So hat der EuGH zu der Frage der Höchstarbeitszeit für Rettungsassistenten entschieden, dass nationale Gerichte auch bei Rechtsstreitigkeiten zwischen ausschließlich privaten Personen bei der Auslegung des gesamten nationalen Rechts den Wortlaut und den Zweck einer noch nicht umgesetzten Richtlinie berücksichtigen müssen. vgl. EuGH Pfeiffer a. a. O.; ferner Thüsing a. a. O.; Schiek a. a. O.; ferner Sagan in Preis/Sagan, Europäisches Arbeitsrecht, 2. Auflage, § 1 Rz. 1.124–1.141.

der gemeinsamen europäischen Beschäftigungs- und Sozialpolitik nach Art. 145, 151 AEUV dar. Die Ermächtigung zum Abschluss von Rahmenvereinbarungen zwischen den auf EU-Ebene tätigen Sozialpartnern ist in Art. 155 Abs. 1, 2 AEUV vorgesehen. Diese Handlungsform stellt zwar keinen europäischen Tarifvertrag dar, ist aber das Ergebnis eines Dialoges zwischen den Sozialpartnern auf EU-Ebene. Dabei können durch Rahmenvereinbarung die europäischen Sozialpartner (EGB-UNICE-CEEP) ganz unmittelbar das Europäische Arbeitsrecht mitgestalten.[43]

Die von den Sozialpartnern geschaffene Rahmenvereinbarung entfaltet selbst noch keine unmittelbare Wirkung. Sie wird entsprechend einem in den Art. 155, 153 AEUV genannten Verfahren dann mittels einer Richtlinie in Gemeinschaftsrecht übertragen. So besteht auf Unions-Ebene für den wichtigen Bereich der befristeten Arbeitsverträge eine Rahmenvereinbarung zu befristeten Arbeitsverträgen, die durch die Richtlinie 1999/70/EG umgesetzt wurde. Entsprechendes gilt für den Bereich von Teilzeitarbeitsverhältnissen, der aufgrund einer Rahmenvereinbarung nunmehr in der Richtlinie 97/81/EG besonders geregelt ist.

1.4   Auswirkungen des Unionsrechts auf die nationale Arbeitsrechtsordnung

1.4.1   Verhältnis des nationalen Arbeitsrechts zum Europäischen Arbeitsrecht

Wie ausgeführt, gehören wesentliche Gebiete des Arbeitsrechts zum Kompetenzbereich des EU-Gesetzgebers. Dieser hat zum einen von den in Art. 46, 48 AEUV enthaltenen Kompetenzen zur Sicherung des Freizügigkeitsrechts (vgl. Kap. 2, 3 und 4) und den Kompetenzen in Art. 157 Abs. 3 sowie Art. 19 AEUV zur Verhinderung von Diskriminierungen (vgl. Kap. 5, 6, 7, 8, 9 und 10) Gebrauch gemacht. Sodann wurden unter Inanspruchnahme der Kompetenztitel nach Art. 153 Abs. 1 AEUV sekundärrechtliche Regelungen dort geschaffen, wo der EU-Gesetzgeber ein besonders qualifiziertes Schutzbedürfnis für AN festgestellt hat. Dies ist insbesondere bei Leiharbeitnehmern (vgl. Kap. 11), bei Teilzeit- und befristet beschäftigten AN (vgl. Kap. 12) sowie bei entsandten AN (vgl. Kap. 13 und 14) der Fall. Zu nennen sind zudem Regelungen über die Arbeitszeit und das Urlaubsrecht, die als wesentliche Regelungen des Sozialrechts und des Arbeitnehmerschutzes der Union angesehen werden (vgl. Kap. 15, 16). Schließlich hat der EU-Gesetzgeber Regelungen zur Abmilderung der Folgen von betrieblichen Umstrukturierungsmaßnahmen erlassen, die Betriebsübergänge (vgl. Kap. 17), Massenentlassungen und Insolvenzen von Arbeitgebern (vgl. Kap. 18) betreffen.

Gleichwohl handelt es sich bei den vorgenannten Gebieten des Europäischen Arbeitsrechts eher um punktuelle Regelungen, die das nationale Arbeitsrecht beein-

---

[43]Vgl. Riesenhuber, Europäisches Arbeitsrecht, 2. Auflage § 1 Rn. 30–32; Sagan in Preis/Sagan, Europäisches Arbeitsrecht, 2. Auflage, § 1 Rz. 1.71–1.73.

flussen.[44] Tatsächlich fehlt dem Europäischen Arbeitsrecht insgesamt ein über-greifendes Konzept oder System,[45] was aber in der Natur der begrenzten Einzel-ermächtigung nach Art. 5 Abs. 1 EUV seinen Grund hat. Schließlich sind die unions-rechtlichen Regelungen auch unabhängig von einem grenzüberschreitenden Sachverhalt anwendbar. In Anbetracht des Anwendungsvorbehaltes finden diese Regelungen auch auf rein nationale arbeitsrechtliche Sachverhalte Anwendung.[46]

1.4.2   Verbleibende Regelungsbereiche des nationalen Arbeitsrechts

Daher verbleiben – vor dem Hintergrund des genannten Grundsatzes der begrenzten Einzelermächtigung nach Art. 5 Abs. 1 EUV – den Mitgliedsstaaten noch wesent-liche Regelungsbereiche für das Arbeitsrecht. Neben den in Art. 153 Abs. 5 AEUV genannten Bereichen über das Arbeitsentgelt[47] - mit Ausnahme von Diskriminierungs-tatbeständen – verbleibt im Grunde das gesamte kollektive Arbeitsrecht (Koalitions-recht, Streikrecht, Aussperrungsrecht) in der Regelungszuständigkeit der Mitglieds-staaten (vgl. aber Kap. 19 und 20). Auch Regelungen über das Individualarbeits-recht im Zusammenhang mit dem Zustandekommen von Arbeitsverträgen, wie deren Abschluss, Wirksamkeit und Formfragen,[48] verbleiben grundsätzlich beim na-tionalen Gesetzgeber. Die Frage, unter welchen Voraussetzungen ein Arbeitsvertrag wirksam zustande gekommen ist, wird daher nach den nationalen Zivilrechts-regelungen entschieden. Ebenso bleiben Fragen der Entstehung, Erfüllung, Übertra-gung, Verwirkung und Verjährung von arbeitsrechtlichen Ansprüchen einschließlich ihrer gerichtlichen Geltendmachung und des arbeitsgerichtlichen Verfahrens im Zu-ständigkeitsbereich der Mitgliedsstaaten.

Gleichermaßen bleibt die Zuständigkeit des nationalen Gesetzgebers für Rege-lungen über Mindestarbeitsbedingungen, die inhaltliche Ausgestaltung von Arbeits-verträgen sowie deren Anfechtung erhalten und für die Wirksamkeit einzelner Ver-tragsbestimmungen, insbesondere im Zusammenhang mit einer AGB-Kontrolle.

---

[44] So Junker, NJW 1994, 2527; hierzu kritisch: Kaiser, NZA 2000, 1152.

[45] So Junker a. a. O.; Nach Auffassung von Kaiser soll sich die Frage des Systems der Regelungen insbesondere im Zusammenhang mit grenzüberschreitenden Sachverhalten stellen. Für solche grenzüberschreitenden Sachverhalte sei vor allem auf das Regelungsinstrument der Verordnung nach Art. 288 Abs. 2 AEUV zurückzugreifen, vgl. Kaiser, NZA 2000, 1150.

[46] Ausgenommen hiervon sind die Fälle, in denen europäisches Primär- und Sekundärrecht selbst grenzüberschreitende Sachverhalte voraussetzt. vgl. zum Anwendungsvorbehalt: Sagan in Preis/Sagan, Europäisches Arbeitsrecht, 2. Auflage, § 1 Rz. 1.48; Herdegen, Europarecht, 24. Auflage, § 10 Rn 1–3; ferner Kaiser a. a. O.

[47] Vgl. u. a. hierzu Sagan/Witschen/Schneider, ZESAR 2021, 103; Klocke/Hautkappe, ZESAR 2021, 63 sowie Bendrick, ZESAR 2024, 163.

[48] Dies gilt trotz der Nachweis-Richtlinie 91/533/EWG. Nach Art. 6 RL 91/533/EWG werden durch die Nachweis-Richtlinie Form, Inhalt und Nachweis des Inhalts von Arbeitsverträgen nicht berührt; vgl. hierzu EuGH vom 04.12.1997, Rs. C-253/96 (Kampelmann), ECLI:EU:C:1997:585 (Kap. 16).

Ausgenommen sind hiervon unionsrechtliche Regelungen über Arbeitszeit und Urlaub, den Nachweis von Arbeitsbedingungen sowie aktuell den Regelungen zum Status von Crowdworkern nach der Plattformarbeits-Richtlinie.[49] Schließlich fehlen auf Unionsebene auch Richtlinien oder Verordnungen, die die allgemeinen Voraussetzungen für eine arbeitgeberseitige Kündigung zum Inhalt haben.[50] Ausgenommen hiervon sind allerdings Sachverhalte, die unter die Antidiskriminierungsregelungen der Union fallen (vgl. Kap. 7, 8, 9 und 10).

Auch Fragen der praktischen Durchführung von Arbeitsverhältnissen, etwa Direktions- und Weisungsrechte sowie deren Kontrolle bleiben im Zuständigkeitsbereich des nationalen Gesetzgebers. Ergänzend zu nennen wäre noch die nationale Regelungszuständigkeit für Angelegenheiten der beruflichen Bildung sowie des Jugend- und Kinderschutzes. Zudem bleibt es den Mitgliedsstaaten unbenommen, Vorschriften zum Arbeitnehmerschutz zu erlassen, die über das vom EU-Gesetzgeber vorgesehene Maß hinausgehen. Bei den genannten Regelungsbereichen, die dem nationalen Gesetzgeber verbleiben, sind allerdings die EU-Grundfreiheiten, insbesondere die Dienstleistungs- und die Niederlassungsfreiheit der Arbeitgeber zu beachten (vgl. unten Abschn. 1.6.5).

Grundsätzlich gehören auch die Fragen zur Scheinselbstständigkeit und die sich daraus ergebenden Rechtsfolgen zu den Regelungsbereichen der nationalen Gesetzgeber. Insbesondere sind diese berechtigt, die sozialversicherungsrechtlichen Konsequenzen einer Scheinselbstständigkeit zu regeln, da das Sozialversicherungsrecht in die Zuständigkeit der Mitgliedsstaaten fällt. Ausnahmen gibt es allerdings im Zusammenhang mit der Geltendmachung von Urlaubsansprüchen oder Urlaubsabgeltungsansprüchen nach Art. 7 der Arbeitszeit-Richtlinie (vgl. hier Abschn. 16.3.1). Der EuGH hat in der Rechtsache King entschieden, dass auch Scheinselbstständige bei der Geltendmachung entsprechender Ansprüche geschützt werden und der Anspruch auf Jahresurlaub zudem von keiner Voraussetzung, auch nicht von einem Urlaubsantrag des Arbeitnehmers, abhängig gemacht werden darf.[51]

1.4.3 Rechtsfolgen für nationales Arbeitsrecht bei einem Verstoß gegen Europäisches Arbeitsrecht

Wie oben ausgeführt genießt sowohl das EU-Primärrecht als auch das EU-Sekundärrecht Vorrang vor den nationalen Rechtsnormen.[52] Diese Feststellung beantwortet aber noch nicht die Frage, was aus einer Verletzung dieses Vorrangprinzips folgt. Diese Frage stellt sich insbesondere für nationale Rechtsordnungen, bei denen das Verfassungsrecht die Verwerfung nationaler Gesetze einem Verfas-

---

[49] Vgl. zur Plattformarbeits-Richtlinie vom 24. April 2024: Benkert, NJW-Spezial 2024, 434, 435.

[50] Vgl. Hütter, ZESAR 2015, 27.

[51] EuGH King C-214/16 – ECLI:EU:C:2017:914; ferner: von Steinau/Steinrück/Mühlenhoff, NJW Spezial 2018, 114.

[52] Vgl. Sagan a. a. O. § 1 Rz. 1.31; Herdegen a. a. O.

sungsgericht vorbehält, vgl. Art. 100 GG. Die Fragen der sich aus dem Vorrang des Unionsrechts ergebenden Rechtsfolgen sind in den EU-Verträgen nicht ausdrücklich geregelt.

Nach Auffassung des EuGH gilt der Vorrang des Unionsrechts uneingeschränkt und hat zur Folge, dass nationales Recht, das mit europarechtlichen Regelungen kollidiert, unanwendbar ist.[53] Diese Nichtanwendung europarechtswidriger Vorschriften setzt nicht voraus, dass der EuGH einen Kollisionsfall festgestellt hat. Insoweit darf der nationale Rechtsanwender in dem zu entscheidenden Einzelfall nicht auf die europarechtswidrige nationale Norm zurückgreifen.[54]

1.4.4 Umsetzung und Vollzug des Europäischen Arbeitsrechts

Die Kompetenz zum Vollzug des Europäischen Arbeitsrechts liegt, wie beim Unionsrecht generell, bei den nationalen Instanzen.[55] Insoweit sind nationale Gerichte – in Deutschland vorrangig die Gerichte für Arbeitssachen – für die Umsetzung des Europäischen Arbeitsrechts zuständig. Entsprechendes gilt für die administrative Umsetzung des Europäischen Arbeitsrechts durch Aufsichts- bzw. Arbeitsschutzbehörden, die nationales Verwaltungsverfahrensrecht anwenden. Beim nationalen Vollzug sind allerdings die primärrechtlichen Vorgaben von Art. 4 Abs. 3 EUV zu beachten.[56] Es gelten dabei die beiden Grundprinzipien der wirksamen Sicherung von Unionsrecht (Effektivitätsprinzip) und der Gleichbehandlung von Unionsrecht (Äquivalenzprinzip).[57] Insoweit sind für die Umsetzung des Europäischen Arbeitsrechts nationale Gerichte und Behörden zuständig, die nationales Prozessrecht oder Verwaltungsverfahrensrecht anwenden.

Unionsrechtliche Regelungen über das Verwaltungsverfahren oder die Einrichtung von Behörden sind eher die Ausnahme. Gleichwohl gibt es insbesondere im Zusammenhang mit einer Arbeitnehmerentsendung unionsrechtliche Regelungen über das Verwaltungsverfahren, insbesondere in der sog. Durchsetzungs-Richtlinie 2014/67/EU[58] (vgl. Kap. 13, 14). Diese Durchsetzungs-RL soll die Zusammenarbeit von nationalen Behörden, den Zugang zu Informationen, die gegenseitige Amtshilfe, den Datenaustausch sowie die Durchsetzung und Vollstreckung von unionsrechtlich relevanten Entscheidungen ermöglichen. Noch weiter gehen die unionsrechtlichen Vorgaben über das Verwaltungsverfahren im Zusammenhang mit der

---

[53] Vgl. EuGH vom 09.03.1978, Rs. C-106/77 (Simmenthal), ECLI:EU:C:1978:49; EuGH vom 19.01.2010, Rs. C-555/07 (Kücükdeveci), ECLI:EU:C:2010:21; ferner Sagan in Preis/Sagan, Europäisches Arbeitsrecht, 2. Auflage, § 1 Rz. 1.32, 1.33.

[54] Vgl. EuGH a. a. O.; ferner Sagan a. a. O.; Schweighart/Ott, NZA-RR 2015, 4; siehe auch zu den arbeitsrechtlichen Folgen des Brexit Steinau/Steinrück/Jöris, NJW Spezial 2021, 242.

[55] Vgl. Herdegen, Europarecht, 24. Auflage, § 10 Rn. 59 ff.

[56] Vgl. Herdegen a. a. O.

[57] Vgl. Herdegen a. a. O. Rn 72 Nach dem Äquivalenzprinzip muss eine nationale Behörde bestandskräftige Entscheidungen bei offensichtlichem Verstoss gegen Unionsrecht zurücknehmen.

[58] Vorrangiges Ziel dieser Durchsetzungs-RL ist es, Missbräuche im Rahmen der Arbeitnehmerentsendung durch ein koordiniertes Vorgehen der Mitgliedstaaten zu vermeiden. vgl. hierzu u. a. Heuschmid/Schierle in Preis/Sagan, Europäisches Arbeitsrecht, 2. Auflage, § 16 Rz. 16.77–16.79.

Koordinierung der Systeme der sozialen Sicherheit nach VO (EG) Nr. 883/2004 sowie VO (EG) Nr. 987/2009.[59] Diese Regelungen sind wichtig für eine effektive Wahrnehmung der Freizügigkeit von AN (vgl. Kap. 4 und 23). Ergänzt werden die entsprechenden verfahrensmäßigen Regelungen vor allem beim Datenaustausch durch die Datenschutzgrundverordnung.

1.5 Prozessuale Bedeutung der EuGH-Rechtsprechung

In Anbetracht der schon dargestellten Literaturresistenz und des weitgehenden Fehlens eines EU-weiten Rechtsdiskurses[60] kommt der Rechtsprechung des EuGH und seiner Auslegung eine überragende Bedeutung zu.[61] Prozessual erfolgt die Beteiligung des EuGH in arbeitsrechtlichen Streitigkeiten über das sog. Vorlageverfahren.

1.5.1 Vorlageverfahren nach Art. 267 AEUV

Nach Art. 267 AEUV kann der EuGH im Wege der Vorabentscheidung über die Auslegung der Verträge und über die Gültigkeit und Auslegung der Handlungen der Organe, Einrichtungen oder sonstigen Stellen der Union angerufen werden. Ist ein Gericht eines Mitgliedsstaates mit einem derartigen unionsrechtlichen Thema befasst, so kann es diese Frage dem EuGH zur Entscheidung vorlegen, Art. 267 Abs. 2, 3 AEUV.[62] Mithin kann der nationale Instanz-Richter beim EuGH anfragen, wenn er bei der Auslegung entscheidungserheblichen Europarechts zweifelt. Der EuGH kann daher die Vereinbarkeit deutschen Arbeitsrechts mit dem europäischen Primär- und Sekundärrecht überprüfen.[63] In der Vergangenheit haben Gerichte für Arbeitssachen in Deutschland durchaus bereitwillig das Vorabentscheidungsverfahren eingeleitet.[64] Der EuGH kann sogar zu rein inländischen Sachverhalten angerufen werden, wenn es um die Auslegung von nationalen Rechtsvorschriften geht, die auf-

---

[59] Insbesondere die VO (EG) Nr. 987/2009 soll eine effiziente verwaltungsverfahrensmäßige Koordinierung der Systeme der sozialen Sicherheit bei einem grenzüberschreitenden Auslandseinsatz ermöglichen. Die Verordnung enthält daher verfahrensmäßige Regelungen über Umgang, Modalitäten und Nachweis einer bestehenden Sozialversicherungspflicht und über das Verfahrens eines Datenaustausches bei einem grenzüberschreitenden Arbeitnehmereinsatz.

[60] Vgl. Rebhahn a. a. O.; Reiner a. a. O.; Griebeling a. a. O., Colneric a. a. O.

[61] Siehe Simitis, DRiZ 1996, 393; Hirsch, NJW 2000, 1817, 1820; Körner, NZA 2001, 1053.

[62] Vgl. Hirsch a. a. O.; Körner a. a. O.; ferner zur Unterscheidung zwischen vorlagepflichtigen und vorlageberechtigten Gerichten: EuGH vom 19.01.2010, Rs. C-555/07 (Kücükdeveci), ECLI:EU:C:2010:21; EuGH vom 22.10.1987, Rs. C-314/85 (Foto-Frost), ECLI:EU:C:1987:452; ferner Roloff in Preis/Sagan, Europäisches Arbeitsrecht, 2. Auflage, § 2 Rz. 2.5.

[63] Vgl. Blomeyer, NZA 1984, 635–637; Hirsch a. a. O.; Körner a. a. O.; Schütz/Bruha/König, Casebook Europarecht, S. 396, 397; Pötters a. a. O.

[64] Vgl. hierzu Thüsing, Europäisches Arbeitsrecht, 4. Auflage, § 1 Rn. 63–66; Riesenhuber, Europäisches Arbeitsrecht, 2. Auflage, § 1 Rn. 65.

grund einer EU-Richtlinie erlassen wurden und die insbesondere eine Inländer-
ungleichbehandlung vermeiden soll.[65] Bei der Überprüfung der Umsetzung von
EU-Recht in nationalen Rechtsnormen geht der EuGH regelmäßig vom Grundsatz
der praktischen Wirksamkeit von EU-Recht aus.[66] Nach diesem, auch Effektivitäts-
gebot genannten Grundsatz dürften die gemeinschaftsrechtlichen Regelungen nicht
leer laufen. Sie sind so anzuwenden, dass sich die Vorgaben der EU-Instanzen effektiv in der nationalen Rechtsordnung auswirken können.[67]

1.5.2 Der EuGH als gesetzlicher Richter nach Art. 101 Abs. 1 Satz 2 GG

Ein Grund dafür, dass deutsche Gerichte für Arbeitssachen häufig das Vorlageverfahren einleiten, liegt auch darin begründet, dass der EuGH nach der Rechtsprechung des BVerfG gesetzlicher Richter im Sinne von Art. 101 Abs. 1 Satz 2 GG
ist.[68] Sofern Gerichte für Arbeitssachen der Vorlagepflicht nach Art. 267 Abs. 3
AEUV nicht nachkommen, verletzen sie nicht nur EU-Recht, sondern auch den Anspruch des Betroffenen auf seinen gesetzlichen Richter nach Art. 101 Abs. 1 Satz 2
GG. Das entsprechende Urteil kann dann mit einer Verfassungsbeschwerde nach
Art. 93 Abs. 1 Nr. 4 a GG i. V. m. Art. 101 Abs. 1 Satz 2 GG angegriffen werden.
Somit besteht die praktische Konsequenz der Regelungen über das Vorabentscheidungsverfahren nach Art. 267 AEUV auch darin, dass der EuGH zur Auslegung einer Vielzahl nationaler arbeitsrechtlicher Sachverhalte angerufen wird,
damit nicht der Anspruch auf den gesetzlichen Richter verletzt wird. Der EuGH hat
sich daher aufgrund von Art. 267 AEUV in den letzten Jahren und Jahrzehnten in
Arbeitsrechtssachen zunehmend zu einer zweiten höchstrichterlichen Instanz neben
dem Bundesarbeitsgericht entwickelt.

1.5.3 Vertragsverletzungsverfahren nach Art. 258 AEUV

Von nachrangiger Bedeutung für das Europäische Arbeitsrecht ist das Vertragsverletzungsverfahren nach Art. 258 AEUV. Dieses Verfahren kann die Kommission als
„Hüter der Verträge" gegen Mitgliedstaaten einleiten, wenn nationale Regelungen

---

[65]Vgl. EuGH vom 07.11.2013, Rs. C-522/12 (Isbir), ECLI:EU:C:2013:711 ferner NZA 2013,
1359; Franzen, EuZA 2014, 304.
[66]Vgl. EuGH vom 08.06.1994, Rs. C-382/92 (Kommission/Vereinigtes Königreich), EC-
LI:EU:C:1994:233; EuGH vom 08.03.2012, Rs. C-251/11 (Huet), ECLI:EU:C:2012:133 ferner
NZA 2012, 441; EuGH vom 29.03.2001, Rs. C-62/99 (Bofrost), ECLI:EU:C:2001:188 ferner
NZA 2001, 506.
[67]Vgl. Franzen EuZA 2014, 310; Thüsing, Europäisches Arbeitsrecht, 4. Auflage, § 1 Rn. 63–67;
Riesenhuber, Europäisches Arbeitsrecht, 2. Auflage, § 1 Rn 63–65.
[68]Vgl. BVerfGE 82, 159, 192; BVerfG NZA 2010, 43; ferner Pötters in Preis/Sagan, Europäisches
Arbeitsrecht, 2. Auflage, § 3 Rz. 3.63.

mit dem Unionsrecht nicht vereinbar sind.[69] In Ausnahmefällen wird das Vertragsverletzungsverfahren für das Europäische Arbeitsrecht dann relevant, wenn nationale Regelungen zur Überwachung von Arbeitnehmerschutzvorschriften in Ent-
sendefällen oder auch in Leiharbeitnehmerfällen mit den EU-Grundfreiheiten kollidieren können (vgl. Kap. 11 und 14).

1.6   Grundsätze der EuGH-Rechtsprechung

Die Rechtsprechung des EuGH führt damit im arbeitsrechtlichen Bereich zu einer
EU-weiten Rechtsangleichung und Rechtsschöpfung.[70] Dabei hat der EuGH allgemeine Rechtsprechungsgrundsätze entwickelt, um den oben genannten Zielen
gerecht werden.[71]

1.6.1   Grundsatz der größtmöglichen Wirksamkeit des
EU-Rechts

Nach der Rechtsprechung des EuGH sind die Vorschriften des Unionsrechts so auszulegen, dass sie mit Blick auf die Ziele der Union und ihre Funktionsfähigkeit die
größtmögliche Wirksamkeit entfalten können. Dieser aus dem Völkerrecht stam-
mende Auslegungsgrundsatz des „effet utile" soll die praktische Wirksamkeit des
Unionsrechts sicherstellen.[72] Insbesondere, wenn die Inanspruchnahme der
EU-Grundfreiheiten[73] betroffen ist, legt der EuGH den Schutzbereich weit aus,
damit das EU-Recht seine uneingeschränkte Wirksamkeit entfalten kann. Einschränkungen aufgrund der nationalen Rechtsordnung werden nicht akzeptiert, sofern sie keine Grundlage im EU-Recht haben.[74]

Hinzu kommt der Grundsatz der autonomen Auslegung von Unionsrecht, das eine
vom Recht der Mitgliedsstaaten unabhängige Rechtsordnung darstellt.[75] Hinzu
kommt der Grundsatz der autonomen Auslegung von Unionsrecht, das eine vom

---

[69] Vgl. Barnard/Peers, European Union Law, S. 260, 261; Herdegen, Europarecht, 24. Auflage, § 9
Rn. 4; Hobe/Fremuth, Europarecht, 11. Auflage, § 10 Rn 24; Frenz, Europarecht, 3. Auflage,
Rn. 1268 ff.; Schütz u. a., Casebook Europarecht, S. 328.

[70] Vgl. Riesenhuber, Europäisches Arbeitsrecht, 2. Auflage, § 1 Rn. 65 ff.; Blomeyer, NZA
1994, 636.

[71] Vgl. Colneric, EuZA 2008, 215; Riesenhuber a. a. O.; Bokeloh, ZESAR 2012, 126; Schütz u. a.,
Caselaw Europarecht, S. 450; Blomeyer a. a. O.

[72] Vgl. EuGH vom 04.12.1974, Rs. C-41/74 (van Duyn), ECLI:EU:C:1974:133; ferner Colneric
a. a. O.; Riesenhuber a. a. O.; Thüsing, Europäisches Arbeitsrecht, 4. Auflage, § 1 Rn. 62.

[73] Zu den EU-Grundfreiheiten gehören die Freizügigkeit für Unionsbürger, Art. 21 AEUV, die
Arbeitnehmerfreizügigkeit, Art. 45 AEUV, die Niederlassungsfreiheit, Art. 49 AEUV, die Dienstleistungsfreiheit, Art. 56 AEUV, die Kapital- und Zahlungsverkehrsfreiheit, Art. 63 AEUV.

[74] Vgl. Schütz a. a. O.; Bokeloh a. a. O.; Riesenhuber a. a. O.

[75] Vgl. Sagan in Preis/Sagan, Europäisches Arbeitsrecht, 2. Auflage, § 1 Rz. 1.83, 1.84.

Recht der Mitgliedsstaaten unabhängige Rechtsordnung darstellt.[76] Im Unionsrecht verwendete Begriffe können daher – wie unten noch ausgeführt wird – nicht unter Rückgriff auf mitgliedsstaatliche Begriffsverständnisse interpretiert werden. Es liefe dem Zweck der größtmöglichen Wirksamkeit des EU-Rechts zuwider, wenn Mitgliedsstaaten durch nationale Begrifflichkeiten Einschränkungen vorsehen könnten.[77]

1.6.2 Grundsatz der restriktiven Auslegung von Ausnahmeregelungen

Damit im Zusammenhang steht der Rechtsprechungsgrundsatz, dass Ausnahmevorschriften von EU-Grundfreiheiten eng ausgelegt werden.[78] Mit dem „effet utile" wäre es unvereinbar, die Ausnahmevorschriften, insbesondere von der Inanspruchnahme der Grundfreiheiten, weit auszulegen. Daher können Ausnahmeregelungen nicht nach den Grundsätzen des nationalen Rechts sondern nur nach gemeinschaftsrechtlichen Grundsätzen ausgelegt werden.[79]

So wird z. B. der in einigen EU-Grundfreiheiten enthaltene Vorbehalt, dass Einschränkungen aus Gründen der öffentlichen Sicherheit, Ordnung und Gesundheit zulässig seien, Art. 36, 52, 62, 65 AEUV, sehr eng ausgelegt. Um den EU-Grundfreiheiten eine möglichst große Wirksamkeit zu verschaffen, werden an das Vorliegen von Gründen der öffentlichen Sicherheit und Ordnung hohe Anforderungen gestellt.[80] Es muss tatsächlich in schwerwiegender Weise die Sicherheit eines Mitgliedsstaates bzw. seiner Bürger betroffen sein. Nur so können die EU-Grundfreiheiten unabhängig von nationalen Vorbehalten ihre größtmögliche Wirksamkeit entfalten.

1.6.3 Weite Auslegung des Begriffs Arbeitnehmer

Der Rechtsprechungsgrundsatz der möglichst großen Wirksamkeit des EU-Rechts hat im Arbeitsrecht unmittelbare Auswirkungen auf die Auslegung des AN-Begriffs.[81] Für eine Vielzahl von Richtlinien aber auch für die primärrechtlichen Regelungen in Art. 45 und 157 AEUV ist Voraussetzung, dass Arbeitnehmer betroffen sind bzw. dass ein Arbeitsverhältnis vorliegt. Im Interesse einer einheitlichen Rechtsauslegung werden beide Begriffe nicht – wie oben dargestellt – nach dem nationalen Recht der Mitgliedsstaaten sondern einheitlich unionsrechtlich ausgelegt. Nur so

---

[76] Vgl. Sagan a. a. O.; ferner Thüsing, Europäisches Arbeitsrecht, 4. Auflage, § 1 Rn. 55–62.

[77] Vgl. Sagan a. a. O.

[78] Vgl. EuGH vom 12.01.2010, Rs. C-341/08 (Petersen), ECLI:EU:C:2010:4; Rolfs NZA 2008, 555; Ulber EuZA 2014, 207, 208.

[79] Vgl. EuGH van Duyn a. a. O.; Schütz a. a. O.; hierzu kritisch Sagan a. a. O. Rz. 1.94, 1.95.

[80] Vgl. EuGH vom 28.10.1975, Rs. C-36/75 (Rutili), ECLI:EU:C:1975:137; EuGH vom 26.02.1975, Rs. C-67/74 (Bonsignore), ECLI:EU:C:1975:34; EuGH vom 18.05.1982, Rs. C-115/81 (Adoui und Cornuaille), ECLI:EU:C:1982:183; Riesenhuber a. a. O.; Thüsing a. a. O. Rn. 62.

[81] Vgl. hierzu Nogler, ZESAR 2009, 461; Wank, EuZA 2018, 327; Sagan a. a. O. Rz. 1.100–1.112.

kann sichergestellt werden, dass nationale Rechtsordnungen nicht durch Sonderregelungen abhängig Beschäftigten der EU-rechtliche Arbeitnehmerschutz entzogen wird.[82] Das wesentliche Merkmal eines Arbeitsverhältnisses besteht unionsrechtlich darin, dass jemand während einer bestimmten Zeit für einen anderen nach dessen Weisungen Leistungen erbringt, für die er als Gegenleistung eine Vergütung erhält.[83] Nach dieser unionsrechtlichen Vorgabe fallen auch abhängig Beschäftigte im Rahmen öffentlich-rechtlicher Sonderverhältnisse, also Beamte, Soldaten und Richter, unter den unionsrechtlichen Arbeitnehmerbegriff. Ebenso dürfen leitende Angestellte und kirchliche AN unionsrechtlich als Arbeitnehmer angesehen werden. Daher ist fraglich, ob die in der deutschen Rechtsordnung vorhandenen Ausnahmevorschriften für leitende Angestellte[84] bei entgegenstehenden EU-Richtlinien noch zulässig wären. Gleiches gilt für AN im kirchlichen Dienst.[85]

Auch dürfte es unionsrechtlich nicht darauf ankommen, ob nach den nationalen Regelungen der Mitgliedsstaaten ein Arbeitsvertrag überhaupt wirksam zustande gekommen ist. Dies gilt insbesondere vor dem Hintergrund, dass Regelungen über den Abschluss, die Wirksamkeit und die Beendigung von Arbeitsverhältnissen – wie oben ausgeführt – in die Zuständigkeit der Mitgliedsstaaten fallen.[86] Ausreichend für die Arbeitnehmereigenschaft im oben genannten Sinne ist allein, dass jemand für eine andere Person im Rahmen eines Abhängigkeitsverhältnisses Tätigkeiten nach Weisung gegen Vergütung erbringt.[87]

Im Einzelnen hat der EuGH den Arbeitnehmerbegriff[88] unter anderem angewandt auf

• Teilzeitarbeitnehmer – EuGH vom 28.03.1982, Rs. C-53/81 (Levin), ECLI:EU:C:1982:105
• Arbeitnehmer auf Abruf (Job on Call) – EuGH vom 26.02.1992, Rs. C-357/89 (Raulin), ECLI:EU:C:1992:87

---

[82] Vgl. EuGH vom 03.07.1986, Rs. C-66/85 (Lawrie-Blum), ECLI:EU:C:1986:284; EuGH vom 03.06.1986, Rs. C-139/85 (Kempf), ECLI:EU:C:1986:223; EuGH vom 31.05.1989, Rs. C-344/87 (Bettray), ECLI:EU:C:1989:226; EuGH vom 11.11.2010, Rs. C-232/09 (Danosa), ECLI:EU:C:2010:674.

[83] Vgl. EuGH vom 03.05.2012, Rs. C-337/10 (Neidel), ECLI:EU:C:2012:263 ferner NJW 2012, 2420; Riesenhuber, Europäisches Arbeitsrecht, 2. Auflage, § 3 Rn. 9–12; Thüsing, Europäisches Arbeitsrecht, 4. Auflage, § 2 Rn. 12–16; Fuchs/Marhold/Friedich, Europäisches Arbeitsrecht, 6. Auflage, S. 84–89, ferner für Urlaubsansprüche von Beamten nach EU-Recht, Ahrends, Das europäische Urlaubsrecht. S. 154, 155 (2018).

[84] Vgl. § 14 Abs. 1 KSchG, § 5 Abs. 3 BetrVG, § 18 Abs. 1 Nr. 1 AZG.

[85] Vgl. hierzu Thüsing, Europäisches Arbeitsrecht, 4. Auflage, § 6 Rn. 26; Reichold, NZA 2001, 1054.

[86] Vgl. EuGH vom 04.12.1997, Rs. C-253/96 (Kampelmann), ECLI:EU:C:1997:585; ferner Art. 6 RL 91/533/EWG (Nachweis-Richtlinie).

[87] Vgl. zur Entwicklung zu einem einheitlichen europa-/arbeitsrechtlichen Arbeitnehmerstatus: Rebstock, ZESAR 2022, 415.

[88] Vgl. u. a. Wank, EuZA 2018, 327 ff.

- kurzfristig Beschäftigte (Tätigkeit weniger als einen Monat) – EuGH vom 04.06.2009, Rs. C-22/08 (Vatsouras/Koupatantze), ECLI:EU:C:2009:344
- Studienreferendare – EuGH vom 03.07.1986, Rs. C-66/85 (Lawrie-Blum), EC-LI:EU:C:1986:284 (EU-Bürger haben unter Hinweis auf die Arbeitnehmerfrei-zügigkeit Anspruch auf Übernahme als Studienreferendare)
- Arbeitnehmer bei internationalen Organisationen – EuGH vom 15.03.1989, Rs. C-389/87 (Echternach), ECLI:EU:C:1989:130
- Feuerwehrbeamte – EuGH vom 14.07.2005, Rs. C-52/04 (Personalrat der Feuer-wehr Hamburg), ECLI:EU:C:2005:467 (Feuerwehrbeamte als Arbeitnehmer, für die das EU-Arbeitszeitrecht anwendbar ist)
- sonstige Beamte – EuGH vom 03.06.1986, Rs. C-307/84 (Kommission/Frank-reich), ECLI:EU:C:1986:222; EuGH vom 03.05.2012, Rs. C-337/10 (Neidel), ECLI:EU:C:2012:263
- Alleingeschäftsführerin einer juristischen Person lettischen Rechts – EuGH vom 11.11.2010, Rs. C-232/09 (Danosa), ECLI:EU:C:2010:674 (Mutterschutz für Alleingeschäftsführerin einer lettischen Gesellschaft)
- Richter/innen/Teilzeitrichter/innen/sog. Recorder – EuGH vom 01.03.2012, Rs. C-393/10 (O'Brien), ECLI:EU:C:2012:110 (Richter/innen haben als Arbeitneh-mer Anspruch auf Teilzeitarbeit nach der EU-Richtlinie 97/81/EG)
- sozialversicherungsrechtliche DO-Angestellte – EuGH vom 07.04.2011, Rs. C-519/09 (May), ECLI:EU:C:2011:221 (sozialversicherungsrechtliche Di-enstordnungs-angestellte haben Anspruch auf Mindesturlaub nach der EU-Arbeitszeit-Richtlinie)
- Profisportler – EuGH vom 15.12.1995, Rs. C-415/93 (Bosman), ECLI:EU:C:1995:463
- Mitglieder einer kirchlichen Sekte – EuGH vom 05.10.1988, Rs. C-196/87 (Stey-mann), ECLI:EU:C:1988:475
- Prostituierte – EuGH vom 18.05.1992, Rs. C-115/81 (Adoui und Cornuaille), ECLI:EU:C:1982:183
- GmbH-Fremdgeschäftsführer – EuGH vom 09.07.2015, Rs. C-229/14 (Bal-kaya), ECLI:EU:C:2015:455
- Umschülerin trotz Bezahlung des Entgelts vom Arbeitsamt – EuGH vom 09.07.2015, Rs. C-229/14 (Balkaya), ECLI:EU:C:2015:455
- Rotes Kreuz Schwester – EuGH vom 17.11.2016, Rs. C-216/15 (Betriebsrat der Ruhrlandklinik), ECLI:EU:C:2016:883[89]

Abgelehnt wurde die Arbeitnehmereigenschaft vom EuGH für solche Perso-nen, deren Arbeit nicht als tatsächliche und echte wirtschaftliche Tätigkeit an-gesehen werden kann, da sie nur ein Mittel der Rehabilitation oder Wiederein-gliederung in das Arbeitsleben darstellen. Dies gilt insbesondere, wenn persön-liche Umstände vorliegen, aufgrund derer die Betroffenen nicht in der Lage sind, einer Beschäftigung unter normalen Bedingungen nachzugehen und diese Be-

---

[89] Vgl. u. a. Hartmann, EuZA 2017, 178.

schäftigung im Rahmen der sozialen Arbeitsbeschaffungsmaßnahmen, die ein
Arbeitsamt oder eine Gemeinde organisiert, erfolgt.[90]

1.6.4 Weite Auslegung des Entgeltbegriffs

Vergleichbar mit den vorangegangenen Ausführungen zur Auslegung des Arbeitnehmerbegriffs legt der EuGH auch den Begriff des Entgelts weit aus. Hintergrund
hierfür ist die primärrechtliche Regelung des Grundsatzes des gleichen Entgeltes
für Männer und Frauen nach Art. 157 AEUV. Entscheidendes Tatbestandsmerkmal
ist der Begriff Entgelt, unter den nach Art. 157 Abs. 2 AEUV die üblichen Grund-
oder Mindestlöhne und Gehälter sowie alle sonstigen Vergütungen einschließlich
Sachleistungen aufgrund eines Dienstverhältnisses fallen. Um den Schutzbereich
von Art. 157 Abs. 1 AEUV möglichst weit zu fassen, wird der Entgeltbegriff nach
Abs. 2 vom EuGH sehr weit ausgelegt.

So hat der EuGH im Einzelnen als Entgelt im Sinne von Art. 157 Abs. 1 und 2
AEUV anerkannt:

- Entgeltfortzahlung im Krankheitsfall – EuGH vom 13.07.1989, Rs. C-171/88
  (Rinner-Kühn), ECLI:EU:C:1989:328[91]
- Entgeltfortzahlung bei Mutterschaft – EuGH vom 13.02.1996, Rs. C-342/93
  (Gillespie), ECLI:EU:C:1996:46; EuGH vom 30.03.2004, Rs. C-147/02 (Ala-
  baster), ECLI:EU:C:2004:192[92]
- Anspruch auf Weihnachtsgratifikation – EuGH vom 09.09.1999, Rs. C-281/97
  (Krüger), ECLI:EU:C:1999:396[93]
- Abfindungen/Abfertigungen bei Beendigung des Arbeitsverhältnisses – EuGH
  vom 27.01.2000, Rs. C-190/98 (Graf), ECLI:EU:C:2000:49; EuGH vom
  17.02.1993, Rs. C-173/91 (Kommission/Belgien), ECLI:EU:C:1993:64[94]
- Übergangsgeld bei Beendigung des Arbeitsverhältnisses – EuGH vom
  27.06.1990, Rs. C-33/89 (Kowalska), ECLI:EU:C:1990:265[95]
- Überbrückungszahlungen aufgrund einer Betriebsvereinbarung bis zur Erlangung einer gesetzlichen Pension – EuGH vom 09.12.2004, Rs. C-19/02 (Hlozek), ECLI:EU:C:2004:779[96]

---

[90]Vgl. EuGH vom 31.05.1989, Rs. C-344/87 (Bettray), ECLI:EU:C:1989:226; Sodann hat der
EuGH die Arbeitnehmereigenschaft eines Studenten abgelehnt, der lediglich insgesamt vier Tage
im Unternehmen beschäftigt war, vgl. EuGH vom 01.10.2015, Rs. C-432/14 (O gegen Bio Phi-
lippe Auguste SARL), ECLI:EU:C:2015:643; ferner Hartmann, EuZA 2017, 156, 157.

[91]Vgl. hierzu Fuchs/Marhold, Europäisches Arbeitsrecht, 6. Auflage, S. 231 ff.; Blanpain, European Labour Law, 2014, 544–1548.

[92]Vgl. Fuchs/Marhold/Friedrich a. a. O. S. 232 (ohne dass sich jedoch aus Art. 157 AEUV ein Anspruch auf Mutterschaftsgeld in einer bestimmten Höhe herleiten ließe).

[93]Vgl. Blanpain, European Labour Law, 2014, 1547.

[94]Vgl. Fuchs/Marhold/Friedrich a. a. O. S. 232; Blanpain a. a. O.

[95]Vgl. Fuchs/Marhold/Friedrich a. a. O. S. 232; Blanpain a. a. O.; Grünberger/Husemann in Preis/
Sagan, Europäisches Arbeitsrecht, 2. Auflage, § 5 Rz. 5.37.

[96]Vgl. Fuchs/Marhold/Friedrich a. a. O.; Blanpain a. a. O.; Grünberger/Husemann a. a. O.

- Altersrente aufgrund eines durch Tarifvertrag geschaffenen betrieblichen Rentensystems – EuGH vom 17.05.1990, Rs. C-262/88 (Barber), ECLI:EU:C:1990:209; EuGH vom 09.10.2001, Rs. C-379/99(Menauer), ECLI:EU:C:2001:527[97]
- eine vom Arbeitgeber zu zahlende zusätzliche Entschädigung zur Arbeitslosenunterstützung – EuGH vom 13.07.2000, Rs. C-166/99 (Defreyn), ECLI:EU:C:2000:411[98]
- die Alterspension für Staatsbedienstete – EuGH vom 12.09.2002, Rs. C-351/00 (Niemi), ECLI:EU:C:2002:480[99]
- Beamtenpensionen – EuGH vom 29.11.2001, Rs. C-366/99 (Griesmar), ECLI:EU:C:2001:648; EuGH vom 13.12.2001, Rs. C-206/00 (Mouflin), ECLI:EU:C:2001:695[100]
- ein Altersruhegehalt für Beamte – EuGH vom 23.10.2003, Rs. C-4/02 u. 5/02 (Schönheit u. Becker), ECLI:EU:C:2003:583[101]
- Aufwandsentschädigungen bei Betriebs- und Personalratsschulungen – EuGH vom 06.02.1996, Rs. C-457/93 (Lewark), ECLI:EU:C:1996:33 sowie EuGH vom 07.03.1996, Rs. C-278/93 (Freers u. Speckmann), ECLI:EU:C:1996:83[102]
- Vergütung in Form bezahlter Arbeitsfreistellung für Betriebsratstätigkeit – EuGH vom 04.06.1992, Rs. C-360/90 (Bötel), ECLI:EU:C:1992:246
- vergünstigte Bahnreisen – EuGH vom 09.02.1982, Rs. C-12/81 (Garland), ECLI:EU:C:1982:44; EuGH vom 17.02.1998, Rs. C-249/96 (Grant), ECLI:EU:C:1998:63[103]
- der vom Dienstalter abhängige Aufstieg in eine höhere Vergütungsgruppe, – EuGH vom 07.02.1991, Rs. C-184/89 (Nimz), ECLI:EU:C:1991:50[104]
- Beihilfeleistungen für Beamte – EuGH vom 06.12.2012, Rs. C-124/11 (Dittrich), ECLI:EU:C:2012:771; NVwZ 2013, 132

1.6.5 Spannungsverhältnis zwischen Arbeitnehmerschutz und EU-Grundfreiheiten

Sowohl nach seiner Zielsetzung als auch nach seiner historischen Entwicklung ist das europäische Arbeitsrecht wie dargestellt Arbeitnehmerschutzrecht, Art. 151 Abs. 1, Art. 153 AEUV. AN als schwächere Vertragspartei sollen durch EU-

---

[97] Vgl. Fuchs/Marhold/Friedrich a. a. O.; Preis a. a. O.

[98] Vgl. Fuchs/Marhold/Friedrich a. a. O. S. 233.

[99] Vgl. Fuchs/Marhold/Friedrich a. a. O.

[100] Vgl. Fuchs/Marhold/Friedrich a. a. O. S. 233, 234.

[101] Vgl. Fuchs/Marhold/Friedrich a. a. O.; Blanpain, European Labour Law, 2014, 1561–1564.

[102] Vgl. Fuchs/Marhold/Friedrich a. a. O. S. 234–235.

[103] Vgl. Fuchs/Marhold/Friedrich a. a. O. S. 234–235; Blanpain, European Labour Law, 2014, 1556.

[104] Da dieser mit einer Gehaltserhöhung gleichzusetzen ist; siehe Fuchs/Marhold a. a. O.; Grünberger/Husemann in Preis/Sagan, Europäisches Arbeitsrecht, 2. Auflage, § 5 Rz. 5.40.

einheitliche Normen geschützt werden.[105] Das weitere Ziel, durch ein europäisches Arbeitsrecht Wettbewerbsgleichheit herbeizuführen, ist von nachrangiger Bedeutung.[106] Der Arbeitnehmerschutz kann allerdings in ein Spannungsverhältnis zu anderen EU-Grundfreiheiten, insbesondere der Dienstleistungsfreiheit nach Art. 56 AEUV[107] und auch der Niederlassungsfreiheit nach Art. 49 AEUV geraten.

Unter Dienstleistungen werden Leistungen verstanden, die in der Regel gegen Entgelt erbracht werden, insbesondere gewerbliche, kaufmännische, handwerkliche und freiberufliche Tätigkeiten, Art. 57 AEUV. Damit ist durch Art. 56 AEUV auch die Freiheit des Arbeitgebers geschützt, mit Hilfe seiner Arbeitnehmer Dienstleistungen in der gesamten Europäischen Union zu erbringen.[108] Beschränkungen des freien Dienstleistungsverkehrs innerhalb der Union sind für Angehörige der Mitgliedsstaaten grundsätzlich verboten, Art. 56 Abs. 1 AEUV. Bei dauerhafter wirtschaftlicher Integration in den Aufnahmestaat kann zudem die Niederlassungsfreiheit des Arbeitgebers bei Vorhandensein einer entsprechenden Betriebsstätte nach Art. 49 AEUV betroffen sein.[109] Insbesondere Arbeitnehmer-Schutzvorschriften im Zusammenhang mit der Entsendung von Arbeitnehmern (vgl. Kap. 13 und 14) und der Beschäftigung von Leiharbeitnehmern (vgl. Kap. 11) können mit dem Recht der Dienstleistungsfreiheit und ggf. der Niederlassungsfreiheit kollidieren.[110]

1.6.6 Grundsatz der Verhältnismäßigkeit bei der Einschränkung von EU-Grundfreiheiten

Im Rahmen dieses Spannungsverhältnisses ist die Beachtung des Verhältnismäßigkeitsgrundsatzes von besonderer Bedeutung. Nach Art. 5 Abs. 4 EUV haben Organe der Union den Grundsatz der Verhältnismäßigkeit zu beachten. Dies bedeutet, dass Maßnahmen der Union inhaltlich wie formal nicht über das zur Erreichung der Ziele der Verträge erforderliche Maß hinausgehen dürfen. Entsprechende Grundsätze sind bei der Einschränkung von EU-Grundfreiheiten zu beachten. Der Verhältnismäßigkeitsgrundsatz gilt nicht nur – wie in Art. 5 Abs. 4 EUV vorgesehen – für Organe der Union, sondern als allgemeines Rechtsstaatsprinzip auch für nationale Regelungen der Mitgliedsstaaten. Konsequenterweise verweist der EuGH regelmäßig darauf, dass bei Einschränkungen von EU-Grundfreiheiten aus Arbeitnehmerschutzgründen der Verhältnismäßigkeitsgrundsatz zu beachten sei.[111] Es

---

[105] Vgl. hierzu auch Riesenhuber, Europäisches Arbeitsrecht, 2. Auflage, § 1 Rn. 1–6; ferner Schiek, Europäisches Arbeitsrecht, 3. Auflage, S. 17–20 sowie 31.

[106] Vgl. Fuchs/Marhold/Freidrich, Europäisches Arbeitsrecht, 6. Auflage, S. 10–12; Schiek, Europäisches Arbeitsrecht, 3. Auflage, S. 31.

[107] Vgl. Körner, NZA 2007, 233.

[108] Vgl. Körner a. a. O.

[109] Vgl. Schlachter, Casebook Europäisches Arbeitsrecht, S. 45, 46.

[110] Vgl. Wank, NZA 2005, Beilage 2, 88; Hantel, ZESAR 2014, 261; 313.

[111] So EuGH vom 15.05.1986, Rs. C-222/84 (Johnston), ECLI:EU:C:1986:206; ferner EuGH vom 19.01.2010, Rs. C-555/07 (Kücükdeveci), ECLI:EU:C:2010:21; ferner Fuchs/Marhold/Friedrich, Europäisches Arbeitsrecht, 6. Auflage, S. 105.

muss bei jeder Einschränkung von EU-Grundfreiheiten durch nationale Regelungen der Mitgliedsstaaten geprüft werden, ob das eingesetzte Mittel zur Erreichung eines legitimen nationalen Ziels angemessen und erforderlich sei.[112]

Bei nationalen Arbeitnehmerschutzregelungen prüft der EuGH daher regelmäßig, ob diese geeignet und auch erforderlich sind, um die Arbeitnehmer zu schützen und ob diese tatsächlich auch einen Vorteil durch die die Dienstleistungsfreiheit einschränkende Regelung erlangen.[113] Insoweit nimmt der EuGH bei kollidierenden EU-Rechtsprinzipien eine Rechtsgüterabwägung vor.[114] Daher unterliegen Rechtfertigungsgründe, vergleichbar mit der Schrankendogmatik des Bundesverfassungsgerichts, ihrerseits Einschränkungen, den sog. Schranken-Schranken.[115]

1.7 Internationales Arbeitsrecht

Das europäische Arbeitsrecht ist zu unterscheiden vom internationalen Arbeitsrecht. Hierunter wird zum einen das sog. „International Labor Law" verstanden, dass seinen Ursprung in den Regelungen der internationalen Arbeitsorganisation (ILO) hat. Die ILO hat ihren Sitz in Genf und wurde 1919 gegründet. Zu ihren Aufgaben gehört die Empfehlung zur Schaffung international gültiger Arbeits- und Sozialrechtsnormen. Ergänzend zu nennen sind noch völkerrechtliche Vereinbarungen mit arbeits- und sozialrechtlichem Inhalt. Hierzu gehört insbesondere die Europäische Sozialcharta (ESC), die 1961 vom Europarat initiiert wurde. In der ESC werden eine Vielzahl von sozialen Rechten, wie das Recht auf Arbeit, die Koalitions- und Vereinigungsfreiheit,[116] das Recht auf Kollektivverhandlungen und soziale Sicherheit sowie Schutzrechte für Wanderarbeiter und ihre Familien genannt. Anders als die EMRK enthält die ESC aber nicht die Möglichkeit, dass Einzelpersonen ihre Verletzung gerichtlich geltend machen können. Die ESC ist vielmehr eine objektive Wertentscheidung, die als völkerrechtliche Verpflichtung von den Gerichten zu beachten ist. Die hiermit zusammenhängenden Fragen sollen an dieser Stelle nicht weiter behandelt werden.[117]

Allerdings gehört zum internationalen Arbeitsrecht das Kollisionsrecht, also diejenigen nationalstaatlichen Regelungen, die bestimmen, welche nationale Rechts-

---

[112] Vgl. EuGH vom 15.03.2001, Rs. C-165/98 (Mazzoleni), ECLI:EU:C:2001:162; EuGH vom 25.10.2001, Rs. C-49/98 (Finalarte), ECLI:EU:C:2001:564; EuGH vom 03.04.2008, Rs. C-346/06 (Rüffert), ECLI:EU:C:2008:189.

[113] Vgl. EuGH Mazzoleni a. a. O.; EuGH Finalarte a. a. O.; EuGH Rüffert a. a. O.

[114] Vgl. Riesenhuber, Europäisches Arbeitsrecht, 2. Auflage, § 3 Rn. 81.

[115] Vgl. Riesenhuber a. a. O.; sowie zum Problem der Schranken-Schranken bei Grundrechtseingriffen: BVerfGE 67, 172; 71, 214; Jarass/Pieroth, GG, 18. Auflage, Vorb. vor Art. 1 GG, Rn. 37 ff.; Sodan, GG, 5. Auflage, Vorb. vor Art. 1 GG, Rn. 50 ff.

[116] Vgl. insb. zur Beschränkung des Streikrechts unter Beachtung der ESC: BAGE 104, 166, 167.

[117] Vgl. hierzu Schiek, Europäisches Arbeitsrecht, 3. Auflage, S. 34 ff.; Thüsing, Europäisches Arbeitsrecht, 4. Auflage, § 1 Rn. 23, 24 sowie § 13 Rn. 1–3; Hergenröder in Henssler/Willemsen/Kalb, Arbeitsrecht Kommentar, 12. Auflage, Art. 9 Rn. 261, 262; Blanpain, European Labour Law, 2014, 247, 248.

ordnung auf ein bestimmtes Arbeitsverhältnis Anwendung findet.[118] Dieser Teil des internationalen Arbeitsrechts enthält keine materiell-sachlichen Regelungen sondern nur Kollisionsnormen. Die für das Arbeitsrecht wichtigen Regelungen fanden sich zunächst in Art. 27, 30 EGBGB und sind dann durch die sog. Brüssel Ia-VO sowie die Rom-I- und Rom-II-Verordnungen abgelöst worden. Die hiermit zusammenhängenden EU-rechtlichen Probleme werden in Kap. 20 und 21 dargestellt. Schließlich sind auch die kollisionsrechtlichen Regelungen hinsichtlich der Anwendung der Systeme der sozialen Sicherheit bei einem grenzüberschreitenden Einsatz von AN (vgl. Kap. 23) und zum Beschäftigten-Datenschutz (vgl. Kap. 24) bedeutsam.

---

[118] Vgl. Schiek a. a. O.; Thüsing a. a. O.; Riesenhuber, Europäisches Arbeitsrecht, 2. Auflage § 1 Rn. 12–15.

Art. 45 AEUV als Recht auf Aufenthalt und freien Zugang zum Arbeitsmarkt anderer Mitgliedsstaaten

2

▶ **Aktuelle Verordnungen und Richtlinien**
- Verordnung (EU) Nr. 492/2011 (Freizügigkeits-VO)[1] (siehe Abb. 2.1)
- Richtlinie 2004/38/EG (RL über das Recht der Unionsbürger und ihrer Familienangehörigen, sich im Hoheitsgebiet der Mitgliedsstaaten frei zu bewegen und aufzuhalten)[2] (siehe Abb. 2.2)
- Kurzübersicht Fälle (siehe Abb. 2.3)

Die Arbeitnehmerfreizügigkeit gehört zu den Grundfreiheiten der Union. Sie verbietet jede unmittelbare oder mittelbare Diskriminierung von AN der Mitgliedsstaaten aufgrund der Staatsangehörigkeit in Bezug auf einen freien Zugang zum Arbeitsmarkt anderer Mitgliedsstaaten.

---

[1] ABl. Nr. L 141 S. 1.
[2] ABl. Nr. L 158 S. 77, ber. ABl. Nr. L 229 S. 35.

© Der/die Herausgeber bzw. der/die Autor(en), exklusiv lizenziert an Springer-Verlag GmbH, DE, ein Teil von Springer Nature 2025
P. Hantel, *Europäisches Arbeitsrecht*, Springer-Lehrbuch,
https://doi.org/10.1007/978-3-662-70226-0_2

1. Primärrechtliche Kompetenznorm Art. 46 AEUV	Alle erforderlichen Maßnahmen, um die Freizügigkeit der Arbeitnehmer herzustellen, insbesondere - hinsichtlich des Zugangs zu verfügbaren Arbeitsplätzen - hinsichtlich Beseitigung von beschränkenden Rechtsvorschriften - hinsichtlich Schaffung geeigneter Verfahrensregelungen
2. Ziel (Erwägungsgrund 2 u. 6)	Gewährleistung und Förderung der Arbeitnehmerfreizügigkeit
3. Anwendungsbereich (Art. 1)	- Jeder Staatsangehörige eines Mitgliedsstaates, - der unabhängig von seinem Wohnort eine Tätigkeit im Lohn- oder Gehaltsverhältnis in einem anderen Mitgliedsstaat aufnimmt oder ausübt. - Unionsbürgerschaft nicht ausreichend - Arbeitnehmereigenschaft erforderlich
4. Freier Zugang zum Arbeitsmarkt aller Mitgliedsstaaten (Art. 1 – 6 u. 9)	- Verbot diskriminierender Vorschriften beim Zugang zur Beschäftigung, Art. 3 - Verbot zahlen- und anteilsmäßiger Beschränkung von Arbeitnehmern bzw. Arbeitnehmergruppen, Art. 4 - freies Wohnrecht im Tätigkeitsstaat, Art. 9
5. Arbeitsrechtliche Gleichbehandlung (Art. 7, 8)	- keine Benachteiligung bei Beschäftigungs- und Arbeitsbedingungen - gleiches Recht auf gewerkschaftliche Betätigung wie die Staatsangehörigen des Tätigkeitsstaates
6. Sozial- und steuerrechtliche Gleichbehandlung (Art. 7 Abs. 2)	- Anspruch auf die gleichen sozialen Vergünstigungen wie inländische Arbeitnehmer - Anspruch auf die gleichen steuerlichen Vergünstigungen wie inländische Arbeitnehmer

Abb. 2.1 VO (EU) Nr. 492/2011 über die Freizügigkeit der Arbeitnehmer innerhalb der Union. (Freizügigkeits-VO)

1. Primärrechtliche Kompetenznorm Art. 18 Abs. 2 AEUV Art. 21 Abs. 3 AEUV	- Regelungen über das Verbot von Diskriminierungen wegen Staatsangehörigkeit - Regelungen im Zusammenhang mit der Sicherung der Freizügigkeit für Unionsbürger
2. Ziel (Art. 1)	Ergänzende Regelungen zum Freizügigkeits- und Aufenthaltsrecht von Unionsbürgern
3. Anwendungsbereich (Art. 1)	Unionsbürger und ihre Familienangehörigen (Arbeitnehmerstatus nicht erforderlich)
4. Aufenthaltsrecht für Unionsbürger (Art. 6)	bis zu 3 Monaten
5. Aufenthaltsrecht für Arbeitnehmer (Art. 7)	über 3 Monate
6. Daueraufenthaltsrecht für Unionsbürger (Art. 16, 17)	- nach 5jährigem ununterbrochenem rechtmäßigen Aufenthalt in einem Mitgliedsstaat, - bei Arbeitnehmern nach mindestens 12monatiger Tätigkeit und 3jährigem ununterbrochenem Aufenthalt, wenn sie das für eine Altersrente vorgesehene Alter erreicht haben
7. Recht auf Gleichbehandlung (Art. 24)	- Anspruch auf gleiche Behandlung wie die Staatsangehörigen des Aufnahmemitgliedsstaates - Ausnahme bei Sozialhilfeleistungen, Art. 24 Abs. 2 - Ausnahme bei Studienbeihilfen vor Erwerb des Rechts auf Dauererlaubnis, Art. 24 Abs. 2
8. Einschränkungsmöglichkeit aus Gründen der öffentlichen Ordnung, Sicherheit und Gesundheit (Art. 27)	- hohe Anforderungen an das Vorliegen der Einschränkungsgründe, - strenge Beachtung des Verhältnismäßigkeitsgrundsatzes, - Einschränkungsgründe dürfen nicht zu wirtschaftlichen Zwecken geltend gemacht werden

Abb. 2.2 RL 2004/38/EG über das Recht der Unionsbürger und ihrer Familienangehörigen, sich im Hoheitsgebiet der Mitgliedsstaaten frei zu bewegen und aufzuhalten. (Unionsbürger-Richtlinie bzw. Freizügigkeits-Richtlinie)

2.5.1 Fall Lawrie-Blum, EuGH vom 03.07.1986, Rs. C-66/85, ECLI:EU:C:1986:284	Arbeitnehmer im Sinne des Unionsrechts sind Personen, die Weisungen unterliegen, eine Vergütung erhalten und Dienstleistungen von wirtschaftlichem Wert erbringen, ohne dass die Definition eines Arbeitnehmers nach nationalem Recht maßgebend ist.
2.5.2 Fall Heylens, EuGH vom 15.10.1987, Rs. C-222/86, ECLI:EU:C:1987:442	Die Beurteilung der Gleichwertigkeit eines ausländischen Diploms muss nach objektiven und transparenten Kriterien erfolgen.
2.5.3 Fall Kempf, EuGH vom 03.06.1986, Rs. C-139/85, ECLI:EU:C:1986:223	Der Bezug ergänzender öffentlicher Sozialleistungen zum Arbeitsentgelt steht dem Schutz des Freizügigkeitsrechts nicht entgegen.
2.5.4 Fall Bonsignore, EuGH vom 26.02.1975, Rs. C-67/74, ECLI:EU:C:1975:34	Eine Einschränkung des Freizügigkeitsrechts unter dem Aspekt der öffentlichen Sicherheit, Ordnung und Gesundheit darf nur unter Beachtung des Verhältnismäßigkeitsgrundsatzes erfolgen. Generalpräventive Gesichtspunkte sind hierfür nicht ausreichend.

Abb. 2.3 Kurzübersicht Fälle

2.1   Subjektives Recht zugunsten von AN und auch von AG

Die Arbeitnehmerfreizügigkeit soll als Individualrecht die AN vor unverhältnismäßigen mitgliedsstaatlichen Beschränkungen bei der grenzüberschreitenden Berufstätigkeit schützen. Sie gibt den AN für alle Phasen der Berufsausübung – von der Arbeitssuche über die Berufstätigkeit bis zum Verbleib nach der Beendigung – einen freien Zugang zum Arbeitsmarkt aller Mitgliedsstaaten der Union.[3] Ökonomisches Ziel der Arbeitnehmerfreizügigkeit ist die Mobilität des Produktionsfaktors Arbeit.[4]

Die Arbeitnehmerfreizügigkeit entfaltet unmittelbare Wirkung in den Rechtsordnungen der Mitgliedsstaaten. Es handelt sich daher um ein subjektives Recht der Arbeitnehmer, das alle mitgliedsstaatlichen Verwaltungen und Gerichte zu beachten haben.[5] Wie ausgeführt, wird der Begriff AN allein nach europarechtlichen Kriterien und daher sehr weit ausgelegt.[6] Allerdings entfaltet Art. 45 AEUV auch Schutzwirkungen zugunsten Dritter, insbesondere von Familienangehörigen.[7] Auf die Freizügigkeit können sich somit nicht nur AN selbst sondern auch im Zusammenhang mit der Freizügigkeits-VO deren Angehörige berufen. Die Angehörigen genießen im Rahmen der Freizügigkeitsverordnung einen von den AN abgeleiteten Schutz. Schließlich können sich auch AG auf die Freizügigkeit berufen, da nach dem Willen des EU-Gesetzgebers auch diese in den Schutzbereich der Grundfreiheit fallen, insbesondere webb sie mit ihren AN im EU-Ausland Dienstleistungen erbringen.[8]

Der freie Zugang zum Arbeitsmarkt eines anderen Mitgliedsstaates umfasst das Recht auf Einreise, Aufenthalt und Verbleib in einem anderen Mitgliedsstaat. Das Aufenthaltsrecht ist unabdingbare Voraussetzung für den Zugang eines Arbeitnehmers zum Arbeitsmarkt eines anderen Mitgliedsstaates.[9] Nach Art. 45 Abs. 2 AEUV haben die Arbeitnehmer insbesondere das Recht, sich im Hoheitsgebiet der Mitgliedsstaaten frei aufzuhalten, sich dort frei zu bewegen und nach den geltenden

---

[3] Vgl. Blanpain, European Labour Law, 2014, 644; Riesenhuber, Europäisches Arbeitsrecht, 2. Auflage, § 1 Rn 4–6; Schiek, Europäisches Arbeitsrecht, 4. Auflage, S. 195 ff.

[4] Vgl. Blanpain a. a. O., 643; Schütz/Bruha/König, Casebook Europarecht, § 11 Anm. 1.

[5] Vgl. EuGH vom 04.12.1974, Rs. C-41/74 (van Duyn), ECLI:EU:C:1974:133.

[6] Vgl. im Folgenden EuGH vom 03.07.1986, Rs. C-66/85 (Lawrie-Blum), ECLI:EU:C:1986:284; EuGH vom 03.06.1986, Rs. C-139/85 (Kempf), ECLI:EU:C:1986:223; EuGH vom 31.05.1989, Rs. C-344/87 (Bettray), ECLI:EU:C:1989:226.

[7] Vgl. Riesenhuber, Europäisches Arbeitsrecht, 2. Auflage, § 3 Rn. 2 auch AG aber vor allem Familienangehörige Rn. 13; Schlachter, ZESAR 2011, 156.

[8] So hat der EuGH auf Klage eines Arbeitgebers eine niederländische Regelung für unvereinbar mit der Arbeitnehmerfreizügigkeit angesehen, nach der Arbeitsverträge mit grenzüberschreitendem Charakter zwingend in einer bestimmten Amtssprache abzufassen sind; vgl. EuGH vom 16.04.2013, Rs. C-202/11 (Las), ECLI:EU:C:2013:239 ferner RIW 2013, 372; ferner EuGH vom 27.03.1990, Rs. C-113/89 (Rush), ECLI:EU:C:1990:142; Riesenhuber a. a. O.; Schlachter a. a. O.; Franzen, EuZA 2014, 301.

[9] Vgl. Thüsing, Europäisches Arbeitsrecht, 4. Auflage, § 2, Rn. 4; Riesenhuber a. a. O.; Langer, NZA 2005, Beilage 2, 83; Wank, NZA 2005, Beilage 2, 88.

Rechts- und Verwaltungsvorschriften eine Beschäftigung auszuüben. Die ergänzenden Regelungen zur Freizügigkeit nach Art. 45 AEUV sind insbesondere in der Verordnung (EU) Nr. 492/2011, der sog. Freizügigkeits-Verordnung geregelt. Das entsprechende Aufenthaltsrecht für Familienangehörige von Arbeitnehmern ergibt sich darüber hinaus aus der Richtlinie 2004/38/EG über das Recht der Unionsbürger und ihrer Familienangehörigen, sich im Hoheitsgebiet der Mitgliedsstaaten frei zu bewegen und aufzuhalten. Im Zusammenhang mit dem Aufenthaltsrecht ist die Freizügigkeit daher auch für die öffentlich-rechtlichen Aufenthaltsregelungen von Arbeitnehmern und ihren Angehörigen von Bedeutung[10] (vgl. unten Abschn. 2.4).

2.2 Beschränkung der Freizügigkeit aus Gründen der öffentlichen Sicherheit, Ordnung und Gesundheit nach Art. 45 Abs. 3 AEUV

Das Freizügigkeitsrecht steht unter dem Vorbehalt von Gründen der öffentlichen Sicherheit, Ordnung und Gesundheit. Im Hinblick auf die nationalen Interessen der Mitgliedsstaaten ist dieser Vorbehalt im Primärrecht verankert worden. Vergleichbare Regelungen finden sich auch bei der Einschränkungsmöglichkeit anderer EU-Grundfreiheiten, Art. 36, 52, 62, 65 AEUV. Die Tatbestandsmerkmale der öffentlichen Sicherheit, Ordnung und Gesundheit sind unionsrechtlich nicht definiert. Gleichwohl erfolgt eine Auslegung dieser Begriffe nicht nach nationalem Recht.[11] Andernfalls hätten es die Mitgliedsstaaten in der Hand, das Freizügigkeitsrecht nach ihren Vorstellungen einzuschränken. Um dem Freizügigkeitsrecht eine möglichst große Wirksamkeit zu verschaffen, stellt der EuGH sehr hohe Anforderungen an das Vorliegen von Gründen der öffentlichen Sicherheit, Ordnung und Gesundheit. Strafrechtliche Verurteilungen sind allein nicht ohne weiteres geeignet, die Freizügigkeit einzuschränken.[12]

Art. 45 Abs. 3 AEUV wird vom EuGH als eng auszulegende Ausnahmevorschrift angesehen, die ein erhebliches persönliches Fehlverhalten des Betroffenen erfordert, das zudem mit einem entsprechenden Gefährdungspotenzial verbunden ist.[13] Auch Aspekten der Sittlichkeit – hier Prostitution – steht der EuGH als Rechtfertigung zur Einschränkung der Freizügigkeit eher zurückhaltend gegenüber.[14]

---

[10] Vgl. Thüsing a. a. O. § 2 Rn. 5, 6; Riesenhuber a. a. O.; Langer a. a. O.; Wank a. a. O.

[11] Vgl. u. a. Fuchs/Marhold/Friedrich, Europäisches Arbeitsrecht, 6. Auflage S. 158, 159; Riesenhuber a. a. O. § 3 Rn. 40–42; Hantel, ZESAR 2018, 61.

[12] Vgl. EuGH vom 28.10.1975, Rs. C-36/75 (Rutili), ECLI:EU:C:1975:137; Fuchs/Marhold a. a. O.; Riesenhuber a. a. O.; ferner Hantel, ZESAR 2018, 61; Blanpain a. a. O., 700.

[13] Vgl. EuGH vom 26.02.1975, Rs. C-67/74 (Bonsignore), ECLI:EU:C:1975:34; EuGH Rutili a. a. O.; denkbar wären Fälle nachweisbarer terroristischer Aktivitäten oder schwerer ansteckender Erkrankungen, z. B. Ebola-Fälle.

[14] Vgl. EuGH vom 18.05.1982, Rs. C-115/81 (Adoui und Cornuaille), ECLI:EU:C:1982:183; Fuchs/Marhold/Friedrich a. a. O.; Riesenhuber a. a. O.

Schon gar nicht kann der Hinweis auf wirtschaftliche Zwecke eines Mitgliedsstaates als Gründe der öffentlichen Sicherheit, Ordnung und Gesundheit im Sinne
von Art. 45 Abs. 3 AEUV angesehen werden.[15] Mithin kann aus den Entscheidungen
des EuGH der Grundsatz entnommen werden, dass die Hürden für eine Einschränkung der Arbeitnehmerfreizügigkeit aus Gründen der öffentlichen Sicherheit, Ordnung und Gesundheit sehr hoch sind und nur bei strenger Beachtung des Verhältnismäßigkeitsgrundsatzes überhaupt in Betracht kommen kann.[16]

2.3   Keine Anwendung auf die Beschäftigung in der öffentlichen Verwaltung nach Art. 45 Abs. 4 AEUV

Das Freizügigkeitsrecht findet nach Art. 45 Abs. 4 AEUV keine Anwendung für den
Zugang zur öffentlichen Verwaltung.[17] Allerdings wird der Begriff der öffentlichen Verwaltung – vergleichbar mit dem Tatbestandsmerkmal der öffentlichen Sicherheit, Ordnung und Gesundheit – ebenfalls nach unionsrechtlichen Grundsätzen und nicht nach
den Vorgaben des Mitgliedsstaates ausgelegt.[18] Damit die Freizügigkeit einen möglichst weiten Anwendungsbereich hat, wird der Begriff öffentliche Verwaltung auf
einen Kernbereich der staatlichen Verwaltung reduziert. Hierzu gehören ausschließlich
Tätigkeiten, die mit der Ausübung hoheitlicher Befugnisse und der Wahrung der allgemeinen Belange unmittelbar verbunden sind.[19] So können lediglich die Bereiche Mi-
litär, Polizei, Justiz, Gesetzgebung und diplomatischer Dienst vom Freizügigkeitsrecht
ausgenommen und den eigenen Staatsangehörigen vorbehalten werden.[20]

2.4   Ergänzende Regelungen in der Freizügigkeits-VO sowie in Richtlinie 2004/38/EG

Die primärrechtlichen Regelungen in Art. 45 AEUV werden ergänzt durch die Frei-
zügigkeits-VO Nr. 492/2011. In der vorgenannten auf Art. 46 AEUV basierenden
Verordnung werden Detailfragen hinsichtlich des Zugangs zur Beschäftigung,
Art. 1 ff., hinsichtlich der Ausübung der Beschäftigung und der Gleichbehandlung,
Art. 7 ff., sowie der Rechte für Familienangehörige der AN, Art. 10, geregelt.
Einzelheiten über den Zugang zum Arbeitsmarkt aller Mitgliedsstaaten sind in
Art. 1 und 2 der Freizügigkeits-VO enthalten. Nach Art. 1 ist jeder Staatsangehörige

---

[15]Vgl. EuGH vom 03.06.1992, Rs. C-360/89 (Kommission/Italien), ECLI:EU:C:1992:235 sowie
Fuchs/MarholdFriedrich a. a. O. S. 161 (insbesondere zu Fragen der Steurschuld und Steuerhinter-
ziehung); Riesenhuber a. a. O.

[16]Vgl. Fuchs/Marhold/Friedrich a. a. O. S. 159, 160; Riesenhuber a. a. O.

[17]Vgl. Langer, NZA 2005, Beilage 2, 83; Thüsing a. a. O. Rn. 17; ferner Hantel, ZESAR 2018, 61;
Blanpain a. a. O., 700.

[18]Vgl. EuGH vom 26.05.1982, Rs. C-149/79, (Kommission/Belgien), ECLI:EU:C:1982:195;
Riesenhuber a. a. O. Rn. 22–24.

[19]Vgl. EuGH Kommission/Belgien a. a. O.; Langer a. a. O.; Thüsing a. a. O. Rn. 17.

[20]Vgl. Langer a. a. O.; Thüsing a. a. O. Rn. 17.

eines Mitgliedsstaates ungeachtet seines Wohnortes berechtigt, seine Tätigkeit im Lohn- oder Gehaltsverhältnis im Hoheitsgebiet eines anderen Mitgliedsstaates aufzunehmen und auszuüben. Zudem können nach Art. 2 Staatsangehörige eines Mitgliedsstaates und AG, die eine Tätigkeit im Hoheitsgebiet eines Mitgliedsstaates ausüben, ihre Stellenangebote und Arbeitsgesuche austauschen sowie Arbeitsverträge ohne Diskriminierung abschließen und auch erfüllen. Zudem erhalten Staatsangehörige eines Mitgliedsstaates nach Art. 5 der Freizügigkeits-VO in einem anderen Mitgliedsstaat die gleiche Hilfe von Arbeitsämtern, wie sie den eigenen Staatsangehörigen gewährt wird. Darüber hinaus enthält die Freizügigkeits-VO Regelungen über die Zusammenarbeit der Mitgliedsstaaten im Bereich der Freizügigkeit und Beschäftigung von Arbeitnehmern.

Von der Freizügigkeits-VO zu unterscheiden sind die aufenthaltsrechtlichen Regelungen in Richtlinie 2004/38/EG. Die dort vorgesehenen Regelungen knüpfen nicht an die Arbeitnehmerfreizügigkeit, sondern an die Freizügigkeit von Unionsbürgern nach Art. 21 AEUV an. Die Richtlinie 2004/38/EG wird daher zum Teil auch Unionsbürger-Richtlinie genannt. Das Recht zur Einreise ist in Art. 5 und das Recht zum Aufenthalt in Art. 6 und 16 RL 2004/38/EG enthalten. Die in dieser Richtlinie enthaltenen Regelungen betreffen vorrangig das Recht auf Aus- und Einreise sowie das Aufenthaltsrecht von Unionsbürgern, sodass diese Regelungen nicht vorrangig Arbeits- und Erwerbstätigkeit betreffen, sodass auf weitere Ausführungen im Zusammenhang mit dem Europäischen Arbeitsrecht verzichtet werden kann.

2.5   Praktische Fallbeispiele

Die nachfolgenden Entscheidungen enthalten zunächst Beispiele für die weite Auslegung des Arbeitnehmerbegriffs[21] sowie die enge Auslegung der Begriffe öffentliche Sicherheit, Ordnung und Gesundheit[22] und des Begriffs der öffentlichen Verwaltung.[23] Damit zusammenhängend werden Fragen der Anerkennung ausländischer Ausbildungsabschlüsse und Fragen des Zugangs zum ausländischen Arbeitsmarkt[24] behandelt.

2.5.1   Fall Lawrie-Blum, EuGH vom 03.07.1986, Rs. C-66/85, ECLI:EU:C:1986:284[25]

Die britische Staatsangehörige L hat in Freiburg Russisch und Anglistik studiert und das Studium erfolgreich abgeschlossen. Sie beantragt nunmehr die Zulassung zum Vorbereitungsdienst für das Lehramt an deutschen Schulen. Das deutsche Ober-

---

[21] Vgl. EuGH vom 03.07.1986, Rs. C-66/85 (Lawrie-Blum), ECLI:EU:C:1986:284; EuGH vom 31.05.1989, Rs. C-344/87 (Bettray), ECLI:EU:C:1989:226; EuGH vom 03.06.1986, Rs. C-139/85 (Kempf), ECLI:EU:C:1986:223.

[22] Vgl. EuGH vom 26.02.1975, Rs. C-67/74 (Bonsignore), ECLI:EU:C:1975:34.

[23] Vgl. EuGH (Lawrie-Blum) a. a. O.

[24] Vgl. EuGH vom 15.10.1987, Rs. C-222/86 (Heylens), ECLI:EU:C:1987:442.

[25] Siehe auch NJW 1987, 1138; NVwZ 1987, 41.

schulamt lehnt die Übernahme von L mit der Begründung ab, der pädagogische Vorbereitungsdienst setze ein Beamtenverhältnis voraus, was nur durch Deutsche im
Sinne von Art. 116 GG begründet werden kann. Auch könne sich L nicht auf die
Arbeitnehmerfreizügigkeit berufen, da es um die Begründung eines Beamtenverhältnisses geht. Nachdem L wegen Nichtübernahme in den pädagogischen Vorbereitungsdienst um Rechtsschutz bei den Verwaltungsgerichten nachsuchte, legte das
Bundesverwaltungsgericht dem EuGH den Fall zur Vorabentscheidung der Frage
vor, ob die Freizügigkeitsregelungen den Staatsangehörigen eines Mitgliedsstaates
das Recht einräumen, in einem anderen Mitgliedsstaat unter gleichen Bedingungen
wie ein Inländer zum staatlichen Vorbereitungsdienst für ein Lehramt zugelassen
zu werden.

Der EuGH geht zunächst davon aus, dass auch Studienreferendare als AN im
Sinne des EU-Rechts anzusehen seien, da sie der Weisung und der Aufsicht der
Schule unterliegen, eine Vergütung erhalten und Dienstleistungen von wirtschaft-
lichem Wert erbringen. Zudem könne der Vorbereitungsdienst für ein Lehramt nicht
als Beschäftigung in der öffentlichen Verwaltung nach Art. 45 Abs. 4 AEUV angesehen werden, da nicht der Kernbereich staatlicher Tätigkeit betroffen sei. Nur
hierzu darf den Staatsangehörigen der anderen Mitgliedsstaaten der Zugang verweigert werden. Insoweit war das Land Baden-Württemberg verpflichtet, L die weitere Ausbildung zu ermöglichen.

Die wichtigsten Leitsätze

1. Da die Freizügigkeit der AN eines der Grundprinzipien der Union ist, kann
   der Begriff des Arbeitnehmers im Sinne von Art. 45 AEUV[26] nicht nach dem
   nationalen Recht unterschiedlich ausgelegt werden. Der EU-rechtliche Begriff AN ist, da er den Anwendungsbereich dieser Grundfreiheit festlegt, weit
   auszulegen. (Rn. 16)
2. Dieser Begriff ist anhand objektiver Kriterien im Hinblick auf die Rechte und
   Pflichten der betroffenen Personen zu definieren. Das wesentliche Merkmal
   des Arbeitsverhältnisses besteht aber darin, dass jemand während einer bestimmten Zeit für einen anderen nach dessen Weisung Leistungen erbringt,
   für die er eine Vergütung erhält. (Rn. 17)
3. Studienreferendare unterstehen während der Dauer des Vorbereitungsdienstes
   der Weisung und Aufsicht der Schule, die ihnen die zu erbringenden Leistungen und die Arbeitszeiten vorschreibt, deren Anweisungen auszuführen und
   einzuhalten sind. Während des Vorbereitungsdienstes ist den Schülern Unterricht zu erteilen, sodass zugunsten der Schule Dienstleistungen mit einem
   wirtschaftlichen Wert gegen Vergütung erbracht werden. Somit ist festzustellen, dass die drei Kriterien für das Bestehen eines Arbeitsverhältnisses erfüllt sind. (Rn. 18)
4. Der Umstand, dass der pädagogische Vorbereitungsdienst, ebenso wie die
   Lehrzeiten bei anderen Berufen, als eine mit der eigentlichen Ausübung des

---

[26] Zum Zeitpunkt der Entscheidung Art. 48 EWG-Vertrag.

Berufes verbundene praktische Vorbereitung angesehen werden kann, verhindert die Anwendung des Art. 45 AEUV nicht, wenn dieser Dienst unter den Bedingungen einer Tätigkeit im Lohn- oder Gehaltsverhältnis abgeleistet wird. (Rn. 19)

5. Der Begriff der öffentlichen Verwaltung nach Art. 45 Abs. 4 AEUV ist als Ausnahme vom Grundprinzip der Freizügigkeit so auszulegen, dass sich seine Tragweite auf das beschränkt, was zur Wahrung der Interessen der Mitgliedsstaaten unbedingt erforderlich ist. Der Zugang zu Stellen kann deshalb nicht eingeschränkt werden, weil in einem Mitgliedstaat die Personen, die diese Stellen annehmen können, in das Beamtenverhältnis berufen werden. Andernfalls gäbe man damit den Mitgliedsstaaten die Möglichkeit, nach Belieben die Stellen zu bestimmen, die unter diese Ausnahmebestimmung fallen. (Rn. 26)

6. Unter Beschäftigung in der öffentlichen Verwaltung sind daher nur diejenigen Stellen zu verstehen, die eine Teilnahme an der Ausübung hoheitlicher Befugnisse mit sich bringen, die auf die Wahrung der allgemeinen Belange des Staates gerichtet sind und die deshalb ein Verhältnis besonderer Verbundenheit zum Staat sowie die Gegenseitigkeit von Rechten und Pflichten voraussetzen, die dem Staatsangehörigkeitsband zu Grunde liegen. (Rn. 27, 28) ◄

2.5.2 Fall Heylens, EuGH vom 15.10.1987, Rs. C-222/86, ECLI:EU:C:1987:442[27]

H ist belgischer Staatsangehöriger und Inhaber eines belgischen Fußballtrainerdiploms. Er wurde vom französischen Fußballclub Lille Olympique Sporting Club als Fußballtrainer eingestellt. Sein Antrag auf Anerkennung der Gleichwertigkeit des belgischen Diploms wurde unter Bezug auf die negative Entscheidung eines besonderen, für die Anerkennung zuständigen Ausschusses abgelehnt. Die Ablehnung war nicht mit Gründen versehen. Da H jedoch weiterhin als Trainer arbeitete, wurde er vor einem französischen Strafgericht wegen unbefugten Führens eines Titels angeklagt. Das Gericht legte dem EuGH die Frage vor, ob das französische Anerkennungsverfahren, das keine Begründung der Entscheidung und keinen Rechtsbehelf vorsehe, mit dem sich aus der Freizügigkeit ergebenden Recht des freien Zugangs zu einer nicht selbstständigen Berufstätigkeit in einem anderen Mitgliedsstaat vereinbar sei.

Der EuGH führt zunächst aus, dass das Erfordernis der Vorlage berufsqualifizierenden Bescheinigungen aus sachlichen Gründen gerechtfertigt sein könne, solange es keine Anerkennungsrichtlinien für den betreffenden Beruf gibt, um die erforderlichen Kenntnisse und Fähigkeiten nach zu weisen. Allerdings ist nach Auffassung des EuGH erforderlich, dass der jeweilige Mitgliedsstaat ein objektives Anerkennungsverfahren zur Feststellung der Gleichwertigkeit ausländischer Nachweise vorsehe und dem Betroffenen zur Durchsetzung seiner Rechte eine effektive

---

[27] Siehe auch NJW 1989, 657.

Rechtsschutzmöglichkeit zur Verfügung stehe. Da dies vorliegend nicht der Fall war, wurde H in seinem Recht auf Freizügigkeit nach Art. 45 AEUV verletzt.

Die wichtigsten Leitsätze

1. Da die Freizügigkeit der AN zu den grundlegenden Zielen der Union gehört, obliegt es den Mitgliedsstaaten, alle Maßnahmen zu unterlassen, die die Verwirklichung dieser Ziele gefährden könnten. Ein Verfahren zur Anerkennung der Gleichwertigkeit muss die objektive Feststellung ermöglichen, dass ein ausländisches Diplom seinem Inhaber die gleichen oder gleichwertige Kenntnisse und Fähigkeiten wie das innerstaatliche Diplom bescheinigt. Die Beurteilung der Gleichwertigkeit muss danach erfolgen, welches Maß an Kenntnissen und Fähigkeiten dieses Diplom unter Berücksichtigung von Art und Dauer des Studiums und der praktischen Ausbildung bei seinem Besitzer vermuten lässt. (Rn. 12, 13)
2. Vor dem Hintergrund des freien Zugangs zur Beschäftigung hängt die Gewährleistung eines effektiven Rechtsschutzes wesentlich davon ab, dass Entscheidungen einer innerstaatlichen Behörde, durch die die Gewährung dieses Rechts verweigert wird, vor Gericht angefochten werden können. (Rn. 14)
3. Die Wirksamkeit der gerichtlichen Kontrolle, die sich auf die Rechtmäßigkeit der Begründung der angefochtenen Entscheidung erstrecken können muss, setzt voraus, dass das angerufene Gericht Begründungen verlangen kann. Dem Betroffenen ist daher die Möglichkeit einzuräumen, Kenntnis von allen Umständen zu erlangen, die für ein gerichtliches Verfahren von Bedeutung sind. (Rn. 15)
4. Sofern der von Art. 45 AEUV geschützte Zugang zu einer Berufstätigkeit vom Besitz eines innerstaatlichen Diploms oder eines als gleichwertig anerkannten ausländischen Diploms abhängt, ist die zuständige Behörde verpflichtet, die Gründe, auf die ihre ablehnende Entscheidung gestützt ist, entweder in der Entscheidung selbst oder auf Antrag bekanntzugeben. (Rn. 15) ◄

2.5.3   Fall Kempf, EuGH vom 03.06.1986, Rs. C-139/85, ECLI:EU:C:1986:223

Der deutsche Staatsangehörige K ist in den Niederlanden an einer Musikschule in Teilzeit beschäftigt. Da dieser Verdienst zum Bestreiten seines Lebensunterhaltes nicht ausreicht, gewährte ihm der niederländische Staat Unterstützung nach dem „Gesetz zur Regelung staatlicher Leistungen für Arbeitslose". K stellt einen Antrag auf Verlängerung seiner Aufenthaltserlaubnis, die ihm versagt wird, da er Sozialleistungen in den Niederlanden in Anspruch genommen habe und daher seinen eigenen Lebensunterhalt nicht durch eigene Tätigkeit erwirtschaften könne. Nach Auffassung der zuständigen Behörde sei K daher kein durch das EU-Recht begünstigter Bürger. Nachdem K vor dem zuständigen niederländischen Raad van State wegen der Nichtverlängerung der Aufenthaltsgenehmigung geklagt hatte, legte das Gericht dem EuGH die Frage zur Vorabentscheidung vor, ob die Inanspruchnahme von finanzieller Unterstützung aus öffentlichen Mitteln der Freizügigkeit eines Arbeitnehmers entgegengehalten werden könne.

Nach Auffassung des EuGH komme es für den Schutz der Freizügigkeit nicht darauf an, ob die ergänzenden Mittel zur Bestreitung des Lebensunterhaltes aus dem Vermögen oder der Arbeit eines Familienmitgliedes der Betroffenen herrühren oder auf öffentlichen Mitteln beruhen. Es sei allein entscheidend, ob es sich um eine echte und tatsächliche Arbeitnehmertätigkeit handele.[28]

Die wichtigsten Leitsätze

1. Unter die Freizügigkeit der AN fällt auch, wer im Hoheitsgebiet eines anderen Mitgliedsstaats eine Tätigkeit im Lohn- und Gehaltsverhältnis ausübt, mit der er weniger verdient, als das Existenzminimum. Dabei kommt es nicht darauf an, ob er die Einkünfte durch andere Einkünfte bis zu diesem Minimum ergänzt oder sich mit Existenzgrundlagen begnügt. (Rn. 9)
2. Jemand, der eine tatsächliche und echte Teilzeitbeschäftigung ausübt, kann nicht allein deswegen vom Geltungsbereich des Freizügigkeitsrechts ausgeschlossen werden, weil er die unter dem Existenzminimum liegenden Einkünfte aus dieser Tätigkeit durch andere zulässige Mittel zur Bestreitung des Lebensunterhalts zu ergänzen sucht. (Rn. 14)
3. Daher kommt es nicht darauf an, ob die ergänzenden Mittel zur Bestreitung des Lebensunterhalts von einem Familienmitglied herrühren oder ob sie auf einer aus öffentlichen Mitteln des Wohnortmitgliedsstaats gezahlten finanziellen Unterstützung beruhen, sofern feststeht, dass es sich um eine echte und tatsächliche Arbeitnehmertätigkeit handelt. (Rn. 14) ◄

2.5.4 Fall Bonsignore, EuGH vom 26.02.1975, Rs. C-67/74, ECLI:EU:C:1975:34[29]

Der italienische Staatsangehörige B kam mit 18 Jahren in die Bundesrepublik, um eine Stelle als Chemiefacharbeiter anzutreten. 1971 erwarb er ohne Waffenschein eine Pistole, mit der er beim Hantieren versehentlich seinen jüngeren Bruder tötete. Ein deutsches Strafgericht verurteilte ihn wegen unerlaubten Besitzes einer Schusswaffe und erkannte ihn wegen fahrlässiger Tötung für schuldig.[30] Im Anschluss an dieses Urteil verfügte die Stadt Köln die Ausweisung von B, weil dies aus generalpräventiven Gründen zur Abschreckung erforderlich sei. Nachdem B Klage gegen die Ausweisungsverfügung erhoben hat, legte das Verwaltungsgericht Köln dem EuGH die Frage zur Vorabentscheidung vor, ob die Abschreckungswirkung, welche

---

[28]Vgl. auch EuGH vom 23.03.1982, Rs. C-53/81 (Levin), ECLI:EU:C:1982:105.

[29]Siehe auch NJW 1975, 1096.

[30]Das Strafgericht sah aber nach § 60 StGB von einer Strafe ab, da die Folgen der Tat für B so schwer waren, dass die Verhängung einer Strafe offensichtlich verfehlt wäre.

die Ausweisung eines im unerlaubten Waffenbesitzes angetroffenen Ausländers im Hinblick auf die zunehmende Gewalttätigkeit in Ballungsgebieten zu den Gründen der öffentlichen Sicherheit und Ordnung gehöre, die eine Einschränkung des Freizügigkeitsprinzips rechtfertigt.

Nach Auffassung des EuGH ist ein Abweichen von den Regeln der Freizügigkeit unter dem Gesichtspunkt der öffentlichen Sicherheit und Ordnung nur unter engen Voraussetzungen möglich. Voraussetzung sei ein persönliches Verhalten des Betroffenen, das zu einer Gefährdung der öffentlichen Sicherheit und Ordnung geführt habe. Ferner dürfe eine Einschränkung der Freizügigkeit nur unter Beachtung des Verhältnismäßigkeitsgrundsatzes erfolgen. Allein general-präventive Gesichtspunkte – also die Abschreckung anderer Ausländer insbesondere in Ballungsgebieten vor der Begehung von Straftaten – sei hierfür nicht ausreichend.

Die wichtigsten Leitsätze

1. Die gerechtfertigten Beschränkungen der Freizügigkeit aus Gründen der öffentlichen Sicherheit und Ordnung nach Art. 45 Abs. 3 AEUV sind mit dem Grundsatz der Freizügigkeit und mit der Beseitigung jeglicher Diskriminierung aus Gründen der Staatsangehörigkeit in Einklang zu bringen. Daher können strafrechtliche Verurteilungen allein ohne weitere Begründung eine Ausweisungsmaßnahme nicht rechtfertigen. (Rn. 5)
2. Insgesamt dürfen vom Einzelfall losgelöste Erwägungen bei Maßnahmen zur Aufrechterhaltung der öffentlichen Sicherheit und Ordnung nicht entscheidend ins Gewicht fallen. Es darf ausschließlich das persönliche Verhalten der Betroffenen ausschlaggebend sein. Da Abweichungen von den Regeln über die Freizügigkeit eng auszulegen sind, darf eine Ausweisungsmaßnahme nur auf Gefährdungen der öffentlichen Sicherheit und Ordnung abstellen, die von der betroffenen Einzelperson ausgehen könnten. (Rn. 5, 6)
3. Die Freizügigkeitsregelungen stehen daher der Ausweisung eines Staatsangehörigen eines Mitgliedsstaates entgegen, wenn diese zum Zwecke der Abschreckung anderer Ausländer verfügt wird, d. h. wenn sie vorrangig auf „generalpräventive" Gesichtspunkte gestützt wird. (Rn. 7) ◄

2.6 Auswirkung auf die deutsche Rechtsordnung und die arbeits- bzw. verwaltungsrechtliche Praxis

Neben den arbeitsrechtlichen Auswirkungen ergeben sich im Zusammenhang mit dem Freizügigkeitsrecht insbesondere auch Auswirkungen auf die nationalen aufenthaltsrechtlichen Bestimmungen. Dabei ist zwischen dem allgemein für alle Ausländer geltenden Aufenthaltsgesetz und dem speziell für Unionsbürger geltenden Freizügigkeitsgesetz zu unterscheiden, § 1 II Nr. 1 AufenthaltsG.

2.6.1 Auswirkungen auf nationale Aufenthaltsregelungen

Der Bundesgesetzgeber hat durch Verabschiedung des Gesetzes über die allgemeine Freizügigkeit von Unionsbürgern (FreizügigkeitsG/EU) die entsprechenden aufenthaltsrechtlichen Vorschriften geschaffen. Die §§ 3, 4 FreizügigkeitsG/EU betreffen insbesondere das Aufenthaltsrecht von Familienmitgliedern. Diesen steht grundsätzlich das Recht auf Einreise und Aufenthalt in der Bundesrepublik zu, § 2 FreizügigkeitsG/EU. Der Verlust des Rechtes auf Einreise und Aufenthalt ist gem. § 6 FreizügigkeitsG/EU nur aus Gründen der öffentlichen Ordnung, Sicherheit und Gesundheit zulässig, wenn gemäß Abs. 4 schwerwiegende Gründe vorliegen.[31]

Wichtig ist in diesem Zusammenhang, dass die vorgenannten Personen weder ein Visum noch einen Aufenthaltstitel benötigen, § 2 Abs. 4 Freizügigkeitsgesetz/EU. Es bestehen also nach dem vorgenannten Gesetz keine materiell-rechtlichen Beschränkungen. Gleichwohl sind bestimmte Formalien zu beachten. So wird den freizügigkeitsberechtigten Unionsbürgern und ihren Familienangehörigen zwar von Amts wegen eine kostenfreie Bescheinigung über ihr Aufenthaltsrecht ausgestellt, die Ausländerbehörde kann aber verlangen, dass die Voraussetzungen für eine solche Bescheinigung entsprechend den §§ 5 Abs. 1 und 3 Freizügigkeitsgesetz/EU glaubhaft gemacht werden. Auch muss der Unionsbürger bei der Einreise nach Deutschland einen Pass mit sich führen und ihn auch bei seinem Aufenthalt in Deutschland noch besitzen, § 8 FreizügigkeitsG/EU. Darüber hinaus besteht für ein Mitgliedsland kaum die Möglichkeit, den Zuzug von Unionsbürgern zur Arbeit zu beschränken, mit Ausnahme der oben bereits genannten eng auszulegenden Tatbestandsmerkmale der öffentlichen Sicherheit, Ordnung und Gesundheit.[32]

Die Freizügigkeit schützt AN und ihre Familienangehörigen auch nach ihrem Ausscheiden aus dem Erwerbsleben, §§ 7, 14 Freizügigkeits-Richtlinie 2004/38/EG. Danach können sich EU-Arbeitnehmer u. a. noch nach dem Ausscheiden aus dem Erwerbsleben auf die Freizügigkeit berufen unter der Voraussetzung, dass sie eine Sozialrente beziehen und sie während ihres Aufenthaltes nicht darauf angewiesen sind, Sozialhilfe des Aufnahmemitgliedsstaates in Anspruch zu nehmen. Die entsprechenden Rechte stehen auch den Angehörigen der aus dem Erwerbsleben ausgeschiedenen Arbeitnehmer zu, § 4 a Abs. 2 Freizügigkeitsgesetz/EU.

2.6.2 Auswirkungen auf den Zugang zur Beschäftigung im Öffentlichen Dienst

Die EU-Kommission verfolgt seit 1988 das Ziel, den Staatsangehörigen aller Mitgliedsstaaten einen europaweiten Zugang zur Beschäftigung in öffentlichen Einrichtungen zu eröffnen, die keinen engen Zusammenhang mit der Ausübung hoheitlicher Befugnisse und der Wahrung der allgemeinen Belange des Staates aufweisen.

---

[31] Vgl. hierzu insbesondere Langer, NZA 2005, Beilage 2, 83; Wank, NZA 2005, Beilage 2, 88.
[32] Vgl. Langer a. a. O.; Wank a. a. O.; ferner zu der Frage der Verhinderung sozialleistungsmotivierter Wanderbewegungen: Greiser, ZESAR 2014, 18.

So wurden die Mitgliedsstaaten aufgefordert, das Staatsangehörigkeitserfordernis für die Beschäftigung im öffentlichen Sektor von Forschungs- und Bildungseinrichtungen aufzuheben.[33] Entsprechend den EU-Vorgaben hat Deutschland seine Regelungen über den Zugang zum Öffentlichen Dienst geändert. Nach § 7 BeamStG können nunmehr neben Deutschen auch Staatsangehörige eines anderen Mitgliedsstaates der EU in ein Beamtenverhältnis berufen werden. Insoweit hat das deutsche Beamtenrecht den Vorgaben der Lawrie-Blum-Entscheidung Rechnung getragen. Ausländern ist es nunmehr möglich, auch im Rahmen eines Beamtenverhältnisses einen Referendardienst zu durchlaufen und ihre Ausbildung zu beenden.

2.6.3 Auswirkungen auf nationale Regelungen über die gegenseitige Anerkennung von Ausbildungsnachweisen

Um die Aufnahme und Ausübung selbstständiger Tätigkeit zu erleichtern, sieht Art. 53 Abs. 1 AEUV vor, dass das EU-Parlament und der Rat Richtlinien für die gegenseitige Anerkennung der Diplome, Prüfungszeugnisse und sonstige Befähigungsnachweise sowie für die Koordinierung der Rechts- und Verwaltungsvorschriften der Mitgliedsstaaten über die Aufnahme und Ausübung selbstständiger Tätigkeiten erlässt.[34] Zwar sind nach dem Wortlaut von Art. 53 AEUV Normadressaten grundsätzlich nur Selbstständige, allerdings werden die aufgrund von Art. 53 AEUV erlassenen Richtlinien auch im Rahmen der Arbeitnehmerfreizügigkeit herangezogen, sodass sich auch nicht selbstständige Arbeitnehmer auf eine entsprechende Anerkennung ihrer Berufsabschlüsse bzw. Hochschuldiplome berufen können.[35]

So sahen sich die EU-Instanzen nicht nur in Folge der Heylens-Entscheidung[36] veranlasst, sekundärrechtliche Regelungen zur gegenseitigen Anerkennung von Berufsabschlüssen zu verabschieden. Die so geschaffene Berufsanerkennungs-Richtlinie RL 2005/36/EG war von den Mitgliedsstaaten bis zum 20. Oktober 2007 in nationales Recht umzusetzen.[37] Die Umsetzung erfolgte über das Gesetz über die Feststellung der Gleichwertigkeit von Berufsqualifikationen (BerufsqualifikationsfeststellungsG). In diesem Gesetz wird nach den §§ 4 ff. zwischen nicht reglementierten Berufen und nach den §§ 9 ff. den reglementierten Berufen unterschieden. Bei den nach § 5 vorzulegenden Unterlagen haben die deutschen Behörden dann die in anderen Mitgliedsstaaten erworbenen Befähigungsnachweise und Zeugnisse zu berücksichtigen.

---

[33] Vgl. hierzu EuGH vom 02.07.1996, Rs. C-473/93 (Kommission/Luxemburg), ECLI:EU:C:1996:263; Burgi JuS 1996, 958; Lorz, Fallrepetitorium Europarecht, 2006, S. 76.

[34] Vgl. Kolmhuber in Nägele, EG-Arbeitsrecht in der deutschen Praxis, S. 63, 64; Blanpain, European Labour Law, 2014, 824–839.

[35] Vgl. Kolmhuber a. a. O.; Blanpain a. a. O.

[36] Vgl. EuGH vom 15.10.1987, Rs. C-222/86 (Heylens), ECLI:EU:C:1987:442; ferner EuGH vom 07.05.1991, Rs. C-340/89 (Vlassopoulou), ECLI:EU:C:1991:193; EuGH vom 08.07.1999, Rs. C-234/97 (Fernández de Bobadilla), ECLI:EU:C:1999:367.

[37] Vgl. hierzu Thüsing, Europäisches Arbeitsrecht, 4. Auflage, § 2 Rn. 78; Körner, NZA 2007, 236.

Dabei ist zunächst zwischen dem Vorliegen eines reglementierten und eines nicht reglementierten Berufes zu unterscheiden. Hängt die Zulassung zu einem Beruf nach nationalem Recht vom Besitz eines Diploms oder einer beruflichen Qualifikation ab, so haben die zuständigen Behörden des Aufnahmemitgliedsstaates die Diplome, Prüfungszeugnisse und sonstigen Befähigungsnachweise, die der Betroffene in einem anderen Mitgliedsstaat erworben hat, in der Weise zu berücksichtigen, dass sie die durch diese Diplome bescheinigten Sachkenntnisse mit den nach nationalem Recht vorgeschriebenen Kenntnissen und Fähigkeiten vergleichen.[38] Führt diese vergleichende Prüfung zu der Feststellung, dass die durch das in einem anderen Mitgliedsstaat aufgestellte Diplom bescheinigten Kenntnisse und Fähigkeiten den nach den nationalen Rechtsvorschriften verlangten entsprechen, so haben die zuständigen Behörden des Aufnahmemitgliedsstaates anzuerkennen, dass dieses Diplom die in diesen Vorschriften aufgestellten Voraussetzungen erfüllt. Ergibt der Vergleich dagegen, dass diese Kenntnisse und Fähigkeiten einander nur teilweise entsprechen, so können die zuständigen Behörden von dem Betroffenen den Nachweis verlangen, dass er die fehlenden Kenntnisse und Fähigkeiten erworben hat bzw. nachholt.[39]

Die vorgenannten Rechtsprechungsgrundsätze sind daher auch bei der Anwendung des BerufsqualifikationsfeststellungsG zu beachten. In Folge des BerufsqualifikationsfeststellungsG wurde eine Vielzahl von Gesetzen für reglementierte Berufe geändert, so § 2 Abs. 3, § 3 Abs. 1 Satz 2, Abs. 1 a Bundesärzteordnung, § 1 Abs. 2, § 2 Abs. 3, § 5 Abs. 6 Krankenpflegegesetz, § 9 Handwerksordnung[40] usw. Da es sich bei dieser Materie ebenfalls um eher öffentlich-rechtliche Normen handelt, sollen diese in diesem Zusammenhang nicht weiter dargestellt werden.

Unabhängig von den vorgenannten Ausführungen gibt es eine Vielzahl von arbeits- und verwaltungsrechtlichen Vorschriften, nach denen Berufsqualifikationen und sonstige Abschlüsse anderer Mitgliedsstaaten anerkannt werden müssen. So kann unter anderem nach § 18 Abs. 1 BBG die Laufbahnbefähigung auch aufgrund von Berufsqualifikationen anerkannt werden, die in anderen Mitgliedsstaaten der EU erworben worden sind. Vergleichbare Regelungen finden sich in § 4 BRAO über die Zulassung zur Rechtsanwaltschaft im Zusammenhang mit den Eingliederungsvoraussetzungen nach dem Gesetz über die Tätigkeit europäischer Rechtsanwälte in Deutschland.[41]

---

[38] Vgl. EuGH Vlassopoulou a. a. O.; EuGH Fernández de Bobadilla a. a. O.

[39] Vgl. EuGH Vlassopoulou a. a. O. (Rn. 19); EuGH Fernández de Bobadilla a. a. O. (Rn. 32).

[40] Vgl. zum verfassungsrechtlichen Problem einer Inländerdiskriminierung im Handwerkswesen durch EU-Normen: BVerfG NVwZ 2001, 187 (Meisterzwang für Deutsche).

[41] Vgl. insbesondere zur Zulassung ausländischer Juristen zur deutschen Anwaltschaft: EuGH vom 07.05.1991, Rs. C-340/89 (Vlassopoulou), ECLI:EU:C:1991:193.

Art. 45 AEUV als Diskriminierungs- und Beschränkungsverbot

3

> **Aktuelle Verordnungen und Richtlinien**
> - Verordnung (EU) Nr. 492/2011 (Freizügigkeits-Verordnung)[1] (siehe Abb. 2.1)
> - Richtlinie 2004/38/EG (RL über das Recht der Unionsbürger und ihrer Familienangehörigen, sich im Hoheitsgebiet der Mitgliedsstaaten frei zu bewegen und aufzuhalten)[2] (siehe Abb. 2.2)
> - Kurzübersicht Fälle (siehe Abb. 3.1)

Nach Art. 45 Abs. 2 AEUV umfasst die Freizügigkeit für AN die Abschaffung jeder auf der Staatsangehörigkeit beruhenden unterschiedlichen Behandlung der Arbeitnehmer der Mitgliedsstaaten in Bezug auf Beschäftigung, Entlohnung und sonstige Arbeitsbedingungen.

3.1 Verbot der unmittelbaren und mittelbaren Diskriminierung nach Art. 45 Abs. 2 AEUV

Art. 45 AEUV verbietet jede unmittelbare und mittelbare Diskriminierung wegen Staatsangehörigkeit. Eine unmittelbare unterschiedliche Behandlung wird als unmittelbare Diskriminierung angesehen, die dann vorliegt, wenn AN allein wegen der Staatsangehörigkeit hinsichtlich Beschäftigung, Entlohnung oder sonstiger Arbeitsbedingungen unterschiedlich behandelt wird. Eine Diskriminierung nach Art. 45 Abs. 2 AEUV liegt aber nicht nur dann vor, wenn an das Kriterium der

---

[1] ABl. Nr. L 141 S. 1.
[2] ABl. Nr. L 158 S. 77, ber. ABl. Nr. L 229 S. 35.

© Der/die Herausgeber bzw. der/die Autor(en), exklusiv lizenziert an Springer-Verlag GmbH, DE, ein Teil von Springer Nature 2025
P. Hantel, *Europäisches Arbeitsrecht*, Springer-Lehrbuch,
https://doi.org/10.1007/978-3-662-70226-0_3

41

3.4.1 Fall Schumacker, EuGH vom 14.02.1995, Rs. C-279/93, ECLI:EU:C:1995:31	Mitgliedsstaaten dürfen ihre Zuständigkeiten in steuerlichen Angelegenheiten nur unter Beachtung der Grundfreiheiten ausüben.
3.4.2 Fall Angonese, EuGH vom 06.06.2000, Rs. C-281/98, ECLI:EU:C:2000:296	Das Diskriminierungsverbot wegen Staatsangehörigkeit beschränkt sich nicht nur auf staatliche Akte der Mitgliedsstaaten, sondern gilt auch für Maßnahmen von Privatpersonen.
3.4.3 Fall Bosman, EuGH vom 15.12.1995, Rs. C-415/93, ECLI:EU:C:1995:463	Ausländerklauseln im Berufssport sind mit dem Diskriminierungsverbot nach Art. 45 Abs. 2 AEUV unvereinbar. Transfersysteme fallen unter das Beschränkungsverbot nach Art. 45 Abs. 1 AEUV.
3.4.4 Fall Graf, EuGH vom 27.01.2000, Rs. C-190/98, ECLI:EU:C:2000:49	Der Verlust eines ungewissen, künftig vielleicht einmal fälligen Abfindungsanspruchs ist grundsätzlich nicht geeignet, die Freizügigkeit des Arbeitnehmers zu beeinträchtigen.
3.4.5 Fall Pöpperl, EuGH vom 13.07.2016, Rs. C-187/15, ECLI:EU:C:2016:550	Der Verlust von Pensionsansprüchen bei einem Wechsel in einen anderen Mitgliedsstaat stellt eine Verletzung der Arbeitnehmerfreizügigkeit dar, die auch nicht durch den Beamtenstatus gerechtfertigt ist.
3.4.6 Fall Simma Federspiel, EuGH vom 20.12.2017, Rs. C-419/16, ECLI:EU:C:2017:997	Die Verpflichtung zur Rückzahlung von Ausbildungskosten stellt eine Beschränkung der Arbeitnehmerfreizügigkeit dar, die allerdings durch Allgemeinwohlinteressen (z. B. ausreichende Versorgung mit Fachärzten) gerechtfertigt sein kann.

Abb. 3.1   Kurzübersicht Fälle

Staatsangehörigkeit angeknüpft wird,[3] sondern auch an Regelungen wie Wohnsitz, Beschäftigungszeiten im Ausland, Voraussetzung eines inländischen Schulabschlusses und ggf. auch das Vorliegen bestimmter Sprachanforderungen.[4] Insoweit schützt Art. 45 AEUV nicht nur vor unmittelbaren Diskriminierungen im Zusammenhang mit der Staatsangehörigkeit[5] sondern auch vor einer unterschiedlichen Behandlung aufgrund neutraler nicht diskriminierender Unterscheidungsmerkmale, die sich aber mittelbar diskriminierend für AN mit unterschiedlicher Staatsangehörigkeit auswirken.[6]

---

[3] Vgl. EuGH vom 11.04.1973, Rs. C-76/72 (Michel), ECLI:EU:C:1973:46; EuGH vom 15.03.1989, Rs. C-389/87 (Echternach), ECLI:EU:C:1989:130; Thüsing, Europäisches Arbeitsrecht 4. Auflage, § 2 Rn. 3–6.

[4] Vgl. EuGH vom 15.10.1069, Rs. C-15/69 (Ugliola), ECLI:EU:C:1969:46; EuGH vom 14.02.1995, Rs. C-279/93 (Schumacker), ECLI:EU:C:1995:31; ferner Thüsing, Europäisches Arbeitsrecht, 4. Auflage, § 2 Rn. 3–6; Grünberger/Husemann in Preis/Sagan, Europäisches Arbeitsrecht, 2. Auflage, § 5 Rz. 5.157 sowie 5.67.

[5] Vgl. hierzu auch Art. 18 AEUV.

[6] Vgl. Riesenhuber, Europäisches Arbeitsrecht, 2. Auflage, § 3 Rn. 33; Thüsing, Europäisches Arbeitsrecht, 4. Auflage, § 2 Rn. 3–6; ferner zur mittelbaren Diskriminierung: EuGH vom 17.03.2005, Rs. C-109/04 (Kranemann), ECLI:EU:C:2005:187; EuGH vom 16.03.2010, Rs. C-325/08 (Olympique Lyonnais), ECLI:EU:C:2010:143.

3.2 Beschränkungsverbot nach Art. 45 Abs. 1 AEUV

Darüber hinaus ergibt sich aus Art. 45 Abs. 1 AEUV vergleichbar mit anderen Grundfreiheiten[7] auch ein allgemeines Beschränkungsverbot.[8] Dies bedeutet, dass jede Regelung verboten ist, die die Erbringung von Arbeitsleistungen zwischen Mitgliedsstaaten erschwert. Jede Regelung, die einen Staatsangehörigen eine Mitgliedsstaates daran hindert, von der Freizügigkeit Gebrauch zu machen, verstößt gegen Art. 45 AEUV, auch wenn sie unabhängig von der Staatsangehörigkeit gilt.[9] Rechtsdogmatisch ergibt sich das Diskriminierungsverbot im Grunde schon aus dem Wortlaut von Art. 45 Abs. 2 AEUV und das Beschränkungsverbot[10] aus Art. 45 Abs. 1 AEUV.[11]

Allerdings kann der Verzicht auf das Unterscheidungsmerkmal der Staatsangehörigkeit zu einer zu weiten Auslegung des Schutzbereiches der Grundfreiheiten – im vorliegenden Fall also des Freizügigkeitsrechts – führen. Im Grunde könnte jede arbeits-, steuer- oder sozialrechtliche Regelung, die mit der Aufnahme eines Arbeitsverhältnisses einhergeht, als Beschränkungsverbot und damit Eingriff in den Schutzbereich von Art. 45 AEUV angesehen werden.[12] Sowohl die Rechtsprechung als auch zum Teil die Literatur stellen daher darauf ab, dass ein Beschränkungsverbot nur dann vorliege, wenn mit der Regelung der Zugang zum Arbeitsmarkt erschwert wird.[13]

---

[7] Vgl. zur Warenverkehrsfreiheit grundlegend EuGH vom 20.02.1979, Rs. C-120/78 (Rewe – Cassis de Dijon), ECLI:EU:C:1979:42.

[8] Vgl. Riesenhuber, Europäisches Arbeitsrecht, 2. Auflage, § 3 Rn. 36; Fuchs/Marhold, Europäisches Arbeitsrecht, 6. Auflage, S. 134, 135; Thüsing a. a. O. § 2 Rn. 50; EuGH vom 05.12.2013, Rs. C-514/12 (Salzburger Landesklinik GmbH), ECLI:EU:C:2013:799 zur Nichtanerkennung von im EU-Ausland erworbenen Vordienstzeiten als Beschränkung bzw. mittelbare Diskriminierung; vgl. hierzu Linneweber, ZESAR 2014, 461.

[9] Vgl. Riesenhuber a. a. O.; Fuchs/Marhold/Friedrich a. a. O. S. 136; Thüsing a. a. O.; ferner EuGH vom 15.12.1995, Rs. C-415/93 (Bosman), ECLI:EU:C:1995:463.

[10] Die Unterscheidung zwischen Diskriminierungs- und Beschränkungsmaßnahmen ist deshalb von juristischer Relevanz, weil bloße Beschränkungen der Freizügigkeit durch Gründe des Allgemeinwohls der Mitgliedsstaaten leichter gerechtfertigt sein können als Diskriminierungsmaßnahmen. Während Diskriminierungsmaßnahmen nur dann gerechtfertigt sind, wenn das EU-Recht dies ausdrücklich zulässt, z. B. Art. 45 Abs. 3 AEUV, können Beschränkungen der Grundfreiheiten – wie die Arbeitnehmerfreizügigkeit – auch durch nationale Allgemeinwohlinteressen gerechtfertigt sein, wenn sie verhältnismäßig sind. Es handelt sich insoweit um ungeschriebene Rechtfertigungsgründe; vgl. hierzu Randelshofer/Forsthoff in Grabitz/Hilf/Nettesheim, Das Recht der Europäischen Union, Band I, 54. Auflage, Art. 39 EGV Rn. 10; Lorz, Fallrepetitorium Europarecht, 2006, S. 69; Zur Beschränkung der Warenverkehrsfreiheit und ungeschriebenen Rechtfertigungsgründen grundlegend EuGH vom 20.02.1979, Rs. C-120/78 (Rewe – Cassis de Dijon), ECLI:EU:C:1979:42.

[11] Vgl. Thüsing a. a. O.; Riesenhuber a. a. O. Rn. 40–47; Fuchs/Marhold/Friedrich a. a. O.

[12] Vgl. hierzu Thüsing a. a. O. Rn. 54.

[13] Vgl. EuGH vom 27.01.2000, Rs. C-190/98 (Graf), ECLI:EU:C:2000:49; Schiek, Europäisches Arbeitsrecht, 3. Auflage, S. 196; Gundel, ZESAR 2023, 151; ferner Thüsing a. a. O. Rn. 54 unter Hinweis auf die Rechtsprechung des BVerfG zu objektiv berufsregelnden Tendenzen bei Eingriffen in Art. 12 Abs. 1 GG (BVerfGE 13, 186; 70, 214; 95, 302).

3.3 Ergänzende Regelungen in der Freizügigkeits-VO sowie in Richtlinie 2004/38/EG

Die primärrechtlichen Regelungen in Art. 45 AEUV werden – wie oben bereits ausgeführt – ergänzt durch die Freizügigkeits-VO Nr. 492/2011. In der vorgenannten auf Art. 46 AEUV basierenden Verordnung werden Detailfragen hinsichtlich des Zugangs zur Beschäftigung, Art. 1 ff., hinsichtlich der Ausübung der Beschäftigung und der Gleichbehandlung, Art. 7 ff., sowie der Rechte für Familienangehörige, Art. 10, geregelt. Spezielle Regelungen, die eine Diskriminierung oder Beschränkung verhindern sollen, sind in Art. 3 und 4 Freizügigkeits-VO enthalten. So verbietet Art. 3 u. a. Vorschriften, die Stellenangebote, Arbeitsgesuche, den Zugang zur Beschäftigung oder die Ausübung von Beschäftigung durch EU-Ausländer einschränken. Zahlenmäßige oder anteilsmäßige Beschränkung des Einsatzes von EU-Ausländern ist nach Art. 4 der Freizügigkeits-VO verboten.

Von der Freizügigkeits-VO wie ausgeführt zu unterscheiden sind die aufenthaltsrechtlichen Regelungen in Richtlinie 2004/38/EG. Die dort vorgesehenen Regelungen knüpfen nicht an die Arbeitnehmerfreizügigkeit, sondern an die Freizügigkeit von Unionsbürgern nach Art. 21 AEUV an. Das Gleichbehandlungsgebot für Unionsbürger ist in Art. 24 RL 2004/38/EG enthalten. Da diese Richtlinie vorrangig nicht an die Arbeits- und Erwerbstätigkeit anknüpft, soll an dieser Stelle auf weitere Ausführungen hierzu verzichtet werden.

3.4 Praktische Fallbeispiele

Die nachfolgenden Entscheidungen enthalten zunächst Beispiele für eine unmittelbare Diskriminierung von Arbeitnehmern wegen Staatsangehörigkeit in arbeitsrechtlicher[14] und in steuerrechtlicher[15] Hinsicht. Daran schließen sich Beispiele für eine Verletzung des EU-rechtlichen Beschränkungsverbots nach Art. 45 Abs. 2 AEUV an.[16]

3.4.1 Fall Schumacker, EuGH vom 14.02.1995, Rs. C-279/93, ECLI:EU:C:1995:31[17]

S ist belgischer Staatsangehöriger und wohnt in Belgien. Er arbeitete 1988 und 1989 in einem Beschäftigungsverhältnis in Köln. Auch in dieser Zeit behielt er sei-

---

[14] Vgl. EuGH vom 15.10.1969, Rs. C-15/69 (Ugliola), ECLI:EU:C:1969:46.

[15] Vgl. EuGH vom 14.02.1995, Rs. C-279/93 (Schumacker), ECLI:EU:C:1995:31; Ungleichbehandlungen in sozialrechtlicher Hinsicht werden im nächsten Kapitel behandelt, hierzu u. a.: EuGH vom 11.04.1973, Rs. C-76/72 (Michel S.), ECLI:EU:C:1973:46; EuGH vom 15.03.1989, Rs. C-389/87 (Echternach), ECLI:EU:C:1989:130.

[16] Vgl. EuGH vom 06.06.2000, Rs. C-281/98 (Angonese), ECLI:EU:C:2000:296; EuGH vom 14.07.1976, Rs. C-13/76 (Donà), ECLI:EU:C:1976:115; EuGH vom 15.12.1995, Rs. C-415/93 (Bosman), ECLI:EU:C:1995:463.

[17] Siehe auch NJW 1995, 1207; DB 1995, 407; NVwZ 1995, 576.

nen Wohnsitz in Belgien. Er erzielte mehr als 90 % seines gesamten Einkommens durch die Erwerbstätigkeit in Köln. Das deutsche EStG[18] sieht eine unterschiedliche Besteuerung der Lohn- und Gehaltsempfänger je nach ihrem Wohnsitz vor. Personen mit Wohnsitz im Inland sind unbeschränkt einkommensteuerpflichtig, während Personen mit Wohnsitz im Ausland (Gebietsfremde) nur hinsichtlich ihrer in Deutschland erzielten Einkünfte beschränkt einkommensteuerpflichtig sind. Diese gebietsfremden Personen können eine Reihe von Steuervergünstigungen nicht in Anspruch nehmen, so z. B. das Ehegattensplitting oder die Geltendmachung von Abzugsbeträgen und Vorsorgeaufwendungen.[19] Der Bundesfinanzhof legte dem EuGH die Frage zur Vorabentscheidung vor, ob die einkommensteuerrechtlichen Vergünstigungen nur für unbeschränkt Steuerpflichtige mit EU-Recht vereinbar seien.

Der EuGH betont zunächst, dass die direkten Steuern nicht in den Zuständigkeitsbereich des EU-Gesetzgebers fallen. Allerdings bestehe für die Mitgliedsstaaten die Verpflichtung, ihre Zuständigkeiten in steuerlichen Angelegenheiten unter Wahrung des EU-Rechts auszuüben.[20] Das am Kriterium des Wohnsitzes ausgerichtete unterschiedliche Besteuerungsrecht stelle nach Auffassung des EuGH im vorliegenden Fall eine Diskriminierung[21] von S dar und verletze sein Recht auf Freizügigkeit, da er im Wohnsitzstaat über keine nennenswerten Einkünfte verfügte und seine Tätigkeit im Wesentlichen im Beschäftigungsstaat ausübe.

Die wichtigsten Leitsätze

1. Der Bereich der direkten Steuern fällt nicht in die Zuständigkeit der Union. Die Mitgliedsstaaten müssen aber die ihnen verbliebenen Befugnisse unter Wahrung des EU-Rechts – etwa des Freizügigkeitsrechts nach Art. 45 AEUV – ausüben. (Rn. 21, 22)
2. Die hier einschlägigen steuerrechtlichen Vorschriften gelten zwar unabhängig von der Staatsangehörigkeit, da sie eine Unterscheidung aufgrund des Kriteriums des Wohnsitzes treffen. Die Verweigerung von Steuervergünstigungen für Gebietsfremde wirkt sich hauptsächlich zum Nachteil der Angehörigen anderer Mitgliedsstaaten aus. Da Gebietsfremde meist Ausländer sind, liegt eine mittelbare Diskriminierung aufgrund der Staatsangehörigkeit vor. (Rn. 27, 28, 29)

---

[18] Nach dem einschlägigen Doppelbesteuerungsabkommen (DBA) stand Deutschland als Beschäftigungsstaat das Recht der Einkommensbesteuerung zu.

[19] Zudem war der Lohnsteuerjahresausgleich ausgeschlossen.

[20] Vgl. hierzu EuGH vom 16.07.1998, Rs. C-264/96 (ICI), ECLI:EU:C:1998:370; Hailbronner/Jochum Europarecht 2, S. 197.

[21] Die Ungleichbehandlung war nach Auffassung des EuGH auch nicht durch das sog. „Kohärenzprinzip" gerechtfertigt. Danach ist es ausschließlich Angelegenheit des Heimatstaates und nicht des Staates, in dem der Steuerpflichtige arbeitet, die persönlichen Verhältnisse des Steuerschuldners (Familienstand, persönliche Lage usw.) zu berücksichtigen. Andernfalls würden die begünstigenden Umstände doppelt berücksichtigt werden. Eine Ausnahme von dem Kohärenzprinzip komme nur dann zur Anwendung, wenn im Wohnsitzstaat keine nennenswerten Einkünfte erzielt werden.

3. Zwar befinden sich im Hinblick auf die direkten Steuern Gebietsansässige und Gebietsfremde in der Regel nicht in einer vergleichbaren Situation. Etwas anderes gilt jedoch, wenn im Wohnsitzstaat keine nennenswerten Einkünfte zu versteuern sind. (Rn. 30, 31, 36) ◄

3.4.2 Fall Angonese, EuGH vom 06.06.2000, Rs. C-281/98, ECLI:EU:C:2000:296[22]

Der italienische Staatsangehörige A – mit deutscher Muttersprache – hat ein Studium in Österreich absolviert. Von dort bewarb er sich bei einer Bozener Bankgesellschaft, der Cassa di Risparmio. Diese machte die Teilnahme an dem Auswahlverfahren von dem Nachweis der Zweisprachigkeit (italienisch/deutsch) für den Eintritt in den öffentlichen Verwaltungsdienst der Provinz Bozen abhängig. Dieser Test wird ausschließlich in der Region Bozen durchgeführt. A, der über die Zweisprachigkeit verfügt, hat den genannten Nachweis nicht erbracht und wurde daher nicht zum Auswahlverfahren zugelassen. Auf den Widerspruch von A legte die zuständige Pretura Bozen dem EuGH die Frage vor, ob es mit dem Freizügigkeitsrecht vereinbar sei, wenn die Teilnahme an einem Auswahlverfahren zur Besetzung von Arbeitsplätzen bei einem privatrechtlichen Unternehmen vom Besitz einer amtlichen Bescheinigung über die Kenntnisse von örtlichen Sprachen abhängig gemacht werde, die ausschließlich von einer einzigen Verwaltungsstelle eines Mitgliedsstaates ausgestellt wird.

Der EuGH sah einen Verstoß gegen das Diskriminierungsverbot nach Art. 45 AEUV[23] sowie der Freizügigkeits-VO als gegeben an, weil die Verpflichtung zur Vorlage einer Bescheinigung, die nur in der Provinz eines Mitgliedsstaates erworben werden kann, die Staatsangehörigen anderer Mitgliedstaaten im Verhältnis zu den Einwohnern der Provinz Bozen benachteilige. Ferner beschränke sich das allgemein formulierte Diskriminierungsverbot nicht nur auf Akte staatlicher Behörden. Es gelte vielmehr für alle Privatpersonen und entfalte insoweit Drittwirkung.

> **Die wichtigsten Leitsätze**
>
> 1. Das Diskriminierungsverbot nach Art. 45 AEUV gilt nicht nur für Akte der staatlichen Behörden, sondern erstreckt sich auch auf sonstige Maßnahmen, die eine kollektive Regelung im Arbeits- und Dienstleistungsbereich enthalten. Die Beseitigung der Hindernisse wäre gefährdet, wenn die Abschaffung staatlicher Schranken durch Hindernisse zunichte gemacht werden könnte, die sich aus der Autonomie von Einrichtungen ergeben, die nicht dem öffentlichen Recht unterliegen. Das Diskriminierungsverbot gilt danach auch für alle die Erwerbstätigkeit regelnden Tarif- oder Arbeitsverträge zwischen Privatpersonen. (Rn. 31, 32, 34, 36)

---

[22] Siehe auch NJW 2000, 3634; NZA-RR 2001, 20; NVwZ 2001, 901.

[23] Zum Zeitpunkt der Entscheidung Art. 48 EWG-Vertrag.

2. Die Cassa di Risparmio lässt ausschließlich Bescheinigungen als Nachweis der geforderten Sprachkenntnisse zu, die nur in der Provinz Bozen erlangt werden können. Personen, die nicht in dieser Provinz wohnen, haben wenig Möglichkeiten, die Bescheinigung zu erwerben, und es wird für sie schwierig sein, den betreffenden Arbeitsplatz zu erhalten. Da die Mehrheit der Einwohner der Provinz Bozen die italienische Staatsangehörigkeit besitzen, benachteiligt die Verpflichtung die Staatsangehörigen der anderen Mitgliedsstaaten im Verhältnis zu diesen Einwohnern. (Rn. 38, 39, 40) ◄

3.4.3 Fall Bosman, EuGH vom 15.12.1995, Rs. C-415/93, ECLI:EU:C:1995:463[24]

B ist ein belgischer Berufsfußballspieler, der seit 1988 beim belgischen Erstligaverein RSC Lüttich beschäftigt war. Weil sein Vertrag am 30. Juni 1990 auslaufen sollte und er einen neuen Vertrag mit niedrigerem Gehalt nicht abschließen wollte, wurde er auf die Transferliste gesetzt. Die zu zahlende Transfersumme (Ausbildungsentschädigung) wurde auf rund 11 Mio. BFR festgesetzt. B wollte daraufhin zum französischen Zweitligaverein US Dünkirchen wechseln. Nach den diesen Transfer bestimmenden Regeln des belgischen Fußballverbandes war nach Vertragsablauf eine Freigabeerklärung des Verbandes erforderlich, damit der Spieler wieder eine Spiellizenz erhalten konnte. Diese war wiederum an die Zahlung der Transfersumme an den abgebenden Verein geknüpft, der sie nach Erhalt des Geldes beim Verband beantragen musste. Der Transfer scheiterte daran, dass der RSC Lüttich aufgrund von Zweifeln an der Zahlungsfähigkeit des französischen Vereins die Freigabeerklärung nicht beantragt und auch die maximale Anzahl ausländischer Spieler überschritten war (sog. Ausländerklausel).[25] Auf die Klage von B hat die Cour d`appel Lüttich dem EuGH die Frage vorgelegt, ob die Regeln des belgischen und französischen Fußballverbandes über die maximale Anzahl ausländischer Spieler und über die zu leistende Transferentschädigung mit Art. 45 AEUV vereinbar sei.

Der EuGH erklärte sowohl die Ausländerklausel als auch das Transfersystem für unvereinbar mit dem Freizügigkeitsrecht. Die Ausländerklausel stelle eine direkt Diskriminierung nach Art. 45 Abs. 2 AEUV[26] dar. Zudem seien die Transferregelungen geeignet, den Zugang der Spieler zum Arbeitsmarkt in den anderen Mitgliedsstaaten unmittelbar zu beeinflussen und beeinträchtigen daher die Freizügigkeit.[27]

---

[24] Siehe auch NJW 1996, 505; NZA 1996, 191; EuZW 1996, 82.

[25] Die Sportverbände rechtfertigten ihr Reglement mit nicht wirtschaftlichen sondern allein sportlichen Gründen. Es solle die traditionelle Bindung jedes Vereins an sein Land gewährleistet werden. Vereine, die an internationalen Wettkämpfen teilnehmen, sollten tatsächlich ihr Land repräsentieren. Aus diesem Grunde sei die Anzahl von Ausländern zu begrenzen. Die finanziellen Zahlungen vor Erteilung einer Spielerfreigabe seien erforderlich, um die Vereine zu ermutigen, junge Talente zu suchen und zu fördern. Wenn diese den Verein verlassen, müsse eine Ausgleichszahlung erfolgen.

[26] Zum Zeitpunkt der Entscheidung Art. 48 Abs. 2 EWG-Vertrag.

[27] Der EuGH verwies ferner noch darauf, dass die vorgenannten Vorschriften nicht als bloße Regelungen über Modalitäten des Verkaufs von Waren anzusehen seien, vergleichbar mit der sog. Keck-Doktrin; vgl. Euch vom 24.11.1993, Rs. C-267/91 (Keck und Mithouard), ECLI:EU:C:1993:905 (Verbot des Verkaufs von Lebensmittelerzeugnissen zu Verlustpreisen); Nettesheim, NVwZ 1996, 344; Oberthür, NZA 2003, 462.

I. Ausländerklausel

1 Es verstößt gegen die Freizügigkeit, wenn Sportverbände das Recht der Staatsangehörigen anderer Mitgliedsstaaten beschränken, als Berufsspieler an Fußballspielen teilzunehmen. Zur Rechtfertigung ist festzustellen, dass die Bindung eines Fußballvereins an seinen Mitgliedsstaat nicht als mit der sportlichen Tätigkeit notwendig angesehen werden kann, ebenso wenig wie die Bindung an sein Stadtviertel, seine Stadt oder seine Region. Obwohl sich bei den nationalen Meisterschaften Vereine aus verschiedenen Regionen, Städten oder Stadtvierteln gegenüberstehen, wird das Recht der Vereine, bei diesen Begegnungen Spieler aus anderen Regionen, Städten oder Stadtvierteln aufzustellen, durch keine Regel eingeschränkt. (Rn. 117, 119, 120, 131, 132)

2 Ferner ist darauf hinzuweisen, dass die Nationalmannschaften zwar aus Spielern bestehen müssen, die die Staatsangehörigkeit des Landes besitzen; diese Spieler müssen aber nicht unbedingt für Vereine dieses Landes spielberechtigt sein. Im Übrigen sind die Vereine, die ausländische Spieler beschäftigen, verpflichtet, diesen die Teilnahme an Begegnungen in der Nationalmannschaft ihres Landes zu gestatten. (Rn. 133)

3 Hinsichtlich des sportlichen Gleichgewichts ist zu bemerken, dass Ausländerklauseln, die die reichsten Vereine daran hindern würden, die besten ausländischen Spieler zu verpflichten, zur Erreichung dieses Zweckes nicht geeignet sind, da die Möglichkeit für diese Vereine, die besten einheimischen Spieler einzustellen, dieses Gleichgewicht ebenso beeinträchtigt. (Rn. 135)

II. Transferregelung

1 Die Transferregeln sind geeignet, die Freizügigkeit der Spieler, die ihre Tätigkeit in einem anderen Mitgliedsstaat ausüben wollen, dadurch einzuschränken, dass sie die Spieler sogar nach Ablauf der Arbeitsverträge daran hindern, Vereine zu verlassen. (Rn. 99)

2 Ein Berufsfußballspieler kann seine Tätigkeit nicht bei einem in einem anderen Mitgliedsstaat ansässigen neuen Verein ausüben, wenn dieser dem bisherigen Verein nicht die Transferentschädigung gezahlt hat, deren Höhe zwischen den beiden Vereinen vereinbart oder durch die Sportverbände bestimmt wurde. Die Anwendung der Transferregelungen stellt auch kein geeignetes Mittel, um die Aufrechterhaltung des finanziellen und sportlichen Gleichgewichts im Fußball zu gewährleisten. (Rn. 100, 107)

3 Allerdings ist die Zahlung von Ausbildungsentschädigungen tatsächlich geeignet, die Fußballvereine zu ermutigen, nach Talenten zu suchen und für die Ausbildung der jungen Spieler zu sorgen. Da jedoch die sportliche Zukunft der jungen Spieler unmöglich mit Sicherheit vorhergesehen werden kann, sind diese Entschädigungen durch ihren Eventualitäts- und Zufallscharakter gekennzeichnet und von den tatsächlichen Kosten unabhängig, die den Vereinen bei der Ausbildung von Spielern, unabhängig davon, ob sie Berufsspieler werden, entstehen. (Rn. 108, 109) ◄

3.4.4 Fall Graf, EuGH vom 27.01.2000, Rs. C-190/98, ECLI:EU:C:2000:49

In dem Rechtsstreit zwischen G. und der Filzmoser Maschinenbau GmbH mit Sitz in Wels (Österreich) ging es um die Weigerung der GmbH, dem Kläger die von diesem gemäß § 23 des Angestelltengesetzes (AngG) beanspruchte Abfertigung[28] zu zahlen, nachdem er selbst den Arbeitsvertrag gekündigt hatte, um in Deutschland eine Arbeit aufzunehmen. Danach gebührt AN bei Auflösung des Dienstverhältnisses eine Abfertigung. Diese beträgt das Zweifache des für den letzten Monat des Dienstverhältnisses gebührenden Entgelts. Nach Abs. 7 besteht der Anspruch u. a. dann nicht, wenn AN selbst kündigen. Die GmbH weigerte sich daher, G die geforderte Abfertigung zu zahlen. Der machte geltend, er werde durch diesen Verlust an einer Arbeitsaufnahme in Deutschland gehindert. Das OLG Linz hat das Verfahren ausgesetzt und dem EuGH die Frage vorgelegt, ob Art. 45 AEUV einer Regelung entgegenstehe, nach der AN bei Beendigung des Dienstverhältnisses nur deshalb keinen Abfertigungsanspruch haben, weil sie selbst gekündigt haben, um in einem anderen Mitgliedsstaat eine unselbstständige Tätigkeit auszuüben.

Der EuGH ist der Auffassung, dass das Freizügigkeitsrecht einer Regelung nicht entgegenstehe, nach der AN, die das Arbeitsverhältnis selbst kündigten um in einem anderen Mitgliedsstaat eine unselbstständige Tätigkeit auszuüben, keinen Anspruch auf eine Abfertigung habe. Die Regelung über den Verlust der Abfindung wirke nur indirekt und betreffe AN, die innerhalb des Mitgliedsstaates den Arbeitsplatz wechseln.

Die wichtigsten Leitsätze

1. Der in Art. 45 AEUV verankerte Grundsatz der Gleichbehandlung verbietet nicht nur offene Diskriminierungen, sondern auch alle verschleierten Formen, die bei Anwendung anderer Unterscheidungsmerkmale – unabhängig von der Staatsangehörigkeit – zu demselben Ergebnis führen. (Rn. 14, 15)
2. Der Abfertigungsanspruch wird jedem Arbeitnehmer versagt, der den Arbeitsvertrag selbst beendet, um eine unselbstständige Tätigkeit bei einem neuen Arbeitgeber aufzunehmen, unabhängig davon, wo dieser seinen Sitz hat. Deshalb benachteiligt die Regelung ausländische Arbeitnehmer nicht in stärkerem Maße berührt als dies bei inländischen Arbeitnehmern der Fall ist. (Rn. 16) ◄

3.4.5 Fall Pöpperl, EuGH vom 13.07.2016, Rs. C-187/15, ECLI:EU:C:2016:550

P. war von 1978 bis 1999 als Lehrer im Dienst des Landes Nordrhein-Westfalen Beamter auf Lebenszeit. 1999 schied P. auf eigenen Wunsch aus dem Beamtenverhältnis aus und nahm im Laufe des Monats September eine Tätigkeit als Lehrer in

---

[28] Kündigungsabfindung.

Österreich auf. Nachdem P. auf seinen Beamtenstatus verzichtet hatte, wurde er gem. § 8 SGB VI für den o. g. Zeitraum bei der Deutschen Rentenversicherung Bund nachversichert.[29] Folglich ergibt sich für P. nach dem Erreichen der entsprechenden Altersgrenze ein Anspruch auf Altersrente aus den Regelungen des SGB VI, die, bestehend aus Zeiten der Schulausbildung, des Studiums und der Nachversicherung monatlich 1050,67 € betragen würde; sähe das Recht des Landes Nordrhein-Westfalen eine Regelung vor, nach der die Versorgungsanwartschaften bei Entlassung aus dem Beamtenverhältnis nicht verloren gehen, hätte er aus der Zeit von 1978 bis 1999 Anspruch auf Versorgungsbezüge in Höhe von monatlich 2728,18 € (bei Hinzurechnung von Studium und Vordienstzeiten). Nachdem das Land ihm mitgeteilt hatte, dass er keinen Anspruch auf Versorgungsbezüge habe, erhob P. hiergegen Klage beim VG Düsseldorf. Dieses setzte das Verfahren aus und legte dem EuGH die Frage zur Vorabentscheidung vor, ob der Ausschluss von Versorgungsbezügen mit Art. 45 AEUV vereinbar sei. Der EuGH sieht in dem Verlust von Ruhegehaltsansprüchen eine mögliche Verletzung von Art. 45 AEUV.

Die wichtigsten Leitsätze

1. Die Regelung über die Nachversicherung stellt eine Beschränkung der Arbeitnehmerfreizügigkeit dar, die geeignet ist, Beamte davon abzuhalten, ihren Herkunftsmitgliedstaat zu verlassen, um eine Stelle in einem anderen Mitgliedstaat anzunehmen. Diese Regelung beeinflusst somit den Zugang von Beamten zum Arbeitsmarkt in anderen Mitgliedstaaten. (Rn. 27, 28)
2. Die Regelungen könnten zwar geeignet sein, die Funktionsfähigkeit der öffentlichen Verwaltung zu gewährleisten, da sie Beamte vom Ausscheiden aus der Verwaltung abhalten und so die personelle Kontinuität in der öffentlichen Verwaltung sicherstellen kann. Dieses Ziel muss aber nicht in kohärenter und systematischer Weise verfolgt werden. (Rn. 29–32)
3. Vorliegend kann ein Beamter im Falle einer Versetzung auch dann Ansprüche auf ein Ruhegehalt erwerben, wenn er in die öffentliche Verwaltung eines anderen Bundeslandes oder des Bundes wechselt. Somit hält die Regelung die Beamten nicht unter allen Umständen davon ab, aus der Verwaltung des Landes Nordrhein-Westfalen auszuscheiden. (Rn. 36)
4. Folglich kann diese Regelung nicht als geeignet angesehen werden, die Erreichung des Ziels zu gewährleisten, die Funktionsfähigkeit der öffentlichen Verwaltung im Land Nordrhein-Westfalen sicherzustellen.[30] (Rn. 38–41) ◀

---

[29] Die Möglichkeit einer Zusatzversorgung bei der Versorgungsanstalt des Bundes und der Länder (VBL) bestand für P., anders als bei Lehrern, die ihre Tätigkeit nicht im Beamtenverhältnis ausüben, nicht. Seinen entsprechenden Antrag lehnte das Land Nordrhein-Westfalen ab.

[30] Zudem verwies der EuGH darauf, dass nach dem Recht anderer Bundesländer (so z. B. Baden Württemberg) ehemalige Beamte, die aus dem öffentlichen Dienst dieser Länder ausgeschieden sind, ihre Beamtenversorgungsansprüche behalten, was eine weniger beschränkende Maßnahme darstellt.

3.4.6 Fall Simma Federspiel, EuGH vom 20.12.2017, Rs. C-419/16, ECLI:EU:C:2017:997

S. ist italienische Staatsangehörige, die von 1992 bis 2000 an der Universitätsklinik Innsbruck eine Vollzeitweiterbildung zur Fachärztin für Neurologie und Psychiatrie absolvierte und während dieses Zeitraums ein von der Autonomen Provinz Bozen auf landesrechtlicher Grundlage gewährtes Stipendium erhielt. Seit 2000 wohnt sie in Bregenz (Österreich), wo sie den Arztberuf ausübt. Das Stipendium war an die von S unterzeichnete Verpflichtung geknüpft, nach Abschluss ihrer Facharztausbildung fünf Jahre im öffentlichen Gesundheitsdienst der Autonomen Provinz Bozen zu arbeiten oder im Fall der vollständigen Nichterfüllung dieser Verpflichtung bis zu 70 % des Stipendiums und bei teilweiser Nichterfüllung für jedes Jahr oder jeden Jahresbruchteil von mehr als sechs Monaten nicht geleisteten Dienstes bis zu 14 % des Stipendiums zurückzuzahlen. Nachdem sie der autonomen Provinz Bozen mitgeteilt hat, dass sie dort keine Arbeit aufnehmen werde, forderte diese mit Bescheid das Stipendium zuzüglich Zinsen in Höhe von insgesamt 119.933,83 € zurück.

Auf die hiergegen vor dem Tribunale di Bolzano erhobene Klage, setzte das Gericht den Rechtsstreit aus und legte dem EuGH die Frage vor, ob die vereinbarte Regelung mit mit Art. 45 AEUV vereinbar sei. Der EuGH sieht zwar eine Beschränkung von Art. 45 AEUV, die aber im öffentlichen Interesse gerechtfertigt sein könne.

Die wichtigsten Leitsätze

1. Eine Regelung, die die Gewährung eines Stipendiums zur Finanzierung einer Facharztausbildung davon abhängig macht, dass die Begünstigte nach dem Abschluss für gewisse Zeit in diesem Mitgliedstaat beruflich tätig ist, ist geeignet, diese Ärztin davon abzuhalten, von ihrem Recht auf Freizügigkeit Gebrauch zu machen. Sie wird nämlich davon abgehalten, ihren Herkunftsmitgliedstaat zu verlassen, um in einem anderen Mitgliedstaat zu arbeiten oder sich dort niederzulassen, wenn sie bis zu 70 % des erhaltenen Stipendiums zurückzahlen muss. (Rn. 36)
2. Solche Vereinbarungen können nur dann zugelassen werden, wenn ein im Allgemeininteresse liegendes Ziel in verhältnismäßiger Weise verfolgt wird. Die Stipendien-Maßnahmen sollen eine qualitativ hochwertige, ausgewogene und allen zugängliche fachärztliche Betreuung der heimischen Bevölkerung gewährleisten. Dabei kommt dem Schutz der Gesundheit und des Lebens von Menschen ein besonders hoher Rang zu. Dabei haben die Mitgliedsstaaten einen Wertungsspielraum, um zu bestimmen, auf welchem Niveau sie den Schutz der Gesundheit der Bevölkerung gewährleisten wollen. (Rn. 38–42)
3. Die Verpflichtung einer Fachärztin, für gewisse Zeit nach dem Abschluss der Weiterbildung in der Provinz Bozen zu arbeiten, trägt dazu bei, die dortige Nachfrage nach Fachärzten zu decken und dient dem Ziel, einen ausreichenden Zugang zu einer hochwertigen medizinischen Versorgung und damit den Schutz der Gesundheit im Sinne von Art. 45 Abs. 3 AEUV sicherzustellen. Ferner sind die spezifischen Bedürfnisse der Provinz Bozen zu berücksichtigen, nämlich eine medizinische Versorgung in beiden Amtssprachen, Deutsch und Italienisch, zu gewährleisten. (Rn. 46–48) ◀

3.5 Auswirkung auf die deutsche Rechtsordnung und die arbeitsrechtliche Praxis

Wie dargestellt, genießen AN aus dem EU-Ausland nach Art. 7 Abs. 1 der VO (EU) 492/2011 (Freizügigkeits-Verordnung) die gleichen Beschäftigungs- und Arbeitsbedingungen wie Staatsangehörige des Mitgliedsstaates. Dieser Gleichbehandlungsgrundsatz wird nach Art. 7 Abs. 2 auf steuerliche und soziale Vergünstigungen (vgl. hierzu Kap. 4) ausgeweitet. Da es sich um eine Verordnung im Sinne von Art. 288 Abs. 2 AEUV handelt, sind die vorgenannten Regelungen unmittelbar geltendes Recht in den Mitgliedsstaaten.

3.5.1 Steuerrechtliche Gleichstellung nach Art. 7 Abs. 2 Freizügigkeits-Verordnung

In Anbetracht der fehlenden Steuerharmonisierung[31] werden sich Fälle wie Schumacker auch künftig kaum vermeiden lassen, da Inländer und EU-Ausländer im Hinblick auf Zahlung von Lohn- und Einkommensteuer unterschiedlichen Voraussetzungen unterworfen sind.[32] Daher ist es nach wie vor die Aufgabe des EuGH, unter Rückgriff auf Art. 7 Abs. 1 der Freizügigkeits-Verordnung eine diskriminierende Behandlung in steuerlicher Hinsicht zu unterbinden. Streitfälle entstehen – wie im Fall Schumacker gesehen – in aller Regel dadurch, dass die in den nationalen Rechtsordnungen vorgesehenen steuerlichen Privilegierungen für die Staatsbürger auf EU-Ausländer nicht übertragen werden. Der EU-Ausländer sieht sich daher in der Situation, dass die den Inländern gewährten Einkommensteuervergünstigungen in seinem Fall nicht zur Anwendung kommen.[33] Der deutsche Gesetzgeber hat u. a. in § 1 Abs. 1 Satz 2 Abgabenordnung (AO) einen Vorbehalt für steuerrechtliche Regelungen hinsichtlich des Rechts der Europäischen Union aufgenommen.

3.5.2 Auswirkungen auf die Transfer-Regelungen der Sportverbände

Wie oben ausgeführt, hat der EuGH Im konkreten Fall eine Rechtfertigung für das als Beschränkung anzusehende Transfersystem aufgrund der Vereinsinteressen für nicht gegeben angesehen. Die dargestellten Transferregelungen galten bis zur EuGH-Entscheidung[34] auch in Deutschland. Die Entscheidung berührt allerdings

---

[31] Vgl. hierzu Fuchs/Marhold/Friedrich, Europäisches Arbeitsrecht, 6. Auflage, S. 137, 150; Riesenhuber, Europäisches Arbeitsrecht, 2. Auflage, § 3 Rn. 38.

[32] Vgl. EuGH vom 28.01.1992, Rs. C-204/90 (Bachmann), ECLI:EU:C:1992:35; EuGH vom 27.02.2014, Rs. C-172/11 (Erny), ECLI:EU:C:2012:399 ferner NZA 2012, 863.

[33] Vgl. hierzu u. a. Fuchs/Marhold/Friedrich, Europäisches Arbeitsrecht, 6. Auflage, S. 137–139.

[34] Vgl. zur Auswirkung des Bosman-Urteils u. a. Winfried, AöR 122 (1997) 557; Oberthür, NZA 2003, 462; vgl. ferner EuGH vom 14.07.1976, Rs. C-13/76 (Donà), ECLI:EU:C:1976:115: In dieser Entscheidung hat der EuGH ausgeführt, dass sportliche Betätigungen dem EU-Recht unterfallen, sofern sie Teil des Wirtschaftslebens sind.

nicht den Bereich des Amateurfußballs (siehe aber BGH unten) sowie Regelungen über den Vereinswechsel von Spielern aus Nicht-EU-Staaten.[35] Aufgrund der Satzungsregelungen des Deutschen Fußballbundes (DFB) waren alle Mitgliedsvereine an die Transferregelungen gebunden. Dies führte bei den Vereinen zu der häufig sehr unglücklichen Situation, satzungs- bzw. vereinsrechtlich zu etwas verpflichtet zu sein, was arbeits- bzw. europarechtlich unzulässig ist. nach dem EuGH-Urteil wurde die Transferpraxis aufgehoben. Mittlerweile gilt eine neue Transferregelung.[36]

Anzumerken wäre noch, dass der BGH die Entscheidungsgründe aus dem Fall Bosman auf Teile des Amateursports ausgedehnt hat. Nach einer Entscheidung vom 27. September 1999 sind Verpflichtungen zur Zahlung von Ausbildungs- bzw. Förderungsentschädigungen bei der Verpflichtung von Amateurspielern als sog. Vertragsamateure durch Vereine der Regionalliga wegen Verstoßes gegen § 138 Abs. 1 BGB i. V. m. Art. 12 Abs. 1 GG nichtig. Auch solche Regelungen seien geeignet, einen interessierten Verein davon abzuhalten, Amateure anderer Vereine als Vertragsamateure zu übernehmen. Hierin liege eine Verletzung des Grundrechts auf freie Arbeitsplatzwahl nach Art. 12 Abs. 1 GG.[37]

3.5.3 Keine Beschränkung der Freizügigkeit bei ungewissen oder indirekten Nachteilen

In der Graf-Entscheidung hat der EuGH festgestellt, dass der gesetzlich vorgesehene Ausschluss eines Abfertigungs- bzw. Abfindungsanspruchs aufgrund einer Eigenkündigung des Arbeitnehmers bereits tatbestandlich kein Beschränkungsverbot darstellt. Es kann dahingestellt bleiben, ob die vom EuGH genannten Kriterien „zu ungewiss" oder „zu indirekt" geeignet sind, um ein Beschränkungsverbot abzulehnen.[38] Es dürfte rechtsdogmatisch entscheidend sein, dass Herr Graf bei Arbeitsaufnahme noch gar keinen Anspruch auf Zahlung einer Abfertigung bzw. Abfindung hatte, da die Umstände zur Beendigung des Arbeitsverhältnisses tatsächlich ungewiss sind. Dagegen war im Fall Bosman absehbar, dass die seinerzeit beschränkenden Transferregelungen für alle Spieler auch bei einem Wechsel zur Anwendung kommen würden. Dem Spieler war bekannt, dass er nur dann zu einem anderen Verein wechseln konnte, wenn dieser die entsprechenden Ablösezahlungen leistete bzw. die Voraussetzungen für eine Ablösefreiheit vorlagen.

---

[35] Vgl. Schlachter, Casebook Europäisches Arbeitsrecht, S. 74; vgl. zum unbeschränkten Einsatz slowakischer Handballspieler in deutschen Ligen: EuGH vom 08.05.2003, Rs. C-438/00 (Kolpak), ECLI:EU:C:2003:255 ferner NZA 2003, 845; hierzu Blanpain, European Labour Law, 2014, 729–731.

[36] Vgl. Schlachter, Casebook Europäisches Arbeitsrecht, S. 74; ferner Oberthür, NZA 2003, 462.

[37] Vgl. BGH NJW 1999, 3552.

[38] Vgl. hierzu kritisch Thüsing, Europäisches Arbeitsrecht, 4. Auflage, § 2, Rn. 61–63; im übrigen verweist auch der EuGH in der Bosman-Entscheidung bei der Frage einer Transferentschädigung auf den Eventualitäts- bzw. Zufallscharakter, Rn. 108, 109.

Die Entscheidung Pöpperl ist dagegen geeignet, einen der hergebrachten Grundsätze des Berufsbeamtentums nach Art. 33 Abs. 5 GG ins Wanken zu bringen.[39] Der Erwerb von Versorgungsansprüchen steht im untrennbaren Zusammenhang mit dem Beamtenstatus, sodass entsprechende Ansprüche beim Ausscheiden aus dem Beamtenverhältnis nicht mehr bestehen können und die Verpflichtung zur Nachversicherung besteht. Kritiker werfen dem EuGH in rechtsmethodischer Hinsicht vor, das System des Berufsbeamtentums nicht ausreichend gewürdigt zu haben.[40] Allerdings ist festzustellen, dass einzelne Bundesländer – wie z. B. Baden-Württemberg – ihre Versorgungsregelungen für Beamte so ausgestaltet haben, dass ein Verlust von Versorgungsansprüchen nicht in jedem Fall mit dem Austritt aus dem Beamtenverhältnis einhergeht. Zudem verweist der EuGH zutreffend darauf, dass ein Wechsel in ein anderes Bundesland oder zum Bund – allerdings nur als Beamter – ebenfalls nicht den Verlust von Versorgungsanwartschaften zur Folge hat.

Dass nicht nur EU-Richtlinien,[41] sondern auch das Primärrecht nach Art. 45 Abs. 3 AEUV (medizinische Versorgung und Gesundheitsschutz der Bevölkerung) Einfluss auf die Arbeitsvertragsgestaltung nehmen kann, veranschaulicht die Entscheidung Simma Federspiel zur Wirksamkeit von Rückzahlungsklauseln.[42] Nachdem das BAG[43] sich schon in vielfältiger Weise mit der Zulässigkeit der Rückzahlung von Ausbildungs- bzw. Fortbildungskosten befassen musste, ist die Frage nunmehr auch beim EuGH angekommen. Auch der EuGH kommt in der vorgenannten Entscheidung zu dem Ergebnis, dass Rückzahlungsklauseln verhältnismäßig, insbesondere ratierlich gestaltet sein müssen. Die im vorliegenden Fall auch aus Verhältnismäßigkeitsgründen vereinbarten Prozentsätze halten sich noch in dem den Mitgliedsstaaten verbleibenden Gestaltungsspielraum. Zudem betont der EuGH, dass es gerade in der autonomen Provinz Bozen ein Allgemeininteresse an einer hochwertigen medizinischen Versorgung in beiden Amtssprachen dieser Region gibt, sodass die Beschränkung der Freizügigkeit gerechtfertigt war.

[39] Vgl. hierzu Ruland, ZESAR 2018, 53.

[40] Vgl. Lindner, EuZW 2017, 33 (36); Wienbracke, NZA-RR 2017, 122; Ruland a. a. O.

[41] Vgl. u. a. die Arbeitszeitrichtlinie (RL 2003/88/EG), die Richtlinie für befristete Arbeitsverträge (RL 1999/70/EG), die Richtlinie für Teilzeitarbeitsverträge (RL 97/81/EG) oder die Entsenderichtlinie (RL 96/71/EG).

[42] Vgl. Franzen/Roth, EuZA 2018, 200.

[43] Vgl. BAG NZA 2006, 542; BAG Beck-RS 2012, 75280; BAGE 129, 121; BAG DB 2011, 1338; ferner Straube, NZA-RR 2012, 505.

Art. 45 AEUV als Teilhaberecht an sozialen Vergünstigungen

▶ **Aktuelle Verordnungen und Richtlinien**
- Verordnung (EU) Nr. 492/2011 (Freizügigkeits-Verordnung)[1] (siehe Abb. 2.1)
- Richtlinie 2004/38/EG (RL über das Recht der Unionsbürger und ihrer Familienangehörigen, sich im Hoheitsgebiet der Mitgliedsstaaten frei zu bewegen und aufzuhalten)[2] (siehe Abb. 2.2)
- Verordnung (EG) 883/2004 zur Koordinierung der Systeme der sozialen Sicherheit[3] (siehe Abb. 4.1)
- Verordnung (EG) 987/2009 zur Festlegung der Modalitäten und Koordinierung der Systeme der sozialen Sicherheit[4] (siehe Abb. 4.2)
- Kurzübersicht Fälle (siehe Abb. 4.3)

Damit die Freizügigkeit von AN ihre Wirkung entfalten kann, ist auch ihre Gleichbehandlung in sozialer Hinsicht erforderlich. Die Freizügigkeit würde ohne Wirkung sein, wenn AN bei einem Wechsel in einen anderen Mitgliedsstaat in Bezug auf die soziale Absicherung Nachteile erleiden.[5] Daher müssen sozialstaatliche Vergünstigungen und Ansprüche sowohl inländischen als auch AN aus dem EU-Ausland zu Gute kommen.[6] Aus diesem Grund sieht Art. 48 AEUV vor, dass das

---

[1] ABl. Nr. L 141 S. 1.

[2] ABl. Nr. L 158 S. 77, ber. ABl. Nr. L 229 S. 35.

[3] ABl. Nr. L 166 S. 1, ber. ABl. Nr. L 2004 S. 1 und ABl. 2007 Nr. L 204 S. 30.

[4] ABl. Nr. L 284 S. 1.

[5] Vgl. Waltermann/Kempfer, DB 2006, 893; Frenz, ZESAR 2011, 307; Blanpain, European Labour Law, 2014, 348–359.

[6] Vgl. Kolmhuber in Nägele, EG-Arbeitsrecht in der deutschen Praxis, S. 63; Riesenhuber, Europäisches Arbeitsrecht, 2. Auflage, § 2, Rn. 50–55; Fuchs, NZA 2005, Beilage 2, 97, 98; Blanpain a. a. O.

© Der/die Herausgeber bzw. der/die Autor(en), exklusiv lizenziert an Springer-Verlag GmbH, DE, ein Teil von Springer Nature 2025
P. Hantel, *Europäisches Arbeitsrecht*, Springer-Lehrbuch,
https://doi.org/10.1007/978-3-662-70226-0_4

1.	Primärrechtliche Kompetenznorm Art. 48 AEUV	- Notwendige Maßnahmen auf dem Gebiet der sozialen Sicherheit - zur Herstellung und Förderung der Arbeitnehmerfreizügigkeit.
2.	Ziel (Erwägungsgründe 1, 9, 10, 13, 35)	- Verbesserung des Lebensstandards und der Arbeitsbedingungen als Teil der freien Personenverkehrs, - Vermeidung von Versicherungslücken durch Wahrung von Ansprüchen und Vorteilen, - Vermeidung von Doppelversicherungen oder Doppelleistungen
3.	Persönlicher Anwendungsbereich (Art. 2)	Unionsbürger, Staatenlose und Flüchtlinge mit Wohnsitz in einem Mitgliedsstaat (Arbeitnehmereigenschaft nicht erforderlich)
4.	Sachlicher Anwendungsbereich (Art. 3) für beitragsabhängige und –unabhängige Geldleistungen	- Leistungen bei Krankheit - Leistungen bei Mutterschaft und gleichgestellte Leistungen bei Vaterschaft - Leistungen bei Invalidität - Leistungen bei Alter - Leistungen bei Arbeitsunfällen/Berufskrankheiten - sonstige Leistungen an Familien und Hinterbliebene - Ansprüche auf Sozialhilfe (Einschränkung durch Art. 70)
5.	Gleichbehandlungsgrundsatz (Art. 4)	Personen haben aufgrund der Rechtsvorschriften eines Mitgliedsstaates die gleichen Rechte und Pflichten wie Angehörige dieses Staates
6.	Grundsätze der Koordinierung (Art. 5–7)	- Gleichstellung von Sachverhalten und Ereignissen zur Begründung und Aufrechterhaltung eines Leistungsanspruchs, Art. 5 - Zusammenrechnung von Versicherungs- und Beschäftigungszeiten zur Begründung und Aufrechterhaltung eines Leistungsanspruchs, Art. 6 - Aufhebung der Wohnortklausel; keine Abhängigkeit von Ansprüchen der sozialen Sicherheit vom jeweiligen Wohnsitz, Art. 7
7.	Bestimmung des anwendbaren Rechts (Art. 11)	- Beschäftigungslandprinzip als allgemeiner Grundsatz - Wohnsitzlandprinzip als Ausnahme bei Leistungen wegen Arbeitslosigkeit - nachrangiges Zuständigkeitsprinzip am Arbeitgebersitz, wenn Tätigkeit regelmäßig in zwei oder mehr Mitgliedsstaaten ausgeübt wird
8.	Spezialregelungen für beitragsunabhängige Geldleistungen (Sozialhilfe) (Art. 70)	- Keine Aufhebung der Wohnortklausel, Art. 70 Abs. 3 - Leistungen werden nur in dem Mitgliedsstaat, in dem die betreffende Person wohnt, und nach dessen Rechtsvorschriften gewährt, Art. 70 Abs. 4

Abb. 4.1 VO (EG) Nr. 883/2004 zur Koordinierung der Systeme der sozialen Sicherheit

1.	Primärrechtliche Kompetenznorm Art. 48 AEUV	- Notwendige Maßnahmen auf dem Gebiet der sozialen Sicherheit - zur Herstellung und Förderung der Arbeitnehmerfreizügigkeit.
2.	Ziel (Erwägungsgründe 5 u. 23)	- Reibungsloser Ablauf und effiziente Handhabung der komplexen Verfahren zur Umsetzung der VO (EG) Nr. 883/2004, - Verabschiedung von Koordinierungsmaßnahmen zur wirksamen Ausübung des Rechts auf Freizügigkeit
3.	Umfang und Modalitäten des Datenaustauschs (Art. 2, 3)	- Notwendigkeit des Austauschs zwischen den Behörden und Trägern der Mitgliedsstaaten und den Personen, die der VO (EG) Nr. 883/2004 unterliegen, - Verpflichtung zur unverzüglichen Ausstellung der erforderlichen Daten und Dokumente
4.	Grundsätze des Datenaustauschs (Art. 2, 3)	- Effizienz, - aktive Unterstützung, - rasche Bereitstellung, - Zugänglichkeit einschließlich elektronischer Zugänglichkeit
5.	Rechtswirkungen der ausgestellten Dokumente und Belege (Art. 5)	- Von einem Mitgliedsstaat ausgestellte Dokumente sind vom Träger anderer Mitgliedsstaaten als verbindlich anzusehen, - bei Zweifeln an der Gültigkeit ist der Träger des ausstellenden Mitgliedsstaates zu informieren, - sofern die beteiligten Träger keine Einigung erzielen, ist die nach der VO zu gründende Verwaltungskommission anzurufen
6.	Sonstige Grundsätze der Koordinierung (Art. 10, 12)	- Verbot des Zusammentreffens von Leistungen, die von zwei oder mehr Mitgliedsstaaten geschuldet werden, - Grundsatz der Zusammenrechnung von zurückgelegten Versicherungszeiten

Abb. 4.2 VO (EG) Nr. 987/2009 zur Festlegung der Modalitäten für die Durchführung der VO (EG) Nr. 883/2004

4.3.1 Fall Michel S., EuGH vom 11.04.1973, Rs. C-76/72, ECLI:EU:C:1973:46	Ein behinderter Angehöriger eines Arbeitnehmers aus dem EU-Ausland darf bei der beruflichen Förderung nicht schlechter gestellt werden, als ein Inländer in vergleichbarer Lage.
4.3.2 Fall Echternach, EuGH vom 15.03.1989, Rs. C-389/87, ECLI:EU:C:1989:130	Der Grundsatz der Gleichbehandlung nach Art. 45 Abs. 2 AEUV umfasst auch Leistungen zur Studienfinanzierung.
4.3.3 Fall Vatsouras/Koupatantze, EuGH vom 04.06.2009, Rs. C-22/08, ECLI:EU:C: 2009:344	Ein Mitgliedsstaat darf die Gewährung von Sozialhilfe von einer tatsächlichen Verbindung der Antragsteller zum Arbeitsmarkt abhängig machen.

Abb. 4.3 Kurzübersicht Fälle

EU-Parlament und der Rat auf dem Gebiet der sozialen Sicherheit für die Herstellung der Freizügigkeit der AN die notwendigen gesetzlichen Maßnahmen beschließt. Ein Teilhaberecht an sozialen Leistungen lässt sich dabei aber nicht nur aus dem Freizügigkeitsrecht nach Art. 45 AEUV, sondern auch aus dem Diskriminierungsverbot wegen Staatsangehörigkeit nach Art. 18 AEUV herleiten.[7] Sekundärrechtliche Regelungen zur Frage der Gleichbehandlung in sozialen Angelegenheiten finden sich insbesondere in der Freizügigkeits-Verordnung sowie in den nachfolgend noch zu behandelnden Richtlinien zur Koordinierung der Systeme der sozialen Sicherheit.[8]

4.1   Gleichbehandlungsgrundsatz bei sozialen Vergünstigungen nach Art. 7 Abs. 2 VO (EU) 492/2011

Nach Art. 7 Abs. 2 VO (EU) 492/2011 genießt ein Arbeitnehmer, der Staatsangehöriger eine Mitgliedsstaates ist, die gleichen sozialen und steuerlichen Vergünstigungen wie die inländischen Arbeitnehmer.[9] Er kann mit dem gleichen Recht und unter den gleichen Bedingungen wie inländische AN Berufsschulen und Umschulungszentren in Anspruch nehmen, Art. 7 Abs. 3 VO (EU) 492/2011. Die entsprechenden Ansprüche ergeben sich nach Art. 10 VO (EU) 492/2011 auch für Kinder eines Staatsangehörigen eines Mitgliedsstaates, der im Hoheitsgebiet eines anderen Mitgliedsstaates beschäftigt ist oder beschäftigt gewesen ist.[10] Praktisch relevant werden die Fragen nicht nur im Zusammenhang mit dem Anspruch auf Arbeitslosen- und Sozialhilfe,[11] sondern auch bei Ansprüchen auf Förderung einer Ausbildung an einer weiterführenden Schule oder einer Universität.[12]

4.2   Erfordernis einer Koordinierung der sozialen Systeme nach VO (EG) Nr. 883/2004

Eine ungehinderte Wahrnehmung des Freizügigkeitsrechts erfordert darüber hinaus eine Koordinierung der sozialen Sozialversicherungssysteme. Der Zugang zum Arbeitsmarkt anderer Mitgliedsstaaten wäre erschwert, wenn ein Arbeitnehmer bei einem Wechsel in einen anderen Mitgliedsstaat sozialversicherungsrechtliche Nach-

---

[7] Vgl. Frenz, ZESAR 2011, 307.

[8] Vgl. zu den Auswirkungen des Brexit auf das koordinierende Sozialrecht: Leopold, ZESAR 2021, 329; ferner zu den Folgen für die Freizügigkeit Thüsing, Europäisches Arbeitsrecht, 4. Auflage, § 2 Rd, 23a.

[9] Vgl. hierzu Fuchs/Marhold/Friedrich, Europäisches Arbeitsrecht, 6. Auflage, S. 144 ff.

[10] Vgl. EuGH vom 11.04.1973, Rs. C-76/72 (Michel S.), ECLI:EU:C:1973:46.

[11] Vgl. EuGH vom 04.06.2009, Rs. C-22/08 (Vatsouras/Koupatantze), ECLI:EU:C:2009:344; Wendtland ZESAR 2010, 355.

[12] Vgl. EuGH vom 15.03.1989, Rs. C-389/87 (Echternach), ECLI:EU:C:1989:130.

teile befürchten müsste.[13] Die primärrechtliche Regelung des Art. 48 AEUV enthält daher die Ermächtigung zur Einführung eines Systems, welches den die Freizügigkeit wahrnehmenden AN und ihren anspruchsberechtigten Angehörigen die Berücksichtigung aller sozialversicherungsrechtlich relevanten Zeiten erhält. Auf Grundlage von Art. 48 AEUV sind die Verordnung (EG) 883/2004 zur Koordinierung der Systeme der sozialen Sicherheit und die Verordnung (EG) 987/2009 zur Feststellung der Modalitäten und Koordinierung der Systeme der sozialen Sicherheit geschaffen worden. Bei der Verordnung (EG) Nr. 883/104 handelt es sich um eine zentrale Vorschrift des koordinierenden EU-Sozialrechts.[14] Da es sich bei der Koordinierung der sozialen Sicherungssysteme schwerpunktmäßig um Fragen des Kollisionsrechts handelt, werden die hierbei relevanten Fragestellungen in einem gesonderten Kapitel zum Kollisionsrecht behandelt.

4.3 Praktische Fallbeispiele

Nachfolgend werden Fragen einer Diskriminierung von AN bzw. ihren Familienangehörigen bei der Geltendmachung von sozialen Vergünstigungen behandelt.[15] Dabei wird auch eine Entscheidung zu der rechtspolitisch besonders umstrittenen Fragen des Anspruchs auf Sozialhilfe bei nur kurzer beruflicher Tätigkeit in einem Mitgliedsstaat dargestellt.[16]

4.3.1 Fall Michel S., EuGH vom 11.04.1973, Rs. C-76/72, ECLI:EU:C:1973:46

M und sein Vater besitzen die italienische Staatsangehörigkeit. Der Vater arbeitet in Belgien. Aufgrund seiner stark verminderten geistigen Fähigkeit hat M bislang nie gearbeitet. Seine Beschäftigungschancen sind auch gering. Der Vater beantragt für diesen bei den belgischen Behörden die staatliche Förderung der Beschäftigungseignung seines Sohnes. Auf solche Förderungen haben nach der belgischen Rechtslage nur belgische Staatsangehörige mit Behinderung einen Rechtsanspruch, sodass der Antrag abgewiesen wurde. Auf die daraufhin erhobene Klage legte das Tribunal du Travail Brüssel dem EuGH die Frage vor, ob das einschlägige Gesetz auch für Kinder von AN aus anderen Mitgliedstaaten zur Anwendung kommt, wenn diese in Belgien tätig sind.

---

[13] Vgl. Kolmhuber in Nägele, EG-Arbeitsrecht in der deutschen Praxis, S. 63; Riesenhuber, Europäisches Arbeitsrecht, 2. Auflage, § 2 Rn. 50–55; Fuchs, NZA 2005, Beilage 2, 97, 98; Waltermann/Kempfer a. a. O.

[14] Durch die Verordnung soll das internationale Sozialrecht der Mitgliedstaaten dahingehend vereinheitlicht werden, dass auf die von der Verordnung erfassten Arbeitnehmer und ihre Angehörigen stets nur das Sozialversicherungsrecht eines Mitgliedsstaates anwendbar ist; Heuschmid/Schierle in Preis/Sagan, Europäisches Arbeitsrecht, 2 Auflage, § 16 Rz. 16.35–16.41.

[15] Vgl. EuGH vom 11.04.1973, Rs. C-76/72 (Michel S.), ECLI:EU:C:1973:46; EuGH vom 15.03.1989, Rs. C-389/87 (Echternach), ECLI:EU:C:1989:130.

[16] Vgl. EuGH vom 04.06.2009, Rs. C-22/08 (Vatsouras/Koupatantze), ECLI:EU:C:2009:344.

Nach Auffassung des EuGH gebiete der Grundsatz der Gleichbehandlung nach Art. 45 Abs. 2 AEUV sowie die Freizügigkeits-VO, dass die berufliche Förderung eines behinderten, nicht inländischen Angehörigen eines europäischen AN nicht schlechter gestellt werden darf als die Förderung eines inländischen Behinderten.

Die wichtigsten Leitsätze

1. Nach Art. 7 Abs. 1 VO (EU) 492/2011[17] darf ein Arbeitnehmer aufgrund seiner Staatsangehörigkeit in anderen Mitgliedsstaaten hinsichtlich der Beschäftigungs- und Arbeitsbedingungen und, falls er arbeitslos geworden ist, im Hinblick auf berufliche Wiedereingliederung oder Wiedereinstellung, nicht anders behandelt werden als die inländischen Arbeitnehmer. (Rn. 6/10)
2. Nach den Absätzen 2 und 3 genießt ein solcher Arbeitnehmer im Hoheitsgebiet der anderen Mitgliedsstaaten die gleichen sozialen Vergünstigungen wie die inländischen Arbeitnehmer und kann mit dem gleichen Recht und unter den gleichen Bedingungen wie die inländischen Arbeitnehmer Berufsschulen und Umschulungszentren in Anspruch nehmen. (Rn. 6/10)
3. Laut Art. 10 können Kinder eines Arbeitnehmers aus der Union unter den gleichen Bedingungen wie die Staatsangehörigen des Tätigkeitsstaates am allgemeinen Unterricht sowie an der Lehrlings- und Berufsausbildung teilnehmen. Damit sind Maßnahmen verbunden, mit denen es den Behinderten ermöglicht wird, ihre Eignung für eine Beschäftigung zu verbessern, und die somit die Berufsberatung, -ausbildung und Umschulung dieser Behinderten zum Gegenstand haben. (Rn. 12, 15, 16) ◄

4.3.2   Fall Echternach, EuGH vom 15.03.1989, Rs. C-389/87, ECLI:EU:C:1989:130

M ist deutscher Staatsangehöriger. Sein Vater arbeitete zunächst in den Niederlanden und ließ sich dann aufgrund seiner Versetzung mit seinem Sohn in Deutschland nieder. Zuvor nahm M ein Studium an einer niederländischen Hochschule auf. Nachdem M in Deutschland keinen Studienplatz erhalten hat, kehrte er an eine niederländische Hochschule zurück und erhielt für die Dauer seines Studiums die Aufenthaltserlaubnis. Sein Begehren auf Studienfinanzierung lehnten die niederländischen Behörden mit der Begründung ab, dass er sich nur zum Zwecke des Studiums in den Niederlanden aufgehalten habe. M beruft sich auf die Gleichbehandlung nach Art. 45 Abs. 2 AEUV sowie die Freizügigkeits-VO. Im Rahmen der weiteren Auseinandersetzung wurde dem EuGH u. a. die Frage zur Vorabentscheidung vorgelegt, ob ein Anspruch auf Studienförderung auch dann besteht, wenn der vormals tätige Vater in sein Heimatland zurückgekehrt ist.

Der EuGH sah im vorliegenden Fall durch die Ablehnung den Grundsatz der Gleichbehandlung nach Art. 45 Abs. 2 AEUV als verletzt an, der auch für Familien-

---

[17] Zum Zeitpunkt der Entscheidung Art. 7 der Freizügigkeits-VO Nr. 1612/68.

angehörige gelte. Diese Grundsätze kommen sowohl für das Aufenthaltsrecht von Familienangehörigen als auch für Leistungen zur Studienfinanzierung zur Anwendung. M sei genauso zu behandeln, wie niederländische Studenten.

> **Die wichtigsten Leitsätze**
>
> 1. Nach Art. 10 VO (EU) Nr. 492/2011[18] können die Kinder von EU-Arbeitnehmern unter den gleichen Bedingungen wie die Staatsangehörigen des Aufnahmelandes am allgemeinen Unterricht sowie an der Lehrlings- und Berufsausbildung teilnehmen. Da somit jede Form von Unterricht erfasst ist, bedarf es nicht der Prüfung, ob der bezeichnete Unterricht der Berufsausbildung dient oder nicht. (Rn. 28, 29)
> 2. Betroffen sind nicht nur die Zulassungsbedingungen, sondern auch die allgemeinen Maßnahmen, die die Teilnahme am Unterricht erleichtern sollen. Eine Förderung für die Ausbildung an einer weiterführenden Schule oder das sich daran anschließende Studium ist eine soziale Vergünstigung im Sinne der Freizügigkeits-Verordnung, die den EU-Arbeitnehmern unter den gleichen Bedingungen zusteht wie den eigenen Staatsangehörigen. (Rn. 34) ◄

4.3.3 Fall Vatsouras/Koupatantze, EuGH vom 04.06.2009, Rs. C-22/08, ECLI:EU:C: 2009:344[19]

Der griechische Staatsbürger V kam im März 2006 nach Deutschland. Am 10. Juli 2006 beantragte er beim Arbeitsamt Leistungen nach dem SGB II. Das Arbeitsamt bewilligte Leistungen bis zum 30. November 2006. Das von V im Rahmen seiner beruflichen Tätigkeit erzielte Einkommen wurde von der Leistung abgezogen, sodass diese sich auf monatlich 169,00 € belief. Ende Januar 2007 endete die berufliche Tätigkeit von V. Mit Bescheid vom 18. April 2007 hob das Arbeitsamt die Leistungen mit Wirkung vom 30. April 2007 auf. Es begründete dies damit, dass die Erwerbstätigeneigenschaft nach Art. 7 Abs. 3 c Richtlinie 2004/38 (Unionsbürger-Richtlinie) im Falle der Nichterwerbstätigkeit bzw. Arbeitslosigkeit nur für sechs Monate aufrechtzuerhalten sei. Damit entfalle die Leistungsberechtigung nach § 7 Abs. 1 Satz 2 Nr. 2 SGB II.

Der griechische Staatsbürger K reiste im Oktober 2006 nach Deutschland ein und nahm am 1. November 2006 eine Arbeitsstelle an. Sein Arbeitsverhältnis endete am 21. Dezember 2006 nach Kündigung durch das Unternehmen wegen Auftragsmangel. Am 22. Dezember 2006 beantragte K beim Arbeitsamt Leistungen der Grundsicherung für Arbeitssuchende nach dem SGB II. Mit Bescheid vom 15. Januar 2007 wurden ihm Leistungen bis 28. April 2007 gewährt. Eine weitergehende Gewährung wurde abgelehnt. Dabei beruft sich das Arbeitsamt auf Art. 7 Abs. 3 c sowie auch auf Art. 24 Abs. 2 der Richtlinie 2004/38 (Unionsbürger-Richtlinie), wonach ein Auf-

---

[18] Zum Zeitpunkt der Entscheidung Art. 12 der Freizügigkeits-Verordnung Nr. 1612/68.
[19] Siehe auch EuZW 2009, 702; DVBl 2009, 972; DÖV 2009, 634.

nahmemitgliedsstaat nicht verpflichtet sei, Arbeitssuchenden länger als sechs Monate Sozialhilfe zu gewähren. V und K klagen auf Sozialhilfe vor dem Sozialgericht Nürnberg. Dieses hat in beiden Fällen eine nur kurze und nicht existenzsichernde geringfügige Beschäftigung festgestellt und dem EuGH die Frage vorgelegt, ob Art. 24 Abs. 2 der Richtlinie 2004/38 und § 7 Abs. 1 Satz 2 Nr. 2 SGB II, die Sozialhilfeleistungen ausschließen, mit Art. 45 AEUV[20] und dem Diskriminierungsverbot wegen Staatsangehörigkeit nach Art. 18 AEUV[21] vereinbar seien.

Der EuGH führt aus, dass es legitim sei, wenn Sozialhilfe erst gewährt werde, nachdem das Bestehen einer tatsächlichen Verbindung des Arbeitssuchenden mit dem Arbeitsmarkt des Aufnahmemitgliedsstaates festgestellt wurde. Eine solche Verbindung könne sich daraus ergeben, dass Betroffene während eines angemessenen Zeitraums tatsächlich eine Beschäftigung in dem Aufnahmemitgliedsstaat gesucht haben.[22]

Die wichtigsten Leitsätze

1. Angesichts der Einführung der Unionsbürgerschaft ist es nicht mehr möglich, eine finanzielle Leistung vom Anwendungsbereich des Art. 45 Abs. 2 AEUV auszunehmen, die den Zugang zum Arbeitsmarkt eines Mitgliedsstaats erleichtern soll. Allerdings sieht Art. 24 Abs. 2 der Richtlinie 2004/38 eine Abweichung vom Gleichbehandlungsgrundsatz vor, wonach ein Aufnahmemitgliedsstaat nicht verpflichtet ist, Arbeitsuchenden während eines längeren Zeitraums als sechs Monate Sozialhilfe zu gewähren. (Rn. 34, 35, 36, 37)
2. Es ist daher legitim, dass ein Mitgliedsstaat eine solche Beihilfe erst gewährt, nachdem das Bestehen einer tatsächlichen Verbindung des Arbeitsuchenden mit dem Arbeitsmarkt dieses Staates festgestellt wurde. Das Bestehen einer solchen Verbindung kann sich neben einer nachweisbaren Tätigkeit u. a. aus der Feststellung ergeben, dass der Betroffene während eines angemessenen Zeitraums tatsächlich eine Beschäftigung in dem betreffenden Mitgliedsstaat gesucht hat. (Rn. 38, 39)
3. Finanzielle Leistungen, die unabhängig von ihrer Einstufung nach nationalem Recht den Zugang zum Arbeitsmarkt erleichtern sollen, können allerdings nicht als „Sozialhilfe" im Sinne von Art. 24 Abs. 2 angesehen werden. Folglich können sich Unionsbürger, die auf Arbeitsuche in einem anderen Mitgliedsstaat sind und tatsächliche Verbindungen mit dem Arbeitsmarkt dieses Staates hergestellt haben, auf Art. 45 Abs. 2 AEUV berufen, um eine finanzielle Leistung in Anspruch zu nehmen, die den Zugang zum Arbeitsmarkt erleichtern soll. (Rn. 40, 45) ◄

---

[20] Zum Zeitpunkt der Entscheidung Art. 39 EWG-Vertrag.

[21] Zum Zeitpunkt der Entscheidung Art. 12 EWG-Vertrag.

[22] Dagegen werden Leistungen, die den Zugang zum Arbeitsmarkt erleichtern sollen, vom Begriff der Sozialhilfe nach Art. 24 Abs. 2 der Richtlinie 2004/38 ausgenommen, sodass hier der Aufnahmemitgliedsstaat zu einer weitergehenden Förderung verpflichtet sein könne; vgl. hierzu Theym, NZS 2014, 83, 84.

4.4   Auswirkung auf die deutsche Rechtsordnung und die arbeits- und sozialrechtliche Praxis

Die Verwaltungspraxis beschäftigt sich regelmäßig mit Fragen eines Rechtsanspruchs von EU-Arbeitnehmern und ihren Familienangehörigen auf Leistungen nach dem SBG II, III und entsprechenden Fördermaßnahmen.[23] Gleiches gilt für Ansprüche entsprechender Personengruppen auf Leistungen nach dem BAföG.

4.4.1   Gleichbehandlung bei sozialen Vergünstigungen

Aus den Fällen Michel und Echternach wird deutlich, dass AN und ihren Familienangehörigen nach Art. 7 Abs. 2 u. 3 Verordnung (EU) 492/2011 die gleichen sozialen Vergünstigungen zustehen, wie inländischen Arbeitnehmern. Praktisch relevant ist insbesondere auch das Recht, Berufsschulen und Umschulungszentren in Anspruch zu nehmen. Dieser Anspruch erstreckt sich daher auch auf überbetriebliche Berufsausbildungs- und Weiterbildungsmaßnahmen nach dem SGB II und III.

Im Zusammenhang mit der Studienförderung stehen zudem Leistungen nach dem BAföG auch Studierenden aus dem EU-Ausland zu, wenn ihre Eltern in Deutschland berufstätig sind, § 8 Abs. 1 Nr. 2–5 BAföG.[24]

4.4.2   Anspruch auf Sozialhilfe bei Integration im leistungsverpflichtenden Staat

Zu der rechtspolitisch besonders relevanten Frage des Anspruchs auf Sozialhilfe ist in diesem Zusammenhang zunächst auf die nationalen Regelungen von § 7 Abs. 1 Satz 2 Nr. 2 SGB II und § 23 Abs. 3 Satz 1 SGB XII zu verweisen. Aus diesen Vorschriften ergibt sich der Grundsatz, dass Ausländer – auch EU-Ausländer – die nach Deutschland einreisen, um Sozialhilfe zu erlangen, nicht anspruchsberechtigt sind.[25] Auch ergibt sich aus Art. 7 Abs. 3 c, Art. 14 Abs. 1 sowie Art. 24 Abs. 2 der Richt-

---

[23] Vgl. hierzu Fuchs/Marhold/Friedrich, Europäisches Arbeitsrecht, 6. Auflage, S. 146–150; Blanpain, European Labour Law, 2014, 348–359.

[24] Für den Fall, dass eine Arbeitnehmerin aus dem EU-Ausland arbeitslos wird, hatte der EuGH schon 1988 entschieden, dass Leistungen nach dem BAföG als soziale Vergünstigung im Sinne von Art. 7 Abs. 2 der Freizügigkeits-VO anzusehen seien. Sofern die Antragstellerin weiterhin als Arbeitnehmerin anzusehen sei, wovon bei einer unfreiwilligen Arbeitslosigkeit ausgegangen werden kann, hat sie auch Anspruch auf BAföG. Voraussetzung ist aber, dass zwischen der früheren Berufstätigkeit und dem Studium eine gewissen Kontinuität besteht, wovon auszugehen ist, wenn der Arbeitsmarkt eine entsprechende universitäre Umschulung in einen anderen Berufszweig nahelegt; vgl. EuGH vom 21.06.1988, Rs. C-39/86 (Lair/Universität Hannover), ECLI:EU:C:1988:322; Schütz u. a., Casebook Europarecht, S. 634; vgl. auch zu dem Problem von Studiengebühren: EuGH vom 13.02.1985, Rs. C-293/83 (Gravier), ECLI:EU:C:1985:69.

[25] Vgl. hierzu Greiser, ZESAR 2014, 18; Sokolowski, ZESAR 2011, 373; Fuchs, NZA 2005, Beilage 2, 97.

linie 2004/38 (Unionsbürger-Richtlinie), wie im Fall Vatsouras/Koupatantze[26] gesehen, dass Aufnahmemitgliedsstaaten nicht in jedem Fall verpflichtet sind, Arbeitssuchende während eines längeren Zeitraums der Arbeitssuche Sozialhilfe zu gewähren. Allerdings ist die Feststellung erforderlich, ob es sich tatsächlich um eine Sozialhilfeleistung oder um eine Maßnahme handelt, die den Zugang zum Arbeitsmarkt erleichtern soll. Im letzteren Fall dürfen Arbeitssuchenden aus dem Unionsausland die Leistungen nicht unter Hinweis auf Art. 24 Abs. 2 RL 2004/38 verweigert werden.

Letztlich dürfte aufgrund der Entscheidung Vatsouras/Koupatantze maßgeblich sein, ob die anspruchsstellende Person arbeitsrechtlich als AN bzw. sozialrechtlich als Beschäftigte anzusehen ist und unter welchen Voraussetzungen dieser Status bei längerer Arbeitslosigkeit entfällt.[27] Sofern dieser Status nicht gegeben ist, handelt es sich nicht mehr um eine Frage der Freizügigkeit, sondern um eine Frage des Unionsbürgerrechts nach Art. 18 AEUV.[28] Ob ein völliger Ausschluss von EU-Ausländern von Sozialhilfeleistungen mit dem Freizügigkeitsrecht nach Art. 45 AEUV oder dem Diskriminierungsverbot nach Art. 18 AEUV vereinbar ist, soll in diesem Zusammenhang wegen des eher sozialrechtlichen Inhaltes nicht weiter erörtert werden.[29] Gleichwohl kann der oben genannten Entscheidung entnommen werden, dass der Zugang zu Sozialhilfeleistungen von EU-Ausländern eine tatsächliche Verbindung zum Arbeitsmarkt oder einen gewissen Grad an Integration im leistungsverpflichtenden Staat voraussetzt.[30] In diesem Zusammenhang ist aber auch die Rechtsprechung des BSG zu einem Ermessensanspruch auf Sozialhilfe, der sich aus dem Grundsatz der Menschenwürde nach Art. 1 Abs. 1 GG ergibt, zu berücksichtigen, sofern sich die Person mindestens sechs Monate rechtmäßig in Deutschland aufhält.[31]

---

[26] Vgl. EuGH vom 04.06.2009, Rs. C-22/08 (Vatsouras und Koupatantze), ECLI:EU:C:2009:344; ferner Schreiber, DVBl. 2009, 973.

[27] Vgl. hierzu Greiser, ZESAR 2014, 18.

[28] Vgl. hierzu Greiser a. a. O.; Fren,z ZESAR 2011, 307; Heinig, ZESAR 2008, 465; Papp, NVwZ 2009, 87.

[29] Auch muss geprüft werden, ob es sich bei der beantragten Leistung tatsächlich um Sozialhilfe oder um Zuwendungen handelt, die den Zugang zum Arbeitsmarkt erleichtern sollen. Im letzteren Fall wäre ein Ausschluss von einer Leistungsgewährung auch nach längerer Arbeitslosigkeit mit der Freizügigkeit nicht vereinbar. Diese Feststellungen haben aber die nationalen Behörden und Gerichte zu treffen; vgl. hierzu ferner Greiser a. a. O.; Sokolowski a. a. O.; Fuchs a. a. O.

[30] Vgl. EuGH (Vatsouras und Koupatantze) a. a. O.; ferner Greiser a. a. O.; Frenz a. a. O.; Schreiber a. a. O.; vgl. ferner EuGH vom 11.11.2014, Rs. C-333/13 (Dano), ECLI:EU:C:2014:2358: In der Entscheidung ging es um eine rumänische Staatsbürgerin, die seit 4 Jahren in Leipzig wohnte und von ihrer Schwester mit Naturalien versorgt wurde. Einem Beruf ist Frau Dano nicht nachgegangen. In dieser Entscheidung führt der EuGH ebenfalls aus, dass Mitgliedsstaaten berechtigt seien, nicht erwerbstätige Unionsbürger, die sich allein mit dem Ziel, in den Genuss von Sozialleistungen zu kommen, in einen anderen Mitgliedsstaat begeben, von bestimmten Sozialleistungen ausgeschlossen werden können. Eine Gleichbehandlung könne nur verlangt werden, wenn die Voraussetzungen von Art. 24 Unionsbürger-Richtlinie 2004/38/EG erfüllt seien. Gleiches gelte für den Gleichbehandlungsgrundsatz nach Art. 4 der VO (EG) Nr. 883/2004.

[31] Vgl. BSG vom 09.12.2015, NJW 2016, 1464; siehe ferner zu der Entscheidung Jobcenter Krefeld ./. JD vom 06.10.2020, Rs. C-181/19, Janda, ZESAR 2021, S. 3.

Unmittelbare und mittelbare Entgeltdiskriminierung nach Art. 157 AEUV

5

▶ **Aktuelle Verordnungen und Richtlinien**
- Richtlinie 2006/54/EG (Richtlinie zur Verwirklichung der Chancengleichheit und Gleichbehandlung von Männern und Frauen in Arbeits- und Beschäftigungsfragen)[1] (siehe Abb. 5.1)
- Kurzübersicht Fälle (siehe Abb. 5.2)

Nach Art. 157 AEUV hat jeder Mitgliedsstaat die Anwendung des Grundsatzes des gleichen Entgeltes für Männer und Frauen bei gleicher oder gleichwertiger Arbeit sicherzustellen. Das Gebot richtet sich nach seinem Wortlaut zunächst an die Mitgliedsstaaten. Sie werden verpflichtet, diesen Grundsatz des Unionsrechts umzusetzen.[2] Das Diskriminierungsverbot enthält aber auch eine unmittelbare horizontale Wirkung mit dem Inhalt, dass diese Regelung auch zwischen privaten Rechtssubjekten Anwendung findet. Insoweit gilt der Grundsatz unmittelbar auch für die Arbeitsvertragsparteien und für Tarifvertragsparteien.[3] Wie im Vorwort schon angedeutet, hatte Art. 157 AEUV ursprünglich nur den Zweck, Wettbewerbsnachteile zu vermeiden, die vor allem zwischen dem französischen und dem deutschen Arbeitsrecht entstehen konnten, da das Entgeltgleichheitsgebot für Männer und Frauen in Frankreich – anders als in Deutschland – schon vor dem 2. Weltkrieg bestand. Diese auf einen einheitlichen Binnenmarkt orientierte Zielsetzung[4] ist durch

---

[1] ABl. Nr. L 204 S. 23.
[2] Vgl. EuGH vom 09.09.2003, Rs. C-25/02 (Rinke), ECLI:EU:C:2003:435; Riesenhuber, Europäisches Arbeitsrecht, 2. Auflage, § 9 Rn. 5; Schiek, Europäisches Arbeitsrecht, 3. Auflage, S. 228, 229.
[3] Vgl. EuGH vom 31.03.1981, Rs. C-96/80 (Jenkins), ECLI:EU:C:1981:80; EuGH vom 21.10.1999, Rs. C-333/97 (Lewen), ECLI:EU:C:1999:512; EuGH vom 07.02.1991, Rs. C-184/89 (Nimz), ECLI:EU:C:1991:50; Riesenhuber a. a. O.; Schiek a. a. O.
[4] Vgl. hierzu u. a. Krimphove, Europäisches Arbeitsrecht, 1996, S. 9 u. 12; Konzen, EuZW 1995, 39; Kaiser, NZA 2000, 1148.

1.	Primärrechtliche Kompetenznorm Art. 19 AEUV	Schaffung geeigneter Vorkehrungen, um Diskriminierungen zu bekämpfen.
2.	Ziel (Art. 1)	Verwirklichung des Grundsatzes der Chancengleichheit und Gleichbehandlung von Männern und Frauen in Arbeits- und Beschäftigungsfragen.
3.	Geltungsbereich (Art. 1 Abs. 2)	- Zugang zur Beschäftigung einschließlich des beruflichen Aufstiegs und der Berufsbildung - Arbeitsbedingungen einschließlich des Entgelts - betriebliche Systeme der sozialen Sicherheit
4.	Positive Maßnahmen (Art. 3)	Zur Gewährleistung der vollen Gleichstellung in der Praxis können spezifische Maßnahmen zum Ausgleich von Benachteiligungen aufgrund des Geschlechts beibehalten oder beschlossen werden.
5.	Diskriminierungsverbote (Art. 4, 5)	- hinsichtlich des Entgelts und der Entgeltsysteme - hinsichtlich betrieblicher Systeme der sozialen Sicherheit
6.	Diskriminierungsverbote für den Zugang zur Beschäftigung/zum beruflichen Aufstieg (Art. 14)	- Bedingungen für den Zugang zu unselbständiger und selbständiger Erwerbstätigkeit - Zugang zu allen Formen und allen Ebenen der Berufsberatung, der Berufsbildung, der beruflichen Weiterbildung und der Umschulung - Beschäftigungsbedingungen einschließlich Entlassungsbedingungen - Mitgliedschaft und Mitwirkung in einer Arbeitnehmer- oder Arbeitgeberorganisation
7.	Schadenersatz oder Entschädigung (Art. 18)	Mitgliedsstaaten treffen im Rahmen ihrer Rechtsordnung erforderliche Maßnahmen, damit durch Diskriminierung entstandener Schaden tatsächlich und wirksam ausgeglichen oder ersetzt wird.
8.	Beweislastregelungen (Art. 19)	Mitgliedsstaaten ergreifen die erforderlichen Maßnahmen, um effektiven Rechtsschutz bei Diskriminierung wegen des Geschlechts zu gewährleisten.

Abb. 5.1 Richtlinie 2006/54/EGzur Verwirklichung des Grundsatzes der Chancengleichheit und Gleichbehandlung von Männern und Frauen in Arbeits- und Beschäftigungsfragen

die Rechtsprechung des EuGH überholt, wonach sich gerade aus Art. 157 AEUV unmittelbare subjektive Rechte ergeben.

5.1   Die Richtlinie 2006/54/EG zur Verwirklichung des Grundsatzes der Chancengleichheit von Männern und Frauen in Arbeits- und Beschäftigungsfragen in Bezug auf das Arbeitsentgelt

Die aufgrund Art. 19 AEUV erlassene Richtlinie 2006/54/EG zur Verwirklichung des Grundsatzes der Chancengleichheit von Männern und Frauen in Arbeitsfragen stellt eine Ergänzung zu dem primärrechtlichen Diskriminierungsverbot nach

5.4.1 Fall Garland, EuGH vom 09.02.1982, Rs. C-12/81, ECLI:EU:C:1982:44	Leistungen des früheren Arbeitgebers, die nach dem Eintritt des Ruhestandes gewährt werden, stellen Entgelt im Sinne von Art. 157 AEUV dar, wenn sie durch vorangegangene Arbeitsleistung erworben wurden.
5.4.2 Fall Rummler, EuGH vom 01.07.1986, Rs. C-237/85, ECLI:EU:C:1986:277	Ein System der tariflichen Entgelt-Einstufung muss so beschaffen sein, dass Diskriminierungen aufgrund des Geschlechts ausgeschlossen werden.
5.4.3 Fall Jenkins, EuGH vom 31.03.1981, Rs. C-96/80, ECLI:EU:C:1981:80	Die schlechtere Entlohnung von Teilzeitbeschäftigten stellt eine mittelbare Diskriminierung weiblicher Arbeitnehmer nach Art. 157 AEUV dar.
5.4.4 Fall Bilka, EuGH vom 15.05.1986, Rs. C-170/84, ECLI:EU:C:1986:204	Eine Benachteiligung von Teilzeitbeschäftigten kann nur dann gerechtfertigt sein, wenn objektiv nachvollziehbare Kriterien den Arbeitgeber dazu zwingen, möglichst Vollzeitkräfte zu beschäftigen.
5.4.5 Fall Bötel, EuGH vom 04.06.1992, Rs. C-360/90, ECLI:EU:C:1992:246	Lohnersatzzahlungen an Betriebsratsmitglieder unterfallen dem Entgeltbegriff des Art. 157 AEUV.
5.4.6 Fall Tesco Stores, EuGH vom 03.06.2021, Rs. C-624/19, ECLI:EU:C:2021:429	Eine Verletzung von Art. 157 Abs. 1 AEUV ist dann gegeben, wenn sich die unterschiedlichen Entgeltbedingungen auf dieselbe Quelle zurückführen lassen. Nicht entscheidend ist dabei, dass die Tätigkeit in unterschiedlichen Betrieben erbracht wird.

Abb. 5.2 Kurzübersicht Fälle

Art. 157 AEUV dar. Die Richtlinie 2006/54/EG enthält speziellere Regelungen zur Verhinderung einer Ungleichbehandlung zwischen Männern und Frauen in Beschäftigung und Beruf, und zwar inner- und außerhalb des Entgeltbereichs.[5] Der Schutzbereich dieser sog. Gender-Richtlinie ist von der Gleichbehandlungs-Rahmenrichtlinie 2000/78/EG abzugrenzen.

Die Gleichbehandlungs-Rahmenrichtlinie betrifft zwar auch die Gleichbehandlung in Beschäftigung und Beruf, enthält allerdings nicht das Diskriminierungsmerkmal Geschlecht. Mit der Gleichbehandlungs-Rahmenrichtlinie können nur Ungleichbehandlungen wegen der Religion, der Weltanschauung der Behinderung, des Alters oder der sexuellen Ausrichtung geltend gemacht werden. Ungleichbehandlungen wegen Rasse oder ethnischer Herkunft fallen sodann in den speziellen Anwendungsbereich der Richtlinie 2000/43/EG. Somit fallen Gender-Aspekte ausschließlich in den Anwendungsbereich der Richtlinie 2006/54/EG. Art. 4 dieser Richtlinie schreibt im Kap. 1 über „Gleiches Entgelt" vor, dass bei gleicher Arbeit oder bei einer Arbeit, die als gleichwertig anerkannt wird, eine mittelbare und unmittelbare Diskriminierung aufgrund des Geschlechts für sämtliche Entgeltbestandteile und -bedingungen zu beseitigen ist, Art. 4 Abs. 1.

---

[5] Vgl. zur historischen Entwicklung der Antidiskriminierungs-Richtlinien: Thüsing, Europäisches Arbeitsrecht, 4 Auflage, § 3 Rn. 7; Riesenhuber, Europäisches Arbeitsrecht, 2. Auflage, § 9 Rn. 16–19, ferner auch zur Beweislastrichtlinie Rd. 20; Kraushaar in Nägele, EG-Arbeitsrecht in der deutschen Praxis, S. 85, 86.

5.2   Der Entgeltbegriff in Art. 157 AEUV

Nach Art. 157 Abs. 2 AEUV sowie Art. 2 Abs. 1 e der Richtlinie 2006/54/EG sind unter Entgelt die üblichen Grund- oder Mindestlöhne und -gehälter sowie alle sonstigen Vergünstigungen zu verstehen, die der Arbeitgeber aufgrund des Dienstverhältnisses dem Arbeitnehmer unmittelbar oder mittelbar in bar oder in Sachleistungen zahlt. Der EuGH geht dabei – wie eingangs bereits ausgeführt – von einem weiten Entgeltbegriff aus.[6] Nur durch eine solche weite Auslegung erlangt das Diskriminierungsverbot die größtmögliche Wirksamkeit. Als Entgelt im Sinne von Art. 157 Abs. 2 AEUV hat der EuGH u. a. anerkannt:[7] Entgeltfortzahlung im Krankheitsfall,[8] Entgeltfortzahlung bei Mutterschaft, ohne dass sich jedoch aus Art. 157 AEUV ein Anspruch auf Mutterschaftsgeld in einer bestimmten Höhe herleiten ließe,[9] Anspruch auf Weihnachtsgratifikation,[10] Abfindungen/Abfertigungen bei Beendigung des Arbeitsverhältnisses,[11] Übergangsgeld bei Beendigung des Arbeitsverhältnisses,[12] Überbrückungszahlungen aufgrund einer Betriebsvereinbarung bis zur Erlangung einer gesetzlichen Pension,[13] Altersrente aufgrund eines durch Tarifvertrag geschaffenen betrieblichen Rentensystems,[14] eine vom letzten Arbeitgeber zu zahlende zusätzliche Entschädigung zur Arbeitslosenunterstützung bis zum Anspruch auf eine gesetzliche Altersrente,[15] die Alterspension für Staatsbedienstete,[16] Beamtenpensionen,[17] ein Altersruhegehalt für Beamte,[18] Aufwandsentschädigungen bei

---

[6] Vgl. EuGH vom 01.04.2008, Rs. C-267/06 (Maruko), ECLI:EU:C:2008:179 ferner NJW 2008, 1649; EuGH vom 10.05.2011, Rs. C-147/08 (Römer), ECLI:EU:C:2011:286 ferner NZA 2011, 557; Franzen EuZA 2014, 289.

[7] Vgl. hierzu Fuchs/Marhold/Friedrich, Europäisches Arbeitsrecht, 6. Auflage, S. 231–234.

[8] Vgl. EuGH vom 13.07.1989, Rs. C-171/88 (Rinner-Kühn), ECLI:EU:C:1989:328; Fuchs/Marhold a. a. O.

[9] Vgl. EuGH vom 13.02.1996, Rs. C-342/93 (Gillespie), ECLI:EU:C:1996:46; EuGH vom 30.03.2004, Rs. C-147/02 (Alabaster), ECLI:EU:C:2004:192; Fuchs/Marhold/Friedrich a. a. O.

[10] Vgl. EuGH vom 09.09.1999, Rs. C-281/97 (Krüger), ECLI:EU:C:1999:396.

[11] Vgl. EuGH vom 27.01.2000, Rs. C-190/98 (Graf), ECLI:EU:C:2000:49; EuGH vom 17.02.1993, Rs. C-173/91 (Kommision/Belgien), ECLI:EU:C:1993:64; Fuchs/Marhold/Friedrich a. a. O.

[12] Vgl. EuGH vom 27.06.1990, Rs. C-33/89 (Kowalska), ECLI:EU:C:1990:265; Fuchs/Marhold/Friedrich a. a. O.

[13] Vgl. EuGH vom 09.12.2004, Rs. C-19/02 (Hlozek), ECLI:EU:C:2004:779; Fuchs/Marhold/Friedrich a. a. O.

[14] Vgl. EuGH vom 17.05.1990, Rs. C-262/88 (Barber), ECLI:EU:C:1990:209; EuGH vom 09.10.2001, Rs. C-379/99 (Menauer), ECLI:EU:C:2001:527; Fuchs/Marhold/Friedrich a. a. O.

[15] Vgl. EuGH vom 13.07.2000, Rs. C-166/99 (Defreyn), ECLI:EU:C:2000:411; Fuchs/Marhold/Friedrich a. a. O.

[16] Vgl. EuGH vom 12.09.2002, Rs. C-351/00 (Niemi), ECLI:EU:C:2002:480; Fuchs/Marhold/Friedrich a. a. O.

[17] Vgl. EuGH vom 29.11.2001, Rs. C-366/99 (Griesmar), ECLI:EU:C:2001:648; EuGH vom 13.12.2001, Rs. C 206/00 (Mouflin), ECLI:EU:C:2001:695; Fuchs/Marhold/Friedrich a. a. O.

[18] Vgl. EuGH vom 23.10.2003, Rs. C-4/02 u. 5/02 (Schönheit u. Becker), ECLI:EU:C:2003:583; Fuchs/Marhold/Friedrich a. a. O.

Betriebs-[19] und Personalratsschulungen,[20] Vergütung in Form bezahlter Arbeitsfreistellung für Betriebsratstätigkeit,[21] vergünstigte Bahnreisen,[22] der vom Dienstalter abhängige Aufstieg in eine höhere Vergütungsgruppe,[23] da dieser mit einer Gehaltserhöhung gleichzusetzen ist, sowie Beihilfeleistungen für Beamte.[24]

Der Grundsatz des gleichen Entgelts für Männer und Frauen ist auch für die Gestaltung von gesetzlichen und tarifvertraglichen Entgelt- und Vergütungsgruppen von Bedeutung. Sofern zur Festlegung des Entgelts ein System beruflicher Einstufung verwendet wird, muss dieses System auf für männliche und weibliche AN gemeinsamen Kriterien beruhen und so beschaffen sein, dass Diskriminierungen aufgrund des Geschlechts ausgeschlossen werden. Betroffen von dieser Regelung in Art. 4 Abs. 2 Richtlinie 2006/54/EG waren und sind insbesondere die sog. Leichtlohngruppen, die vorrangig für weibliche AN Anwendung fanden.[25]

5.3 Verbot der mittelbaren Entgeltdiskriminierung nach Art. 157 AEUV von Teilzeit- und befristet Beschäftigten

Praktische Auswirkung hat der Grundsatz des gleichen Entgeltes für Männer und Frauen im Zusammenhang mit Tatbeständen der mittelbaren Diskriminierung. Eine mittelbare Diskriminierung liegt nach Art. 2 Abs. 1 Richtlinie 2006/54/EG dann vor, wenn dem Anschein nach neutrale Vorschriften, Kriterien oder Verfahren, Personen, die einem Geschlecht angehören, in besonderer Weise gegenüber Personen des anderen Geschlechts benachteiligen können. Besondere praktische Relevanz hat das Verbot der mittelbaren Diskriminierung im Zusammenhang mit Arbeits- und Beschäftigungsbedingungen für Teilzeit- und befristet Beschäftigte. Da ein erheblich geringerer Prozentsatz Frauen als Männer Vollzeit beschäftigt ist, führt ein Ausschluss von Teilzeitbeschäftigten von betrieblichen Sonder-Leistungen (wie z. B. Weihnachtsgeld, Urlaubsgeld usw.) zu einer mittelbaren Diskriminierung von Frauen. Gleiches gilt für befristet Beschäftigte. Aus diesem Grund enthalten die Richtlinien für Teilzeit- und befristet Beschäftigte sowie die §§ 4, 5 TzBfG ausdrückliche Diskriminierungs- und Benachteiligungsverbote.[26]

---

[19] Zuletzt EuGH vom 06.02.1996, Rs. C-457/93 (Lewark), ECLI:EU:C:1996:33; Fuchs/Marhold/Friedrich a. a. O.

[20] Vgl. EuGH Lewark a. a. O.; EuGH vom 07.03.1996, Rs. C-278/93 (Freers u. Speckmann), ECLI:EU:C:1996:83; Fuchs/Marhold/Friedrich a. a. O.

[21] Vgl. EuGH vom 04.06.1992, Rs. C-360/90 (Bötel), ECLI:EU:C:1992:246.

[22] Vgl. EuGH vom 09.02.1982, Rs. C-12/81 (Garland), ECLI:EU:C:1982:44; EuGH vom 17.02.1998, Rs. C-249/96 (Grant), ECLI:EU:C:1998:63; Fuchs/Marhold/Friedrich a. a. O.

[23] Vgl. EuGH vom 07.02.1991, Rs. C-184/89 (Nimz), ECLI:EU:C:1991:50; Fuchs/Marhold a. a. O.

[24] Vgl. EuGH vom 06.12.2012, Rs. C-124/11 (Dittrich), ECLI:EU:C:2012:771 ferner NVwZ 2013, 132.

[25] Vgl. EuGH vom 01.07.1986, Rs. C-237/85 (Rummler), ECLI:EU:C:1986:277; ferner Körner, NZA 2001, 1048.

[26] Vgl. auch § 4 RL 1999/70/EG (befristete Arbeitsverträge) sowie § 4 RL 97/81/EG (Teilzeitarbeit).

5.4   Praktische Fallbeispiele

In den nachfolgend dargestellten Entscheidungen musste sich der EuGH neben Fällen der unmittelbaren Diskriminierung mit verschiedensten Argumenten zur Rechtfertigung einer mittelbaren Diskriminierung (unterschiedliche Behandlung von Vollzeit- und Teilzeitkräften) auseinandersetzen.

5.4.1   Fall Garland, EuGH vom 09.02.1982, Rs. C-12/81, ECLI:EU:C:1982:44[27]

Die British Rail Engeneering Ltd. – eine 100 %ige Tochter des British Railways Board – gewährt ihren ausgeschiedenen Mitarbeitern diverse Reisevergünstigungen. Während die männlichen AN weiterhin Vergünstigungen auch für ihre Angehörigen erhalten – weil British Rail in ihnen den „Haushaltsvorstand" sieht –, entfallen im Ruhestand weiblicher AN die Vergünstigungen für deren Familienangehörige. Nachdem das Industrial Tribunal und das Berufungsgericht die Klage von Frau G abgewiesen hatten, legte das House of Lords dem EuGH die Frage zur Vorabentscheidung vor, ob es gegen Art. 157 Abs. 1 AEUV[28] verstoße, wenn AG nur männlichen AN nach deren Eintritt in den Ruhestand eine freiwillige besondere Vergünstigung im Reiseverkehr vorbehält.

Zunächst führt der EuGH aus, dass Freifahrten als Sachleistungen im Sinne von Art. 157 Abs. 2 AEUV anzusehen seien. Obwohl die Vergünstigungen erst nach Eintritt in den Ruhestand gewährt werden, sind sie doch durch die vorangegangene Arbeitsleistung erworben und stellen daher Entgelt im Sinne von Art. 157 AEUV dar. Der EuGH sieht hierin eine unzulässige Entgeltdiskriminierung.

Die wichtigsten Leitsätze

1.   Vergünstigungen im Reiseverkehr mit der Bahn können als Entgelt im Sinne von Art. 157 AEUV qualifiziert werden. Das Vorbringen, diese Vergünstigungen würden nicht aufgrund einer vertraglichen Verpflichtung gewährt, ist unerheblich. Für die Anwendung von Art. 157 AEUV kommt es auf die Rechtsnatur dieser Vergünstigungen nicht an. Voraussetzung ist allein, dass die Vergünstigungen im Zusammenhang mit dem Dienstverhältnis gewährt werden. (Rn. 9, 10)
2.   Räumt daher ein Arbeitgeber, ohne hierzu vertraglich verpflichtet zu sein, männlichen ehemaligen Arbeitnehmern nach dem Eintritt in den Ruhestand besondere Vergünstigungen im Reiseverkehr ein, so stellt dies im Sinne von Art. 157 AEUV eine unmittelbare Diskriminierung der weiblichen ehemaligen Arbeitnehmer dar, denen diese Vergünstigungen nicht gewährt werden. (Rn. 11) ◄

---

[27] Siehe auch NJW 1982, 1204.
[28] Zum Zeitpunkt der Entscheidung Art. 119 EWG-Vertrag.

5.4.2   Fall Rummler, EuGH vom 01.07.1986, Rs. C-237/85, ECLI:EU:C:1986:277[29]

Frau R verklagt ein deutsches Unternehmen der Druckindustrie auf Eingruppierung in eine höhere Lohngruppe. Die 7 Lohngruppen des anwendbaren Lohnrahmentarifvertrages für gewerbliche AN der Druckindustrie sind nach dem Grad der Kenntnisse, Konzentration, Beanspruchung oder Belastung und der Verantwortung gestaffelt. Die Tätigkeiten der Lohngruppe 2 sind als solche beschrieben, die mit geringen Vorkenntnissen und einer kurzen Unterweisung ausgeführt werden können, eine geringe Genauigkeit erfordern und einer geringen bis erhöhten muskelmäßigen Beanspruchung unterliegen. Die Lohngruppe 3 erfordert erhöhte Vorkenntnisse und eine entsprechende Unterweisung, eine erhöhte Genauigkeit und eine erhöhte, fallweise große muskelmäßige Belastung und Lohngruppe 4 erfordert längere Berufspraxis und erhöhte, fallweise große muskelmäßige Belastung.

Frau R ist in Lohngruppe 3 eingruppiert und vertritt die Auffassung, sie müsse in Lohngruppe 4 eingruppiert werden, da sie Tätigkeiten verrichte, die in diese Lohngruppe fielen. Insbesondere müsse sie Pakete mit über 20 kg Gewicht verpacken, was eine schwere körperliche Arbeit darstelle. Der Arbeitgeber bestreitet dies und ist der Meinung, R erfülle nicht einmal die Voraussetzungen für Lohngruppe 3, da die von ihr wahrgenommene Tätigkeit nur mit einer geringen muskelmäßigen Beanspruchung verbunden sei, sodass sie nach Lohngruppe 2 eingruppiert werden müsse. Das Arbeitsgericht Oldenburg legte dem EuGH die Frage vor, ob ein System beruflicher Einstufung, das u. a. von den Kriterien der muskelmäßigen Beanspruchung oder Belastung und der Schwere der Arbeit ausgehe, mit dem Grundsatz des gleichen Entgeltes für Männer und Frauen vereinbar sei.

Der EuGH führt aus, dass ein System der Differenzierung von Lohnstufen nach dem Grad der erforderlichen muskelmäßigen Anstrengung nicht allein deshalb diskriminierend sei, weil es auf Eigenschaften abstellt, die Männer eher besitzen. Gleichwohl müsse ein System der beruflichen Einordnung, um insgesamt nicht diskriminierend zu sein, so ausgestaltet werden, dass es auch andere Kriterien berücksichtige, hinsichtlich derer die weiblichen AN besonders geeignet sein können.

Die wichtigsten Leitsätze

1. Nach Art. 4 Abs. 2 Richtlinie 2006/54/EG[30] muss ein System beruflicher Einstufung auf für männliche und weibliche Arbeitnehmer gemeinsamen Kriterien beruhen und so beschaffen sein, dass Diskriminierungen aufgrund des Geschlechts ausgeschlossen werden. Die gleiche oder gleichwertige Arbeit muss also in der gleichen Weise unabhängig davon entlohnt werden, ob sie von einem Mann oder von einer Frau verrichtet wird. (Rn. 11, 12, 13)

---

[29] Siehe auch NJW 1987, 1138; DB 1986, 1877.
[30] Zum Zeitpunkt der Entscheidung Art. 1 Abs. 2 RL 75/117/EWG.

2. Wenn bei der Festsetzung des Lohns ein System der beruflichen Einstufung verwendet wird, muss dieses zum einen dieselben Kriterien unabhängig davon zugrunde legen, ob die Arbeit von einem Mann oder von einer Frau verrichtet wird, und darf zum andern in seiner Gesamtheit nicht so ausgestaltet sein, dass es zu einer Diskriminierung des einen Geschlechts gegenüber dem anderen führt. (Rn. 13)

3. Wenn ein Kriterium, wie das der erforderlichen muskelmäßigen Anstrengung, tatsächlich männliche Arbeitnehmer begünstigen kann, so ist es doch bei der Prüfung, ob es diskriminierend ist, unter Berücksichtigung der anderen Kriterien zu beurteilen. Ein System ist nicht allein deshalb diskriminierend, weil auf Eigenschaften abgestellt wird, die Männer eher besitzen, sofern dies einem wirklichen Bedürfnis des Unternehmens entspricht. (Rn. 14, 15)

4. Die Nichtberücksichtigung der Werte, die der Leistungsfähigkeit der weiblichen Arbeitnehmer entsprechen, kann allerdings dazu führen, dass diese benachteiligt werden. Berufliche Einstufungen müssen daher, um nicht diskriminierend zu sein, so ausgestaltet sein, dass auch andere Kriterien berücksichtigt werden, hinsichtlich deren die weiblichen Arbeitnehmer besonders geeignet sein können. (Rn. 15) ◄

5.4.3 Fall Jenkins, EuGH vom 31.03.1981, Rs. C-96/80, ECLI:EU:C:1981:80[31]

J arbeitet als Teilzeitarbeitnehmerin bei der Firma Kingsgate Ltd., einem Unternehmen, das Damenoberbekleidung herstellt und 35 Männer und 34 Frauen beschäftigt. In Teilzeitbeschäftigungen arbeiten überwiegend nur weibliche Arbeitnehmer. J bezog – wie alle Teilzeitbeschäftigten – einen im Vergleich zu ihren meist männlichen Vollzeitkollegen 10 % niedrigeren Stundenlohn. J klagt vor dem Industrial Tribunal, welches dem EuGH die Frage zur Vorabentscheidung vorlegte, ob eine solche Ungleichbehandlung des Entgelts eine Verletzung von Art. 157 AEUV darstelle.

Der EuGH sah in der schlechteren Entlohnung Teilzeitbeschäftigter eine mittelbare Diskriminierung weiblicher Arbeitskräfte nach Art. 157 AEUV.[32] Nach Auffassung des EuGH hat sich herausgestellt, dass ein erheblich geringerer Prozentsatz weiblicher als männlicher AN die Mindestzahl der Wochenarbeitsstunden leistet, die die Voraussetzung für den Anspruch auf den Stundenlohn zum vollen Satz ist.

Die wichtigsten Leitsätze

1. Allein die Tatsache, dass für Teilzeitarbeit ein geringerer Stundenlohn gezahlt wird als für Vollzeitarbeit, stellt für sich allein keine verbotene Diskriminierung dar, wenn diese Stundensätze ohne Unterscheidung nach dem Geschlecht für die Arbeitnehmer der beiden Gruppen gelten. (Rn. 10)

---

[31] Siehe auch NJW 1981, 2639.
[32] Zum Zeitpunkt der Entscheidung Art. 119 EWG-Vertrag.

2. Wenn dagegen ein erheblich geringerer Prozentsatz der weiblichen als der männlichen Arbeitnehmer die Mindestzahl der Wochenarbeitsstunden leistet, steht das ungleiche Entgelt im Widerspruch zu Art. 157 AEUV. (Rn. 13)
3. Etwas anderes gilt nur dann, wenn sich die Lohnpolitik des Unternehmens durch objektive Umstände rechtfertigen lässt, die eine Diskriminierung aufgrund des Geschlechts ausschließen. Fehlt es an einer solchen Rechtfertigung, stellt ein unterschiedliches Entgelt für Vollzeit- und Teilzeitarbeitnehmer eine mittelbare Diskriminierung von weiblichen Personen dar. (Rn. 15) ◄

5.4.4   Fall Bilka, EuGH vom 15.05.1986, Rs. C-170/84, ECLI:EU:C:1986:204[33]

Der Kaufhauskonzern Bilka gewährt seinen Mitarbeitern seit Jahren Leistungen der betrieblichen Altersversorgung. Die Versorgungsordnungen gelten als Teil der Arbeitsverträge zwischen Bilka und den Beschäftigten. Danach haben Teilzeitbeschäftigte nur dann Anspruch auf ein betriebliches Altersruhegeld, wenn sie während einer Betriebszugehörigkeit von 20 Jahren mindestens 15 Jahre als Vollzeitbeschäftigte tätig waren. Die Klägerin war bei Bilka von 1961 bis 1976 als Verkäuferin beschäftigt. Nachdem sie zunächst als Vollzeitbeschäftigte tätig war, arbeitete sie von 1972 bis zur Beendigung des Arbeitsverhältnisses als Teilzeitbeschäftigte. Da sie nicht die Mindestzeit von 15 Jahren als Vollzeitbeschäftigte zurückgelegt hatte, lehnte Bilka die Zahlung eines betrieblichen Altersruhegeldes ab. Bilka führt aus, der Ausschluss der Teilzeitbeschäftigten von der betrieblichen Altersversorgung bezwecke, den Anreiz für Teilzeitbeschäftigung zu beseitigen. Teilzeitbeschäftigte lehnten es in der Regel ab, am späten Nachmittag und an Sonnabenden zu arbeiten. Deshalb sei Bilka gezwungen, die Vollzeitbeschäftigung attraktiver zu gestalten als die Teilzeitbeschäftigung. Das BAG legte dem EuGH die Frage zur Vorabentscheidung vor, ob es mit Art. 157 AEUV vereinbar sei, teilzeitbeschäftigte AN von betrieblichen Versorgungsleistungen auszunehmen, auch wenn es der Lohnpolitik eines AG entspricht, möglichst nur Vollzeitkräfte zu beschäftigen.

Nach Auffassung des EuGH liege nur dann keine mittelbare Diskriminierung vor, wenn der Arbeitgeber in der Lage ist, objektiv nachvollziehbare Kriterien zu nennen, die ihn dazu zwingen, möglichst viele Vollzeitkräfte zu beschäftigen. Allein der bloße Wunsch der AG, möglichst viele Vollzeitkräfte zu beschäftigen, ohne dass nachweisbare betriebliche Gründe dies erfordern, sei dagegen nicht ausreichend, um eine unterschiedliche Bezahlung zu rechtfertigen.

Die wichtigsten Leitsätze

1. Gewährt ein Arbeitgeber bei gleichem Stundenlohn für Vollzeit- und Teilzeitbeschäftigte nur der ersten Kategorie eine Betriebsrente, so liegt eine

---

[33] Siehe auch NZA 1986, 599; DB 1986, 1525.

unterschiedliche Vergütung im Sinne des Art. 157 AEUV[34] vor, da die den Vollzeitbeschäftigten gezahlte Gesamtvergütung höher ist als die für Teilzeitbeschäftigte. (Rn. 27)

2. Da ein erheblich geringerer Prozentsatz Frauen als Männer vollzeitbeschäftigt ist, liegt ein Widerspruch zu Art. 157 AEUV vor, wenn diese Maßnahme nicht durch Umstände zu erklären ist, die eine Diskriminierung ausschließen. Ist das Unternehmen jedoch in der Lage darzulegen, dass seine Lohnpolitik auf Faktoren beruht, die objektiv gerechtfertigt sind und nichts mit einer Diskriminierung zu tun haben, liegt keine Verletzung des Art. 157 AEUV vor. (Rn. 29, 30)

3. Ein Kaufhausunternehmen kann eine Lohnpolitik, durch die Teilzeitbeschäftigte unabhängig von ihrem Geschlecht von der betrieblichen Altersversorgung ausgeschlossen werden, damit rechtfertigen, dass es möglichst wenige Teilzeitkräfte beschäftigen will. Allerdings müssen die zu diesem Zweck gewählten Mittel nachvollziehbar einem wirklichen Bedürfnis des Unternehmens dienen und zur Erreichung dieses Ziels geeignet und erforderlich sein. (Rn. 37) ◄

5.4.5   Fall Bötel, EuGH vom 04.06.1992, Rs. C-360/90, ECLI:EU:C:1992:246[35]

Frau B war teilzeitbeschäftigtes Betriebsratsmitglied bei der Arbeiterwohlfahrt und nahm an einer Schulungsveranstaltung teil. Nach den §§ 37, 40 BetrVG ist der Arbeitgeber verpflichtet, den Betriebsratsmitgliedern für ihre vertraglich geschuldete Arbeitszeit Lohnersatz zu leisten. Frau B macht geltend, dass sie für ihre Betriebsratstätigkeit über die individuelle Arbeitszeit hinaus Anspruch auf Lohnersatz für die Gesamtdauer der Veranstaltung hat. Das LAG Berlin legte dem EuGH die Frage vor, ob bei Beachtung von Art. 157 AEUV sich die Vergütung der teilzeitbeschäftigten Betriebsratsmitglieder für Schulungsveranstaltungen nur auf die Dauer der individuell vereinbarten Teilzeit oder auf die gesamte Dauer der Veranstaltung beziehen müsse.

Zunächst stellt der EuGH fest, dass es sich bei den Lohnersatzzahlungen nach § 37 Abs. 3 BetrVG um Vergütungen handele, die dem Entgeltbegriff des Art. 157 AEUV unterfallen. Sodann erhalten teilzeitbeschäftigte Betriebsratsmitglieder eine niedrigere Vergütung als ihre vollzeitbeschäftigten Kollegen, obwohl sie unterschiedslos an der gleichen Zahl von Schulungsstunden teilnehmen. Dies sei geeignet, die Gruppe der teilzeitbeschäftigten AN, bei der der Frauenanteil überwiege, davon abzuhalten, eine Tätigkeit als Betriebsratsmitglied auszuüben oder die erforderlichen Kenntnisse hierfür zu erwerben. Aus diesem Grunde komme es zu einer Verletzung von Art. 157 AEUV[36] sowie Richtlinie 2006/54/EG.[37]

---

[34] Zum Zeitpunkt der Entscheidung Art. 119 EWG-Vertrag.

[35] Siehe auch NZA 1992, 687; DB 1992, 1481; BB 1992, 2073.

[36] Zum Zeitpunkt der Entscheidung Art. 119 EWG-Vertrag.

[37] Zum Zeitpunkt der Entscheidung Richtlinie 75/117/EWG.

1. Die Vergütung – in Form von bezahlter Arbeitsfreistellung oder der Bezahlung von Überstunden – für Schulungsveranstaltungen von Betriebsräten, fällt unter den Begriff des „Entgelts" im Sinne von Art. 157 AEUV und Art. 4 RL 2006/54/EG. Die Betriebsratsmitglieder sind damit betraut, für die Interessen des Personals und damit für harmonische Arbeitsbeziehungen einzutreten. Darüber hinaus soll die Vergütung den Betriebsratsmitgliedern ein Einkommen sichern, selbst wenn sie während der Dauer von Schulungsveranstaltungen keine in ihrem Arbeitsvertrag vorgesehene Tätigkeit ausüben. (Rn. 11, 14, 15)

2. Teilzeitbeschäftigte Betriebsratsmitglieder werden bezüglich der Vergütung bei der Teilnahme an Schulungsveranstaltungen anders behandelt als vollzeitbeschäftigte Betriebsratsmitglieder. Beide Gruppen wenden für die Teilnahme an diesen Schulungsveranstaltungen die gleiche Stundenzahl auf. Wenn jedoch die Dauer der Schulungen über die individuelle Arbeitszeit der Teilzeitbeschäftigten hinausgeht, erhalten diese eine niedrigere Vergütung als die Vollzeitbeschäftigten und werden folglich unterschiedlich behandelt, was mit Art. 157 AEUV unvereinbar ist. (Rn. 16, 17) ◄

5.4.6 Fall Tesco Stores, EuGH vom 03.06.2021, Rs. C-624/19, ECLI:EU:C:2021:429

Die beklagte Firma Tesco Stores ist einer der führenden Einzelhändler im Vereinigten Königreich mit rund 250.000 Mitarbeitern. Tesco verfügt über ein Vertriebsnetz mit rund 11.000 Arbeitnehmern, die in 24 Vertriebszentren tätig sind. Klägerinnen des Ausgangsverfahrens machen geltend, dass ihre Arbeit und die der Männer in den Vertriebszentren gleichwertig seien, obwohl die Arbeit in unterschiedlichen Betrieben verrichtet wird. Daher sei von gleichen Arbeitsbedingungen auszugehen, sodass die in den Vertriebszentren unterschiedliche Bezahlung zu einer Verletzung von Art. 157 AEUV führe.

Tesco ist der Auffassung, dass sich die Klägerinnen nicht mit Männern vergleichen können, die in anderen Vertriebszentren ihres Vertriebsnetzes beschäftigt seien. Von einer gleichwertigen Arbeit könne daher nicht ausgegangen werden, da die Tätigkeiten in unterschiedlichen Betrieben ausgeübt würden und es daher an einer einheitlichen Quelle für die Arbeit fehle. Das Watford Employment Tribunal setzte den Rechtsstreit aus und legte dem EuGH die Frage vor, ob von einer gleichwertigen Arbeit ausgegangen werden könne, wenn Männer und Frauen in unterschiedlichen Betrieben tätig seien.

Der EuGH verweist darauf, dass eine Verletzung von Art. 157 Abs. 1 AEUV nur dann gegeben sei, wenn sich die unterschiedlichen Entgeltbedingungen auf dieselbe Quelle zurückführen lassen.

Sofern diese Feststellung nicht möglich sei, fehle eine einheitliche oder gemeinsame Ursache für die Ungleichbehandlung. Da im vorliegenden Fall die Ungleichbehandlung auf die Entgeltpolitik von Tesco zurückzuführen sei, gebe es aber eine einheitliche Quelle, sodass der Schutzbereich von Art. 157 Abs. 1 AEUV betroffen sei.

Die wichtigsten Leitsätze

1. Die unmittelbare Wirkung von Art. 157 AEUV ist nicht auf Fälle beschränkt, in denen die miteinander verglichenen AN unterschiedlichen Geschlechts die „gleiche" Arbeit verrichten und nicht nur eine „gleichwertige" Arbeit.
2. Den Begriffen „gleiche Arbeit" und „gleichwertige Arbeit" kommt eine rein qualitative Bedeutung zu, da sie ausschließlich mit der Art der von den betroffenen Arbeitnehmern verrichteten Arbeit zusammenhänge.
3. Der Umstand, dass die Tätigkeit in unterschiedlichen Betrieben erbracht wird, spricht zudem nicht dagegen, dass die festgestellten Unterschiede nicht auf dieselbe Quelle zurückführen lassen. ◄

5.5   Auswirkung auf die deutsche Rechtsordnung und die arbeitsrechtliche Praxis

Aus den behandelten Entscheidungen wird deutlich, dass der EuGH trotz eines den Mitgliedsstaaten bei der nationalen Gesetzgebung zustehenden Ermessensspielraums an das Vorliegen sozial- oder beschäftigungspolitischer Gründe zur Rechtfertigung einer mittelbaren Diskriminierung sehr hohe Anforderungen stellt.[38] Insbesondere muss die Ungleichbehandlung geeignet und erforderlich sein, um diese sozialpolitischen Beschäftigungsziele zu erreichen. Dies gilt umso mehr für den Fall, dass AG Teilzeit- und Vollzeitbeschäftigte unterschiedlich behandelt und dies mit seiner Unternehmenskultur bzw. mit seinen Unternehmenszielen begründet.[39] Auch in diesem Fall müssen AG nachvollziehbar und überprüfbar darlegen, warum sie nur mit Vollzeitkräften arbeiten können. Allein ein entsprechender Wunsch ist als Begründung nicht ausreichend.[40]

5.5.1   Regelungen zur Entgeltgleichheit im BGB und AGG

Der Grundsatz des gleichen Entgeltes für Männer und Frauen bei gleicher oder gleichwertiger Arbeit nach Art. 157 AEUV ist bei der Höhe der stillschweigend vereinbarten Vergütung nach § 612 BGB zu berücksichtigen.[41] Zunächst wurde der

---

[38] Vgl. EuGH vom 09.09.1999, Rs. C-281/97 (Krüger), ECLI:EU:C:1999:396 sowie EuGH vom 14.12.1995, Rs. C-317/93 (Nolte), ECLI:EU:C:1995:438 insbesondere im Zusammenhang mit der Verhältnismäßigkeitsbegründung.

[39] Vgl. EuGH vom 13.05.1986, Rs. C-170/84 (Bilka), ECLI:EU:C:1986:204.

[40] Vgl. EuGH Bilka a. a. O.

[41] Vgl. BAG AP EWG-Vertrag, Art. 119 Nr. 42; Schlachter, Casebook Europäisches Arbeitsrecht, S. 118, 119.

Grundsatz der Entgeltgleichheit durch Verabschiedung der §§ 611 a und 611 b BGB umgesetzt.[42] Die vorgenannten BGB-Regelungen wurden mittlerweile durch das AGG abgelöst. Nach §§ 7, 2 Abs. 1 Nr. 2, 1 AGG ist eine Benachteiligung beim Arbeitsentgelt aufgrund Geschlechts verboten. Das Verbot nach § 2 Abs. 1 Nr. 2 AGG betrifft Benachteiligungen beim Arbeitsentgelt, die sich insbesondere aus individual- und kollektivrechtlichen Vereinbarungen ergeben.

Hinzuweisen ist zudem auf das seit dem 20. Juni 2017 bestehende Gesetz zur Förderung der Entgelttranparanz zwischen Frauen und Männern (Entgelttransparenzgesetz),[43] dessen Ziel es ist, das Gebot des gleichen Entgelts für Männer und Frauen bei gleicher oder gleichwertiger Arbeit durchzusetzen. Ergänz wurden diese Regelungen, nachdem am 6. Juni 2023 die Europäische Entgelttransparenz-Richtlinie (EU/2023/970) in Kraft getreten ist.

5.5.2   Entgeltgleichbehandlung und Tarifautonomie

Bereits in der Krüger-Entscheidung[44] hatte der EuGH ausgeführt, dass sich das Entgeltgleichheitsgebot auch auf Tarifverträge erstreckt. Mithin erlangt dieser Grundsatz nicht nur bei der Höhe von tariflichen Löhnen und Gehältern sondern auch bei der Vereinbarung über tarifliche Lohn- und Gehaltsgruppen Bedeutung.[45] Entsprechende Regelungen sind auch in den §§ 17 Abs. 1, 1 AGG enthalten. Dies bedeutet, dass im Zweifel Art. 157 AEUV den Grundsatz der Tarifautonomie nach Art. 9 Abs. 3 GG verdrängt.[46]

Noch in den Tarifverträgen der Weimarer Republik aber auch nach 1945 war es üblich, Frauen für die gleiche Art von Arbeit in schlechter bezahlte Lohngruppen einzuordnen als Männer. Das BAG hat schon mit Urteil vom 15. Januar 1955 diese Praxis für unvereinbar mit Art. 3 Abs. 2 und 3 GG erklärt.[47] In dem entschiedenen Fall erhielten nach dem Tarifvertrag der niedersächsischen holzverarbeitenden Industrie weibliche Arbeitskräfte lediglich 75 % bzw. 80 % der betreffenden Männerlöhne.[48] Allerdings schlug das Gericht gleichzeitig ein Eingruppierungssystem vor, das auf der physischen Leistungsfähigkeit der Beschäftigten aufbaute und so den Effekt hatte, dass das Entgelt umso höher ausfiel, je physisch anstrengender die Arbeit war. Vor allem in der verarbeitenden Industrie führte dies dazu, dass Frauen vor allem in niedrig entlohnte, sog Leichtlohngruppen, eingeordnet wurden.[49]

---

[42] Vgl. hierzu Schlachter a. a. O.; Körner, NZA 2001, 1079; Thüsing, Europäisches Arbeitsrecht, 4. Auflage, § 4 Rn. 45 sowie 99.

[43] Vgl. BGBl. I., S. 2152.

[44] Vgl. EuGH vom 09.09.1999, Rs. C-281/97 (Krüger), ECLI:EU:C:1999:396.

[45] Vgl. Wißmann, ZTR 1994, S. 223; Schlachter a. a. O.

[46] Vgl. u. a. EuGH vom 01.07.1986, Rs. C-237/85 (Rummler), ECLI:EU:C:1986:277; ferner Körner, NZA 2001, 1048.

[47] Vgl. BAGE 1, 258.

[48] Vgl. BAGE 1, 259.

[49] Vgl. Körner a. a. O.

Mit der Rummler-Entscheidung[50] verwarf der EuGH nunmehr die vom BAG 1955 vorgeschlagenen Eingruppierungssysteme, deren abstrakt formulierte Kriterien von Männern besser erfüllt werden konnten als von Frauen. Zwar lehnte der EuGH ein solches System nicht grundsätzlich ab, verlangte von den Tarifvertragsparteien aber die Schaffung eines Eingruppierungssystems, bei dem auch Kriterien enthalten sein müssen, die die besonderen Fähigkeiten von Frauen berücksichtigen.[51]

5.5.3 Keine Benachteiligung von Teilzeit- und befristet Beschäftigten

Die mit der Jenkins-Entscheidung einsetzende Rechtsprechung zum Verbot der mittelbaren Diskriminierung[52] von Frauen hat erhebliche Auswirkungen für die betriebliche Praxis. Die im Arbeitsleben häufig noch anzutreffende Benachteiligung von Teilzeitkräften, zu denen auch Mini-Jobber gehören, bei Zusatzleistungen, Vergünstigungen und sonstigen Vorteilen ist wegen einer mittelbaren Diskriminierung von Frauen verboten.[53] Aus der Bilka-Entscheidung kann rückgeschlossen werden, dass es einem Arbeitgeber kaum gelingen dürfte, eine Benachteiligung von Teilzeitkräften im Vergleich zu Vollzeitkräften sachlich zu begründen. Erforderlich ist, dass der Kaufhauskonzern mit konkret belastbaren Zahlen beweisen kann, dass Teilzeitkräfte nicht bereit sind, am späten Nachmittag und an Sonnabenden zu arbeiten. Allein die pauschale, nicht durch Zahlen belegte Behauptung stellt kein objektives Kriterium dar, um eine mittelbare Diskriminierung zu rechtfertigen.

Kritik hinsichtlich der Bötel-Entscheidung[54] gab es insbesondere im Zusammenhang mit der ehrenamtlichen Tätigkeit von Betriebsräten.[55] Die Ausübung des Betriebsratsamtes als Ehrenamt führe dazu, dass die Betriebsräte nicht für ihre Arbeit als Mitglieder des Betriebsrates entlohnt würden, sondern nur vor Nachteilen geschützt werden sollten.[56] Allerdings hat der EuGH seine Rechtsprechung auf Vor-

---

[50] Vgl. Körner, NZA 2001, 1048.

[51] Vgl. zu den Folgen: Körner a. a. O.; ferner Wißmann in Festschrift für Schaub 1998, 793 ff.; Grünberger in Preis/Sagan, Europäisches Arbeitsrecht, 2. Auflage, § 3 Rz. 200.

[52] Allerdings hatte das BVerfG schon in einer Entscheidung aus dem Jahr 1958 in seinem Parteifinanzierungsurteil Ausführungen zu einer möglichen mittelbaren Benachteiligung von Steuerpflichtigen gemacht, BVerfGE 8, 51 (64); ferner Griebeling, NZA 1996, 450.

[53] Vgl. Thüsing, Europäisches Arbeitsrecht, 4. Auflage, § 3 Rn. 29–34; Schlachter, Casebook Europäisches Arbeitsrecht, S. 128; Fuchs/Marhold/Friedrich, Europäisches Arbeitsrecht, 6. Auflage, S. 241–244.

[54] Vgl. zur Vorlage durch LAG Berlin BB 1991, 142.

[55] Vgl. Körner, NZA 2001, 1048; ferner Blomeyer, NZA 1994, 633–640; Kaiser, NZA 2000, 1144–1147, Kort RdA 1997, 277.

[56] Vgl. Körner a. a. O.; ferner Riesenhuber, Europäisches Arbeitsrecht, 2. Auflage, § 10 Rn. 17 unter Hinweis auf Kort a. a. O. sowie Junker, NJW 1994, 2527; danach sei die Bötel-Entscheidung Teil einer „Schwarzen Serie".

lage des BAG bestätigt.[57] Darüber hinaus haben Gerichte für Arbeitssachen auch einen Anspruch auf Ersatz von Kinderbetreuungskosten für die Zeit der Wahrnehmung von Schulungsveranstaltungen aus den §§ 37, 40 BetrVG hergeleitet.[58]

5.5.4 Bedeutung der EU-Entgelttransparenzrichtlinie RL2023/970

Die oben genannte Richtlinie ist seit dem 17 Mai 2023 in Kraft. Die EU-Mitgliedsstaaten haben drei Jahre Zeit zur Umsetzung der Richtlinie.[59] Daher müssen die in der Richtlinie genannten Inhalte in Deutschland in das Entgelttransparenzgesetz übernommen werden. Nach der Richtlinie stehen unter anderen AN schon im Bewerbungsverfahren entsprechende Auskunftsansprüche mit der Entgelt-Gleichbehandlung zu. Der Gehaltsvergleich findet auch unternehmensbezogen statt und der Schwellenwert von 100 AN entfällt. Ab 100 AN ist zudem eine öffentliche Berichtspflicht im Zusammenhang mit einem geschlechtsspezifischen Lohngefälle vorgesehen. Die Bedeutung dieser Vorgaben veranschaulicht die Tesco-Stores Entscheidung des EuGH vom 03.06.2021. Über mehrere Instanzen haben die Beteiligten darüber gestritten, worin die Ursache für die Ungleichbehandlung liegt. Die in RL-2023/970 genannten Kriterien, sollen unter anderem auch zu mehr Transparenz führen, sodass die erforderlichen Feststellungen für eine Ungleichbehandlung leichter möglich sind. Den Mitgliedsstaaten verbleiben drei Jahre Zeit zur Umsetzung dieser Richtlinie.[60]

---

[57] Vgl. BAGE 74, 351; EuGH vom 06.02.1996, Rs. C-457/93 (Lewark), ECLI:EU:C:1996:33 ferner NZA 1996, 319.

[58] Vgl. LAG Frankfurt/Main NZA-RR 1998, 121.

[59] Vgl. zu Fragen der Umsetzung: Zimmer, ZESAR 2024, 3.

[60] Vgl. zur „gender-pay-gap" auch: Risse/Kurth, NJW Spezial 2023, 498.

Entgeltdiskriminierung nach Art. 157 AEUV und Gleichbehandlung im Bereich der sozialen Sicherheit

6

▶ **Aktuelle Verordnungen und Richtlinien**
- Richtlinie 79/7/EWG zur schrittweisen Verwirklichung des Grundsatzes der Gleichbehandlung von Männern und Frauen im Bereich der sozialen Sicherheit[1] (siehe Abb. 6.1)
- Kurzübersicht Fälle (siehe Abb. 6.2)

Wie im vorangegangenen Kapitel schon angedeutet, stellt sich im Bereich der sozialen Sicherung die Frage, inwieweit bei Sozialversicherungsleistungen das unionsrechtliche Gleichbehandlungsgebot zur Anwendung kommt. Dogmatisch geht es um die Frage, ob Sozialversicherungsleistungen unter den Entgeltbegriff nach Art. 157 AEUV fallen.[2] In Anbetracht der Tatsache, dass Frauen wegen Kindererziehungszeiten, Teilzeittätigkeit oder niedrigerer Eingruppierung[3] regelmäßig erheblich niedrigere Rentenansprüche haben als Männer, kommt dieser Frage besondere sozialpolitische Brisanz zu.

---

[1] ABl. 1979 Nr. L 6 S. 24.

[2] Vgl. EuGH vom 25.05.1971, Rs. C-80/70 (Defrenne), ECLI:EU:C:1971:55; EuGH vom 17.05.1990, Rs. C-262/88 (Barber), ECLI:EU:C:1990:209; Fuchs/Marhold/Friedrich, Europäisches Arbeitsrecht, 6. Auflage, S. 233–235.

[3] Vgl. u. a. EuGH vom 01.07.1986, Rs. C-237/85 (Rummler), ECLI:EU:C:1986:277; ferner Körner, NZA 2001, 1048.

© Der/die Herausgeber bzw. der/die Autor(en), exklusiv lizenziert an Springer-Verlag GmbH, DE, ein Teil von Springer Nature 2025
P. Hantel, *Europäisches Arbeitsrecht*, Springer-Lehrbuch,
https://doi.org/10.1007/978-3-662-70226-0_6

1. Primärrechtliche Kompetenznorm Art. 153 Abs. 1 u. 2 AEUV	- Verbesserung der Sicherheit der Arbeitnehmer (a) - soziale Sicherheit und sozialer Schutz der Arbeitnehmer (c) - Modernisierung der Systeme des sozialen Schutzes (k)
2. Ziel der Richtlinie (Art. 1)	**Schrittweise** Verwirklichung des Grundsatzes der Gleichbehandlung von Männern und Frauen im Bereich der sozialen Sicherheit
3. Geltungsbereich (Art. 2)	Männliche und weibliche Erwerbsbevölkerung (Arbeitnehmer) sowie im Ruhestand befindliche oder arbeitsunfähige Arbeitnehmer und Selbständige
4. Anwendungsbereich (Art. 3)	Gesetzliche Systeme, die Schutz gegen folgende Risiken bieten: - Krankheit - Invalidität - Alter - Arbeitsunfall und Berufskrankheit - Arbeitslosigkeit - Sozialhilfe, soweit sie die vorgenannten Risiken ergänzt oder ersetzt
5. Gleichbehandlungsgrundsatz (Art. 4)	Fortfall jeglicher unmittelbarer oder mittelbarer Geschlechterdiskriminierung beim Zugang zu den Systemen der sozialen Sicherheit
6. Ausnahmeregelungen zu Gunsten der Mitgliedsstaaten (Art. 7)	Nachfolgend genannte Umstände können vom Anwendungsbereich der Richtlinie ausgeschlossen werden: - Festsetzung des Rentenalters - Vergünstigungen für Kindererziehungszeiten - Gewährung abgeleiteter Ansprüche oder Zuschläge für Ehefrauen - das Recht, vor Verabschiedung der Richtlinie keine Ansprüche im System der sozialen Sicherheit erworben zu haben

Abb. 6.1 RL 79/7/EWG Richtlinie zur schrittweisen Verwirklichung des Grundsatzes der Gleichbehandlung von Männern und Frauen im Bereich der sozialen Sicherheit

6.1   Ausschluss gesetzlicher Sozialversicherungsansprüche aus dem Anwendungsbereich von Art. 157 AEUV

Bislang hat der EuGH gesetzliche Sozialversicherungsansprüche dem Anwendungsbereich des Art. 157 AEUV entzogen.[4] Grundsätzlich können Sozialversicherungsansprüche allein aufgrund des Umstandes, dass sie erst nach Beendigung des Arbeitsverhältnisses erfüllt werden, nicht dem Anwendungsbereich von Art. 157

---

[4]Vgl. hierzu Schlachter, Casebook Europäisches Arbeitsrecht, S. 166; Fuchs/Marhold/Friedrich a. a. O.; Grünberger/Husemann in Preis/Sagan, Europäisches Arbeitsrecht, 2. Auflage, § 5 Rz. 5.39; Barnard, EU-Employment-Law, 4. Auflage, S. 299; Blanpain, European Labour Law, 2014, 1549, 1550.

6.3.1 Fall Defrenne, EuGH vom 25.05.1971, Rs. C-80/70, ECLI:EU:C:1971:55	Leistungen des Arbeitgebers zur staatlichen Sozialversicherung stellen kein Entgelt im Sinne von Art. 157 AEUV dar.
6.3.2 Fall Barber, EuGH vom 17.05.1990, Rs. C-262/88, ECLI:EU:C:1990:209	Betriebliche Renten, die im Zusammenhang mit dem Arbeitsverhältnis gezahlt werden, fallen in den Anwendungsbereich von Art. 157 AEUV.
6.3.3 Fall Nolte, EuGH vom 14.12.1995, Rs. C-317/93, ECLI:EU:C:1995:438	Die Strukturprinzipien des nationalen Sozialversicherungsrechts fallen ausschließlich in die Zuständigkeit der Mitgliedsstaaten.
6.3.4 Fall Gómez-Limón Sánchez-Camacho, EuGH vom 16.07.2009, Rs. C-537/07, ECLI:EU:C:2009:462	Eine Nichtberücksichtigung von Kindererziehungszeiten bewegt sich noch im Rahmen des Entscheidungsermessens der Mitgliedsstaaten für die Sozialpolitik.
6.3.5 Fall Espadas Recio, EuGH vom 09.11.2017, Rs. C-98/15, ECLI:EU:C:2017:833	Eine Ungleichbehandlung zwischen vertikaler und horizontaler Teilzeittätigkeit hinsichtlich Ansprüchen auf Arbeitslosengeld kann eine mittelbare Diskriminierung von RL 97/81/EG darstellen.

Abb. 6.2 Kurzübersicht Fälle

AEUV entzogen werden.[5] Gleiches gilt für den Aspekt, dass Sozialversicherungsansprüche in den meisten Mitgliedsstaaten gesetzlich und nicht vertraglich geregelt
sind.[6] Entscheidend dürfte sein, dass Sozialversicherungsansprüche keine unmittelbaren arbeitsvertraglichen Ansprüche darstellen. Auch die Richtlinie 2006/54/EG
bezieht sich nach Art. 1 nur auf Arbeits- und Beschäftigungsfragen und daher nicht
auf Sozialversicherungsansprüche. In Art. 7 und 1 Abs. 2 der Richtlinie 2006/54/EG
ist daher nur die Gleichbehandlung hinsichtlich betrieblicher nicht aber gesetzlicher
Systeme der sozialen Sicherheit vorgeschrieben.

Unionsweite Regelungen im Zusammenhang mit Sozialversicherungsansprüchen
sind daher in der nachfolgend dargestellten speziellen Richtlinie 79/7/EWG enthalten. Somit fallen gesetzliche Sozialversicherungsansprüche nicht in den Anwendungsbereich von Art. 157 AEUV bzw. der Richtlinie 2006/54/EG, sondern in den
Anwendungsbereich der Richtlinie 79/7/EWG.

6.2   Die Richtlinie 79/7/EWG zur schrittweisen Verwirklichung des Grundsatzes der Gleichbehandlung von Männern und Frauen im Bereich der sozialen Sicherheit

Die Richtlinie 79/7/EWG hat zum Ziel, dass auf dem Gebiet der sozialen Sicherheit
und der sonstigen Bestandteile der sozialen Sicherung der Grundsatz der Gleichbehandlung von Männern und Frauen im Bereich der sozialen Sicherheit schrittweise

---

[5] Vgl. EuGH vom EuGH vom 09.02.1982, Rs. C-12/81 (Garland), ECLI:EU:C:1982:44.
[6] Vgl. Schlachter a. a. O. S. 106; Fuchs/Marhold/Friedrich a. a. O.; Riesenhuber, Europäisches Arbeitsrecht, 2. Auflage, § 10 Rn. 8; ferner Grünberger/Husemann a. a. O.; Blanpain a. a. O.

verwirklicht wird.[7] Der Anwendungsbereich der Richtlinie erstreckt sich daher auf die Bereiche der gesetzlichen Sozialsysteme, die Schutz gegen die Risiken wie Krankheit, Invalidität, Alter, Arbeitsunfall und Berufskrankheit sowie Arbeitslosigkeit bieten, Art. 1, 3 Richtlinie 79/7/EWG.

Der in Art. 4 Abs. 1 enthaltene Grundsatz der Gleichbehandlung beinhaltet den Fortfall jeglicher unmittelbarer oder mittelbarer Diskriminierung aufgrund des Geschlechts, insbesondere unter Bezugnahme auf den Ehe- oder Familienstand, und zwar betreffend den Anwendungsbereich der Sozialsysteme sowie die Bedingungen für den Zugang, die Beitragspflicht und die Berechnung der Beiträge sowie die Berechnung der Leistungen einschließlich Zuschläge für Ehegatten und für unterhaltsberechtigte Personen. Daher haben nach Art. 4 und 5 der Richtlinie 79/7/EWG die Mitgliedstaaten die notwendigen Maßnahmen sicherzustellen, um mit dem Gleichbehandlungsgrundsatz unvereinbare Rechts- und Verwaltungsvorschriften zu beseitigen.

Allerdings haben die Mitgliedsstaaten nach Art. 7 der Richtlinie 79/7/EWG die Befugnis, bestimmte Leistungen und Sachverhalte vom Anwendungsbereich der Richtlinie und damit von dem Gleichbehandlungsgebot nach Art. 4, 5 Richtlinie 79/7/EWG auszunehmen. So verbleibt die Festsetzung des Rentenalters für die Gewährung der Altersrente sowie etwaige Auswirkungen auf andere Leistungen nach Art. 7 Abs. 1 der Richtlinie 79/7/EWG in der Befugnis der Mitgliedsstaaten. Auch können diese nach Art. 7 Abs. 1 b der Richtlinie 79/7/EWG darauf verzichten, für Personen, welche Kinder aufgezogen haben, auf dem Gebiet der Altersversicherung etwaige Vergünstigungen vorzusehen.[8]

6.3   Praktische Fallbeispiele

In Anbetracht der erheblichen sozialen Folgen kann es nicht verwundern, dass der EuGH sich regelmäßig mit Fragen der Einbeziehung sozialversicherungsrechtlicher Ansprüche in den Anwendungsbereich von Art. 157 AEUV zu befassen hatte.[9]

6.3.1   Fall Defrenne, EuGH vom 25.05.1971, Rs. C-80/70, ECLI:EU:C:1971:55

D wurde von der belgischen Fluglinie „Sabena" 1951 als Bordstewardess eingestellt. Am 15. Februar 1968, dem Tag an dem sie 40 Jahre alt wurde, endete ihr

---

[7] Vgl. Schlachter a. a. O.; Fuchs/Marhold/Friedrich a. a. O.

[8] Der EU-Gesetzgeber hat daher in Art. 7 der Richtlinie 79/7/EWG zum Ausdruck gebracht, dass wesentliche Gebiete der gesetzlichen Sozialversicherung im Kompetenzbereich der Mitgliedstaaten verbleiben und Sozialversicherungsansprüche daher nach anderen Grundsätzen zu beurteilen sind als arbeitsvertragliche Entgeltansprüche; vgl. EuGH vom 16.07.2009, Rs. C-537/07 (Gómez-Limón Sánchez-Camacho), ECLI:EU:C:2009:462.

[9] Vgl. EuGH vom 25.05.1971, Rs. C-80/70 (Defrenne), ECLI:EU:C:1971:55; EuGH vom 14.12.1995, Rs. C-317/93 (Nolte), ECLI:EU:C:1995:438; EuGH Gómez-Limón Sánchez-Camacho a. a. O.; EuGH vom 17.05.1990, Rs. C-262/88 (Barber), ECLI:EU:C:1990:209.

Arbeitsverhältnis entsprechend einer Vereinbarung im Arbeitsvertrag, wonach das weibliche Bordpersonal nicht älter als 40 Jahre sein durfte. Wegen dieser Regelung führte D ein gesondertes Verfahren.[10] Unabhängig davon rügt D gegenüber der belgischen Rentenversicherung, dass Zeiten – die sie im Rahmen der Erziehung ihrer Kinder außerhalb des Arbeitslebens verbracht habe – nicht ausreichend bei der Rentenberechnung berücksichtigt würden. Der zuständige Conseil d`Etat legte dem EuGH die Frage zur Vorabentscheidung vor, ob die Altersrente, die im Rahmen der durch die Beiträge von AG und AN sowie durch staatliche Zuschüsse finanzierte Sozialversicherung gewährt wird, eine arbeitsvertragliche Vergütung und damit ein Entgelt im Sinne von Art. 157 Abs. 1 AEUV darstelle.

Der EuGH sieht in Leistungen von AG zur staatlichen Sozialversicherung kein Entgelt im Sinne von Art. 157 AEUV. Demnach können Ansprüche auf Leistungen, solange sie unmittelbar durch Gesetz geregelt werden und zwingend für eine nur allgemein umschriebene Gruppe von AN gelten, nicht unter den Entgeltbegriff subsumiert werden. Eine Ausnahme bestehe allerdings dann, wenn die Zahlung von Sozialversicherungsleistungen sich unmittelbar auf eine arbeitsvertragliche Vereinbarung zurückführen lässt. Für die Qualifikation einer Vergütung als Entgelt im Sinne von Art. 157 AEUV sei damit entscheidend, dass sie ihren Ursprung in einer arbeitsvertraglichen Vereinbarung zwischen AN und AG finden und keine finanzielle Unterstützung durch staatliche Stellen erfährt.

Die wichtigsten Leitsätze

1. Nach Art. 157 AEUV[11] sind die Mitgliedsstaaten verpflichtet, die Anwendung des Grundsatzes des gleichen Entgelts für Männer und Frauen bei gleicher Arbeit zu gewährleisten. In Abs. 2 dieser Vorschrift wird der Begriff des Entgelts auf alle gegenwärtigen oder künftigen in bar oder in Sachleistungen gezahlten Vergütungen ausgedehnt, vorausgesetzt dass sie der Arbeitgeber dem Arbeitnehmer wenigstens mittelbar aufgrund des Dienstverhältnisses zahlt. (Rn. 5/6)

2. Dagegen können unmittelbar durch Gesetz geregelte, keiner vertraglichen Vereinbarung zugänglichen Sozialversicherungsleistungen, insbesondere Altersrenten, die für allgemein umschriebene Gruppen von Arbeitnehmern gelten, nicht in den Entgeltbegriff einbezogen werden. Denn diese Regelungen sichern Ansprüche aus gesetzlichen Systemen, an deren Finanzierung Arbeitnehmer, Arbeitgeber und gegebenenfalls die öffentliche Hand in einem Maße beteiligt sind, das weniger vom Arbeitsverhältnis zwischen Arbeitgeber und Arbeitnehmer als von sozialpolitischen Erwägungen abhängt. (Rn. 7/12)

3. Der Arbeitgeberanteil an der Finanzierung solcher Systeme stellt daher keine unmittelbare oder mittelbare Zahlung an den Arbeitnehmer dar. Letz-

---

[10] Vgl. EuGH vom 08.04.1976, Rs. C-43/75 (Defrenne II), ECLI:EU:C:1976:56; EuGH vom 15.06.1978, Rs. C-149/77 (Defrenne III), ECLI:EU:C:1978:130.

[11] Zum Zeitpunkt der Entscheidung Art. 119 EWG-Vertrag.

terer wird die gesetzlich vorgeschriebenen Leistungen nicht aufgrund des Arbeitgeberbeitrags, sondern allein deshalb erhalten, weil er die gesetzlichen Voraussetzungen des Leistungsanspruchs erfüllt. (Rn. 7/12) ◄

6.3.2 Fall Barber, EuGH vom 17.05.1990, Rs. C-262/88, ECLI:EU:C:1990:209[12]

Das betriebliche Altersversorgungssystem der Royal Exchange Insurance Group gewährt männlichen AN Rentenzahlungen ab Vollendung des 62. und weiblichen AN ab Vollendung des 57. Lebensjahres. Diese Differenzierung entsprach derjenigen des nationalen Systems der sozialen Sicherheit, nach dessen Bestimmung das gesetzliche Rentenalter für Männer 65 und für Frauen 60 Jahre beträgt. Das betriebliche Altersversorgungssystem trat im vorliegenden Fall an die Stelle des gesetzlichen Systems der Rentenzahlung (sog. contracted-out). Bei einer freiwilligen Lösung des Arbeitsverhältnisses gewährt die AG-Rentenkasse entsprechend einer arbeitsvertraglichen Vereinbarung einen Anspruch auf sofort zahlbare Rente, wenn Männer das Alter von 55 Jahren und Frauen von 50 Jahren erreichen. Der Kläger B wurde 1990 im Alter von 52 Jahren aus betrieblichen Gründen entlassen und erhielt die gesetzlich vorgeschriebene Abfindung. Ein Betriebsrentenanspruch stand ihm erst mit 55 Jahren zu. B fühlt sich aufgrund seines Geschlechts diskriminiert und klagt vor dem Industrial Tribunal. Der Court of Appeal London legte dem EuGH die Frage zur Vorabentscheidung vor, ob Leistungen der betrieblichen Altersversorgung in den Anwendungsbereich von Art. 157 AEUV[13] fallen.

Betriebliche Renten – die im Zusammenhang mit dem Dienst- bzw. Arbeitsverhältnis gezahlt werden – fallen nach Auffassung des EuGH in den Anwendungsbereich von Art. 157 AEUV. Dies gilt auch vorliegend für den Fall, dass die betriebliche Altersrente den gesetzlichen Rentenanspruch nicht ergänzt sondern ausschließt. Der EuGH bejaht daher den „Entgeltcharakter" und sieht in der Regelung eine Ungleichbehandlung von männlichen AN. Gleichwohl verneint der EuGH wegen möglicher schwerwiegender finanzieller Auswirkungen eine rückwirkende Geltung seiner Entscheidung, da viele betriebliche Altersversorgungssysteme vom Grundsatz der Gleichheit von Männern und Frauen abweichen.

Die wichtigsten Leitsätze

1. In den Entgelt-Begriff können aber Ansprüche aus Sozialversicherungssystemen nicht mit einbezogen werden, die unmittelbar durch Gesetz geregelt sind, keinerlei vertragliche Vereinbarungen zulassen und zwingend für allgemein umschriebene Gruppen von Arbeitnehmern gelten. Diese Regelungen sichern den Arbeitnehmern nämlich die Vorteile aus gesetzlichen Systemen, an deren Finanzierung Arbeitnehmer, Arbeitgeber und ge-

---

[12] Siehe auch NJW 1991, 2204; NZA 1990, 775; EuZW 1990, 283.
[13] Zum Zeitpunkt der Entscheidung Art. 119 EWG-Vertrag.

gebenenfalls die öffentliche Hand in einem Maße beteiligt sind, das weniger vom Arbeitsverhältnis zwischen Arbeitgeber und Arbeitnehmer als von sozialpolitischen Erwägungen abhängt. (Rn. 22, 23)

2. Betriebliche Altersversorgungssysteme beruhen aber entweder auf einer Vereinbarung zwischen den Sozialpartnern oder auf einseitiger Entscheidung des Arbeitgebers. Sie werden ohne jede öffentliche Beteiligung in vollem Umfang vom Arbeitgeber oder von diesem und den Arbeitnehmern gemeinsam finanziert. Demgemäß gehören solche Systeme zu den Vergütungen, die der Arbeitgeber gewährt. Dabei spielt es keine Rolle, dass es sich um eine an die Stelle des gesetzlichen Systems getretene betriebliche Altersversorgung handelt. (Rn. 25)

3. Folglich sind Renten, die an die Stelle des gesetzlichen Systems gezahlt werden, im Unterschied zu den Leistungen der nationalen gesetzlichen Systeme der sozialen Sicherheit Vergütungen, die in den Anwendungsbereich von Art. 157 AEUV fallen. Wenn eine Frau bei ihrer betriebsbedingten Entlassung sofort Anspruch auf eine Rente hat, während ein Mann gleichen Alters unter den gleichen Umständen nur eine Anwartschaft auf eine später zu zahlende Rente hat, so liegt ein ungleiches Entgelt für diese beiden Gruppen von Arbeitnehmern vor. (Rn. 28, 38) ◄

6.3.3   Fall Nolte, EuGH vom 14.12.1995, Rs. C-317/93, ECLI:EU:C:1995:438[14]

Die 1930 geborene N war von 1977 bis 1987 – wegen Kindererziehungszeiten – nur geringfügig beschäftigt (als Reinigungskraft). Seit Juni 1988 leidet sie an einer schweren Krankheit, sodass sie nicht mehr in der Lage ist, regelmäßig einer Erwerbstätigkeit nachzugehen. 1988 beantragte sie die Gewährung einer Rente wegen Erwerbsunfähigkeit, die mit der Begründung abgelehnt wurde, dass sie in den letzten 60 Kalendermonaten vor Eintritt der Erwerbsunfähigkeit keiner versicherungspflichtigen Beschäftigung nachgegangen sei. Nach dem deutschen Sozialversicherungsrecht sind geringfügig Beschäftigte nicht versicherungspflichtig, § 5 Abs. 2 SGB VI, 43 Abs. 1 Nr. 2 SGB VI, § 8 Abs. 1, 8 a SGB IV. Begründet wird die Versicherungsfreiheit von geringfügig Beschäftigten damit, dass nur so in diesem Bereich zusätzliche Beschäftigungsmöglichkeiten geschaffen werden können. Das Sozialgericht Hannover legte dem EuGH die Frage zur Vorabentscheidung vor, ob eine Diskriminierung nach Richtlinie 79/7/EWG vorliege, wenn Beschäftigungen mit regelmäßig weniger als 15 h vom System der gesetzlichen Rentenversicherung ausgeschlossen werden.

Da es sich im vorliegenden Fall um sozialversicherungsrechtliche Ansprüche handelte, nahm der EuGH keine Prüfung im Zusammenhang mit Art. 157 AEUV vor. Der EuGH lehnte zudem das Vorliegen einer unmittelbaren und auch mittel-

---

[14] Siehe auch NJW 1996, 445; NZA 1996, 129; NVwZ 1996, 369.

baren Diskriminierung nach Richtlinie 79/7/EWG ab, da die Strukturprinzipien des nationalen Sozialversicherungsrechts in die ausschließliche Zuständigkeit der Mitgliedsländer fallen.

Die wichtigsten Leitsätze

1. Der Gleichbehandlungsgrundsatz nach Art. 4 Abs. 1 der Richtlinie 79/7/ EWG steht der Anwendung einer nationalen Maßnahme entgegen, die zwar neutral formuliert ist, tatsächlich aber einen wesentlich höheren Prozentsatz Frauen als Männer benachteiligt, sofern diese Maßnahme nicht durch objektive Faktoren gerechtfertigt ist, die nichts mit einer Diskriminierung aufgrund des Geschlechts zu tun haben. Dies ist der Fall, wenn die gewählten Mittel einem legitimen Ziel der Sozialpolitik des Mitgliedsstaats dienen und zur Erreichung dieses Ziels geeignet und erforderlich sind. (Rn. 28)
2. Nach dem EU-Recht sind die Mitgliedsstaaten für die Sozialpolitik zuständig. Folglich ist es ihre Sache, die Maßnahmen zu wählen, die zur Verwirklichung ihrer sozial- und beschäftigungspolitischen Ziele geeignet sind. Bei der Ausübung dieser Zuständigkeit verfügen die Mitgliedsstaaten über einen weiten Entscheidungsspielraum. (Rn. 33)
3. Das sozial- und beschäftigungspolitische Ziel einer erleichterten Beschäftigung von geringfügig Beschäftigten hat objektiv nichts mit einer Diskriminierung aufgrund des Geschlechts zu tun. Der deutsche Gesetzgeber konnte bei Ausübung seines Ermessens davon ausgehen, dass die sozialversicherungsrechtlichen Rechtsvorschriften zur Erreichung dieses Ziels erforderlich waren, sodass eine mittelbare Diskriminierung ausscheidet. (Rn. 34, 35) ◄

6.3.4   Fall Gómez-Limón Sánchez-Camacho, EuGH vom 16.07.2009, Rs. C-537/07, ECLI:EU:C:2009:462

Frau S war als Verwaltungshilfskraft in einem spanischen Großhandelsbetrieb seit 1986 in Vollzeit beschäftigt. Im Jahr 2001 vereinbarte S. zum Zwecke der Betreuung ihres unter sechs Jahre alten Kindes eine Reduzierung ihrer täglichen Arbeitszeit um 1/3. Zugleich wurden die Beiträge zum allgemeinen System der sozialen Sicherheit in demselben Maße gekürzt. Nachdem bei S. in Folge psychischer und funktionaler Störungen eine dauernde vollständige Invalidität festgestellt wurde, erhielt sie eine Rente in Höhe von 55 % der entsprechenden Bemessungsgrundlage. Da S. aufgrund ihrer Teilzeittätigkeit von 2001 bis 2004 nur eine reduzierte Rente erhielt, rügt sich eine Verletzung des Grundsatzes der Gleichbehandlung im Bereich der sozialen Sicherheit im Sinne der Richtlinie 79/7/EWG. Das Juzgado de lo Social de Madrid legte dem EuGH die Frage vor, ob der Grundsatz der Gleichbehandlung von Männern und Frauen nach Richtlinie 79/7/EWG dem entgegenstehe, dass ein Arbeitnehmer während der Zeit des Elternurlaubs in Teilzeit weniger Ansprüche auf Rente erwirbt als wenn er in Vollzeit gearbeitet hätte.

Da es sich im vorliegenden Fall um sozialversicherungsrechtliche Ansprüche handelt, erfolgt keine Prüfung im Zusammenhang mit Art. 157 AEUV. Der EuGH lehnt zudem das Vorliegen einer Diskriminierung nach Richtlinie 79/7/EWG ab, da die Strukturprinzipien des nationalen Sozialversicherungsrechts in die ausschließliche Zuständigkeit der Mitgliedsländer fallen. Die Nichtberücksichtigung von Kindererziehungszeiten bewege sich noch im Rahmen des Entscheidungsermessens der Mitgliedsstaaten für die Sozialpolitik entsprechend Art. 7 der Richtlinie 79/7/EWG.

Die wichtigsten Leitsätze

1. Eine mittelbare Diskriminierung liegt vor, wenn eine nationale Maßnahme zwar neutral formuliert ist, in ihrer Anwendung aber wesentlich mehr Frauen als Männer benachteiligt. Es entscheiden sich häufiger Frauen als Männer für Arbeitszeitreduzierungen, um sich der Kindererziehung zu widmen, was eine Verminderung der aus dem Arbeitsverhältnis abgeleiteten sozialversicherungsrechtlichen Ansprüche zur Folge hat. (Rn. 54, 55)
2. Die einschlägige spanische Sozialversicherungsvorschrift sieht vor, dass die Höhe der Rente wegen dauernder Invalidität auf der Grundlage der im Referenzzeitraum (acht Jahre) tatsächlich gezahlten Beiträge zu berechnen ist. Da der Arbeitnehmer während des Elternurlaubs in Teilzeit ein niedrigeres Gehalt bezieht, sind die Beiträge, die einen Anteil seines Gehalts darstellen, ebenfalls verringert, und hieraus ergibt sich ein Unterschied beim Erwerb von Ansprüchen auf Leistungen der sozialen Sicherheit zwischen vollzeit- und teilzeitbeschäftigten Arbeitnehmern. (Rn. 58)
3. Allerdings ist eine zeitanteilige Berechnung des Ruhegehalts bei Teilzeitbeschäftigung mit EU-Recht vereinbar. Neben der Zahl der Dienstjahre stellt auch die während einer Laufbahn tatsächlich abgeleistete Dienstzeit ein objektives Kriterium ohne Bezug zu einer Diskriminierung aufgrund des Geschlechts dar, das eine proportionale Kürzung der Ruhegehaltsansprüche zulässt. Die Richtlinie 79/7/EWG bezweckt nach ihrem ersten Erwägungsgrund und ihrem Art. 1 lediglich die schrittweise Verwirklichung des Grundsatzes der Gleichbehandlung von Männern und Frauen im Bereich der sozialen Sicherheit.
4. Daher sind die Mitgliedsstaaten befugt, Beschäftigungsunterbrechungen wegen Kindererziehung aus dem Anwendungsbereich der Richtlinie auszuschließen. Die Richtlinie 79/7/EWG verpflichtet die Mitgliedsstaaten daher nicht, Personen, die Kinder aufgezogen haben, Vergünstigungen auf dem Gebiet der Alterssicherung zu gewähren. (Rn. 59, 60, 61, 62) ◄

6.3.5 Fall Espadas Recio, EuGH vom 09.11.2017, Rs. C-98/15, ECLI:EU:C:2017:833

Frau R. arbeitete von Dezember 1999 bis Juli 2013 ununterbrochen als Reinigungskraft in Teilzeit. Ihre Arbeitszeit war folgendermaßen eingeteilt: jede Woche montags, mittwochs und donnerstags jeweils zweieinhalb bis vier Stunden. Nach Beendigung ihres Arbeitsverhältnisses beantragte R. Leistungen bei Arbeitslosigkeit. Ihr wurden vom staatlichen Beschäftigungsdienstes (Servicio Público Empleo Estatal – SPEE) Leistungen für 420 Tage zuerkannt. Die Bezugsdauer der Leistung bei Arbeitslosigkeit richtet sich nach den Zeiten beitragspflichtiger Beschäftigung vor der Arbeitslosigkeit. Beitragszeit und Bezugsdauer der Leistung werden jeweils in Tagen gerechnet. Je mehr Tage gearbeitet wurden, umso höher ist die Bezugsdauer.

Mit ihrer Klage macht R. eine Bezugsdauer von 720 Tagen geltend. Ihrer Ansicht nach hat sie während eines Zeitraums von sechs aufeinanderfolgenden Jahren gearbeitet und damit für 30 bzw. 31 Tage pro Monat (d. h. für insgesamt 2160 Tage) Beiträge geleistet. Die Tage, an denen sie nicht gearbeitet habe, dürften bei der Berechnung ihrer Leistung bei Arbeitslosigkeit nicht außer Acht gelassen werden. Dies führe andernfalls zu einer Ungleichbehandlung von Teilzeitbeschäftigten mit „vertikaler" Arbeitszeitvereinbarung.[15] Im Falle einer „horizontalen" Teilzeit werden alle Werktage bei der Berechnung der Bezugsdauer im Falle von Arbeitslosigkeit zu Grunde gelegt. Vorliegend konzentrierte Frau R. ihre Arbeitszeit im Wesentlichen auf drei Tage pro Woche. Ihre wöchentliche Arbeitszeit von 8–12 h hätte aber auch auf 5 Tage verteilt werden können.

Der Juzgado de lo Social de Barcelona legte dem EuGH u. a. die Frage vor, ob eine Diskriminierung von Teilzeitbeschäftigten vorliege, wenn in Fällen vertikaler Teilzeit bei der Berechnung der Beitragszeiten Tage, an denen nicht gearbeitet wurde, nicht mit einbezogen werden, sodass sich Leistungskürzungen ergeben. Der EuGH führt zunächst aus, dass der Grundsatz der Nichtdiskriminierung von Teilzeitkräften nach § 4 Nr. 1 der RL 97/81 zur Rahmenvereinbarung über Teilzeitarbeiter nicht auf beitragsbezogene Leistungen bei Arbeitslosigkeit anzuwenden sei. Allerdings könne durch eine solche Leistungskürzung Art. 4 Abs. 1 RL 2006/54[16] verletzt sein.

Die wichtigsten Leitsätze

1. Versorgungsbezüge fallen nicht unter den Begriff der Beschäftigungsbedingungen im Sinne der RL 97/81 zur Rahmenvereinbarung über Teilzeitarbeiter, wenn sie sich aus einem gesetzlichen System der sozialen Sicherheit ergeben, das weniger von einem Beschäftigungsverhältnis, sondern vielmehr durch sozialpolitische Erwägungen bestimmt wird. Zudem fällt die Ausgestaltung der Systeme der sozialen Sicherheit mangels Harmonisierung in die Zuständigkeit der Mitgliedsstaaten. (Rn. 32)
2. Gleichwohl müssen die Mitgliedsstaaten bei der Ausübung ihrer Befugnisse das EU-Recht beachten. Aus den statistischen Daten geht eindeutig hervor, dass die unter die nationale Regelung fallenden Teilzeitbeschäftigten mit

---

[15] Die Teilzeitarbeit wird als „vertikal" bezeichnet, wenn die betreffende Person ihre Arbeitsstunden auf einige Werktage konzentriert, und als „horizontal", wenn die betreffende Person an allen Werktagen verkürzt arbeitet.

[16] In dem Fall ging es konkret noch um die Vorgängerregelung von Art. 4 Abs. 1 RL 79/7.

„vertikaler" Arbeitszeitvereinbarung allesamt nachteilig von dieser Regelung betroffen sind, weil diese Regelung dazu führt, dass die ihnen zu-
stehende Bezugsdauer einer Leistung für Arbeitslosigkeit kürzer ist als die
Bezugsdauer, die Teilzeitbeschäftigten mit horizontaler Arbeitszeit-verein-
barung zuerkannt wird. (Rn. 40–42)

3.   Eine solche Regelung verstößt gegen Art. 4 Abs. 1 der Richtlinie 2006/54/
EG, es sei denn, dass sie durch objektive Faktoren gerechtfertigt ist, die
nichts mit einer Diskriminierung aufgrund des Geschlechts zu tun haben.
Dies ist der Fall, wenn die gewählten Mittel einem legitimen Ziel der Sozialpolitik dienen und zur Erreichung dieses Ziels geeignet und erforderlich
sind. (Rn. 44)

4.   Der Grundsatz des „Beitrags zum Sozialversicherungssystem" kann das Vorliegen der festgestellten Ungleichbehandlung nicht rechtfertigen. Die Bezugsdauer dieser Leistung hängt ausschließlich von der Zahl der Tage ab, an denen
der Betreffende tatsächlich gearbeitet habe. Auch ist die Regelung nicht geeignet, die Wechselbeziehung zwischen gezahlten Beiträgen und dem Anspruch
auf Sozialleistungen sicherzustellen. So werde bei horizontaler Teilzeitbeschäftigung die gesamte Arbeitszeit berücksichtigt, unabhängig davon, ob
es sich um Vollzeit- oder Teilzeitbeschäftigte handelt. (Rn. 45, 46) ◄

6.4   Auswirkung auf die deutsche Rechtsordnung und die arbeitsrechtliche Praxis

Obwohl – wie eingangs bereits ausgeführt – die wesentlichen Kompetenzen im Bereich des Sozialversicherungswesens bei den Mitgliedsstaaten verblieben sind, beschränken sich die Auswirkungen der dargestellten Entscheidungen nicht nur auf
die betriebliche Altersversorgung, sondern haben mittelbar auch Auswirkung auf
das deutsche Sozialversicherungssystem insgesamt gehabt.

6.4.1   Kein unterschiedliches Rentenzugangsalter in der betrieblichen Altersversorgung

Nach der Barber-Entscheidung kann zunächst davon ausgegangen werden, dass ein
unterschiedliches Rentenzugangsalter für Männer und Frauen in jedem Fall im Bereich der betrieblichen Altersversorgung unzulässig ist.[17] Noch in der Burton-
Entscheidung[18] hatte der EuGH es für zulässig erachtet, dass die Fälligkeit von Ab-

---

[17] Vgl. Griebeling, NZA 1996, 449; Zuleeg, AuR 1994, 77; Schlachter, Casebook Europäisches
Arbeitsrecht, S. 162, 163; Riesenhuber, Europäisches Arbeitsrecht, 2. Auflage, § 10 Rn. 8.

[18] Vgl. hierzu EuGH vom 16.02.1982, Rs. C-19/81 (Burton), ECLI:EU:C:1982:58 zum unterschiedlichen Anwendungsbereich von Art. 157 AEUV und RL 2006/54/EG. Zudem verweist der
EuGH in der Burton-Entscheidung darauf, dass der Begriff „Entlassung" im Sinne von Art. 14

findungsansprüchen mit einem unterschiedlichen Renteneintrittsalter gekoppelt wird, was mit der Barber-Entscheidung obsolet wurde.[19] Da zum Zeitpunkt der Barber-Entscheidung in den meisten EU-Staaten ein unterschiedliches gesetzliches Renteneintrittsalter bestand, sahen die betrieblichen Altersversorgungssysteme entsprechend dem Grundsatz des Gleichlaufs zwischen gesetzlicher und betrieblicher Altersrente unterschiedliche Fälligkeiten vor.[20] Da eine solche unterschiedliche Behandlung im Bereich der betrieblichen Altersversorgung mit der Barber-Entscheidung unzulässig war, wären die finanziellen Auswirkungen erheblich oder gar „verheerend" gewesen.[21]

6.4.2 Gleichheitsverstoß erfordert Anpassung nach oben

Verheerend wären die Auswirkungen insbesondere deshalb gewesen, weil bei einem Gleichheitsverstoß eine Anpassung nach oben erfolgt, d. h. die benachteiligte Gruppe ist so zu behandeln wie die bevorzugte.[22] Nur eine solche Anpassung nach oben stellt sicher, dass die Diskriminierung unverzüglich und vollständig beseitigt wird.[23] Um eine solche Anhebung nach oben für die betrieblichen Altersversorgungssysteme in der EU in Anbetracht der erheblichen finanziellen Belastungen zu vermeiden, hat der EuGH sein Urteil auf künftige Anwartschaften und Ansprüche beschränkt, eine rückwirkende Geltung ausgeschlossen und Übergangsfristen zugelassen.

Gleichwohl waren für die Zeit nach Erlass des Urteils am 17. Mai 1990 die betrieblichen Anwartschaften entsprechend den Vorgaben aus der Barber-Entscheidung anzupassen, was dann auch in Deutschland unter Beachtung einer Übergangsfrist mit einer Novellierung des BetrAVG geschehen ist.[24] Auch das BAG hat Rege-

---

Abs. 1 c RL 2006/54/EG weit auszulegen ist, sodass der Anwendungsbereich der Richtlinie möglichst groß ist. Zudem stellt der EuGH in der Burton-Entscheidung noch fest, dass das unterschiedliche Renteneintrittsalter nicht als diskriminierend angesehen werden kann, da es sich um Sozialversicherungsansprüche handelte, die nicht unter den Entgeltbegriff des Art. 157 AEUV fallen. Acht Jahre später hat der EuGH in der Barber-Entscheidung dann in einem unterschiedlichen Renteneintrittsalter bei betrieblichen Altersversorgungssystemen eine unmittelbare Geschlechterdiskriminierung gesehen, vgl. hierzu EuGH vom 17.05.1990, Rs. C-262/88 (Barber), ECLI:EU:C:1990:209; ferner Griebeling, NZA 1996, 449.

[19] Vgl. EuGH vom 16.02.1982, Rs. C-19/81 (Burton), ECLI:EU:C:1982:58; ferner Griebeling a. a. O.

[20] Vgl. Griebeling a. a. O.; Riesenhuber a. a. O.; Blanpain, European Labour Law, 2014, 1550.

[21] Vgl. Griebeling a. a. O.; Riesenhuber a. a. O.; Blanpain a. a. O.

[22] Vgl. EuGH vom 27.06.1990, Rs. C-33/89 (Kowalska), ECLI:EU:C:1990:265; BAG NZA 2012, 161; BAG NZA-RR 2012, 100, 101; ferner Spelge in Groeger, Arbeitsrecht im öffentlichen Dienst, 2. Auflage, S. 913 sowie Schütz u. a., Casebook Europarecht, S. 825 ff.; Grünberger/Husemann in Preis/Sagan, Europäisches Arbeitsrecht, 2. Auflage, § 5 Rz. 5.265.

[23] Vgl. Schütz a. a. O.; Grünberger/Husemann a. a. O.

[24] Vgl. Griebeling, NZA 1996, 451.

lungen in den nach deutschem Recht aufgestellten Versorgungsordnungen, die an ein unterschiedliches Rentenzugangsalter anknüpfen, für die Zeit vor der oben genannten EuGH-Entscheidung als zulässig erachtet.[25]

6.4.3 Rentenzugangsalter in der gesetzlichen Altersversorgung

Die Barber-Entscheidung hat aber mittelbar auch Auswirkungen auf die nationalen Regelungen über gesetzliche Altersversorgungsansprüche gehabt.[26] Zwar war die Barber-Entscheidung nicht unmittelbar auf staatliche Altersversorgungsleistungen anwendbar, da diese wie ausgeführt nicht dem Schutzbereich von Art. 157 AEUV unterliegen. So gab es auch im deutschen Recht bis 1992 in der gesetzlichen Rentenversicherung unterschiedliche Altersgrenzen für Männer und Frauen.[27] Die Regelaltersgrenze war durch das Angestelltenversicherungsgesetz und die Reichsversicherungsordnung für Frauen auf die Vollendung des 60. und für Männer auf die Vollendung des 65. Lebensjahres festgelegt.[28] Es handelte sich insoweit um eine unterschiedliche Behandlung zwischen Männern und Frauen, deren Vereinbarkeit mit den damaligen Regelungen von Art. 3 Abs. 2 und 3 GG thematisiert wurde.[29]

In einer Entscheidung aus dem Jahr 1987 hat das BVerfG es als mit Art. 3 Abs. 2 GG vereinbar angesehen, wenn Frauen Altersruhegeld aus der gesetzlichen Rentenversicherung im Unterschied zu Männern bereits mit Vollendung des 60. Lebensjahres beziehen können. Grund hierfür sei der Aspekt des sozialen Ausgleichs. Es sollen faktische Nachteile ausgeglichen werden, die im Recht der gesetzlichen Rentenversicherung typischerweise Frauen treffen, wie Zeiten des Mutterschutzes, der Versorgung der Familie, erhöhte Teilzeittätigkeit, Pflege von Angehörigen.[30]

Allerdings hat das BVerfG in dieser Entscheidung bereits dem Gesetzgeber aufgetragen zu prüfen, ob von solchen Nachteilen noch in Anbetracht eines sich vollziehenden gesellschaftlichen Wandels auch künftig auszugehen sei, um gegebenenfalls eine Anpassung vorzunehmen. In Folge solcher veränderter gesellschaftlicher Verhältnisse hat der Gesetzgeber im Rentenreformgesetz 1992 eine stufenweise Anpassung des Renteneintrittsalters zwischen Männern und Frauen vorgenommen, die im Jahr 2012 abgeschlossen war. Seit diesem Zeitpunkt ist das Renteneintrittsalter für Männer und Frauen nach § 35 SGB VI identisch.

---

[25] Vgl. BAG AP BetrAVG § 1 Gleichbehandlung, Nr. 32; Riesenhuber, Europäisches Arbeitsrecht, S. 224.

[26] Vgl. Griebeling a. a. O.; Riesenhuber a. a. O.

[27] Vgl. hierzu auch EuGH vom 16.02.1982, Rs. C-19/81 (Burton), ECLI:EU:C:1982:58.

[28] Vgl. BVerfGE 74, 163; Griebeling a. a. O., 450.

[29] Vgl. BVerfGE a. a. O.

[30] Vgl. BVerfGE a. a. O.

6.4.4 Nachteile für Frauen in der gesetzlichen Altersversorgung

Die nachteiligen Auswirkungen der oben genannten Urteile des EuGH und des BVerfG für Frauen liegen dabei auf der Hand. Aus den Entscheidungen Defrenne, Nolte und Gómez-Limón wird deutlich, dass Frauen trotz der aufgrund von Entbindungs- und Kinderbetreuungszeiten sowie Teilzeittätigkeiten niedrigeren Rentenanwartschaftsansprüche, eine Verletzung des Gleichbehandlungsgrundsatzes nicht geltend machen können. Gesetzliche bzw. staatliche Sozialversicherungsansprüche fallen aus den genannten Gründen nicht in den Schutzbereich von Art. 157 AEUV und der Antidiskriminierungs-Richtlinien.[31] Die allein einschlägige Richtlinie 79/7/EWG gibt den Mitgliedsstaaten – wie aus der Entscheidung Gómez-Limón Sánchez-Camacho deutlich wird – einen sehr weiteren Gestaltungsspielraum bei der Frage, welche Umstände und Zeiten bei der Rentenanwartschaft keine Anwendung finden. Dagegen haben die früheren gesetzlichen Rentenversicherungsregelungen diese Umstände im Rahmen eines sozialen Ausgleichs mit dem früheren Renteneintrittsalter berücksichtigt. Zwar lag diesen Regelungen ein tradiertes und mittlerweile sicherlich nicht mehr zeitgemäßes Frauenbild zu Grunde; gleichwohl erfolgte in diesen Regelungen ein sozialer Ausgleich für die nach wie vor faktisch bestehenden ungünstigeren Versicherungsverläufe von Frauen. Die Folge ist daher, dass Frauen aufgrund des Rentenreformgesetzes 1992 und auch in Folge der Barber-Entscheidung, nunmehr – mit Ausnahme der versicherungswirksamen Anerkennung von Kindererziehungszeiten[32] – gar keinen sozialen Ausgleich mehr für die dargestellten Umstände und Tätigkeiten im Zusammenhang mit Kindern und Familie erhalten.

Besondere Brisanz hat aber auch die Entscheidung Espadas Recio[33] für die Systeme der sozialen Sicherung der Mitgliedsstaaten. Der EuGH ist bislang wie ausgeführt davon ausgegangen, dass der Aspekt der mittelbaren Diskriminierung von Frauen allein Ansprüche aus Arbeitsverhältnissen und nicht aus dem System der sozialen Sicherung umfasst. In der Entscheidung Gómez-Limón Sánchez-Camacho hat der EuGH unter Hinweis auf Richtlinie 79/7 EWG noch einmal bestätigt, dass Art. 1 lediglich die schrittweise Verwirklichung des Grundsatzes der Gleichbehandlung von Männern und Frauen im Bereich der sozialen Sicherheit bezwecke und

---

[31] Vgl. EuGH vom 25.05.1971, Rs. C-80/70 (Defrenne), ECLI:EU:C:1971:55; EuGH vom 14.12.1995, Rs. C-317/93 (Nolte), ECLI:EU:C:1995:438; EuGH vom 16.07.2009, Rs. C-537/07 (Gómez-Limón Sánchez-Camacho), ECLI:EU:C:2009:462.

[32] Vgl. zu der sich aus Art. 3 Abs. 1, Art. 6 Abs. 1 GG ergebenden Verpflichtung des Gesetzgebers, Kindererziehungszeiten durch Ansprüche in der gesetzlichen Rentenversicherung auszugleichen, BVerfGE 87, 1 (41–43).

[33] Zur Verdeutlichung der Ungleichbehandlung in der Entscheidung Espadas Recio ist anzumerken, dass die Klägerin im Falle einer horizontalen Arbeitszeit von 1,75 h an jedem Arbeitstag genau den gleichen zeitlichen Umfang gearbeitet hätte, wie aufgrund ihrer vertikalen Arbeitszeitvereinbarung. Im Falle einer horizontalen Arbeitszeit mit 1,75 h an fünf Wochentagen, hätte ihr aber eine Bezugsdauer von 720 und nicht nur 420 Tagen zugestanden. Mithin wird die mittelbare Diskriminierung offenkundig, da erheblich mehr Frauen als Männer vertikale Teilzeit leisten; vgl. hierzu Porsche, ZESAR 2018, 244.

daher der Grundsatz der Chancengleichheit in Arbeits- und Beschäftigungsfragen sich nicht auf gesetzliche Sozialversicherungsansprüche bezieht.[34] Auf dieser Linie liegen zunächst die Ausführungen des EuGH zur Nichtanwendung des Diskriminierungsverbots wegen Teilzeittätigkeit nach § 4 Rahmenvereinbarung der Richtlinie 97/81.

Sodann führt der EuGH aber aus, dass das Diskriminierungsverbot nach Art. 4 Gleichbehandlungs-Richtlinie RL 2006/54 einschlägig sein kann. Hierbei dürfte es sich um einen Systembruch handeln, zumal RL 2006/54 ausdrücklich den Grundsatz der Chancengleichheit und Gleichbehandlung von Männern und Frauen in Arbeits- und Beschäftigungsfragen betrifft und daher – wie ausgeführt – nicht auf Ansprüche aus den Systemen der sozialen Sicherheit übertragbar sein sollte. Art. 1 c RL 2006/54 bezieht lediglich betriebliche Systeme der sozialen Sicherheit in den Schutzbereich der Richtlinie mit ein. Im Umkehrschluss kann daraus gefolgert werden, dass Systeme der sozialen Sicherheit – wie die Arbeitslosenversicherung – von dieser Richtlinie nicht umfasst ist.

Da somit beide Richtlinien eine Diskriminierung im Rahmen von Arbeits- und Beschäftigungsverhältnissen verhindern sollen, hätte der EuGH erläutern müssen, warum Arbeitslosengeldansprüche unter die Gleichbehandlungs-Richtlinie RL 2006/54 aber nicht unter die Richtlinie 97/81 fallen. Auch fehlt eine Auseinandersetzung mit der in der Sache spezielleren Richtlinie 79/7/EWG. Insoweit ist nach der gegenwärtigen Rechtsprechung davon auszugehen, dass teilzeitbeschäftigten Frauen sich hinsichtlich ihrer Ansprüche auf Arbeitslosengeld auf die Grundsätze des Verbots einer mittelbaren Diskriminierung berufen können, nicht aber im Zusammenhang mit Rentenversicherungsansprüchen.

---

[34] Sozialversicherungsansprüche werden nicht als Entgelt im Sinne von Art. 157 AEUV angesehen. vgl. EuGH vom 25.05.1971, Rs. C-80/70 (Defrenne), ECLI:EU:C:1971:55; EuGH vom 17.05.1990, Rs. C-262/88 (Barber), ECLI:EU:C:1990:209; EuGH vom 16.07.2009, Rs. C-537/07 (Gómez-Limón Sánchez-Camacho), ECLI:EU:C:2009:462; Fuchs/Marhold/Friedrich, Europäisches Arbeitsrecht, 6. Auflage, S. 231, 232, Rn. 573; ferner Grünberger/Husemann a. a. O. Rz. 5.39.

Sonstige Fälle von Geschlechterdiskriminierung nach Art. 10 AEUV

7

> ▶ **Aktuelle Verordnungen und Richtlinien**
> - Art. 10 AEUV, Art. 21 GRCh
> - Richtlinie 2006/54/EG (zur Verwirklichung der Chancengleichheit und Gleichbehandlung von Männern und Frauen in Arbeits- und Beschäftigungsfragen)[1] (siehe Abb. 5.1)
> - Richtlinie 92/85/EWG (Mutterschutz-Richtlinie)[2] (siehe Abb. 7.1)
> - Kurzübersicht Fälle (siehe Abb. 7.2)

Art. 157 AEUV erfasst wie ausgeführt nur Diskriminierungen im Zusammenhang mit Entgeltleistungen. Dagegen werden Diskriminierungen wegen des Geschlechts beim Zugang zu Arbeitsplätzen oder auch bei der Berücksichtigung von Beförderungspositionen nicht vom Anwendungsbereich von Art. 157 AEUV erfasst.[3]

7.1 Geschlechterdiskriminierung außerhalb des Entgeltbereichs

Außerhalb des Entgeltbereichs kommen im Falle einer Geschlechterdiskriminierung zunächst die primärrechtlichen Regelungen der Art. 10 AEUV sowie Art. 21 GRCh zur Anwendung. Nach Art. 10 AEUV zielt die Union bei der Festlegung und Durch-

---

[1] ABl. Nr. L 204 S. 23.
[2] ABl. Nr. L 165 S. 21.
[3] Vgl. hierzu Körner, NZA 2001, 1050; Thüsing, NZA 2001, 1061; v. Roetteken, NZA-RR 2013, 337; Grünberger/Husemann in Preis/Sagan, Europäisches Arbeitsrecht, 2. Auflage, § 5 Rz. 5.40.

© Der/die Herausgeber bzw. der/die Autor(en), exklusiv lizenziert an
Springer-Verlag GmbH, DE, ein Teil von Springer Nature 2025
P. Hantel, *Europäisches Arbeitsrecht*, Springer-Lehrbuch,
https://doi.org/10.1007/978-3-662-70226-0_7

1. Primärrechtliche Kompetenznorm Art. 153 Abs. 1 u. 2 AEUV	- Schutz der Gesundheit (a) - soziale Sicherheit der Arbeitnehmer (c) - sozialer Schutz der Arbeitnehmer (c) - Chancengleichheit von Männern und Frauen auf dem Arbeitsplatz (i)
2. Ziel (Art. 1)	- Maßnahmen zur Verbesserung der Sicherheit und des Gesundheitsschutzes von schwangeren Arbeitnehmerinnen, - Mutterschutz darf Frauen auf dem Arbeitsmarkt nicht benachteiligen
3. Anwendungsbereich/Definitionen (Art. 1, 2)	- schwangere Arbeitnehmerinnen - Wöchnerinnen, - stillende Arbeitnehmerinnen am Arbeitsplatz
4. Beschäftigungsverbote (Art. 6, 7)	- bei Gesundheitsgefahr, - Verbot der Exposition, - Verbot der Nachtarbeit
5. Mutterschaftsurlaub (Art. 8)	Mitgliedsstaaten haben sicherzustellen, dass Arbeitnehmerinnen mindestens ein Mutterschaftsurlaub von 14 Wochen ohne Unterbrechung gewährt wird.
6. Verbot der Kündigung (Art. 10)	- Mitgliedsstaaten haben erforderliche Maßnahmen zu treffen, dass die Kündigung während der Zeit vom Beginn der Schwangerschaft bis zum Ende des Mutterschaftsurlaubs verboten ist. - Ausnahmen sind nur mit Zustimmung der zuständigen Behörden möglich.

Abb. 7.1 RL 92/85/EWG über die Durchführung von Maßnahmen zur Verbesserung der Sicherheit und des Gesundheitsschutzes von schwangeren Arbeitnehmerinnen. (Mutterschutz-Richtlinie)

7.3.1 Fall Dekker, EuGH vom 08.11.1990, Rs. C-177/88, ECLI:EU:C:1990:383	Die Verweigerung einer Einstellung wegen Schwangerschaft stellt eine unmittelbare Diskriminierung aufgrund des Geschlechts dar.
7.3.2 Fall Webb II, EuGH vom 14.07.1994, Rs. C-32/93, ECLI:EU:C:1994:300	Das Vorliegen einer Schwangerschaft darf im Rahmen eines Bewerbungsgespräches verschwiegen werden.
7.3.3 Fall Danosa, EuGH vom 11.11.2010, Rs. C-232/09, ECLI:EU:C:2010:674	Auch vertretungsberechtigte Organe von juristischen Personen können Arbeitnehmerinnen im unionsrechtlichen Sinne sein.
7.3.4 Fall Johnston, EuGH vom 15.05.1986, Rs. C-222/84, ECLI:EU:C:1986:206	In sicherheitsrelevanten Bereichen ist eine Ausgrenzung von Frauen nur in engen Grenzen zulässig.
7.3.5 Fall Kreil, EuGH vom 11.01.2000, Rs. C-285/98, ECLI:EU:C:2000:2	Der im Grundgesetz vorgesehene Ausschluss von Frauen von jeder Tätigkeit mit der Waffe stellt eine Verletzung der Richtlinie 2006/54/EG dar.
7.3.6 Fall Kalliri, EuGH vom 18.10.2017, Rs. C-409/16, ECLI:EU:C:2017:767	Eine einheitliche Mindestgröße als Einstellungsvoraussetzung stellt eine mittelbare Diskriminierung weiblicher Bewerber dar.
7.3.7 Fall Marschall, EuGH vom 11.11.1997, Rs. C-409/95, ECLI:EU:C:1997:533	Der Gleichbehandlungsgrundsatz verbietet es nicht, spezifische Maßnahmen einzuführen, mit denen Benachteiligungen im Berufsleben ausgeglichen werden sollen.

Abb. 7.2 Kurzübersicht Fälle

führung ihrer Politik und ihrer Maßnahmen darauf ab, Diskriminierungen aus Gründen des Geschlechts, der Rasse, der ethnischen Herkunft, der Religion oder der Weltanschauung, einer Behinderung, des Alters oder der sexuellen Ausrichtung zu bekämpfen.[4] Der Begriff Geschlecht wird EU-rechtlich als Oberbegriff für Männer und Frauen verwendet, sodass es sich nach traditioneller Auffassung um eine biologisch vorgegebene Kategorie handelt.[5] Trotz dieser auf den ersten Blick eindeutigen Definition bleiben wie auch bei den anderen Diskriminierungsmerkmalen Abgrenzungsfragen. Denkbar ist auch, das Geschlecht nicht als biologische Kategorie, sondern nur im Sinne von „Gender als soziales Konstrukt" zu interpretieren.[6] Diese Abgrenzungs- bzw. Definitionsfragen sollen hier nicht weiter vertieft werden. Gleichwohl dürfte unstreitig sein, dass auch Ungleichbehandlungen transsexueller oder intersexueller Menschen als Diskriminierung wegen des Geschlechts angesehen werden könnten. Das Verbot einer Diskriminierung wegen des Geschlechts kommt daher auch für Personen zur Anwendung, die durch eine Geschlechtsumwandlung betroffen sind.[7]

7.2 Richtlinie 2006/54/EG zur Verwirklichung des Grundsatzes der Gleichbehandlung von Männern und Frauen in Arbeits- und Beschäftigungsfragen in Bezug auf sonstige Arbeitsbedingungen

Ergänzend zu den primärrechtlichen Regelungen kommt die aufgrund von Art. 19 AEUV erlassene Richtlinie 2006/54/EG (Richtlinie zur Verwirklichung der Chancengleichheit und Gleichbehandlung von Männern und Frauen in Arbeits- und Beschäftigungsfragen) zur Anwendung.[8] Ergänzend zu nennen wäre die bereits oben angesprochene Entgelttransparenz-Richtlinie vom 6. Juni 2023 (EU/2023/970).[9]

---

[4] Ferner sind nach Art. 21 GRCh alle Diskriminierungen wegen des Geschlechts, ferner aber auch wegen der Rasse, der Hautfarbe, der ethnischen oder sozialen Herkunft, der genetischen Merkmale, der Sprache, der Religion oder der Weltanschauung, der politischen oder sonstigen Anschauung, der Zugehörigkeit zu einer nationalen Minderheit, des Vermögens, der Geburt, einer Behinderung, des Alters oder der sexuellen Ausrichtung verboten.

[5] Vgl. Grünberger/Husemann in Preis/Sagan, Europäisches Arbeitsrecht, 2. Auflage, § 5 Rz. 5.69–5.74; Riesenhuber, Europäisches Arbeitsrecht, 2. Auflage, § 10, Rn. 11, 12.

[6] Vgl. Grünberger/Husemann a. a. O.

[7] Vgl. EuGH vom 27.04.2006, Rs. C-423/04 (Richards), ECLI:EU:C:2006:256 (Rn. 24); Grünberger/Husemann a. a. O., Rz. 5.74–5.76.

[8] Vgl. Riesenhuber, Europäisches Arbeitsrecht, 2. Auflage, § 10 Rn. 26; Thüsing, Europäisches Arbeitsrecht, 4. Auflage, § 3 Rn. 6–8; ders., NZA 2001, 1061; Schütz, NZA 2004, 873; Wank, NZA 2004, Sonderbeilage, 16, 17; LAG Düsseldorf, NZA-RR 2012, 128.

[9] https://eur-lex.europa.eu/legal-content/DE/TXT/HTML/?uri=CELEX:32023L0970.

7.2.1　Chancengleichheit und Gleichbehandlung außerhalb des Entgeltbereiches

Nach Art. 1 Abs. 1 Richtlinie 2006/54/EG soll die Chancengleichheit und Gleichbehandlung von Männern und Frauen im Arbeits- und Berufsleben auch außerhalb von Entgeltfragen sichergestellt werden. Zu diesem Zweck soll die Richtlinie Bestimmungen zur Verwirklichung des Grundsatzes der Gleichbehandlung enthalten, u. a. in Bezug auf Zugang zur Beschäftigung, die allgemeinen Arbeitsbedingungen sowie betriebliche Systeme der sozialen Sicherheit. Zudem enthält die Richtlinie Bestimmungen, mit denen sichergestellt werden soll, dass die Verwirklichung durch die Schaffung angemessener Verfahren wirksamer gestaltet wird.

Spezielle Diskriminierungsverbote sind in Art. 14 Abs. 1 Richtlinie 2006/54/EG enthalten. Danach darf es u. a. keinerlei unmittelbare oder mittelbare Diskriminierung aufgrund des Geschlechts geben in Bezug auf Arbeitsbedingungen, Einstellungsbedingungen sowie Entlassungsbedingungen und das Recht auf Mitgliedschaft in Gewerkschaften- und Unternehmensorganisationen. In Art. 17 und 18 Richtlinie 2006/54/EG sind Vorschriften zum Rechtsschutz und zum Schadenersatz oder zur Entschädigung enthalten. Die prozessual wichtigen Beweislastfragen regelt Art. 19 der Richtlinie.

7.2.2　Positive Maßnahmen zum Ausgleich von Benachteiligungen

Von rechtspolitischer Bedeutung sind die nach Art. 3 der Richtlinie 2006/54/EG vorgesehenen positiven Maßnahmen zum Ausgleich von Benachteiligungen. Danach können Mitgliedsstaaten im Hinblick auf die Gewährleistung der vollen Gleichstellung von Männern und Frauen im Arbeitsleben Maßnahmen im Sinne von Art. 157 Abs. 4 AEUV beschließen. Nach der vorgenannten Vorschrift hindert der Grundsatz der Gleichbehandlung die Mitgliedsstaaten nicht daran, zur Erleichterung der Berufstätigkeit des unterrepräsentierten Geschlechts oder zur Verhinderung bzw. zum Ausgleich von Benachteiligungen in der beruflichen Laufbahn spezifische Vergünstigungen beizubehalten oder zu beschließen.[10] Ergänzt werden diese Absicherungen schließlich durch die Richtlinie 92/85/EWG (Mutterschutz-Richtlinie), deren Ziel es ist, Maßnahmen zur Verbesserung der Sicherheit und des Gesundheitsschutzes von schwangeren Arbeitnehmerinnen zu schaffen.

Schließlich ist auch an dieser Stelle eine Abgrenzung zur Gleichbehandlungs-Rahmenrichtlinie (RL 2000/78/EG) und zur Richtlinie 2000/43/EG geboten. Die Richtlinie 2006/54/EG enthält spezielle Regelungen zur Verhinderung der Diskriminierung zwischen Männern und Frauen in Beschäftigung und Beruf. Die Gleichbehandlungs-Rahmenrichtlinie betrifft zwar auch die Gleichbehandlung in

---

[10] Vgl. hierzu EuGH vom 11.11.1997, Rs. C-409/95 (Marschall), ECLI:EU:C:1997:533; siehe ferner auch Art. 3 Abs. 3 Satz 2 GG.

Beschäftigung und Beruf, enthält allerdings nicht das Diskriminierungsmerkmal Geschlecht, sodass mit diesen Richtlinien 2000/78/EG sowie 2000/43/EG speziell Ungleichbehandlungen wegen der Rasse, der ethnischen Herkunft, der Religion, der Weltanschauung der Behinderung, des Alters oder der sexuellen Ausrichtung, nicht aber wegen des Geschlechts verhindert werden können.

7.3 Praktische Fallbeispiele

Nachfolgende Sachverhalten betreffen Diskriminierungen wegen Schwangerschaft[11] und die Frage einer vermeintlich nachteiligen körperlichen Verfassung von Frauen.[12] Abschließend folgt eine Entscheidung zu der Frage, ob Frauen bei Einstellungen oder Beförderungen im Vergleich zu Männern vorrangig berücksichtigt werden können.[13]

7.3.1 Fall Dekker, EuGH vom 08.11.1990, Rs. C-177/88, ECLI:EU:C:1990:383[14]

Frau D bewarb sich bei einer niederländischen Bildungsstätte als Erzieherin. Als sie die Frage nach einer bestehenden Schwangerschaft wahrheitsgemäß positiv beantwortet hat, wurde ihre Bewerbung allein deswegen zurückgewiesen. Die Arbeitgeberin hat die Weigerung, D einzustellen, im Wesentlichen damit begründet, dass sie vom Risicofonds (der zuständigen Stelle für Sozialvorsorge) nicht die vollständige Erstattung des Krankengelds erlangen könnte, das sie ihr während ihrer durch die Schwangerschaft verursachten Fehlzeiten zahlen müsste. D klagte auf Schadenersatz, wobei dem EuGH die Frage vorgelegt wurde, ob eine Diskriminierung vorliege, wenn AG Frauen bei einer Bewerbung nach einer Schwangerschaft befragen und unter welchen Voraussetzungen in diesem Fall Sanktionen vorzusehen seien.

  Der EuGH sieht eine unmittelbare Diskriminierung im Sinne der Richtlinie 2006/54/EG[15] sowie 92/85/EWG Mutterschutz-RL. Nach Auffassung des EuGH kommt die Verweigerung einer Einstellung wegen Schwangerschaft nur gegenüber Frauen in Betracht und stellt damit eine unmittelbare Diskriminierung aufgrund des

---

[11] Vgl. u. a. EuGH vom 08.11.1990, Rs. C-177/88 (Dekker), ECLI:EU:C:1990:383; EuGH vom 14.07.1994, Rs. C-32/93 (Webb II), ECLI:EU:C:1994:300; EuGH vom 30.06.1998, Rs. C-394/96 (Mary Brown), ECLI:EU:C:1998:331.

[12] Vgl. u. a. EuGH vom 15.05.1986, Rs. C-222/84 (Johnston), ECLI:EU:C:1986:206; EuGH vom 11.01.2000, Rs. C-285/98 (Kreil), ECLI:EU:C:2000:2; EuGH vom 18.10.2017, Rs. C-409/16 (Kalliri), ECLI:EU:C:2017:767.

[13] Vgl. EuGH vom 11.11.1997, Rs. C-409/95 (Marschall), ECLI:EU:C:1997:533.

[14] Siehe auch NJW 1991, 628; NZA 1991, 171; EuZW 1991, 89.

[15] Zum Zeitpunkt der Entscheidung Richtlinie 76/207/EWG.

Geschlechtes dar. In einem solchen Fall müsse jeder einzelne Verstoß gegen das Diskriminierungsverbot für sich ausreichen, um eine Haftung von AG zu begründen. Ein Verschulden sei nicht erforderlich.

Die wichtigsten Leitsätze

1. Ein Arbeitgeber verstößt gegen den Gleichbehandlungsgrundsatz wenn er es ablehnt, mit einer von ihm für geeignet befundenen Bewerberin einen Arbeitsvertrag zu schließen, weil er wegen ihrer Einstellung Nachteile zu befürchten hat, die sich aus einer staatlichen Regelung über die Erstattung bei Arbeitsunfähigkeit ergeben. Eine unmittelbare Diskriminierung liegt auch dann vor, wenn sich kein Mann um die freie Stelle beworben hat. (Rn. 14, 18)
2. Die Richtlinie 2006/54/EG überlässt es zwar den Mitgliedsstaaten, die Sanktionen im Falle von Diskriminierungen auszuwählen. Wenn sich ein Mitgliedstaat für eine Sanktion entscheidet, die sich in den Rahmen einer zivilrechtlichen Haftungsregelung einfügt, muss jeder Verstoß für sich ausreichen, um die volle Haftung auszulösen, ohne dass die im nationalen Recht vorgesehenen Rechtfertigungsgründe berücksichtigt werden können. (Rn. 26)
3. Wenn die Haftung eines Arbeitgebers davon abhinge, dass sein Verschulden nachgewiesen wird und auch kein durch das nationale Recht anerkannter Rechtfertigungsgrund vorliegt, würde dies die praktische Wirksamkeit der Richtlinie erheblich beeinträchtigen. (Rn. 24) ◄

7.3.2   Fall Webb II, EuGH vom 14.07.1994, Rs. C-32/93, ECLI:EU:C:1994:300[16]

Frau W. wurde mit einem befristeten Arbeitsvertrag als Schwangerschaftsvertretung für eine Kollegin eingestellt. Als sie wenige Wochen nach Antritt ihrer Beschäftigung dem Arbeitgeber ihre eigene Schwangerschaft mitteilte – die sie im Rahmen des Bewerbungsgespräches verschwiegen hatte – kündigte sie dieser mit dem Hinweis, dass das Arbeitsverhältnis nur begründet worden sei, um eine Kollegin wirksam während deren Schwangerschaft zu vertreten. Nach Klageerhebung legte das House of Lords legte als Rechtsmittelinstanz dem EuGH die Frage vor, ob die Kündigung einer Schwangeren auch dann eine Diskriminierung darstelle, wenn eine Frau gerade zu dem Zweck eingestellt wird, eine im Mutterschutz befindliche Arbeitnehmerin zu vertreten.

Der EuGH sieht in der Kündigung und Anfechtung eine unmittelbare Diskriminierung von W wegen deren Geschlechtes und eine Verletzung der Richtlinie 92/85/EWG (Mutterschutz-RL). Der Gesichtspunkt, dass W lediglich zur Vertretung einer schwangeren Arbeitnehmerin eingestellt wurde, sei für das Vorliegen einer Diskriminierung ohne Bedeutung.

---

[16] Siehe auch NJW 1995, 123; NZA 1994, 783; EuZW 1994, 532.

1. Die Entlassung einer Arbeitnehmerin wegen deren Schwangerschaft stellt eine unmittelbare Diskriminierung aufgrund des Geschlechts dar. Unter Berücksichtigung des besonders schwerwiegenden Risikos, dass die Betroffene zum freiwilligen Abbruch ihrer Schwangerschaft veranlasst wird, ist ein besonderer Schutz für die Frau in dem in Art. 10 der Richtlinie 92/85/EWG enthaltenen Verbot der Kündigung während der Schwangerschaft vorgesehen. (Rn. 19, 21)

2. Ferner darf die Entlassung einer schwangeren Frau nicht mit ihrer Unfähigkeit begründet werden, den Arbeitsvertrag zu erfüllen. Ihre Verfügbarkeit ist zwar eine wesentliche Voraussetzung für die Erfüllung des Arbeitsvertrages, jedoch kann der Schutz einer Frau während Schwangerschaft und Entbindung nicht davon abhängen, ob ihre Anwesenheit für das ordnungsgemäße Funktionieren des Unternehmens unerlässlich ist. Die gegenteilige Auslegung würde den Bestimmungen der Richtlinie ihre praktische Wirksamkeit nehmen. (Rn. 26) ◄

7.3.3 Fall Danosa, EuGH vom 11.11.2010, Rs. C-232/09, ECLI:EU:C:2010:674[17]

D. war Alleingeschäftsführerin einer lettischen Gesellschaft LKB und wurde während ihrer Schwangerschaft abberufen. Zugleich wurde ihr Dienstverhältnis als Geschäftsführerin gekündigt. Nach lettischem Gesellschaftsrecht kann ein Geschäftsführer jederzeit abberufen werden. Zudem genießen Geschäftsführer als Organ einer juristischen Person, anders als AN, keinen Kündigungsschutz. D. rügt die Verletzung der EU-Richtlinie 92/85 (Mutterschutz-Richtlinie). Auf ihre Klage legte das lettische Berufungsgericht dem EuGH die Frage zur Vorabentscheidung vor, ob Leitungsorgane einer Kapitalgesellschaft unter den unionsrechtlichen Arbeitnehmerbegriff, insbesondere unter Richtlinie 92/85, fallen können.

Der EuGH legte den Begriff der AN im Sinne von Art. 3 weit aus. AN sei danach, wer für eine andere Person nach deren Weisung Leistung gegen entsprechende Vergütung erbringt. Unbeachtlich sei, ob nach nationalem Recht ein Arbeitsvertrag geschlossen wurde oder ein anderes Rechtsverhältnis bestehe. Das für die AN-Eigenschaft erforderlich Unterordnungsverhältnis hat der EuGH hier bejaht. Er stellt maßgeblich darauf ab, dass D. dem Aufsichtsrat rechenschaftspflichtig sei und von der Gesellschafterversammlung abberufen werden könne. Damit bestehe ein Organ, das von D. nicht kontrolliert werde und damit gegen ihren Willen entscheiden könne, sodass eine Verletzung des Kündigungsverbots nach Art. 10 vorliege. Sodann unterscheidet der EuGH zwischen der in jedem Fall unwirksamen Kündigung des Anstellungsverhältnisses und einer unter bestimmten Voraussetzungen

---

[17] Siehe auch NJW 2011, 2343; NZA 2011, 143; EuZW 2011, 74.

trotz Schwangerschaft möglichen Beendigung des Organschaftsverhältnisses. Daher sei ein Abberufungsbeschluss aus Gründen, die nichts mit der Schwangerschaft zu tun haben, mit der Richtlinie 92/85 vereinbar.

Die wichtigsten Leitsätze

1. Für die Arbeitnehmereigenschaft ist es ohne Bedeutung, dass das Beschäftigungsverhältnis nach nationalem Recht ein Rechtsverhältnis *sui generis* ist. Sofern eine Person für eine andere nach Weisung Leistungen erbringt, liegt eine Rechtsbeziehung vor, auf die die Richtlinie 92/85 Anwendung findet. (Rn. 39, 40)
2. Die formale Einstufung als Selbstständiger nach nationalem Recht schließt nicht aus, dass eine Person als Arbeitnehmer im Sinne der Richtlinie 92/85 einzustufen ist, wenn ihre Selbstständigkeit nur fiktiv ist und damit ein Arbeitsverhältnis im Sinne dieser Richtlinie verschleiert. Daraus folgt, dass die nach lettischem Recht vorgenommene Einstufung des Vertragsverhältnisses, das zwischen einer Kapitalgesellschaft und den Mitgliedern ihrer Unternehmensleitung besteht, für die Anwendung der Richtlinie 92/85 nicht ausschlaggebend sein kann. (Rn. 41, 42)
3. In Anbetracht der Gefahr, die eine mögliche Entlassung für die physische und psychische Verfassung von Schwangeren darstellt, einschließlich des Risikos eines freiwilligen Abbruchs ihrer Schwangerschaft, hat der Unionsgesetzgeber in Art. 10 einen besonderen Schutz für die Frau vorgesehen, indem er das Verbot der Kündigung während der Schwangerschaft verfügt hat. (Rn. 60)
4. Sollte neben der Kündigung des Anstellungsverhältnisses der Abberufungsbeschluss aus Gründen ergangen sein, die wesentlich mit der Schwangerschaft zusammenhängen, ist auch ein solcher Beschluss mit dem Kündigungsverbot nach Art. 10 unvereinbar. Dagegen verstieße ein Abberufungsbeschluss, der nichts mit der Schwangerschaft der Klägerin zu tun hat, nicht gegen Art. 10 der Richtlinie. (Rn. 62, 63) ◄

7.3.4   Fall Johnston, EuGH vom 15.05.1986, Rs. C-222/84, ECLI:EU:C:1986:206

J. bewarb sich 1980 bei der RUC (Royal Ulster Constabulary) für den Polizeivollzugsdienst. Sie war zuvor Teilzeitbeschäftigte der Reservepolizei in Nordirland. Vor dem Hintergrund des seinerzeit seit vielen Jahren herrschenden Terrorismus in Nordirland wurde die Bewerbung von J. abgelehnt, da nur diensttuende Männer berechtigt waren, Waffen zu tragen. J. rügt eine Verletzung der Richtlinie 2006/54/EG.[18] Sie klagt vor dem Industrial Tribunal, das dem EuGH die Frage zur Vorabent-

---

[18] Zum Zeitpunkt der Entscheidung Richtlinie 76/207/EWG.

scheidung vorlegt, ob unter dem Aspekt der öffentlichen Sicherheit und Ordnung Frauen von bestimmten Tätigkeiten ausgeschlossen werden dürfen. Der EuGH sieht in einer solchen Ausgrenzung von Frauen für sicherheitsrelevante Tätigkeiten eine Verletzung der Richtlinie.[19]

Die wichtigsten Leitsätze

1. Es gibt keinen allgemeinen Vorbehalt gegenüber der Verwirklichung des Gleichbehandlungsgrundsatzes unter dem Aspekt der öffentlichen Sicherheit und Ordnung. Diskriminierungen aufgrund des Geschlechts lassen sich aus Gründen des Schutzes der öffentlichen Sicherheit und Ordnung nur in engen Ausnahmefällen rechtfertigen. (Rn. 27, 28)

2. Die gegenüber Frauen in der RUC-full-time-Reserve verfolgte Linie beruht auf der Erwägung, dass Frauen mit Schusswaffen in höherem Maße der Gefahr von Anschlägen ausgesetzt seien und ihre Waffen den Angreifern in die Hände fallen könnten, dass in der Öffentlichkeit die Bewaffnung von Frauen schlecht aufgenommen würde, weil sie im Widerspruch zum Ideal einer unbewaffneten Polizei stünde, und dass bewaffnete Frauen für polizeiliche Aufgaben im sozialen Bereich im Kontakt mit Familien und Kindern weniger wirksam eingesetzt werden könnten. Bei inneren Unruhen können polizeiliche Tätigkeiten so beschaffen sein, dass das Geschlecht eine unabdingbare Voraussetzung für ihre Ausübung darstellt. (Rn. 35, 37)

3. Bei Ausnahmen vom Grundsatz der Gleichbehandlung, ist allerdings der Grundsatz der Verhältnismäßigkeit zu beachten. Ausnahmen dürfen icht über das zur Erreichung des verfolgten Ziels angemessene und erforderliche Maß hinausgehen. Es ist nicht ersichtlich, dass Frauen bei der Ausübung ihres Dienstes anderen Risiken und Gefahren ausgesetzt sind als Männer. Frauen wegen eines allgemeinen, nicht frauenspezifischen Risikos aus Gründen des Schutzes der öffentlichen Sicherheit von einer solchen beruflichen Tätigkeit völlig auszuschließen, geht über das zum Schutz erforderliche Maß hinaus. (Rn. 38, 45) ◄

7.3.5 Fall Kreil, EuGH vom 11.01.2000, Rs. C-285/98, ECLI:EU:C:2000:2[20]

K, die als Elektronikerin ausgebildet ist, bewarb sich 1996 für den freiwilligen Dienst in der Bundeswehr mit dem Verwendungswunsch Instandsetzung (Elektronik). Ihr Antrag wurde von der Bundeswehr mit der Begründung abgelehnt, es sei gesetzlich ausgeschlossen, dass Frauen Dienst mit der Waffe leisteten. Nach vor-

---

[19] Vgl. aber noch EuGH vom 26.10.1999, Rs. C-273/97 (Sirdar/Royal Marines), ECLI:EU:C:1999:523; hierzu Fuchs/Marhold/Friedrich, Europäisches Arbeitsrecht, 6. Auflage, S. 234–237.

[20] Siehe auch NJW 2000, 497; NZA 2000, 137; DB 2000, 279.

maligem Recht – insbesondere Art. 12 a GG – waren Frauen generell vom Dienst mit der Waffe ausgeschlossen; ihnen standen nur die Laufbahnen des Sanitätsdienstes und Militärmusikdienstes offen. Nachdem K Klage erhoben hat, legte das Verwaltungsgericht Hannover dem EuGH die Frage vor, ob es mit der Gleichbehandlung vereinbar sei, wenn Frauen vom Dienst mit der Waffe bei der Bundeswehr ausgeschlossen werden und ihre Tätigkeit auf die genannten Bereiche beschränkt werde.

Der EuGH sieht in dem Ausschluss jeder Tätigkeit mit der Waffe eine Verletzung der Richtlinie 2006/54/EG.[21] Insbesondere sei ein so weitreichender Ausschluss nicht verhältnismäßig, um das mit ihm verfolgte Ziel der öffentlichen Sicherheit zu gewährleisten. Zwar sei die Verteidigung und die Organisation der Streitkräfte Sache der Mitgliedsstaaten, wobei sie aber die Vorgaben des EU-Rechts zu beachten haben. Nur in Ausnahmefällen könne das Geschlecht als unabdingbare Voraussetzung für bestimmte Beschäftigungsverhältnisse angesehen werden, so Aufseher und Chefaufseher in Haftanstalten oder Dienst in speziellen Kampfeinheiten (Royal Marines). Der vollständige Ausschluss von Frauen vom Dienst an der Waffe stelle dagegen eine Verletzung der Richtlinie dar.

Die wichtigsten Leitsätze

1. Es ist Sache der Mitgliedsstaaten, die geeigneten Maßnahmen zur Gewährleistung ihrer inneren und äußeren Sicherheit zu ergreifen. Daraus ergibt sich jedoch nicht, dass derartige Entscheidungen vollständig der Anwendung des EU-Rechts entzogen wären. (Rn. 15)
2. Die Ausnahmen vom Gleichbehandlungsgrundsatz aus Gründen der öffentlichen Sicherheit nach Art. 45 Abs. 3, 52, 65 Abs. 1 b AEUV[22] betreffen ganz bestimmte außergewöhnliche Fälle. Aus ihnen lässt sich kein allgemeiner Vorbehalt ableiten, der jede Maßnahme, die im Interesse der öffentlichen Sicherheit getroffen wird, vom Anwendungsbereich des EU-Rechts ausnimmt. Ein solcher Vorbehalt könnte die einheitliche Anwendung des EU-Rechts beeinträchtigen. (Rn. 16)
3. Die nationalen Stellen verfügen jedoch über einen bestimmten Ermessensspielraum, wenn sie die für die öffentliche Sicherheit eines Mitgliedsstaats erforderlichen Maßnahmen treffen. Daher ist zu prüfen, ob im konkreten Fall die Maßnahmen angemessen und erforderlich sind, um das Ziel des Schutzes der öffentlichen Sicherheit zu erreichen. (Rn. 24, 25)
4. Nach deutschem Recht sind Frauen vollständig vom Dienst mit der Waffe ausgeschlossen und haben lediglich Zugang zum Sanitäts- und Militärmusikdienst. Ein solch weitgehender Ausschluss kann nicht als Ausnahme angesehen werden, die durch die spezifische Art der Beschäftigung gerechtfertigt wäre. Somit verstößt es gegen den Grundsatz der Verhältnismäßigkeit, dass sämtliche bewaffneten Einheiten der Bundeswehr ausschließlich aus Männern bestehen müssen. (Rn. 26, 27, 28, 29) ◄

---

[21] Zum Zeitpunkt der Entscheidung Richtlinie 76/207/EWG.
[22] Zum Zeitpunkt der Entscheidung Art. 30, 39, 46 EG sowie Art. 296, 297 EG.

7.3.6 Fall Kalliri, EuGH vom 18.10.2017, Rs. C-409/16, ECLI:EU:C:2017:767

Gegenstand der Entscheidung war die griechische Regelung, wonach Bewerber für das Auswahlverfahren zu Polizeischulen nur zugelassen werden, wenn sie geschlechtsunabhängig eine Mindestkörpergröße von 1,70 m erreichen. Die Klägerin K. bewarb sich bei der griechischen Polizei. Die Bewerbungsunterlagen wurden ihr mit der Begründung zurückgeschickt, dass sie nur 1,68 m groß sei und die erforderliche Mindestgröße von 1,70 m nicht erreiche. K. sah hierin eine mittelbare Diskriminierung von Personen weiblichen Geschlechts. Der Verwaltungsgerichtshof Athen legte dem EuGH die Frage zur Vorabentscheidung vor, ob eine geschlechtsunabhängige Mindestgröße eine mittelbare Diskriminierung von Personen weiblichen Geschlechts darstellen könne.

Der EuGH war der Auffassung, dass die Mindestgröße im vorliegenden Fall nicht erforderlich sei, um die für den Polizeidienst erforderlichen körperlichen Fähigkeiten sicherzustellen, zumal die Einstellungsregelungen für griechische Streitkräfte unterschiedliche Mindestgrößen für Männer und Frauen vorsehen.

Die wichtigsten Leitsätze

1. Da die einheitliche Mindestgröße von 1,70 m von einer deutlich höheren Anzahl von Frauen als von Männern nicht erreicht wird, könnte eine mittelbare Diskriminierung im Sinne von Richtlinie 2006/54/EG gegeben sein.[23] Eine solche liegt vor, wenn eine nationale Maßnahme zwar neutral formuliert ist, in ihrer Anwendung aber eine sehr viel höhere Zahl von Frauen als von Männern benachteiligt. (Rn. 32)
2. Eine solche Regelung könne zwar durch das rechtmäßige Ziel, das ordnungsgemäße Funktionieren der Polizei zu gewährleisten, gerechtfertigt sein. Das Bemühen, die Einsatzbereitschaft der Polizei zu gewährleisten, stellt ein rechtmäßiges Ziel dar. Allerdings ist zu prüfen, ob ein Mindestgrößenerfordernis geeignet ist, die Erreichung des mit dieser Regelung angestrebten Ziels zu gewährleisten, und nicht über das hierfür Erforderliche hinausgeht. (Rn. 33, 34)
3. Zwar kann die Ausübung von Tätigkeiten der Polizei wie der Schutz von Personen und Sachen, die Festnahme und Ingewahrsamnahme von Straftätern sowie der präventive Streifendienst die Anwendung körperlicher Gewalt erfordern und besondere körperliche Fähigkeiten erforderlich machen, dennoch erfordern bestimmte Polizeiaufgaben wie der Beistand für den Bürger und die Verkehrsregelung offenkundig keinen hohen körperlichen Einsatz. (Rn. 35, 36)
4. Selbst wenn im Übrigen alle von der griechischen Polizei ausgeübten Aufgaben eine besondere körperliche Eignung erfordern, ist nicht ersichtlich, dass eine solche Eignung zwangsläufig mit dem Besitz einer Mindestkörper-

---

[23] In der Entscheidung war noch die Vorgängerrichtlinie RL 76/207 einschlägig.

größe verbunden ist. Dabei ist auch zu berücksichtigen, dass die Regelungen für die griechischen Streitkräfte für Männer und für Frauen verschiedene Mindestgrößen vorschreiben. (Rn. 40, 41) ◄

7.3.7 Fall Marschall, EuGH vom 11.11.1997, Rs. C-409/95, ECLI:EU:C:1997:533[24]

In einem Rechtsstreit zwischen M. und dem Land Nordrhein-Westfalen wegen seiner Bewerbung um eine Beförderungsstelle an der Gesamtschule Schwerte ging es um die Vereinbarkeit von § 25 Abs. 5 Satz 2 Beamtengesetz NRW mit dem Gleichbehandlungsgrundsatz. Die Regelung sieht vor, dass „Soweit im Bereich der für die Beförderung zuständigen Behörde im jeweiligen Beförderungsamt der Laufbahn weniger Frauen als Männer sind, Frauen bei gleicher Eignung, Befähigung und fachlicher Leistung bevorzugt zu befördern sind, sofern nicht in der Person eines Mitbewerbers liegende Gründe überwiegen …". Nach der Gesetzesbegründung soll durch die Vorrangklausel ein zusätzliches Beförderungskriterium – die Eigenschaft als Frau – eingeführt werden, das die Situation der Ungleichheit neutralisieren soll, in der sich die weiblichen Bewerber gegenüber ihren männlichen Konkurrenten befinden. Bei gleicher Qualifikation neigen AG nämlich dazu, in Anwendung bestimmter traditioneller, die Frauen faktisch benachteiligender Beförderungskriterien wie des Lebensalters, des Dienstalters und der Erwägung, dass der Bewerber alleinverdienender Familienvater sei, einen Mann vorrangig vor einer Frau zu befördern.

Nachdem die Bewerbung von M. abgelehnt wurde, erhob dieser Konkurrentenklage vor dem Verwaltungsgericht Gelsenkirchen. Dieses stellte fest, dass der Kläger und die ausgewählte Konkurrentin für die zu besetzende Stelle gleich qualifiziert seien. Es legte dem EuGH die Frage vor, ob die in der streitigen Bestimmung grundsätzlich vorgeschriebene Bevorzugung von Frauen eine Diskriminierung im Sinne der Richtlinie 2006/54/EG[25] darstelle.

Nach Auffassung des EuGH[26] hindert der Gleichbehandlungsgrundsatz die Mitgliedsstaaten nicht, zur Gewährleistung der völligen Gleichstellung im Berufsleben spezifische Maßnahmen einzuführen, mit denen Benachteiligungen ausgeglichen werden sollen. Entsprechende Regelungen können vorsehen, dass Frauen bei gleicher oder gleichwertiger Qualifikation bevorzugt einzustellen oder zu befördern seien. Voraussetzung sei aber, dass Frauen in diesem Bereich unterrepräsentiert sind[27] und die Regelungen eine Öffnungsklausel für außergewöhnliche, zu Gunsten des Mannes sprechende Gründe (Öffnungklausel) enthalten.

---

[24] Siehe auch NJW 1997, 3429; NZA 1997, 1337; EuZW 1997, 756.

[25] Zum Zeitpunkt der Entscheidung Richtlinie 76/207/EWG.

[26] Anders als in der Entscheidung Kalanke ergab sich nach Auffassung des EuGH aus den nordrhein-westfälischen Regelungen keine Verpflichtung, Frauen bei der Beförderung automatisch den Vorrang einzuräumen, sondern nur bei gleicher Eignung, Befähigung und fachlicher Leistung; vgl. EuGH vom 17.10.1995, Rs. C-450/93 (Kalanke), ECLI:EU:C:1995:322.

[27] Vgl. Schiek, Europäisches Arbeitsrecht, 3. Auflage, S. 259.

Die wichtigsten Leitsätze

1. Nach Art. 157 Abs. 4 AEUV, Art. 23 Satz 2 GRCh sowie Art. 3 RL 2006/54/ EG sind Maßnahmen zur Förderung der Chancengleichheit für Männer und Frauen, insbesondere durch Beseitigung der tatsächlich bestehenden Ungleichheiten, zulässig. Allerdings bewirkt eine Regelung, nach der weiblichen Bewerbern, die die gleiche Qualifikation wie ihre männlichen Mitbewerber besitzen, bei einer Beförderung automatisch der Vorrang eingeräumt wird, eine Diskriminierung der Männer. (Rn. 22, 23)
2. Im Unterschied hierzu lässt eine Klausel, nach der Frauen nicht vorrangig befördert werden müssen, sofern in der Person eines männlichen Mitbewerbers liegende Gründe überwiegen („Öffnungsklausel"), im Einzelfall eine andere Entscheidung zu. Insoweit hat eine solche „Öffnungsklausel" den Zweck, Maßnahmen zuzulassen, die zwar dem Anschein nach diskriminierend sind, tatsächlich aber in der sozialen Wirklichkeit bestehende faktische Ungleichheiten verringern sollen. (Rn. 24, 26)
3. Die Rechtsvorschriften über die Gleichbehandlung reichen nicht aus, um alle faktischen Ungleichheiten zu beseitigen, wenn Regierungen und Sozialpartner nicht gleichzeitig tätig werden, um gegen die Benachteiligung der Frauen in der Arbeitswelt vorzugehen. Die Tatsache, dass zwei Bewerber unterschiedlichen Geschlechts gleich qualifiziert sind, bedeutet nicht, dass sie gleiche Chancen haben. (Rn. 27, 28)
4. Folglich können Frauen mit gleicher Qualifikation wie ihre männlichen Mitbewerber bei einer Beförderung bevorzugt behandelt werden. Eine solche Regelung kann dazu beitragen, ein Gegengewicht zu den nachteiligen Auswirkungen der bislang Männer bevorzugenden Einstellungs- und Beförderungspraxis zu schaffen. (Rn. 30, 31) ◄

7.4 Auswirkung auf die deutsche Rechtsordnung und die arbeitsrechtliche Praxis

Die EuGH-Entscheidung Kreil[28] ist bis heute der einzige Fall, in dem eine Regelung des Grundgesetzes mit dem Unionsrecht als nicht vereinbar angesehen und eine Verfassungsänderung erforderlich wurde.

7.4.1 Verfassungsänderung von Art. 12 a Abs. 4 Satz 2 GG und Art. 3 Abs. 2 Satz 2 GG

Der Verfassungsgeber war gezwungen, Art. 12 a Abs. 4 Satz 2 GG durch verfassungsänderndes Gesetz vom 19. Dezember 2000 zu ändern. Das bis zum vor-

---

[28] Vgl. hierzu Schiek, Europäisches Arbeitsrecht, 3. Auflage, S. 256, 257; Fuchs/Marhold, Europäisches Arbeitsrecht, 5. Auflage, S. 267, 268; Körner, NZA 2001, 1050.

genannten Datum bestehende Verbot für Frauen, Dienst mit der Waffe zu leisten, wurde dahingehend geändert, dass Frauen auf keinen Fall zum Dienst mit der Waffe verpflichtet werden dürfen. Ein freiwilliger Dienst an der Waffe ist für Frauen dagegen möglich. Auch im Soldatengesetz wurden die Beschränkungen auf Verwendung von Frauen im Sanitäts- und Militärmusikdienst aufgehoben. Nach § 1 Abs. 2 SoldatenG kann in das Dienstverhältnis eines Berufssoldaten berufen werden, wer sich freiwillig verpflichtet, für eine begrenzte Zeit oder auf Lebenszeit Wehrdienst zu leisten. Die Beschränkung auf Männer ist somit entfallen.[29]

Aus der Entscheidung wird auch deutlich, dass nur in Ausnahmefällen das Geschlecht für Beschäftigungsverhältnisse eine unabdingbare Voraussetzung darstellen kann, so wie bei der Position eines Aufsehers und Chefaufsehers in Haftanstalten[30] sowie für bestimmte Polizei-Tätigkeiten bei schweren inneren Unruhen[31] oder auch für den Dienst in speziellen Kampfeinheiten.[32]

Im Übrigen ist der Vorbehalt der öffentliche Sicherheit und Ordnung, der eine Ungleichbehandlung zwischen Männern und Frauen rechtfertigen soll, in Richtlinie 2006/54/EG ohnehin nicht mehr enthalten. Lediglich nach Art. 14 Abs. 3 der Richtlinie ist eine Ungleichbehandlung möglich, wenn die Art einer bestimmten beruflichen Tätigkeit oder deren Bedingungen ihrer Ausübung eine wesentliche und entscheidende berufliche Anforderung darstellt. Berufliche Anforderungen allein sind für eine Ungleichbehandlung nicht mehr ausreichend. Sie müssen vielmehr wesentlich und entscheidend sein. Entsprechend gesteigerte Anforderungen sind in Art. 8 Abs. 1 AGG für eine unterschiedliche Behandlung wegen beruflicher Anforderungen enthalten.

In der Entscheidung Kalliri äußert der EuGH hinsichtlich des Aspektes der öffentlichen Sicherheit und Ordnung zudem Zweifel daran, ob eine Mindestgröße von 1,70 m geeignet sei, die Funktionsfähigkeit der Polizei zu gewährleisten.[33] Er verweist u. a. darauf, dass nicht bei jeder polizeilichen Tätigkeit die Anwendung körperlicher Gewalt erforderlich sei. In jedem Fall fehle es aber an der Erforderlichkeit, da auch kleinere Personen über besondere körperliche Eignungen verfügen können, die sie in die Lage versetzen, Zwangsmaßnahmen durchzuführen. Die Entscheidung steht damit im Gegensatz zur Rechtsprechung deutscher Verwaltungs-

---

[29] Frau Kreil selbst ist aber nicht mehr in den Genuss ihrer Entscheidung gekommen, da sie nach Abschluss des Verfahrens auf eine Tätigkeit in der Bundeswehr verzichtete. Sie hat sich aber um die Weiterentwicklung des europäischen und deutschen Rechts verdient gemacht. Mit Abschaffung der allgemeinen Wehrpflicht ist die Unterscheidung ohnehin obsolet geworden; vgl. WehrRÄndG vom 28. April 2011 in BGBl. I. S. 678; § 2 WPflG.

[30] Vgl. EuGH vom 30.06.1988, Rs. C-318/86 (Kommission/Frankreich), ECLI:EU:C:1988:352, (Rn. 11–18).

[31] Vgl. EuGH vom 15.05.1986, Rs. C-222/84 (Johnston), ECLI:EU:C:1986:206, (Rn. 36, 37); vgl. hierzu auch Fuchs/Marhold/Friedrich a. a. O. S. 266, 267.

[32] Vgl. EuGH vom 26.10.1999, Rs. C-273/97 (Sirdar/Royal Marines), ECLI:EU:C:1999:523, (Rn. 29–31); vgl. hierzu auch Fuchs/Marhold/Friedrich a. a. O. S. 267.

[33] Vgl. Köhlert, NZA-RR 2018, 116.

gerichte,[34] die bisher eine Mindestgröße als geeignete Zulassungsvoraussetzung für den Polizeivollzugsdienst angesehen haben.[35] Da eine offenkundige mittelbare Diskriminierung durch eine einheitliche Mindestgröße vorliegt, bleibt abzuwarten, inwieweit die deutschen Verwaltungsgerichte ihre bisherige Rechtsprechung überdenken.[36] Insbesondere der Hinweis auf eine einheitliche Laufbahn für den Polizeivollzugsdienst und die damit einhergehende einheitliche Tauglichkeit, dürften als geeignetes Kriterium aufgrund der vorgenannten Entscheidung nicht mehr überzeugen.

Dagegen sind positive Regelungen zur Erleichterung der Berufstätigkeit des unterrepräsentierten Geschlechts oder zum Ausgleich von Beteiligungen nicht nur im EU-Primärrecht in Art. 157 Abs. 4 AEUV und Art. 23 Satz 2 GRCh enthalten. Während der EuGH noch in der Entscheidung Abrahamsson und Anderson[37] eine Bevorzugung von Frauen bei schlechterer Qualifikation als unzulässig abgelehnt hatte, ging er in der Marschall-Entscheidung[38] aufgrund der Öffnungsklausel von einer wirksamen Regelung aus. Auch das deutsche Verfassungsrecht sieht in Art. 3 Abs. 2 Satz 2 GG vor, dass der Staat die tatsächliche Durchsetzung der Gleichberechtigung von Männern und Frauen fördert und auf die Beseitigung bestehender Nachteile hinwirkt.[39] Der EuGH-Rechtsprechung folgend hat auch das BAG mittlerweile Frauenquoten bei der Einstellung für zulässig erachtet, sofern eine gesetzliche Öffnungsklausel dies vorsieht.[40]

Allerdings besteht zum einen für Frauenquoten ein Gesetzesvorbehalt. Dies bedeutet, dass sich aus Art. 3 Abs. 2 Satz 2 GG keine verfassungsunmittelbare Ermächtigung für Frauenquoten herleiten lässt. Vielmehr ist die Zwischenschaltung eines Bundes- bzw. Landesgesetzes erforderlich, das eine entsprechende Förderung von Frauen vorsieht. Zum anderen dürfen Frauen[41] nicht in jedem Fall bei gleicher Eignung vorrangig befördert oder eingestellt werden, sofern in der Person eines männlichen Bewerbers liegende Gründe überwiegen (Öffnungsklausel).

---

[34] Vgl. VG Düsseldorf, NVwZ 2017, 1396; OVG Münster, Beck-RS 2017, 125775; VG Berlin vom 01.06.2017, VG 5 K 219.16; Einzelne Landesgesetzgeber haben mittlerweile eine Mindestgröße für den Polizeidienst als Voraussetzung abgeschafft, so u. a. Berlin, Brandenburg, Bremen und das Saarland; hierzu auch Fuchs/Marhold/Friedrich a. a. O. S. 264, 265.

[35] Vgl. Kaiser, NVwZ 2017, 1399; Masuch, ZBR 2017, 81; Köhlert a. a. O.

[36] Vgl. hierzu Köhlert, ZESAR 2018, 68.

[37] Vgl. EuGH vom 06.07.2000, Rs. C-407/98 (Abrahamsson u. Anderson), ECLI:EU:C:2000:367 sowie NJW 2000, 2653.

[38] Vgl. hierzu Körner, NZA 2001, 1051, 1052; ferner Sporer, RdA 1995, 442; Colneric, BB 1996, 265; vgl. ferner EuGH vom 19.03.2002, Rs. C-476/99 (Lommers), ECLI:EU:C:2002:183 (Bevorzugung von Frauen bei der Zuverfügungstellung von Kita-Plätzen).

[39] Vgl. BT-Drs. 12/6000, 50; ferner BVerfGE 85, 191, 207; 74, 163, 180; ferner Thüsing a. a. O. § 3 Rn. 115.

[40] Vgl. BAG, AuR 2003, 318; ferner Fuchs/Marhold/Friedrich, Europäisches Arbeitsrecht, 6. Auflage, S. 296 ff.; Schiek, Europäisches Arbeitsrecht, 3. Auflage, S. 258, 259; ferner Körner a. a. O.

[41] Vgl. EuGH Abrahamsson u. Anderson a. a. O.; EuGH Meister a. a. O.

7.4.2   Diskriminierungsschutz nach dem AGG und dem MuSchG

Die Antidiskriminierungs-Richtlinien[42] hat der deutsche Gesetzgeber durch die Verabschiedung des Allgemeinen Gleichbehandlungsgesetzes (AGG) umgesetzt.[43] In § 1 AGG sind die in der EU-Richtlinie 2000/78/EG sowie in Richtlinie 2006/54/EG genannten Diskriminierungsmerkmale übernommen worden. Den Anwendungsbereich und die entsprechenden Begriffsbestimmungen regeln die §§ 2, 3 AGG.[44] Anders als in der Gleichbehandlungs-Rahmenrichtlinie RL 2000/78/EG ist in § 1 AGG das Diskriminierungsmerkmal Geschlecht mit enthalten. Es gibt daher im deutschen Recht keine Spezialregelung für das Verbot einer Geschlechterdiskriminierung in Arbeits- und Beschäftigungsfragen, wie in der EU-Richtlinie 2006/54/EG.

Die Zulässigkeit unterschiedlicher Behandlungen ist in den §§ 8 10 AGG geregelt. Fragen der Entschädigung und des Schadensersatzes enthält § 15 AGG, wobei dabei zwischen einem Schadensersatzanspruch nach Abs. 1, der ein Verschulden voraussetzt, und einem Entschädigungsanspruch nach Abs. 2, der kein Verschulden voraussetzt, unterschieden wird. Rechtsschutz und Beweislastfragen regeln die §§ 22 ff AGG.

Umstritten ist bei der Umsetzung der Richtlinie 2000/78/EG in das AGG insbesondere die Herausnahme der betrieblichen Altersversorgung nach § 2 Abs. 2 Satz 2 AGG sowie von Kündigungssachverhalten nach § 4 Abs. 2 AGG.[45] Strittig ist auch, ob das Erfordernis eines Verschuldens für einen Schadenersatzanspruch bei einem Verstoß gegen das Benachteiligungsverbot nach § 15 Abs. 1 AGG und die Gestaltung der Beweislast nach § 22 AGG mit der Diskriminierungs-Richtlinie vereinbar ist.[46] Gerichte für Arbeitssachen sind gut beraten, die einzelnen Vorschriften des AGG europarechtskonform unter Berücksichtigung der einschlägigen EU-Diskriminierungs-Richtlinie auszulegen.

Schließlich sind Spezialregelungen im Zusammenhang mit der Mutterschutz-Richtlinie 92/85 im Mutterschutzgesetz (MuSchG) enthalten. Das Kündigungsverbot ist in § 9 MuSchG verankert. Zudem führte die Dekker-Entscheidung[47] zu einer Änderung der BAG-Rechtsprechung zum Fragerecht des Arbeitgebers nach

---

[42] Vgl. RL 2006/54/EG; RL 2000/78/EG; RL 2000/43/EG.

[43] Vgl. Riccardi, NZA 2006, 881; Diller/Krieger/Arnold, NZA 2006, 887; Riesenhuber, Europäisches Arbeitsrecht, 2. Auflage, § 9 Rn. 99; Thüsing, Europäisches Arbeitsrecht, 4. Auflage, § 3 Rn. 10–15.

[44] Vgl. zur parallelen Entwicklung des US-amerikanischen Antidiskriminierungsrechts: Thüsing, Europäisches Arbeitsrecht, 4. Auflage, § 3 Rn. 147 ferner 24.

[45] Vgl. hierzu Thüsing, a. a. O. § 3 Rn. 146; ders., NZA 2001, 1061.

[46] Vgl. Thüsing a. a. O. Rn. 146.

[47] Vgl. auch EuGH vom 30.06.1998, Rs. C-394/96 (Mary Brown), ECLI:EU:C:1998:331: Die Klägerin arbeitete als Auslieferungsfahrerin in Manchester. Ihr Arbeitsverhältnis endete aufgrund einer mehr als 26 Wochen dauernden, ununterbrochenen Arbeitsunfähigkeit, die seinerzeit nach englischem Recht zur Auflösung des Arbeitsverhältnisses führte. Da die Krankheit schwangerschaftsbedingt war, sah der EuGH hier eine Verletzung von Art. 10 RL 92/85/EWG.

der Schwangerschaft einer Bewerberin.[48] Seit 1992 entscheidet das BAG, dass eine solche Frage grundsätzlich unzulässig sei. Konsequenterweise berechtigt daher die Täuschung bzw. Lüge über eine Schwangerschaft im Rahmen eines Bewerbungsgespräches nicht zur Anfechtung des Arbeitsverhältnisses durch AG.[49] Rechtsdogmatisch wird dies damit begründet, dass die Frage nach einer Schwangerschaft bereits unzulässig ist und die Bewerberin daher entsprechend wahrheitswidrig antworten darf.[50] Zudem ist mit Entgelt im Sinne von Art. 11 Nr. 2 der Richtlinie 92/85 nicht das volle Entgelt gemeint, da die Richlinie nur Mindestregelungen enthält.[51]

---

[48] Vgl. Körner, NZA 2001, 1053; Schulte/Westenberg, NJW 1994, 1573; Hartmann, EuZA 2017, 185.

[49] Vgl. BAG, NZA 2003, 848; Schulte/Westenberg, NJW 1994, 1573; Körner, NZA 2001, 1053.

[50] Vgl. BAG a. a. O.

[51] Vgl. EuGH vom 14.07.2016, Rs. C-335/15 (Ornano), ECLI:EU:C:2016:564.

Allgemeine Diskriminierungsfragen, insbesondere wegen Rasse, ethnischer Herkunft, Religion und sexueller Ausrichtung

8

▶ **Aktuelle Verordnungen und Richtlinien**
- Art. 10 AEUV, Art. 21 GRCh
- Richtlinie 2000/78/EG (Gleichbehandlungs-Rahmen-RL)[1] (siehe Abb. 8.1)
- Richtlinie 2000/43/EG (Rasse und Ethni)[2] (siehe Abb. 8.2)
- Kurzübersicht Fälle (siehe Abb. 8.3)

Primärrechtlich sind Diskriminierungsverbote in Art. 10 AEUV verankert. Nach dieser Vorschrift hat die Union Diskriminierungen aus Gründen des Geschlechts, der Rasse, der ethnischen Herkunft, der Religion, der Weltanschauung, einer Behinderung, des Alters[3] oder der sexuellen Ausrichtung zu bekämpfe. Auch die EU-Grundrechts-Charta enthält in Art. 21 GRCh entsprechende Nichtdiskriminierungsgrundsätze, die zudem noch die Kriterien Hautfarbe, soziale Herkunft, genetische Merkmale, Sprache, politische oder sonstige Anschauung, Zugehörigkeit zu einer nationalen Minderheit, Vermögen und Geburt enthalten.[4]

---

[1] ABl. Nr. L 303 S. 16.

[2] ABl. Nr. L 180 S. 22.

[3] Die Diskriminierungsmerkmale Behinderung und Alter warden in den folgenden Kapiteln gesondert dargestellt.

[4] Vgl. Calliess/Ruffert, EUV/AEUV 6. Auflage, GRCh Art. 21; vgl. ferner zur Diskriminierung wegen „Vermögens": LAG Düsseldorf, NZA-RR 2012, 129; ferner zur Diskriminierung wegen Sprache: Hinrichs/Stütze, NZA-RR 2011, 113.

1. Primärrechtliche Kompetenznorm Art. 19 AEUV	Schaffung geeigneter Vorkehrungen, um Diskriminierungen zu bekämpfen.
2. Zweck (Art. 1)	Schaffung eines allgemeinen Rahmens zur Bekämpfung der Diskriminierung wegen - Religion - Weltanschauung - Behinderung - Alters - sexueller Ausrichtung (aber nicht wegen des Geschlechts, hier Richtlinie 2006/54/EG)
3. Geltungsbereich (Art. 3)	- Bedingungen für den Zugang zu unselbständiger und selbständiger Erwerbstätigkeit - Zugang zu allen Formen und allen Ebenen der Berufsberatung, der Berufsbildung, der beruflichen Weiterbildung und der Umschulung - Beschäftigungsbedingungen einschließlich Entlassungsbedingungen und Arbeitsentgelte - Mitgliedschaft und Mitwirkung in einer Arbeitnehmer- oder Arbeitgeberorganisation
4. Rechtfertigungsmöglichkeiten wegen beruflicher Anforderungen (Art. 4)	- wegen der Art einer bestimmten beruflichen Tätigkeit - wegen der Bedingungen ihrer Ausübung, sofern es eine entscheidende berufliche Anforderung darstellt und es sich um einen rechtmäßigen Zweck und eine angemessene Anforderung handelt. - bei rechtmäßigen Zielen aus dem Bereich Beschäftigungspolitik, Arbeitsmarkt und beruflicher Bildung
5. Rechtfertigungsmöglichkeit einer Ungleichbehandlung wegen des Alters (Art. 6)	- bei einer objektiven und angemessenen Ungleichbehandlung - mit der ein legitimes Ziel, insbesondere in Bereichen der Beschäftigungspolitik, Arbeitsmarkt und der beruflichen Bildung, verfolgt wird
6. Positive und spezifische Maßnahmen (Art. 7)	Zur Gewährleistung der vollen Gleichstellung in der Praxis können spezifische Maßnahmen zum Ausgleich von Benachteiligungen beibehalten oder beschlossen werden.
7. Beweislastregelungen (Art. 10)	Mitgliedsstaaten ergreifen die erforderlichen Maßnahmen, um effektiven Rechtsschutz bei Diskriminierungen zu gewährleisten.
8. Sanktionen (Art. 17)	- Sanktionen sind bei einem Verstoß gegen die Richtlinie zu verhängen, - Sanktionen können Schadenersatzleistungen an Opfer umfassen, - Sanktionen müssen wirksam, verhältnismäßig und abschreckend sein.

Abb. 8.1 Rahmen-Richtlinie 2000/78/EG für die Verwirklichung der Gleichbehandlung in Beschäftigung und Beruf

1. Primärrechtliche Kompetenznorm Art. 19 AEUV	Schaffung geeigneter Vorkehrungen, um Diskriminierungen zu bekämpfen.
2. Ziel (Art. 1)	- Schaffung eines Rahmens zur Bekämpfung von Diskriminierungen, - in Bezug auf die Diskriminierungsmerkmale Rasse und ethnischen Herkunft
3. Geltungsbereich (Art. 3)	- Bedingungen für den Zugang zu unselbständiger und selbständiger Erwerbstätigkeit - Zugang zu allen Formen und allen Ebenen der Berufsberatung, der Berufsbildung, der beruflichen Weiterbildung und der Umschulung - Beschäftigungsbedingungen einschließlich Entlassungsbedingungen und Arbeitsentgelte - Mitgliedschaft und Mitwirkung in einer Arbeitnehmer- oder Arbeitgeberorganisation - Sozialschutz einschließlich der sozialen Sicherheit und der Gesundheitsdienste sowie die sozialen Vergünstigungen und die Bildung - Zugang und die Versorgung mit Gütern und Dienstleistungen, die der Öffentlichkeit zur Verfügung stehen, einschließlich von Wohnraum
4. Möglichkeit von positiven Maßnahmen (Art. 5)	Zur Gewährleistung der vollen Gleichstellung in der Praxis können spezifische Maßnahmen zum Ausgleich von Benachteiligungen beibehalten oder beschlossen werden.
5. Beweislastregelungen (Art. 8)	Mitgliedsstaaten ergreifen die erforderlichen Maßnahmen, um effektiven Rechtsschutz bei Diskriminierung wegen Rasse und ethnischer Herkunft zu gewährleisten.
6. Sanktionen (Art. 15)	- Sanktionen sind bei einem Verstoß gegen die Richtlinie zu verhängen, - Sanktionen können Schadenersatzleistungen an Opfer umfassen, - Sanktionen müssen wirksam, verhältnismäßig und abschreckend sein.

Abb. 8.2 Richtlinie 2000/43/EG zur Anwendung des Gleichbehandlungsgrundsatzes ohne Unterschied der Rasse oder ethnischen Herkunft

8.4.1 Fall Feryn, EuGH vom 10.07.2008, Rs. C-54/07, ECLI:EU:C:2008:397	Öffentliche, nicht personenbezogene Äußerungen können eine Diskriminierung nach Richtlinie 2000/43/EG darstellen.
8.4.2 Fall Hay, EuGH vom 12.12.2013, Rs. C-267/12, ECLI:EU:C:2013:823	Eine Diskriminierung gleichgeschlechtlicher Lebenspartner im Zusammenhang mit zusätzlichen, vom Eingehen einer Ehe abhängigen Arbeitgeberleistungen liegt dann vor, wenn die Ehe nur Personen unterschiedlichen Geschlechts vorbehalten ist.
8.4.3 Fall Meister, EuGH vom 19.04.2012, Rs. C-415/10, ECLI:EU:C:2012:217	Es besteht kein Auskunftsanspruch über die Gründe für die Einstellung eines anderen Bewerbers. Die Auskunftsverweigerung kann allerdings ein Indiz für eine Ungleichbehandlung darstellen.
8.4.4 Achbita/G4S Secure Solutions NV, EuGH vom 14.03.2017, Rs. C-157/15, ECLI:EU:C:2017:203	Das Verbot des Zeigens oder Tragens religiöser Symbole während der Arbeitszeit kann durch eine allgemeine Arbeitsordnung gerechtfertigt sein, sofern die betreffenden Arbeitnehmer Kundenkontakt haben.
8.4.5 Fall Camacho, EuGH vom 17.12.2015, Rs. C-407/14, ECLI:EU:C:2015:831	Maßnahmen zum Ausgleich eines durch Diskriminierung entstandenen Schadens müssen wirksam und abschreckend sein. Die Zahlung von Strafschadenersatz ist in RL 2006/54/EG nicht vorgeschrieben, aber auch nicht ausgeschlossen.

Abb. 8.3   Kurzübersicht Fälle

8.1   Die Antidiskriminierungs-Richtlinien 2000/78/EG und 2000/43/EG

Ergänzend dazu sieht die Gleichbehandlungs-Rahmenrichtlinie RL 2000/78/EG weitergehende Regelungen zur Verhinderung von Diskriminierungen vor.[5] Die im November 2000 verabschiedete Richtlinie zur Festlegung eines allgemeinen Rahmens für die Verwirklichung der Gleichbehandlung in Beschäftigung und Beruf soll eine Benachteiligung von Arbeitnehmern durch Arbeitgeber wegen der Rasse, der ethnischen Herkunft, der Religion oder der Weltanschauung, der Behinderung, des Alters oder der sexuellen Ausrichtung verhindern. Die Richtlinie zielt nach Art. 1 allein auf eine Benachteiligung in Beschäftigung und Beruf und betrifft daher ausschließlich Arbeitsverhältnisse.[6]

Ferner soll die Richtlinie 2000/43/EG[7] eine entsprechende Benachteiligung wegen Rasse und Ethni verhindern.[8] Es handelt sich hierbei um eine weitere

---

[5] Vgl. hierzu Thüsing, NZA 2000, 570; 2001, 1061.

[6] Keine Anwendung findet entsprechend Erwägungsgrund 13 die Richtlinie auf Sozialversicherungs- und Sozialschutzsysteme. Hier kommt die bereits oben dargestellte Spezialregelung aus Art. 7 Abs. 2 der Freizügigkeits-VO (EU) 492/2011 zur Anwendung.

[7] Offensichtlich ist die Richtlinie als Reaktion auf den Eintritt der FPÖ und Jörg Haiders in die Regierung Österreichs verabschiedet worden.

[8] Vgl. Schiek, AuR 2003, 44; Kraushaar in Nägele, EG-Arbeitsrecht in der deutschen Praxis, S. 85.

Antidiskriminierungs-Richtlinie, die neben der Richtlinie 2000/78/EG zur Anwendung kommt.[9] Auch mit dieser Richtlinie werden Mindestanforderungen festgelegt, die jede unmittelbare oder mittelbare Diskriminierung aus Gründen der Rasse oder der ethnischen Herkunft untersagt. Die Richtlinie 2000/43/EG ist entsprechend Art. 3 Abs. 1 nicht nur auf Benachteiligungen in Beschäftigung und Beruf beschränkt, sondern gilt auch für Sozialschutz, soziale Vergünstigungen und den Zugang zur Versorgung mit öffentlichen Gütern und Dienstleistungen, einschließlich Wohnraum. Als speziellere Richtlinie geht sie der Gleichbehandlungs-Rahmenrichtlinie vor. Beide Richtlinien haben ihre Grundlage in Art. 19 AEUV. Danach kann unbeschadet der sonstigen Bestimmungen der Rat im Rahmen der durch den Vertrag auf die Union übertragenen Zuständigkeiten und mit Zustimmung des Europäischen Parlaments im besonderen Gesetzgebungsverfahren geeignete Vorkehrungen treffen, um Diskriminierungen aus den oben genannten Gründen zu bekämpfen.

8.2 Fehlende Legaldefinition der Diskriminierungsmerkmale

Weder Art. 10 AEUV bzw. Art. 21 GRCh noch die genannten Richtlinien enthalten eine Legaldefinition der jeweiligen Diskriminierungsmerkmale. Tatsächlich ist z. B. eine Definition der Tatbestandsmerkmale Rasse oder ethnische Herkunft wegen der unklaren Begrifflichkeit schwierig.[10] Dies gilt umso mehr, als insbesondere die Existenz verschiedener menschlicher Rassen umstritten ist.[11] Üblicherweise werden mit Rasse und ethnischer Herkunft Menschengruppen unterschieden, die aufgrund genetischer Merkmale wie Hautfarbe oder aufgrund gemeinsamer historischer, sozialer und kultureller Wurzeln eine Einheit bilden.[12]

---

[9] Vgl. Franzen, EuZA 2014, 287; Thüsing, NZA 2001, 1061; Riesenhuber, Europäisches Arbeitsrecht, 2. Auflage, § 11 Rn. 1–3; Grünberger/Husemann in Preis/Sagan, Europäisches Arbeitsrecht, 2. Auflage, § 5 Rz. 5.27.

[10] Vgl. zur Diskriminierung wegen Religion und Weltanschauung, sexueller Identität und Rasse: Thüsing, Europäisches Arbeitsrecht, 4. Auflage, § 3 Rn. 55–63; Kraushaar in Nägele, EG-Arbeitsrecht in der deutschen Praxis, S. 83 ff.; Grünberger/Husemann in Preis/Sagan, Europäisches Arbeitsrecht, 2. Auflage, § 5 Rz. 5.61–5.68.

[11] Üblicherweise erfolgt eine Begrifflichkeit über die Definition ethnische Herkunft, wonach Menschengruppen unterschieden werden, die kulturell, sozial, historisch und genetisch eine Einheit bilden; vgl. Riesenhuber, Europäisches Arbeitsrecht, 2. Auflage, § 11 Rn. 4 u. 5; Thüsing a. a. O. Rn. 55; ferner ArbG Stuttgart zum „Ossi-Fall" NZA-RR 2010, 344, 345; In Erwägungsgrund 6 zur Richtlinie 2000/43/EG wird ausdrücklich betont, dass die Europäische Union, Theorien, mit denen versucht wird, die Existenz verschiedener menschlicher Rassen zu belegen, zurückweist. Die Verwendung des Begriffs Rasse in dieser Richtlinie bedeutet nicht die Akzeptanz solcher Theorien.

[12] Vgl. Grünberger/Husemann a. a. O. zum Begriff Kategorisierung statt Diskriminierungsmerkmale, § 5 Rz. 5.57; Thüsing, Europäisches Arbeitsrecht, 4. Auflage, § 3 Rn. 57–59.

Eine Diskriminierung wegen Religion bezieht sich nicht nur auf die großen Glaubensrichtungen, sondern kann auch kleinere, zum Teil unbekannte religiöse Gruppen betreffen.[13] Eine genaue Abgrenzung einer religiösen Vereinigung von sonstigen Vereinigungen ist ebenfalls schwierig.[14] Entscheidend ist letztlich ein Glaube und ein Bekenntnis zur Stellung des Menschen in der Welt, seine Herkunft, sein Ziel und seine Beziehung zu höheren Mächten oder tieferen Seinsschichten.[15] Erforderlich ist daher die subjektive Gewissheit von einer überweltlichen, transzendentalen Macht, die in einer persönlichen oder unpersönlichen Gottheit bestehen kann.[16]

Da das Tatbestandsmerkmal Weltanschauung im Zusammenhang mit dem Religionsbegriff genannt wird, gehört hierzu nur der Glaube an bestimmte Aussagen zum Weltganzen sowie zur Herkunft und zum Ziel menschlichen Lebens und nicht politische oder sonstige Anschauungen.[17] Weltanschauung beinhaltet daher eine nicht religiöse Sinndeutung der Welt im Ganzen. Zu arbeitsrechtlichen Konflikten im Zusammenhang mit Religion und Weltanschauung kann es insbesondere im Zusammenhang mit Feiertagsregelungen, bestimmten Arbeitspflichten oder Bekleidungsvorschriften kommen.[18]

Das Diskriminierungsmerkmal sexuelle Ausrichtung ist von den bereits behandelten Diskriminierungen wegen des Geschlechts zu unterscheiden. Gemeint ist hiermit allein die Präferenz eines Menschen bei der Wahl seiner Sexual- oder Lebenspartner. Darunter fallen nach allgemeiner Ansicht die Hetero-, Homo- und Bisexualität eines Menschen.[19] Wichtig ist in diesem Zusammenhang, dass der Unions-Gesetzgeber das Differenzierungskriterium sexuelle Ausrichtung und nicht sexuelles Verhalten gewählt hat. Sexuelles Verhalten kann daher, insbesondere wenn es in den Bereich der Belästigung geht, durchaus als zulässiger Differenzierungsgrund verwendet werden.[20]

8.3   Subjektiv-rechtliche und objektiv-rechtliche Funktion von arbeitsrechtlichen Diskriminierungsverboten

Der europäische Gesetzgeber sieht in den Diskriminierungsverboten eine allgemeine Maßnahme, um Grund- und Menschenrechte zu verwirklichen. Neben diesem Individualschutz sollen die Diskriminierungsverbote im Arbeitsrecht darüber

---

[13] Vgl. Grünberger/Husemann a. a. O. Rz. 5.77–5.84.

[14] Vgl. hierzu u. a. Thüsing a. a. O. Rn. 81 zur First Church of Marihuana.

[15] Vgl. hierzu BVerwGE 90, 115.

[16] Vgl. v. Münch/Kunig, Grundgesetz-Kommentar, Band 1, 7. Auflage, Art. 4 Rn. 23, 24; Jarass/Pieroth, GG, 18. Auflage, Art. 4 Rn. 7–9; Sodan, GG, 5. Auflage, Art. 4, Rn. 2–3; Stein/Frank, Staatsrecht, 21. Auflage, § 21 I; Wendeling-Schröder/Stein, Kommentar zum AGG, § 1, Rn. 29, 30.

[17] Vgl. Grünberger/Husemann a. a. O. Rz. 5.86; Thüsing a. a. O. Rn. 80–84; Riesenhuber, Europäisches Arbeitsrecht, 2. Auflage, § 12 Rn. 18–29.

[18] Vgl. hierzu u. a. Thüsing a. a. O. Rn. 82, 83.

[19] Vgl. Grünberger/Husemann a. a. O. Rz. 5.87–5.90; Thüsing a. a. O. Rn. 85–92; Riesenhuber a. a. O. § 12 Rn. 55–62.

[20] Vgl. Riesenhuber a. a. O. Rn. 41.

hinaus ein hohes Beschäftigungsniveau und ein hohes Maß an sozialem Schutz zur Hebung des Lebensstandards und der Lebensqualität, zum wirtschaftlichen und sozialen Zusammenhang und zur Solidarität und Freizügigkeit beitragen.[21] In dieser Richtlinie werden Mindestanforderungen festgelegt, um jede unmittelbare oder mittelbare Diskriminierung aus den genannten Gründen zu untersagen. Den Mitgliedsstaaten steht es frei, günstigere Vorschriften einzuführen oder beizubehalten.

Nach Art. 2 Abs. 2 der Richtlinie 2000/78/EG wird auch zwischen unmittelbarer und mittelbarer Diskriminierung unterschieden. Eine unmittelbare Diskriminierung liegt immer dann vor, wenn eine Person wegen eines der in Art. 1 genannten Gründe in einer vergleichbaren Situation eine weniger begünstigende Behandlung erfährt als eine andere Person erfahren hat oder erfahren würde. Von einer mittelbaren Diskriminierung geht die Richtlinie dann aus, wenn dem Anschein nach neutrale Vorschriften, Kriterien oder Verfahren Personen mit einer bestimmten Religion oder Weltanschauung, einer bestimmten Behinderung, eines bestimmten Alters oder mit einer bestimmten sexuellen Ausrichtung gegenüber anderen Personen in besonderer Weise benachteiligen können. Eine vergleichbare Unterscheidung zwischen unmittelbarer und mittelbarer Diskriminierung findet sich in Art. 2 Abs. 2 der Richtlinie 2000/43/EG.

Nach Art. 2 Abs. 3 der Richtlinie 2000/78/EG sowie der Richtlinie 2000/43/EG werden auch sog. Belästigungen als Diskriminierung angesehen. Eine Belästigung ist eine unerwünschte Verhaltensweise im Hinblick auf ein verbotenes Differenzierungsmerkmal gegenüber einer Person, wenn sie die Würde der betreffenden Person verletzt und ein von Einschüchterungen, Anfeindungen, Erniedrigungen, Entwürdigungen oder Beleidigungen gekennzeichnetes Umfeld (Hostile Environment) schafft.[22] Ob es sich bei einer Belästigung, die die vorgenannten Voraussetzungen erfüllt, um eine Verletzung des Persönlichkeitsrechts und nicht um eine Ungleichbehandlung handelt, soll in diesem Zusammenhang nicht weiter erörtert werden.[23]

In diesem Zusammenhang ist ergänzend auch auf Fragen zur Umsetzung der Hinweisgeberschutz Richtlinie (EU) 2019/1937 (sog. Whistleblower-RL) und die sich daraus für AG ergebenen Pflichten zu verweisen. Da zur Whistblower-Problematk bislang vor allem Urteile des EGMR und nicht des EuGH vorliegen, soll hierauf an dieser Stelle auch nicht weitereingegangen werden.[24]

---

[21] Vgl. Fastrich, RDA 2000, 65 ff.; Thüsing a. a. O.; Riesenhuber a. a. O.

[22] Thüsing, Europäisches Arbeitsrecht, 4. Auflage, § 3 Rn. 40; vgl. auch Riesenhuber a. a. O. § 9 Rn. 75.

[23] Vgl. hierzu Thüsing a. a. O.; deutlich wird aber durch die Aufnahme des Belästigungs-Tatbestandes, dass es Sache des Arbeitgebers ist, ein Umfeld zu schaffen, das Einschüchterungen, Anfeindungen, Erniedrigungen, Entwürdigungen oder Beleidigungen ausschließt; Grünberger/Husemann in Preis/Sagan, Europäisches Arbeitsrecht, 2. Auflage, § 5 Rz. 5.173–5.179.

[24] Vgl. zur Whistleblower-Problematik grundlegend Riesenhuber a. a. O. 2. Auflage, § 15 Rn. 1–7 sowie Thüsung a. a. O. Vorbemerkung zu § 11 sowie Rn. 1–3 ff.; ferner Fuchs/Marhold/Friedrich, Europäisches Arbeitsrecht, 6. Auflage, S. 621 ff. unter Bezugnahme auf die Hinweisgeberschutz-RL (EU) 2019/1937.

8.4 Praktische Fallbeispiele

Zunächst soll eine Entscheidung zu einer Benachteiligung wegen Rasse bzw. ethnischer Herkunft und den damit zusammenhängenden Beweislastfragen erläutert werden.[25] Daran schließen sich Entscheidungen zu Ungleichbehandlungen wegen sexueller Ausrichtung[26] und Religion[27] an. Schließlich werden in den sich daran anschließenden Entscheidungen Beweislastfragen[28] und allgemeine Schadenersatzfragen[29] behandelt.

8.4.1 Fall Feryn, EuGH vom 10.07.2008, Rs. C-54/07, ECLI:EU:C:2008:397[30]

Ein belgisches Centrum gegen Rassendiskriminierung, das als eine nach Art. 13 der Richtlinie 2000/43 bezeichnete Stelle zur Förderung der Gleichbehandlung anerkannt ist, beantragte vor dem Arbeitsgericht Brüssel festzustellen, dass die Firma Feryn NV, ein auf Verkauf und Einbau von Schwing- und Sektionaltoren spezialisiertes Unternehmen, eine diskriminierende Einstellungspolitik betreibe. Das Centrum stützt sich auf die öffentliche Äußerung des Direktors, wonach sein Betrieb grundsätzlich Monteure einstellen wolle, aber keine Menschen fremder Herkunft beschäftigen könne, da die Kunden Bedenken hätten, ihnen für die Dauer der Arbeiten Zugang zu ihren Privatwohnungen zu gewähren. Dem EuGH wurde die Frage vorgelegt, ob eine Diskriminierung im Sinne von Art. 2 Abs. 2 a der Richtlinie 2000/43 vorliege, wenn ein Arbeitgeber, nachdem er Angebote für eine Arbeit ausgeschrieben habe, öffentlich erkläre, er müsse sich nach Forderungen seiner Kunden richten und könne daher keine Menschen fremder Herkunft zur Montage vor Ort schicken.

Der EuGH führt aus, dass öffentliche Äußerungen von AG, man werde keine AN einer bestimmten ethnischen Herkunft oder Rasse einstellen, eine unmittelbare Diskriminierung bei der Einstellung im Sinne von Art. 2 Abs. 2 a Richtlinie 2000/43 darstelle. Dabei reichen entsprechende öffentliche Äußerungen aus, um die Vermutung im Sinne von Art. 8 Abs. 1 zu begründen. Es sei dann Aufgabe der AG zu beweisen, dass keine Verletzung des Gleichbehandlungsgrundsatzes vorgelegen habe.

---

[25] Vgl. EuGH vom 19.04.2012, Rs. C-415/10 (Meister), ECLI:EU:C:2012:217 ferner NJW 2012, 2497; EuGH vom 10.07.2008, Rs. C-54/07 (Feryn), ECLI:EU:C:2008:397.

[26] Vgl. EuGH vom 10.05.2011, Rs. C-147/08 (Römer), ECLI:EU:C:2011:286; EuGH vom 12.12.2013, Rs. C-267/12 (Hay), ECLI:EU:C:2013:823 ferner NZA 2014, 153.

[27] Vgl. EuGH vom 14.03.2017, Rs. C-157/15 (Achbita/G4S Secure Solutions NV), ECLI:EU:C:2017:203.

[28] Vgl. EuGH (Meister) a. a. O.

[29] Vgl. EuGH vom 17.12.2015, Rs. C-407/14 (Camacho), ECLI:EU:C:2015:831.

[30] Siehe auch NJW 2008, 2767; NZA 2008, 929; EuZW 2008, 500.

Die wichtigsten Leitsätze

1. Aus dem Fehlen einer identifizierbaren beschwerten Person kann nicht auf das Fehlen einer Diskriminierung im Sinne der Richtlinie 2000/43 geschlossen werden. Ziel dieser Richtlinie ist laut ihrem 8. Erwägungsgrund, „günstigere Bedingungen für die Entstehung eines Arbeitsmarkts zu schaffen, der die soziale Integration fördert", wozu nach Art. 3 Abs. 1 auch die Einstellungsbedingungen gehören. Dieses Ziel würde schwerlich erreicht, wenn die Richtlinie nur auf Fälle beschränkt wäre, in denen ein unterlegener Bewerber sich als Opfer einer Diskriminierung sieht, gerichtliche Schritte eingeleitet hätte. (Rn. 23, 24)

2. Die öffentliche Äußerung eines Arbeitgebers, er werde keine Arbeitnehmer einer bestimmten ethnischen Herkunft oder Rasse einstellen, begründet eine unmittelbare Diskriminierung bei der Einstellung. Dafür ist ausreichend, dass solche Äußerungen bestimmte Bewerber ernsthaft davon abhalten können, ihre Bewerbungen einzureichen, und damit ihren Zugang zum Arbeitsmarkt behindern. (Rn. 25, 28)

3. Art. 15 überträgt den Mitgliedsstaaten die Aufgabe, die Sanktionen festzulegen, die bei einer Diskriminierung zu verhängen sind. Diese müssen wirksam, verhältnismäßig und abschreckend sein und können Schadensersatzleistungen umfassen, wobei die Richtlinie selbst nicht zu bestimmten Sanktionen verpflichtet. (Rn. 30, 31, 32, 36, 37) ◄

8.4.2 Fall Hay, EuGH vom 12.12.2013, Rs. C-267/12, ECLI:EU:C:2013:823[31]

H. ist seit 1998 beim Crédit agricole beschäftigt. 2007 schloss er einen PACS (eine nach französischem Recht homo- oder heterosexuelle Lebenspartnerschaft) mit einer Person gleichen Geschlechts. Aus diesem Anlass beantragte er die Bewilligung der Sonderurlaubstage und der Eheschließungsprämie, die im Fall der Eheschließung nach dem TV, der Convention collective nationale du Crédit agricole, gewährt werden. Diese Vergünstigungen wurden H. jedoch mit der Begründung verweigert, dass diese nach Tarifvertrag nur im Fall der Eheschließung gewährt würden. H. erhob daraufhin beim Arbeitsgericht Saintes Klage auf Bezahlung einer Eheschließungsprämie und Gewährung von Sonderurlaub. Im Rahmen dieses Verfahrens wurde dem EuGH die Frage vorgelegt, ob Richtlinie 2000/78 dahin auszulegen sei, dass die Entscheidung, das Eingehen einer Ehe Personen unterschiedlichen Geschlechts vorzubehalten, eine Rechtfertigung dafür darstellt, dass ein Tarifvertrag eine Vergünstigung nur für die eine Ehe schließenden Mitarbeiter vorsieht.

Der EuGH hielt die Ablehnung der geltend gemachten Ansprüche für eine Ungleichbehandlung wegen der sexuellen Ausrichtung, weil der zivile Solidaritätspakt

---

[31] Siehe auch NZA 2014, 153.

PACS mit der Ehe im Hinblick auf die Prämie vergleichbar sei. Die Ungleichbehandlung wegen der sexuellen Orientierung ergebe sich daraus, dass homosexuelle AN die notwendigen Voraussetzungen der geltend gemachten Prämie nicht erfüllen können, weil die Ehe Personen unterschiedlichen Geschlechts vorbehalten sei.

Die wichtigsten Leitsätze

1. Aus dem 22. Erwägungsgrund der Richtlinie 2000/78 geht hervor, dass Rechtsvorschriften über den Familienstand in die Zuständigkeit der Mitgliedsstaaten fallen. Dagegen ist Zweck der Richtlinie die Bekämpfung bestimmter Formen von Diskriminierung in Beschäftigung und Beruf, um eine Gleichbehandlung in den Mitgliedsstaaten zu verwirklichen. Diese Grundsätze sind auch von den Sozialpartnern beim Abschluss von Tarifverträgen zu beachten. (Rn. 26, 27)
2. Indem der Tarifvertrag vorsieht, dass Arbeitnehmern aus Anlass der Eheschließung bezahlter Urlaub und eine Eheschließungsprämie gewährt werden, legen sie Regeln in Bezug auf die Arbeitsbedingungen – hier Arbeitsentgelt –, im Sinne von Art. 3 Abs. 1 fest. Der Begriff „Arbeitsentgelt" ist weit auszulegen und umfasst alle Leistungen, die aufgrund des Arbeitsverhältnisses gewährt werden. (Rn. 28)
3. Eine Diskriminierung setzt voraus, dass die Situationen der Betroffenen vergleichbar – nicht unbedingt identisch – sind. Dabei darf die Prüfung der Vergleichbarkeit nicht allgemein und abstrakt sein, sondern muss spezifisch und konkret für die betreffende Leistung erfolgen. (Rn. 30, 31, 32, 33)
4. Die Unterschiede zwischen der Ehe und dem PACS sind hinsichtlich der Art der Beendigung oder der gegenseitigen Verpflichtungen auf dem Gebiet des Vermögensrechts, des Erbrechts und des Kindschaftsrechts unerheblich für die Beurteilung, ob ein Anspruch auf Vergünstigungen besteht. (Rn. 39)
5. Die Regelung, die nur verheirateten Arbeitnehmern einen Anspruch auf Vergünstigungen einräumt, während die Schließung einer Ehe in diesem Mitgliedsstaat rechtlich nur zwischen Personen unterschiedlichen Geschlechts möglich ist, begründet eine auf der sexuellen Ausrichtung beruhende Diskriminierung von homosexuellen Arbeitnehmern.[32] (Rn. 41, 43) ◄

8.4.3   Fall Meister, EuGH vom 19.04.2012, Rs. C-415/10, ECLI:EU:C:2012:217[33]

Frau M. wurde 1961 geboren und ist russischer Herkunft. Sie ist Inhaberin eines russischen Diploms als Systemtechnik-Ingenieurin, dessen Gleichwertigkeit mit einem deutschen Fachhochschul-Abschluss anerkannt wurde. Die Firma Speech

---

[32] Zudem ist nach Auffassung des EuGH unerheblich, dass auch heterosexuellen Paaren die Schließung eines PACS möglich ist, solange homosexuellen Paaren die Schließung einer Ehe rechtlich verboten ist.

[33] Siehe auch NJW 2012, 2497; NZA 2012, 493; EuZW 2012, 462; DB 2012, 980.

Design veröffentlichte in der Presse eine Stellenanzeige für „eine/n erfahrene/n Softwareentwickler/-in", auf die sich M. am 5. Oktober 2006 bewarb. Mit Schreiben vom 11. Oktober 2006 lehnte Speech Design ihre Bewerbung ab, ohne sie zu einem Vorstellungsgespräch einzuladen. Kurz danach erschien im Internet eine zweite Stellenanzeige von Speech Design, deren Inhalt dem der ersten Anzeige entsprach. M. bewarb sich erneut und wurde abermals ohne Angabe von Gründen nicht zu einem Vorstellungsgespräch eingeladen.

M. macht geltend, dass sie wegen ihres Geschlechts, ihres Alters und ihrer ethnischen Herkunft ungünstiger behandelt worden sei als eine andere Person in einer vergleichbaren Situation. Sie erhob Klage wegen Schadensersatz und Vorlage der Bewerbungsunterlagen des eingestellten Bewerbers, um ihr den Nachweis zu ermöglichen, dass sie besser qualifiziert sei. Das BAG legte dem EuGH die Frage vor, ob auf der Grundlage der Richtlinien 2000/43, 2000/78 und 2006/54 ein entsprechender Auskunftsanspruch bestehe und welche Folgen eine Auskunftsverweigerung haben würde.

Der EuGH führte zunächst aus, dass sich aus den Gleichbehandlungs-Richtlinien kein Auskunftsanspruch darüber ergebe, ob der Arbeitgeber einen anderen Bewerber eingestellt habe und aus welchen Gründen dies geschehen sei. Allerdings könne das Verhalten von AG, die überhaupt keine Aussagen zur Qualifikation der Bewerberin machen und die Bewerbung innerhalb kürzester Zeit zweimal zurückweist, ein Indiz für einen Diskriminierungssachverhalt darstellen.

Die wichtigsten Leitsätze

1. Es obliegt der Person, die sich für beschwert hält, zunächst Tatsachen glaubhaft zu machen, die das Vorliegen einer Diskriminierung vermuten lassen. Nur wenn diese Person solche Tatsachen glaubhaft macht, hat der Beklagte sodann nachzuweisen, dass keine Verletzung des Diskriminierungsverbots vorliegt. (Rn. 36)

2. Art. 10 Abs. 1 der Richtlinie 2000/78 sieht vor, dass die Mitgliedsstaaten die erforderlichen Maßnahmen ergreifen, um zu gewährleisten, dass immer dann, wenn eine Verletzung des Gleichbehandlungsgrundsatzes glaubhaft zu machen ist, es dem Beklagten obliegt zu beweisen, dass keine Verletzung dieses Grundsatzes vorgelegen hat. Die gleichen Grundsätze gelten nach Art. 8 Abs. 1 der Richtlinie 2000/43 bzw. Art. 19 Abs. 1 der Richtlinie 2006/54. (Rn. 34)

3. Aus den genannten Richtlinien ergibt sich kein Anspruch auf Einsichtnahme in Informationen oder Unterlagen, um „Tatsachen, die das Vorliegen einer Diskriminierung vermuten lassen", glaubhaft zu machen. Es ist jedoch nicht ausgeschlossen, dass eine Verweigerung von Informationen das mit dieser Richtlinie verfolgte Ziel beeinträchtigt und ihr die praktische Wirksamkeit nehmen kann.[34] (Rn. 39)

---

[34] Der EuGH weist zudem darauf hin, dass nach dem 15. Erwägungsgrund der Richtlinien 2000/43 und 2000/78 sowie dem 30. Erwägungsgrund der Richtlinie 2006/54 nationale Rechtsvorschriften vorsehen können, dass eine mittelbare Diskriminierung mit allen Mitteln, einschließlich statistischer Beweise, festzustellen ist. (Rn. 43)

4. Dabei wäre zu berücksichtigen, ob ein Arbeitgeber jeden Zugang zu den Informationen verweigert. Darüber hinaus kann als Tatsache auch herangezogen werden, dass die Qualifikation einer Bewerberin den Anforderungen in der Stellenanzeige entspricht und sie bei beiden Bewerbungen nicht zu einem Vorstellungsgespräch eingeladen wurde. (Rn. 44, 45)
5. Nach alledem hat eine erfolglose Bewerberin keinen Anspruch auf Auskunft darüber, ob ein anderer Bewerber eingestellt wurde. Die Verweigerung jeder Information kann aber eine Tatsache darstellen, die das Vorliegen einer Diskriminierung vermuten lässt. (Rn. 46, 47) ◄

8.4.4 Achbita/G4S Secure Solutions NV, EuGH vom 14.03.2017, Rs. C-157/15, ECLI:EU:C:2017:203

Frau A. war als Rezeptionistin bei einem belgischen Unternehmen angestellt. Im Verlauf des Arbeitsverhältnisses beabsichtige sie, entsprechend ihres muslimischen Glaubens künftig während der Arbeitszeiten ein islamisches Kopftuch zu tragen. Das Unternehmen verfolgte zunächst eine ungeschriebene Neutralitätspolitik. Danach war das sichtbare Tragen jedes politischen, philosophischen oder insbesondere religiösen Zeichens am Arbeitsplatz verboten. Infolge der weiteren Auseinandersetzung wurde die ungeschriebene Neutralitätspolitik formal in eine unternehmensinterne Arbeitsordnung umgesetzt und veröffentlicht. Da A. an ihrer Absicht festhielt, ein Kopftuch zu tragen, wurde sie entlassen. A. rügt eine Diskriminierung wegen ihrer religiösen Anschauung. Der EuGH hat keine Verletzung von Antidiskriminierungsregelungen festgestellt.

Die wichtigsten Leitsätze

1. Eine unmittelbare Diskriminierung wegen der Religion im Sinne von Art. 2 Abs. 2 lit. a Richtlinie 2000/78 besteht nicht. Die unternehmensinterne Regel gilt unterschiedslos für alle Arbeitnehmer unabhängig von einer bestimmten Religion. Es könne indes eine mittelbare Diskriminierung im Sinne von Art. 2 Abs. 2 lit. b vorliegen, wenn die unternehmensinterne Regel tatsächlich eine bestimmte Religion in besonderer Weise benachteilige. In diesem Fall müsse eine solche Regel durch ein legitimes Ziel sachlich gerechtfertigt sein. (Rn. 30–32)
2. Der Wille eines privaten Unternehmens, im Verhältnis zu seinen Kunden eine Politik der politischen, philosophischen und religiösen Neutralität zum Ausdruck zu bringen, stellt ein rechtmäßiges Ziel dar und ist Ausdruck unternehmerischer Freiheit nach Art. 16 GRCh. (Rn. 38, 39)
3. Werde die Regel in kohärenter und systematischer Weise verfolgt und allgemein und unterschiedslos angewandt, ist sie geeignet, das Ziel zu erreichen. Das darin enthaltene Verbot darf allerdings nur an Arbeitnehmer gerichtet sein, die in Kontakt mit den Kunden des Unternehmens treten. Die Erforderlichkeit umfasst auch die Prüfung, ob nicht ein Arbeitsplatz ohne Sichtkontakt mit den Kunden in Betracht komme. (Rn. 40–42) ◄

8.4.5   Fall Camacho, EuGH vom 17.12.2015, Rs. C-407/14, ECLI:EU:C:2015:831

Frau C. wurde 2012 von Securitas Seguridad España als Sicherheitsbedienstete für eine Vollzeittätigkeit in einer Jugendstrafvollzugsanstalt in Córdoba (Spanien) eingestellt und im April 2014 wieder entlassen. Daraufhin reichte C. beim Juzgado de lo Social de Córdoba Kündigungsschutzklage ein und machte die Unwirksamkeit der Kündigung wegen Geschlechterdiskriminierung geltend. Sie forderte Schadensersatz in Höhe von 6000 € für den erlittenen Schaden. Das Gericht stellte fest, dass eine Diskriminierung aufgrund des Geschlechts vorlag und dass C. ein Schaden von 3000,00 € entstanden sei. Es legte dem EuGH die Frage zur Vorabentscheidung vor, ob ein weiterer Anspruch über den erlittenen Schadenersatz hinaus als sog. Strafschadenersatz geltend gemacht werden kann.

Der EuGH kommt zu dem Ergebnis, dass Art. 25 der Richtlinie 2006/54 es den Mitgliedsstaaten erlaube, Maßnahmen zu treffen, die die Zahlung von Strafschadenersatz an das Opfer einer Diskriminierung aufgrund des Geschlechts vorsehen dürfen. Eine Verpflichtung zu einer solchen über den Schadenersatz hinausgehenden Maßnahme bestehe aber EU-rechtlich nicht.

Die wichtigsten Leitsätze

1. Nach Art. 18, 25 der Richtlinie 2006/54[35] müssen die Mitgliedstaaten die Maßnahmen treffen, damit jeder, der sich durch eine Diskriminierung für beschwert hält, seine Rechte gerichtlich wirksam geltend machen kann. Allerdings schreibt die Richtlinie keine bestimmte Maßnahme vor, sondern belässt den Mitgliedstaaten nach Maßgabe unterschiedlicher Sachverhalte die Freiheit der Wahl unter den verschiedenen, zur Verwirklichung des Ziels dieser Richtlinie geeigneten Lösungen. (Rn. 26)
2. Die Maßnahmen, durch die tatsächliche Chancengleichheit wiederhergestellt werden kann, müssen jedoch einen tatsächlichen und wirksamen Rechtsschutz gewährleisten und abschreckend sein, damit der entstandene Schaden tatsächlich und wirksam ausgeglichen wird. (Rn. 31, 32)
3. Die Zahlung von Strafschadenersatz ist in der Richtlinie nicht vorgeschrieben aber auch nicht ausgeschlossen. Somit erlaubt Art. 25 den Mitgliedsstaaten, Maßnahmen zu treffen, die die Zahlung von Strafschadenersatz an das Opfer einer Diskriminierung vorsehen, verpflichtet sie aber nicht dazu. (Rn. 37, 40, 43) ◀

8.5   Auswirkung auf die deutsche Rechtsordnung und die arbeitsrechtliche Praxis

Aus den vorgenannten Entscheidungen wird deutlich, dass der EuGH im Interesse der bereits im Anfangskapitel erörterten Wirksamkeit des EU-Rechts zu einer weiten Auslegung der Diskriminierungstatbestände neigt.

---

[35] In dem Urteil war noch die Vorgängerrichtlinie 76/2007 einschlägig.

8.5.1 Keine Ungleichbehandlung zwischen gegengeschlechtlicher Ehe und gleichgeschlechtlicher Partnerschaft im Entgeltbereich

Spätestens seit der EuGH-Entscheidung Hay[36] dürfte feststehen, dass zusätzliche Leistungen aus einem Arbeitsverhältnis, die danach unterscheiden, ob eine gegengeschlechtliche Ehe oder eine gleichgeschlechtliche Partnerschaft geschlossen wurde, unionsrechtlich eine Ungleichbehandlung wegen sexueller Ausrichtung im Sinne der Richtlinie 2000/78/EG und Art. 10 AEUV bzw. Art. 21 GRCh darstellt. Dies gilt in jedem Fall dann, wenn die Eheschließung rechtlich nur zwischen Personen unterschiedlichen Geschlechts möglich ist.[37] Einwände, dass weder die Eingehung der Ehe noch die Eingehung einer eingetragenen Lebenspartnerschaft von Rechts wegen eine bestimmte sexuelle Ausrichtung erfordern,[38] werden nicht durchgreifen. Vergünstigungen, Zusatzleistungen und sonstige Absicherungen, die gegengeschlechtlichen Ehepartnern aufgrund Gesetzes, Tarifvertrag oder sonstigen kollektivrechtlichen Regelungen gewährt werden, kommen daher auch für gleichgeschlechtliche Lebenspartner zur Anwendung. Dabei macht es keinen Unterschied, ob nach den nationalen Rechtsordnungen die Partnerschaft nur gleichgeschlechtlichen oder auch gegengeschlechtlichen Paaren vorbehalten ist. Wenn eine Vergünstigung oder Leistung allein an das Bestehen einer Ehe als gegengeschlechtliche Partnerschaft anknüpft, liegt eine Diskriminierung gleichgeschlechtlicher Partnerschaften vor, die nicht zu rechtfertigen ist.

Dabei scheidet als Rechtfertigungsgrund der Wunsch einzelner Mitgliedsstaaten aus, bestimmte finanzielle Privilegien dem Bestand einer gegengeschlechtlichen Ehe vorzubehalten. Die Mitgliedsstaaten berufen sich in diesem Fall auf Erwägungsgrund 22 der Richtlinie 2000/78/EG. Danach lässt die Richtlinie die einzelstaatlichen Rechtsvorschriften über den Familienstand und davon abhängige Leistungen unberührt. Der EuGH geht aber davon aus, dass es sich bei dem im Erwägungsgrund 22 genannten Tatbestandsmerkmal „davon abhängige Leistungen" nicht um Entgeltansprüche, die im Zusammenhang mit einem Arbeitsverhältnis stehen, handeln kann.[39] Der EuGH begründet seine Auffassung mit dem bekannten Grundsatz der praktischen Wirksamkeit von EU-Recht, der es verbietet, dass nationale Rechtsordnungen bestimmte Privilegien im Bereich arbeitsrechtlicher Ansprüche dem Bestand einer gegengeschlechtlichen Ehe vorbehalten. Die Konsequenz dieser Rechtsprechung ist allerdings, dass der Erwägungsgrund 22 der Richtlinie 2000/78/EG, wonach einzelstaatliche Rechtsvorschriften über den Familienstand und davon abhängige Leistungen unberührt bleiben, für das EU-Arbeitsrecht ohne Bedeutung ist. Nachdem aufgrund einer Gesetzesänderung im Jahr 2017 in Deutschland gleich-

---

[36] Vgl. ferner EuGH vom 10.05.2011, Rs. C-147/08 (Römer), ECLI:EU:C:2011:286.

[37] Vgl. auch Linneweber, ZESAR 2014, 460; Franzen, EuZA 2012, 310.

[38] Vgl. Franzen, EuZA 2009, 389; 2012, 310; Linneweber a. a. O.

[39] Vgl. EuGH vom 10.05.2011, Rs. C-147/08 (Römer), ECLI:EU:C:2011:286 (Rn. 34, 35); EuGH vom 12.12.2013, Rs. C-267/12 (Hay), ECLI:EU:C:2013:823 (Rn. 41–43).

geschlechtlichen Paaren das Recht zur Eingehung einer Ehe übertragen wurde, sind die vorgenannten Grundsätze für die deutsche Rechtspraxis von eher nachrangiger Bedeutung.[40]

8.5.2 Keine Rechtfertigung wegen Kundenpräferenzen

Aus der Feryn-Entscheidung wird deutlich, dass Präferenzen von Kunden einen Arbeitgeber nicht zu einer unzulässigen Diskriminierung berechtigt. Zwar mag es für einen im Wettbewerb stehenden Arbeitgeber nachvollziehbar sein, den Erwartungen seiner Kundschaft zu entsprechen; konsequent zu Ende gedacht würde dies aber bedeuten, dass die Diskriminierungserwartungen Dritter entsprechende Sachverhalte im Arbeitsleben rechtfertigen. Dies ist mit den Zielsetzungen des Antidiskriminierungsrechts der EU nicht vereinbar.[41]

Zwar verweist der EuGH in der Feryn-Entscheidung darauf, dass AG zur Entlastung vom Vorwurf eines diskriminierenden Verhaltens Tatsachen glaubhaft vortragen können, um ihr Verhalten zu rechtfertigen. Allgemeine Hinweise, dass Kunden keine Aufträge erteilen, sind hierfür aber aus den oben genannten Gründen nicht ausreichend. Grundsätzlich dürfte daher die Kundenpräferenz keinen Grund im Sinne von Art. 8 Abs. 1 AGG darstellen, der eine unterschiedliche Behandlung wegen Rasse oder ethnischer Herkunft rechtfertigen kann.

So ist auch nach § 8 Abs. 1 AGG eine unterschiedliche Behandlung wegen eines in § 1 AGG genannten Grundes nur dann zulässig, wenn dieser Grund wegen der Art der auszuübenden Tätigkeit oder der Bedingungen ihrer Ausübung eine wesentliche und entscheidende berufliche Anforderung darstellt und der Zweck rechtmäßig sowie die Anforderung angemessen ist. Es wird daher aus dem Rechtfertigungsgrund des § 8 Abs. 1 AGG deutlich, dass eine unterschiedliche Behandlung nicht bereits wegen einer beruflichen Anforderung zulässig ist. Vielmehr muss diese berufliche Anforderung wesentlich und entscheidend sein, um überhaupt eine Ungleichbehandlung rechtfertigen zu können. Dabei sind an die Tatbestandsvoraussetzungen „wesentlich" und „entscheidend" im Interesse eines effektiven Diskriminierungsschutzes besonders hohe Anforderungen zu stellen.[42]

Hinsichtlich der Kopftuchproblematik hat der EuGH am gleichen Tag wie der Entscheidung Achbita/G4S in der Rechtssache Bougnaoui und ADDH[43] entschieden, dass eine mittelbare Diskriminierung wegen des Verbots, ein islamisches Kopftuch zu tragen, vorliegen kann, sofern es an einer unternehmensinternen Neutralitätsregelung fehlt. Hintergrund dieser Entscheidung war, dass eine entsprechende Neutralitätsregel, die das öffentliche Tragen religiöser Symbole unter-

---

[40] Gesetz zur Einführung des Rechts auf Eheschließung für Personen gleichen Geschlechts vom 20.07.2017, BGBl. I., S. 2787.

[41] Vgl. hierzu Grünberger/Husemann a. a. O. § 5, Rz. 5.231; Lobinger, EuZA 2009, 372.

[42] Vgl. Thüsing, Europäisches Arbeitsrecht, 4. Auflage, § 3 Rn. 140.

[43] Vgl. EuGH vom 14.03.2017, Rs. 188/15 (Bougnaoui und ADDH), ECLI:EU:C:2017:204.

sagte, nicht vorlag. Der bloße Wille des Arbeitgebers, basierend auf den Kunden-
wünschen, könne das Verbot, ein islamisches Kopftuch zu tragen, nicht rechtfertigen.[44] Zu berücksichtigen ist zudem, dass der EuGH ein Kopftuchverbot nur für
diejenigen AN für angemessen erachtet, die Kontakt zu Kunden haben. Ein entsprechendes Verbot für einen Arbeitsplatz ohne Außenkontakte dürfte daher mit
Art. 2 Abs. 2 RL 2000/78 nicht vereinbar sein. Insoweit ist aus den Entscheidungen
Achbita/G4S sowie Bougnaoui und ADDH rückzuschließen, dass die Beachtung
einer Neutralitätspolitik voraussetzt, dass in einer unternehmensweiten Arbeitsordnung entsprechende Regelungen vorgesehen sind.

8.5.3   Auswirkungen auf Darlegungs- und Beweislastfragen

Die angemessene Verteilung der Darlegungs- und Beweislast ist, wie sich aus der
EuGH-Entscheidung Meister ablesen lässt, eine wesentliche Voraussetzung für den
effektiven Diskriminierungsschutz.[45] Grundsätzlich gehen Unionsrecht und die nationalen Rechtsordnungen davon aus, dass derjenige, der sich zur Stützung seines
Anspruchs auf Tatsachen beruft, diese auch zu beweisen hat, sodass derjenige, der
eine Ungleichbehandlung behauptet, die dafür maßgeblichen Tatsachen darlegen
und beweisen muss.[46] Allerdings kann sich gerade bei Diskriminierungssachverhalten die Beweislast umkehren bzw. erleichtern.[47]

So hat das BAG in Folge der EuGH-Entscheidung Meister festgestellt, dass die
Verweigerung der Auskunft über die eingestellte Person durch das Unternehmen
grundsätzlich kein Indiz im Sinne von § 22 AGG darstellt, das die Vermutung für
das Vorliegen einer gegen §§ 1, 7 AGG verstoßenden Benachteiligung begründet.
Eine Ausnahme von diesem Grundsatz soll allerdings dann bestehen, wenn der ab-
gelehnte Bewerber schlüssig vorgetragen hat, dass er nur mit Hilfe der geforderten
und abgelehnten Auskunft über den eingestellten Bewerber die tatsächlichen
Voraussetzungen der Vermutung einer Benachteiligung nach § 22 AGG darlegen
kann oder dass bereits die Verweigerung der begehrten Auskunft diese Vermutung
einer Benachteiligung begründet.[48]

Von Relevanz ist in diesem Zusammenhang insbesondere die Beweislastregelung
in Art. 10 der Richtlinie 2000/78/EG, die zu einer Erleichterung der Darlegungs-
und Beweislast der AN führen kann.[49] Die entsprechende Umsetzung in die deutsche Rechtsordnung ist durch § 22 AGG erfolgt.[50] Danach muss im Streitfall die

---

[44]Vgl. Franzen/Roth, EuZA 2017, 153; Köhlert, NZA-RR 2018, 113, 114.

[45]Vgl. hierzu grundlegend Grünberger/Husemann in Preis/Sagan, Europäisches Arbeitsrecht,
2. Auflage, § 5 Rz. 5.300–5.312.

[46]Vgl. Grünberger/Husemann a. a. O.

[47]Vgl. Schiek, Europäisches Arbeitsrecht, 3. Auflage, S. 260, 261; Grünberger/Husemann a. a. O.

[48]Vgl. BAG, NZA 2010, 1006; ferner Franzen, EuZA 2014, 288.

[49]Vgl. von Roetteken, NZA-RR 2013, 343; ferner Grünberger/Husemann a. a. O.

[50]Vgl. entsprechende Beweislastregelungen in Art. 19 RL-2006/54/EG, Art. 8 RL 2000/43/EG.

klagende Partei Indizien beweisen, die eine Benachteiligung wegen eines der in § 1 AGG genannten Diskriminierungsgründe vermuten lassen. Gelingt dieser Nachweis von Indizien, so trägt die andere Partei, also in der Regel der Arbeitgeber, die Darlegungs- und Beweislast dafür, dass kein Verstoß gegen die Bestimmung zum Schutz vor Benachteiligung vorgelegen hat.

In der Entscheidung Camacho hat der EuGH zudem darauf verwiesen, dass die Mitgliedsstaaten EU-rechtlich nicht verpflichtet seien, bestimmte Sanktionsmaßnahmen – insbesondere keinen Strafschadensersatz – bei Diskriminierungen vorzusehen. Gleichwohl müssen die Sanktionen einen tatsächlichen und wirksamen Schutz und eine abschreckende Wirkung bei Diskriminierungen vorsehen. Die deutschen Regelungen über Entschädigung und Schadenersatz nach § 15 AGG dürften sich noch im Rahmen des den Mitgliedsstaaten verbleibenden Ermessens und damit im Rahmen der Vorgaben der Entscheidung Camacho halten.

Verbot der Diskriminierung wegen Alters nach Art. 10 AEUV, Art. 21 GRCh

9

▶ **Aktuelle Verordnungen und Richtlinien**
- Art. 10 AEUV, Art. 21 GRCh
- Richtlinie 2000/78/EG (Gleichbehandlungs-Rahmen-RL)[1] (siehe Abb. 8.1)
- Kurzübersicht Fälle (siehe Abb. 9.1)

Wie schon in den vorangegangenen Kapiteln erläutert, werden die primärrechtlichen Diskriminierungsverbote nach Art. 10 AEUV, Art. 21 GRCh durch die aufgrund von Art. 19 AEUV erlassene Richtlinie 2000/78/EG ergänzt.

9.1 Schutz vor Diskriminierungen wegen des Lebensalters

Das in Art. 1 RL 2000/78/EG enthaltene Verbot der Ungleichbehandlung wegen Alters hat erhebliche Auswirkungen auf die betriebliche Praxis, da eine Vielzahl von Arbeits- und Beschäftigungsbedingungen, wie Urlaubsdauer, Gehaltshöhe, Kündigungsfrist usw. an das Lebensalter von Beschäftigten anknüpfen bzw. angeknüpft haben.[2] Je höher das Lebensalter, umso größer sind die arbeitsrechtlichen Ansprüche bzw. Absicherungen.

Allerdings ist mit dem Verbot der Altersdiskriminierung nicht ein Schutz älterer Menschen gemeint, sondern ein Schutz vor Diskriminierung aufgrund des Lebens-

---

[1]ABl. Nr. L 303 S. 16.
[2]Vgl. Thüsing, Europäisches Arbeitsrecht, 4. Auflage, § 3 Rn. 92, 93; Bayreuther, NJW 2012, 2758; Riesenhuber, Europäisches Arbeitsrecht, 2. Auflage,§ 12 Rn. 41–54; Franzen, EuZA 2010, 311; Hanau, NZA 2010, 1, 2.

© Der/die Herausgeber bzw. der/die Autor(en), exklusiv lizenziert an Springer-Verlag GmbH, DE, ein Teil von Springer Nature 2025
P. Hantel, *Europäisches Arbeitsrecht*, Springer-Lehrbuch,
https://doi.org/10.1007/978-3-662-70226-0_9

9.3.1 Fall Kücükdeveci, EuGH vom 19.01.2010, Rs. C-555/07, ECLI:EU:C:2010:21	Für eine Ungleichbehandlung jüngerer Arbeitnehmer bei der Berechnung von Kündigungsfristen gibt es keine Rechtfertigung.
9.3.2 Fall Rosenbladt, EuGH vom 12.10.2010, Rs. C-45/09, ECLI:EU:C:2010:601	Die Beendigung eines Arbeitsverhältnisses bei Erreichen der gesetzlichen Altersrente stellt ein legitimes beschäftigungspolitisches Ziel dar.
9.3.3 Fall Hörnfeldt, EuGH vom 05.07.2012, Rs. C-141/11, ECLI:EU:C:2012:421	Die Befristung eines Arbeitsvertrages bis zum Erreichen der Regelaltersgrenze ist auch dann sachlich gerechtfertigt, wenn nur eine geringe Altersrente erworben wurde.
9.3.4 Fall Prigge u. a., EuGH vom 13.09.2011, Rs. C-447/09, ECLI:EU:C:2011:573	Tarifliche Höchstaltersgrenzen sind dann unzulässig, wenn ohne sachlichen Grund die einschlägigen öffentlich-rechtlichen Höchstaltersgrenzen unterschritten werden.
9.3.5 Fall Hennigs u. Mai, EuGH vom 08.09.2011, Rs. C-297/10, ECLI:EU:C:2011:560	Eine regelmäßige tarifliche Vergütungserhöhung aufgrund eines höheren Lebensalters stellt eine Diskriminierung von jüngeren Arbeitnehmern dar.

Abb. 9.1 Kurzübersicht Fälle

alters. So sind in Art. 6 Abs. 1 a ausdrücklich auch Jugendliche als Schutzobjekt vor Diskriminierungsmaßnahmen wegen Alters, insbesondere bei Entlohnung und beruflicher Eingliederung, genannt.[3] Mithin dürfen sowohl Junge als auch Alte wegen ihres Alters nicht benachteiligt werden. In Anbetracht dieses sehr weiten Anwendungsbereichs ist die Frage der Rechtfertigung einer Ungleichbehandlung wegen Alters von besonderer Bedeutung.[4]

9.2   Rechtfertigungsgründe nach Art. 4 und 6 der Richtlinie 2000/78/EG

Nach Art. 4 Abs. 1 ist eine unterschiedliche Behandlung gerechtfertigt, wenn das Alter für die Art der beruflichen Tätigkeit oder der Bedingungen ihrer Ausübung eine wesentliche und entscheidende berufliche Anforderung darstellt. Hierunter können Regelungen über Altersbeschränkungen für Feuerwehrmänner, Polizisten, Fluglotsen, Piloten, Busfahrer usw. fallen, weil die körperliche und geistige Belastbarkeit eine wesentliche Voraussetzung für die Berufsausübung darstellt.[5]

Des Weiteren stellen nach Art. 6 Ungleichbehandlungen wegen Alters dann keine Diskriminierung dar, wenn sie objektiv und angemessen sind und im Rahmen des nationalen Rechts durch ein legitimes Ziel gerechtfertigt sind, worunter insbe-

---

[3] Vgl. Riesenhuber a. a. O.

[4] Vgl. Thüsing a. a. O.; Riesenhuber a. a. O.; Preis/Reuther in Preis/Sagan, Europäisches Arbeitsrecht, 2. Auflage, § 6 Rz. 6.1–6.3.

[5] Vgl. Thüsing a. a. O. Rn. 94–96; Preis, NZA 2006, 401.

sondere Ziele aus den Bereichen Beschäftigungspolitik, Arbeitsmarkt und berufliche Bildung zu verstehen sind. Zudem müssen die Ungleichbehandlungen zur Erreichung dieses Ziels angemessen und erforderlich sein. Dabei geht der EuGH von
einem weiten Ermessensspielraum der Mitgliedsstaaten im Zusammenhang mit den
in Art. 6 geregelten Bereichen Beschäftigungspolitik und Arbeitsmarkt aus.[6] Der
weite Ermessenspielraum bedeutet aber nicht, dass der EuGH auf eine Verhältnismäßigkeitsprüfung verzichtet. Insoweit kommt es dann, wenn Mitgliedsstaaten
arbeitsmarkt- bzw. beschäftigungspolitische Zielsetzungen mit Altersregelungen
verfolgen, darauf an, ob die entsprechenden Maßnahmen auch angemessen und verhältnismäßig sind.[7]

9.3 Praktische Fallbeispiele

Der EuGH musste sich daher mit der Wirksamkeit altersabhängiger Kündigungsfristen[8] sowie der vom Lebensalter abhängigen Urlaubs- und Gehaltshöhe[9] auseinandersetzen. Zudem waren Streitgegenstand arbeits- oder tarifvertragliche Regelungen über die zwingende Beendigung eines Arbeitsverhältnisses bei Erreichen
eines bestimmten Alters.[10]

9.3.1 Fall Kücükdeveci, EuGH vom 19.01.2010, Rs. C-555/07, ECLI:EU:C:2010:21[11]

Frau K wird vom AG betriebsbedingt mit einer Frist von einem Monat zum Quar-
talsende gekündigt. K ist 29 Jahre alt und seit zehn Jahren in dem Unternehmen beschäftigt. Bei der Berechnung der Kündigungsfrist wurde entsprechend § 622
Abs. 2 Satz 2 BGB die Beschäftigungszeiten vor Vollendung des 25. Lebensjahres
nicht berücksichtigt. Das LAG Düsseldorf legte dem EuGH die Frage vor, ob eine
Regelung, nach der sich die einzuhaltenden Kündigungsfristen mit zunehmender
Dauer der Beschäftigung stufenweise verlängern, jedoch dabei vor Vollendung des
25. Lebensjahres liegende Beschäftigungszeiten unberücksichtigt bleiben, mit dem
Verbot der Altersdiskriminierung vereinbar sei.

---

[6] Vgl. EuGH vom 16.10.2007, Rs. C-411/05 (Palacios de la Villa), ECLI:EU:C:2007:604, Rn. 68;
vgl. ferner Bayreuther, NJW 2012, 2758; Temming, NZA 2007, 1193; Bauer/Krieger, NZA 2007,
674; Preis, NZA 2006, 401.

[7] Vgl. EuGH vom 13.09.2011, Rs. C-447/09 (Prigge), ECLI:EU:C:2011:573; EuGH vom
05.07.2012, Rs. C-141/11 (Hörnfeldt), ECLI:EU:C:2012:421 ferner NZA 2012, 785; Thüsing,
Europäisches Arbeitsrecht, 3. Auflage § 3 Rn. 104; Diller/Krieger/Arnold, NZA 2006, 887.

[8] Vgl. EuGH vom 19.01.2010, Rs. C-555/07 (Kücükdeveci), ECLI:EU:C:2010:21.

[9] Vgl. EuGH vom 08.09.2011, Rs. C-297/10 (Hennigs u. Mai), ECLI:EU:C:2011:560.

[10] Vgl. EuGH vom 12.10.2010, Rs. C-45/09 (Rosenbladt), ECLI:EU:C:2010:601; EuGH (Hörnfeldt) a. a. O.; EuGH (Prigge) a. a. O.

[11] Siehe auch NJW 2010, 427; NZA 2010, 85; EuZW 2010, 177.

Nach Auffassung des EuGH verstößt die Regelung von § 622 Abs. 2 Unterabs. 2 BGB gegen das Verbot der Altersdiskriminierung. Die Ungleichbehandlung sei auch nicht gerechtfertigt, da sie pauschal jeden Arbeitnehmer ohne Berücksichtigung von Flexibilität und Mobilität im Einzelfall betreffe.

Die wichtigsten Leitsätze

1. Das Verbot der Diskriminierung wegen des Alters ist als ein allgemeiner Grundsatz des EU-Rechts nach Art. 10 AEUV sowie Art. 21 Abs. 1 GRCh anzusehen. § 622 Abs. 2 Unterabs. 2 BGB berührt dadurch, dass die vor Vollendung des 25. Lebensjahrs zurückgelegten Beschäftigungszeiten des Arbeitnehmers bei der Berechnung der Kündigungsfrist unberücksichtigt bleiben, die Bedingungen der Entlassung von Arbeitnehmern. (Rn. 21, 26)
2. Es handelt sich damit um eine weniger günstige Behandlung für Arbeitnehmer, die ihre Beschäftigung vor Vollendung des 25. Lebensjahrs aufgenommen haben. Diese Regelung behandelt somit Personen, die die gleiche Betriebszugehörigkeitsdauer aufweisen, unterschiedlich, je nachdem, in welchem Alter sie in den Betrieb eingetreten sind. (Rn. 29)
3. Nach Art. 6 Abs. 1 der Richtlinie 2000/78 stellt eine Ungleichbehandlung keine Diskriminierung dar, sofern sie objektiv und angemessen und durch ein legitimes Ziel aus den Bereichen Beschäftigungspolitik, Arbeitsmarkt und berufliche Bildung gerechtfertigt ist und die Mittel zur Erreichung dieses Ziels angemessen und erforderlich sind. (Rn. 33)
4. Begründet wird die angegriffene Regelung damit, dass es jüngeren Arbeitnehmern regelmäßig leichter falle, auf den Verlust ihres Arbeitsplatzes zu reagieren, und dass ihnen größere Flexibilität zugemutet werden könne. Schließlich erleichterten kürzere Kündigungsfristen für jüngere Arbeitnehmer deren Einstellung, indem sie die personalwirtschaftliche Flexibilität erhöhten. (Rn. 35)
5. Zwar verfügen die Mitgliedsstaaten über einen weiten Ermessensspielraum bei der Wahl der Maßnahmen zur Erreichung ihrer Ziele im Bereich der Arbeits- und Sozialpolitik. Die größere personalwirtschaftliche Flexibilität ist jedoch keine angemessene Maßnahme, weil sie für alle Arbeitnehmer, die vor Vollendung des 25. Lebensjahrs in den Betrieb eingetreten sind, unabhängig davon gilt, wie alt sie zum Zeitpunkt ihrer Entlassung sind.[12] (Rn. 36, 37, 38, 40) ◄

---

[12] Da die Richtlinie noch nicht umgesetzt war, verwies der EuGH zudem darauf, dass im Zuge von Rechtsstreitigkeiten zwischen Privaten Richtlinien nicht selbst Verpflichtungen für einen Einzelnen begründen, sodass ihm gegenüber eine Berufung auf die Richtlinie als solche nicht möglich sei. Jedoch obliegen die sich aus einer Richtlinie ergebenden Verpflichtungen allen Trägern öffentlicher Gewalt der Mitgliedsstaaten und damit auch den Gerichten. (Rn. 46, 47).

9.3.2 Fall Rosenbladt, EuGH vom 12.10.2010, Rs. C-45/09, ECLI:EU:C:2010:601[13]

Frau R. hat 39 Jahre in einer Kaserne in Hamburg-Blankenese Reinigungsarbeiten erbracht. Seit 1994 war R. bei einem Reinigungsunternehmen mit einer Brutto-monatsvergütung von 307,48 € teilzeitbeschäftigt (zwei Stunden pro Tag, zehn Stunden pro Woche). Der Arbeitsvertrag verweist auf einen allgemein verbindlichen Tarifvertrag (RTV), nach dem das Arbeitsverhältnis mit Ablauf des Kalendermonats endet, in dem die Beschäftigte Anspruch auf eine Rente wegen Alters hat. Gemäß dieser Regelung sollte das Arbeitsverhältnis mit Eintritt in das Rentenalter mit dem 31. Mai 2008 enden.

R. wollte weiterarbeiten und macht geltend, dass die Beendigung ihres Arbeits-vertrags unzulässig sei, da sie eine Diskriminierung wegen des Alters darstelle. Eine Altersgrenze wie im RTV vorgesehen könne weder nach Art. 4 (berufliche Anforde-rung) noch nach Art. 6 (Ziele der Beschäftigungspolitik, Arbeitsmarkt und beruf-liche Bildung) der Richtlinie 2000/78/EG gerechtfertigt sein. Seit dem 1. Juni 2008 bezieht R. eine Rente aus der gesetzlichen Altersversorgung in Höhe von monatlich 228,26 € netto. Das Arbeitsgericht Hamburg hat Zweifel, ob die tarifvertragliche Klausel über die automatische Beendigung von Arbeitsverhältnissen mit dem Ver-bot der Altersdiskriminierung vereinbar sei und legt dem EuGH diese Frage zur Vorabentscheidung vor.

Nach Auffassung des EuGH ist die Ungleichbehandlung durch einen für allge-mein verbindlich erklärten Tarifvertrag nach Art. 6 Abs. 1 der Richtlinie gerechtfer-tigt. Es werde ein legitimes Ziel in angemessener Weise verfolgt. Die automatische Beendigung des Arbeitsverhältnisses bei Erreichen des Rentenalters, werde seit lan-gem in vielen Mitgliedsstaaten praktiziert. Solche Altersgrenzen seien mit dem Ge-danken der besseren Beschäftigungsverteilung zwischen den Generationen zu rechtfertigen. Ob allerdings im Einzelfall eine solche Altersgrenze in Anbetracht der nur geringen Rente angemessen und erforderlich sei, überlässt der EuGH der Entscheidung des vorlegenden Gerichts. Ferner verweist der EuGH darauf, dass nach deutschem Arbeitsrecht die Fortführung der Berufstätigkeit im Rentenalter nicht untersagt sei.

Die wichtigsten Leitsätze

1. Nach Art. 6 Abs. 1 der Richtlinie 2000/78 stellt eine Ungleichbehandlung wegen des Alters keine Diskriminierung dar, wenn sie objektiv und angemessen ist und durch ein legitimes Ziel, worunter insbesondere die Be-reiche Beschäftigungspolitik, Arbeitsmarkt und berufliche Bildung zu ver-stehen sind, gerechtfertigt ist und die Mittel zur Erreichung dieses Ziels an-gemessen und erforderlich sind. (Rn. 38, 39)

---

[13] Siehe auch NJW 2010, 3767; NZA 2010, 1167; EuZW 2010, 869.

2. In Art. 6 Abs. 1 werden in der Aufzählung von Ungleichbehandlungen
    wegen des Alters, die gerechtfertigt sein können, Klauseln über die auto-
    matische Beendigung von Arbeitsverhältnissen nicht genannt. Allerdings
    hat diese Aufzählung nur Hinweischarakter. Dabei verfügen die Mitglieds-
    staaten und die Sozialpartner bei der Entscheidung, welches konkrete ar-
    beits- und sozialpolitische Ziel sie verfolgen und welche Maßnahmen sie
    hierfür festlegen wollen, über einen weiten Ermessensspielraum. (Rn. 40, 41)
3. Die automatische Beendigung der Arbeitsverhältnisse von Beschäftigten,
    die das Alter für den Bezug einer Altersrente erfüllen, ist seit Langem Teil
    des Arbeitsrechts zahlreicher Mitgliedsstaaten. Dabei kann das Ziel der Ar-
    beitsteilung zwischen den Generationen grundsätzlich eine Ungleichbe-
    handlung wegen des Alters rechtfertigen. Eine solche Regelung stellt auch
    nicht nur auf ein bestimmtes Alter ab, sondern berücksichtigt, dass den Be-
    troffenen am Ende ihrer beruflichen Laufbahn ein finanzieller Ausgleich in
    Gestalt einer Altersrente zugutekommt. (Rn. 44, 45, 47, 48)
4. Auch ermächtigt der Mechanismus der automatischen vertraglichen Be-
    endigung von Arbeitsverhältnissen die Arbeitgeber nicht zur einseitigen Be-
    endigung des Arbeitsverhältnisses durch Kündigung, wenn die Beschäftigten
    das Rentenalter erreicht haben. (Rn. 49) ◄

9.3.3   Fall Hörnfeldt, EuGH vom 05.07.2012, Rs. C-141/11, ECLI:EU:C:2012:421[14]

H. war von 1989 bis 2009 beim damaligen Postverk (Postdienst) – zunächst in Teilzeit – beschäftigt. Im Mai 2009 vollendete H. sein 67. Lebensjahr. Nach den §§ 32
a und 33 des schwedischen Kündigungsschutzgesetzes (LAS) darf der Arbeitgeber
das Arbeitsverhältnis nicht aus Altersgründen kündigen, solange der Arbeitnehmer
nicht das 67. Lebensjahr vollendet hat. Umgekehrt darf er das Arbeitsverhältnis
dann aber einseitig beenden, wenn AN diese Altersgrenze überschritten hat. Weitere
Voraussetzung ist, dass diese zum Bezug einer Altersrente berechtigt sind. H. ist der
Auffassung, dass er hierdurch wegen seines Alters diskriminiert werde. In Anbetracht seiner geringen Rente sei er darauf angewiesen weiterzuarbeiten. Der Söder-
töns Tingrätt – als zuständiges schwedisches Gericht – legte dem EuGH die Frage
zur Vorabentscheidung vor, ob Art. 6 der Richtlinie 2000/78/EG so auszulegen sei,
dass AG erlaubt werde, das Arbeitsverhältnis bei Erreichen des 67. Lebensjahres
durch Kündigung zu beenden.

Der EuGH hält die §§ 32 a u. 33 LAS für europarechtskonform. Starre Altersgrenzen seien jedenfalls dann zulässig, wenn sie das Arbeitsverhältnis zu einem
Zeitpunkt beenden, zu dem AN eine Regelaltersrente beanspruchen könne. Erforderlich sei ferner, dass die Ungleichbehandlung objektiv und angemessen und durch
ein legitimes Ziel gerechtfertigt ist. Die vorliegende Altersregelung sei durch ein le-

---

[14] Siehe auch NJW 2012, 2499; EuZW 2012, 794.

gitimes Ziel der Beschäftigungs- und Arbeitsmarktpolitik gerechtfertigt. Daran än-
dere auch der Umstand nichts, dass der Betroffene nur eine sehr geringe Altersrente
beziehen werde.

Die wichtigsten Leitsätze

1. Die 67-Jahre-Regelung im schwedischen Kündigungsschutzgesetz führt zu
   einer Ungleichbehandlung wegen des Alters. Solche Ungleichbehandlungen
   stellen aber keine Diskriminierung dar, sofern sie objektiv, angemessen und
   im Rahmen des nationalen Rechts durch ein legitimes Ziel gerechtfertigt
   sind. (Rn. 20, 21)
2. Die automatische Beendigung der Arbeitsverhältnisse von Beschäftigten,
   die die Voraussetzungen für den Bezug einer Altersrente erfüllen, ist seit lan-
   gem Teil des Arbeitsrechts zahlreicher Mitgliedsstaaten und daher weithin
   üblich. Dabei ist die Förderung von Einstellungen unbestreitbar ein legitimes Ziel der Sozial- und Beschäftigungspolitik, zumal wenn es darum geht,
   den Zugang jüngerer Personen zur Ausbildung des Berufes zu fördern.
   (Rn. 28, 29)
3. Hinzu kommt, dass die Betroffenen nicht automatisch gezwungen werden,
   endgültig aus dem Arbeitsmarkt auszuscheiden, sofern der Arbeitgeber
   keine Kündigung ausspricht. Zudem stellt die Regelung nicht nur auf ein bestimmtes Alter ab, sondern sie berücksichtigt auch, dass dem Arbeitnehmer
   eine Altersrente zugutekomme. (Rn. 40, 42) ◄

9.3.4 Fall Prigge u. a., EuGH vom 13.09.2011, Rs. C-447/09, ECLI:EU:C:2011:573[15]

P., F. und L. waren langjährig als Flugzeugführer, zuletzt als Flugkapitäne, bei der
Deutschen Lufthansa beschäftigt. Ihre Arbeitsverträge endeten nach dem einschlägigen MTV mit Vollendung ihres 60. Lebensjahres im Jahr 2006 bzw. im Jahr
2007. Die Regelung im MTV lautet wie folgt:

> Das Arbeitsverhältnis endet – ohne dass es einer Kündigung bedarf – mit Ablauf des Mo-
> nats, in dem das 60. Lebensjahr vollendet wird ….

Nach dem internationalen Regelungswerk für Privatflugzeugführer, Berufsflug-
zeugführer und Verkehrsflugzeugführer (JAR-FCL 1) und § 20 Abs. 2 der Luftver-
kehrszulassungsordnung dürfen Piloten nach Vollendung des 60. Lebensjahres nicht
mehr als Pilot von Flugzeugen bei der gewerbsmäßigen Beförderung eingesetzt
werden, es sei denn, er ist Mitglied einer Flugbesatzung, die aus mehreren Piloten
besteht und die anderen Piloten haben das 60. Lebensjahr noch nicht vollendet.

---

[15] Siehe auch NJW 2011, 3209; NZA 2011, 1039; EuZW 2011, 751.

Die Kläger waren der Ansicht, dass sie unter Verstoß gegen die Richtlinie 2000/78 wegen Alters diskriminiert werden. Im Rahmen der arbeitsrechtlichen Auseinandersetzung hat das BAG das Verfahren ausgesetzt und dem EuGH befragt, ob Art. 4 und Art. 6 Abs. 1 der Richtlinie 2000/78 so auszulegen seien, dass eine auf Gründen der Gewährleistung der Flugsicherheit beruhende tarifliche Altersgrenzenregelung von 60 Jahren für Piloten zulässig sei.

Der EuGH sah in der tarifvertraglichen Höchstaltersgrenze für Lufthansapiloten eine unzulässige Altersdiskriminierung. Er ließ sich dabei maßgeblich von der Tatsache leiten, dass Piloten sowohl nach den nationalen als auch nach den internationalen Regelungen die Möglichkeit haben, zwischen dem vollendeten 60. und 65. Lebensjahr ihrer Tätigkeit unter bestimmten Umständen weiter nachzugehen.

Die wichtigsten Leitsätze

1. Aus Art. 4 Abs. 1 der Richtlinie geht hervor, dass die Ungleichbehandlung nur dann keine Diskriminierung darstellt, wenn sie auf ein Merkmal gestützt ist, das eine wesentliche berufliche Anforderung darstellt. Im Fall der Verkehrspiloten ist es wesentlich, dass sie insbesondere über besondere körperliche Fähigkeiten verfügen, da körperliche Schwächen in diesem Beruf beträchtliche Konsequenzen haben können. Unbestreitbar nehmen diese Fähigkeiten auch mit zunehmendem Alter ab. Daraus folgt, dass körperliche Fähigkeiten als eine wesentliche und entscheidende berufliche Anforderung angesehen werden kann und dass diese Fähigkeiten altersabhängig sind. (Rn. 66, 67)
2. Allerdings ist Art. 4 Abs. 1 eng auszulegen. Haben die Piloten sowohl nach der nationalen als auch nach internationalen Regelungen die Möglichkeit, zwischen dem vollendeten 60. und dem 65. Lebensjahr ihren Tätigkeiten unter bestimmten Beschränkungen weiter nachzugehen, so stellt eine tarifvertragliche Altersgrenze von 60 Jahren eine unverhältnismäßige Anforderung dar. Eine entsprechende tarifvertragliche Klausel steht daher der Regelung von Art. 4 Abs. 1 entgegen. (Rn. 72, 73, 74, 75, 76)
3. Art. 6 Abs. 1 bestimmt, dass eine Ungleichbehandlung wegen des Alters keine Diskriminierung darstellt, sofern sie objektiv und angemessen ist und im Rahmen des nationalen Rechts durch ein legitimes Ziel gerechtfertigt ist und die Mittel zur Erreichung dieses Ziels angemessen und erforderlich sind. (Rn. 77)
4. Diese Ziele müssen, auch wenn die Aufzählung nicht erschöpfend ist, mit der Beschäftigungspolitik, dem Arbeitsmarkt und der beruflichen Bildung in Zusammenhang stehen. Flugsicherheit gehört nicht zu den in Art. 6 Abs. 1 genannten Zielen; vielmehr ist dieser Gesichtspunkt entsprechend Art. 4 Abs. 1 zu berücksichtigen.[16] (Rn. 80, 82) ◄

---

[16]Zudem hat der EuGH noch darauf hingewiesen, dass auch keine Maßnahme für die öffentliche Sicherheit und den Schutz und die Gesundheit im Sinne von Art. 2 Abs. 5 Richtlinie 2000/78 vorliege. Es handele sich bei den Sozialpartnern nicht um öffentlich-rechtlich verfasste Einrichtungen, die entsprechende Maßnahmen zur öffentlichen Sicherheit, zum Schutz der Gesundheit und der sonstigen Rechte ergreifen. (Rn. 58, 60).

9.3.5 Fall Hennigs u. Mai, EuGH vom 08.09.2011, Rs. C-297/10, ECLI:EU:C:2011:560[17]

H. war seit 2004 als Bauingenieurin beim Eisenbahn-Bundesamt eingestellt. Nach BAT[18] war sie in Vergütungsgruppe V a eingestuft. Sie war bei ihrer Einstellung 41 Jahre alt und wurde in die Lebensaltersstufe 35 eingestuft. Bei Überleitung vom BAT in den TVöD[19] wurde sie entsprechend ihrer bisherigen Lebensaltersstufe nunmehr in die Stufe 4 eingruppiert. Bei einer Bezahlung entsprechend Stufe 5 hätte sie monatlich 435,00 € brutto mehr verdient. Sie ist der Auffassung, dass die Lebensaltersstufen des BAT eine Diskriminierung wegen Alters darstellen, die sich nunmehr aufgrund der Überleitung fortsetzen. M. ist als Angestellter beim Land Berlin beschäftigt. Als Geschäftsführer eines Pflegeheims wird er nach Vergütungsgruppe I a des BAT bezahlt. Die Grundvergütung ist abhängig von der Lebensaltersstufe zu erhöhen. M. beantragt die Bezahlung nach einer höheren Lebensaltersstufe, obwohl er das entsprechende Lebensjahr noch nicht erreicht hatte. Nach seiner Ansicht stellt die Staffelung der Grundvergütung nach Lebensaltersstufen eine Diskriminierung wegen Alters dar. Das BAG[20] möchte im Wege der Vorabentscheidung wissen, ob die Altersdiskriminierungsverbote tarifvertraglichen Vergütungsgruppen entgegenstehen, die die Grundvergütung nach Lebensaltersstufen bemisst.

Nach Auffassung des EuGH stehe das Verbot der Diskriminierung einer tarifvertraglichen Regelung entgegen, wonach sich innerhalb der jeweiligen Vergütungsgruppe die Grundvergütung des Angestellten nach dessen Alter bemesse. Es sei allerdings möglich, für einen Übergangszeitraum die bestehenden diskriminierenden Regelungen weiter anzuwenden, um für die bereits in einem Beschäftigungsverhältnis stehenden Angestellten den Übergang zu einem neuen System ohne Einkommensverluste zu gewährleisten.

Die wichtigsten Leitsätze

1. Sozialpartner können auf nationaler Ebene in gleicher Weise wie Mitgliedsstaaten im Einklang mit Art. 6 Abs. 1 der Richtlinie 2000/78 Maßnahmen vorsehen, die die Ungleichbehandlung wegen des Alters einschließen. Sie verfügen ebenso wie Mitgliedstaaten bei der Entscheidung, welches konkrete arbeits- und sozialpolitische Ziel sie verfolgen wollen, und bei der Festlegung der entsprechenden Maßnahmen, über ein weites Ermessen. (Rn. 65)

---

[17] Siehe auch NJW 2012, 512; NZA 2011, 1100; EuZW 2011, 883.

[18] Bundesangestelltentarifvertrag.

[19] Tarifvertrag öffentlicher Dienst.

[20] In beiden Verfahren ging es um die Frage, ob das Verbot der Diskriminierung einer in einem Tarifvertrag vorgesehenen Maßnahme entgegenstehe, wonach sich innerhalb der jeweiligen Vergütungsgruppe die Grundvergütung eines Angestellten im öffentlichen Dienst nach dessen Alter bemisst. Beide Kläger machten geltend, dass sie als jüngere Angestellte durch die Lebensaltersstufen benachteiligt werden.

2. Das Wesen durch Tarifvertrag erlassener Maßnahmen unterscheidet sich von einseitig im Gesetz- und Verordnungsweg erlassenen Maßnahmen dadurch, dass die Sozialpartner bei der Wahrnehmung ihrer in Art. 28 der Charta anerkannten Grundrechte auf Kollektivhandlungen darauf geachtet haben, einen Ausgleich zwischen ihren jeweiligen Interessen festzulegen, wobei sie allerdings das EU-Recht beachten müssen. (Rn. 66, 67, 68)

3. Zum Argument, dass der höhere finanzielle Bedarf älterer Angestellter ausgeglichen werden soll, ist festzustellen, dass zwischen dem Alter und dem finanziellen Bedarf kein unmittelbarer Zusammenhang besteht. So kann ein junger Angestellter erhebliche familiäre Lasten zu tragen haben, während ein Älterer möglicherweise ledig ist und kein unterhaltsberechtigtes Kind hat. (Rn. 70)

4. Das Verbot der Diskriminierung wegen Alters steht damit einer in einem Tarifvertrag vorgesehenen Maßnahme, wonach die Grundvergütung eines Angestellten im öffentlichen Dienst bei dessen Einstellung nach seinem Alter bemessen wird, entgegen. Das vom TVöD[21] geschaffene Entgeltsystem sieht keine Lebensaltersstufen mehr vor, sondern hat ein einheitliches Entgelt geschaffen, das sich nach Kriterien wie Tätigkeit, Berufserfahrung und Leistung bestimmt.[22] (Rn. 79, 81) ◄

9.4 Auswirkung auf die deutsche Rechtsordnung und die arbeitsrechtliche Praxis

Zunächst ist darauf hinzuweisen, dass die Gerichte für Arbeitssachen die Regelung des § 622 Abs. 2 Unterabs. 2 BGB aufgrund der Kücükdeveci-Entscheidung bei der Berechnung von Kündigungsfristen nicht mehr anwenden.[23]

9.4.1 Höchstaltersregelungen als Voraussetzung für die Beendigung von Arbeitsverhältnissen

Aus der Rosenbladt- und Hörnfeldt-Entscheidung des EuGH[24] lässt sich der Schluss ziehen, dass Regelungen über die Beendigung eines Arbeitsverhältnisses, die an den Eintritt des gesetzlichen Rentenalters anknüpfen, grundsätzlich zulässig sind. Voraussetzung hierfür ist aber, dass AN, die weiter arbeiten wollen, bei einer entsprechenden Bewerbung keine Diskriminierung wegen des Lebensalters befürchten

---

[21] Tarifvertrag öffentlicher Dienst.

[22] Zudem hat der EuGH noch ausgeführt, dass die Übergangsregelung im TVöD angemessen sind, um zu verhindern, dass Angestellte Besitzstände verlieren und damit einen Einkommensverlust erleiden. (Rn. 90, 98).

[23] So LAG Berlin-Brandenburg, NZA-RR 2008, 17; Seiwerth, ZESAR 2008, 319.

[24] Vgl. Bayreuther, NJW 2012, 2758; Preis, NZA 2010, 1323; Maschmann, EuZA 2011, 372.

müssen.[25] Eine einzelvertragliche Vereinbarung, die die Beendigung des Beschäftigungsverhältnisses ohne Kündigung zu einem Zeitpunkt vorsieht, zu dem der oder die Beschäftigte eine Rente wegen Alters beantragen kann, ist daher nach § 10 Satz 3 Nr. 5 AGG zulässig.[26] Gleiches gilt für entsprechende Regelungen in Betriebsvereinbarungen[27] oder in Tarifverträgen.[28] So hat das BAG die tarifvertragliche Regelung in § 33 Abs. 1 a TVöD-V für wirksam erklärt, wonach das Arbeitsverhältnis ohne Kündigung endete, sobald der Beschäftigte das 65. Lebensjahr vollendet hatte.[29] Schließlich ist darauf hinzuweisen, dass auch die zwangsweise Versetzung von Beamten auf Lebenszeit in den Ruhestand mit Erreichen des 65. Lebensjahrs mit der Richtlinie 2000/78/EG vereinbar ist.[30]

In der Hörnfeldt-Entscheidung hat der EuGH zudem ausgeführt, dass auch nationale Regelungen, die zu einseitigen Kündigungsmaßnahmen berechtigen, mit dem EU-Recht vereinbar sein können. Grund hierfür ist der Umstand, dass AN mit Wirksamwerden der Kündigung eine Altersrente zukommt. Anders als im schwedischen Arbeitsrecht hat der deutsche Gesetzgeber in § 41 SGB IV ein ausdrückliches Kündigungsverbot vorgesehen.

9.4.2 Höchstaltersregelungen als Voraussetzung für die Begründung eines Arbeitsverhältnisses

Auch werden Höchstaltersregelungen für die Einstellung als altersdiskriminierend thematisiert. So hat das BAG ein tarifvertraglich vereinbartes Höchstalter von 32 Jahren für die Einstellung von Piloten für unwirksam angesehen.[31] Die durch die Höchstaltersgrenze bewirkte Benachteiligung älterer Bewerber für den Posten von Co-Piloten ist nicht durch § 10 Satz 1 Nr. 1 AGG gerechtfertigt. Nach Auffassung des BAG ist nicht erkennbar, dass durch ein Höchstalter für die Einstellung legitime Zwecke verfolgt werden. Der Hinweis, ältere Co-Piloten gefährden die Hierarchie im Cockpit, stellt nach Auffassung des BAG eine bloße Vermutung dar.[32]

---

[25] Vgl. Franzen, EuZA 2012, 301; vgl. ferner zu der noch nicht abschließend geklärten Frage, ob sich aus wirksamen Altersgrenzenregelungen unter bestimmten Voraussetzungen eine Weiterbeschäftigungsoption ergibt: Bayreuther a. a. O.; Maschmann a. a. O.

[26] Vgl. insbesondere auch zur Vertragsgestaltung bei Altersklauseln: Kamanabrou, NZA 2006, Beilage 3, 140, 141.

[27] Vgl. BAG vom 5. März 2013, 1 AZR 417/11; ferner Seiwerth, ZESAR 2008, 319.

[28] Vgl. BAG, NZA 2011, 586.

[29] Vgl. BAG, NZA 2011, 586.

[30] Vgl. EuGH vom 21.07.2011, Rs. C-159/10 (Fuchs u. Köhler), ECLI:EU:C:2011:508; siehe aber auch: EuGH vom 07.11.2019; C-396/18; ECLI:EU:C:2019:929.

[31] Vgl. BAG, NZA 2011, 751.

[32] Vgl. BAG a. a. O.; ferner Schäfer, NJW-Spezial 2013, 178. Dagegen hat der EuGH die Höchstaltersgrenze von 45 Jahren für die Einstellung in den mittleren feuerwehrtechnischen Dienst bei entsprechenden Nachweisen bereit, sog. belastungsspezifische Altersgrenzen anerkannt; vgl. EuGH vom 12.01.2010, Rs. C-229/08 (Wolf), ECLI:EU:C:2010:3; ferner Franzen, EuZA 2010, 311.

9.4.3 Berufserfahrung statt Lebensalter als Eingruppierungsvoraussetzung

Schließlich ergeben sich aus dem Fall Hennigs u. Mai Konsequenzen für die Tarifvertragsparteien hinsichtlich Lohn- und Gehaltsgestaltung. Der EuGH hat zunächst darauf verwiesen, dass den Sozialpartnern ein weites Ermessen bei einer Verfolgung der in Art. 6 Abs. 1 RL 2000/78 vorgesehenen Maßnahmen zusteht. Er verweist in diesem Zusammenhang auch darauf, dass durch Tarifvertrag erlassene Maßnahmen eher zu einem Ausgleich der beteiligten Interessen beitragen kann als dies bei Gesetzen oder Verordnungen der Fall ist. Gleichwohl müssen sich auch Sozialpartner an die Vorgaben des EU-Rechts halten.[33] Die aktuellen Tarifverträge des Öffentlichen Dienstes sehen keinen Anstieg der Grundvergütung nach Lebensalter mehr vor. Innerhalb einer Entgeltgruppe bestimmt sich die Höhe des Entgelts nunmehr nach Erfahrungsstufen bzw. bei den Tarifverträgen für Ärzte nach Zeiten ärztlicher Tätigkeit.[34] Der Stufenaufstieg in diesem Entgeltsystem honoriert die gewonnene Berufserfahrung.

Vor dem Hintergrund der vorgenannten Entscheidung hat das BAG Staffelungen der Urlaubsdauer bezogen auf das Alter für unmittelbar diskriminierend angesehen.[35] Hinsichtlich Regelungen über Altersgruppen in einem Sozialplan/Interessenausgleich geht das BAG von einer Rechtfertigung nach § 10 Satz 3 Nr. 6 AGG aus.[36] In dem der Entscheidung zu Grunde liegenden Sozialplan war eine Regelung enthalten, nach der AN erst ab dem 40. Lebensjahr die gesamte Abfindung erhalten, vom 30. bis zum 39. Lebensjahr dagegen nur 90 % und bis zum 29. Lebensjahr nur 80 %. Da eine solche Altersgruppenregelung einen Ausgleich für die erhöhten wirtschaftlichen Nachteile älterer AN in Folge des Arbeitsplatzverlustes schaffen will, sieht das BAG hierin ein legitimes Regelungsziel. Zudem verweist das BAG in diesem Zusammenhang auf den Beurteilungsspielraum der Betriebsparteien, der vorliegend nicht überschritten sei.[37]

Der EuGH hat zudem festgestellt, dass die Besoldungsbedingungen der Beamten in den Anwendungsbereich der Richtlinie 2000/78/EG fallen und darauf hingewiesen, dass Gehaltsstufen für Beamte, die sich innerhalb der jeweiligen Besoldungsgruppe bei der Einstellung nach seinem Lebensalter richten, mit der Richtlinie nicht vereinbar seien.[38] Dabei weist der EuGH aber darauf hin, dass sich aus dem Unionsrecht für die diskriminierten Beamten rückwirkend kein Anspruch auf Zahlung des Unterschiedsbetrages zwischen ihrer tatsächlichen Besoldung und der Besoldung nach der höchsten Stufe ihrer Besoldungsgruppe herleiten lässt.[39]

---

[33] Vgl. zu Übergangsregelungen im Tarifbereich: Linneweber, ZESAR 2012, 465; Spelge in Groeger, Arbeitsrecht im öffentlichen Dienst, 2. Auflage, S. 913.

[34] Vgl. Spelge a. a. O. sowie ZTR 2011, 338.

[35] Vgl. BAG, NJW 2012, 3465.

[36] Vgl. BAG, NZA 2011, 988; ferner Seiwerth, ZESAR 2008, 319.

[37] Vgl. BAG, NZA 2011, 988; Seiwerth a. a. O.

[38] Vgl. EuGH vom 19.06.2014, Rs. C-501/12, C-502/12, C-503/12, C-504/12, C-505/12, C-506/12, C-540/12, C-541/12 (Specht u. a.), ECLI:EU:C:2014:2005; ferner Linneweber, ZESAR 2014, 460.

[39] Vgl. EuGH Specht a. a. O.; Linneweber a. a. O.

Verbot der Diskriminierung wegen Behinderung $\qquad$ 10

> **Aktuelle Verordnungen und Richtlinien**
> - Art. 10 AEUV, Art. 21 GRCh
> - Richtlinie 2000/78/EG (Gleichbehandlungs-Rahmen-RL)[1] (siehe Abb. 8.1)
> - Kurzübersicht Fälle (siehe Abb. 10.1)

Primärrechtliche Verbote wegen Behinderung sind in Art. 10 AEUV sowie Art. 21 GRCh enthalten. Ergänzend dazu sieht die Gleichbehandlungs-Rahmenrichtlinie RL 2000/78/EG ein Verbot der Benachteiligung von Arbeitnehmern in Beschäftigung und Beruf wegen Behinderung vor.

10.1 Die Antidiskriminierungs-Richtlinie 2000/78/EG

Das Diskriminierungsmerkmal Behinderung ist erfüllt, wenn eine weniger günstige Behandlung erfolgt, weil der Betroffene aufgrund einer körperlichen, geistigen oder seelischen Schädigung beeinträchtigt ist. Allerdings bereiten Definition und Grenzziehung für das EU-Recht im Einzelnen erhebliche Schwierigkeiten, zumal die nationalen Rechtsordnungen der Mitgliedsstaaten sehr unterschiedliche Definitionen des Begriffs Behinderung enthalten.[2] Grundsätzlich kann aber auf die International Classification of Functioning, Disability and Health (ICF) (Internationale Klassifikation der Funktionsfähigkeit, Behinderung und Gesundheit) der Weltgesundheits-

---

[1] ABl. Nr. L 303 S. 16.

[2] Vgl. Riesenhuber, Europäisches Arbeitsrecht, 2. Auflage, § 12. Rn. 30–40; Grünberger/Husemann in Preis/Sagan, Europäisches Arbeitsrecht, 2. Auflage, § 5, Rz. 5.91–5.94; Blanpain, European Labour Law, 2014, 1382–1392.

10.2.1 Fall Navas, EuGH vom 11.07.2006, Rs. C-13/05, ECLI:EU:C:2006:456	Auch lang anhaltende Erkrankungen stellen keine Behinderung im Sinne der Richtlinie 2000/78/EG dar.
10.2.2 Fall FOA, EuGH vom 18.12.2014, Rs. C-354/13, ECLI:EU:C:2014:2463	Adipositas kann als Behinderung angesehen werden, sofern es die Chancen des Betroffenen an der Teilhabe am Arbeitsleben beeinträchtigt.
10.2.3 Fall Coleman, EuGH vom 17.07.2008, Rs. C-303/06, ECLI:EU:C:2008:415	Der Schutz vor Diskriminierung wegen Behinderung beschränkt sich nicht auf Personen, die selbst behindert sind, sondern erfasst auch für behinderte Kinder sorgeberechtigte Arbeitnehmer.
10.2.4 Fall Milkova, EuGH vom 09.03.2017, Rs. C-406/15, ECLI:EU:C: 2017:198	Ein unterschiedlicher Schutz für behinderte Beamte und Angestellte in vergleichbarer Lage lässt sich durch die besondere Funktion des Beamtenverhältnisses nicht rechtfertigen und kann damit eine Verletzung von Art. 20 GRCh darstellen.
10.2.5 Fall HR Rail SA, EuGH vom 10.02.2022, Rs. C-485/20, ECLI:EU:C:2022:85	RL 2000/78/EG gilt auch für Arbeitnehmer, die sich in der Probezeit befinden. Ein Arbeitgeber muss angemessene Vorkehrungen treffen, um Menschen mit Behinderung auch die Ausübung eines Berufes zu ermöglichen.

Abb. 10.1 Kurzübersicht Fälle

organisation (WHO) Bezug genommen werden. Danach ist „Behinderung" ein Oberbegriff, der Schädigungen, Beeinträchtigungen der Aktivität und Beeinträchtigungen der Teilhabe umfasst.[3]

10.2   Praktische Fallbeispiele

Die nachfolgenden Entscheidungen betreffen die Frage, inwieweit Krankheits- bzw. Arbeitsunfähigkeitszeiten zu einer Behinderung im Sinne der vorgenannten Vorschriften führen können.[4] Zudem geht es um den Schutz von AN, die die Personensorge für behinderte Familienangehörige wahrnehmen.[5]

10.2.1 Fall Navas, EuGH vom 11.07.2006, Rs. C-13/05, ECLI:EU:C:2006:456[6]

Frau N. arbeitete für das spanische Unternehmen Eurest, das sich auf Pflegedienste spezialisiert hatte. Seit Oktober 2003 war N krankgeschrieben. Nach einer Überprü-

---

[3]Vgl. zum Begriff der Behinderung auch: Grünberger/Husemann a. a. O. § 5 Rz. 5.91; Blanpain, European Labour Law, 2014, 1381–1392.

[4]Vgl. EuGH vom 11.07.2006, Rs. C-13/05 (Navas), ECLI:EU:C:2006:456; EuGH vom 18.12.2014, Rs. C-354/13 (FOA), ECLI:EU:C:2014:2463; Grünberger/Husemann a. a. O. § 5, Rz. 5.97.

[5]Vgl. EuGH vom 17.07.2008, Rs. C-303/06 (Coleman), ECLI:EU:C:2008:415.

[6]Siehe auch NJW 2006, 3626; NZA 2006, 839; EuZW 2006, 472.

fung durch den spanischen Gesundheitsdienstes, war mit einer Wiederaufnahme ihrer Berufstätigkeit in absehbarer Zeit nicht zu rechnen. Der AG kündigte daraufhin Ende 2004 das Arbeitsverhältnis wegen der Erkrankung.[7] N. ist der Auffassung, ihre Krankheit sei einer Behinderung gleichzustellen. Zwischen Krankheit und Behinderung bestehe ein ursächlicher Zusammenhang. Für die Definition des Begriffes „Behinderung" seien die Grundsätze der WHO heranzuziehen. Krankheit könne Schädigungen verursachen, die eine Behinderung des Einzelnen darstellten. Der Juzgado de lo Social Madrid legte dem EuGH die Frage vor, ob eine Kündigung wegen Krankheit als Diskriminierung wegen Behinderung im Sinne der Richtlinie 2000/78/EG anzusehen sei.

Der EuGH führt aus, dass der Begriff „Behinderung" so zu verstehen sei, dass er physische, geistige oder psychische Beeinträchtigungen erfasse, die ein Hindernis für die Teilnahme des Betreffenden am Berufsleben bilde. Mit der Verwendung des Begriffs „Behinderung" in Art. 1 der Richtlinie wurde bewusst ein Wort gewählt, das sich von dem der „Krankheit" unterscheide. Daher lassen sich die beiden Begriffe nicht einander gleich setzen. Im Ergebnis falle eine Person, der ausschließlich wegen Krankheit gekündigt worden sei, nicht unter die Richtlinie 2000/78/EG. Krankheit könne nicht als weiterer Diskriminierungsgrund im Sinne der angesehen werden.

Die wichtigsten Leitsätze

1. Der Begriff „Behinderung" ist in der Richtlinie 2000/78 selbst nicht definiert. Für die Bestimmung dieses Begriffes verweist die Richtlinie auch nicht auf das Recht der Mitgliedsstaaten. Der Begriff „Behinderung" ist als eine Einschränkung zu verstehen, die auf physische, geistige oder psychische Beeinträchtigungen zurückzuführen ist und die ein Hindernis für die Teilhabe des Betreffenden am Berufsleben bildet. (Rn. 39, 43)
2. Mit der Verwendung des Begriffes „Behinderung" in Art. 1 hat der Gesetzgeber bewusst ein Wort gewählt, das sich von dem der „Krankheit" unterscheidet. Daher lassen sich die beiden Begriffe nicht einander gleichsetzen. Die Richtlinie enthält keinen Hinweis darauf, dass Arbeitnehmer in den Schutzbereich der Richtlinie fallen, sobald sich irgendeine Krankheit manifestiert. (Rn. 44, 46)
3. Aus den vorstehenden Erwägungen ergibt sich, dass eine Person, der von ihrem Arbeitgeber ausschließlich wegen Krankheit gekündigt worden ist, nicht von dem durch die Richtlinie 2000/78 geschaffenen allgemeinen Rahmen erfasst wird. (Rn. 47) ◄

---

[7] Nach den einschlägigen spanischen Regelungen der Art. 55 und 56 Estatuto de los Trabajadores wird zwischen einer rechtswidrigen und einer nichtigen Kündigung unterschieden. Bei einer nichtigen Kündigung kann der Arbeitnehmer die Fortsetzung der Tätigkeit verlangen, bei einer rechtswidrigen Kündigung besteht ein Abfindungsanspruch. Da N keine Entschädigung bzw. Abfindung akzeptierte und die Weiterbeschäftigung verlangte, ging es in dem Rechtsstreit darum, ob die Kündigung nach spanischem Arbeitsrecht nichtig war.

10.2.2 Fall FOA, EuGH vom 18.12.2014, Rs. C-354/13, ECLI:EU:C:2014:2463

Seit 1996 war K. als Tagesvater bei der Billund Kommune beschäftigt, die ein eigenes Kinderheim betrieb. Zwischen den Parteien war unstreitig, dass K. während der gesamten Zeit seiner Beschäftigung bei der Kommune „adipös" im Sinne der Definition der WHO war. K. versuchte erfolglos Gewicht zu verlieren und die Kommune gewährte ihm im Rahmen ihrer Gesundheitspolitik im Jahr 2008 einen finanziellen Zuschuss für die Teilnahme an Sportkursen und an anderen körperlichen Aktivitäten. K. verlor kurzfristig Gewicht, nahm dann aber – wie bei früheren Versuchen – wieder zu. Nachdem sich die von ihm betreute Kinderzahl reduziert hat, wurde K. im November 2010 entlassen. K. erhob Klage und durch das zuständige dänische Gericht wurde dem EuGH die Frage vorgelegt, ob Adipositas als eine vom Schutz der Richtlinie 2000/78 umfasste Behinderung betrachtet werden könne und welche Kriterien hierfür ausschlaggebend seien.

Der EuGH führte aus, dass es kein allgemeines Verbot der Diskriminierung wegen Adipositas in Beschäftigung und Beruf gibt. Gleichwohl könne Adipositas eine Behinderung im Sinne der Richtlinie 2000/78 darstellen, wenn sie eine Einschränkung mit sich bringe, die u. a. auf physische, geistige oder psychische Beeinträchtigung von Dauer zurückzuführen sei und die eine volle und wirksame Teilhabe am Berufsleben verhindere. Dies festzustellen sei Sache der nationalen Gerichte.

Die wichtigsten Leitsätze

1. Der Begriff „Behinderung" ist so zu verstehen, dass er nicht nur die Unmöglichkeit erfasst, eine berufliche Tätigkeit auszuüben, sondern auch eine Beeinträchtigung der Ausübung einer solchen Tätigkeit. Ziel dieser Richtlinie ist, Menschen mit Behinderung Zugang zur Beschäftigung oder die Ausübung eines Berufs zu ermöglichen. (Rn. 54)
2. Der Begriff „Behinderung" hängt zudem nicht davon ab, inwieweit der Betreffende zum Auftreten seiner Behinderung beigetragen hat. Dabei ist festzustellen, dass Adipositas als solche keine Behinderung ist, da sie ihrem Wesen nach nicht zwangsläufig eine Einschränkung der Teilhabe am Berufsleben zur Folge hat. (Rn. 56, 58)
3. Dagegen fällt Adipositas unter den Begriff Behinderung, wenn sie eine Einschränkung mit sich bringt, die auf physische, geistige oder psychische Beeinträchtigungen zurückzuführen ist, die eine wirksame Teilhabe am Berufsleben verhindert, und von langer Dauer ist. (Rn. 59) ◄

10.2.3 Fall Coleman, EuGH vom 17.07.2008, Rs. C-303/06, ECLI:EU:C:2008:415[8]

C arbeitete als Anwaltssekretärin in London. Im Jahr 2002 gebar sie einen Sohn, der an apnoischen Anfällen und an angeborener Laryngomalazie und Bronchomalazie leidet. Der Zustand ihres Sohnes erfordert eine spezialisierte und besondere Pflege. Die für ihn erforderliche Pflege wird im Wesentlichen von C geleistet. Als diese aus dem Mutterschaftsurlaub zurückkam, weigerte sich ihr AG, sie an ihren früheren Arbeitsplatz zurückkehren zu lassen. Er lehnte es auch ab, ihr die gleichen flexiblen Arbeitszeiten und die gleichen Arbeitsbedingungen zu gewähren wie ihren Kollegen. Grund hierfür sei der Umstand, dass C häufiger wegen Betreuung ihres behinderten Kindes bei der Arbeit fehlte.[9] 2005 stimmte C einer freiwilligen Entlassung („voluntary redundancy") zu. Sie reichte Klage beim Employment Tribunal ein, mit der sie vorbringt, wegen der Tatsache, dass sie Hauptbetreuerin eines behinderten Kindes sei, Opfer einer erzwungenen sozialwidrigen Kündigung („unfair constructive dismissal") gewesen zu sein. Sie sei gezwungen gewesen, ihr Arbeitsverhältnis zu beenden. Obwohl der maßgebende Sachverhalt noch nicht vollständig ausermittelt war, legte das Gericht dem EuGH wegen eines Teils der Klage die Frage vor, ob sich C auf die Richtlinie 2000/78 stützten könne, um geltend zu machen, sie sei im Zusammenhang mit der Behinderung ihres Sohnes diskriminiert worden.

Der EuGH führt aus, dass das Diskriminierungsverbot nicht auf Personen beschränkt sei, die selbst behindert seien. Erfährt eine AN, die selbst nicht behindert ist, eine im Vergleich zu anderen Arbeitnehmern weniger günstige Behandlung und weist sie nach, dass dies wegen der Behinderung ihres Kindes erfolgt sei, so liege eine Diskriminierung nach Art. 2 Abs. 2 a Richtlinie 2000/78 vor.

Die wichtigsten Leitsätze

1. Die Richtlinie ist nicht auf Personen beschränkt, die selbst eine Behinderung haben. Ihr Zweck ist vielmehr, in Beschäftigung und Beruf jede Form der Diskriminierung aus Gründen einer Behinderung zu bekämpfen, sodass sie nicht auf eine bestimmte Kategorie von Personen beschränkt ist. Diese Auslegung wird durch den Wortlaut von Art. 19 AEUV[10] untermauert, wonach geeignete Vorkehrungen zu treffen sind, um Diskriminierungen u. a. aus Gründen einer Behinderung zu bekämpfen. (Rn. 38)
2. Es würde die praktische Wirksamkeit der Richtlinie gefährden, wenn Arbeitnehmer sich nicht auf das Verbot der Diskriminierung berufen könnten, die wegen der Behinderung ihres Kindes eine weniger günstige Behandlung erfahren haben, als andere Arbeitnehmer, die nicht behindert sind. (Rn. 48)

---

[8] Siehe auch NJW 2008, 2763; NZA 2008, 932; EuZW 2008, 497.

[9] Darüber hinaus wurde C als faul bezeichnet, wenn sie frei nehmen wollte, um ihr Kind zu betreuen, während anderen Eltern nicht behinderter Kinder diese Möglichkeit gewährt wurde.

[10] Zum Zeitpunkt der Entscheidung Art. 13 EG.

3. Nach Art. 10 Abs. 1 müssen Tatsachen glaubhaft gemacht werden, die das Vorliegen einer Diskriminierung vermuten lassen. Nach dem 31. Erwägungsgrund ist eine Änderung der Regeln für die Beweislast geboten, wenn der Anschein einer Diskriminierung besteht. Liegen entsprechende Tatsachen vor, muss der Arbeitgeber beweisen, dass dieser Grundsatz nicht verletzt worden ist und die Behandlung von C. durch objektive, nicht mit einer Behinderung im Zusammenhang stehende Gründe gerechtfertigt war. (Rn. 53, 54, 55) ◄

10.2.4 Fall Milkova, EuGH vom 09.03.2017, Rs. C-406/15, ECLI:EU:C:2017:198

M. arbeitete als Beamtin in einer öffentlichen Agentur des bulgarischen Staates. Sie litt an einer psychischen Erkrankung, die ihre Arbeitsfähigkeit um 50 % minderte. 2014 wurde die Zahl der Planstellen in der öffentlichen Agentur von 105 auf 65 verringert. Hiervon war auch M. betroffen und ihr Dienstverhältnis wurde durch Kündigung beendet. Nach dem bulgarischen Recht können Beamte bei Wegfall ihrer Planstelle entlassen werden. Anders als bei Angestellten ist auch nicht die Zustimmung zur Kündigung durch die staatliche Arbeitsinspektion erforderlich. Das zuständige bulgarische Gericht legte dem EuGH die Frage zur Vorabentscheidung vor, ob die Ungleichbehandlung zwischen behinderten Angestellten und Beamten mit der Richtlinie 2000/78 vereinbar sei.

Der EuGH entschied zunächst, dass die Ungleichbehandlung nicht auf einer Behinderung von M., sondern auf dem Rechtscharakter ihrer Beschäftigung beruhe. Allerdings könne die unterschiedliche Behandlung von Angestellten und Beamten zu einem Verstoß gegen den allgemeinen Gleichbehandlungsgrundsatz nach Art. 20 GRCh führen. Der Anwendungsbereich der GRCh sei dadurch eröffnet, dass Bulgarien mit dem besonderen Schutz von behinderten Angestellten die Richtlinie 2000/78 umsetzen wollte.

Die wichtigsten Leitsätze

1. Die Ungleichbehandlung erfolgt nicht aus einem der in der Richtlinie aufgezählten Gründe, sondern aufgrund der Natur des Beschäftigungsverhältnisses. Solche Diskriminierungen fallen nicht in den Schutzbereich von Richtlinie 2000/78. Sofern nationale Regelungen Unionsrecht durchführen, sind allerdings die allgemeinen Grundsätze des EU-Rechts, einschließlich der GRCh, zu beachten. (Rn. 40, 44)
2. Der Grundsatz der Gleichbehandlung ist ein nunmehr in den Art. 20 und 21 der Charta verankerter allgemeiner Grundsatz, der verlangt, dass vergleichbare Sachverhalte nicht unterschiedlich und unterschiedliche Sachverhalte nicht gleich behandelt werden dürfen, es sei denn, dass dies objektiv gerechtfertigt ist und in einem angemessenen Verhältnis zu dem verfolgten Ziel steht. (Rn. 50)

3. Die Unterscheidung zwischen Angestellten und Beamten mit gleicher Behinderung ist nicht angemessen, zumal beide Gruppen von Menschen mit
   Behinderungen bei derselben Verwaltungsstelle beschäftigt sein können. Es
   ist Sache des vorlegenden Gerichts zu prüfen, ob das nationale Recht den
   Beamten mit Behinderungen insgesamt ein Schutzniveau gewährt, das mit
   dem der im öffentlichen Dienst beschäftigten Angestellten vergleichbar ist.
   (Rn. 61, 62) ◄

10.2.5 Fall HR Rail SA, EuGH vom 10.02.2022, Rs. C-485/20, ECLI:EU:C:2022:85

Während seiner Probezeit eines bei der belgischen Eisenbahn beschäftigten Fach-
arbeiters wird bei diesem eine Herzkrankheit diagnostiziert, die das Einsetzen eines
Herzschrittmachers erforderlich macht. Der Kläger ist dadurch elektromagnetischen
Feldern ausgesetzt und kann nicht mehr die Tätigkeiten ausüben, für die er eingestellt wurde. Nachdem seine Behinderung anerkannt wurde, beendet die belgische Eisenbahn während der Probezeit das Arbeitsverhältnis, da es dem Kläger unmöglich sei, die vertraglich vereinbarten Aufgaben zu erfüllen. Der Kläger wehrt
sich gegen die Probezeit-Kündigung und beruft sich auf Richtlinie 2000/78, da er
als behindert einzustufen sei.

Der EuGH stellt fest, dass die Richtlinie 2000/78 auch auf AN Anwendung findet, die sich in der Probezeit befinden. Zudem leide der Kläger an gesundheitlichen
Problemen, die das Einsetzen eines Herzschrittmachers erfordern. Da dieses Gerät
empfindlich auf elektromagnetische Felder reagiere, die unter anderem an Gleisan-
lagen auftreten, könne der Kläger wesentliche Funktionen seines bisherigen Arbeitsplatzes nicht mehr erfüllen. Diese Situation werde vom Geltungsbereich der Richtlinie 2000/78 erfasst.

Die wichtigsten Leitsätze

1. Die Richtlinie 2000/78 ist dahingehend auszulegen, dass ein Arbeitgeber
   verpflichtet ist, einer Person, die aufgrund ihrer Behinderung nicht mehr in
   der Lage ist, die arbeitsvertraglich geschuldeten Leistungen zu erfüllen, an
   einem anderen Arbeitsplatz zu verwenden, für den sie die notwendigen
   Kompetenzen und Fähigkeiten aufweist.
2. Es muss gewährleistet sein, dass Personen mit Behinderung die Ausübung
   eines Berufes ermöglicht werde. Daher muss der Arbeitgeber angemessene
   Vorkehrungen treffen, um Menschen mit Behinderung auch die Ausübung
   eines Berufes zu ermöglichen.
3. Der Begriff „angemessene Vorkehrungen" ist weit auszulegen. Dabei kann
   die Arbeitsumgebung und die Arbeitsorganisation berücksichtigt werden,
   um ein barrierefreies Umfeld zu ermöglichen. Auch die Versetzung auf eine
   andere Stelle kann eine geeignete Maßnahme sein. Nicht mehr angemessen
   wäre eine Maßnahme erst dann, wenn sie mit einem erheblichen und damit
   unverhältnismäßigen finanziellen Aufwand verbunden wäre. ◄

10.3 Auswirkung auf die deutsche Rechtsordnung und die arbeitsrechtliche Praxis

Aus den vorgenannten Entscheidungen wird das Spannungsverhältnis zwischen der bloßen Krankheit und einer Behinderung deutlich.

10.3.1 Weite Auslegung des Begriffs Behinderung im europäischen und deutschen Arbeitsrecht

Zwar hat der EuGH in der Navas-Entscheidung festgestellt, dass für eine erweiternde Auslegung der auf Art. 19 AEUV basierenden Richtlinie kein Raum bestehe.[11] In der Coleman-Entscheidung hat der EuGH dann aber den Anwendungsbereich des Diskriminierungsverbots auf behinderte Angehörige von AN erweitert. Daher können sich auch nichtbehinderte AN auf die Richtlinie berufen, wenn sie behinderte Angehörige pflegen und betreuen.[12] In der Entscheidung FOA[13] hat der EuGH sodann entschieden, dass Adipositas (Fettleibigkeit) eine Behinderung im Sinne der Richtlinie 2000/78/EG darstellen kann, wenn sie an einer vollen und wirksamen Teilhabe am Berufsleben hindere.[14] Anders als noch in der Navas-Entscheidung legt der EuGH in der FOA-Entscheidung den Schwerpunkt seiner Argumentation auf die Einschränkung einer Teilhabe am Berufsleben, die auch bei adipösen Personen gegeben sein könne, wenn sie von Dauer sei.

Auch wird in den dargestellten Entscheidungen wieder deutlich, dass der EuGH das Diskriminierungskriterium Behinderung allein nach unionsrechtlichen Grundsätzen auslegt. Die Begrifflichkeiten der jeweiligen Mitgliedsstaaten sind daher für die Auslegung des vorgenannten Tatbestandsmerkmals ohne Bedeutung.[15]

In Deutschland neigt die Rechtsprechung als Reaktion auf die EuGH-Entscheidungen ebenfalls zu einer eher weiten Auslegung des Tatbestandsmerkmals Behinderung in den §§ 1, 3 AGG. So hat das BAG festgestellt, dass eine symptomlose HIV-Infektion eine Behinderung im Sinne des Allgemeinen Gleichbehandlungsgesetzes (AGG) zur Folge hat.[16] Als Gründe hierfür werden das gegenwärtige, auf

---

[11] Vgl. zur Diskriminierung wegen „Vermögens": LAG Düsseldorf, NZA-RR 2012, 129; ferner zur Diskriminierung wegen Sprache: Hinrichs/Stütze, NZA-RR 2011, 113; Grünberger/Husemann in Preis/Sagan, Europäisches Arbeitsrecht, 2. Auflage, § 5 Rz. 5.67; ferner Fuchs/Marhold/Friedrich, Europäisches Arbeitsrecht, 6. Auflage, S. 321–325.

[12] Vgl. hierzu auch Thüsing, Europäisches Arbeitsrecht, 4. Auflage, § 3 Rn. 72, 73.

[13] Vgl. EuGH vom 18.12.2014, Rs. C-354/13 (FOA), ECLI:EU:C:2014:2463.

[14] Vgl. EuGH (FOA) a. a. O.; hierzu ferner Grünberger/Husemann a. a. O. § 5, Rz. 5.95.

[15] Vgl. EuGH vom 11.07.2006, Rs. C-13/05 (Navas), ECLI:EU:C:2006:456 (Rn. 39); ferner Grünberger/Husemann a. a. O. § 5 Rz. 5.94 zum zweistufigen Prüfungsaufbau, der zunächst die individuelle Beeinträchtigung und sodann das Hindernis für die Teilnahme am Berufsleben umfasst; ferner Blanpain, European Labour Law, 2014, 1381–1392.

[16] Vgl. BAG vom 19. Dezember 2013, 6 AZR 190/12 (lexetius.com/2013, 5607); Aus den vorgenannten Gründen hat das BAG eine ordentliche Kündigung während der Probezeit für unwirksam nach § 134 BGB i. V. m. § 7 Abs. 1, § 1 Abs. 3 AGG angesehen.

eine solche Infektion zurückzuführende soziale Vermeidungsverhalten sowie die darauf beruhende Stigmatisierung angesehen. Bereits zuvor hat das BAG die Richtlinie 2000/78/EG auf den Fall einer Arbeitnehmerin angewandt, bei der wegen einer bestehenden Neurodermitis ein Grad der Behinderung von 40 festgestellt wurde.[17]

Es kann damit festgestellt werden, dass die im Recht der Mitgliedsstaaten häufig vorgesehene verwaltungsrechtliche Feststellung einer Behinderung, etwa in Deutschland nach den §§ 69, 2 SGB IX, keine konstitutive Voraussetzung für die Behinderteneigenschaft im Sinne von §§ 1, 3 AGG bzw. Art. 1 Richtlinie 2008/78/EG darstellt. Auch nach der Neuregelung des SGB IX von 2016 beschränken sich die Maßnahmen zur Rehabilitation und Teilhabe von Menschen mit Behinderungen nicht nur auf Schwerbehinderte, sondern auch auf gleichgestellte und im Zusammenhang mit dem betrieblichen Eingliederungsmanagement auf solche Menschen, die länger als sechs Wochen arbeitsunfähig geworden sind, vgl. § 167 SGB IX. Insoweit enthält das SGB IX auch Schutzvorschriften für kranke AN, deren Behinderteneigenschaft noch nicht festgestellt wurde.

Die Entscheidung Milkova verdeutlicht zudem, dass der EuGH nicht bereit ist, die in vielen Mitgliedsstaaten vorhandenen Unterschiede zwischen Beamtenverhältnis und Angestelltenverhältnis als Rechtfertigung für eine Ungleichbehandlung von Behinderten anzuerkennen. Dem Argument der bulgarischen Regierung, dass die Kündigungsschutzregelungen zu Gunsten behinderter Angestellter eine positive Maßnahme darstellen, die auf Beamtenverhältnisse nicht übertragbar sei, ist der EuGH nicht gefolgt. Da sich Bulgarien mit dieser Argumentation im Anwendungsbereich des Unionsrechts befand, kam die EU-Grundrechtscharta und damit der allgemeine Gleichbehandlungsgrundsatz von Art. 20 GRCh zur Anwendung.[18] Insoweit dürfte der EuGH vor allem bei Diskriminierungssachverhalten nicht bereit sein, der von deutschen Gerichten regelmäßig vertretenen Rechtsauffassung,[19] dass sich Beamten- und Angestelltenverhältnisses wegen der strukturellen Unterschiede nicht vergleichen lassen, zu folgen.

10.3.2 Zugang zur Beschäftigung und Schutz der Probezeit

Aus Art. 5 RL2000/78 ergibt sich die Pflicht von AG durch geeignete Maßnahmen Personen mit Behinderung den Zugang zu Beschäftigung zu ermöglichen. Insoweit umfasst der Schutzbereich nicht nur AN sondern auch Personen die den Zugang zu Beschäftigung suchen. Konsequenterweise hat der EuGH daher in der HR-Rail SA Entscheidung vom 10.02.2022 die Anwendung der Richtlinie 2000/78 auch auf Beschäftigte in der Probezeit erstreckt.

---

[17] Da ein Antrag auf Gleichstellung mit schwerbehinderten Menschen nach § 2 Abs. 3 SGB IX nicht gestellt wurde, gelangte die Arbeitnehmerin nicht in den Behindertenschutz von § 168 SGB IX, der einen Grad der Behinderung von mindestens 50 voraussetzt. Gleichwohl hat das BAG im Zusammenhang mit einer abgelehnten Bewerbung vom beklagten Land eine Begründung für die Ablehnung entsprechend der Vorgaben von §§ 163, 164 SGB IX verlangt; vgl. BAGE 122, 54; ferner Thüsing, Europäisches Arbeitsrecht, 4. Auflage, § 3 Rn. 75, 76.

[18] Vgl. Franzen/Roth, EuZA 2018, 192, 193; Köhler, NZA-RR 2018, 117.

[19] Vgl. BVerfGE 52, 303 (345); 63, 152 (166); BVerwG, NJW 1986, 1560.

Der Schutz von Leiharbeitnehmern 11

▶ **Aktuelle Verordnungen und Richtlinien**
- Richtlinie 2008/104/EG (Leiharbeits-Richtlinie)[1] (siehe Abb. 11.1)
- Kurzübersicht Fälle (siehe Abb. 11.2)

Leiharbeitsverhältnisse werden üblicherweise als prekäre Arbeitsverhältnisse angesehen.[2] Ohne in diesem Zusammenhang genauer auf den Begriff eines prekären Arbeitsverhältnisses einzugehen, werden hierunter üblicherweise abweichende Vertragsgestaltungen bezüglich der Dauer, der Arbeitszeit und auch des Arbeitsumfangs verstanden.[3]

---

[1] ABl. Nr. L 327 S. 9.

[2] Vgl. Riesenhuber, Europäisches Arbeitsrecht, 2. Auflage § 21 Rn. 1, 2; Thüsing, Europäisches Arbeitsrecht, 4. Auflage, § 4 Rn. 41 ff.

[3] Vgl. Riesenhuber a. a. O., Thüsing a. a. O.; Schmidt, Richtlinienvorschläge der Kommission der EG zu atypischen Arbeitsverhältnissen, S. 22.

© Der/die Herausgeber bzw. der/die Autor(en), exklusiv lizenziert an
Springer-Verlag GmbH, DE, ein Teil von Springer Nature 2025
P. Hantel, *Europäisches Arbeitsrecht*, Springer-Lehrbuch,
https://doi.org/10.1007/978-3-662-70226-0_11

1. Primärrechtliche Kompetenznorm Art. 153 Abs. 1 u. 2 AEUV	- Arbeitsbedingungen (b) - sozialer Schutz der Arbeitnehmer (c) - berufliche Eingliederung (h)
2. Allgemeine Erwägungen (Erwägungsgründe 8 u. 11)	- Förderung der Flexibilität von Beschäftigung, - Verringerung der Segmentierung des Arbeitsmarktes, - Schaffung von Arbeitsplätzen und Möglichkeit zur Eingliederung in den Arbeitsmarkt
3. Anwendungsbereich (Art. 1)	- Arbeitnehmer, die mit Leihunternehmen einen Arbeitsvertrag geschlossen haben, - Anwendung für öffentliche und private Unternehmen
4. Ziel (Art. 2) Arbeitnehmerinteresse	- Schutz der Leiharbeitnehmer, - Verbesserung der Qualität der Leiharbeit, - Einhaltung des Grundsatzes der Gleichbehandlung
5. Einschränkungen/Verbote (Art. 4)	- Verbot oder Einschränkung der Leiharbeit nur aus Gründen des Allgemeininteresses gerechtfertigt - Beachtung des Verhältnismäßigkeitsgrundsatzes und der Dienstleistungsfreiheit erforderlich
6. Grundsatz der Gleichbehandlung (Art. 5)	- Wesentliche Arbeits- und Beschäftigungsbedingungen der Leiharbeitnehmer entsprechen mindestens denjenigen der Stammbelegschaft (Equal-Pay-Grundsatz), - Möglichkeit des Abweichens nach Anhörung der Sozialpartner nach Abs. 2 und 3
7. Kollektivrechtliche Regelungen (Art. 7, 8)	- Leiharbeitnehmer werden bei der Berechnung von Schwellenwerten mit berücksichtigt, - Erfordernis der Unterrichtung von Arbeitnehmervertretern über die Beschäftigung von Leiharbeitnehmern
8. Sanktionen (Art. 10)	- Mitgliedsstaaten sehen für den Fall der Nichteinhaltung dieser Richtlinie Sanktionen für Leiharbeitsunternehmen vor, - diese sollen die Erfüllung der Richtlinie sicherstellen

Abb. 11.1 RL 2008/104/EG über Leiharbeit

11.2.1 Fall Webb I, EuGH vom 17.12.1981, Rs. C-279/80, ECLI:EU:C:1981:314	Die gewerbliche Arbeitnehmerüberlassung ist vom Schutz der Dienstleistungsfreiheit nach Art. 56 AEUV mit umfasst.
11.2.2 Fall Kommission/Deutschland, EuGH vom 25.10.2001, Rs. C-493/99, ECLI:EU:C:2001:578	Nationale Gesetzgeber sind nicht berechtigt, die Arbeitnehmerüberlassung vom Vorliegen einer Niederlassung im Tätigkeitsstaat abhängig zu machen.
11.2.3 Martin Meat, EuGH vom 18.06.2015, Rs. C-586/13, ECLI:EU:C:2015:405	Eine genehmigungspflichtige grenzüberschreitende Arbeitnehmerüberlassung liegt nur dann vor, wenn die Überlassung den eigentlichen Kern des Vertrages bildet, der Verleiher keine ordnungsgemäße Leistungserbringung schuldet und auch nicht die Folgen einer Schlechtleistung zu tragen hat.

Abb. 11.2 Kurzübersicht Fälle

11.1   EU-Regelungen zum Schutz von Leiharbeitnehmern

Bei der Leiharbeit besteht ein Dreiecksverhältnis zwischen dem Verleiher bzw. den Leiharbeitsunternehmen, den AN und de Entleihern. Es besteht ein Arbeitsverhältnis zwischen Leiharbeitsunternehmen und AN. Aufgrund eines Dienstleistungsvertrages zwischenLeiharbeitsunternehmen und den Entleihern werden diesen AN für einen begrenzten Zeitraum zur Verfügung gestellt.[4] Das Leiharbeitsunternehmen tritt dem Entleiher sein arbeitsrechtliches Direktionsrecht ab, sodass dieser im Rahmen der Durchführung des Arbeitsverhältnisses gegenüber AN weisungsbefugt ist. Sodann muss die Überlassung von AN den eigentlichen Gegenstand der vertraglichen Vereinbarung darstellen.[5]

Regelungen über den Schutz von Leiharbeitnehmern finden sich in der Leiharbeits-Richtlinie 2008/104/EG[6] sowie im grenzüberschreitenden Arbeitnehmereinsatz in Art. 1 Abs. 3 c der Entsende-Richtlinie RL 96/71/EG.[7] Ziel der Richtlinie 2008/104/EG ist es, für den Schutz der Leiharbeitnehmer zu sorgen und die Qualität der Leiharbeit zu verbessern, indem die Einhaltung des Grundsatzes der Gleichbehandlung von Leiharbeitnehmern gesichert wird. Art. 3 enthält die bereits eingangs dargestellten wesentlichen Begrifflichkeiten für Leiharbeitsverhältnisse. Einschränkungen und Verbote nach Art. 4 Abs. 1 müssen durch Gründe des Allgemeininteresses gerechtfertigt sein.[8]

Der Grundsatz der Gleichbehandlung von Leiharbeitnehmern[9] mit der Stammbelegschaft ist in Art. 5 enthalten. Danach müssen die wesentlichen Arbeits- und Beschäftigungsbedingungen der Leiharbeitnehmer während der Dauer ihrer Überlassung an ein entleihendes Unternehmen mindestens denjenigen entsprechen, die für sie gelten würden, wenn sie von dem Unternehmen unmittelbar für den gleichen Arbeitsplatz eingestellt worden wären. Nach Erwägungsgrund Nr. 8 und 11 soll die Leiharbeit aber auch einem Flexibilisierungsbedürfnis der Unternehmen Rechnung tragen und zu einer Verringerung der Segmentierung des Arbeitsmarktes führen. Die Leiharbeit soll ferner ein Sprungbrett für die dauerhafte Übernahme in den Entleihbetrieb sein.[10] Daher sind Leiharbeitnehmer über offene Stellen zu unterrichten und ihnen ist die Chance auf einen unbefristeten Arbeitsplatz bei dem entleihenden Unternehmen einzuräumen.

---

[4]Vgl. Riesenhuber a. a. O. § 21 Rn. 6, 7; Thüsing a. a. O. § 4 Rn. 49, 50.

[5]Vgl. EuGH vom 18.06.2015, Rs. C-586/13 (Martin Meat), ECLI:EU:C:2015:405.

[6]Vgl. Waas, ZESAR 2009, 207; ders., ZESAR 2012, 7; Thüsing/Stiebert, ZESAR 2012, 199; Bauer/Heimann, NJW 2013, 3287; Thüsing, Europäisches Arbeitsrecht, 3. Auflage, § 4 Rn. 41; Blanpain, European Labour Law, 2014, 1268–1299.

[7]Ferner sind in der Richtlinie 91/383/EWG, die vorrangig die Arbeitssicherheit und den Gesundheitsschutz von Leiharbeitnehmern betrifft, Schutzvorschriften für Leiharbeitnehmer enthalten; vgl. Waas, ZESAR 2009, 207; Thüsing a. a. O.

[8]Vgl. zu einem möglichen Verbot der Leiharbeit: EuGH vom 17.03.2015, Rs. C-533/13 (AKT), ECLI:EU:C:2015:173; ferner Stiebert, NJW 2015, 1234.

[9]Vgl. Blanpain a. a. O., 1273–1275; Riesenhuber a. a. O. Rn. 14–21; Sansone in Preis/Sagan, Europäisches Arbeitsrecht, 2. Auflage, § 12 Rz. 12.44; Thüsing a. a. O. § 4 Rn. 56–72.

[10]Vgl. hierzu Thüsing a. a. O. § 4 Rn. 43; Waas a. a. O.

Nach Art. 7 sind Leiharbeitnehmer bei der Berücksichtigung von nationalen Schwellenwerten für die Einrichtung von Arbeitnehmervertretungen mit zu berücksichtigen. Nach Art. 8 ist die nach nationalem Recht jeweils zuständige Arbeitnehmervertretung über den Einsatz von Leiharbeitnehmern zu unterrichten.[11]

Keine Leiharbeit i. S. d. vorgenannten Richtlinie ist die Personalgestellung nach § 4 Abs. 3 TVöD. Nach dieser Regelung sind öffentlich bedienstete verpflichtet, nach einem Betriebsübergang künftig für die neu gebildeten Tochtergesellschaften tätig zu werden. Der EuGH hat entschieden, dass die Personalgestellung im Öffentlichen Dienst nicht den Anwendungsbereich der Richtlinie 2008/104/EG falle, da die Tätigkeit bei der Tochtergesellschaft gerade nicht vorübergehend sei.[12]

11.2   Praktische Fallbeispiele

Wie gesehen, soll Leiharbeit auch der Flexibilisierung des Arbeitsmarktes dienen, sodass sie auch in den Schutzbereich von Art. 56 AEUV fällt. Aus diesem Grund ist nach Art. 4 der Richtlinie 2008/104/EG die Leiharbeit grundsätzlich erlaubt. So hatte sich der EuGH in mehreren Entscheidungen mit dem Spannungsverhältnis zwischen der Dienstleistungsfreiheit und dem Arbeitnehmerschutz im Rahmen von Leiharbeitsverhältnissen zu befassen.[13] Sodann ging es in einer weiteren Entscheidung um die Abgrenzung zwischen einer lediglich anzeigepflichtigen Arbeitnehmerentsendung und einer genehmigungsbedürftigen Arbeitnehmerüberlassung.[14]

11.2.1 Fall Webb I, EuGH vom 17.12.1981, Rs. C-279/80, ECLI:EU:C:1981:314[15]

W. war Leiter des „International Engineering Services Bureau" in London. Der Schwerpunkt seiner Tätigkeit bestand in der Überlassung von technischem Personal an niederländische Firmen.[16] Seine Firma verfügte über die nach britischem Recht erforderliche Genehmigung für die Arbeitsvermittlung und Arbeitnehmerüberlassung aber nicht über die nach niederländischem Recht. Wegen Verstoß gegen das Verbot, Arbeitnehmer ohne Erlaubnis zu überlassen, wurde gegen ihn ein Strafverfahren eingeleitet, ohne dass die britische Erlaubnis berücksichtigt wurde. W. rügt die Verletzung der Dienstleistungs- und Niederlassungsfreiheit. Der Hoge Raad de Nederlanden legte dem EuGH im Rahmen des Strafverfahrens die Frage zur Vorab-

---

[11] Vgl. hierzu Riesenhuber a. a. O. Rn 40, 41; Thüsing a. a. O. Rn 76; Waas a. a. O.

[12] EuGH Urteil vom 22.06.2023 – C-427/21 – ECLI:EU:C:2023:505, vgl. zur unionsrechtlichen Zulässigkeitsgrenze dauerhafter Leiharbeit Greiner, ZESAR 2024, S 111.

[13] Vgl. EuGH vom 17.12.1981, Rs. C-279/80 (Webb I), ECLI:EU:C:1981:314; ferner EuGH vom 25.10.2001, Rs. C-493/99 (Kommission/Deutschland), ECLI:EU:C:2001:578.

[14] Vgl. EuGH vom 18.06.2015, Rs. C-586/13 (Martin Meat), ECLI:EU:C:2015:405.

[15] Siehe auch NJW 1982, 1203.

[16] In den Niederlanden herrschte zu dieser Zeit Arbeitskräftemangel, während in Großbritannien bereits eine hohe Arbeitslosigkeit bestand.

entscheidung vor, ob Art. 56 AEUV[17] auch die Überlassung von Arbeitnehmern umfasst und ob eine hierfür im Niederlassungsstaat erteile Genehmigung auch für den Tätigkeitsstaat bindend sei.

Der EuGH bejahte eine Beschränkung der Dienstleistungsfreiheit wegen des Erfordernisses, eine zweite Erlaubnis einzuholen. Das Erfordernis einer Erlaubnis sei objektiv wegen der Belange des niederländischen Arbeitsmarktes gerechtfertigt. Diese könnten regelmäßig von den britischen Behörden bei ihrer Erlaubniserteilung nicht berücksichtigt werden. Daher darf die Leiharbeit einem Verbot mit Erlaubnisvorbehalt unterliegen. Allerdings müsse der Mitgliedsstaat bei der Erlaubniserteilung diejenigen Tatsachen als gegeben voraussetzen, aufgrund deren die Erlaubnis im Herkunftsland des Dienstleisters erbracht worden sei.

Die wichtigsten Leitsätze

1. Die Tätigkeit, die darin besteht, dass ein Unternehmen anderen entgeltlich Arbeitnehmer, die im Dienst dieses Unternehmens bleiben, zur Verfügung stellt, ohne dass ein Arbeitsvertrag mit dem Entleihungsunternehmen geschlossen wird, stellt eine Tätigkeit dar, die als Dienstleistung anzusehen ist. (Rn. 8, 9)
2. Dabei ist festzustellen, dass die Überlassung von Arbeitnehmern einen aus beruflicher und sozialer Sicht besonders sensiblen Bereich darstellt. Wegen dieser Besonderheiten wirkt sich die Ausübung dieser Tätigkeit unmittelbar sowohl auf die Verhältnisse auf dem Arbeitsmarkt als auch auf die berechtigten Interessen der betroffenen Arbeitnehmer aus. (Rn. 18)
3. Daher steht es den Mitgliedsstaaten frei, für die Überlassung von Arbeitnehmern einen Genehmigungsvorbehalt einzuführen. Damit können Genehmigungen versagt werden, wenn die begründete Befürchtung besteht, dass gedeihliche Verhältnisse auf dem Arbeitsmarkt beeinträchtigt oder Arbeitnehmerinteressen unzulänglich gewahrt würden. (Rn. 19)
4. Es ginge jedoch dann über das angestrebte Ziel hinaus, wenn die Anforderungen, von denen die Erteilung einer Genehmigung abhängt, zu einer bloßen Wiederholung der Nachweise führen würde, die im Staat der Niederlassung verlangt werden. Es müssen Nachweise und Sicherheiten berücksichtigt werden, die bereits für die Ausübung einer Tätigkeit im Niederlassungsstaat beigebracht wurden. (Rn. 20) ◄

11.2.2 Fall Kommission/Deutschland, EuGH vom 25.10.2001, Rs. C-493/99, ECLI:EU:C:2001:578[18]

Die Kommission beanstandete Regelungen des Gesetzes zur gewerbsmäßigen Arbeitnehmerüberlassung vom 7. August 1972 (AÜG). §§ 1, 1 b AÜG verlangten die Geltung der deutschen Tarifverträge des Baugewerbes für alle Unternehmen, die sich an einer Arbeitsgemeinschaft beteiligen wollten oder Arbeitskräfte zu einem anderen

---

[17] Zum Zeitpunkt der Entscheidung Art. 60 EWG-Vertrag.
[18] Siehe auch NJW 2001, 3767; NZA 2001, 1299; EuZW 2001, 757.

Unternehmen abordnen wollten. Nur in Deutschland ansässige Unternehmen, konnten von diesem Tarifvertrag erfasst werden. Andere Unternehmen waren nicht in der Lage, AN von ihrem Sitz zu einer in Deutschland gebildeten Arbeitsgemeinschaft oder zu den deutschen Bauunternehmen abzuordnen. Insoweit waren ausländische AG verpflichtet, in Deutschland eine Niederlassung zu unterhalten. Die Kommission rügt daher die Verletzung der Dienstleistungsfreiheit nach Art. 56 AEUV. Der EuGH kommt zu dem Ergebnis, dass das Erfordernis einer festen Niederlassung im Tätigkeitsstaat im Ergebnis mit der Dienstleistungsfreiheit nicht vereinbar sei.

Die wichtigsten Leitsätze

1. Da die Überlassung von Arbeitnehmern eine Dienstleistung ist, behindert es den freien Dienstleistungsverkehr, wenn für diese Tätigkeit eine Niederlassung im Mitgliedsstaat der Dienstleistung vorgeschrieben wird. (Rn. 18)
2. Das Erfordernis einer festen Niederlassung verletzt die Dienstleistungsfreiheit, da sie die Rechte von Personen, die nicht in dem Staat niedergelassen sind, jede praktische Wirksamkeit nimmt. Ein solches Erfordernis muss aber für die Erreichung des verfolgten Zieles unerlässlich sein. Der soziale Schutz der Arbeitnehmer des Baugewerbes gehört zwar zu den zwingenden Gründen des Allgemeininteresses, die eine Beschränkung des freien Dienstleistungsverkehrs rechtfertigen können. (Rn. 19, 20)
3. Allerdings können Erwägungen rein administrativer Art eine Beschränkung nicht rechtfertigen. Das Erfordernis einer Niederlassung geht über das hinaus, was zum Erreichen des sozialen Schutzes der Arbeitnehmer des Baugewerbes erforderlich ist. Zudem darf einem Unternehmen nicht die Führung von Unterlagen, die für diesen Staat spezifisch sind, vorschreiben, wenn das Unternehmen bereits in dem Staat, in dem es ansässig ist, vergleichbare Verpflichtungen bereits erfüllt hat. (Rn. 21, 22, 23) ◄

11.2.3 Fall Martin Meat, EuGH vom 18.06.2015, Rs. C-586/13, ECLI:EU:C:2015:405

Im Jahr 2007 schloss die Alpenrind GmbH, eine auf die Zerlegung von Fleisch und die Vermarktung von verarbeitetem Fleisch spezialisierte österreichische Gesellschaft, mit der in Ungarn ansässigen Gesellschaft M einen Vertrag, wonach diese Rinderhälften verarbeiten und verkaufsfertig verpacken sollte. Diese Tätigkeiten fanden in den in Salzburg (Österreich) gelegenen Räumlichkeiten des Schlachthofs von Alpenrind statt. Diese Räumlichkeiten und die für die genannten Tätigkeiten erforderlichen Maschinen mietete M von Alpenrind, die die Betriebskosten für die Räumlichkeiten übernahm. Das bei den genannten Tätigkeiten benutzte Material wie Messer, Sägen und Schutzkleidung gehörte M. Die Tätigkeiten wurden durch die ungarischen Arbeitnehmer von M ausgeführt. Der Vorarbeiter von Alpenrind erteilte dem Vorarbeiter von M Weisungen hinsichtlich der Art und Weise der Verarbeitung. Anschließend organisierte der Vorarbeiter von M die Arbeit dieser Arbeitnehmer, denen er Weisungen erteilte. Alpenrind kontrollierte die Qualität der geleisteten Arbeit. Die

Vergütung für die von M erbrachten Dienstleistungen berechnete sich nach der Menge des verarbeiteten Fleischs. Sie wurde herabgesetzt, wenn die Qualität des verarbeiteten Fleischs unzureichend war.

Nachdem M bei den österreichischen Behörden Entsendebescheinigungen beantragt hatte, teilten diese mit, dass sie die Vertragsbeziehungen nicht als Entsendung von Arbeitskräften ansehen, die lediglich eine Entsendebescheinigung erfordere, sondern als eine Überlassung von Arbeitskräften im Sinne des österreichischen Arbeitnehmerüberlassungsgesetzes. Alpenrind wurde deshalb eine Geldbuße von mehr als 700.000,00 € auferlegt, da die Arbeiten bereits durchgeführt wurden. Aufgrund des zwischen Alpenrind und M geschlossenen Vertrags oblag M die Zahlung dieser Geldbuße. M machte daraufhin gegen ihre Rechtsberater Haftungsansprüche wegen fehlerhafter Beratung geltend. Im Rahmen dieses Verfahrens wegen Anwaltsregresses legte das ungarische Bezirksgericht von Pest dem EuGH die Frage zur Vorabentscheidung vor, auf welche Gesichtspunkte bei einem Vertragsverhältnis für die Frage der Feststellung einer Arbeitnehmerüberlassung im Sinne von Art. 1 Abs. 3 Buchst. c der Richtlinie 96/71 abzustellen sei.

Der EuGH hatte zunächst zu klären, ob die österreichische Auffassung, die Beschäftigung der ungarischen AN sei als unzulässige Arbeitnehmerüberlassung und nicht als Arbeitnehmerentsendung einzustufen, mit Unionsrecht vereinbar sei. Dazui führt der EuGH[19] zunächst aus, dass die tatsächlichen Umstände der Beschäftigung in Salzburg zu berücksichtigen seien. Diese waren zum einen durch die Nutzung der Betriebseinrichtungen von Alpenrind gekennzeichnet, da die ungarischen AN die Verpackungs- und Verarbeitungsarbeiten im Schlachthof von Alpenrind ausführten. Zum anderen werden Werkzeug und Schutzkleidung benutzt, die beide M gehören. Auch setze eine Arbeitnehmerüberlassung voraus, dass der Wechsel von AN in einen anderen Mitgliedsstaat den eigentlichen Gegenstand der Dienstleistung darstelle.

Schließlich spreche eine vertragliche Verpflichtung, die vereinbarte Leistung ordnungsgemäß durch AN auszuführen, eher gegen eine Arbeitnehmerüberlassung. Üblicherweise haben Arbeitnehmerüberlassungsfirmen die Folgen einer nicht vertragsmäßigen Ausführung der Leistung nicht zu tragen.

Die wichtigsten Leitsätze

1. Arbeitnehmerüberlassung im Sinne von Art. 1 Abs. 3 c der Richtlinie 96/71 liegt dann vor, wenn drei Voraussetzungen erfüllt sind. Erstens muss es sich um eine gegen Entgelt erbrachte Dienstleistung handeln, bei der der Arbeitnehmer im Dienst des die Dienstleistung erbringenden Unternehmens bleibt, ohne dass ein Arbeitsvertrag mit dem verwendenden Unternehmen geschlossen wird. Zweitens muss das wesentliche Merkmal darin bestehen, dass der Wechsel des Arbeitnehmers in den Aufnahmemitgliedstaat der eigentliche Gegenstand der Dienstleistung ist. Drittens muss der Arbeitnehmer

---

[19] Unter Hinweis auf die frühere Entscheidung Vicoplus: vgl. EuGH vom 10.02.2011, Rs. C-307/09 (Vicoplus), ECLI:EU:C:2011:64.

seine Aufgaben unter der Aufsicht und Leitung des verwendenden Unternehmens wahrnehmen. (Rn. 33)

2. Ergibt sich aus dem Vertrag, dass der Dienstleistungserbringer verpflichtet ist, die vertraglich vereinbarte Leistung ordnungsgemäß auszuführen und die Folgen einer Schlechtleistung zu tragen, ist es weniger wahrscheinlich, dass es sich um eine Arbeitnehmerüberlassung handelt. Dabei deutet auch der Umstand, dass die Vergütung nicht nur von der Menge, sondern auch von der Qualität der Leistung abhängt, darauf hin, dass eine Verpflichtung zur ordnungsgemäßen Ausführung besteht. (Rn. 36)

3. Zudem spricht der Umstand, dass es dem Dienstleistungserbringer freisteht, die Zahl der zu entsendenden Arbeitnehmer zu bestimmen, dafür, dass der Gegenstand der Leistung nicht der Wechsel des Arbeitnehmers in den Aufnahmemitgliedsstaat ist, sondern dieser Wechsel mit der Erfüllung der im Vertrag vereinbarten Leistung einhergeht, sodass eine Arbeitnehmerüberlassung eher ausscheidet. (Rn. 38)

4. Was die dritte Voraussetzung angeht, ist zwischen der Beaufsichtigung und Leitung der Arbeitnehmer selbst und der vom Kunden durchgeführten Überprüfung eines Dienstleistungsvertrags zu unterscheiden. Bei Dienstleistungen ist es üblich, dass der Kunde überprüft, ob diese vertragsgemäß erbracht wird, ohne dass damit konkrete Leitungs- und Aufsichtsbefugnisse über die Arbeitnehmer verbunden sind. (Rn. 40)

5. Damit liegt eine grenzüberschreitende Arbeitnehmerüberlassung vor, wenn der Wechsel des Arbeitnehmers in den Aufnahmemitgliedsstaat den eigentlichen Gegenstand der vertraglichen Dienstleistung bildet. Einen Hinweis darauf, dass dies nicht der eigentliche Gegenstand ist, stellt der Umstand dar, dass der Dienstleistungserbringer die Folgen einer Schlechtleistung trägt und es ihm freisteht, die Zahl der zu entsendenden Arbeitnehmer zu bestimmen. (Rn. 41) ◄

11.3 Auswirkung auf die deutsche Rechtsordnung und die arbeitsrechtliche Praxis

Aus der Webb-Entscheidung wird deutlich, dass Verbote oder Einschränkungen von Leiharbeit nur aus Gründen des Allgemeininteresses und unter Beachtung des Verhältnismäßigkeitsgrundsatzes gerechtfertigt sind.[20] Insoweit ist bei nationalen Regelungen zum Schutz von Leiharbeitnehmern auch immer das Spannungsverhältnis zur Dienstleistungsfreiheit zu beachten, auf die sich die Leiharbeitsunternehmen berufen können. Wie dargestellt, bestand für die nach der damaligen deutschen Rechtsordnung vorgesehene Niederlassungspflicht von ausländischen Leiharbeits-

---

[20] Vgl. EuGH vom 17.12.1981, Rs. C-279/80 (Webb I), ECLI:EU:C:1981:314; vgl. ferner zu einem möglichen Verbot der Leiharbeit: EuGH vom 17.03.2015, Rs. C-533/13 (AKT), ECLI:EU:C:2015:173; ferner Stiebert, NJW 2015, 1234; ferner Thüsing, Europäisches Arbeitsrecht, 4. Auflage, § 4 Rn. 41–43.

unternehmen nach Auffassung des EuGH keine Erforderlichkeit, da der Tätigkeitsstaat auch ohne eine Niederlassung in der Lage war, die Arbeitnehmerschutzregelungen ausreichend zu kontrollieren.[21]

11.3.1 Arbeitnehmerschutzregelungen im AÜG

Der deutsche Gesetzgeber hat die Leiharbeits-Richtlinie im Arbeitnehmerüberlassungsgesetz (AÜG) umgesetzt, wobei Regelungen zum Schutz von Leiharbeitnehmern schon vor Erlass der Richtlinie in Deutschland bestanden. Nach § 1 AÜG bedürfen AG, die als Verleiher AN gewerbsmäßig zur Arbeitsleistung überlassen wollen, der Erlaubnis. Sonderregelungen für das Baugewerbe, insbesondere hinsichtlich des Einsatzes von Arbeitnehmern in Arbeitsgemeinschaften, sind in § 1 Abs. 1 a AÜG enthalten. Die Grundsätze der Gleichbehandlung sind in § 3 Abs. 1 Nr. 3 AÜG, § 9 Nr. 2 AÜG sowie § 8 AÜG enthalten.[22] Verletzt der Entleiher die gesetzlichen Vorgaben der §§ 1, 9 AÜG, so wird regelmäßig ein Arbeitsverhältnis zwischen dem Entleiher und dem Arbeitnehmer begründet, § 10 AÜG. Die sonstigen in der Leiharbeits-Richtlinie geregelten Anzeige-, Auskunfts- und Meldepflichten sind in § 7 AÜG und die Beteiligungsrechte des Betriebsrates in § 14 AÜG geregelt.[23]

11.3.2 Abgrenzung Leiharbeit und Arbeitnehmerentsendung

Aus der Entscheidung Martin Meat[24] lassen sich wichtige Grundsätze zu der schwierigen Abgrenzung zwischen einer genehmigungsfreien Arbeitnehmerentsendung nach Art. 1 Abs. 3 a der Entsende-Richtlinie 96/71/EG und einer genehmigungspflichtigen grenzüberschreitenden Arbeitnehmerüberlassung nach Art. 1 Abs. 3 c der Entsende-Richtlinie 96/71/EG herleiten. Aus den Urteilsgründen wird deutlich, dass grundsätzlich immer dann, wenn ein Dienstleistungserbringer die rechtlichen Konsequenzen einer Schlechtleistung zu tragen hat, eher ein Dienst- bzw. Werkvertragsverhältnis mit entsprechender Arbeitnehmerentsendung und keine grenzüberschreitende Arbeitnehmerüberlassung vorliegt.

---

[21] Vgl. EuGH vom 25.10.2001, Rs. C-493/99 (Kommission/Deutschland), ECLI:EU:C:2001:578.

[22] Vgl. Waas, ZESAR 2009, 207; ders., ZESAR 2012, 7; Thüsing/Stiebert, ZESAR 2012, 199; Bauer/Heimann, NJW 2013, 3287.

[23] Vgl. zur Frage, ob eine dauerhafte Arbeitnehmerüberlassung mit der Richtlinie vereinbar ist, grundsätzlich Sansone in Preis/Sagan, Europäisches Arbeitsrecht, 2. Auflage, § 12 Rz. 12.26–12.28; ferner Rieble/Vielmeier, EuZA 2011, 487; Lembke, DB 2011, 415 sowie LAG Berlin-Brandenburg, NZA-RR 2013, 234; vgl. ferner u. a. BAG vom 03.06.2014, 9 AZR 111/13, 9 AZR 665/13 sowie 9 AZR 666/13. vgl.

[24] Ein weiterer Gegenstand der Entscheidung war die Frage, ob eine grenzüberschreitende Arbeitnehmerüberlassung anlässlich der Osterweiterung der EU zulässigerweise Beschränkungen unterworfen werden durfte; vgl. hierzu Mair, EuZA 2016, 72 ff.

Ein zusätzliches Kriterium, das gegen eine Arbeitnehmerüberlassung spricht, ist ein fehlender Übergang von konkreten, im Einzelfall bestehenden Leitungs- und Aufsichtsbefugnissen über die eingesetzten Arbeitnehmer auf den Kunden.[25] Schließlich spricht gegen eine Arbeitnehmerüberlassung, wenn der Dienstleistungserbringer eigenverantwortlich über die Zahl der einzusetzenden AN nach dem Vertrag entscheiden kann.[26] Die vorgenannten Grundsätze dürften auch für die Abgrenzung der Schutzbereiche einer genehmigungspflichtigen Arbeitnehmerüberlassung nach dem AÜG und der genehmigungsfreien Arbeitnehmerentsendung nach dem AEntG im deutschen Arbeitsrecht von Bedeutung sein.

---

[25] Vgl. Mair, EuZA 2016, 78.

[26] Ohne dass der EuGH ausdrücklich darauf hinweist, sind die vorgenannten Abgrenzungskriterien auch für die nationale Rechtsordnung von Bedeutung, sodass die Einschätzung der österreichischen Instanzen, es handele sich um eine genehmigungspflichtige Arbeitnehmerüberlassung, nicht haltbar sein dürfte.

Der Schutz von Teilzeit- und befristet Beschäftigten

12

▶ **Aktuelle Verordnungen und Richtlinien**
- Richtlinie 97/81/EG (Teilzeitarbeit-Richtlinie zu Rahmenvereinbarung zwischen EGB, UNICE und CEEP über Teilzeitarbeit)[1] (siehe Abb. 12.1)
- Richtlinie 1999/70/EG (Befristungs-Richtlinie zu Rahmenvereinbarung zwischen EGB, UNICE und CEEP über befristete Arbeitsverträge)[2] (siehe Abb. 12.2)
- Kurzübersicht Fälle (siehe Abb. 12.3)

Befristete und Teilzeitarbeitsverhältnisse werden vom Unionsgesetzgeber ebenfalls als prekäre Arbeitsverhältnisse angesehen,[3] da sie abweichende Vertragsgestaltungen bezüglich der Dauer, der Arbeitszeit und auch des Arbeitsumfangs zum Gegenstand haben.[4] Während schon für AN in unbefristeten Vollzeitbeschäftigungsverhältnissen nach dem sich aus Art. 151 Abs. 1 AEUV ergebenden Grundsatz der Verbesserung der Lebens- und Arbeitsbedingungen ein Schutzbedürfnis besteht, ist dieses bei AN in prekären Arbeitsverhältnissen noch gesteigert.[5] Die EU-Instanzen haben daher zum Schutz von Leiharbeitnehmern und Teilzeit- und befristet Beschäftigten die oben genannten Richtlinien erlassen.

---

[1] ABl. Nr. L 14 S. 9, ber. ABl. 1998 Nr. L 128 S. 71.

[2] ABl. Nr. L 175 S. 43.

[3] Vgl. Riesenhuber, Europäisches Arbeitsrecht, 2. Auflage, § 19 Rn. 1, 2; Thüsing, Europäisches Arbeitsrecht, 4. Auflage, § 4 Rn. 1–3.

[4] Vgl. Thüsing a. a. O.; Schmidt, Richtlinienvorschläge der Kommission der EG zu atypischen Arbeitsverhältnissen, S. 22.

[5] Vgl. Thüsing a. a. O.; Hanau, NZA 2000, 1045; Schiefer, DB 2000, 2118.

1. Primärrechtliche Kompetenznorm Art. 153, 155 AEUV	- Arbeitsbedingungen (b) - sozialer Schutz der Arbeitnehmer (c) - Chancengleichheit von Männern und Frauen (i) - Dialog zwischen den Sozialpartnern
2. Ziel (Erwägungsgründe 4, 5)	Zur Verwirklichung des Binnenmarktes und im Interesse der Verbesserung der Lebens- und Arbeitsbedingungen sollen Sozialpartner Maßnahmen aushandeln - zur Förderung der Beschäftigung, - zur Förderung der Chancengleichheit zwischen Frauen und Männern, - zur Steigerung der Beschäftigungsintensität durch flexible Organisation der Arbeit.
3. Allgemeine Erwägungen (Erwägungsgrund 11)	- Schaffung eines allgemeinen Rahmens für die Beseitigung der Diskriminierung von Teilzeitbeschäftigten; - Leistung eines Beitrags zur Entwicklung der Teilzeitarbeitsmöglichkeit auf einer für Arbeitgeber und Arbeitnehmer akzeptablen Grundlage; - Verbesserung der Qualität von Teilzeitarbeit
4. Anwendungsbereich (§ 2)	Für Teilzeitbeschäftigte, die nach den Rechtsvorschriften in dem jeweiligen Mitgliedsstaat einen entsprechenden Arbeitsvertrag haben.
5. Grundsatz der Nichtdiskriminierung (§ 4)	- Teilzeitbeschäftigte dürfen in ihren Beschäftigungsbedingungen nicht schlechter behandelt werden als Vollzeitbeschäftigte; - der pro-rata-temporis-Grundsatz ist angemessen zu beachten
6. Teilzeitarbeitsmöglichkeiten (§ 5)	Arbeitgeber sollten, soweit dies möglich ist, - Vollzeitbeschäftigten den Wechsel in ein zur Verfügung stehendes Teilzeitarbeitsverhältnis ermöglichen, - Teilzeitbeschäftigten den Wechsel in ein zur Verfügung stehendes Vollzeitarbeitsverhältnis oder die Erhöhung der Arbeitszeit ermöglichen, - Informationen zur Erleichterung des Wechsels von Vollzeit- in Teilzeitarbeitsverhältnisse zur Verfügung stellen, - den Zugang zur Teilzeitarbeit auf allen Ebenen erleichtern, - Arbeitnehmervertretungen geeignete Informationen über Teilzeitarbeit zur Verfügung stellen.

Abb. 12.1 RL 97/81/EG zu der von UNICE, CEEP und EGB geschlossenen Rahmenvereinigung über Teilzeitarbeit. (Teilzeitarbeits-Richtlinie)

1. Primärrechtliche Kompetenznorm Art. 153, 155 AEUV	- Arbeitsbedingungen (b) - sozialer Schutz der Arbeitnehmer (c) - Chancengleichheit von Männern und Frauen (i) - Dialog zwischen den Sozialpartnern
2. Ziel (Erwägungsgründe 5, 6)	Sozialpartner sollen - Vereinbarungen zur Modernisierung der Arbeitsorganisation - und damit zusammenhängende anpassungsfähige Arbeitsregelungen aushandeln um - die Unternehmen produktiv und wettbewerbsfähig zu machen - und ein ausgewogenes Verhältnis zwischen Anpassungsfähigkeit und Sicherheit von Arbeitsverhältnissen zu erreichen.
3. Allgemeine Erwägungen (§ 1)	- Bei der Inanspruchnahme befristeter Arbeitsverträge sind Missbräuche zu vermeiden. - Schaffung eines unionsweiten Rahmens, der den Missbrauch durch aufeinanderfolgende befristete Arbeitsverträge verhindert. - Unbefristete Arbeitsverträge sollen die übliche Form von Beschäftigungsverhältnissen darstellen.
4. Anwendungsbereich (§ 2)	Für Teilzeitbeschäftigte, die nach den Rechtsvorschriften in dem jeweiligen Mitgliedsstaat einen entsprechenden befristeten Arbeitsvertrag haben.
5. Grundsatz der Nichtdiskriminierung (§ 4)	- Befristet beschäftigte Arbeitnehmer dürfen in ihren Beschäftigungsbedingungen gegenüber unbefristet beschäftigten Arbeitnehmern nicht schlechter behandelt werden, - Beachtung des pro-rata-temporis-Grundsatzes
6. Maßnahmen zur Vermeidung von Missbrauch (§ 5)	Um Missbrauch durch aufeinanderfolgende befristete Arbeitsverträge zu vermeiden, sollen die Mitgliedsstaaten Regelungen verabschieden über - sachliche Gründe, die die Verlängerung solcher Verträge rechtfertigen, - die insgesamt maximal zulässige Dauer aufeinanderfolgender Arbeitsverträge, - die zulässige Zahl der Verlängerung solcher Verträge.

Abb. 12.2 RL 1999/70/EG zu der EGB-UNICE-CEEP-Rahmenvereinbarung über befristete Arbeitsverträge. (Befristungs-Richtlinie)

12.2.1 Fall Mangold, EuGH vom 22.11.2005, Rs. C-144/04, ECLI:EU:C:2005:709	Die Zulässigkeit einer sachgrundlosen Befristung von Beschäftigten ab dem 52. Lebensjahr stellt eine Ungleichbehandlung auch dann dar, wenn damit eine Rückkehr dieser Beschäftigten in den Arbeitsmarkt gefördert werden soll.
12.2.2 Fall Kücük, EuGH vom 26.01.2012, Rs. C-586/10, ECLI:EU:C:2012:39	Auch die mehrfache bzw. häufige Vertretung eines anderen Arbeitnehmers kann grundsätzlich einen sachlichen Grund für die Befristung eines Arbeitsverhältnisses darstellen.
12.2.3 Fall Huet, EuGH vom 08.03.2012, Rs. C-251/11, ECLI:EU:C:2012:133	Eine Verschlechterung von Arbeitsbedingungen (hier Gehaltsreduzierung) bei einem Wechsel von einem befristeten in ein unbefristetes Arbeitsverhältnis fällt nicht in den Anwendungsbereich der Befristungs-Richtlinie 1999/70/EG.
12.2.4 Fall Rodrigo Sanz, EuGH vom 09.02.2017, Rs. C-443/16, ECLI:EU:C:2017:109	Der Status eines Beamten ist nicht geeignet, eine Ungleichbehandlung von Angestellten im Zusammenhang mit einer Teilzeittätigkeit und der damit einhergehenden Gehaltsreduzierung zu rechtfertigen.
13.4.5 Fall Dobersberger, EuGH vom 19.12.2019, Rs. C-16/18, ECLI:EU:C:2019:1110	AN sind nicht entsandt, wenn ihre Arbeitsleistung keine hinreichende Verbindung zum Hoheitsgebiet eines anderen Mitgliedsstaates aufweist. Die Bewirtschaftung eines Zugrestaurants weist keine hinreichende Verbindung zum Hoheitsgebiet des Staates auf, den der Zug durchquert.
13.4.6 Fall Van-den-Bosch, EuGH vom 01.12.2020, Rs. C-815/20, ECLI:EU:C:2020:976	Der Umstand, dass die Arbeit wie bei Lkw-Fahren in einem anderen Mitgliedsstaat beginnt oder endet, weist für sich genommen noch keine hinreichende Verbindung zu diesem Mitgliedsstaat aus, so dass nicht von einer AN-Entsendung auszugehen ist.

Abb. 12.3 Kurzübersicht Fälle

12.1 EGB-UNICE-CEEP-Rahmenvereinbarungen zum Schutz von Teilzeit- und befristet Beschäftigten

Sowohl die Teilzeit- als auch die Befristungs-Richtlinie wurde auf Grundlage einer Rahmenvereinbarung zwischen den EU-Sozialpartnern (EGB-UNICE-CEEP-Rahmenvereinbarung) verabschiedet. Die vorgenannte Rahmenvereinbarung stellt eine besondere EU-Handlungsform im Bereich der gemeinsamen europäischen Beschäftigungs- und Sozialpolitik nach den Art. 145 ff. AEUV und Art. 151 ff. AEUV dar. Zwar gibt es keine europäischen Tarifverträge, allerdings sieht das EU-Recht in den vorgenannten Regelungen einen Dialog zwischen Sozialpartnern nach § 152 AEUV ausdrücklich vor. Dabei können durch Rahmenvereinbarungen die europäischen Sozialpartner (EGB, UNICE und CEEP) ganz unmittelbar das europäische Arbeitsrecht mitgestalten.[6] Die entsprechenden Rahmenvereinbarungen über Teil-

---

[6]Vgl. zum sozialen Dialog: Sagan in Preis/Sagan, Europäisches Arbeitsrecht, 2. Auflage, § 1 Rz. 1.71.; Fuchs/Marhold/Friedrich, Europäisches Arbeitsrecht, 6. Auflage, § 1 Rn 10 ff.

zeitarbeit und über befristet Beschäftigte werden dann mittels der oben genannten Richtlinien in Gemeinschaftsrecht übertragen. Die Rahmenvereinbarungen gelten dann wie EU-Richtlinien.

Ziel der so geschaffenen Richtlinie 97/81/EG ist die Beseitigung von Diskriminierung von Teilzeitbeschäftigten sowie die Verbesserung der Qualität der Teilzeitarbeit, § 1 RL 97/81/EG. Nach § 3 Nr. 1 ist ein Teilzeitbeschäftigter eine Person, deren normale, auf Wochenbasis oder als Durchschnitt eines bis zum einem Jahr reichenden Beschäftigungsraums berechnete Arbeitszeit unter der eines vergleichbaren Vollzeitbeschäftigten liegt. Ziel der Richtlinie 1999/70/EG ist es, Diskriminierung von befristet Beschäftigten und den Missbrauch von aufeinanderfolgenden befristeten Arbeitsverträgen zu verhindern, §§ 4, 5 Richtlinie 1999/70/EG. Nach § 3 Ziffer 1 RL 1999/70/EG ist ein befristet beschäftigter AN eine Person mit einem direkt zwischen AG und AN geschlossenen Arbeitsverhältnis, dessen Ende durch objektive Bedingungen wie das Erreichen eines bestimmten Datums, die Erfüllung einer bestimmten Aufgabe oder das Eintreten eines bestimmten Ereignisses bestimmt wird.

Wie in den vorangegangenen Kapiteln dargestellt, führt die Benachteiligung von Teilzeit- und befristet beschäftigten Personen mittelbar immer zu einer Diskriminierung von Frauen. Da nach den einschlägigen Statistiken erheblich mehr Frauen als Männer in Teilzeit- und befristeten Arbeitsverhältnissen tätig sind, führt insoweit eine entsprechende Benachteiligung solcher AN immer auch zu einer mittelbaren Benachteiligung von Frauen.[7] Aus diesem Grunde enthalten beide Richtlinien in den §§ 4, 5 Verbotsregelungen über die unmittelbare und mittelbare Diskriminierung von Teilzeit- und befristet Beschäftigten.

12.2   Praktische Fallbeispiele

Dass gesetzliche Befristungsregelungen zu einer Altersdiskriminierung führen können, veranschaulicht der Fall Mangold.[8] Inwieweit mehrfache Befristungen mit Vorgaben von § 5 Befristungs-Richtlinie 1999/70/EG vereinbar sind, behandelt dann die Kücük-Entscheidung.[9] Sodann hat der EuGH sich auch mit der Frage befasst, ob die Umwandlung von befristeten in unbefristete Arbeitsverhältnisse nach Unionsrecht mit einer Verschlechterung der Arbeitsbedingungen einhergehen darf.[10]

---

[7] Vgl. Riesenhuber a. a. O. Rn 2 sowie Thüsing a. a. O.

[8] Vgl. EuGH vom 22.11.2005, Rs. C-144/04 (Mangold), ECLI:EU:C:2005:709; ferner Fuchs, ZESAR 2011, 3; Pötters/Traut, ZESAR 2010, 267; Colneric, EuZA 2008, 223; Hanau, NZA 2010, 1, 2.

[9] Vgl. EuGH vom 26.01.2012, Rs. C-586/10 (Kücük), ECLI:EU:C:2012:39.

[10] Vgl. EuGH vom 08.03.2012, Rs. C-251/11 (Huet), ECLI:EU:C:2012:133 ferner NZA 2012, 441; ferner EuGH vom 09.02.2017, Rs. C-443/16 (Rodrigo Sanz), ECLI:EU:C:2017:109; siehe auch Franzen, EuZA 2014, 310.

12.2.1 Fall Mangold, EuGH vom 22.11.2005, Rs. C-144/04, ECLI:EU:C:2005:709[11]

M. ist 56 Jahre alt und wird bei einem Rechtsanwalt im Rahmen eines befristeten Arbeitsverhältnisses für drei Jahre beschäftigt. Nach Auslaufen des Vertrages klagt M auf Unwirksamkeit der Befristung. Der Rechtsanwalt beruft sich auf § 14 Abs. 3 TzBfG. Das Arbeitsgericht München legte dem EuGH die Frage zur Vorabentscheidung vor, ob Art. 6 Abs. 1 RL 2000/78/EG so auszulegen sei, dass befristete Arbeitsverhältnisse mit AN, die das 52. Lebensjahr vollendet haben, ohne Sachgrund zulässig sei.

Der EuGH sieht in § 14 Abs. 3 TzBfG eine unverhältnismäßige Benachteiligung älterer Arbeitnehmer. Zwar sei die beabsichtigte Integration älterer AN ein legitimes Ziel und die Zulassung einer Altersbefristung auch ein taugliches Mittel. Die pauschale Zulassung der Altersbefristung ohne Rücksicht auf vorherige Beschäftigungszeiten sei jedoch unverhältnismäßig.

Die wichtigsten Leitsätze

1. § 14 Abs. 3 TzBfG begründet dadurch, dass mit Arbeitnehmern, die das 52. Lebensjahr vollendet haben, uneingeschränkt befristete Arbeitsverträge abgeschlossen werden können, eine unmittelbar auf dem Alter beruhende Ungleichbehandlung. (Rn. 57)
2. Zu Ungleichbehandlungen wegen des Alters bestimmt Art. 6 Abs. 1, dass diese keine Diskriminierung darstellen, sofern sie objektiv und angemessen sind und im Rahmen des nationalen Rechts durch ein legitimes Ziel aus den Bereichen Beschäftigungspolitik, Arbeitsmarkt und berufliche Bildung gerechtfertigt sind. § 14 Abs. 3 TzBfG bezweckt, die berufliche Eingliederung arbeitsloser älterer Arbeitnehmer zu fördern, weil diese erhebliche Schwierigkeiten haben, wieder einen Arbeitsplatz zu finden. (Rn. 58, 59, 60)
3. Folglich ist ein derartiges Ziel grundsätzlich als eine „objektive und angemessene" Rechtfertigung einer vorgesehenen Ungleichbehandlung wegen des Alters anzusehen. Die eingesetzten Mittel müssen zur Erreichung dieses legitimen Zieles „angemessen und erforderlich" sein. Insoweit verfügen die Mitgliedsstaaten über einen weiten Ermessensspielraum bei der Wahl der Maßnahmen zur Erreichung ihrer Ziele im Bereich der Arbeits- und Sozialpolitik. (Rn. 61, 62, 63)
4. Die Regelungen von § 14 Abs. 3 TzBfG gehen aber, als sie das Alter als einziges Kriterium für die Befristung des Arbeitsvertrags festlegen, ohne dass nachgewiesen wäre, dass die Altersgrenze zur Erreichung des Zieles der beruflichen Eingliederung arbeitsloser älterer Arbeitnehmer erforderlich ist, über das hinaus, was angemessen und erforderlich ist. (Rn. 64, 65) ◄

---

[11] Siehe auch NJW 2005, 3695; NZA 2005, 1345; EuZW 2006, 17.

12.2.2 Fall Kücük, EuGH vom 26.01.2012, Rs. C-586/10, ECLI:EU:C:2012:39[12]

K. war beim Land Nordrhein-Westfalen auf der Grundlage von insgesamt 13 befristeten Arbeitsverträgen in der Zeit von Juli 1996 bis Dezember 2007 als Justizangestellte beschäftigt. Die befristeten Verträge wurden stets aus Anlass der vorübergehenden Beurlaubung, insbesondere im Zusammenhang mit Sonder- und Erziehungsurlaub, einer unbefristet eingestellten Justizangestellten geschlossen und dienten jeweils der Vertretung beim Amtsgericht Köln. Mit ihrer Klage machte K. ein unbefristetes Arbeitsverhältnis wegen Unwirksamkeit der Befristung geltend. Bei insgesamt 13 in einem Zeitraum von elf Jahren sich unmittelbar aneinander anschließenden befristeten Arbeitsverhältnissen könne nicht mehr von einem vorübergehenden Bedarf an Vertretungskräften ausgegangen werden. Eine derartige „Kettenbefristung" sei zudem mit § 5 Nr. 1 der Rahmenvereinbarung über befristete Arbeitsverträge unvereinbar.[13]

Das Land vertrat die Auffassung, dass die Befristung durch den Sachgrund der Vertretung eines anderen AN unabhängig von der Zahl der vorausgegangenen Befristungen gerechtfertigt sei. Der sachliche Grund sei für jeden konkreten Vertretungsfall gesondert zu prüfen. Das BAG hat dem EuGH die Frage vorgelegt, ob die Anknüpfung an einen vorübergehenden Bedarf an Vertretungskräften einen sachlichen Grund im Sinne von § 5 Nr. 1 Buchst. a der Rahmenvereinbarung darstellen kann und ob dies auch der Fall ist, wenn es sich in Wirklichkeit um einen ständigen Bedarf an Vertretungskräften handelt. Ferner wollte das BAG wissen, ob die Zahl und die Gesamtdauer der in der Vergangenheit mit demselben AG geschlossenen derartigen Arbeitsverträge oder -verhältnisse bei der sachlichen Rechtfertigung zu berücksichtigen sind.

Der EuGH führte aus, dass der Befristungsgrund der Vertretung nach § 14 Abs. 1 Nr. 3 TzBfG rahmenvereinbarungskonform sei. Ein sachlicher Grund im Sinne von § 5 Nr. 1 a könne vorliegen, wenn es sich um einen ständigen oder wiederkehrenden Bedarf an Vertretungskräften handele, der auch durch die Einstellung von AN mit einem unbefristeten Vertag abgedeckt werden könne. Dies gelte auch deshalb, weil mit dem Befristungsgrund ein legitimer sozialpolitischer Zweck – hier Vertretung von AN in der Elternzeit – verfolgt werde. Kommt es im Einzelfall zu einer Vielzahl wiederkehrender Befristungen, sei aber ergänzend ein möglicher Missbrauch solcher Befristungen zu überprüfen.

---

[12] Siehe auch NJW 2012, 989; NZA 2012, 135; EuZW 2012, 143; DB 2012, 290.

[13] Nach § 5 der Rahmenvereinbarung zu befristeten Arbeitsverträgen im EU-Recht i. V. m. Richtlinie 1999/70/EG haben Mitgliedsstaaten zur Vermeidung eines Missbrauchs bei befristeten Arbeitsverträgen eine oder mehrere der im Einzelnen genannten Maßnahmen zu ergreifen. Diese Maßnahmen können im Erfordernis sachlicher Gründe, die die Verlängerung solcher Verträge oder -verhältnisse rechtfertigen (a); in Regelungen über die insgesamt maximal zulässige Dauer aufeinander folgender Arbeitsverträge oder -verhältnisse (b); oder schließlich in Regelungen über die zulässige Zahl der Verlängerung solcher Verträge oder -verhältnisse (c) bestehen.

Die wichtigsten Leitsätze

1. § 5 Nr. 1 der Rahmenvereinbarung dient dem Ziel, den wiederholten Rückgriff auf befristete Arbeitsverträge, der als eine Quelle potenziellen Missbrauchs gesehen wird, einzugrenzen. Die Bestimmungen sollen eine Prekarisierung von Beschäftigten verhindern. Daher sind die Mitgliedsstaaten verpflichtet, effektiv und mit verbindlicher Wirkung mindestens eine der dort aufgeführten Maßnahmen zu ergreifen. (Rn. 25, 26)
2. Der Begriff des sachlichen Grundes nach § 5 Nr. 1 a ist dahin zu verstehen, dass er konkrete Umstände meint, die eine bestimmte Tätigkeit kennzeichnen und daher den Einsatz aufeinanderfolgender befristeter Arbeitsverträge rechtfertigen können. Diese Umstände können sich aus der Art der Aufgaben und deren Wesensmerkmale oder aus der Verfolgung eines legitimen sozialpolitischen Zwecks ergeben. (Rn. 27, 28, 29)
3. Die vorübergehende Vertretung eines anderen Arbeitnehmers, um einen zeitweiligen Arbeitskräftebedarf zu decken, stellt grundsätzlich einen sachlichen Grund dar. Aufgrund des Ausfalls von Beschäftigten, die unter anderem Krankheits-, Mutterschafts- oder Elternurlaub in Anspruch nehmen, ergibt sich ein vorübergehender Vertretungsbedarf, der sowohl die Befristung als auch bei Bedarf deren Verlängerung rechtfertigen kann. (Rn. 30, 31)
4. Es kann auch nicht der Abschluss unbefristeter Verträge verlangt werden, wenn Größe der betroffenen Einrichtung und Zusammensetzung des Personals darauf schließen lassen, dass der Arbeitgeber mit einem ständigen Bedarf an Vertretungskräften konfrontiert sei. Eine solche Auslegung ginge über die Ziele hinaus, die mit der Rahmenvereinbarung und der Richtlinie 1999/70/EG verfolgt werden. (Rn. 32)
5. Gleichwohl ist es Sache der zuständigen Stellen, darüber zu wachen, dass die konkrete Anwendung dieses sachlichen Grundes den Anforderungen der Rahmenvereinbarung entspricht. Es sind objektive und transparente Kriterien für die Prüfung herauszuarbeiten, ob die Verlängerung einem echten Bedarf entspricht, erforderlich ist und nicht missbraucht wird. (Rn. 34) ◄

12.2.3 Fall Huet, EuGH vom 08.03.2012, Rs. C-251/11, ECLI:EU:C:2012:133[14]

H. war seit sechs Jahren als wissenschaftlicher Mitarbeiter bei der Université de Bretagne occidentale (im Folgenden UBO) beschäftigt. Die Beschäftigung erfolgte aufgrund mehrerer aufeinanderfolgender befristeter Arbeitsverträge, die zwischen 2002 und 2008 ohne Unterbrechung verlängert wurden. Die UBO bot dem Kläger nach Auslaufen seines letzten befristeten Arbeitsvertrages einen unbefristeten Arbeitsvertrag an. Der im März 2008 unterzeichnete unbefristete Arbeitsvertrag sah vor, dass der Kläger als Forschungsingenieur zu niedrigeren Dienstbezügen be-

---

[14] Siehe auch NZA 2012, 441; NJW 2012, 2790; EuZW 2012, 305.

schäftigt werde, obwohl seine Aufgaben im Wesentlichen unverändert blieben. Im Mai 2008 beantrage H. bei der UBO erfolglos eine Änderung der Vereinbarung, woraufhin er beim Tribunal administratif de Rennes Klage auf Anhebung seiner Dienstbezüge auf das zur Zeit der befristeten Beschäftigung bestehende Niveau erhob. Das Tribunal setzte den Rechtsstreit aus und legte dem EuGH die Frage vor, ob Richtlinie 1999/70/EG es gebiete, dass bei einer Umwandlung eines seit sechs Jahren befristeten Arbeitsverhältnisses in einen unbefristeten Arbeitsvertrag die bisherigen Arbeitsbedingungen aufrechterhalten bleiben müssen.

Der EuGH verweist in seiner Entscheidung darauf, dass § 5 Nr. 1 zu der vorgelegten Frage keine Angaben enthalte. Insoweit könne nicht die Beibehaltung der Arbeitsbedingungen aus einem befristeten Arbeitsverhältnis verlangt werden. Allerdings bestehen bei der Umwandlung von einem befristeten in ein unbefristetes Arbeitsverhältnis Missbrauchsmöglichkeiten. Die nationalen Gerichte haben daher zu überprüfen, ob sich im Zuge der Umwandlung in ein unbefristetes Arbeitsverhältnis die Arbeitsbedingungen verschlechtert haben und ob dies missbräuchlich geschehen sei. In diesem Fall gebiete es der Auslegungsgrundsatz der praktischen Wirksamkeit des EU-Rechts, das nationale Gerichte gegen solche Missbrauchsfälle vorgehen.[15]

Die wichtigsten Leitsätze

1. § 4 Nr. 1 der Rahmenvereinbarung, der eine Schlechterbehandlung der befristet beschäftigten Arbeitnehmer gegenüber vergleichbaren Dauerbeschäftigten verbietet, ist im vorliegenden Fall nicht einschlägig. Der Kläger des Ausgangsverfahrens nimmt nicht an einer unterschiedlichen Behandlung gegenüber Dauerbeschäftigten Anstoß. (Rn. 30)
2. Ebenso wenig ist das in § 8 Nr. 3 enthaltene Verschlechterungsverbot relevant. So muss die behauptete Verschlechterung zum einen mit der „Umsetzung" der Rahmenvereinbarung und zum anderen mit dem „allgemeinen Niveau des Schutzes" der befristet beschäftigten Arbeitnehmer zusammenhängen. (Rn. 31)
3. Insgesamt stellt die Rahmenvereinbarung keine Verpflichtung auf, die Umwandlung befristeter in unbefristete Arbeitsverträge vorzusehen. § 5 Nr. 2 überlässt es den Mitgliedsstaaten, zu bestimmen, unter welchen Bedingungen befristete Arbeitsverträge als unbefristet zu betrachten sind. Die Rahmenvereinbarung schreibt daher nicht vor, welche Bedingungen in die unbefristeten Verträge aufgenommen werden dürfen. Dabei ist zu beachten, dass die Rahmenvereinbarung nicht sämtliche nationalen Vorschriften über befristete Arbeitsverträge harmonisiert, sondern nur Mindestvorschriften zum Schutz von Teilzeitbeschäftigten vor Diskriminierung schafft. (Rn. 38, 39, 40, 41)
4. Der den Mitgliedsstaaten belassene Wertungsspielraum ist jedoch nicht unbegrenzt, da er auf keinen Fall so weit reichen kann, dass die praktische Wirksamkeit der Rahmenvereinbarung in Frage gestellt wird. Daher ist es Sache

---

[15] Franzen, EuZA 2014, 310.

der zuständigen nationalen Stellen zu prüfen, ob die an den wesentlichen Bestimmungen des Arbeitsvertrags vorgenommenen Änderungen als tiefgreifende Veränderungen dieser Bestimmungen qualifiziert werden können. (Rn. 42, 43, 45) ◄

12.2.4 Fall Rodrigo Sanz, EuGH vom 09.02.2017, Rs. C-443/16, ECLI:EU:C:2017:109

S. arbeitet seit 1989 in Vollzeit als befristet beschäftigter Hochschulprofessor im Angestelltenverhältnis an der Escuela Técnica Superior de Arquitectura de Madrid. Ein Gesetz zur Eingliederung von Hochschulprofessoren sah vor, dass Bedienstete auf Zeit ohne Doktortitel nur noch teilzeitbeschäftigt werden. Ausgenommen hiervon waren nicht promovierte Hochschulprofessoren im Beamtenverhältnis. S., der keinen Doktortitel besaß, wurde 2012 über die Änderung seiner Vollzeitbeschäftigung in eine mit einer entsprechenden Gehaltskürzung verbundene Teilzeitbeschäftigung in Kenntnis gesetzt. Er erhob Klage u. a. mit der Begründung, dass die Regelung allein auf Angestellte auf Zeit anzuwenden sei und diese damit weniger günstig behandelt werden als ihre beamteten Kollegen.

Der Juzgado de lo Contencioso-Administrativo de Madrid weist darauf hin, dass die Richtlinie 1999/70 sowie die Rahmenvereinbarung es verbieten, befristet beschäftigte AN weniger günstig zu behandeln als unbefristet beschäftigte AN. Da der Kläger auf Zeit beschäftigt war, stellte der EuGH eine Verletzung von § 4 der Rahmenvereinbarung fest. Dabei stelle der fehlende Beamtenstatus keine Rechtfertigung für eine Ungleichbehandlung dar.

Die wichtigsten Leitsätze

1. § 4 der Rahmenvereinbarung zu Richtlinie 1999/70 enthält den Grundsatz der Nichtdiskriminierung, um zu verhindern, dass ein befristetes Arbeitsverhältnis benutzt wird, um diesen Arbeitnehmern Rechte vorzuenthalten, die Dauerbeschäftigten zuerkannt werden. Die Regelung bringt daher einen Grundsatz des Sozialrechts der Union zum Ausdruck, der nicht restriktiv ausgelegt werden darf. (Rn. 30, 31)
2. Die Halbierung der Arbeitszeit und die daraus folgende Gehaltsminderung unterfällt dem Begriff der „Beschäftigungsbedingungen" im Sinne von § 4 Nr. 1. Damit steht fest, dass die als Bedienstete auf Zeit beschäftigten Universitätslehrkräfte anders behandelt werden als jene, die unter das Beamtenstatut fallen. (Rn. 33)
3. Das einzige Kriterium für die Teilzeittätigkeit von angestellten Universitätslehrkräften stellt die Befristung ihres Arbeitsverhältnisses darf. Die Berufung auf den bloß zeitweiligen Charakter der Beschäftigung des Personals kann keinen sachlichen Grund darstellen, da Lehrkräfte im Beamtenstatus auf Lebenszeit hiervon ausgenommen sind. (Rn. 40) ◄

12.3   Auswirkung auf die deutsche Rechtsordnung und die arbeitsrechtliche Praxis

Regelungen zum Schutz von Teilzeit- und befristet beschäftigten AN sind im Gesetz über Teilzeitarbeit und befristete Arbeitsverträge (TzBfG) enthalten.

12.3.1 Diskriminierungs- und Benachteiligungsverbote nach den §§ 4, 5 TzBfG

Die Umsetzung der Teilzeit- und Befristungs-Richtlinien ist im Teilzeit- und Befristungsgesetz erfolgt. Regelungen über das Diskriminierungs- und Benachteiligungsverbot sind in den §§ 4, 5 TzBfG enthalten. Unter den Voraussetzungen von § 8 TzBfG besteht ein Rechtsanspruch auf Verringerung der Arbeitszeit. § 14 TzBfG enthält in Abs. 1 den Grundsatz, dass die Befristung eines Arbeitsvertrages einen sachlichen Grund erfordert. Nach § 14 Abs. 2 TzBfG ist die kalendermäßige Befristung eines Arbeitsvertrages ohne Vorliegen eines sachlichen Grundes bis zur Dauer von zwei Jahren zulässig. Sofern die Befristung darüber hinaus geht oder eine Vorbeschäftigung im Sinne von § 14 Abs. 2 Satz 2 TzBfG vorliegt, kann sie nur durch sachlichen Grund im Sinne von § 14 Abs. 1 TzBfG gerechtfertigt sein. Die Folgen einer sachgrundlosen Befristung und die Klagemöglichkeit innerhalb von drei Wochen nach Beendigung des Arbeitsvertrages sind in den §§ 16, 17 TzBfG geregelt.

Aufgrund der Mangold-Entscheidung dürfte davon auszugehen sein, dass die Zulässigkeit einer sachgrundlosen Befristung ab einem bestimmten Alter wegen Altersdiskriminierung unzulässig ist. Aus diesem Grunde wurde § 14 Abs. 3 TzBfG mit Wirkung vom 1. Juni 2007 neu gefasst. Danach ist die kalendermäßige Befristung eines Arbeitsvertrages ohne Vorliegen eines sachlichen Grundes bis zur Dauer von fünf Jahren zulässig, wenn der AN bei Beginn des befristeten Arbeitsverhältnisses das 52. Lebensjahr vollendet hat und unmittelbar davor mindestens vier Monate beschäftigungslos gewesen ist. Das Tatbestandsmerkmal der Beschäftigungslosigkeit soll nach dem Motiv des Gesetzgebers die Befristung bis zur Dauer von 5 Jahren im Sinne von Art. 6 RL 2000/78/EG bzw. § 10 Nr. 1 AGG sachlich rechtfertigen.[16] Dies ist insoweit nur konsequent, als der EuGH in seiner Mangold-Entscheidung ausgeführt hat, dass der Aspekt der beruflichen Eingliederung zusammen mit einem fortgeschrittenen Lebensalter eine sachliche Rechtfertigung für eine Befristung darstellen kann, während allein das Lebensalter hierfür keine ausreichende Grundlage darstellt.

Die Mangold-Entscheidung hat in der Literatur viel Kritik erfahren.[17] Es wurde darauf hingewiesen, dass die Frist zur Umsetzung der Gleichbehandlungs-Rahmen-

---

[16] Vgl. hierzu kritisch Bayreuther, BB 2007, 1113; Thüsing, Europäisches Arbeitsrecht, 4. Auflage, § 4 Rn. 36, 37.

[17] Vgl. Fuchs, ZESAR 2011, 3; Pötters/Traut, ZESAR 2010, 267; Colneric, EuZA 2008, 223; Hanau, NZA 2010, 1, 2.

Richtlinie noch gar nicht abgelaufen war und es sich insoweit um einen ausbrechenden Rechtsakt im Sinne der Rechtsprechung des BVerfG handeln würde.[18]
Von einem solchen ausbrechenden Rechtsakt geht das BVerfG immer dann aus,
wenn der EuGH das Prinzip der begrenzten Einzelermächtigung (Ultra-vires-
Kontrolle) nicht beachtet hat oder andererseits der unantastbare Kerngehalt des
Grundgesetzes nach Art. 23 Abs. 1 Satz 3 GG i. V. m. Art. 79 Abs. 3 GG nicht gewahrt ist (Identitätskontrolle).[19] Diese Kritik wurde dann vom BVerfG nicht geteilt
und ein ausbrechender Rechtsakt durch die EuGH-Entscheidung zum Fall Mangold
abgelehnt.[20]

Eine Benachteiligung von Teilzeitkräften liegt auch immer dann vor, wenn berufliche Tätigkeiten, die in Teilzeit ausgeübt werden, nur eingeschränkte Berücksichtigung finden. So hat der EuGH die nur anteilige Berücksichtigung einer Teilzeittätigkeit für relevante Berufserfahrungen im Bereich der Steuerberatung mit dem
Diskriminierungsverbot unvereinbar angesehen.[21] Der EuGH hat zudem in einer
Entscheidung aus dem Jahr 2014 zu einer Abfindungsregelung im belgischen
Arbeitsrecht entschieden, dass sich der Abfindungsanspruch einer AN die nach
einem Mutterschaftsurlaub nur noch Teilzeit arbeitet, an dem Gehalt für Vollzeittätigkeit zu orientieren habe. Eine Berechnung des Abfindungsbetrages auf Grundlage einer solchen Teilzeitbeschäftigung nehme der Richtlinie 97/81/EG ihre Wirksamkeit.[22] Eine schlechtere Behandlung i. S. v. § 4 der Richtlinie 97/81/EG liegt
auch dann vor, wenn eine nationale Regelung wie bei der Lufthansa City Line
GmbH eine zusätzliche Vergütung gleichermaßen für Teilzeit und Vollzeitbeschäftigte davon abhängig macht, dass dieselbe Zahl an Arbeitsstunden erreicht wird.[23]

Mit der Entscheidung Rodrigo Sanz verweist der EuGH darauf, dass der Status
als Beamter allein nicht als sachlicher Grund für die Ungleichbehandlung von beschäftigten Angestellten angesehen werden kann.[24] Die Regelung, dass Hochschullehrer ohne Promotion nur in Teilzeit arbeiten sollten, gilt im spanischen Recht
nicht durchgängig, da auf Lebenszeit verbeamtete Hochschullehrer – die ebenfalls
nicht promoviert sind – hiervon ausgenommen sind. Diese Spezialvorschriften für
Beamte werden vom EuGH nicht als sachliche Rechtfertigung für eine solche Ungleichbehandlung angesehen, sodass eine Verletzung von § 4 der Rahmenvereinbarung vorliegt. Abschließend führt der EuGH noch aus, dass auch allgemeine haus-
haltsrechtliche oder sozialpolitische Erwägungen nicht geeignet seien, eine solche
Ungleichbehandlung zu rechtfertigen. Insoweit dürfte auch die von deutschen Ge-

---

[18] Vgl. zum ausbrechenden Rechtsakt: BVerfGE 89, 155 (Maastricht); BVerfGE 123, 267 (Lissa-
bon); ferner Fuchs a. a. O.; Pötters/Traut a. a. O.; Colneric a. a. O.

[19] Vgl. BVerfG a. a. O.

[20] Vgl. BVerfG, NZA 2010, 995.

[21] Vgl. EuGH vom 02.10.1997, Rs. C-100/95 (Kording), ECLI:EU:C:1997:453.

[22] Vgl. EuGH vom 27.02.2014, Rs. C-588/12 (Lyreco), ECLI:EU:C:2014:99; ferner Linneweber,
ZESAR 2014, 462.

[23] Vgl. EuGH Fall Lufthansa City Line vom 19.10.2023, Rs. C 660/20 ECLI:EU:C:2023:789,
hierzu Friese, ZESAR 2024, 66.

[24] Vgl. Franzen/Roth, EuZA 2018, 207.

richten vertretene Rechtsauffassung,[25] dass sich wegen der strukturellen Unterschiede Beamten- und Arbeitsverhältnisse nicht vergleichen lassen, künftig bei grenzüberschreitenden oder diskriminierungsrelevanten Sachverhalten nicht durchzuhalten sein.

In einer Entscheidung vom 20.02.2024 (KL/X sp.z.o.o.): hat die große Kammer des EuGH entschieden, dass eine nationale Regelung dann gegen § 4 der Rahmenvereinbarung verstößt, wenn ein AG nicht verpflichtet sei, die ordentliche Kündigung eines befristeten Arbeitsvertrages schriftlich zu begründen, während bei unbefristeten Arbeitsverträgen eine solche Verpflichtung bestehe.[26] Das nationale Gericht ist in diesem Fall verpflichtet, dem einzelnen den sich aus Art. 47 der GRCh ergebende gerichtliche Rechtsschutz zu gewährleisten und die nationale Vorschrift unangewendet zu lassen. Dies gilt auch für den Fall, dass die Rahmenvereinbarung noch nicht in nationales Recht umgewandelt wurde. Die Richtlinie entfaltet insoweit direkt Wirkung.[27]

12.3.2 Sachgrund- und Billigkeitskontrolle bei Befristungen

Auswirkungen dürfte auch die Kücük-Entscheidung auf die Befristungskontrolle haben. Zwar hat das BAG schon seit längerem seine alte Rechtsprechung zu den sog. Kettenarbeitsverträgen[28] aufgegeben. Entscheidend für den sachlichen Grund ist allein die Sach- und Rechtslage zum Zeitpunkt der letzten Vereinbarung.[29] Daher ist nach deutschem Befristungsrecht die Zahl der aufeinanderfolgenden befristeten Vereinbarungen – wie aus der Kücük-Entscheidung deutlich wird – grundsätzlich ohne Bedeutung. Entscheidend ist allein der sachliche Grund zum Zeitpunkt der letzten Befristung. Sofern zu diesem Zeitpunkt ein Vertretungsbedarf vorlag, ist von einer Wirksamkeit der Befristung auszugehen. Die vorangegangenen, schon ausgelaufenen Befristungen sind nicht mehr auf ihre Wirksamkeit zu überprüfen. Allerdings deutet der EuGH in seiner Kücük-Entscheidung an, dass es Sache der zuständigen Stellen, also der Gerichte für Arbeitssachen, ist, über die konkrete Anwendung dieses Sachgrundes bei Berücksichtigung der Zielsetzungen der Richtlinie zu entscheiden. Nach Art. 5 RL 1999/70/EG ist Ziel der Richtlinie, den Missbrauch von Befristungen zu verhindern. Mithin kann aus dem vorgenannten Urteil rückgeschlossen werden, dass neben der Prüfung des Sachgrundes insbesondere wenn eine Vielzahl von befristeten Arbeitsverträgen zur Überprüfung steht, vom EuGH auch eine Billigkeitskontrolle unter Berücksichtigung des Verhältnismäßigkeitsgrundsatzes gefordert wird.

In einer für den Wissenschaftsbereich wichtigen Entscheidung vom 13.03.2014 (Samohano) hat der EuGH Regelungen des spanischen Arbeitsrechts, nach denen

---

[25] Vgl. BVerfGE 52, 303 (345); 63, 152 (166); BVerwG NJW 1986, 1560.

[26] Vgl. EuGH Urteil vom 20.02.2024 – C-715/20(KL/X sp.z.o.o.):ECLI:EU:C:2024:139.

[27] Vgl. Gundel, NJW 2024, 955.

[28] Vgl. BAG Großer Senat, NJW 1961, 798.

[29] Vgl. BAG, NZA 2007, 803.

Universitäten aufeinanderfolgende befristete Verträge mit Assistenzprofessoren ohne jede Beschränkung hinsichtlich Dauer und Zahl der Verlängerung abschließen können, für wirksam angesehen. In Anbetracht des besonderen Bedürfnisses an unterschiedlichen und aktuellen Kenntnissen und Berufserfahrungen im Hochschulbereich seien solche Befristungen mit der Richtlinie 1999/70/EG vereinbar.[30] Mit diesen Grundsätzen lassen sich die im deutschen Arbeitsrecht für wissenschaftliches und künstlerisches Personal großzügigeren Befristungsgründe nach dem Wissenschaftszeitvertragsgesetz (WissZeitVG) rechtfertigen. Schließlich wird aus der Entscheidung Huet deutlich, dass die Frage der Änderung von Arbeitsbedingungen bei einer Umwandlung von befristeten in unbefristete Arbeitsverhältnisse durch die Richtlinie 1999/70/EG grundsätzlich nicht erfasst wird. Gleichwohl ist der nationale Gesetzgeber berechtigt, hier ergänzende Regelungen vorzusehen, wie etwa in Deutschland durch die Schaffung einer Brückenteilzeit[31] entsprechend §§ 8, 9 TzBfG geschehen.

12.3.3 Rechtsprechung des BAG zum institutionellen Rechtsmissbrauch bei Befristungen

Das BAG[32] legt in seinen Entscheidungen die in § 14 Abs. 2 TzBfG enthaltenen Grenzwerte zu Grunde und geht von einem Missbrauch dann aus, wenn mindestens das Vierfache eines der in § 14 Abs. 2 Satz 1 TzBfG bestimmten Werte oder das Dreifache beider Werte überschritten ist. Liegt ein Sachgrund vor, kann also von einer Befristung des Arbeitsverhältnisses Gebrauch gemacht werden, so lange diese nicht die Gesamtdauer von sechs Jahren überschreitet und zudem nicht mehr als neun Vertragsverlängerungen vereinbart wurden. Unwirksam wäre die Befristung aber dann, wenn die Gesamtdauer acht Jahre überschreitet oder mehr als zwölf Vertragsverlängerungen vorliegen.[33]

---

[30] Vgl. EuGH vom 13.03.2014, Rs. C-190/13 (Samohano), ECLI:EU:C:2014:146; ferner Linneweber, ZESAR 2014, 464.

[31] Vgl. Gesetz zur Weiterentwicklung des Teilzeitrechts – Einführung einer Brückenteilzeit vom 11.12.2018, BGBl. I., 2384.

[32] Vgl. BAG, NZA 2012, 1359, NZA 2015, 379; ferner BAGE 142, 308.

[33] Vgl. BAG vom 26.10.2016, 7 AZR 135/15.

Rechte und Pflichten in Entsendungsfällen (Mindestlohn/Mindesturlaub)   13

Die besondere Schutzwürdigkeit von Beschäftigten in sog. „prekären Arbeitsverhältnissen" besteht auch im Fall der Arbeitnehmerentsendung. Dabei handelt sich um eine Form der grenzüberschreitenden Arbeitnehmermobilität, die nicht dem Anwendungsbereich von Art. 45 AEUV unterliegt.[4] Anders als bei der Inanspruchnahme des Freizügigkeitsrechts sucht der entsandte AN nicht den Zugang zum Arbeitsmarkt eines anderen Mitgliedsstaates. Der Arbeitgeber im Herkunftsstaat bleibt dem AN im Falle der Entsendung erhalten.

Arbeitnehmerentsendung liegt dann vor, wenn ein Unternehmen einen Arbeitnehmer in seinem Namen oder unter seiner Leitung in einen anderen Mitgliedsstaat im Rahmen eines Vertrages entsendet, der zwischen dem entsendenden Unternehmen und dem in diesem Mitgliedsstaat tätigen Dienstleistungsempfänger geschlossen wurde. Voraussetzung ist daher ein Werk-, Dienst- oder vergleichbares Vertragsverhältnis eines ausländischen AG mit einem inländischen AG, in dessen Rahmen ausländische AN zur Leistungserbringung in dem Tätigkeitsstaat für einen begrenzten

---

[1] ABl. 1997 Nr. L 18 S. 1.

[2] ABl. Nr. L 288 S. 32.

[3] ABl. Nr. L 173 S. 16.

[4] Vgl. EuGH vom 27.03.1990, Rs. C-113/89 (Rush), ECLI:EU:C:1990:142; EuGH vom 21.10.2004, Rs. C-445/03 (Kommission/Luxemburg), ECLI:EU:C:2004:655.

1. Primärrechtliche Kompetenznorm Art. 62, 52 Abs. 2 AEUV	Richtlinien für die Koordinierung der Vorschriften über die Dienstleistungsfreiheit
2. Ziel (Erwägungsgründe 1, 5, 14)	- Förderung der Dienstleistungsfreiheit und Sicherung des Arbeitnehmerschutzes, - Einhaltung eines „harten Kerns" klar definierter Arbeitnehmer-Schutzbestimmungen, - Unabhängigkeit der Schutzbestimmungen von der Dauer der Entsendung und der Rechtswahl
3. Anwendungsbereich (Art. 1)	- Unternehmen mit Sitz in einem Mitgliedsstaat, - die im Rahmen länderübergreifender Erbringung von Dienstleistungen Arbeitnehmer in das Hoheitsgebiet eines anderen Mitgliedsstaates entsenden
4. Definition entsandter Arbeitnehmer (Art. 1 Abs. 3, Art. 2)	- Jeder Arbeitnehmer, der Arbeitsleistungen im Hoheitsgebiet eines anderen Mitgliedsstaates als demjenigen erbringt, in dem er normalerweise arbeitet, - Geltung auch für Arbeitnehmer, die durch Leihunternehmen einem Arbeitgeber in einem anderen Mitgliedsstaat zur dortigen Tätigkeit überlassen werden.
5. Handlungsformen für die zu garantierenden Arbeits- und Beschäftigungsbedingungen (Art. 3)	- Rechts- oder Verwaltungsvorschriften, - für allgemeinverbindlich erklärte Tarifverträge oder Schiedssprüche, sofern sie die Baubranche betreffen
6. Inhalt der zu garantierenden Arbeits- und Beschäftigungsbedingungen (Art. 3)	- Höchstarbeitszeiten und Mindestruhezeiten, - bezahlter Mindestjahresurlaub, - Mindestlohnsätze einschließlich der Überstundensätze, - Bedingungen für die Überlassung von Arbeitskräften, - Sicherheit, Gesundheitsschutz und Hygiene, - Schutzmaßnahmen für Schwangere und Wöchnerinnen, - Gleichbehandlung von Männern und Frauen sowie andere Nichtdiskriminierungsbestimmungen
7. Zusammenarbeit der Mitgliedsstaaten (Art. 4)	- Benennung von Verbindungsbüros, - keine einheitliche präventive Kontrolle von Entsendungssachverhalten, - Kontrolle von Entsendungssachverhalten erfolgt durch nationale Bestimmungen der Mitgliedsstaaten

Abb. 13.1 RL 96/71/EG über die Entsendung von Arbeitnehmern im Rahmen der Erbringung von Dienstleistungen. (Arbeitnehmer-Entsende-Richtlinie)

1.	Primärrechtliche Kompetenznorm Art. 115 AEUV Art. 31 GRCh	Angleichung von Rechtsvorschriften mit unmittelbarem Einfluss auf das Funktionieren des Binnenmarktes; Recht auf gesunde, sichere und würdige Arbeitsbedingungen.
2.	Ziel (Erwägungsgrund 6)	Auf Unionsebene sollen Mindestanforderungen für die Unterrichtung über die wesentlichen Aspekte des Arbeitsverhältnisses und für die Arbeitsbedingungen festgelegt werden.
3.	Zweck (Art. 1)	Arbeitsbedingungen sollen verbessert werden, indem eine transparente und vorhersehbare Beschäftigung gefördert und zugleich die Anpassungsfähigkeit des Arbeitsmarktes gewährleistet wird.
4.	Informationspflichten gegenüber im Inland tätigen AN (Art. 4)	- Personalien der Parteien, - Arbeitsort, - Funktionsbezeichnung, - kurze Charakterisierung oder Beschreibung der Arbeit, - Zeitpunkt des Beginns des Arbeitsvertrages, - Dauer des Arbeitsvertrages bei Befristung, - Dauer des Jahresurlaubs/Probezeit, - Länge der Kündigungsfristen/Kündigungsverfahren, - Grundbetrag und Bestandteile des Arbeitsentgeltes, - Tages- oder Wochenarbeitszeit/Anzahl der garantiert bezahlten Stunden, - Anwendung von Tarifverträgen, - bei Leiharbeitnehmern die Identität der entleihenden Unternehmen
5.	Informationspflichten gegenüber im Ausland tätigen Arbeitnehmern (Entsendungsfall) (Art. 7)	- Land der Entsendung und Dauer der im Ausland ausgeübten Tätigkeit - Währung, in der das Arbeitsentgelt ausgezahlt wird, - ggf. die mit dem Auslandsaufenthalt verbundenen Vorteile in Geld und Naturalien - ggf. die Bedingungen für die Rückführung des Arbeitnehmers - Hinweis auf Link zur offiziellen nationalen Website über EU-Arbeitsbedingungen
6.	Bestimmungen über die Form des Arbeitsvertrages (Art. 5)	- Spätestens zwischen dem ersten und siebten Kalendertag in Form eines oder mehrerer Dokumente - Ergänzende Informationen durch Hinweis auf Online-Portale über allgemeinverbindliche Kollektiv- bzw. Tarifverträge
7.	Änderung des Arbeitsvertrages (Art. 6)	Jede Änderung von in Art. 4 Abs. 2 genannten Aspekten des Arbeitsverhältnisses spätestens am Tag ihres Wirksamwerdens.

Abb. 13.2 RL 91/533/EWG über die Pflicht des Arbeitgebers zur Unterrichtung des Arbeitnehmers über die für seinen Arbeitsvertrag oder sein Arbeitsverhältnis geltenden Bestimmungen. (Nachweis-Richtlinie)

1. Primärrechtliche Kompetenznorm Art. 52 Abs. 1, Art. 62 AEUV	Koordinierung der Vorschriften über die Dienstleistungsfreiheit

2. Ziel
(4. – 6. Erwägungsgrund)
	- Änderung der Richtlinie 96/71/EG
	- Verhinderung einer Umgehung und eines
	  Missbrauchs von Richtlinie 96/71/EG
	- Stärkung des Arbeitnehmerschutzes und der
	  Gleichbehandlungsgrundsätze
	- Verbot der Diskriminierung

3. Anwendungsbereich (Ziffer 1)	Unternehmen mit Sitz in einem Mitgliedsstaat, die im Rahmen länderübergreifender Erbringung von Dienstleistungen Arbeitnehmer in das Hoheitsgebiet eines anderen Mitgliedsstaates entsenden

4. Inhalt der wesentlichen Änderungen
(Ziffer 2 a und b, Ziffer 4 sowie
11. Erwägungsgrund)
	- Ersetzung des Tatbestandsmerkmals
	  Mindestlohnsätze durch Entlohnung
	- Angleichung der Arbeits- und
	  Beschäftigungsbedingungen bei Entsendedauer
	  von mehr als 12 bzw. max. 18 Monaten
	- Ergänzung von Überwachungs-, Kontroll- und
	  Durchsetzungsmaßnahmen

Abb. 13.3   RL 2018/957/EU zur Änderung der Richtlinie 96/71/EG über die Entsendung von Arbeitnehmern im Rahmen der Erbringung von Dienstleistungen. (Änderungs-Richtlinie)

13.4.1 Fall Mazzoleni/ISA, EuGH vom 15.03.2001, Rs. C-165/98, ECLI:EU:C:2001:162	Gesetzliche Mindestlohnvorschriften können ein zwingendes Allgemeininteresse darstellen, das die Dienstleistungsfreiheit einschränken kann, sofern der Verhältnismäßigkeitsgrundsatz beachtet wurde.
13.4.2 Fall Finalarte, EuGH vom 25.10.2001, Rs. C-49/98, ECLI:EU:C:2001:564	Urlaubskassenregelungen sind nur dann verhältnismäßig, wenn sie für die entsandten Arbeitnehmer effektiv Urlaubsansprüche begründen können und damit einen echten Vorteil darstellen.
13.4.3 Fall Portugaia Construções, EuGH vom 24.01.2002, Rs. C-164/99, ECLI:EU:C:2002:40	Mindestlohnregelungen sind dann unverhältnismäßig, wenn inländische Arbeitgeber die Möglichkeit haben, sich durch Abschluss eines Firmentarifvertrages diesen Verpflichtungen zu entziehen.
13.4.4 Fall Rüffert, EuGH vom 03.04.2008, Rs. C-346/06, ECLI:EU:C:2008:189	Landesvergabegesetze, die selbst keine Mindestlohnregelungen enthalten, sondern auf Tarifverträge verweisen, und die nur öffentliche Aufträge betreffen, enthalten keine Verpflichtung zur Zahlung eines flächendeckenden Mindestlohns im Sinne der Entsende-Richtlinie 96/71/EG.
13.4.5 Fall RegioPost, EuGH vom 17.11.2015, Rs. C-115/14, ECLI:EU:C:2015:760	Landesvergabegesetze, die sowohl für öffentliche als auch für private Aufträge einen verpflichtenden bezifferten Mindestlohn vorsehen, können eine Einschränkung der Dienstleistungsfreiheit rechtfertigen.

Abb. 13.4   Kurzübersicht Fälle

Zeitraum eingesetzt werden.[5] Unionsrechtlich ist ein entsandter AN damit jede Person, die während eines begrenzten Zeitraums auf Weisung ihres AG die Arbeitsleistung im Hoheitsgebiet eines anderen Mitgliedsstaates als demjenigen erbringt, in dem sie normalerweise arbeitet.[6]

13.1   Anzuwendende Arbeitnehmerschutzregelungen bei einer vorübergehenden Auslandstätigkeit

Da die Integration von AN in das System des Tätigkeitsstaates geringer als bei der Inanspruchnahme des Freizügigkeitsrechts[7] ist, unterliegen entsandte AN regelmäßig den wirtschafts-, arbeits- und sozialrechtlichen Vorgaben ihres Herkunftsstaates. Da häufig die Parteien im Falle der Entsendung keine bestimmte Rechtswahl im Arbeitsvertrag getroffen haben, ist nach den einschlägigen IPR-Regelungen des Art. 8 Abs. 2 Rom-I-VO die Rechtsordnung des Staates maßgebend, in dem oder von denen aus AN in Erfüllung des Vertrages gewöhnlich ihre Arbeit verrichten.[8] Dies ist üblicherweise der Herkunftsstaat. Art. 8 Abs. 2 Satz 2 Rom-I-VO stellt klar, dass der Staat, in dem die Arbeit gewöhnlich verrichtet wird, nicht wechselt, wenn die Arbeit vorübergehend[9] – in Abgrenzung zum dauerhaften Übertritt – in einem anderen Staat verrichtet wird. Eine vorübergehende Auslandstätigkeit führt daher nicht zu einer Neubestimmung der anzuwendenden Rechtsordnung.[10]

Daher genießen AG, die aus einem Herkunftsland mit niedrigem Lohnniveau AN in einem Mitgliedsstaat mit höherem Lohnniveau entsenden, dort Wettbewerbsvorteile. Sie können ihre Leistungen zu niedrigeren „Preisen" anbieten als örtliche AG.[11] Mitgliedsstaaten mit einem hohen Lohnniveau werden daher versuchen, mit sozialpolitischer Begründung – Stichwort: Sozialdumping – ein Unterbieten der am Arbeitsort üblichen Löhne und Gehälter zu verhindern. Der Schutz der ausländischen AN verlange die Sicherung bestimmter arbeitsrechtlicher Mindeststandards.[12] Weitere Motive sind die Schaffung eines fairen bzw. die Verhinderung

---

[5] Vgl. Kort, NZA 2002, 1248; Blanpain, European Labour Law, 2014, 1100–1160; vgl. ferner Art. 1 Abs. 3 a u. Art. 2 Abs. 1 EU-Richtlinie 96/71/EG (Entsende-Richtlinie).

[6] Vgl. Art. 2 Abs. 1 Arbeitnehmer-Entsende-Richtlinie RL 96/71/EG.

[7] Vgl. Thüsing, Europäisches Arbeitsrecht, 4. Auflage, § 9 Rn. 1; ferner Fuchs/Marhold/Friedrich, Europäisches Arbeitsrecht, 6. Auflage, S. 632 ff.; Riesenhuber, Europäisches Arbeitsrecht, 2. Auflage, § 7 Rn. 1–6; Blanpain a. a. O.

[8] Vgl. hierzu Koberski/Asshoff/Eustrup/Winkler, AEntG, 3. Auflage, § 3 Rn. 71; Fuchs/Marhold/Friedrich a. a. O. S. 660; Sittard, NZA 2015, 79; Thüsing, Europäisches Arbeitsrecht, 4. Auflage, § 9 Rn. 9–13.

[9] Vgl. zur Auslegung des Begriffs „vorübergehend": Wurmnest, EuZA 2009, 481 (492, 493).

[10] Vgl. Schlachter, NZA 2002, 1244; Kort, NZA 2002, 1248; Riesenhuber a. a. O. § 7 Anm. 2 und 5.

[11] Vgl. Thüsing a. a. O. Rn. 11 sowie Riesenhuber a. a. O. Rn. 5.

[12] Siehe Schwab, NZA-RR 2004, 1; Bt-Drucksache 13/2414; Unter ordnungspolitischen Aspekten wird ferner darauf verwiesen, dass sich die sozialpolitische Problematik zudem durch die Kumulierung der Vorteile zweier unterschiedlicher Standorte ergebe; vgl. hierzu Schiek, Europäisches Arbeitsrecht, 3. Auflage, S. 175 „Wenn Beschäftigte aus Mitgliedsstaaten mit Niedriglöhnen in die Infrastruktur eines EU-Hochlohnlandes entsandt werden, könnten dort die sog. komperativen Kostenvorteile genutzt werden".

eines unlauteren Wettbewerbs,[13] aber auch – wenn auch etwas verklausuliert – die Abschottung des nationalen Arbeitsmarktes gegen die Billigkonkurrenz aus dem Ausland.[14]

Grundsätzlich ist der Vorwurf des „Sozialdumpings" oder von sittenwidrigen Löhnen aber ordnungspolitisch problematisch.[15] Bei Berücksichtigung des Grundsatzes einer offenen Marktwirtschaft mit freiem Wettbewerb nach Art. 120 AEUV muss es im Binnenmarkt Anbietern aus Niedriglohnländern ebenso erlaubt sein, ihren Kostenvorteil im Wettbewerb wahrzunehmen, wie es Anbietern aus anderen Ländern erlaubt ist, ihren Know-how-Vorsprung wahrzunehmen.[16]

13.2 Spannungsverhältnis zwischen nationalem Arbeitnehmerschutz und der Dienstleistungsfreiheit nach Art. 56 AEUV

Somit wird bei der Arbeitnehmerentsendung das Spannungsverhältnis[17] zwischen dem Schutz der entsandten Arbeitnehmer und der Dienstleistungsfreiheit nach Art. 56 AEUV deutlich.[18] Daher stehen die Regelungen zum Schutz von AN bei der Entsendung in einem Spannungsverhältnis zur Dienstleistungsfreiheit.[19] Seltener sind Konflikte mit der Niederlassungsfreiheit nach Art. 49 AEUV, da für die dort tätigen

---

[13] Vgl. hierzu EuGH vom 12.10.2004, Rs. C-60/03 (Wolff & Müller), ECLI:EU:C:2004:610; Kocher, NZA 2007, 604.

[14] Vgl. zu dem für die Bauwirtschaft vermeintlich schädlichen Prozess u. a. Schwab, NZA-RR 2004, 1.

[15] Siehe hierzu Riesenhuber a. a. O.; Koenigs, DB 2002, 1271; ferner Fuchs/Marhold/Friedrich a. a. O. S. 594–596, 600, 601 wonach der Begriff „Sozialdumping" in der Regel zur Rechtfertigung von Protektionsmaßnahmen zu Gunsten heimischer Märkte missbraucht wird; vgl. auch Heuschmid/Schierle in Preis/Sagan, Europäisches Arbeitsrecht, 2. Auflage, § 16, Rz. 16.24; Mankowski, RdA 2017, 272, 278.

[16] Zudem entspricht im Grunde die Entsendung von schlechter bezahlten ausländischen AN der Wettbewerbslage im Zusammenhang mit der Warenverkehrsfreiheit nach den Art. 28, 30, 34 AEUV. Auch die Produzenten aus Niedriglohnländern sind hinsichtlich des Preises im Vorteil. So ist es beim grenzüberschreitenden Warenverkehr völlig ausgeschlossen, dass ein Mitgliedsstaat aus Arbeitnehmerschutzgründen Mindestlöhne bei der Produktion von ausländischen Waren festlegt, um damit eine Beschränkung der Warenverkehrsfreiheit zu rechtfertigen; vgl. Riesenhuber a. a. O.; Deinert, RdA 1996, 339; vgl. ferner die Forderung des französischen Industrieministers Montebourg nach Lohnerhöhungen in Deutschland: u. a. Rheinische Post vom 16. April 2013.

[17] Das Recht von EU-Arbeitgebern zum grenzüberschreitenden Arbeitnehmereinsatz mittels Entsendung fällt in den Anwendungsbereich der Dienstleistungsfreiheit nach Art. 56 AEUV; vgl. EuGH Vander Elst a. a. O.; EuGH Webb I a. a. O.; Selmayr, ZfA 1996, 644; Kort, NZA 2002, 1253; Fuchs/Marhold/Friedrich, Europäisches Arbeitsrecht, 6. Auflage, S. 653; Thüsing a. a. O. Rn. 3; Schmidt, Arbeitsrecht der Europäischen Gemeinschaft, S. 255, 256.

[18] Vgl. EuGH vom 09.08.1994, Rs. C-43/93 (Vander Elst), ECLI:EU:C:1994:310; EuGH vom 17.12.1981, Rs. C-279/80 (Webb I), ECLI:EU:C:1981:314; Selmayr, ZfA 1996, 644; Kort, NZA 2002, 1253; Fuchs/Marhold/Friedrich a. a. O.; Thüsing a. a. O.; Schmidt, Arbeitsrecht der Europäischen Gemeinschaft, S. 255, 256.

[19] Vgl. Erwägungsgründe 1, 2 und 5 der EU-Richtlinie 96/71/EG.

AN das Recht der Niederlassung, also des Tätigkeitsstaates, zur Anwendung kommt. Im Vordergrund steht daher in Entsendungsfällen die Vereinbarkeit mit der Dienstleistungsfreiheit, da dieses Recht als produktions- bzw. leistungsbezogene Grundfreiheit weniger starken Einschränkungen unterliegt als die Niederlassungsfreiheit.[20] So muss sich ein Unternehmer, der sich in einem anderen Mitgliedsstaat niederlässt, grundsätzlich in die dortige Rechts- und Sozialordnung eingliedern, während demjenigen Unternehmen, das nur vorübergehend Dienstleistungen in einem anderen Mitgliedsstaat erbringt, nicht die Befolgung sämtlicher Vorschriften des nationalen Rechts auferlegt werden kann.[21] Allerdings wird die Niederlassungsfreiheit dann wieder relevant, wenn sich AG bzw. Dienstleister aus dem EU-Ausland darauf berufen, bestimmte Arbeitnehmerschutzpflichten bereits in ihrem Heimat- und damit Niederlassungsstaat erfüllt zu haben.[22]

13.3 EU-Richtlinie 96/71/EG (Entsende-Richtlinie) zum Schutz entsandter Arbeitnehmer und der Dienstleistungsfreiheit

Schutzvorschriften zugunsten von entsandten AN enthält die EU-Richtlinie 96/71/EG.[23] Entsprechend den Erwägungsgründen Nr. 1, 2 und 5 bezweckt die Richtlinie allerdings nicht nur den Arbeitnehmerschutz,[24] sondern dient auch der Förderung der Dienstleistungsfreiheit. Durch die Richtlinie soll den entsendenden Unternehmen ein verlässliches Mindestmaß vorgegeben werden, was bei Dienstleistungen im EU-Ausland an Arbeitsbedingungen zu beachten ist.[25] So wird die Beseitigung von Hemmnissen und Förderung der Dienstleistungsfreiheit in den Erwägungsgründen Nr. 1–5 zur EU-Richtlinie 96/71/EG genannt. Die Entsende-Richtlinie bewegt sich somit in dem dargestellten Spannungsfeld zwischen dem Mindestschutz von AN einerseits und der Verwirklichung des freien Dienstleistungsverkehrs andererseits.[26]

---

[20] Kort a. a. O., 1250; Rebhahn, RdA 1999, 182 sowie Thüsing a. a. O. Rn. 4; ferner zur Vereinbarkeit von Mindestlohn mit der Niederlassungsfreiheit www.vergabe.brandenburg.de, Information zur Anwendung von § 3 BdgVergG.

[21] Vgl. u. a. EuGH vom 30.11.1995, Rs. C-55/94 (Gebhard), ECLI:EU:C:1995:411; EuGH vom 25.07.1991, Rs. C-76/90 (Säger/Dennemeyer), ECLI:EU:C:1991:331; Schiek a. a. O., S. 192.

[22] Vgl. EuGH vom 28.03.1996, Rs. C-272/94 (Guiot), ECLI:EU:C:1996:147; EuGH vom 15.03.2001, Rs. C-165/98 (Mazzoleni/ISA), ECLI:EU:C:2001:162; EuGH vom 23.11.1999, Rs. C-369/96 (Arblade), ECLI:EU:C:1999:575.

[23] Vgl. Körner, NZA 2007, 233 (236–238); Kowanz in Nägele, EG-Arbeitsrecht in der deutschen Praxis, S. 340, 341; Bayreuther, EuZA 2014, 193, 194.

[24] Regelungen zum Schutz entsandter Arbeitnehmer sind auch in Art. 4 der Nachweis-Richtlinie 91/533/EWG enthalten.

[25] Vgl. Rebhahn a. a. O., 177; Riesenhuber, Europäisches Arbeitsrecht, 2. Auflage, § 7 Rn 6, 7; Koberski/Asshoff/Eustrup/Winkler, AEntG, 3. Auflage, § 3 Rn. 4; vgl. ferner Erwägungsgrund Nr. 5 EU-Richtlinie 96/71/EG; ferner EuGH vom 03.04.2008, Rs. C-346/06 (Rüffert), ECLI:EU:C:2008:189, Rn. 36.

[26] Vgl. EuGH Rüffert a. a. O. Rn. 36.

Nach Art. 3 Abs. 1 der Entsende-Richtlinie haben die Mitgliedsstaaten dafür zu sorgen, dass unabhängig von dem auf das jeweilige Arbeitsverhältnis anwendbaren Recht den entsandten AN bestimmte Mindestarbeitsbedingungen durch Rechtsvorschriften bzw. durch für allgemein verbindlich erklärte Tarifverträge garantiert und in den Buchstaben a) bis g) genauer bezeichnet werden.[27] Die in Art. 3 Abs. 1 Satz 1 der Entsende-Richtlinie durch die Mitgliedsstaaten zu garantierenden Arbeitsbedingungen betreffen insbesondere den bezahlten Mindesturlaub und die Entlohnung.[28] Das bislang einschlägige Tatbestandsmerkmal Mindestlohnsätze ist mit Änderungs-Richtlinie vom 30. Juni 2018[29] durch den Begriff Entlohnung ersetzt worden.[30] Wegen der Bereichsausnahme des Art. 153 Abs. 5 AEUV kann die Union allerdings selbst keinen unionsweiten Mindestlohn vorschreiben.[31] Vielmehr sind die Mitgliedsstaaten selbst verpflichtet, Mindestarbeits- und Mindestbeschäftigungsbedingungen im Entsendefall zu verabschieden.

Den Vorgaben des Art. 3 Abs. 1 der Richtlinie 96/71/EG können die Mitgliedsstaaten entweder durch Schaffung von Rechtsvorschriften oder durch für allgemein verbindlich erklärte Tarifverträge nachkommen. So ist der allgemeine Mindestlohn nach § 1 Abs. 2 MiLoG eine solche Rechtsvorschrift nach Art. 3 Abs. 1 erster Spiegelstrich der Richtlinie 96/71/EG.[32] Bei der Umsetzung der Richtlinie steht den Mitgliedsstaaten ein Ermessen zu, wobei allerdings die Grundfreiheiten der Union zu beachten sind.[33] Die Richtlinie selbst verpflichtet die Mitgliedsstaaten – wie ausgeführt – vorrangig nur zur Garantie einer rechtsverbindlichen Entlohnung und

---

[27] Vgl. Fuchs/Marhold/Friedrich a. a. O. S. 661 ff.; Riesenhuber a. a. O. § 7 Rn. 17, 18; Thüsing a. a. O. Rn 31–33; Blanpain, European Labour Law, 2014, 1104–1108.

[28] Des Weiteren sind in Art. 3 Abs. 1 Satz 1 der Entsende-Richtlinie als Arbeits- und Beschäftigungsbedingungen festzulegen: Höchstarbeitszeiten und Mindestruhezeiten, Überstundensätze, Bedingungen für die Überlassung von Arbeitskräften, Sicherheit, Gesundheitsschutz und Hygiene am Arbeitsplatz, Schutzmaßnahmen von Schwangeren, Wöchnerinnen, Kindern und Jugendlichen, Gleichbehandlung von Männern und Frauen sowie Nichtdiskriminierungsbestimmungen; vgl. Fuchs/Marhold/Friedrich a. a. O. S. 663, 664.

[29] ABl. Nr. L 173 S. 16; vgl. hierzu Zimmer, ZESAR 2020 Heft 11,12. Ferner sollen nach der Änderungs-Richtlinie nach einer regelmäßigen Entsendedauer von 12 bzw. maximal 18 Monaten sämtliche Arbeits- und Beschäftigungsbedingungen des Tätigkeitsstaates angewandt werden, ausgenommen Regelungen über die Beendigung von Arbeitsverhältnissen und einer zusätzlichen Altersversorgung; siehe hierzu Erwägungsgrund 11 sowie Ziffer 2 b sowie Heuschmid/Schierle in Preis/Sagan, Europäisches Arbeitsrecht, 2. Auflage, § 16 Rz. 16.80, 16.81 sowie 16.118.

[30] Der Begriff Entlohnung bestimmt sich nach den nationalen Rechtsvorschriften oder Gepflogenheiten des Tätigkeitsstaates. Die Entlohnung umfasst alle Bestandteile, die gem. nationalen Rechts- oder Verwaltungsvorschriften oder durch für allgemein verbindlich erklärte Tarifverträge oder Schiedssprüche zwingend verbindlich gemacht worden sind; vgl. RL 2018/957/EU Änderung Ziffer 2.

[31] Vgl. hierzu Lembke, NZA 2015, 70; Klocke/Hautkappe, ZESAR 2021, 63 aber auch Bendrick, ZESAR 2024, 163 zu der bis zum 15.11.2024 umzusetzenden RL (EU) 2022/2041 sog. Mindest-Lohn-RL.

[32] Vgl. hierzu Däubler, NJW 2014, 1924; vgl. ferner zu den Besonderheiten der Bauwirtschaft: Kowanz in Nägele, EG-Arbeitsrecht in der deutschen Praxis, 345; ferner Koberski/Asshoff/Eustrup/Winkler, AEntG, 3. Auflage, § 3 Rn. 2; Klumpp, NJW 2008, 3476.

[33] Vgl. EuGH vom 12.10.2004, Rs. C-60/03 (Wolff & Müller), ECLI:EU:C:2004:610; Koenigs, DB 2002, 1271.

eines bezahlten Mindestjahresurlaubs. Die Beachtung eines nicht gesetzlich oder durch allgemein verbindlichen Tarifvertrag vorgesehenen Lohnes bzw. Vergütungssystems wird durch Art. 3 RL 96/71/EG nicht verlangt.[34] Nach den Erwägungsgründen 13 und 14 soll ein „harter Kern" klar definierter Schutzbestimmungen zu Gunsten der AN garantiert werden. Gleichwohl können die Mitgliedsstaaten über die Richtlinie hinausgehende zusätzliche Pflichten vorsehen – wie sich aus Erwägungsgrund 12 ergibt –, müssen dabei aber die Prinzipien des Unionsrechts beachten.[35] Insoweit hat der Unions-Gesetzgeber zu der Frage, ob die Arbeitsbedingungen des Herkunftsstaates oder die des Arbeitsortes entscheidend sind, sich auf einen Kompromiss verständigt. Danach müssen AG des Entsendestaates einen „harten Kern" an Arbeitsbedingungen im Sinne von § 3 EU-Richtlinie 96/71/EG gewährleisten,[36] dessen Einhaltung der Tätigkeitsstaat mit angemessenen Mitteln unter Beachtung der EU-Grundfreiheiten sicherstellen kann.[37]

13.4   Praktische Fallbeispiele

Der EuGH hatte sich damit auseinanderzusetzen, inwieweit die in nationalen Rechtsvorschriften vorgeschriebenen Löhne[38] oder Urlaubsregelungen einschließlich der Verpflichtung zur Zahlung von Beiträgen an Urlaubs- und Schlechtwetterkassen[39] mit der Dienstleistungs- bzw. Niederlassungsfreiheit vereinbar sind.[40]

13.4.1 Fall Mazzoleni/ISA, EuGH vom 15.03.2001, Rs. C-165/98, ECLI:EU:C:2001:162[41]

Das französische Bewachungsunternehmen M. hatte 13 AN zur Bewachung eines Einkaufszentrums im belgischen Arlon eingesetzt. Einige von ihnen waren in Belgien vollzeitbeschäftigt, andere wurden sowohl in Belgien als auch in Frankreich eingesetzt. Bei einer Kontrolle des grenznah tätigen Unternehmens wurde festgestellt,

---

[34] Vgl. EuGH vom 18.12.2007, Rs. C-341/05 (Laval un Partneri), ECLI:EU:C:2007:809.

[35] Siehe auch Art. 3 Abs. 7 Entsende-Richtlinie.

[36] Vgl. Fuchs/Marhold/Friedrich a. a. O. S. 664; Kort a. a. O., 1250; ferner EU-Richtlinie 96/71/EG 14. Erwägungsgrund, Blanpain a. a. O., 1109 (hard core conditions).

[37] Erwägungsgrund 12 Satz 2; vgl. ferner EuGH vom 12.10.2004, Rs. C-60/03 (Wolff & Müller), ECLI:EU:C:2004:610; Koenigs, DB 2002, 1271.

[38] Vgl. zur Bestimmung des Mindestlohns bei vermögenswirksamen Leistungen: EuGH vom 07.11.2013, Rs. C-522/12 (Isbir), ECLI:EU:C:2013:711 ferner NZA 2013, 1359; Franzen, EuZA 2014, 304.

[39] Vgl. zum Urlaubskassenverfahren: Wank/Börgmann, NZA 2001, 177; Heuschmid/Schierle in Preis/Sagan, Europäisches Arbeitsrecht, 2. Auflage, § 16 Rz. 16.128, 16.129.

[40] Vgl. EuGH vom 15.03.2001, Rs. C-165/98 (Mazzoleni/ISA), ECLI:EU:C:2001:162; ferner EuGH vom 25.10.2001, Rs. C-49/98 (Finalarte), ECLI:EU:C:2001:564; EuGH vom 03.04.2008, Rs. C-346/06 (Rüffert), ECLI:EU:C:2008:189; EuGH vom 24.01.2002, Rs. C-164/99 (Portugaia Construções), ECLI:EU:C:2002:40.

[41] Siehe auch NZA 2001, 554; EuZW 2001, 315; BB 2001, 698.

dass die AN nicht nach dem in Belgien geltenden allgemein verbindlichen Tarifvertrag entlohnt wurden, sondern nach dem etwas geringeren französischen Mindestlohn, wobei sie aber auch von den etwas geringeren französischen Steuersätzen profitierten. Wegen Nichtbeachtung der Verpflichtungen zur Zahlung der belgischen Mindestlöhne wurde gegen M. ein Strafverfahren eröffnet, im Rahmen dessen dem EuGH die Rechtssache zur Prüfung der Vereinbarkeit der Mindestlohnsätze mit der Dienstleistungsfreiheit vorgelegt wurde.

Der EuGH bestätigt zunächst, dass die Anwendung von Mindestlöhnen auf gesetzlicher Grundlage ein zwingendes Allgemeininteresse darstelle, das eine Beschränkung der Dienstleistungsfreiheit rechtfertigen könne. Allerdings sei die Anwendung von Mindestlohn-Vorschriften des Aufnahmestaates dann unverhältnismäßig, wenn das damit verfolgte Allgemeininteresse bereits durch Vorschriften des Herkunftslandes erfüllt werde. Das Ziel des Aufnahmestaates, das gleiche soziale Schutzniveau sicherzustellen wie es in seinem Hoheitsgebiet für AN desselben Sektors gilt, könne dann als verwirklicht angesehen werden, wenn sich alle betroffenen AN im Aufnahmestaat und im Herkunftsstaat hinsichtlich des Entgeltes, der Steuerlast und der Sozialabgaben in einer insgesamt gleichen Lage befinden. Bei der Beurteilung der Gleichwertigkeit der Bezahlung muss nicht nur die Höhe des Entgeltes sondern auch die Dauer der Entsendung – gerade im grenznahen Bereich – sowie die Höhe der Sozialabgaben und der steuerlichen Belastung berücksichtigt werden.

Ergänzend dazu sei auch zu berücksichtigen, ob die entsandten AN weiterhin der Operationsbasis ihres ausländischen AG in dessen Herkunftsstaat oder in dem Aufnahmestaat angehören. Nur bei Berücksichtigung all dieser Umstände könne im Ergebnis entschieden werden, ob die Dienstleistungsfreiheit durch übergeordnete Interessen des Arbeitnehmerschutzes in verhältnismäßiger Weise eingeschränkt werden kann. Zudem müssen auch im Interesse des Dienstleistenden zusätzliche Verwaltungskosten berücksichtigt werden. Es muss daher beurteilt werden, ob das Erfordernis einer stundenweisen Berechnung des angemessenen Entgelts für jeden AN überhaupt erforderlich sei.[42]

Die wichtigsten Leitsätze

1. Der freie Dienstleistungsverkehr darf nur durch Regelungen beschränkt werden, die durch zwingende Gründe des Allgemeininteresses gerechtfertigt sind und für alle im Aufnahmestaat tätigen Personen oder Unternehmen gelten, soweit dieses Interesse nicht durch die Vorschriften geschützt wird, denen der Dienstleistende in seinem Mitgliedsstaat unterliegt. Die Anwendung der nationalen Regelungen auf in anderen Mitgliedsstaaten niedergelassene Dienstleistende muss geeignet sein, die Verwirklichung des mit ihnen verfolgten Zieles zu gewährleisten, und darf nicht über das hinausgehen, was zur Erreichung dieses Zieles erforderlich ist. (Rn. 25, 26)

---

[42] Vgl. zum Fall Mazzoleni/ISA u. a. Schlachter, NZA 2002, 1242; Kort, NZA 2002, 1248.

2. Zu den zwingenden Gründen des Allgemeininteresses gehört der Schutz der Arbeitnehmer. Hinsichtlich der Mindestlöhne ist es den Mitgliedsstaaten nicht verwehrt, ihre einschlägigen Rechtsvorschriften oder Tarifverträge unabhängig davon, in welchem Land der Arbeitgeber ansässig ist, auf alle Arbeitnehmer zu erstrecken, die in ihrem Hoheitsgebiet tätig sind. Folglich können die Vorschriften eines Mitgliedsstaats, die einen Mindestlohn garantieren, grundsätzlich auf die Arbeitgeber, die in diesem Staat Dienstleistungen erbringen, angewandt werden, unabhängig davon, in welchem Land sie ansässig sind. (Rn. 27, 28)
3. Es kann jedoch Umstände geben, unter denen die Anwendung solcher Vorschriften nicht verhältnismäßig ist. So sieht die französische Regelung zwar einen niedrigeren Mindestlohn vor als die belgische, doch muss die Gesamtsituation berücksichtigt werden, d. h. nicht nur das Entgelt, sondern auch die steuerliche Belastung und die Belastung durch Sozialabgaben, sodass sich alle betroffenen Arbeitnehmer in einer insgesamt vergleichbaren Lage befinden. (Rn. 30, 33, 35)
4. Ferner kann die Anwendung der nationalen Vorschriften über Mindestlöhne auf Dienstleistende, die in einer angrenzenden Region eines anderen Mitgliedsstaats ansässig sind, zum einen zu unverhältnismäßig hohen zusätzlichen Verwaltungskosten führen, etwa für eine stundenweise Berechnung des Entgelts für jeden Arbeitnehmer, je nachdem, ob er die Grenze zu einem anderen Mitgliedsstaat überschritten hat, und zum anderen zur Zahlung unterschiedlich hoher Entgelte an die Beschäftigten, die alle die gleiche Arbeit leisten, was zudem Spannungen zur Folge haben und die Kohärenz der im Niederlassungsmitgliedsstaat geltenden Tarifverträge bedrohen könne. (Rn. 36) ◄

13.4.2 Fall Finalarte, EuGH vom 25.10.2001, Rs. C-49/98, ECLI:EU:C:2001:564[43]

Das portugiesische Unternehmen F. hatte AN nach Deutschland entsandt und wurde von der dortigen Lohnausgleichskasse der Bauwirtschaft aufgefordert, Beiträge zu zahlen und für deren Berechnung Auskünfte zu erteilen. Nach der § 5 Nr. 3 Arbeitnehmerentsendegesetz (AEntG)[44] i. V. m. den einschlägigen Regelungen des Bundesrahmentarifvertrags für das Baugewerbe (BRTV) müssen Arbeitgeber auf deutschen Baustellen Beiträge zur Urlaubskasse, einer gemeinsamen Einrichtung der Tarifparteien des Baugewerbes, abführen.[45] Der EuGH hält es nach

---

[43] Siehe auch NZA 2001, 1377; EuZW 2001, 759; DB 2001, 2723.

[44] Zum Zeitpunkt der Entscheidung § 1 Abs. 3 AEntG.

[45] Die Einrichtung einer Urlaubskasse soll es Arbeitnehmern des Baugewerbes ermöglichen, trotz der häufigen Arbeitgeberwechsel den gesetzlichen Jahresurlaub von vier Wochen tatsächlich beanspruchen zu können, obwohl die gesetzliche Wartezeit von 6 Monaten im Baugewerbe oft nicht erreicht wird. Nach dem BRTV erwerben die Beschäftigten des Baugewerbes in 16,5 Arbeitstagen je einen Urlaubstag. Die Urlaubsansprüche für alle Arbeitsverhältnisse des Baugewerbes werden

einer entsprechenden Vorlage grundsätzlich für möglich, dass nationale Urlaubsregelungen im Interesse des Arbeitnehmerschutzes auch für ausländische Arbeitgeber zur Anwendung kommen. Dies gelte auch für den Fall, dass mehr Urlaub gewährt wird, als nach Art. 7 der Richtlinie 2003/88/EG[46] (vier Wochen) vorgesehen sei. Allerdings müsse feststehen, dass diese Regelungen für alle AG gelten und den AN hierdurch ein echter Vorteil gegenüber der Regelung im Heimatland entstünde. Ergänzend seien zudem die administrativen und wirtschaftlichen Belastungen der AG gegen den zusätzlichen sozialen Schutz abzuwägen.[47]

Konkret sah der EuGH sowohl in der Urlaubskassenregelung als auch in den zusätzlichen Dokumentationspflichten eine mögliche Beeinträchtigung der Dienstleistungsfreiheit, wobei die nationalen Gerichte festzustellen haben, ob den AN nach deutschem Recht ein längerer Urlaub und/oder ein höheres Urlaubsentgelt zustehe als nach portugiesischem, sodass ihnen wirkliche Vorteile entstünden.[48] Abschließend verwies der EuGH darauf, dass Ziele wirtschaftlicher Art – wie z. B. der Schutz inländischer Unternehmen – einen Eingriff in die Dienstleistungsfreiheit nicht rechtfertigen können.[49]

Die wichtigsten Leitsätze

1. Nationale Regelungen sind geeignet, Dienstleistungen zu behindern, soweit daraus zusätzliche Kosten und zusätzliche administrative und wirtschaftliche Belastungen folgen. Die Anwendung des AEntG auf die außerhalb Deutschlands ansässigen Dienstleistenden stellt für diese eine Steigerung der Kosten und der administrativen und wirtschaftlichen Belastungen dar. So haben diese Dienstleistenden insbesondere Verwaltungsformalitäten zu beachten, wozu auch die Verpflichtung gehört, der Kasse Auskünfte zu erteilen. (Rn. 30, 32, 33, 35, 36, 37)

2. Dem AEntG lässt sich das Ziel entnehmen, die deutschen Unternehmen des Baugewerbes gegen den steigenden Wettbewerbsdruck im europäischen

---

zusammengerechnet und können ab einer Urlaubslänge von 9 Arbeitstagen gegenüber dem Arbeitgeber, bei dem gerade ein Arbeitsverhältnis besteht, beansprucht werden. Um eine überproportionale Belastung eines Arbeitgebers zu vermeiden, zahlen alle Arbeitgeber Beiträge zur Urlaubskasse, die dem Arbeitgeber, der den Urlaub gewährt, die Aufwendungen für die Entgeltfortzahlung im Urlaub erstattet. Ferner bestehen Mitteilungs- und Dokumentationspflichten gegenüber der Urlaubskasse, die für inländische Arbeitgeber entfallen.

[46] Zum Zeitpunkt der Entscheidung Richtlinie 93/104.

[47] Vgl. hierzu auch Fuchs/Marhold/Friedrich, Europäisches Arbeitsrecht, 6. Auflage, S. 669, 670.

[48] Das BAG hat dann nach Zurückverweisung entschieden, dass die frühere Fassung des AEntG vor dem 1. Januar 1999 nicht mit der Dienstleistungsfreiheit (seinerzeit Art. 49 EG) vereinbar sei, da nur inländischen, nicht aber ausländischen AN ermöglicht wurde, durch eine besondere Vereinbarung der Anwendung des Urlaubskassen-Tarifvertrages zu entgehen. Zugleich wurde festgestellt, dass die seit dem 1. Januar 1999 für das Urlaubskassenverfahren bestehende Regelung mit der Dienstleistungsfreiheit vereinbar sei; vgl. BAG AP Nr. 18 zu § 1 AEntG.

[49] Vgl. zum Fall Finalarte u. a. Schlachter, NZA 2002, 1242; dieselbe, Casebook Europäisches Arbeitsrecht, S. 101, 102; Kort, NZA 2002, 1249; Fuchs/Marhold/Friedrich a. a. O. S. 670.

Binnenmarkt, also gegen ausländische Dienstleistende zu schützen. Es soll vor allem angeblich unfairer Wettbewerb durch europäische Billiglohnunternehmen bekämpft werden. Eine Beschränkung der Dienstleistungsfreiheit lässt sich aber nicht durch Ziele wirtschaftlicher Art wie den Schutz der inländischen Unternehmen rechtfertigen. (Rn. 38, 39)

3. Hinsichtlich des weiteren Zieles des Arbeitnehmerschutzes ist zu prüfen, ob diese Regelung den betroffenen Arbeitnehmern einen tatsächlichen Vorteil verschafft. So ist es möglich, dass dem Arbeitnehmer nach der deutschen Regelung mehr Urlaubstage und ein höheres Urlaubsgeld zustehen als im Niederlassungsmitgliedsstaat. Außerdem erlaubt das Urlaubskassenverfahren den Arbeitnehmern, ihre Urlaubsansprüche mitzunehmen. (Rn. 42, 44)

4. Daher ist zu prüfen, ob derartige potenzielle Vorteile den entsandten Arbeitnehmern einen zusätzlichen Schutz gewähren. Dabei ist zu klären, ob die Arbeitnehmer nach Rückkehr tatsächlich in der Lage sind, ihre Ansprüche auf Urlaubsvergütung geltend zu machen, wobei insbesondere zu berücksichtigen ist, welche Formalitäten (Sprache, Zahlungsmodalitäten) sie dafür zu erledigen haben. Ferner ist zu prüfen, ob das Ziel durch weniger einschneidende Vorschriften erreicht werden kann, z. B. durch eine Verpflichtung, für die Dauer der Entsendung unmittelbar an den Arbeitnehmer die Urlaubsvergütungen zu zahlen. (Rn. 45, 48, 51, 53) ◀

13.4.3 Fall Rüffert, EuGH vom 03.04.2008, Rs. C-346/06, ECLI:EU:C:2008:189[50]

Ein polnisches Bauunternehmen hatte den Zuschlag für Arbeiten an der Justizvollzugsanstalt Göttingen erhalten und dort polnische AN eingesetzt, die nur etwa 50 % des in Niedersachsen tariflich vorgesehenen Baulohnes erhielten. Die Entlohnung entsprach den in Polen üblichen Löhnen auf Baustellen. Nachdem das Land von der Bezahlung Kenntnis erhalten hat, kündigte es den Bauvertrag. Das polnische Bauunternehmen meldete daraufhin Insolvenz an. Gegen den Hauptverantwortlichen erging ein Strafbefehl, der den Vorwurf enthielt, den auf der Baustelle eingesetzten 53 AN nur 46,57 % des gesetzlich vorgesehen Mindestlohns ausgezahlt zu haben. Der Insolvenzverwalter R. verlangte vom Land den vollen Werklohn und das OLG Celle hatte zu entscheiden, ob die Kündigung des Bauvertrages aufgrund einer Verletzung von Tariftreuepflichten wirksam sei.

Auf seine Vorlage stellte der EuGH fest, dass die Tariftreuepflichten nach dem niedersächsischen Landesvergabegesetz mit der Dienstleistungsfreiheit nicht vereinbar seien. Das Landesvergabegesetz könne vorliegend eine Einschränkung des freien Dienstleistungsverkehrs nicht rechtfertigen, da es selbst keinen Mindestlohn festgelegt hatte. Es könne daher nicht als Rechtsvorschrift im Sinne von Art. 3 Abs. 1 Unterabs. 1 erster Gedankenstrich der Richtlinie 96/71/EG – der einen harten

---

[50] Siehe auch NJW 2008, 3485; NZA 2008, 537; EuZW 2008, 306.

Kern klar definierter Schutzbestimmungen erfordert – angesehen werden. Der Tarif-vertrag sei auch nicht allgemein verbindlich und galt daher nur für einen Teil der Bautätigkeit. Zudem beziehe sich das Vergabegesetz nur auf öffentliche Aufträge, sodass die Vergabe privater Aufträge nach wie vor unabhängig von den Mindest-lohnansätzen erfolge.[51] Die Kündigung des Bauvertrages verstieß daher gegen die Dienstleistungsfreiheit, sodass hinsichtlich des Streits um die Zahlung des noch of-fenen Werklohns von einer unwirksamen Kündigung auszugehen war.[52]

Die wichtigsten Leitsätze

1. Nach Art. 3 Abs. 1 der Richtlinie 96/71 sind bei der staatenübergreifenden Er-bringung von Dienstleistungen im Bausektor den entsandten Arbeitnehmern bestimmte Arbeitsbedingungen zu garantieren, zu denen die Mindestlohn-sätze zählen. Diese Arbeitsbedingungen sind durch Rechtsvorschriften oder durch für allgemein verbindlich erklärte Tarifverträge festzulegen. Eine Gesetzesnorm wie das Landesvergabegesetz, die selbst keinen Mindestlohn-satz festlegt, kann nicht als Rechtsvorschrift im Sinne von Art. 3 Abs. 1 der Richtlinie 96/71 angesehen werden. (Rn. 21, 24)
2. Die Günstigkeitsregelung des Art. 3 Abs. 7 lässt sich nicht dahin auslegen, dass sie einem Aufnahmestaat erlaubt, die Erbringung einer Dienstleistung in sei-nem Hoheitsgebiet davon abhängig zu machen, dass Arbeitsbedingungen ein-gehalten werden, die über die zwingenden Bestimmungen über ein Mindest-maß an Schutz hinausgehen. (Rn. 33)
3. Folglich ist das Schutzniveau, das den entsandten Arbeitnehmern im Hoheits-gebiet des Aufnahmemitgliedsstaats garantiert wird, grundsätzlich auf das be-schränkt, was Art. 3 Abs. 1 Unterabs. 1 Buchst. a bis g als sog. harten Kern vorsieht. Daher ist ein Mitgliedsstaat nicht berechtigt, Unternehmen aus dem EU-Ausland nach der Richtlinie 96/71 einen Lohnsatz wie den im Baugewerbe-Tarifvertrag vorgesehenen vorzuschreiben. (Rn. 34, 35, 36)
4. Hinsichtlich der finanziellen Stabilität der sozialen Versicherungssysteme, also der Abhängigkeit der Leistungsfähigkeit des Sozialversicherungssystems vom Lohnniveau, ist nicht erkennbar, dass die Zahlung eines Mindestlohns er-forderlich wäre, um eine erhebliche Gefährdung des finanziellen Gleich-gewichts des Systems der sozialen Sicherheit zu verhindern. (Rn. 42) ◄

---

[51] Abschließend verwies der EuGH noch darauf, dass allein der Aspekt einer finanziellen Stabilität der sozialen Versicherungssysteme ebenfalls nicht ausreichend sei, um die Dienstleistungsfreiheit einzuschränken. Erst wenn eine erhebliche Gefährdung des finanziellen Gleichgewichts des Sozialversicherungssystems vorliege, können Mitgliedsstaaten im Einzelfall Mindestlohn-regelungen vorsehen. Diese Voraussetzungen waren im vorliegenden Fall nicht gegeben.

[52] Vgl. zum Fall Rüffert u. a. Bayreuther, NZA 2008, 625; Jaap, ZTR 2008, 476; Thüsing/Gra-netzny, NZA 2009, 183; Blanpain, European Labour Law, 2014, 1027–1030.

13.4.4 Fall RegioPost, EuGH vom 17.11.2015, Rs. C-115/14, ECLI:EU:C:2015:760

Die Stadt Landau schrieb einen Auftrag über Postdienstleistungen unionsweit im offenen Verfahren aus. Der Auftrag bezog sich auf die Abholung, Beförderung und Zustellung von Briefen, Päckchen und Paketen. Vergabebedingung war, dass sich der Auftragnehmer den Bestimmungen des rheinland-pfälzischen Landesgesetzes zur Gewährleistung von Tariftreue und Mindestentgelt bei öffentlichen Auftragsvergaben (LTTG) unterwirft. In § 3 LTTG war zum Zeitpunkt der Entscheidung ein Mindestentgelt von 8,50 € bzw. 8,70 € vorgeschrieben. Für den Fall der Nichteinhaltung dieser Verpflichtung waren eine Vertragsstrafe und das Recht zur Kündigung vorgesehen. Zudem war die Einhaltung dieser Regelungen bei Nachunternehmern sicherzustellen.

RegioPost beteiligte sich als Bieter, machte aber geltend, dass die Mindestentgelterklärung nach § 3 LTTG vergaberechtswidrig sei. Da RegioPost die gewünschte Erklärung nicht abgab, wurde ihr Angebot nicht gewertet und der Zuschlag der PostCon bzw. der Deutschen Post erteilt. Im Zuge des Beschwerdeverfahrens stellte das OLG Koblenz fest, dass § 3 LTTG eine zusätzliche Bedingung für die Ausführung eines Auftrags enthalte und legte dem EuGH die Frage vor, ob es mit der Dienstleistungsfreiheit nach Art. 56 AEUV und Art. 26 der Vergabe-Richtlinie RL 2004/18/EG vereinbar sei, wenn nationale Regelungen öffentlichen Auftraggebern zwingend vorschreiben, nur Unternehmen zu beauftragen, die sich zur Zahlung eines staatlich festgelegten Mindestlohns verpflichten.

Der EuGH verweist zunächst darauf, dass der Bereich der öffentlichen Auftragsvergabe nicht harmonisiert sei. Daher sei eine Überprüfung anhand des Primärrechts der Union (und nicht anhand der Harmonisierungsmaßnahme) möglich. Nach Art. 26 der Vergabe-Richtlinie RL 2004/18/EG können die Mitgliedsstaaten zusätzliche Bedingungen für die Ausführung eines Auftrags vorschreiben, sofern diese mit dem Unionsrecht vereinbar seien und ihnen insbesondere kein diskriminierender Inhalt zukomme.[53] Die Einschränkung der Dienstleistungsfreiheit nach Art. 56 AEUV sei dann gerechtfertigt, wenn die nationale Bestimmung nach § 3 LTTG als Rechtsvorschrift mit Mindestlohnsatz im Sinne von Art. 3 Abs. 1 einzustufen sei. Nach dieser Regelung sorgen Mitgliedsstaaten dafür, dass Mindestlohnsätze einschließlich der Überstundensätze garantiert werden. Diese Voraussetzungen sieht der EuGH durch § 3 LTTG für gegeben an und verweist darauf, dass Einschränkungen der Dienstleistungsfreiheit durch das Ziel des Schutzes von AN gerechtfertigt sein können.[54]

---

[53] Vgl. Erwägungsgrund Nr. 33 der RL 2004/18/EG; siehe auch Erwägungsgrund Nr. 37 RL 2014/24/EU.

[54] Ferner verwies der EuGH auf die weiteren Unterschiede zu der Rüffert-Entscheidung, in der nur ein für die Baubranche geltender Tarifvertrag betroffen war, der sich nicht auf private Aufträge erstreckte und auch nicht für allgemein verbindlich erklärt worden war.

Die wichtigsten Leitsätze

1. § 3 LTTG ist als „Rechtsvorschrift" im Sinne von Art. 3 Abs. 1 der Richtlinie 96/71 einzustufen, die einen „Mindestlohnsatz" vorsieht. Anders als beim Niedersächsischen Landesvergabegesetz, um das es in der Rechtssache Rüffert ging, ist der Mindestlohnsatz selbst in § 3 LTTG festgelegt. Art. 26 der Richtlinie 2004/18 in Verbindung mit der Richtlinie 96/71 erlaubt es dem Aufnahmestaat, zwingende Bestimmungen über ein Mindestmaß an Schutz vorzusehen, nach denen Unternehmen verpflichtet sind, ihren zur Ausführung eines öffentlichen Auftrags in das Gebiet des Aufnahmemitgliedsstaats entsandten Arbeitnehmern einen Mindestlohn zu zahlen. (Rn. 62, 66)

2. Art. 26 der Richtlinie 2004/18 ist dahingehend auszulegen, dass er Rechtsvorschriften nicht entgegensteht, nach denen sich Bieter und deren Nachunternehmer in einer schriftlichen Erklärung verpflichten müssen, den Beschäftigten, die zur Ausführung von Leistungen, die Gegenstand eines öffentlichen Auftrags sind, eingesetzt werden sollen, einen festgelegten Mindestlohn zu zahlen. (Rn. 77)

3. Schließlich steht Art. 26 der Richtlinie 2004/18 Vorschriften nicht entgegen, die vorsehen, dass Bieter und deren Nachunternehmer von einem Vergabeverfahren ausgeschlossen werden, wenn sie sich weigern, sich zur Zahlung eines in den betreffenden Rechtsvorschriften festgelegten Mindestlohns zu verpflichten. (Rn. 88) ◄

13.4.5 Fall Dobersberger, EuGH vom 19.12.2019, Rs. C-16/18, ECLI:EU:C:2019:1110

Die österreichischen Bundesbahnen ÖBB vergaben einen Dienstleistungsauftrag für die Bewirtschaftung der Zugrestaurants bzw. des Bordservices in bestimmten von ihr betriebenen Zügen unter anderem an die Henry am Zug, HungaryKft, eine Gesellschaft ungarischen Rechts (im Folgenden H.Kft.). Diese Gesellschaft führte die Dienstleistungen in Zügen der ÖBB, die Salzburg, München mit Budapest als Ausgangs- oder Endbahnhof verbanden, mittels in Ungarn wohnender Arbeitskräfte durch. Diese waren direkt oder im Wege der Arbeitnehmerüberlassung bei der H.Kft. beschäftigt. Sämtliche zur Erbringung dieser Dienstleistungen herangezogenen Arbeitskräfte waren in Ungarn wohnhaft, sozialversichert und hatten dort ihren Lebensmittelpunkt. Dienstantritt- und Ende waren in Ungarn. In Budapest wurden die dort gelagerten Waren, Speisen und Getränke übernommen und in die Züge gebracht. Dort wurden zudem Kontrollen des Warenbestands und die Abrechnung der Umsätze durchgeführt, sodass alle stehenden Arbeitsleistungen mit Ausnahme der Tätigkeiten in den Zügen in Ungarn erbracht wurden.

2016 wurde dem Geschäftsführer der H.Kft (Michael Dobersberger), vorgeworfen, ungarischer AN nach Österreich zur Arbeitsleistung entsandt zu haben ohne dies wie im österreichischen Arbeitsvertragsrecht-Anpassungsgesetz vorgesehen den zuständigen Behörden mitzuteilen. Zudem seien Unterlagen über die Anmeldung der AN zu Sozialversicherungen und zur Lohneinstufung in deutscher Sprache nicht vorrätig gehalten worden.

Nach gerichtlicher Anfechtung der verhängten Verwaltungsstrafe, legte der österreichische Verwaltungsgerichtshof dem EuGH die Frage vor, ob es sich bei der Erbringung von Dienstleistungen wie die Verpflegung der Fahrgäste mit Speisen und Getränken, den Bordservice oder Reinigungsleistungen in internationalen Zügen um eine Entsendung im Sinne der Richtlinie 96/71 handele und die Verpflichtung zur Meldung und Bereithaltung von sozialversicherungs- und steuerrechtlicher Unterlagen von AN die in grenzüberschreitenden Zügen arbeiten, mit der Dienstleistungsfreiheit vereinbar sei.

Der EuGH verweist in seiner Entscheidung darauf, dass nach Art. 2 Abs. 1 der Richtlinie 96/71 als entsandter AN jede Person gelte, die während eines begrenzten Zeitraums ihre Arbeitsleistung im Hoheitsgebiet eines anderen Mitgliedstaates als demjenigen erbringe, in dessen Hoheitsgebiet sie normalerweise arbeitet. In diesem Sinne können Beschäftigte nicht als in ein Hoheitsgebiet des Mitgliedstaates entsandt angesehen werden, wenn ihre Arbeitsleistungen keine hinreichende Verbindung zu diesem Hoheitsgebiet aufweise. Dies ergebe eine systematische Interpretation von Art 3 Abs. 2 sowie dem 15. Erwägungsgrund der Richtlinie 96/71. Danach kommen die Regelungen über Mindestlohnsätze und bezahlten Mindesturlaub dann nicht zur Anwendung, wenn die entsandten Arbeitnehmer in dem jeweiligen Hoheitsgebiet nur in sehr beschränktem Umfang Arbeitsleistungen erbringen. Gleichermaßen ergeben sich fakultative Ausnahmebestimmungen nach Art. 3 Abs. 3 und Abs. 4 der Richtlinie 96/71. Da die wesentlichen Arbeitsleistungen mit Ausnahme des Bordservices im Mitgliedstaat des AG zu erbringen waren, fehle es an einer hinreichenden Verbindung zum Hoheitsgebiet des Staates, den diese Züge durchqueren um die dort tätigen Arbeitnehmer als entsandt ansehen zu können.

Der EuGH brauchte aber vorliegend die Frage einer Verletzung der Dienstleistungsfreiheit 6 nicht eingehender zu behandeln, da es bereits an einer Entsendung und damit auch einer Einschränkungsmöglichkeiten durch die Richtlinie 96/71 fehlte. Insoweit kamen die mit einer Entsendung verbundenen administrativen Pflichten, wie Abgabe einer Meldung, Bereithalten von Steuer- und Sozialversicherungsunterlagen nicht zur Anwendung. Die Verhängung einer Verwaltungsstrafe durch die Österreichischen Instanzen war daher zu Unrecht erfolgt.

Die wichtigsten Leitsätze

1. Als entsandter Arbeitnehmer im Sinne von Art. 2 Abs. 1 der Richtlinie 96/71 gelte nur eine Person, die während eines begrenzten Zeitraums ihre Arbeitsleistung im Hoheitsgebiet eines anderen Mitgliedsstaates als demjenigen erbringe, in dessen Hoheitsgebiet sie normalerweise arbeitet.
2. Arbeitnehmer können daher nicht als in ein Hoheitsgebiet eines Mitgliedsstaates entsandt angesehen werden, wenn ihre Arbeitsleistung keine hinreichende Verbindung zu diesem Hoheitsgebiet aufweise.

3. Damit kommen die Regelungen über Mindestlohnsätze und bezahlten Mindesturlaub dann nicht zur Anwendung, wenn die entsandten Arbeitnehmer in dem jeweiligen Hoheitsgebiet nur in sehr beschränktem Umfang Arbeitsleistungen erbringen.

4. Da bei der vorliegenden Bewirtschaftung eines Zugrestaurants die wesentlichen Arbeitsleistungen mit Ausnahme des Bordservices im Mitgliedsstaate des Arbeitgebers liegt, fehle es an einer hinreichenden Verbindung zum Hoheitsgebiet des Staates, den diese Züge durchqueren. Damit können die dort tätigen Arbeitnehmer nicht als entsandt angesehen werden. ◄

13.4.6 Fall Van-den-Bosch, EuGH vom 01.12.2020, Rs. C-815/20, ECLI:BU:C:2020:976

Van den Bosch Transporten (im Folgenden Bosch NL) ist ein Güterkraftverkehrsunternehmen mit Standort in Erp (Niederlande). Die Van den Bosch Transporte (eine Gesellschaft deutschen Rechts) und Silo-Tank (eine Gesellschaft ungarischen Rechts) sind Schwestergesellschaften, die zusammen mit Bosch NL derselben Unternehmensgruppe angehören. Sie haben denselben Leiter und denselben Anteilseigner. Van den Bosch Transporten ist Mitglied des niederländischen Verbandes für den Güterverkehr. Dieser Verband und die FMV – eine niederländische Gewerkschaft – schlossen den Tarifvertrag für den Güterverkehr. Obwohl dieser Tarifvertrag nach niederländischem Recht nicht für allgemein verbindlich erklärt wurde, stufte ihn der EuGH als allgemein verbindlich ein, da seine Einhaltung Voraussetzung für die Befreiung von einem anderen, für allgemein verbindlich erklärten Tarifvertrag war.

Bosch NL hatte mit der deutschen und der ungarischen Tochtergesellschaft Charterverträge geschlossen, die sich auf grenzüberschreitende Beförderungen bezogen. Arbeitnehmer der deutschen und ungarischen Schwestergesellschaften wurden im Rahmen dieser Charterverträge als Fahrer für Bosch NL tätig. In der Regel fand die Vercharterung ab Erp in den Niederlanden statt, wo auch die Fahrten endeten. Zudem erfolgten durch Fahrer der deutschen und ungarischen Schwestergesellschaften auch sog. Kabotagefahrten in den Niederlanden, das heißt Fahrten, die im Anschluss an eine grenzüberschreitende Beförderung in dem Staat der letzten Entladung für sieben Tage durchgeführt werden dürfen. Die sonstigen Beförderungen erfolgten jedoch außerhalb der Niederlande. Die Arbeitsbedingungen aus dem mit der FMV abgeschlossenen Tarifvertrag für den Güterverkehr wurden auf die Fahrer aus Deutschland und Ungarn nicht angewandt. Die FMV erhob daraufhin Klage und beantrage, alle Gesellschaften zur Einhaltung des niederländischen Tarifvertrages für den Güterverkehr zu verpflichten und die Arbeitnehmer über die sich aus dem niederländischen Tarifvertrag ergebenden Arbeitsbedingungen zu informieren. Nach Ansicht der FMV seien die Bestimmungen des Tarifvertrages Arbeitsbedingungen, die entsprechend der Richtlinie 96/71 auf die deutschen und ungarischen Fahrer anzuwenden seien.

Im Rahmen der gerichtlichen Auseinandersetzungen wurde dem EuGH die Frage vorgelegt, wie die Wendungen „in das Hoheitsgebiet eines Mitgliedstaates" bzw. „im Hoheitsgebiet eines Mitgliedstaates" im Sinne von Art. 1 und 2 der Richtlinie 96/71 auszulegen seien und ob die im Güterkraftverkehr tätigen Fahrer überhaupt in den Anwendungsbereich der Richtlinie fallen. Zudem ergab sich die Frage, ob der Umstand, dass die Unternehmen hier in einer Unternehmensgruppe verbunden waren, für die Anwendung der Richtlinie 96/71 relevant sei.

Der EuGH weist zunächst darauf hin, dass die Richtlinie 96/71 auf die länderübergreifende Erbringung von Dienstleistungen im Straßenverkehrssektor anwendbar sei. Die Richtlinie gelte länderübergreifend für jede Form der Entsendung von AN, unabhängig vom betroffenen Wirtschaftssektor. So seien auch in der Durchsetzungsrichtlinie Richtlinie 2014/67 und 2020/1057 Kontrollmaßnahmen auch für mobile AN im Transportgewerbe geregelt. Die Tatbestandsmerkmale „in das Hoheitsgebiet eines anderen Mitgliedstaates entsandt" bzw. „im Hoheitsgebiet tätig", erfordern sodann einen hinreichenden Bezug zu diesem Mitgliedstaat. Dieser müsse im Rahmen einer Gesamtwürdigung beurteilt werden, wobei insbesondere die Aspekte der Art der verrichteten Tätigkeit, die enge Verbindung der Tätigkeit zu diesem Mitgliedstaat und der Anteil der in diesem Staat erbrachten Arbeitsleistungen besonders zu berücksichtigen seien.

Allerdings reiche der Umstand, dass die Arbeit in einem anderen Mitgliedstaat beginne oder ende, für sich genommen noch nicht aus, um von einem einer Arbeitnehmerentsendung auszugehen. Das Bestehen eines Konzernverbunds zwischen den Unternehmen vermag dabei als solches nichts darüber auszusagen, wie eng die Verbindung zu dem Hoheitsgebiet eines Mitgliedstaates ist, in das der Arbeitnehmer entsandt wird. Für den Fall von Kabotagebeförderungen, die vollständig im Hoheitsgebiet des Mitgliedstaats stattfinden, sei aber davon auszugehen, dass die Arbeitsleistungen des Fahrers eine hinreichende Verbindung zu diesem Hoheitsgebiet aufweise.

Die wichtigsten Leitsätze

1. Die Tatbestandsmerkmale nach Art. 1 der RL 96/71/EG „in das Hoheitsgebiet eines anderen Mitgliedsstaates entsandt" erfordern einen hinreichenden Bezug zu diesem Mitgliedsstaat. Dieser Bezug müsse im Rahmen einer Gesamtbewertung beurteilt werden.
2. Dabei sind insbesondere Aspekte der Art der verrichteten Tätigkeit, die enge Verbindung der Tätigkeit zu diesem Mitgliedstaat und der Anteil der in diesem Staat erbrachten Arbeitsleistungen besonders zu berücksichtigen.
3. Dabei reiche der Umstand, dass die Arbeit in einem anderen Mitgliedstaat beginne oder ende für sich genommen nicht aus, um von einer Arbeitsentsendung auszugehen. Andererseits vermag das Bestehen eines Konzernverbundes zwischen den Unternehmen als solches nichts darüber auszusagen, wie eng die Verbindung zu dem Hoheitsgebiet eines Mitgliedsstaates ist, in dem der Arbeitnehmer tätig wird. ◄

13.5   Auswirkung auf die deutsche Rechtsordnung und die arbeitsrechtliche Praxis

Für die arbeitsrechtliche Praxis in Entsendungsfällen sind in Deutschland insbesondere das Gesetz zur Regelung eines allgemeinen Mindestlohns (MiLoG) sowie das Arbeitnehmerentsendegesetz (AEntG) von Bedeutung.

13.5.1   Der Allgemeine Mindestlohn nach §§ 1 Abs. 2, 20 MiLoG in Entsendungsfällen

Mit Verabschiedung des Mindestlohngesetzes (MiLoG) besteht seit dem 1. Januar 2015 ein flächendeckender allgemeiner Mindestlohn je Zeitstunde. Dieser Mindestlohn gilt entsprechend § 1 Abs. 2, § 20 MiLoG für alle in- und ausländischen Arbeitgeber, die in Deutschland AN beschäftigen. Nach der Rechtsprechung des EuGH ist davon auszugehen, dass ein flächendeckender gesetzlicher Mindestlohn, der uneingeschränkt für alle öffentlichen und privaten, inländischen und ausländischen Arbeitgeber zur Anwendung kommt, als Mindestlohn im Sinne von Art. 3 Abs. 1 Unterabs. 1 erster Gedankenstrich der Entsende-Richtlinie anzusehen ist. Im Fall des in § 1 Abs. 2 MiLoG vorgesehenen allgemeinen Mindestlohns besteht für einheimische Arbeitgeber keine Möglichkeit, sich durch Abschluss von Firmentarifverträgen[55] der Zahlung des flächendeckenden Mindestlohns zu entziehen. Auch gilt der allgemeine Mindestlohn für alle Formen der Tätigkeiten und nicht nur für Arbeiten im Rahmen öffentlicher Aufträge.[56]

Der deutsche Gesetzgeber hat daher in den §§ 1 Abs. 2, 10 MiLoG einen harten Kern klar definierter Schutzbestimmungen im Sinne des 14. Erwägungsgrundes der Entsende-Richtlinie 96/71/EG geschaffen, der für jeden in- und ausländischen Arbeitgeber eine eindeutige Vorgabe enthält und kollisionsrechtlich als zwingende Eingriffsnorm nach Art. 9 Rom I-VO anzusehen ist. Insoweit stellt die Verabschiedung des flächendeckenden allgemeinen Mindestlohns von 8,50 € nunmehr unionsrechtlich einen von allen in Deutschland tätigen in- und ausländischen Arbeitgebern zu beachtenden Mindestlohn im Sinne von Art. 3 Abs. 1 Entsende-Richtlinie dar.[57] Allerdings ist zu beachten, dass der allgemeine Mindestlohn lediglich eine Untergrenze für die Bezahlung von AN darstellt, §§ 1 Abs. 3, 3 MiLoG. Regelungen aus anderen Gesetzen, insbesondere dem AEntG, die einen höheren Zeitlohn vorsehen, haben Vorrang vor dem MiLoG. Daher stellt sich die Frage, ob und unter welchen Voraussetzungen die im AEntG vorgesehenen höheren Mindestlöhne von ausländischen Dienstleistern in Deutschland geschuldet werden.

---

[55] So noch in EuGH vom 24.01.2002, Rs. C-164/99 (Portugaia Construções), ECLI:EU:C:2002:40.

[56] So noch in EuGH vom 03.04.2008, Rs. C-346/06 (Rüffert), ECLI:EU:C:2008:189; ferner Kainer, NZA 2016, 394.

[57] Vgl. hierzu Däubler, NJW 2014, 1924; Düwell, DB 2014, 121; Bayreuther, NZA 2014, 868; Schweibert/Leßmann, DB 2014, 1869; Spielberger/Schilling, NJW 2014, 2900; Kainer a. a. O.

13.5.2 Mindestlöhne nach dem Arbeitnehmerentsendegesetz (AEntG)

Bis zur Verabschiedung des MiLoG erfolgte die Umsetzung der EU-Richtlinie 96/71/EG durch eine Novellierung des Gesetzes über zwingende Arbeitsbedingungen für grenzüberschreitend entsandte und für regelmäßig im Inland beschäftigte AN (AEntG).[58] Das AEntG ist für Entsendungsfälle nach wie vor von Bedeutung, da das MiLoG wie ausgeführt nach §§ 1 Abs. 3, 3 MiLoG lediglich eine Untergrenze darstellt und weitergehende Ansprüche nach dem AEntG nicht ausschließt.

Ziel des AEntG ist die Schaffung und Durchsetzung angemessener Mindestarbeitsbedingungen für grenzüberschreitend entsandte und – nach mehreren Gesetzesnovellen – nunmehr auch für regelmäßig im Inland beschäftigte AN sowie die Gewährleistung fairer und funktionierender Wettbewerbsbedingungen. Üblicherweise ergeben sich arbeitsvertragliche Mindestbedingungen in Entsendungsfällen aus Rechtsnormen eines bundesweit geltenden Tarifvertrages. Diese Rechtsnormen finden nach § 3 AEntG auch auf Arbeitsverhältnisse zwischen einem Arbeitgeber mit Sitz im Ausland und seinen im räumlichen Geltungsbereich dieses Tarifvertrages beschäftigten Arbeitnehmern zwingend Anwendung, wenn der Tarifvertrag für allgemein verbindlich erklärt ist oder eine Rechtsverordnung nach § 7 vorliegt.

§ 7 AEntG enthält eine Ermächtigung an das Bundesministerium für Arbeit und Soziales durch Rechtsverordnung zu bestimmen, dass die Rechtsnormen eines Tarifvertrages auf alle unter den Geltungsbereich dieses Tarifvertrages fallenden und nicht tarifgebundenen AG und AN Anwendung finden. Der Verordnungsgeber hat von dieser Ermächtigung für die in § 4 genannten einbezogenen Branchen[59] mittlerweile Gebrauch gemacht. Verfahrensrechtliche Voraussetzungen für eine Allgemeinverbindlichkeitserklärung durch Rechtsverordnung ist lediglich die Stellung eines gemeinsamen Antrags der Parteien des Tarifvertrages und nicht die erfolglose Durchführung eines Allgemeinverbindlichkeitsverfahrens nach § 5 TVG.[60] Nach

---

[58] Weitere Mindestarbeitsbedingungen finden sich zudem in dem aus dem Jahr 1952 stammenden Mindestarbeitsbedingungengesetz (MiArbG). Bislang wurde von der Ermächtigungsnorm nach § 4 Abs. 3 MiArbG noch kein Gebrauch gemacht.

[59] Die in §§ 3, 4 AEntG auch für Arbeitgeber mit Sitz im Ausland vorgeschriebene zwingende Wirkungen gilt für Tarifverträge des Bauhauptgewerbes oder des Baunebengewerbes im Sinne der Baubetriebe-Verordnung, für das Gebäudereinigerhandwerk, für Briefdienstleistungen, für Sicherheitsdienstleistungen, für Bergbauspezialarbeiten auf Steinkohlebergwerken, für Wäschereidienstleistungen im Objektkundengeschäft, für die Abfallwirtschaft einschließlich Straßenreinigung und Winterdienst, für Aus- und Weiterbildungsdienstleistungen nach dem Zweiten oder Dritten Buch Sozialgesetzbuch sowie Schlacht- und Fleischereitätigkeiten. Zudem besteht nach § 11 AEntG eine Rechtsverordnung mit Mindestentgelten für die Pflegebranche. Der deutsche Gesetzgeber hat sich daher nicht nur wie in Art. 3 Abs. 1 Unterabs. 1 zweiter Gedankenstrich der EU-Richtlinie 96/71/EG auf die Baubranche (siehe Anlage zur Entsende-Richtlinie) beschränkt, sondern die Allgemeinverbindlichkeit auch für die sonstigen oben genannten Branchen durch Rechtsverordnung hergestellt.

[60] Vgl. Maier, NZA 1999, 127; Schwab, NZA-RR 2004, 5; Thüsing, Europäisches Arbeitsrecht, 4. Auflage, § 9 Rn. 44, 51; vgl. ferner BVerwG vom 27.01.2010 – 8 C 19.09.

dem TVG ist die Zustimmung eines Tarifausschusses und der Nachweis erforderlich, dass mindestens 50 % aller AN der jeweiligen Branche in tarifgebundenen Betrieben tätig sind. Aufgrund dieser erschwerten Voraussetzungen verlagerte sich das Mindestlohnverfahren auf die Regelungen des AEntG, da hier weder der Nachweis einer Tarifbindung von 50 % noch das Einvernehmen des Tarifausschusses erforderlich ist.[61] Ergänzt werden die zwingenden Regelungen über die Anwendbarkeit von Tarifverträgen in den §§ 3, 4, 7 AEntG durch eine Garantiehaftung nach § 14 AEntG.[62]

Nach den Grundsätzen des IPR handelt es sich bei den für allgemein verbindlich erklärten Tarifverträgen um eine zwingende Eingriffsnorm im Sinne von Art. 9 Rom-I-VO, deren Einhaltung von einem Staat als so entscheidend für die Wahrung seines öffentlichen Interesses, insbesondere seiner politischen, sozialen oder wirtschaftlichen Organisationen angesehen wird, dass sie ungeachtet des anzuwendenden Rechts auf alle Sachverhalte anzuwenden ist, die in ihren Anwendungsbereich fallen.[63] Die sich aus den oben genannten Branchentarifverträgen ergebenden Mindestlohn- und Mindestgehaltssätze[64] stellen daher nach dem System des AEntG einen Mindestlohn im Sinne der oben genannten Entsende-Richtlinie dar, der über den allgemeinen Mindestlohn hinausgeht und auch von Arbeitgebern aus dem EU-Ausland bei einer Entsendung ihrer AN nach Deutschland zu zahlen wäre.[65]

---

[61] BVerfG und BAG haben das Verfahren zur Allgemeinverbindlichkeit von Tarifverträgen nach dem AEntG für verfassungskonform – insbesondere für vereinbar mit Art. 9 Abs. 3, Art. 12 Abs. 1 sowie Art. 80 Abs. 1 GG – angesehen; vgl. BVerfG, NZA 2000, 948; BVerfG, NZA 2007, 609; sowie ferner zu Art. 9 Abs. 3 GG BVerfG, NZA 2001, 777; BAG, NZA 2005, 627; ferner BAG, NZA 2007, 613.

[62] Nach § 14 AEntG haftet ein Unternehmer, der einen anderen Unternehmer mit der Erbringung von Bauleistungen beauftragt, für die Erfüllung der Verpflichtung zur Zahlung des Mindestentgeltes und der Urlaubskassenbeiträge wie ein selbstschuldnerischer Bürge. Es handelt sich insoweit um eine verschuldensunabhängige Garantiehaftung des Auftraggebers. Die §§ 16 ff AEntG enthalten verfahrensmäßige Ermächtigungen für die als Aufsichtsbehörde zuständige Zollverwaltung. Ein Unterschreiten der dargestellten Mindestarbeitsbedingungen ist nach § 23 AEntG bußgeldbewährt. So kann die Nichtgewährung von im AEntG vorgesehenen Arbeitsbedingungen nach § 23 AEntG, § 18 MiArbG mit einem Bußgeld bis zu 500.000,00 €, die Verweigerung von Prüfungs- und Nachweispflichten mit einem Bußgeld von bis zu 30.000,00 € geahndet werden. Darüber hinaus kann ein Unterschreiten entsprechend § 21 AEntG zum Ausschluss vom Wettbewerb über einen Liefer-, Bau- oder Dienstleistungsauftrag führen. Vgl. zur Vereinbarkeit dieser Garantiehaftung mit EU-Recht: EuGH vom 12.10.2004, Rs. C-60/03 (Wolff & Müller), ECLI:EU:C:2004:610; ferner zur Vereinbarkeit mit dem GG: BVerfG, NZA 2007, 609; ferner Koberski/Asshoff/Eustrup/Winkler a. a. O. § 14 Rn. 8–16.

[63] Vgl. Sittard, NZA 2007, 1090; Koberski/Asshoff/Eustrup/Winkler a. a. O.; Kowanz in Nägele, EG-Arbeitsrecht in der deutschen Praxis, S. 341; ferner Fuchs/Marhold, Europäisches Arbeitsrecht, 6. Auflage, S. 675.

[64] So bestand im Zeitraum 2019 tarifvertragliche Mindestlöhne in der Baubranche von 12,20 € (15,20 €) Tarifgebiet West und 12,20 € Tarifgebiet Ost, in der Weiterbildungsbranche von 15,72 €, in der Gebäudereinigungsbranche von 10,56 € Tarifgebiet West und 10,05 € Tarifgebiet Ost sowie in der Abfallbranche von 9,19 €. Seit 2021 gilt weitgehend der gesetzliche Mindestlohn.

[65] Vgl. Bayreuther, NZA 2010, 1158; siehe ferner BayVerfGH, NZA 2009, 443.

13.5.3 Beschränkung der Dienst- und Niederlassungsfreiheit durch tarifvertragliche Mindestlöhne

Bis zur Verabschiedung der Änderungs-Richtlinie vom 28. Juni 2018 war im Streit, ob die Mindestlohnregelungen nach dem AEntG zulässigerweise die Dienstleistungs- bzw. Niederlassungsfreiheit von Dienstleistern aus dem EU-Ausland einschränken können. Aus den EuGH-Entscheidungen wird deutlich, dass eine Verpflichtung zur Zahlung von tariflichen Mindestarbeitsentgelten nicht ohne weiteres mit der Dienstleistungsfreiheit vereinbar ist. Aufgrund der bereits dargestellten Änderung des Tatbestandsmerkmals Mindestlohnsätze in Entlohnung wird allerdings deutlich, dass aufgrund des AEntG oder des TVG für allgemein verbindlich erklärte Tarifverträge als Entlohnung im Sinne von § 3 Abs. 1 RL 96/71/EG anzusehen sind. Insoweit handelt es sich bei den für allgemein verbindlich erklärten Tarifverträgen nach dem AEntG oder dem TVG um zwingende, auch für Arbeitgeber aus dem EU-Ausland verbindliche Entlohnungssätze. Alldlerings ist eine Prüfung erforderlich, ob die in Bezug genommenen Tarifverträge für alle branchenrelevanten Arbeitgeber auch tatsächlich verbindlich sind.

Sofern dies nicht der Fall ist und die Lohnsätze nicht rechts- bzw. allgemein verbindlich sind, ist zu klären, ob diese Arbeits- und Beschäftigungsbedingungen vor dem Hintergrund der Dienstleistungsfreiheit verhältnismäßig sind. Der Zuwachs an Sozialschutz, der über die Vorgaben von § 3 Abs. 1 RL 96/71/EG hinausgeht, muss in einem angemessenen Verhältnis zur Belastung des Arbeitgebers stehen.[66] Bei dieser Abwägung kommen Aspekte wie die Besteuerung und Belastung mit Sozialabgaben im Heimatland sowie die bereits genannten Kriterien der Kurzfristigkeit der Entsendung, der Tätigkeit im grenznahen Bereich,[67] der Zuordnung zum Betrieb im Niederlassungsstaat und der Frage der effektiven Inanspruchnahme durch den betroffenen Arbeitnehmer zum Tragen. Schließlich ist auch der angesprochene Aspekt eines möglichen Spannungsverhältnisses zwischen Beschäftigten im grenznahen Bereich durch eine unterschiedliche Entlohnung zu berücksichtigen.[68] Bei dieser Prüfung sind insgesamt die Anforderungen an die Erforderlichkeit von Mindestarbeitsbedingungen umso geringer, je mehr die Vorgaben der Richtlinie eingehalten werden und umso größer, je mehr der nationale Gesetzgeber über diese EU-Vorgaben hinausgeht.

---

[66] Vgl. Bayreuther, EuZA 2014, 91; Hantel, ZESAR 2014, 315–317; ferner Fuchs/Marhold/Friedrich, Europäisches Arbeitsrecht, 6. Auflage, S. 666–669.

[67] Nach der Mazzoleni-Entscheidung ist bei der Verpflichtung zur Zahlung von Mindestlöhnen für Arbeitnehmer, die im grenznahen Bereich wechselnd in mehreren Mitgliedsstaaten tätig sind, auch zu berücksichtigen, dass eine unterschiedliche Bezahlung zu Spannungen zwischen den Beschäftigten führen kann; vgl. EuGH vom 15.03.2001, Rs. C-165/98 (Mazzoleni/ISA), ECLI:EU:C:2001:162 (Rn. 36); siehe zum Vergleich des Entgelts im Herkunftsstaat mit dem Mindestlohn im Tätigkeitsstaat: Heuschmid/Schierle in Preis/Sagan, Europäisches Arbeitsrecht, 2. Auflage, § 16 Rz. 16.143–16.157.

[68] Vgl. EuGH Mazzoleni/ISA a. a. O. (Rn. 36); das Problem Personal zu motivieren, Touren in Mitgliedsstaaten mit niedrigeren Mindestlöhnen zu übernehmen, wenn sie befürchten müssten dort schlechter bezahlt zu werden, dürfte durch die Fälle Dobersberger und Van-Den.Bosch erledigt sein, vgl hierzu noch Sittard, NZA 2015, 82.

Die gleichen Grundsätze gelten für Mindestlohnregelungen durch den Landes-gesetzgeber.[69] Die Vergabegesetze der Bundesländer[70] enthalten Mindestanforderungen für die Auftragsvergabe durch öffentliche Auftraggeber im Sinne von § 98 GWB. So haben Bieter die Einhaltung der nach dem AEntG vorgesehenen Tarifverträge sicher-zustellen. Sofern solche Tarifverträge nicht bestehen, enthalten die Landesvergabe-gesetze eigene Mindestlohnsätze, die häufig über den Mindestlohn des MiLoG hinaus-gehen. Nach der Rüffert-Entscheidung[71] gehören aber tarifvertragliche Mindestlöhne, auf die in Landesvergabegesetzen Bezug genommen wird, nicht zum harten Kern klar definierter Schutzbestimmungen , deren Einhaltung nach der Entsende-Richtlinie von den Mitgliedsstaaten gefordert werden kann. Anders ist der Sachverhalt entsprechend der RegioPost-Entscheidung[72] dann, wenn in dem Vergabegesetz selbst ein fester Mindestlohn vorgeschrieben ist, der ohne Ausnahme für alle privaten und öffentlichen Aufträge zur Anwendung kommt. Hierin lag auch der Unterschied zu der Rüffert-Ent-scheidung, bei der das zu Grunde liegende niedersächsische Vergabegesetz selbst gar keine Mindestlohnsätze vorsah, sondern nur auf Tarifverträge verwies.

Generell sollten daher öffentliche Auftraggeber aufgrund der oben genannten Urteile bei jeder Vergabe genau prüfen, ob sie im Falle der Nichteinhaltung von Lohnsätzen, die über allgemein verbindliche Tarifverträge nach dem AEntG bzw. dem TVG bzw. über die allgemeinen Mindestlöhne nach dem MiLoG hinausgehen, einen Zuschlag verweigern bzw. den Vertrag kündigen. Bieter aus dem EU-Ausland könnten im Vergabeverfahren unter Hinweis auf die EuGH-Rechtsprechung auf die Sozialstandards in ihrem Heimatland verweisen. Wenn es einem ausländischen Bie-ter gelingt nachzuweisen, dass die seinen Arbeitnehmern gezahlten niedrigeren Löhne bei Berücksichtigung der sonstigen Belastung mit Steuern und Sozial-abgaben auch geeignet sind, einen ausreichenden Arbeitnehmerschutz zu gewähr-leisten, dürfte ein Ausschluss vom Bieterverfahren nicht zu rechtfertigen sein.

Die von den Landesvergabegesetzen geforderten Löhne, die über die Vorgaben des AEntG, TVG oder MiLoG hinausgehen, stellen daher lediglich partiell wirksame Tariftreueklauseln dar, soweit es sich um inländische Anbieter oder um ausländische Anbieter außerhalb der Union handelt. Solche partiellen Tariftreueklauseln sind mit dem EU-Recht vereinbar, wobei in diesem Zusammenhang nicht weiter auf das Pro-blem der sog. Inländerdiskriminierung eingegangen werden soll.[73]

---

[69] Auf das Problem der Gesetzgebungszuständigkeit für die Länder vor dem Hintergrund von Art. 74 Abs. 1 Nr. 12 GG soll hier nicht weiter eingegangen werden.

[70] Vgl. hierzu Heuschmid/Schierle a. a. O. Rz. 16.158.

[71] Vgl. EuGH vom 03.04.2008, Rs. C-346/06 (Rüffert), ECLI:EU:C:2008:189; EuGH vom 18.09.2014, Rs. C-549/13 (Bundesdruckerei), ECLI:EU:C:2014:2235.

[72] Vgl. EuGH vom 17.11.2015, Rs. C-115/14 (PostRegio), ECLI:EU:C:2015:760.

[73] Vgl. hierzu u. a. Kewenig, JZ 1990, 20; Schilling, JZ 1994, 8 ff.; Herdegen, Europarecht, 24. Auf-lage, § 6 Rn. 25; Frenz, Europarecht, 2. Auflage, S. 79; ders., JZ 2007, 343; Hailbronner/Jochum, Europarecht II, Rn. 284; Hobe/Fremuth, Europarecht, 11. Auflage, § 15 Rn. 30 ff.; EuGH vom 15.12.1995, Rs. C-415/93 (Bosman), ECLI:EU:C:1995:463 ferner NZA 1996, 191; EuGH vom 23.04.1991, Rs. C-41/90 (Höfner), ECLI:EU:C:1991:161 ferner NZA 1991, 447; vgl. zur ver-fassungsrechtlichen Zulässigkeit einer Inländerdiskriminierung BVerfGE 115, 276 (ss Sport-wetten); BVerfG DVBl. 2006, 244 sowie NVwZ 2001, 187 (Meisterzwang).

Arbeitgeberpflichten in Entsendungsfällen (administrative Verpflichtung)

14

> **Aktuelle Verordnungen und Richtlinien**
> - Richtlinie 2014/67/EU (Durchsetzungs-Richtlinie)[1] (siehe Abb. 14.1)
> - Kurzübersicht Fälle (siehe Abb. 14.2)

Neben der Verpflichtung zur Zahlung von Mindestlöhnen und Beiträgen zu Urlaubskassen führen auch administrative Verpflichtungen, die der Überwachung und Kontrolle von arbeitsrechtlichen Mindeststandards dienen, zu Einschränkungen der Dienstleistungsfreiheit.[2] Arbeitgeber bzw. Dienstleister erheben gegenüber im Tätigkeitsstaat bestehenden Dokumentationspflichten den Einwand, dass alle relevanten Nachweise und Dokumentationen im Niederlassungsstaat schon vorhanden seien.[3] Demgegenüber besteht der Tätigkeitsstaat auf die Einhaltung der in nationalen Regelungen vorgesehenen Auskunfts-, Dokumentations- und Nachweispflichten, deren Verletzung zudem regelmäßig straf- bzw. bußgeldbewährt ist.[4] Im Zuge der auf eine Verletzung solcher administrativer Pflichten folgenden Straf- bzw. Ordnungswidrigkeitsverfahren stellt sich dann die Frage nach der Zulässigkeit solcher administrativer Verpflichtungen vor dem Hintergrund der Dienstleistungsfreiheit nach Art. 56 AEUV.[5]

---

[1] ABl. L 159 S. 11.

[2] Vgl. vgl. EuGH vom 27.03.1990, Rs. C-113/89 (Rush), ECLI:EU:C:1990:142; EuGH vom 23.11.1999, Rs. C-369/96 (Arblade), ECLI:EU:C:1999:575; EuGH vom 21.10.2004, C-445/03 (Kommission/Luxemburg), ECLI:EU:C:2004:655; EuGH vom 21.09.2006, C-168/04 (Kommission/Österreich), ECLI:EU:C:2006:595; EuGH vom 21.10.2004, Rs. C-244/04 (Kommission/Deutschland), ECLI:EU:C:2006:49; EuGH vom 07.10.2010, Rs. C-515/08 (Termiso Limitada), ECLI:EU:C:2010:589.

[3] Vgl. zur gleichen Interessenlage im Bereich der Arbeitnehmerüberlassung: EuGH vom 17.12.1981, Rs. C-279/80 (Webb I), ECLI:EU:C:1981:314 (vgl. Kap. 10).

[4] Vgl. §§ 16, 17 MiLoG; §§ 18, 19 AEntG; §§ 13, 14 MiArbG; ferner die vergaberechtlichen Regelungen in §§ 6, 8 BdgVergG; §§ 4–6 BerlAVG.

[5] So wurden z. B. in Deutschland im Zusammenhang mit der Einführung eines allgemeinen Mindestlohns im Jahr 2015 von deutschen und ausländischen Arbeitgebern nicht nur die Höhe des

P. Hantel, *Europäisches Arbeitsrecht*, Springer-Lehrbuch, https://doi.org/10.1007/978-3-662-70226-0_14

1. Primärrechtliche Kompetenznorm Art. 52 Abs. 1, Art. 62 AEUV	Richtlinie für die Koordinierung der Vorschriften über die Dienstleistungsfreiheit
2. Ziel (Kapitel 1 Abs. 1)	- Schaffung eines gemeinsamen Rahmens von Kontrollmechanismen für eine bessere und einheitliche Durchsetzung der Richtlinie 96/71/EG - Schaffung eines angemessenen Schutzniveaus hinsichtlich der Rechte entsandter Arbeitnehmer - Verhinderung unnötiger Verwaltungslasten
3. Anwendungsbereich	Unternehmen mit Sitz in einem Mitgliedsstaat, die im Rahmen länderübergreifender Erbringung von Dienstleistungen Arbeitnehmer in das Hoheitsgebiet eines anderen Mitgliedsstaates entsenden.
4. Inhalt der Richtlinie (8., 12. und 26. Erwägungsgrund)	- Feststellung einer tatsächlichen Entsendung - Gesamtbeurteilung aller tatsächlichen Umstände - Einrichtung von Verbindungsbüros - Verbesserung des Zugangs zu Informationen - Verbesserung gegenseitiger Amtshilfe - Vermeidung eines Vorabgenehmigungsverfahrens
5. Handlungs- und Kooperationsformen (Kapitel 2–6 sowie 12. Erwägungsgrund)	- Koordinierung von Verwaltungs-, Kontroll- und Prüfungsmaßnahmen - rechtliche Folge des Fehlens einer Bescheinigung nach VO (EG) Nr. 883/2004 - Erleichterung von Beschwerden/Nachzahlungen - Haftung bei Unteraufträgen - Benennung der national zuständigen Behörden - grenzüberschreitende Durchsetzung von Verwaltungssanktionen bzw. Geldbußen

Abb. 14.1 RL 2014/67/EU zur Durchsetzung der Richtlinie 96/71/EG über die Entsendung von Arbeitnehmern im Rahmen der Erbringung von Dienstleistungen und zur Änderung der Verordnung (EU) Nr. 1024/2012 über die Verwaltungszusammenarbeit mit Hilfe des Binnenmarkt-Informationssystems („IMI-Verordnung"). (Durchsetzungs-Richtlinie)

14.2.1 Fall Rush, EuGH vom 27.03.1990, Rs. C-113/89, ECLI:EU:C:1990:142	Der Anwendungsbereich des Arbeitnehmer-Freizügigkeitsrechts ist – anders als die Dienstleistungsfreiheit – in Entsendungsfällen nicht berührt.
14.2.2 Fall Arblade, EuGH vom 23.11.1999, Rs. C-369/96, ECLI:EU:C:1999:575	Nationale Dokumentationspflichten über die Bezahlung entsandter Arbeitnehmer sind nur dann mit der Dienstleistungsfreiheit vereinbar, wenn sie verhältnismäßig sind.
14.2.3 Fall Kommission/Luxemburg, EuGH vom 21.10.2004, Rs. C-445/03 ECLI:EU:C:2004:655	Das Erfordernis der Erbringung einer Bankbürgschaft für entsandte Arbeitnehmer sowie für Mindestbeschäftigungszeiten ist mit der Dienstleistungsfreiheit unvereinbar.
14.2.4 Fall Termiso Limitada, EuGH vom 07.10.2010, Rs. C-515/08, ECLI:EU:C:2010:589	Das Erfordernis der Zuweisung einer Registrierungsnummer als Rechtmäßigkeitsvoraussetzung für die Arbeitnehmerentsendung erschwert die zügige Erbringung von Dienstleistungen und verletzt daher die Dienstleistungsfreiheit nach Art. 56 AEUV.

Abb. 14.2 Kurzübersicht Fälle

14.1   Verpflichtung zur Anmeldung, Auskunftserteilung und Erstellung von Nachweisen und Dokumentationen nach Unionsrecht

In §§ 4 und 5 der Entsende-Richtlinie 96/71/EG[6] sind Regelungen über die Zusammenarbeit im Informationsbereich zwischen den Mitgliedsstaaten und auch über die erforderlichen Maßnahmen zur Überprüfung der Mindestarbeitsbedingungen enthalten. Allerdings betreffen diese Maßnahmen nur die Zusammenarbeit zwischen den Mitgliedsstaaten sowie die Schaffung geeigneter Maßnahmen für den Fall der Nichteinhaltung der Richtlinie.[7] Nach Art. 4 Abs. 1 der Entsende-Richtlinie 96/71/EG sind die Mitgliedsstaaten verpflichtet, zur Durchführung der Richtlinie Verbindungsbüros[8] einzurichten. Eine Zusammenarbeit der Mitgliedsstaaten ist nach Art. 4 Abs. 2 sowie Art. 5 nach Maßgabe der mitgliedsstaatlichen Rechtsvorschriften vorgesehen.[9] Daher sieht die Richtlinie 96/71/EG keinen präventiven Daten- und Informationsaustausch vor.[10]

14.2   Administrative Verpflichtungen nach der Durchsetzungs-Richtlinie 2014/67/EU

Ergänzt wird die Entsende-Richtlinie durch die sog. Durchsetzungs-Richtlinie 2014/67/EU.[11] Mit dieser Richtlinie sollen Bestimmungen, Maßnahmen und Kontrollmechanismen festgelegt werden, die für eine bessere und einheitliche Durchführung, Anwendung und Durchsetzung der Entsende-Richtlinie 96/71/EG in

---

Mindestlohns von 8,50 €, sondern auch die damit verbundenen administrativen Pflichten, wie die Dokumentation der geleisteten und bezahlten Stunden und die Verpflichtung zur vorherigen Anmeldung entsandter AN kritisiert. Diese Verpflichtungen führen insbesondere dann, wenn AN wechselnd in mehreren Mitgliedsstaaten tätig sind, wie z. B. Lkw-Fahrer, Zug- und Flugpersonal, Binnenschiffer oder Servicekräfte im grenznahen Bereich, zu erheblichen praktischen Problemen.

[6] Vgl. zur Entsende-Richtlinie 96/71/EG: Körner, NZA 2007, 233 (236–238); Blanpain, European Labour Law, 2014, 1113–1117.

[7] Ergänzend dazu ergeben sich Dokumentationsverpflichtungen aus der Richtlinie 91/533/EWG (Nachweis-Richtlinie) und der Richtlinie 89/391/EWG (Arbeitsschutz-Rahmenrichtlinie).

[8] Vgl. Hinweis auf die Liste mit Adressen der Verbindungsbüros in Heuschmid/Schierle in Preis/ Sagan, Europäisches Arbeitsrecht, 2. Auflage, § 16 Rz. 16.191.

[9] Regelungen zur Koordinierung und Harmonisierung des Arbeitnehmerschutzes sehen lediglich die Gemeinschaftsrichtlinien Richtlinie 91/533/EWG (Nachweis-Richtlinie) sowie die Richtlinie 89/391/EWG (Arbeitsschutz-Rahmenrichtlinie) vor. Allerdings enthalten diese Richtlinien ebenfalls keine Koordinierung hinsichtlich eines präventiven Datenaustauschs; vgl. hierzu EuGH vom 23.11.1999, Rs. C-369/96 (Arblade), ECLI:EU:C:1999:575.

[10] Vgl. Heuschmid/Schierle a. a. O. § 16 Rz. 16.35–16.39 ferner 16.199 zur sog. Durchsetzungs-Richtlinie; Riesenhuber, Europäisches Arbeitsrecht, 2. Auflage, § 7 Rn. 4 sowie zur historischen Entwicklung Blanpain, European Labour Law, 2014, 1147–1155; ferner EuGH vom 07.10.2010, Rs. C-515/08 (Termiso Limitada), ECLI:EU:C:2010:589.

[11] Vgl. hierzu Heuschmid/Schierle in Preis/Sagan, Europäisches Arbeitsrecht, 2. Auflage, § 16 Rz. 16.77–16.79.

der Praxis notwendig sind. Aus diesem Grund sind entsprechend Kapitel I der Durchsetzungs-RL Maßnahmen zur Verhinderung und Sanktionierung jeglichen Missbrauchs und jeglicher Umgehung der Entsende-Richtlinie vorzusehen. Damit soll ein angemessenes Schutzniveau hinsichtlich der Rechte entsandter AN im Rahmen der grenzüberschreitenden Erbringung von Dienstleistungen, insbesondere der Durchsetzung der Arbeits- und Beschäftigungsbedingungen gewährleistet werden. Zugleich gilt die Durchsetzung-RL nach Kapitel I Abs. 1 der Erleichterung der Ausübung der Dienstleistungsfreiheit für Dienstleistungserbringer und der Förderung des fairen Wettbewerbs zwischen ihnen und damit der Förderung der Funktionsfähigkeit des Binnenmarktes. Dabei soll die Durchsetzungs-RL nach Kapitel I Abs. 2 aber nicht die Ausübung der anerkannten Grundrechte einschließlich des Rechts zum Streik in den Mitgliedsstaaten beeinträchtigen.

Die Durchsetzungs-RL enthält daher in den Kapiteln II–IV Regelungen über den besseren Zugang zu Informationen, der gegenseitigen Amtshilfe und Verwaltungszusammenarbeit sowie Koordinierungsmaßnahmen zur Kontrolle und Prüfung von Entsendungssachverhalten. Sodann werden die Haftung von Unternehmen im Zusammenhang mit Unteraufträgen und eine erleichterte Beitreibung und Durchsetzung von Verwaltungssanktionen und Geldbußen in Kapitel V der Richtlinie geregelt. Dabei verweist die Richtlinie darauf, dass im Rahmen der Entsendung eine Bescheinigung über die anwendbaren Rechtsvorschriften im Bereich der sozialen Sicherheit gem. Verordnung (EG) Nr. 883/2004 bereitgehalten werden sollte und welche Folgen aus dem Nichtvorhandensein einer solchen Bescheinigung zu ziehen sind.[12]

Allerdings soll die Durchsetzungs-RL auch nicht dazu führen, dass dem Dienstleistungserbringer unnötige Verwaltungslasten aufgebürdet werden.[13] Auch wird in der Richtlinie darauf verwiesen, das die Verwaltungsanforderungen und Kontrollmaßnahmen kein Vorabgenehmigungsverfahren darstellen dürfen.[14] Insoweit besteht auch nach der Durchsetzungs-RL kein präventives Anmelde- oder Genehmigungsverfahren vor der Entsendung von AN in das EU-Ausland. Allerdings müssen die nationalen Auskunfts-, Dokumentations- und Nachweispflichten den Vorgaben der Entsende-RL sowie der Durchsetzungs-RL entsprechen. Im Übrigen verbleibt es bei dem allgemeinen Grundsatz, dass Unionsrecht durch Behörden der Mitgliedsstaaten nach eigenem Ermessen vollzogen wird, wobei aber entsprechend Art. 4 Abs. 3 EUV die einheitliche und effektive Geltung des Unionsrechts nicht beeinträchtigt werden darf.[15]

---

[12] Vgl. hierzu u. a. Heuschmid/Schierle a. a. O. Rz. 16.38.

[13] Vgl. Erwägungsgrund 5 sowie 12 zu RL 2014/67/EU.

[14] Vgl. Erwägungsgrund 26 zu RL 2014/67/EU.

[15] Vgl. Hailbronner/Jochum, Europarecht I, Rn. 597; Herdegen, Europarecht, 24. Auflage, § 10 Rn. 59 ff.; Hobe/Fremuth, Europarecht, 11. Auflage, § 10.

14.3   Praktische Fallbeispiele

In den nachfolgenden Entscheidungen geht es daher vorrangig um die Frage, ob präventive Kontrollen[16] vor dem Einsatz von AN aus dem EU-Ausland oder Drittstaaten[17] mit der Dienstleistungsfreiheit vereinbar sind.

14.3.1   Fall Rush, EuGH vom 27.03.1990, Rs. C-113/89, ECLI:EU:C:1990:142[18]

Das portugiesische Bauunternehmen R führte in Frankreich Bauaufträge des französischen Staates aus. Dazu bediente es sich seiner portugiesischen Mitarbeiter, die das Unternehmen in das französische Hoheitsgebiet einreisen ließ. Die Einwanderungsbehörde wollte die Arbeitsaufnahme der portugiesischen AN von einer Arbeitserlaubnis abhängig machen und verlangte einen sog. Sonderbeitrag für die Erteilung einer Arbeitserlaubnis. R berief sich auf die Arbeitnehmerfreizügigkeit und die Dienstleistungsfreiheit. Das Tribunal administrative Versailles hat dem EuGH u. a. die Frage zur Vorabentscheidung vorgelegt, ob eine portugiesische Gesellschaft daran gehindert werden könne, mit eigenem Personal Bauleistungen in Frankreich zu erbringen.

Der EuGH sieht die Dienstleistungsfreiheit nach Art. 56 AEUV als verletzt an. Danach dürfe einem in einem anderen Mitgliedsstaat ansässigen Erbringer von Dienstleistungen nicht verboten werden, mit seinem Personal frei in das Gebiet des erstgenannten Staates einzureisen oder dies von einschränkenden Bedingungen abhängig zu machen. Dagegen sei die Freizügigkeit nach Art. 45 AEUV nicht verletzt, weil die AN nicht den Zugang zum französischen Arbeitsmarkt anstreben, sondern nur von einem portugiesischen Unternehmen nach Frankreich entsandt werden.

Die wichtigsten Leitsätze

1. Der in Art. 56 AEUV[19] vorgesehene freie Dienstleistungsverkehr bedeutet, dass der Leistende zwecks Erbringung seiner Leistungen seine Tätigkeit vorübergehend in dem Staat ausüben kann, in dem die Leistung erbracht wird, und zwar „unter den Voraussetzungen, welche dieser Staat für seine eigenen Angehörigen vorschreibt". (Rn. 11)

---

[16]Vgl. EuGH vom 27.03.1990, Rs. C-113/89 (Rush), ECLI:EU:C:1990:142.

[17]Vgl. EuGH vom 21.10.2004, C-445/03 (Kommission/Luxemburg), ECLI:EU:C:2004:655; EuGH vom 21.09.2006, Rs. C-168/04 (Kommission/Österreich), ECLI:EU:C:2006:595; EuGH vom 23.11.1999, Rs. C-369/96 (Arblade), ECLI:EU:C:1999:575; EuGH vom 25.10.2001, Rs. C-49/98 (Finalarte), ECLI:EU:C:2001:564; vgl. zur Vereinbarkeit der Verpflichtung zur Vorlage von Aufzeichnungen über Arbeitszeiten mit der Datenschutzrichtlinie 95/46/EG bzw. der Datenschutzgrundverordnung (DSGVO): EuGH vom 50.05.2013, Rs. C-342/12 (Worten), ECLI:EU:C:2013:355; vgl. zum Beschäftigtendatenschutz sowie zur DSGVO allgemein Ory/Weth, NJW 2018, 2829 sowie Kort, NZA-RR 2018, 449.

[18]Siehe auch NZA 1990, 653; EuZW 1990, 227.

[19]Zum Zeitpunkt der Entscheidung Art. 59 EWG-Vertrag.

2. Infolgedessen hindert Art. 56 AEUV einen Mitgliedsstaat daran, es einem solchen Dienstleister zu verbieten, mit seinem Personal frei in das Gebiet des erstgenannten Staates einzureisen, oder die Einreise des betroffenen Personals von einschränkenden Bedingungen wie der Einstellung von Personal an Ort und Stelle oder der Pflicht zur Einholung einer Arbeitserlaubnis abhängig zu machen. Durch solche Bedingungen wird der Leistungserbringer aus einem anderen Mitgliedsstaat gegenüber seinen im Aufnahmeland ansässigen Konkurrenten, die sich ihres eigenen Personals ungehindert bedienen können, diskriminiert. (Rn. 12)

3. Dagegen ist die Freizügigkeit der Arbeitnehmer nach Art. 45 AEUV nicht verletzt. Die entsandten Arbeitnehmer führen in einem anderen Mitgliedsstaat im Rahmen von Dienstleistungen ihres Arbeitgebers Arbeiten aus. Sie kehren nach Erfüllung ihrer Aufgabe in ihr Heimatland zurück, ohne zu irgendeinem Zeitpunkt auf dem Arbeitsmarkt des Aufnahmemitgliedsstaates aufzutreten, sodass sich weder die Arbeitnehmer noch der Arbeitgeber auf Art. 45 AEUV berufen können. (Rn. 15) ◄

14.3.2 Fall Arblade, EuGH vom 23.11.1999, Rs. C-369/96, ECLI:EU:C:1999:575[20]

Betroffen waren zwei französische Unternehmen, die AN vorübergehend nach Belgien entsandt hatten. Gegen sie war ein Strafverfahren wegen Nichtbeachtung mehrerer strafbewährter belgischer Sozialverpflichtungen anhängig. So wurde ihnen u. a. vorgeworfen, bestimmte Unterlagen und Personaldokumente auf der Baustelle nicht aufbewahrt und bereitgehalten zu haben. Das Tribunal correctionnel Huy legte dem EuGH die Frage vor, ob die Regelungen über die Dienstleistungsfreiheit so auszulegen seien, dass sie es einem Mitgliedsstaat verbieten, einem Unternehmen aus einem anderen Mitgliedsstaat, das vorübergehend Arbeiten im ersten Staat ausführt, zu verpflichten, Personal- und Arbeitsunterlagen vorrätig zu halten, obwohl diese Unterlagen bereits im Heimatstaat vorliegen.

Der EuGH sah in dieser doppelten Verpflichtung eine Verletzung der Dienstleistungsfreiheit. Die Erstellung, Dokumentation und Vorlage von Personalunterlagen im Entsendestaat kann nur unter Beachtung des Verhältnismäßigkeitsgrundsatzes verlangt werden. Eine Vorlage entsprechender Unterlagen (z. B. auf Baustellen) setze voraus, dass dies zur Erfüllung der Überwachungsaufgaben unerlässlich sei. Daher können ausländische AG nicht verpflichtet werden, den entsandten AN ein Konto nach den Regelungen des Tätigkeitsstaates einzurichten oder ein Personalregister zu führen, wenn vergleichbare Pflichten im Heimatstaat bestehen. Grundsätzlich müsse es ausländischen AG möglich sein, sich auf diese Unterlagen zu berufen.

---

[20] Siehe auch NZA 2000, 85; EuZW 2000, 88; BB 2000, 137.

Die wichtigsten Leitsätze

1. Eine Verpflichtung, im Aufnahmemitgliedsstaat bestimmte weitere Unterlagen zu erstellen und zu führen, verursacht den in einem anderen Mitgliedsstaat ansässigen Unternehmen zusätzliche administrative und wirtschaftliche Kosten und Belastungen. Damit sind diese Unternehmen den ansässigen Arbeitgebern nicht gleichgestellt, sodass eine Beschränkung der Dienstleistungsfreiheit vorliegt. (Rn. 58, 59)

2. Der wirksame Schutz der Arbeitnehmer des Baugewerbes vor allem in Bezug auf Sicherheit und Gesundheit sowie auf die Arbeitszeit kann es zwar erforderlich machen, dass bestimmte Unterlagen auf der Baustelle zur Kontrolle bereitgehalten werden, insbesondere da ein organisiertes System der Zusammenarbeit und des Informationsaustausches zwischen Mitgliedsstaaten im Sinne von Art. 4 der Richtlinie 96/71 fehlt. (Rn. 61)

3. Die bloße Tatsache, dass bestimmte formale oder inhaltliche Unterschiede bestehen, kann aber nicht die Führung von zwei Serien von Unterlagen rechtfertigen, die den Regelungen des Heimatstaates und des Aufnahmestaates entsprechen. (Rn. 64)

4. Die Behörden und Gerichte müssen also, bevor sie verlangen, dass Personal- oder Arbeitsunterlagen gemäß ihrer eigenen Regelung geführt werden, nacheinander prüfen, ob der soziale Schutz der Arbeitnehmer, der diese Erfordernisse rechtfertigen kann, nicht hinreichend gewahrt würde, wenn innerhalb einer angemessenen Frist die im Heimatstaat geführten Unterlagen vorgelegt würden oder sonst an einem zugänglichen Ort bereitgehalten würden. (Rn. 65)

5. Schließlich ist die Verpflichtung, die Personalunterlagen fünf Jahre lang im Aufnahmemitgliedsstaat aufzubewahren, nicht gerechtfertigt. Die Kontrolle der Beachtung der mit dem sozialen Schutz der Arbeitnehmer des Baugewerbes zusammenhängenden Regelungen kann durch weniger einschränkende Maßnahmen sichergestellt werden. So können die Personalunterlagen bzw. Kopien davon den nationalen Behörden zugesandt werden, die sie kontrollieren und gegebenenfalls aufbewahren. (Rn. 77, 78) ◄

14.3.3 Fall Kommission/Luxemburg, EuGH vom 21.10.2004, Rs. C-445/03 ECLI:EU:C:2004:655[21]

In einem Vertragsverletzungsverfahren gegen das Großherzogtum Luxemburg ging es um die Frage, ob die in einer Verordnung vorgesehene vorherige Genehmigung zum Einsatz von AN aus Drittstaaten und der vorherigen Anzeige der zu besetzenden Stelle an das nationale Arbeitsamt sowie der Erbringung einer Bankbürgschaft in Höhe von 1487,00 € für jeden eingesetzten AN mit der Dienstleistungsfreiheit vereinbar sei. Zudem hing die Erteilung einer Arbeitserlaubnis vom Vorliegen un-

---

[21] Siehe auch NZA 2005, 99; EuZW 2005, 90; BB 2005, 618; ferner EuGH vom 21.09.2006, Rs. C-168/04 (Kommission/Österreich), ECLI:EU:C:2006:595.

befristeter Arbeitsverträge ab, die mindestens sechs Monate vor der Entsendung abgeschlossen sein mussten. Die Arbeitserlaubnis kann dann abgelehnt werden, wenn Lage, Entwicklung und Organisation des nationalen Arbeitsmarktes dies gebieten. Die Bankbürgschaft soll etwaige anfallende Kosten der Rückführung der AN abdecken, für die eine Erlaubnis beantragt wird.

Der EuGH hat sowohl das Erfordernis einer vorherigen Arbeitserlaubnis als auch die Erbringung einer Bankbürgschaft für eine unverhältnismäßige Beeinträchtigung der Dienstleistungsfreiheit nach Art. 56 AEUV angesehen. Eine bloße Anzeige gegenüber den örtlichen Behörden über die Anwesenheit eines oder mehrerer entsandter AN einschließlich der Dauer sei als Maßnahme ausreichend.

Die wichtigsten Leitsätze

1. Eine Arbeitserlaubnis für Arbeitnehmer aus Drittstaaten erschwert aufgrund des mit diesen Bedingungen verbundenen Verwaltungsaufwands und Kosten die beabsichtigte Entsendung und damit die Erbringung von Dienstleistungen durch dieses Unternehmen. Eine Arbeitserlaubnis kann nicht als geeignetes Mittel angesehen werden, um den Schutz von Arbeitnehmern oder die Bedürfnisse des Arbeitsmarktes zu erreichen. Denn sie ist zwangsläufig mit Formalitäten und Verzögerungen verbunden, die geeignet sind, von der Inanspruchnahme der Dienstleistungsfreiheit mit Hilfe entsandter Arbeitnehmer aus Drittstaaten abzuschrecken. (Rn. 23, 30)

2. Würde ein Dienstleistungsunternehmen verpflichtet, den örtlichen Behörden im Voraus die Anwesenheit entsandter Arbeitnehmer, ihre vorgesehene Dauer und die zugrunde liegende Dienstleistung anzuzeigen, so wäre diese Maßnahme ebenso wirksam und weniger einschneidend. Sie würde es ermöglichen, die Einhaltung der luxemburgischen Vorschriften auf dem Gebiet der sozialen Sicherheit während der Dauer der Entsendung zu kontrollieren und dabei die Verpflichtungen zu berücksichtigen, denen das Unternehmen bereits nach den im Herkunftsmitgliedsstaat geltenden Regeln unterliegt. (Rn. 31)

3. Außerdem geht die für die Erteilung einer Arbeitserlaubnis aufgestellte Bedingung, dass unbefristete Arbeitsverträge bestehen müssen, durch die die betroffenen Arbeitnehmer seit mindestens sechs Monaten mit dem entsendenden Unternehmen verbunden sind, über das hinaus, was im Namen der sozialen Sicherheit verlangt werden kann. (Rn. 32)

4. Das Bemühen, Störungen auf dem Arbeitsmarkt zu verhindern, ist zwar ein zwingender Grund des Allgemeininteresses. Die entsandten Arbeitnehmer verlangen aber keinen Zutritt zum Arbeitsmarkt, da sie nach Erfüllung ihrer Aufgabe in ihren Heimatstaat zurückkehren. Zudem stellt die Verpflichtung, neben der Arbeitserlaubnis eine Bankbürgschaft zu stellen, die die anfallenden Kosten der Rückführung eines Arbeitnehmers nach seiner Entsendung abdecken soll, eine unverhältnismäßige Belastung dar. (Rn. 38, 47, 48) ◄

14.3.4 Fall Termiso Limitada, EuGH vom 07.10.2010, Rs. C-515/08, ECLI:EU:C:2010:589[22]

Das portugiesische Unternehmen T. entsandte regelmäßig Schweißer und Monteure zu einer Werft der Antwerp Shiprepair NV zur Durchführung von Arbeiten an Schiffen. Bei einer Kontrolle im Jahr 2004 stellte die Aufsichtsbehörde fest, dass dort 53 portugiesische AN der T. beschäftigt waren und dass für keinen dieser Arbeitnehmer eine vorherige Entsendungsanmeldung vorlag. Ferner konnte der portugiesische Vorarbeiter keine portugiesischen Lohnunterlagen hinsichtlich der Abrechnung der Sozialversicherung in Portugal (sog. vergleichbare Dokumente) vorlegen. Die einschlägigen Regelungen des belgischen Sozialrechts machen den Beginn der Entsendung davon abhängig, dass dem entsendenden ausländischen Unternehmen eine Registrierungsnummer für die Entsendung bekannt gegeben wird. Für diese Bekanntgabe wird den belgischen Behörden eine Frist von fünf Werktagen nach Eingang der Entsende-Anmeldung eingeräumt. Die Geschäftsführer von T. wurden wegen Verletzung der strafbewehrten Regelungen angeklagt. Das zuständige belgische Strafgericht legte dem EuGH die Frage vor, ob die Verpflichtung, eine Entsendemeldung abzugeben und Dokumente zur Verfügung zu halten, mit der Dienstleistungsfreiheit nach Art. 56 AEUV vereinbar sei.

Der EuGH hält die belgischen Vorschriften für unvereinbar mit Art. 56 AEUV. Zunächst wird festgestellt, dass die Entsende-Richtlinie 96/71 nicht betroffen sei, da sie keine Regelung über verwaltungsrechtliche Überwachungsmaßnahmen enthalte, sodass allein die Vereinbarkeit mit der Dienstleistungsfreiheit zu prüfen sei. Die belgischen Regelungen stellen kein – regelmäßig zulässiges – Anmeldeverfahren sondern ein Genehmigungsverfahren dar. AN dürfen erst entsandt werden, wenn das ausländische Unternehmen innerhalb der Frist von fünf Tagen die Registrierungsnummer erhalten hat. Damit werde die zügige Erbringung gebotener Dienstleistungen erschwert.

Die wichtigsten Leitsätze

1. Die Regelung über die vorherige Entsendeanmeldung dient der Überwachung der Einhaltung der in Art. 3 Abs. 1 aufgeführten Arbeitsbedingungen durch Arbeitgeber, die ausländische Arbeitnehmer in das belgische Hoheitsgebiet entsenden. Allerdings fallen solche Überwachungsmaßnahmen mangels Harmonisierung nicht in den Anwendungsbereich dieser Richtlinie. (Rn. 25)
2. Ein nationales Verfahren, das die Erbringung von Dienstleistungen durch ein Unternehmen aus dem EU-Ausland von der Erteilung einer behördlichen Erlaubnis abhängig macht, stellt eine Beschränkung der Dienstleistungsfreiheit dar. Ein solches Verfahren kann wegen der vorgesehenen Frist die beabsichtigte Entsendung behindern, und zwar insbesondere dann, wenn eine zügige Erbringung der betreffenden Dienstleistung geboten ist. (Rn. 35, 36)

---

[22] Siehe auch NZA 2010, 1404.

3. Das Verfahren zur vorherigen Entsende-Anmeldung kann nicht als bloßes Anmeldeverfahren bezeichnet werden. Grundsätzlich sind die Übermittlung von Informationen an die Behörden des Aufnahmemitgliedsstaats und die Bescheinigung über ihren Empfang mit einem Genehmigungsverfahren vergleichbar. Da die Bekanntgabe vor der Entsendung der Arbeitnehmer erfolgen muss und erst nach der Prüfung der Konformität der vorherigen Entsendungsanmeldung stattfindet, hat ein solches Verfahren den Charakter eines Genehmigungsverfahrens. (Rn. 34)

4. Zudem kann die vorgegebene Wartezeit von fünf Tagen bei dringenden Reparaturaufträgen sowohl für den Arbeitgeber als auch für den Empfänger einer Dienstleistung, die in der Entsendung von Arbeitnehmern besteht, eine derartige Dienstleistung behindern oder zumindest weniger attraktiv machen[23] (Rn. 38). ◄

14.4 Auswirkung auf die deutsche Rechtsordnung und die arbeits- und strafrechtliche Praxis

Die Entscheidungen verdeutlichen zunächst das Fehlen eines abgestimmten präventiven Verfahrens zum Austausch von Daten und Informationen auf Unionsebene.[24] Jeder Mitgliedsstaat erlässt daher nach eigenem Ermessen, allerdings unter Beachtung der Grundsätze der Richtlinien 96/71/EG sowie 2014/67/EU, Regelungen über Anmelde-, Auskunfts-, Dokumentations- und Nachweispflichten. Zudem müssen diese nationalen Nachweis- und Überprüfungsregelungen mit den Grundfreiheiten der Union und dem Verhältnismäßigkeitsgrundsatz vereinbar sein.

14.4.1 Grundsätzliche Zulässigkeit der deutschen Regelungen über Anmelde-, Dokumentations- und Nachweispflichten

Unter Beachtung der dargestellten Rechtsprechungsgrundsätze dürften die im MiLoG und im AEntG vorgesehenen Regelungen über die vorherige Anzeige der

---

[23] Ferner stellt die Vorlage vergleichbarer Unterlagen aus dem Niederlassungsstaat innerhalb einer angemessenen Frist bzw. die Zurverfügungstellung dieser Unterlagen oder Kopien auf der Baustelle oder an einem zugänglichen und klar bezeichneten Ort im Hoheitsgebiet des Aufnahmemitgliedsstaats, ein weniger einschneidendes Mittel dar, um den sozialen Schutz des AN entsprechend der Richtlinie 96/71 sicherzustellen, als die Erstellung von neuen Dokumenten nach den Regelung des Aufnahmemitgliedsstaates. Gleiches gilt für die Verpflichtung, Dokumente nach dem Entsendezeitraum weiter aufzubewahren. Hier wäre die Übermittlung von Kopien an die zuständige nationale Behörde eine weniger einschneidende Maßnahme. (Rn. 57, 58, 59).

[24] Vgl. EuGH vom 07.10.2010, Rs. C-515/08 (Termiso Limitada), ECLI:EU:C:2010:589 (Rn. 25); EuGH vom 23.11.1999, Rs. C-369/96 (Arblade), ECLI:EU:C:1999:575 (Rn. 61); ferner zu den verwaltungsrechtlichen Möglichkeiten im Rahmen der sog. Durchsetzungs-Richtlinie: Heuschmid/Schierle in Preis/Sagan, Europäisches Arbeitsrecht, 2. Auflage, § 16 Rz. 16.79 u. 16.199; ferner Blanpain, European Labour Law, 2014, 1147–1150.

Tätigkeit von AN aus dem EU-Ausland grundsätzlich mit dem Unionsrecht vereinbar sein. § 16 MiLoG sieht für Arbeitgeber mit Sitz im Ausland die Verpflichtung vor, vor Beginn jeder Werk- oder Dienstleistung eine schriftliche Anmeldung in deutscher Sprache bei der zuständigen Behörde der Zollverwaltung vorzulegen. Betroffen von dieser Meldepflicht sind die in § 2 a SchwarzarbeitsbekämpfungsG genannten Branchen.[25] Vergleichbare Meldepflichten finden sich in § 18 Abs. 1 AEntG für AG mit Sitz im Ausland, die AN in einer der in den §§ 3, 4 AEntG genannten Branchen entsenden.[26]

§ 16 MiLoG bzw. § 18 AEntG sieht damit lediglich ein Anzeigeverfahren und kein Genehmigungsverfahren vor.[27] Ein Anzeigeverfahren ist grundsätzlich mit der Dienstleistungsfreiheit nach Art. 56 AEUV vereinbar, da es in verhältnismäßiger Weise den Mitgliedstaat berechtigt, die Einhaltung der Mindeststandards nach Art. 3 Abs. 1 Entsende-Richtlinie zu überwachen.[28] Nach der EuGH-Rechtsprechung ist lediglich eine vorherige Genehmigung für die Entsendung[29] oder ein Registrierungsverfahren mit einem Bekanntgabeerfordernis[30] mit der Dienstleistungsfreiheit unvereinbar. Auch fordert weder das MiLoG noch das AEntG die Beibringung einer Bankbürgschaft[31] oder eine Vorabbeschäftigungszeit von entsandten AN.[32]

Die in § 17 MiLoG bzw. § 19 AEntG vorgesehenen Dokumentations- und Aufbewahrungspflichten dürften unter dem Vorbehalt, dass keine vergleichbaren Unterlagen im Niederlassungsstaat vorhanden sind, auf die sich der Unions-Dienstleister ohne Probleme gegenüber der Zollverwaltung berufen könnte,[33] ebenfalls mit dem

---

[25] Vgl. zu den Wirtschaftsbereichen oder -zweigen oben II. Die Anmeldung muss die für die Prüfung wesentlichen Angaben, wie Familienname, Beginn und Dauer der Beschäftigung, Ort der Beschäftigung usw., enthalten.

[26] Vgl. hinsichtlich der in § 4 AEntG genannten Branchen Kap. 11.

[27] Vgl. hierzu auch Mindestlohnanmelde-Verordnung, BGBl. I 2014, 1825 sowie Mindestlohnaufzeichnungs-Verordnung, BGBl. I 2014, 1824.

[28] Hinsichtlich der dargestellten EuGH-Rechtsprechung zu einem unverhältnismäßigen Genehmigungsverfahren und einem als milderes Mittel zulässigem Anzeigeverfahren ist auf die Parallelen zur Rechtsprechung des BVerfG zu den verwaltungsrechtlichen Instituten eines präventiven Verbots mit Befreiungs- oder Erlaubnisvorbehalt zu verweisen. Das BVerfG leitet aus den Grundrechten und dem Verhältnismäßigkeitsgrundsatz ab, dass Verbote mit Erlaubnis- oder Befreiungsvorbehalt nur dann zulässig sind, wenn die bloße Anzeige einer Tätigkeit vor dem Hintergrund der Gefahrenabwehr nicht ausreichend erscheint; vgl. BVerfGE 61, 318 (Tierpräparator); BVerfGE 17, 314 (Mitfahrzentrale); BVerfGE 20, 158 (Sammlungsfall); BVerwGE 22, 286 (Wahrsager).

[29] Vgl. EuGH vom 21.09.2006, Rs. C-168/04 (Kommission/Österreich), ECLI:EU:C:2006:595; EuGH vom 19.01.2006, Rs. C-244/04 (Kommission/Deutschland), ECLI:EU:C:2006:49; EuGH vom 21.10.2004 (Kommission/Luxemburg), Rs. C-445/03 ECLI:EU:C:2004:655.

[30] Vgl. EuGH Termiso Limitada a. a. O.

[31] Vgl. EuGH Kommission/Luxemburg a. a. O.

[32] Vgl. hierzu aber EuGH Kommission/Deutschland a. a. O.; EuGH Kommission/Österreich a. a. O.

[33] Vgl. EuGH Arblade a. a. O.; ferner Fuchs/Marhold, Europäisches Arbeitsrecht, 5. Auflage, S. 603, 604; Hantel, ZESAR 2014, 313; siehe zum Doppelbelastungsverbot: Heuschmid/Schierle in Preis/Sagan, Europäisches Arbeitsrecht, 2. Auflage, § 16 Rz. 16.27.

Unionsrecht vereinbar sein.[34] Allerdings könnte die in § 17 Abs. 2 Satz 1 MiLoG und § 19 Abs. 2 Satz 1 AEntG vorgesehene Verpflichtung zur Bereithaltung der Unterlagen für längstens zwei Jahre mit der Dienstleistungsfreiheit unvereinbar sein, wenn bei dem Dienstleister die Bereitschaft bestünde, nach Beendigung der Entsendung der Zollverwaltung die entsprechenden Personaldokumente zu übergeben.

14.4.2 Berücksichtigung der Grundfreiheiten bei mobilen oder grenznahen Tätigkeiten

Gleichwohl könnten die im MiLoG und im AEntG vorgesehenen Anzeige- und Dokumentationspflichten im Einzelfall dann zu einer unverhältnismäßigen Beschränkung der Dienstleistungsfreiheit führen, wenn etwa Servicekräfte, z. B. im Bewachungs-, Gebäudereinigungs- und Logistikbereich, regelmäßig wechselnd bei Kunden in den grenznahen Regionen eingesetzt werden. Wie ausgeführt, können unverhältnismäßige Verwaltungskosten bei der stundenweisen Berechnung und Dokumentation eines Arbeitseinsatzes im grenznahen Bereich eine Verletzung der Dienstleistungsfreiheit darstellen.[35] Durch die Van-den-Bosch-Entscheidung dürfte aber der Status von AN, die regelmäßig während ihrer mobilen Tätigkeit Grenzen der Mitgliedsstaaten überschreiten wie z. B. Lkw-Fahrer, Zug- und Flugpersonal und Binnenschiffer geklärt sein.[36] Da das Tatbestandsmerkmal der Entsendung einen hinreichenden Bezug zu dem jeweiligen Tätigkeitsstaat erfordert, kommt in den vorgenannten Fällen wegen der kurzfristigen vorübergehenden Tätigkeit eine Anwendung der Entsenderichtlinien nicht in Betracht.

Obwohl somit die Anzeige- und Dokumentationspflichten nach dem MiLoG und dem AEntG grundsätzlich mit den dargestellten Vorgaben der EuGH-Rechtsprechung vereinbar sind, müssten die Zollverwaltung wie auch die im Ordnungswidrigkeits-

---

[34] Problematisch könnte allerdings die Verpflichtung nach § 17 Abs. 2 Satz 2 MiLoG sein, auf Verlangen der Prüfbehörde die Unterlagen auch am Ort der Beschäftigung bereitzuhalten, die nach § 21 Abs. 1 Nr. 8 MiLoG bußgeldbewährt ist. In diesem Fall könnte das Vorhandensein entsprechender Unterlagen am Sitz der Niederlassung entsprechend den dargestellten Rechtsprechungsgrundsätzen ausreichend sein.

[35] Vgl. EuGH vom 15.03.2001, Rs. C-165/98 (Mazzoleni/ISA), ECLI:EU:C:2001:162; EuGH Arblade a. a. O.; Die gleichen Grundsätze lassen sich aus den dargestellten Vertragsverletzungsverfahren gegen Luxemburg und Österreich herleiten: EuGH vom 21.10.2004, Rs. C-445/03 (Kommission/Luxemburg), ECLI:EU:C:2004:655; EuGH vom 21.09.2006, Rs. C-168/04 (Kommission/Österreich), ECLI:EU:C:2006:595.

[36] Vgl. Hantel, ZESAR 2021; vgl. ferner: Sittard, NZA 2015, 78; ferner Fuchs/Marhold, Europäisches Arbeitsrecht, 5. Auflage, S. 602–605; Aus diesem Grunde sahen die aufgrund § 16 Abs. 5 MiLoG ergangenen Rechtsverordnungen Mindestlohnmeldeverordnung (MiLoMeldV) und Mindestlohnaufzeichnungsverordnung (MiLoAufzV) auch vor, dass bei einer mobilen Tätigkeit oder bei einer Tätigkeit, die täglich an mehreren Beschäftigungsorten stattfindet, anstelle der Anmeldung eine Einsatzplanung vorgelegt wird.

verfahren[37] zuständigen Gerichte prüfen, ob die administrativen Pflichten im Einzelfall nicht doch zu einer unverhältnismäßigen Einschränkung der Dienstleistungsfreiheit führen könnten.[38] Dabei ist ebenfalls davon auszugehen, dass die Anforderungen an eine Rechtfertigung nationaler Überwachungs- und Prüfregelungen umso größer sind, je mehr sie über die Vorgaben der Durchsetzungs-Richtlinie 2014/67/EU hinausgehen. Insbesondere dürfen Kontrollmaßnahmen nicht gegen das dargestelle Doppelbelastungsverbot verstoßen.[39] Zudem müssten hierbei auch die Auswirkungen der neuen Datenschutzgrundverordnung (DSGVO)[40] auf die Frage der Verhältnismäßigkeit von Dokumentations- und Nachweispflichten bei mobiler grenzüberschreitender Tätigkeit geprüft werden.[41] In sozialversicherungsrechtlicher Hinsicht besteht allerdings für alle entsandten AN – im Übrigen auch für Selbstständige – die Möglichkeit, sich durch eine sog. A1-Bescheinigung (vormals E101-Bescheinigung) das Vorliegen einer Entsendung bestätigen zu lassen.[42]

---

[37] Es fällt auf, dass die meisten in den Kap. 13 und 14 zum Entsenderecht dargestellten Entscheidungen nicht aufgrund von Klagen betroffener Arbeitnehmer vor den jeweiligen Gerichten für Arbeitssachen ergangen sind, sondern in Folge von staatlichen Aufsichtsinstanzen eingeleiteter Straf- und Bußgeldverfahren oder in Folge von Vertragsverletzungsverfahren. So sieht sich der in seiner Dienstleistungsfreiheit betroffene Arbeitgeber in der Regel nicht mit Klagen seiner Landsleute, sondern eher mit Zwangsmaßnahmen ausländischer Aufsichtsbehörden konfrontiert; vgl. hierzu Hantel, ZESAR 2014, 313.

[38] Die vorgenannten rechtlichen Erwägungen betreffen aber allein mögliche Verletzungen der Anmelde- und Dokumentationspflichten nach den §§ 16, 17 MiLoG bzw. §§ 18, 19 AEntG durch Arbeitgeber bzw. Dienstleister aus dem EU-Ausland. Deutsche AG und solche aus dem Nicht-EU-Ausland können sich in diesem Zusammenhang nicht auf die Dienstleistungsfreiheit berufen. Dabei soll an dieser Stelle auf das dabei auftretende Problem der Inländerdiskriminierung nicht weiter eingegangen werden; vgl. hierzu u. a. Kewenig, JZ 1990, 20; Schilling, JZ 1994, 8 ff.; Herdegen, Europarecht, 24. Auflage, § 6 Rn. 25; Frenz, Europarecht, 2. Auflage, S. 79; ders., JZ 2007, 343; Hailbronner/Jochum, Europarecht II, Rn. 284; Hobe/Fremuth, Europarecht, 11. Auflage, § 15 Rn. 30 ff.; EuGH vom 15.12.1995, Rs. C-415/93 (Bosman), ECLI:EU:C:1995:463 ferner NZA 1996, 191; EuGH vom 23.04.1991, Rs. C-41/90 (Höfner), ECLI:EU:C:1991:161; vgl. zur verfassungsrechtlichen Zulässigkeit einer Inländerdiskriminierung BVerfGE 115, 276 (Sportwetten); BVerfG DVBl. 2006, 244 sowie NVwZ 2001, 187 (Meisterzwang).

[39] Vgl. Heuschmidt/Schierle a. a. O. Rz. 16.27.

[40] ABl. L 119 vom 4.5.2016, S. 1 sowie Berichtigung in ABl. L 314 vom 22.11.2016, S. 72 sowie ABl. L 127 vom 23.05.2018, S. 2; vgl. zu den Auswirkungen der seit dem 25. Mai 2018 geltenden Datenschutzgrundverordnung (DSGVO) auf das Arbeitsrecht: Pötters/Schmid in Preis/Sagan, Europäisches Arbeitsrecht, 2. Auflage, § 11 Rz. 11.1 sowie 11.37–11.51.

[41] Nicht betroffen von den dargestellten administrativen Pflichten ist die Arbeitnehmerfreizügigkeit. Da AN in Entsendungsfällen ihr Arbeitsverhältnis zum heimischen AG aufrechterhalten, begehren sie nicht den Zugang zum Arbeitsmarkt des Tätigkeitsstaates.

[42] Vgl. hierzu Heuschmidt/Schierle a. a. O. Rz. 16.38 unter Hinweis auf Art. 19 Abs. 2 VO (EG) Nr. 987/2009; siehe auch Kap. 23.

Arbeitszeit/Bereitschaftsdienst/ Rufbereitschaft

15

▶ **Aktuelle Verordnungen und Richtlinien**
- Richtlinie 2003/88/EG (Arbeitszeit-Richtlinie)[1] (siehe Abb. 15.1)
- Kurzübersicht Fälle (siehe Abb. 15.2)

Arbeitszeitregelungen dienen dem Schutz, der Sicherheit und der Gesundheit der AN.[2] Aus diesem Grund ist die Beachtung von Mindestruhezeiten, angemessenen Ruhepausen, einer wöchentlichen Höchstarbeitszeit sowie eines bezahlten Urlaubs unionsweit verbindlich.[3] Zudem ist eine Angleichung von Regelungen über die zulässige Arbeitszeit und Gewährung von Urlaub auch für den Binnenmarkt und die damit zusammenhängenden Fragen, ob nationale Arbeitszeitregelungen beschränkende Wirkung haben, von Bedeutung.[4] Einheitliche Regelungen über die Arbeitszeit sollen zudem einen Sozialkostenwettbewerb zwischen den Mitgliedsstaaten einschränken.[5] Das Arbeitszeitrecht gehört daher zu den Kompetenzbereichen, für die die EU nach Art. 151, 153 I b u. c AEUV regelungszuständig ist.[6]

---

[1] ABl. Nr. L 299 S. 9.

[2] Vgl. Riesenhuber, Europäisches Arbeitsrecht, 2. Auflage, § 17 Rn. 1–5; Thüsing, Europäisches Arbeitsrecht, 4. Auflage, § 7 Rn. 1; vgl. zur Auffassung des Vereinigten Königreichs, dass Arbeitszeitbeschränkungen nicht dem Schutz der Gesundheit dienen: EuGH vom 12.11.1996, Rs. C-84/94 (Vereinigtes Königreich/Rat), ECLI:EU:C:1996:431 ferner NZA 1997, 24, 25; Blanpain, European Labour Law, 2014, 1712–1715.

[3] Vgl. Riesenhuber a. a. O.; Blanpain a. a. O.

[4] Vgl. Riesenhuber a. a. O. Rn. 2; Ulber in Preis/Sagan, Europäisches Arbeitsrecht, 2. Auflage, § 7 Rz. 7.5.

[5] Vgl. Ulber a. a. O. Rn. 5; Blanpain a. a. O.

[6] Vgl. Ulber a. a. O. Rn. 44; Blanpain a. a. O.

1. Primärrechtliche Kompetenznorm Art. 153 Abs. 1 u. 2 AEUV	- Verbesserung der Arbeitsumwelt zum Schutz der Gesundheit (a) - Arbeitsbedingungen (b) - soziale Sicherheit der Arbeitnehmer (c) - sozialer Schutz der Arbeitnehmer (c)
2. Ziel (Erwägungsgrund 1)	- Mindestvorschriften für Sicherheit und Gesundheitsschutz bei der Arbeitszeitgestaltung, - im Hinblick auf tägliche Ruhezeiten, Ruhepausen, wöchentliche Ruhezeiten, wöchentliche Höchstarbeitszeiten, Jahresurlaub
3. Anwendungsbereich (Art. 1)	- Regelungen über - die täglichen und wöchentlichen Mindestruhezeiten, - den Mindestjahresurlaub, - die Ruhepausen und die wöchentliche Höchstarbeitszeit, - bestimmte Aspekte der Nacht- und der Schichtarbeit sowie des Arbeitsrythmus
4. Begriffsbestimmungen Definition Arbeitszeit (Art. 2)	Jede Zeitspanne, während der ein Arbeitnehmer - nach den einzelstaatlichen Rechtsvorschriften arbeitet, - dem Arbeitgeber zur Verfügung steht, - seine Tätigkeit ausübt oder Aufgaben wahrnimmt.
5. Tägliche Ruhezeiten/Ruhepause (Art. 3, 4)	- Jedem Arbeitnehmer muss pro 24-Stunden-Zeitraum eine Mindestruhezeit von 11 zusammenhängenden Stunden gewährt werden. - Bei einer täglichen Arbeitszeit von mehr als 6 Stunden ist eine Ruhepause zu gewähren.
6. Jahresurlaub (Art. 7)	- Jeder Arbeitnehmer hat Anspruch auf bezahlten Mindestjahresurlaub von vier Wochen, - die Inanspruchnahme und Gewährung erfolgt nach Maßgabe der einzelstaatlichen Rechtsvorschriften

Abb. 15.1 RL 2003/88/EG über bestimmte Aspekte der Arbeitszeitgestaltung. (Arbeitszeit-Richtlinie)

15.2.1 Fall Vorel, EuGH vom 11.01.2007, Rs. C-437/05, ECLI:EU:C:2007:23	Der Bereitschaftsdienst ist Arbeitszeit im Sinne der Arbeitszeit-Richtlinie 2003/88/EG.
15.2.2 Fall Fuß I, EuGH vom 14.10.2010, Rs. C-243/09, ECLI:EU:C:2010:609; Fall Fuß II, EuGH vom 25.11.2010, Rs. C-429/09, ECLI:EU:C:2010:717	Eine bewusste Verletzung von Unionsrecht durch öffentliche Arbeitgeber kann einen unionsrechtlichen Schadenersatzanspruch begründen.
15.2.3 Fall CCOO; EuGH vom 14.05.2019; Rs. C-55/18, ECLI:EU:C:2019:402	AG sind nach RL 2003/88 sowie Art. 31 Abs. 2 GRCh verpflichtet, ein objektives, verlässliches und zugängliches System einzuführen, das die von AN geleistete tägliche Arbeitszeit erfasst.
15.2.4 Fall Coca Cola Deutschland, EuGH vom 07.07.2021, Rs. C- 257/21, ECLI:EU:C:2022:529	Nach Art. 153 Abs. 5 AEUV gehört das Arbeitsentgelt nicht zu den Regelungsbereichen des Unionsrechts. Dies gilt auch für Nachtarbeitszuschläge, auf die RL 2003/88/EG keine Anwendung findet.

Abb. 15.2 Kurzübersicht Fälle

15.1 Die Richtlinie 2003/88/EG (Arbeitszeit-Richtlinie)

Die Richtlinie RL 2003/88/EG regelt zunächst die zulässige tägliche und wöchentliche Arbeitszeit. Grundsätzlich soll nach Art. 6 die durchschnittliche Arbeitszeit pro 7-Tage-Zeitraum 48 h einschließlich der Überstunden nicht überschreiten. Die tägliche Ruhezeit muss bei einem 24-Stunden-Zeitraum eine Mindestdauer von 11 zusammenhängenden Stunden betragen, Art. 3 RL 2003/88/EG. AN muss nach Art. 4 bei einer täglichen Arbeitszeit von mehr als 6 h eine Ruhepause gewährt werden. Zudem muss nach Art. 5 jedem Arbeitnehmer pro 7-Tage-Zeitraum eine kontinuierliche Ruhezeit von 24 h zzgl. der täglichen Ruhezeiten von 11 h gewährt werden.

15.1.1 Der Begriff der Arbeitszeit

Maßgeblich ist der Begriff der Arbeitszeit, der nach Art. 2 Nr. 1 RL 2003/88/EG jede Zeitspanne umfasst, während der AN gemäß den einzelstaatlichen Rechtsvorschriften und/oder Gepflogenheiten arbeitet, dem Arbeitgeber zur Verfügung steht und seine Tätigkeit ausübt oder Aufgaben wahrnimmt. Der Verweis auf die einzelstaatlichen Rechtsvorschriften führt aber nicht dazu, dass die Mitgliedsstaaten den Begriff der Arbeitszeit mit bindender Wirkung für das Unionsrecht definieren können.[7] Vielmehr ist der Arbeitszeitbegriff der Richtlinie ein autonomer Begriff des EU-Rechts, der allein nach unionsrechtlichen Kriterien auszulegen ist.

Im Vergleich zu den Zeiten, zu denen AN den AG zur Verfügung stehen bzw. deren Tätigkeit ausüben, ist nach Nr. 2 Ruhezeit jede Zeit, die nicht Arbeitszeit ist. Nach der Definition Arbeitszeit in Art. 2 Nr. 1 RL 2003/88/EG kommt es somit nicht darauf an, ob AN tatsächlich arbeiten.[8] Es reicht aus, wenn sie dem AG räumlich zur Verfügung stehen.

15.1.2 Keine Regelung über Zahlungspflichten

Die Richtlinie 2003/88/EG enthält dagegen keine Regelung darüber, ob und in welchem Umfang die Arbeit von AG zu bezahlen ist. Die Frage der Bezahlung fällt nach wie vor in die Zuständigkeit der Mitgliedsstaaten. Nach Art. 153 Abs. 5 AEUV gelten die Regelungskompetenzen u. a. nicht für das Arbeitsentgelt. Daher kann aus der Richtlinie auch keine Vergütung von Bereitschaftsdiensten hergeleitet werden.[9] Insoweit handelt es sich bei der Arbeitszeit-Richtlinie vorrangig um eine öffentlich-rechtliche Arbeitnehmerschutzregelung über die maximal zulässige Arbeitszeit.[10]

---

[7] Vgl. hierzu Ulber a. a. O. Rn. 99.
[8] Vgl. EuGH vom 11.01.2007, Rs. C-437/05 (Vorel), ECLI:EU:C:2007:23; ferner Riesenhuber, Europäisches Arbeitsrecht, 2. Auflage § 17 Rn. 20; Schliemann, NZA 2006, 1009.
[9] Vgl. EuGH vom 01.12.2005, Rs. C-14/04 (Dellas), ECLI:EU:C:2005:728, Rn. 39; ferner Ulber a. a. O. Rz. 7.49.
[10] Vgl. Thüsing, Europäisches Arbeitsrecht, 4. Auflage, § 7 Rn. 3, 4; ferner Schliemann, NZA 2006, 1013; Ulber a. a. O.

Die Mitgliedsstaaten sind daher verpflichtet, ihre entsprechenden Arbeitsschutz-bestimmungen der Richtlinie anzupassen und durch sonstige Maßnahmen zu ver-hindern, dass ihre Vorgaben missachtet werden.

15.1.3 Schadenersatzansprüche bei Verletzung der Arbeitszeit-Richtlinie

Abweichend von dem Grundsatz, dass sich aus der Richtlinie 2003/88/EG keine Ansprüche auf Bezahlung herleiten lassen, sah sich der EuGH im Zusammenhang mit ihrer gezielten Verletzung durch staatliche Arbeitgeber veranlasst, den be-troffenen AN einen Schadenersatz – oder Entschädigungsanspruch – zuzusprechen. Nachdem der EuGH bereits 2005 festgestellt hatte, dass die Richtlinie 2003/88/EG auch für die Feuerwehr zur Anwendung kommt,[11] musste er sich in zwei Ent-scheidungen mit der Frage auseinandersetzen, ob ein Hauptbrandmeister, der durch-schnittlich 54 h in der Woche abzuleisten hatte, hierfür Entschädigungsansprüche geltend machen kann[12] und ob eine Versetzung in diesem Zusammenhang unions-rechtlich wirksam ist.[13]

15.2 Praktische Fallbeispiele

Die nachfolgenden Entscheidungen behandeln die Frage, ob Bereitschaftsdienst auch zur Arbeitszeit gehört[14] und welche Ansprüche Arbeitnehmer geltend machen können, die regelmäßig über die gesetzlich zulässige Arbeitszeit tätig sein müssen.[15]

15.2.1 Fall Vorel, EuGH vom 11.01.2007, Rs. C-437/05, ECLI:EU:C:2007:23

V ist Oberarzt in einem Krankenhaus von Český Krumlov (im Folgenden NCK). Nach Art. 83 des Tschechischen Arbeitsgesetzbuches ist Arbeitszeit die Zeitspanne, in der der Arbeitnehmer für den Arbeitgeber arbeiten muss. Ruhezeiten stellen keine Arbeitszeit dar. Bereitschaftsdienst ist die Zeitspanne, in der der Arbeitnehmer dazu bereit ist, eine Arbeitsleistung zu erbringen. Bereitschaftsdienste, bei denen keine tatsächliche Arbeit geleistet wird, gelten nicht als Arbeitszeit. Dem AN steht für

---

[11]Vgl. EuGH vom 14.07.2005, Rs. C-52/04 (Personalrat der Feuerwehr Hamburg), EC-LI:EU:C:2005:467.

[12]Vgl. EuGH vom 25.11.2010, Rs. C-429/09 (Fuß II), ECLI:EU:C:2010:717; ferner Preis/Ulber, ZESAR 2011, 147; Wank, AuR 2011, 200; Franzen, EuZA 2012, 334, 335.

[13]Vgl. EuGH vom 14.10.2010, Rs. C-243/09 (Fuß I), ECLI:EU:C:2010:609.

[14]Vgl. EuGH vom 11.01.2007, Rs. C-437/05 (Vorel), ECLI:EU:C:2007:23.

[15]Vgl. EuGH vom 14.10.2010, Rs. C-243/09 (Fuß I), ECLI:EU:C:2010:609; EuGH vom 25.11.2010, Rs. C-429/09 (Fuß II), ECLI:EU:C:2010:717.

diese Zeitspanne eine Vergütung zu, die nach besonderen Bestimmungen zu errechnen ist und niedriger ausfällt als die übliche Vergütung für Arbeitszeit. Nachdem das NCK im Jahr 2004 Bereitschaftsdienst gegenüber V angeordnet hat, hat dieser 230 h Bereitschaftsdienst geleistet. Diese Stunden wurden nur mit einem reduzierten Arbeitsentgelt vergütet. V mach geltend, dass Bereitschaftsdienst wie normale Arbeitszeit zu vergüten sei. Das Bezirksgericht Cesky Krumlov legte dem EuGH die Frage zur Vorabentscheidung vor, ob Regelungen, nach denen Bereitschaftsdienste nicht als Arbeitszeit anzusehen seien, mit der Arbeitszeit-Richtlinie vereinbar sind.

Nach Auffassung des EuGH sei der Bereitschaftsdienst als Arbeitszeit im Sinne der Richtlinie 2003/88/EG zu qualifizieren, unabhängig davon ob V tatsächlich tätig wird oder nicht. Dagegen gelte entsprechend Art. 2 Nr. 1 der Richtlinie die Rufbereitschaft als Ruhezeit mit Ausnahme der Zeiten, in denen V tatsächlich tätig geworden ist. Nicht geklärt sei damit, ob und in welcher Höhe V für die vorgenannten Zeiten Arbeitsentgelt verlangen kann, da die Richtlinie zur Vergütung mit Ausnahme des bezahlten Jahresurlaubs keine Regelung über die Bezahlung von Arbeitszeiten enthalte.[16]

Die wichtigsten Leitsätze

1. Durch die Richtlinie 2003/88/EG[17] sollen Mindestvorschriften festgelegt werden, die die Lebens- und Arbeitsbedingungen der Arbeitnehmer durch eine Angleichung der innerstaatlichen Arbeitszeitvorschriften verbessern. Diese Harmonisierung der Arbeitszeitgestaltung soll einen besseren Schutz der Sicherheit und der Gesundheit durch Mindestruhezeiten und Ruhepausen sowie einer durchschnittlichen wöchentlichen Höchstarbeitszeit von 48 h, bezüglich deren ausdrücklich klargestellt ist, dass sie auch die Überstunden einschließt, gewährleisten. Es handelt sich um besonders wichtige Regeln des Sozialrechts der Union, die allen AN zugutekommen müssen. (Rn. 23)
2. Als Arbeitszeit im Sinne der Richtlinie wird jede Zeitspanne definiert, während derer ein Arbeitnehmer arbeitet, dem Arbeitgeber zur Verfügung steht und seine Tätigkeit ausübt oder seine Aufgaben wahrnimmt. Dieser Begriff ist im Gegensatz zur Ruhezeit zu sehen, da beide Begriffe einander ausschließen. Die Richtlinie sieht keine Zwischenkategorie zwischen der Arbeitszeit und der Ruhezeit vor. Die Intensität der verrichteten Arbeit oder dessen Leistung gehört nicht zu den Merkmalen des Begriffs „Arbeitszeit". (Rn. 24, 25)
3. „Arbeitszeit" und „Ruhezeit" im Sinne der Richtlinie stellen unionsrechtliche Begriffe dar, die anhand objektiver Merkmale unter Berücksichtigung des Regelungszusammenhangs und des Zweckes der Richtlinie zu bestimmen sind, der darin besteht, die Lebens- und Arbeitsbedingungen zu verbessern. Nur eine solche autonome Auslegung kann die volle Wirksamkeit dieser Richtlinie und ihre einheitliche Anwendung sicherstellen. (Rn. 26)

---

[16] Vgl. auch EuGH vom 09.09.2003, Rs. C-151/02 (Jaeger), ECLI:EU:C:2003:437.
[17] Zum Zeitpunkt der Entscheidung Richtlinie 93/104.

4. Daraus folgt, dass Bereitschaftsdienst, der in persönlicher Anwesenheit im Betrieb des AG geleistet wird, in vollem Umfang als Arbeitszeit anzusehen ist, unabhängig davon, welche Arbeitsleistung während dieses Bereitschaftsdienstes tatsächlich erbracht wird. Der Umstand, dass der Bereitschaftsdienst Zeiten der Inaktivität umfasst, ist daher unerheblich. (Rn. 27, 28)

5. Folglich sind Zeiten, die ein Arzt im Rahmen eines Bereitschaftsdienstes am Arbeitsplatz verbringt und während deren er auf tatsächlich zu leistende Arbeit wartet, insgesamt als Arbeitszeit und gegebenenfalls als Überstunden zu qualifizieren. Allerdings ist die Auswirkung der Richtlinie darauf beschränkt, bestimmte Aspekte der Arbeitszeitgestaltung zu regeln, sodass sie grundsätzlich keine Anwendung auf die Vergütung findet. (Rn. 31, 32, 33) ◄

15.2.2 Fall Fuß I, EuGH vom 14.10.2010, Rs. C-243/09, ECLI:EU:C:2010:609[18] und Fuß II, EuGH vom 25.11.2010, Rs. C-429/09, ECLI:EU:C:2010:717[19]

F. wurde bis Januar 2007 im Einsatzdienst „abwehrender Brandschutz" der Feuerwehr der Stadt Halle als Fahrzeugführer verwendet. Sein Dienstplan sah eine durchschnittliche wöchentliche Arbeitszeit von 54 h vor. 2006 wurde den Beamten mitgeteilt, dass Umsetzungen in das Einsatzleitzentrum der Feuerwehr erfolgten, wenn die Einhaltung einer wöchentlichen Arbeitszeit von 48 h entsprechend der Richtlinie 2003/88 gewünscht werde. F. beantragte, dass seine Arbeitszeit künftig die nach Art. 6 Buchst. b vorgeschriebene Höchstgrenze von 48 h nicht mehr überschreitet. Zugleich machte er Ausgleichsansprüche für die von 2004 bis 2006 rechtswidrig geleisteten Mehrarbeitsstunden geltend.

Mit Verfügung vom 2. Januar 2007 setzte die Stadt F. gegen seinen Willen in das Einsatzleitzentrum mit der Begründung um, dass eine solche Umsetzung aus dienstorganisatorischen Gründen erforderlich sei. Durch die Umsetzung werde es ermöglicht, unter Beachtung der wöchentlichen Höchstarbeitszeit von 48 h zu arbeiten. Seit seiner Umsetzung in das Einsatzleitzentrum arbeitet F. 40 h pro Woche und hat seither keinen 24-Stunden-Dienst mehr zu leisten. Außerdem erhält er eine geringere Erschwerniszulage. F. erhebt Klage auf Freizeitausgleich bzw. Mehrarbeitsvergütung und auf Aufhebung der Umsetzungsverfügung. Das VerwG legte dem EuGH die Frage vor, ob sich aus der Richtlinie Schadenersatzansprüche ergeben, wenn die AG eine Arbeitszeit festsetzt, die die Grenze von Art. 6 der Richtlinie überschreitet und ob dies eine rechtzeitige Geltendmachung der betroffenen AN erfordere.

Der EuGH verwies darauf, dass die Richtlinie unmittelbar anwendbar sei und dass ein Verstoß gegen die in Art. 6 vorgesehene wöchentliche Höchstarbeitszeit

---

[18] Siehe auch NZA 2010, 1344.
[19] Siehe auch NZA 2011, 53; NZS 2011, 53; DÖV 2011, 117.

von 48 h vorliege. Für die Stadt bestehe keine Möglichkeit, sich dieser Richtlinie zu entziehen, sodass sie verpflichtet sei, alle zu ihrer Erfüllung geeigneten Maßnahmen zu ergreifen.[20] Zum Anspruch auf Freizeitausgleich bzw. Mehrarbeitsvergütung verweist der EuGH darauf, dass ein objektiver Verstoß mit einem erheblichen Gewicht vorliege, sodass ein Schadenersatzanspruch in Betracht kommen könne. Den Kausalzusammenhang zwischen der Nichtbeachtung der dem Staat auferlegten Pflichten und dem bei der geschädigten Person entstandenen Schaden muss dann das vorlegende Gericht klären.[21]

Die wichtigsten Leitsätze

1. Die Richtlinie 2003/88 legt Mindestvorschriften fest, die dazu bestimmt sind, die Lebens- und Arbeitsbedingungen von AN durch eine Angleichung namentlich der innerstaatlichen Arbeitszeitvorschriften zu verbessern. Diese Richtlinie enthält jedoch keine Bestimmung zu den Sanktionen, die bei einem Verstoß gegen die Mindestvorschriften Anwendung finden. (Rn. 43, 44)
2. Der Grundsatz der Haftung des Staates für Schäden, die dem Einzelnen durch dem Staat zuzurechnende Verstöße gegen das Unionsrecht entstehen, gehört zum System des Unionsrechts. Daraus ergibt sich, dass diese Verpflichtung für jeden Fall des Verstoßes eines Mitgliedstaats gegen das Unionsrecht unabhängig davon gilt, welche staatliche Stelle diesen Verstoß begangen hat. (Rn. 45, 46)
3. Dem Geschädigten steht ein Entschädigungsanspruch zu, wenn drei Voraussetzungen erfüllt sind: Die unionsrechtliche Norm, gegen die verstoßen worden ist, bezweckt die Verleihung von Rechten an die Geschädigten, der Verstoß gegen diese Norm ist hinreichend qualifiziert, und zwischen diesem Verstoß und dem entstandenen Schaden besteht ein unmittelbarer Kausalzusammenhang. (Rn. 47)
4. Hinsichtlich der ersten Voraussetzung ist festzustellen, dass die Obergrenze von 48 h eine besonders wichtige Regel des Sozialrechts der Union ist. Ihre Reichweite ist nicht irgendwelchen Bedingungen oder Beschränkungen unterworfen und sie verleiht den Einzelnen Rechte, die unmittelbar vor den nationalen Gerichten geltend gemacht werden können. (Rn. 49, 50)

---

[20] Vgl. Preis/Ulber, ZESAR 2001, 147; Wank, AuR 2011, 200.
[21] Zudem könne aus der Richtlinie keine Verpflichtung für den Arbeitnehmer hergeleitet werden, bei einem Verstoß seines Arbeitgebers vorher einen entsprechenden Antrag zu stellen bzw. die Verletzung von Unionsrecht geltend zu machen. Hinsichtlich der Umsetzungsverfügung stellt der EuGH sodann fest, dass diese erfolgt sei, weil Herr Fuß sich auf die Richtlinie 2003/88/EG berufen habe. Damit entstehe der Eindruck, dass EU-Recht von einem Mitgliedstaat gezielt missachtet werde. Die praktische Wirksamkeit von EU-Recht gebiete es daher, die Umsetzungsverfügung für rechtswidrig anzusehen. In diesem Zusammenhang verwies der EuGH auch auf seine Entscheidung zum Personalrat der Feuerwehr Hamburg, wonach die Obergrenze von 48 h nach Art. 6 Buchst. b der Richtlinie uneingeschränkt für den Feuerwehrdienst zur Anwendung kommt; vgl. EuGH vom 14.07.2005, Rs. C-52/04 (Personalrat der Feuerwehr Hamburg), ECLI:EU:C:2005:467.

5. Die zweite Voraussetzung setzt einen hinreichend qualifizierten Verstoß gegen das Unionsrecht voraus, dass der Mitgliedsstaat die Grenzen, die seinem Ermessen gesetzt sind, offenkundig und erheblich überschritten hat. Eine Überschreitung der Obergrenze von 48 h für die wöchentliche Höchstarbeitszeit einschließlich Bereitschaftsdienst steht der Richtlinie entgegen.[22] Was schließlich die dritte Voraussetzung betrifft, ist es Sache des vorlegenden Gerichts, zu prüfen, ob ein unmittelbarer Kausalzusammenhang zwischen dem Verstoß gegen die Richtlinie und dem Schaden besteht, der durch den Verlust der Ruhezeit entstanden ist. (Rn. 51, 52, 57, 59)

6. Schließlich hängt die Verpflichtung zum Ersatz der dem Einzelnen entstandenen Schäden nicht von einem Verschulden ab, der über die Feststellung eines hinreichend qualifizierten Verstoßes gegen das Unionsrecht hinausgeht. Solche zusätzlichen Voraussetzungen würden darauf hinauslaufen, dass der Entschädigungsanspruch insgesamt in Frage gestellt wäre. Es widerspräche zudem dem Grundsatz der Effektivität, von den Geschädigten zu verlangen, systematisch von allen ihnen zur Verfügung stehenden Rechtsschutzmöglichkeiten Gebrauch zu machen. (Rn. 67, 77, 78, 93) ◄

15.2.3 Fall CCOO; EuGH vom 14.05.2019; Rs. C-55/18, ECLI:EU:C:2019:402

Die spanische Arbeitnehmervereinigung CCOO erhob gegen die Deutsche Bank Feststellungsklage, dass diese nach spanischem Recht verpflichtet sei, ein System zur Erfassung der von den Mitarbeitern geleisteten täglichen Arbeitszeit einzurichten, mit dem die Einhaltung der vorgesehen Arbeitszeit sowie die Verpflichtung, Gewerkschaftsvertreter über geleistete Überstunden zu unterrichten, kontrolliert werden können. Nachdem die Deutsche Bank u. a. geltend gemacht hatte, dass sich nach spanischem Recht ein solches System zur Erfassung von Arbeitszeiten nicht entnehmen lasse, legte der Nationale Gerichtshof (Audiencia Nacional) dem EuGH u. a. die Frage zur Vorabentscheidung vor, ob es mit Richtlinie 2003/88/(Arbeitszeitrichtlinie) vereinbar sei, wenn nach innerstaatlichen Rechtsvorschriften sowie gefestigter Rechtsprechung von einem Unternehmen nicht verlangt werden könne, ein System zur Erfassung der täglichen effektiven Arbeitszeit für Vollzeitarbeitnehmer einzuführen.

Der EuGH verweist zunächst darauf, dass das Recht der AN auf eine Begrenzung der Höchstarbeitszeit und auf Ruhezeiten eine Regelung des Sozialrechts der Union, die besondere Bedeutung habe und auch durch Art. 31 Abs. 2 GRCh verbürgt sei. Insoweit stellen die Bestimmungen der Richtlinie 2003/88 eine Konkretisierung dieses Grundrechts dar und sind indessen nicht auszulegen. Im Lichte dieser allgemeinen

---

[22] Der Gerichtshof hatte bereits während des Zeitraums 2004–2006 in seinem Urteil zum Personalrat der Feuerwehr Hamburg (EuGH vom 14.07.2005, Rs. C-52/04, ECLI:EU:C:2005:467) entschieden, dass die von Einsatzkräften einer staatlichen Feuerwehr ausgeübten Tätigkeiten in den Anwendungsbereich der Richtlinie 2003/88 fallen.

Erwägungen sei schließlich festzustellen, dass ohne ein System der Erfassung von Arbeitszeiten weder die Zahl der von AN tatsächlich geleisteten Arbeitsstunden sowie ihre zeitliche Lage noch die über die gewöhnliche Arbeitszeit hinausgehenden Überstunden objektiv und verlässlich ermittelt werden können. Unter diesen Umständen sei es für die Arbeitnehmer äußerst schwierig oder praktisch unmöglich, die ihnen durch Art. 31 Abs. 2 GRCh und die Richtlinie 2003/88 verliehenen Rechte durchzusetzen, um tatsächlich in den Genuss der Begrenzung der wöchentlichen Arbeitszeit und der Mindestruhezeiten zu kommen.

Um die praktische Wirksamkeit der Richtlinie 2003/88 sowie des Art. 31 Abs. 2 GRCh verankerten Grundrechte zu gewährleisten, müssen die Mitgliedsstaaten die AG daher verpflichten, ein objektives, verlässliches und zugängliches System einzuführen, mit dem von AN geleisteten täglichen Arbeitszeit gemessen werden kann. Ergänzend dazu beruft sich der EuGH zudem auf die Richtlinie 89/391 (Arbeits- und Gesundheitsschutzrichtlinie), wonach Arbeitgeber verpflichtet seien, eine Organisation und die erforderlichen Mittel zum Schutz der Sicherheit und Gesundheit der AN bereitzustellen.

Die wichtigsten Leitsätze

1. Diese Harmonisierung der Arbeitszeitgestaltung bezweckt, einen besseren Schutz der Sicherheit und der Gesundheit der Arbeitnehmer durch die Gewährung von – u. a. täglichen und wöchentlichen – Mindestruhezeiten und angemessenen Ruhepausen zu gewährleisten sowie eine Obergrenze für die wöchentliche Arbeitszeit vorzusehen.
2. Die Mitgliedstaaten müssen daher zur Gewährleistung der vollen Wirksamkeit der Richtlinie 2003/88 die Beachtung dieser Mindestruhezeiten gewährleisten und jede Überschreitung der wöchentlichen Höchstarbeitszeit verhindern. Die Richtlinie legt zwar nicht die konkreten Maßnahmen fest, mit denen die Mitgliedstaaten die Umsetzung der in ihnen vorgesehenen Rechte sicherstellen müssen. Wie sich bereits aus ihrem Wortlaut ergibt, überlassen diese Bestimmungen es den Mitgliedstaaten, diese Maßnahmen zu ergreifen, indem sie die insoweit „erforderlichen Maßnahmen" treffen.
3. Auch wenn die Mitgliedstaaten daher zu diesem Zweck über einen gewissen Spielraum verfügen, müssen sie angesichts des von der Richtlinie 2003/88 verfolgten wesentlichen Ziels, einen wirksamen Schutz der Lebens- und Arbeitsbedingungen der Arbeitnehmer sowie einen besseren Schutz der Sicherheit und der Gesundheit der Arbeitnehmer zu gewährleisten, sicherstellen, dass die praktische Wirksamkeit dieser Rechte in vollem Umfang gewährleistet wird, indem ihnen tatsächlich die täglichen und wöchentlichen Mindestruhezeiten und die Obergrenze für die durchschnittliche wöchentliche Höchstarbeitszeit, die in dieser Richtlinie festgesetzt sind, zugutekommen.
4. Insoweit ist festzustellen, dass ohne ein solches System weder die Zahl der vom Arbeitnehmer tatsächlich geleisteten Arbeitsstunden sowie ihre zeitliche Lage noch die über die gewöhnliche Arbeitszeit hinausgehende, als Überstunden geleistete Arbeitszeit objektiv und verlässlich ermittelt werden kann.

Es ist den Arbeitnehmern damit praktisch unmöglich, die ihnen durch Art. 31 Abs. 2 der Charta und die Richtlinie 2003/88 verliehenen Rechte durchzusetzen.

5. Die Einrichtung eines objektiven, verlässlichen und zugänglichen Systems, mit dem die von einem jeden Arbeitnehmer geleistete tägliche Arbeitszeit gemessen werden kann, ergibt sich zudem auch aus der allgemeinen Verpflichtung der Mitgliedstaaten und der Arbeitgeber nach Art. 4 Abs. 1 und Art. 6 Abs. 1 der Richtlinie 89/391 (Arbeits- und Gesundheitsrichtlinie), eine Organisation und die erforderlichen Mittel zum Schutz der Sicherheit und der Gesundheit der Arbeitnehmer bereitzustellen. ◄

15.2.4 Fall Coca Cola Deutschland, EuGH vom 07.07.2021, Rs. C-257/21, ECLI:EU:C:2022:529

Die Kläger waren im Zeitraum 2018/2019 regelmäßig in Nachtarbeit für Coca-Cola beschäftigt. Nach den Tarifverträgen erhalten sie einen Vergütungszuschlag für regelmäßige Nachtarbeit von 20/25 %. Dagegen wird für unregelmäßige Nachtarbeit ein Zuschlag von 40/50 % gezahlt. Die Kläger rügen eine Verletzung von Art. 3 GG und Art. 20 GRCh und verlangen die Differenzbeträge zu den höheren Zuschlägen. Das BAG legt dem EuGH die Frage vor, ob die hier streitgegenständliche tarifliche Regelung zu Nachtarbeitszuschlägen überhaupt unter die Arbeitszeit-Richtlinie 2003/88/EG falle. Dies sei nach Auffassung des BAG nur dann der Fall, wenn die tariflichen Regelungen eine Durchführung der vorgenannten Arbeitszeit-Richtlinie im Sinne von Art. 51 Abs. 1 GRCh darstellt.

Der EuGH führt aus, dass die GRCh und damit der Gleichbehandlungsgrundsatz für Mitgliedsstaaten ausschließlich bei der Durchführung von Unionsrecht entsprechend § 51 Abs. 1 GRCh zur Anwendung komme. Im Übrigen falle nach Art. 153 Abs. 5 AEUV das Arbeitsentgelt nicht in den Anwendungsbereich der Harmonisierungsregelungen der Art. 151 ff AEUV. Der Grund für diese Ausnahme liege darin, dass die Festsetzung des Lohn- und Gehaltsniveaus der Vertragsautonomie der Sozialpartner auf nationaler Ebene liege und damit der Zuständigkeit der Mitgliedsstaaten entzogen sei.

Die wichtigsten Leitsätze

1. Der Begriff „Durchführung des Rechts" nach Art. 51 Abs. 1 EU-GRCh setzt das Vorliegen eines Zusammenhangs zwischen einem Unionsrechtsakt und der fraglichen nationalen Maßnahme voraus. Dafür reicht es nicht aus, dass Sachbereiche benachbart sind oder unmittelbare Auswirkungen aufeinander haben.

2. Erforderlich ist, dass unionsrechtliche Vorschriften spezifische Verpflichtungen für Mitgliedsstaaten schaffen, deren Nichteinhaltung gerügt wird. Daraus folgt, dass eine Differenzierung bei Nachtarbeitszuschlägen allein nach nationalem und nicht nach EU-Recht zu beanstanden ist. ◄

15.3 Auswirkung auf die deutsche Rechtsordnung und die arbeitsrechtliche Praxis

Das Arbeitszeitgesetz (ArbZG) vom 6. Juni 1994 wurde aufgrund der damaligen Arbeitszeit-Richtlinie 93/104/EWG verabschiedet, die ihrerseits durch die Arbeitszeit-Richtlinie 2003/88/EG ersetzt wurde. Zweck des ArbZG ist es, die Sicherheit und den Gesundheitsschutz der AN bei der Arbeitszeitgestaltung zu gewährleisten sowie die Rahmenbedingungen für flexible Arbeitszeiten zu verbessern. Zudem soll der Sonntag und die staatlich anerkannten Feiertage als Tage der Arbeitsruhe geschützt werden, § 1 ArbZG.

15.3.1 Bereitschaftsdienst als Arbeitszeit nach § 2 Abs. 1 ArbZG

Nach der gesetzlichen Definition in § 2 Abs. 1 ArbZG ist Arbeitszeit die Zeit vom Beginn bis zum Ende der Arbeit ohne Ruhepause. Danach gehörte der Bereitschaftsdienst ohne tatsächlichen Einsatz grundsätzlich zur Ruhezeit. Arbeitszeit lag nur dann vor, wenn AN während des Bereitschaftsdienstes auch tatsächlich gearbeitet haben.[23] In Folge der Entscheidung des EuGH in Sachen Vorel kam es konsequenterweise zu juristischen Auseinandersetzungen um den Bereitschaftsdienst, insbesondere bei Rettungsdiensten, Feuerwehrleuten,[24] Krankenhauspersonal und Hausmeistern.[25] Aufgrund der EuGH-Rechtsprechung wird man nunmehr den Begriff Arbeitszeit in § 2 Abs. 1 ArbZG dahingehend auslegen, dass auch der Bereitschaftsdienst zur Arbeitszeit zählt.[26] Darüber hinaus hat die Rechtsprechung Auswirkung auf einschlägige tarifvertragliche Regelungen, in denen der Bereitschaftsdienst nicht als Arbeitszeit angesehen wird.[27] Dies hat auch Auswirkungen für den Vorbehalt abweichender Regelungen nach § 7 Abs. 2 Nr. 1 ArbZG.[28]

Im Gegensatz dazu erfordert die Rufbereitschaft nur, dass AN zwar erreichbar sein müssen, währenddessen aber weiterhin frei über seine Zeit verfügen und den eigenen Interessen nachgehen kann. Die Rufbereitschaft wird daher als Ruhezeit qualifiziert. Nur soweit es tatsächlich während der Rufbereitschaft zu einem

---

[23] Vgl. u. a. BAG, NZA 2003, 742; Schliemann, NZA 2006, 1009; Schliemann/Meier, Arbeitszeitrecht, 2. Auflage, Rn. 65; Ulber in Preis/Sagan, Europäisches Arbeitsrecht, 2. Auflage, § 7, Rz. 7.116–7.133.

[24] Vgl. EuGH vom 03.05.2012, Rs. C-337/10 (Neidel), ECLI:EU:C:2012:263.

[25] Vgl. hierzu u. a. Schlachter, Casebook Europäisches Arbeitsrecht, S. 317; Schliemann, NZA 2006, 1009.

[26] Vgl. Boerner/Boerner, NZA 2003, 883; Schlachter a. a. O.; Schliemann a. a. O.

[27] Vgl. hierzu Abele, BB 2004, 555; Schlachter, RdA 2005, 119; Ulber, ZTR 2005, 72; Schliemann, NZA 2006, 1013.

[28] Vgl. hierzu Schlachter, Casebook Europäisches Arbeitsrecht, S. 317 sowie RdA 2005, 119.

Arbeitseinsatz kommt, handelt es sich auch um Arbeitszeit.[29] Schließlich kann die Fahrt zum Kunden Arbeitszeit darstellen, wenn es an einem konkreten Arbeitsplatz fehlt.[30]

Wie ausgeführt stellen die Entscheidung des EuGH zum Bereitschaftsdienst maßgeblich darauf ab, dass hier – anders als bei der Rufbereitschaft – die persönliche Freiheit der AN eingeschränkt ist, da sie sich an einem von AG vorgegebenen Ort aufzuhalten haben. Die vorgenannten Grundsätze dürften daher auch für Dienstreisen und Fortbildungsveranstaltungen[31] zur Anwendung kommen. Es kann daher erwartet werden, dass der EuGH in einem entsprechenden Rechtsstreit auch die Dienstreise als Arbeitszeit im SInne der Richtlinie 2003/88/EG ansieht.

15.3.2 Keine Zuständigkeit für Regelungen des Arbeitsentgelts

Diese Rechtsprechung hat der EuGH noch einmal in der Entscheidung Coca-Cola-Deutschland bestätigt. Nach seiner Auffassung gehören auch Nachtarbeitszuschläge zum Arbeitsentgelt und fallen damit in die Zuständigkeit des nationalen Gesetzgebers. Die Arbeitszeit-Richtlinie regelt die Nachtarbeit, nicht das Nachtarbeitsentgelt.[32] Hinsichtlich der Anwendung der GRCh wird darauf verwiesen, dass die EU-Grundrechte nur bei der Durchführung von Unionsrecht zur Anwendung kommen. Da die vorgenannte Entscheidung den Inhalt unterschiedlicher deutscher Tarifverträge zum Gegenstand hatte, kamen auch die EU-Grundrechte nicht zur Anwendung.[33]

Wie aber bereits ausgeführt, ergibt sich aus der Rechtsprechung kein Anspruch auf Bezahlung von Bereitschaftsdiensten.[34] Die Folgen beschränken sich zunächst nur auf das, was öffentlich-rechtlich im Interesse des Arbeitnehmerschutzes an Arbeitszeit zulässig ist.[35] Allerdings wird aus der Entscheidung Fuß II deutlich, dass insbesondere gegenüber staatlichen AG Sekundäransprüche bestehen können.[36] Insoweit dürfte es künftig für öffentliche Arbeitgeber bei einer wirtschaftlichen Betrachtungsweise immer schwieriger werden, sich auf den oben genannten

---

[29] Vgl. EuGH vom 09.09.2003, Rs. C-151/02 (Jaeger), ECLI:EU:C:2003:437; EuGH vom 03.10.2000, Rs. C-303/98 (Simap), ECLI:EU:C:2000:528; Blanpain, European Labour Law, 2014, 1720–1727.

[30] Vgl. EuGH vom 10.09.2015, Rs. C-266/14 (CC.OO.), ECLI:EU:C:2015:578; ferner Hartmann, EuZA 2017, 179.

[31] Vgl. hierzu Benkert, NJW Spezial 2022, 434.

[32] So Sagan, ZESAR 2022, Heft 10.

[33] Vgl. hierzu grds. EUGH NJW 2013, 14,1 5; BVerfG, NJW 1499 Rn. 91 sowie zu unterschiedlichen Nachtarbeitszuschlägen BAG, NZA 2019, 622.

[34] Vgl. EuGH vom 01.12.2005, Rs. C-14/04 (Dellas), ECLI:EU:C:2005:728, Rn. 39; ferner Ulber a. a. O. Rz. 7.93.

[35] Vgl. u. a. BAG, NZA 2012, 861; BAG, Beck RS 2012, 73093.

[36] Vgl. hierzu Preis/Ulber, ZESAR 2011, 147; Wank, AuR 2011, 200; Franzen, EuZA 2012, 334, 335.

Grundsatz zu berufen, dass die Arbeitszeit-Richtlinie nach Art. 153 Abs. 5 AEUV keine Regelungen über das Arbeitsentgelt vorsieht. Rechtlich ist diese Auffassung zwar zutreffend, wirtschaftlich kann sie sich in Anbetracht von möglichen Sekundäransprüchen als falsch herausstellen.

15.3.3 Verpflichtung zur Einführung eines objektiven, verlässlichen und zugänglichen Systems der Überwachung der Arbeitszeit

Aus dem dargestellten Urteil zur Arbeitszeiterfassung[37] ergibt sich für AG sowohl aus der Richtlinie 2003/88 als auch aus Art. 31 Abs. 2 GRCh eine Verpflichtung, ein System zur Erfassung von Arbeitszeiten einzurichten. Ohne ein solches System sei für AN, ihre Vertreter sowie staatliche Stellen eine Überprüfung, ob die Begrenzung der wöchentlichen Arbeitszeit und die Mindestruhezeiten eingehalten wurden, praktisch nicht möglich. Obwohl eine ausdrückliche Verpflichtung zur Einführung eines Zeiterfassungssystems weder in der Richtlinie noch in der GRCh vorgesehen ist, ergebe sich nach dem EuGH aus dem Grundsatz der praktischen Wirksamkeit der vorgenannten Regelungen eine Verpflichtung, ein objektives, verlässliches und allgemein zugängliches Systeme einzuführen, mit dem die von AN geleisteten tägliche Arbeitszeit gemessen werden kann.

Ergänzend stützt der EuGH sich auf die Richtlinie 89/391 (Arbeitszeit- und Gesundheitsschutz-Richtlinie), wonach AG verpflichtet seien, eine Organisation und die erforderlichen Mittel zum Schutz der Sicherheit und Gesundheit der AN bereitzustellen. Damit dürfte die Vertrauensarbeitszeit, bei der auf eine genaue Kontrolle der geleisteten Arbeitszeit verzichtet wird, nicht mehr unionskonform sein. Der EuGH verweist ausdrücklich darauf, dass ein objektives System, das die gewöhnliche Arbeitszeit einschließlich Überstunden erfasst, erforderlich sei. Damit dürfte auch eine eigenverantwortliche Auflistung geleisteter Arbeitszeit durch AN den vorgenannten Grundsätzen nicht gerecht werden. Dagegen hat das BAG zwischenzeitlich entschieden, dass die Pflicht zur Messung der Arbeitszeit allein den Bereich des unionsrechtlichen Arbeitsschutzrechts betrifft und damit keine Auswirkungen auf die arbeitsrechtliche Darlegungs- und Beweislast im Überstundenprozess habe.[38]

---

[37] Vgl. EuGH vom 14.05.2019, Rs. C-55/18 (CCOO), ECLI:EU:C:2019:402; hierzu u. a. Hahn, ZESAR 2021, 119.

[38] vgl. BAG, NZA 2022, 1267; NJW Spezial 2022, 660.

Urlaub und Urlaubsabgeltung

16

▶ **Aktuelle Verordnungen und Richtlinien**
- Richtlinie 2003/88/EG (Arbeitszeit-Richtlinie)[1] (siehe Abb. 15.1)
- Kurzübersicht Fälle (siehe Abb. 16.1)

16.2.1 Fall Schultz-Hoff, EuGH vom 20.01.2009, Rs. C-350/06, ECLI:EU:C:2009:18	Auch bei krankheitsbedingter Arbeitsunfähigkeit besteht ein Anspruch auf Abgeltung des Jahresurlaubs, unabhängig davon, ob der Arbeitnehmer während des Jahres auch tatsächlich tätig geworden ist.
16.2.2 Fall KHS/Schulte, EuGH vom 22.11.2011, Rs. C-214/10, ECLI:EU:C:2011:761	Der Anspruch auf Abgeltung des Jahresurlaubs besteht nur innerhalb eines Übertragungszeitraums von 15 Monaten nach Fälligkeit.
16.2.3 Fall Bollacke, EuGH vom 12.06.2014, Rs. C-118/13, ECLI:EU:C:2014:1755	Der Anspruch auf Urlaubsabgeltung geht mit dem Tod des Arbeitnehmers nicht unter, sondern ist vererbbar.
16.2.4 Fall FETICO, EuGH vom 04.06.2020, Rs. C-588/18, ECLI:EU:C:2020:420	RL 2003/88/EG stellt lediglich einen EU-weiten Mindestschutz dar. Die Gewährung von Sonderurlaubstagen fällt nicht in den Schutzbereich der Richtlinie, wenn der Mindesturlaubsschutz gewahrt ist.
16.2.5 Fall Unitatea Administrativ Teritoriala-D., EuGH vom 28.10.2021, Rs. C 909/19, ECLI:EU:C:2021:893	Zur Arbeitszeit nach RL 2003/88/EG gehören auch Zeiten einer vom Arbeitgeber vorgeschriebenen beruflichen Fortbildung.

Abb. 16.1 Kurzübersicht Fälle

---

[1] ABl. Nr. L 299 S. 9.

Wie in Kap. 15 schon angesprochen, enthält die Arbeitszeit-RL nicht nur die Regelungen zur Arbeitszeit, sondern auch zu einem unionsweiten Anspruch auf bezahlten Jahresurlaub. Anders als bei der Arbeitszeit, ergeben sich aus den Regelungen zum Urlaubsrecht unmittelbare Zahlungsansprüche, nämlich auf einen bezahlten Jahresurlaub und ggf. auf eine Abgeltung nicht genommenen Urlaubs.

16.1   Mindesturlaubsanspruch nach der EU-Arbeitszeit-Richtlinie

Nach Art. 7 Abs. 1 müssen alle Mitgliedsstaaten einen bezahlten Mindesturlaub von vier Wochen vorsehen. Die Mitgliedsstaaten können lediglich in Grenzen die Einzelheiten für die Inanspruchnahme und die Gewährung des Urlaubs regeln. So kann der nationale Gesetzgeber die Fälligkeit des Urlaubs beschränken. Eine Wartezeit von 13 Wochen – vor deren Ablauf kein Urlaubsanspruch fällig wird – sei nach Auffassung des EuGH richtlinienkonform.[2]

Dagegen sind mit der Richtlinie 2003/88/EG nationale Regelungen unvereinbar, wonach eine effektive Mindestarbeitszeit von einem Monat oder mindestens zehn Tagen vorgelegen haben muss, um Urlaubs- bzw. Urlaubsabgeltungsansprüche zu erlangen.[3] Gleichermaßen unwirksam sind nationale Vorschriften, nach denen kein Anspruch auf Jahresurlaub besteht, wenn dieser mit einer Arbeitsunfähigkeit zusammenfällt.[4] Allerdings umfasst der geschützte Urlaubsanspruch nur den in der Richtlinie genannten Mindesturlaub. Ein darüber hinaus bestehender Urlaubsanspruch aufgrund Arbeits- oder Tarifvertrag wird von der Richtlinie nicht geschützt.[5]

16.2   Praktische Fallbeispiele

Für das Urlaubsrecht von praktischer Bedeutung ist die EuGH-Rechtsprechung zu Fragen, wann und unter welchen Voraussetzungen Urlaubsansprüche verfallen oder vererbt werden können.[6]

---

[2] Vgl. EuGH vom 26.06.2001, Rs. C-173/99 (BECTU), ECLI:EU:C:2001:356.

[3] Vgl. EuGH vom 24.01.2012, Rs. C-282/10 (Dominguez), ECLI:EU:C:2012:33.

[4] Vgl. EuGH vom 21.06.2011, Rs. C-78/11 (ANGED), ECLI:EU:C:2012:372.

[5] Vgl. EuGH vom 03.05.2012, Rs. C-337/10 (Neidel), ECLI:EU:C:2012:263 ferner NJW 2012, 2420.

[6] Vgl. EuGH vom 20.01.2009, Rs. C-350/06 (Schultz-Hoff), ECLI:EU:C:2009:18; EuGH Neidel a. a. O.; EuGH vom 12.06.2014, Rs. C-118/13 (Bollacke), ECLI:EU:C:2014:1755 ferner NJW 2014, 2415.

16.2.1 Fall Schultz-Hoff, EuGH vom 20.01.2009, Rs. C-350/06, ECLI:EU:C:2009:18[7]

S war seit 1971 bei der Firma DRB beschäftigt. Von 2004 bis zum 30. September 2005 war er ununterbrochen krankgeschrieben. Zu diesem Zeitpunkt endete sein Arbeitsverhältnis. S beantragte, ihm den nicht genommenen Jahresurlaub für die Jahre 2004 und 2005 zu gewähren. Die DRB lehnt dies unter Hinweis auf die ununterbrochene Arbeitsunfähigkeit von S ab. Nach Klageerhebung legte das LAG Düsseldorf dem EuGH die Frage zur Vorabentscheidung vor, ob Art. 7 Abs. 1 der Richtlinie 2003/88/EG so zu verstehen sei, dass AN auf jeden Fall einen bezahlten Mindesturlaub von vier Wochen auch dann erhalten müssen, wenn dieser wegen Krankheit im Urlaubsjahr nicht genommen werden könne oder ob es mit der Richtlinie vereinbar sei, wenn der Anspruch auf bezahlten Urlaub bei andauernder Arbeitsunfähigkeit im Urlaubsjahr erlischt.

Nach Auffassung des EuGH besteht auch bei einer lang andauernden Erkrankung ein Anspruch auf Abgeltung des Jahresurlaubes. Die Gewährung von Mindesturlaub dürfe nicht von Umständen abhängen, die vom Willen der AN nicht beeinflusst werden können. Der EuGH beruft sich ferner in diesem Zusammenhang auf die besonders wichtigen Grundsätze des Sozialrechts der Gemeinschaft nach Art. 153 AEUV sowie der sozialen Grundrechte nach Art. 34 GRCh.

Die wichtigsten Leitsätze

1. Der Anspruch auf bezahlten Jahresurlaub ist als ein besonders bedeutsamer Grundsatz des Sozialrechts der Union anzusehen, von dem nicht abgewichen werden darf. AN müssen über eine tatsächliche Ruhezeit verfügen können, damit ein wirksamer Schutz seiner Gesundheit sichergestellt ist. Mit dem Anspruch auf bezahlten Jahresurlaub wird bezweckt, es dem Arbeitnehmer zu ermöglichen, sich zu erholen und über einen Zeitraum für Entspannung und Freizeit zu verfügen. Nur für den Fall der Beendigung des Arbeitsverhältnisses, lässt Art. 7 Abs. 2 der Richtlinie zu, dass der Anspruch auf bezahlten Jahresurlaub durch eine finanzielle Vergütung ersetzt wird. (Rn. 22, 23, 25)
2. Art. 7 Abs. 1 der Richtlinie steht grundsätzlich einer nationalen Regelung, die für den Anspruch auf bezahlten Jahresurlaub Modalitäten vorsieht, die sogar den Verlust dieses Anspruchs am Ende eines Bezugszeitraums beinhalten, nicht entgegen. Voraussetzung ist allerdings, dass der Arbeitnehmer, dessen Anspruch auf bezahlten Jahresurlaub erloschen ist, tatsächlich die Möglichkeit hatte, den ihm verliehenen Anspruch auszuüben. (Rn. 43)
3. Daraus folgt, dass Art. 7 Abs. 1 dahin auszulegen ist, dass er einzelstaatlichen Gepflogenheiten entgegensteht, nach denen der Anspruch auf bezahlten Jahresurlaub bei Ablauf des Bezugszeitraums auch dann erlischt, wenn der Arbeitnehmer während des gesamten Zeitraums krankgeschrieben war und seine Arbeitsunfähigkeit bis zum Ende seines Arbeitsverhältnisses fortgedauert hat. (Rn. 49) ◄

---

[7] Siehe auch NJW 2009, 495; NZA 2009, 135; EuZW 2009, 147.

16.2.2 Fall KHS/Schulte, EuGH vom 22.11.2011, Rs. C-214/10, ECLI:EU:C:2011:761[8]

S war bei der KHS AG als Schlosser beschäftigt. Der Anspruch auf bezahlten Jahresurlaub betrug nach dem anzuwendenden Tarifvertrag jährlich 30 Arbeitstage. Im Januar 2002 erlitt S einen Infarkt, in Folge dessen er für schwerbehindert und arbeitsunfähig erklärt wurde. Ab Oktober 2003 bezog S eine Rente wegen voller Erwerbsminderung. Das Arbeitsverhältnis von S wurde zum 31. August 2008 beendet. S erhob Klage auf Abgeltung des noch nicht genommenen Jahresurlaubs für die Jahre 2006–2008. Das LAG Hamm geht davon aus, dass die Ansprüche von S auf bezahlten Jahresurlaub für 2006 und 2007 nicht mehr bestehen, da der nach Tarifvertrag vorgesehene Zeitraum für die Übertragung abgelaufen sei. Es legte dem EuGH die Frage vor, ob Art. 7 Abs. 1 der Richtlinie 2003/88/EG dahingehend auszulegen sei, dass tarifvertragliche Regelungen ein Erlöschen des Anspruchs auf bezahlten Mindesturlaub im Falle längerfristiger Arbeitsunfähigkeit vorsehen dürfen.

Der EuGH kommt zu dem Ergebnis, dass Art. 7 Abs. 1 der Richtlinie 2003/88/EG einzelstaatlichen Tarifverträgen nicht entgegenstehe, die die Möglichkeit für einen während mehrerer Bezugszeiträume in Folge arbeitsunfähigen AN, Ansprüche auf bezahlten Jahresurlaub anzusammeln, dadurch einschränken, dass sie einen Übertragungszeitraum von 15 Monaten vorsehen, nach dessen Ablauf der Anspruch auf bezahlten Jahresurlaub erlischt. Allerdings trete der Verfall nicht automatisch von Gesetzes wegen ein, sondern nur bei Vorliegen einer einschlägigen einzel- oder tarifvertraglichen Regelung. Die positive Wirkung des Urlaubs als Erholungzeit sei nur dann gewährleistet, wenn er diesen spätestens 15 Monate nach Ablauf des Jahres, für das der Urlaubsanspruch erworben wurde, in Anspruch nimmt. Dies gelte auch für Urlaubsabgeltungsansprüche.

Die wichtigsten Leitsätze

1. Mit einer nationalen Regelung, die einen Übertragungszeitraum für am Ende des Bezugszeitraums nicht genommenen Jahresurlaub vorsieht, wird das Ziel verfolgt, dem AN eine zusätzliche Möglichkeit zu eröffnen, in dessen Genuss zu kommen. Die Festlegung eines solchen Zeitraums gehört zu den Voraussetzungen für die Ausübung des Anspruchs auf bezahlten Jahresurlaub und fällt somit grundsätzlich in die Zuständigkeit der Mitgliedsstaaten. (Rn. 25)
2. Art. 7 Abs. 1 steht daher grundsätzlich einer nationalen Regelung nicht entgegen, die für die Ausübung des mit dieser Richtlinie verliehenen Anspruchs auf bezahlten Jahresurlaub Modalitäten vorsieht, die sogar den Verlust dieses Anspruchs am Ende eines Übertragungszeitraums umfassen. Allerdings muss der Arbeitnehmer tatsächlich die Möglichkeit gehabt haben, den ihm mit der Richtlinie verliehenen Anspruch auszuüben. (Rn. 26)
3. Daraus ergibt sich zwar, dass grundsätzlich der Anspruch auf Jahresurlaub nicht erlöschen kann, wenn AN nicht tatsächlich die Möglichkeit hatte, diesen

---

[8] Siehe auch NJW 2012, 290; NZA 2011, 1333; EuZW 2011, 958.

Anspruch auszuüben. Allerdings führt dies nicht zu einem Recht auf ein unbegrenztes Ansammeln von Urlaubsansprüchen, da dies dem Zweck eines bezahlten Jahresurlaub nicht mehr entsprechen würde. (Rn. 28, 29, 30)
4. Mit diesem in Art. 31 II GRCh und in Art. 7 verankerten Anspruch wird nämlich ein doppelter Zweck verfolgt, der darin besteht, es dem Arbeitnehmer zu ermöglichen, sich zum einen von der Ausübung der ihm obliegenden Aufgaben zu erholen und zum anderen über einen Zeitraum für Entspannung und Freizeit zu verfügen. Der Anspruch eines während mehrerer Bezugszeiträume in Folge arbeitsunfähigen Arbeitnehmers kann den genannten Zweckbestimmungen nur insoweit entsprechen, als der Übertrag eine gewisse zeitliche Grenze nicht überschreitet. Über eine solche Grenze hinaus fehlt dem Jahresurlaub nämlich seine positive Wirkung für den Arbeitnehmer als Erholungszeit. (Rn. 31, 32, 33)
5. In Anbetracht von Art. 7 und unter Berücksichtigung der vorstehenden Erwägungen ist ein in einem Tarifvertrag auf 15 Monate festgelegter Zeitraum, in dem der Anspruch auf bezahlten Jahresurlaub übertragen werden kann, vernünftigerweise als Zeitraum einzustufen, bei dessen Überschreitung der bezahlte Jahresurlaub für den Arbeitnehmer keine positive Wirkung als Erholungszeit mehr hat. (Rn. 35) ◄

16.2.3   Fall Bollacke, EuGH vom 12.06.2014, Rs. C-118/13, ECLI:EU:C:2014:1755[9]

B ist die Alleinerbin ihres im November 2010 verstorbenen Ehemannes, der von 1998 bis zu seinem Tod bei der Firma K + K beschäftigt war. Der Ehemann war seit 2009 schwer erkrankt. Die Arbeitsunfähigkeit bestand bis zu seinem Tod. Zum diesem Zeitpunkt hatte der Ehemann unstreitig Anspruch auf 140,5 offene Tage Jahresurlaub. B machte gegenüber K + K Abgeltungsansprüche für diese Urlaubstage geltend. K + K wies die Forderung mit der Begründung zurück, dass es sich um einen nicht vererbbaren Anspruch handele. Das LAG Hamm legte dem EuGH die Frage vor, ob diese Rechtsauffassung mit Art. 7 der Richtlinie 2003/88/EG vereinbar sei.

Der EuGH führt aus, dass es nicht richtlinienkonform sei, wenn der Anspruch auf bezahlten Jahresurlaub auch als Abgeltungsanspruch bei Tod des AN untergehe. Auch könne eine Abgeltung nicht davon abhängig sein, dass AN vor dem Ableben einen entsprechenden Abgeltungsantrag gestellt habe.

Die wichtigsten Leitsätze

1. Der Anspruch auf Jahresurlaub stellt nur einen der beiden Aspekte eines wesentlichen Grundsatzes des Sozialrechts der Union dar. Der in Art. 7 der Richtlinie 2003/88 verwendete Begriff des bezahlten Jahresurlaubs bedeutet nämlich, dass für die Dauer des Jahresurlaubs im Sinne dieser Vorschrift das

---

[9] Siehe auch NJW 2014, 2415; NZA 2014, 651; EuZW 2014, 590; DB 2014, 1437.

Entgelt für den Arbeitnehmer beizubehalten ist. Daher ist in dieser Ruhe- und Entspannungszeit das gewöhnliche Entgelt weiterzuzahlen. (Rn. 20, 21)

2. Sodann stellt Art. 7 Abs. 2 für den Anspruch auf finanzielle Vergütung keine andere Voraussetzung auf als diejenige, dass zum einen das Arbeitsverhältnis beendet ist und dass zum anderen der Jahresurlaub noch nicht vollständig genommen wurde. (Rn. 23)

3. Ein finanzieller Ausgleich im Falle des Todes des Arbeitnehmers ist unerlässlich, um die praktische Wirksamkeit des Anspruchs auf bezahlten Jahresurlaub sicherzustellen. Würde die Pflicht zur Auszahlung von Jahresurlaubsansprüchen mit der durch den Tod bedingten Beendigung des Arbeitsverhältnisses enden, hätte dies zur Folge, dass ein unwägbares, nicht beherrschbares Vorkommnis zum vollständigen Verlust des Anspruchs auf bezahlten Jahresurlaub selbst führen würde, was mit Art. 7 unvereinbar wäre. (Rn. 24, 25, 26) ◀

16.2.4 Fall FETICO, EuGH vom 04.06.2020, Rs. C-588/18, ECLI:EU:C:2020:420

Nach einem spanischen Tarifvertrag bestand für bestimmte Ereignisse (Heirat, Geburt eines Kindes oder Tod eines Angehörigen) ein Anspruch auf bezahlten Sonderurlaub. Im Streit war, ob AN berechtigt seien, ihren Sonderurlaub auf einen Zeitraum außerhalb der wöchentlichen Ruhezeit oder des bezahlten Jahresurlaubs zu verschieben, wenn die Ereignisse, die den Anspruch auf Sonderurlaub begründen während dieser Zeit eintreten. Dabei beruft sich die den Tarifvertrag abschließende Gewerkschaft u. a. auf die Arbeitszeit-Richtlinie 2003/88/EG. Das zuständige spanische Arbeitsgericht legte dem EuGH die Frage vor, ob die Sonderurlaubstage in den Anwendungsbereich der vorgenannten Richtlinie fallen.

Der EuGH kommt zu dem Ergebnis, dass die Richtlinie lediglich einen Mindestschutz der Arbeitnehmer, vor allem in Bezug auf die wöchentlichen Ruhezeiten und den bezahlten Mindest-Jahresurlaub, garantiert. Ein darüber hinaus bezahlter zusätzlicher Sonderurlaub falle daher nicht in den Anwendungsbereich der Richtlinie. Insoweit ist davon auszugehen, dass Regelungen über den Sonderurlaub – vergleichbar mit § 616 BGB im deutschen Recht – nicht in den Anwendungsbereich der Arbeitszeit-Richtlinie fallen.

Die wichtigsten Leitsätze

1. Die Richtlinie 2003/88/EG stellt lediglich einen EU-weiten Mindestschutz der Arbeitnehmer dar.
2. Lediglich wenn durch bestimmte Ereignisse die Gewährung des Mindest-Jahresurlaubs beeinträchtigt ist – wie z. B. bei Krankheit – ist die Richtlinie betroffen. ◀

16.2.5 Fall Unitatea Administrativ Teritoriala-D., EuGH vom 28.10.2021, Rs. C 909/19, ECLI:EU:C:2021:893

Der Kläger war bei einer Gemeinde beschäftigt und wurde von dieser angewiesen, 160 h berufliche Fortbildung zu absolvieren. Dabei lagen 124 h außerhalb der normalen Arbeitszeit. Der Kläger begehrt vor dem zuständigen rumänischen Gericht die Bezahlung der 124 h als Überstunden. Die Gemeinde ist der Auffassung, dass es sich hierbei nicht um Arbeitszeit im Sinne der Richtlinie handele.

Das Gericht legte dem EuGH daher die Frage vor, ob Richtlinie 2003/88/EG dahingehend auszulegen sei, dass die Zeit, die AN außerhalb seines Arbeitsortes nach dem Ende der normalen Arbeitszeit in einem vorgeschriebenen Fortbildungskurs verbringt, Arbeitszeit im Sinne von Art. 2 Nr. 1 der Richtlinie darstelle.

Zunächst verweist der EuGH darauf, dass Ziel der Richtlinie die Begrenzung der täglichen und wöchentlichen Höchstarbeitszeit innerhalb der Union sei. Ausnahmen davon seien im Interesse der AN restriktiv auszulegen. Der EuGH kommt daher zu dem Ergebnis, dass die Zeit, in der AN eine von AG vorgeschriebene berufliche Fortbildung absolvieren, Arbeitszeit im Sinne der Richtlinie 2003/88 EG sei.

Die wichtigsten Leitsätze

1. Die Begriffe Arbeitszeit und Ruhezeit schließen einander aus. Es gibt keine Zwischenkategorie. Beide Begriffe sind anhand objektiver Merkmale unter Berücksichtigung des Regelungszusammenhangs zu bestimmen.
2. Für den Begriff Arbeitszeit ist entscheidend, dass der Arbeitnehmer persönlich an einem vom Arbeitgeber bestimmten Arbeitsort anwesend ist und ihm zur Verfügung stehen muss. Hierzu gehören auch Tätigkeiten, die ein Arbeitnehmer an einem vom Arbeitgeber vorgeschriebenen beruflichen Fortbildungskurs absolviert. ◄

16.3 Auswirkung auf die deutsche Rechtsordnung und die arbeitsrechtliche Praxis

Gesetzliche Regelungen über einen Mindesturlaub bestanden in Deutschland nach dem BUrlG bereits vor Verabschiedung der Arbeitszeit-Richtlinie. Dieser beträgt richtlinienkonform 24 Werktage, also mindestens 20 Arbeitstage, vgl. § 3 BUrlG. Die Fragen der Urlaubsabgeltung sind in § 7 Abs. 4 BUrlG und die Unabdingbarkeit der Gewährung von Urlaub in § 13 BUrlG geregelt.

16.3.1 Geringe Möglichkeiten einer vertraglichen Begrenzung eines Urlaubs- bzw. Urlaubsabgeltungsanspruch

Aus den oben genannten Entscheidungen wird deutlich, dass der EuGH den Anspruch auf bezahlten Jahresurlaub als eine der tragenden Säulen des EU-Sozialrechts ansieht.

Zudem verweist der EuGH in neueren Entscheidungen darauf, dass der Anspruch auf Mindesturlaub auch durch Art. 31 Abs. 2 GRCh geschützt sei.[10] Davon abweichende nationale Regelungen sind daher nur in engen Ausnahmefällen zulässig.[11]

Als richtlinienwidrig hatte sich die frühere Rechtsprechung des BAG zum Verfall des Urlaubs erwiesen, der krankheitsbedingt nicht in Anspruch genommen werden konnte. Das BAG hat seine Rechtsprechung nach der Schultz-Hoff-Entscheidung hierzu geändert.[12] Urlaub stand AN auch für Zeiten längerer Erkrankung zu. Nach der Entscheidung KHS/Schulte wird allerdings § 7 Abs. 4 BUrlG nunmehr so ausgelegt, dass bei einer entsprechenden vertraglichen Regelung (z. B. Tarifvertrag) die Urlaubsansprüche bei Langzeiterkrankungen eingeschränkt werden können. Der Urlaub kann nur dann seine positive Wirkung für AN entfalten, wenn er spätestens 15 Monate nach Ablauf des Jahres, für das der Urlaubsanspruch erworben wurde, genommen wird. Dies gilt auch entsprechend für Abgeltungsansprüche nach § 7 Abs. 4 BUrlG. Anders als im Falle von Krankheit können Arbeitnehmer nach der Rechtsprechung des EuGH aber unbegrenzt Urlaub ansammeln und übertragen, wenn der Arbeitgeber die Urlaubsgewährung verweigert, weil er etwa von einer selbstständigen Tätigkeit ausgeht.[13]

Auch darf die Entstehung eines Anspruchs auf finanzielle Vergütung des Jahresurlaubs nicht davon abhängig gemacht werden, dass AN vor Beendigung des Arbeitsverhältnisses einen Antrag auf Gewährung bzw. Abgeltung des Urlaubs gestellt haben. Der EuGH hat in der Kreuziger-Entscheidung[14] ausgeführt, dass nach Art. 7 Abs. 2 der Richtlinie 2003/88 für die Entstehung eines Anspruchs auf Abgeltung keine anderen Voraussetzungen bestehen, als diejenigen, dass das Arbeitsverhältnis beendet ist und AN nicht den gesamten Jahresurlaub genommen hat. Insoweit verstoßen etwaige arbeits- oder tarifvertragliche Regelungen, die eine Geltendmachung der Vergütung des nicht genommenen Urlaubs als Anspruchsvoraussetzung vorsehen, gegen Art. 7 Abs. 2 der Richtlinie.

Zudem hat der EuGH bereits mehrmals ausgeführt, dass Art. 7 Abs. 1 der Arbeitszeit-Richtlinie nur einen Jahresurlaub von vier Wochen vorgibt.[15] Für den Fall, dass nationale Regelungen den Wegfall von weitergehenden Urlaubsansprüchen vorsehen, ist dies mit Art. 7 der Richtlinie vereinbar, sofern hiervon nicht die vier Wochen

---

[10] EuGH vom 27.04.2023, Rs. C-192/22 (Bayerische Motoren Werke), ECLI:EU:C:2023:347, vgl. ferner Ahrends, Das europäische Urlaubsrecht, . S. 51 ff. (2018); Riesenhuber, Europäisches Arbeitsrecht, 2. Auflage, § 17, Rn. 54; Thüsing, Europäisches Arbeitsrecht, 4. Auflage, § 7 Rn. 43.

[11] Siehe auch zum Urlaubsanspruch für die Zeit zwischen Beendigung der Tätigkeit aufgrund Kündigung und einer gerichtlich angeordneten Wiedereinstellung: EuGH vom 12.10.2023, Rs. C-57/22 (Ředitelství silnic a dálnic), ECLI:EU:C:2023:770; siehe zur Frage der Unwirksamkeit von Vergütungsregelungen mit Anreizen zum Urlaubsverzicht: Stöhr, ZESAR 2022, 160 sowie zur Rechtsprechung im zusammenhang mit Kürzung von Urlaubsansprüchen Thüsing a. a. O. § 7 Rn. 57–65.

[12] Vgl. BAG, NZA 2012, 29; BAG, Beck RS 2012, 73037.

[13] Vgl. EuGH vom 29.11.2017, Rs. C-214/16 (King), ECLI:EU:C:2017:914; ferner Franz/Roth, EuZA 2018, 210, 211 sowie Steinau-Steinrück/Benkert, NJW Spezial 2018, 18.

[14] Vgl. EuGH vom 06.11.2018, Rs. C-619/16 (Kreuziger), ECLI:EU:C:2018:872 sowie NJW 2019, 36.

[15] So u. a. EuGH Neidel a. a. O.

Mindesturlaub betroffen sind.[16] Aus der EuGH Entscheidung FETICO[17] wird zudem deutlich, dass nationale Regelungen, die den Sonderurlaub betreffen, wie etwa § 616 BGB, in den Anwendungsbereich der Richtlinie 2003/88/EG fallen, sofern ein bezahlter Mindesturlaub von vier Wochen unabhängig von der Regelung über Sonderurlaub garantiert ist.

Richtlinienkonform ist zudem nur noch eine Rechtsprechung, die davon ausgeht, dass der Urlaubs- bzw. Urlaubsabgeltungsanspruch von vier Wochen beim Tod des Berechtigten bestehen bleibt und vererbbar ist.[18] Dabei spielt es auch keine Rolle, ob verstorbene AN die Beendigung des Arbeitsverhältnisses noch erlebt haben oder ob das Arbeitsverhältnis durch Tod beendet wurde.[19] Nach Auffassung des EuGH seien die Besonderheiten des deutschen Erbrechts nicht geeignet, einen Untergang des Urlaubsabgeltungsanspruchs zu rechtfertigen. Der Urlaubsabgeltungsanspruch steht somit den Erben auch dann zu, wenn das Arbeitsverhältnis durch Tod geendet hat und damit im formaljuristischen Sinne eigentlich noch gar kein Abgeltungsanspruch zu Lebzeiten erworben wurde, der nach § 1922 BGB vererbbar ist.[20] Das BAG hat seine frühere Rechtsprechung geändert und auch für den Fall, dass das Arbeitsverhältnis durch Tod endete, die AN- Erben einen Anspruch auf Abgeltung des vom Erblasser nicht genommenen Urlaubs zugestanden.[21] Insoweit dürften anders lautende arbeitsvertragliche Vereinbarungen mit Art. 7 der Arbeitszeit-Richtlinie nicht mehr vereinbar sein.

16.3.2 Verfall und Verjährung von Urlaubsansprüchen

Der EuGH hat in seiner Schultz-Hoff-Entscheidung vom 20.02.2009 bereits entschieden, dass § 7 IV BUrlG, wonach eine Übertragung an des Urlaubsanspruchs nur bis zum 31. März des Folgejahres möglich ist, richtlinienkonform auszulegen sei. Sofern Arbeitnehmer aus urlaubsbedingten Gründen arbeitsunfähig sind, soll ihr Urlaubsanspruch erst fünfzehn Monate nach Ende des jeweiligen Urlaubsjahres entfallen. Er verfällt zudem dann nicht, wenn AG es versäumt haben, die AN rechtzeitig auf diese Rechtsfolge hinzuweisen. Auch verfällt der Urlaubsanspruch nicht automatisch, wenn AN es versäumen, rechtzeitig einen entsprechenden Antrag zu stellen.[22] Schließlich verjähren Urlaubsansprüche auch nicht, sofern AG ihre AN nicht rechtzeitig auffordern, den ihnen noch zustehenden Urlaub zu nehmen. Insoweit trifft AG eine Obliegenheitsverpflichtung, vor einer drohenden Verjährung zu warnen.[23]

---

[16] Vgl. EuGH Neidel a. a. O.

[17] Fall FETICO, EuGH vom 04.06.2020, Rs. C-588/18, ECLI:EU:C:2020:420.

[18] Vgl. hierzu Schmidt, NZA 2014, 701; Linneweber, ZESAR 2014, 463.

[19] Vgl. hierzu BAG vom 12.03.2013, 9 AZR 532/11.

[20] Vgl. EuGH vom 06.11.2018, Rs. C-569/16 (Bauer), C-570/16 (Willmeroth), ECLI:EU:C:2018:871.

[21] Vgl. BAG vom 22.01.2019, 9 AzR 45/16.

[22] Vgl. EuGH vom 06.11.2018, Rs. C-684/16 (Max Planck) ECLI:EU:C:2018:874; ferner NJW 2019, 495.

[23] Vgl. BAG vom 20.12.2022 – 9 AZR 266/20, NZA 2023, 683.

Arbeitnehmerschutz bei Betriebsübergang

17

▶ **Aktuelle Verordnungen und Richtlinien**
- EU-Richtlinie 2001/23/EG (Betriebsübergangs-Richtlinie)[1] (siehe Abb. 17.1)
- Kurzübersicht Fälle (siehe Abb. 17.2)

Die oben genannte Richtlinie soll EU-Arbeitnehmer bei betrieblichen Umstrukturierungsmaßnahmen schützen.[2] Der Unionsgesetzgeber ging davon aus, dass die Verwirklichung eines gemeinsamen Marktes größere Wirtschaftseinheiten erfordern werde und sich die Unternehmen diesem Erfordernis anzupassen hätten. Daher waren Umstrukturierungen und Unternehmenszusammenschlüsse vorhersehbar.[3] Um die sozialen Folgeprobleme zu mildern, wurde die Richtlinie geschaffen, ohne dass damit allerdings eine Einschränkung der unternehmerischen Entscheidungsfreiheit beabsichtigt war.[4] Tatsächlich ist die Angleichung von Rechts- und Verwaltungsvorschriften der Mitgliedsstaaten im Zusammenhang mit dem Betriebsübergang für das Funktionieren des Binnenmarktes von grundlegender Bedeutung.[5] Die Rechtsetzungskompetenz für die Richtlinie 2001/23/EG ergibt sich aus Art. 115 AEUV, der eine Richtlinienkompetenz zur Angleichung von Rechtsvorschriften für den Binnenmarkt vorsieht.

---

[1] ABl. Nr. L 82 S. 16.

[2] Vgl. Schiek, Europäisches Arbeitsrecht, 3. Auflage, S. 264 ff.; Thüsing, Europäisches Arbeitsrecht, 4. Auflage, § 5 Rn. 2–6.

[3] Vgl. Schiek a. a. O. S. 265.

[4] Vgl. Blanpain, European Labour Law, 2014, 1913; Schiek a. a. O.

[5] Vgl. Grau/Hartmann in Preis/Sagan, Europäisches Arbeitsrecht, 2. Auflage, § 15 Rz. 15.10; ferner Fuchs/Marhold/Friedrich, Europäisches Arbeitsrecht, 6. Auflage, S. 404.

© Der/die Herausgeber bzw. der/die Autor(en), exklusiv lizenziert an Springer-Verlag GmbH, DE, ein Teil von Springer Nature 2025
P. Hantel, *Europäisches Arbeitsrecht*, Springer-Lehrbuch,
https://doi.org/10.1007/978-3-662-70226-0_17

1.	Primärrechtliche Kompetenznorm Art. 115 AEUV	Angleichung von Rechtsvorschriften mit unmittelbarem Einfluss auf das Funktionieren des Binnenmarktes
2.	Ziel (Erwägungsgründe 3, 8)	- Erforderlichkeit von Bestimmungen, die die Arbeitnehmer bei einem Inhaberwechsel schützen, - insbesondere die Wahrung der Ansprüche von Arbeitnehmern ist zu gewährleisten
3.	Anwendungsbereich (Art. 1)	Vertragliche Übertragung von - Unternehmen, - Betrieben, - Unternehmens- bzw. Betriebsteilen
4.	Rechte und Pflichten beim Betriebsübergang (Art. 3)	- Rechte und Pflichten bleiben bestehen, - Rechte und Pflichten gehen auf den Erwerber über, - Mitgliedsstaaten können gesamtschuldnerische Haftung vorsehen
5.	Verbot der Kündigung (Art. 4)	- Übergang stellt keinen Grund zur Kündigung dar, - etwaige Kündigungsmöglichkeiten aus sonstigen wirtschaftlichen, technischen oder organisatorischen Gründen bleiben unberührt
6.	Unterrichtungs- und Beratungsrechte des Arbeitnehmer (Art. 7)	Veräußerer und Erwerber sind verpflichtet, die betroffenen Arbeitnehmer zu informieren über - den Zeitpunkt des Übergangs, - den Grund für den Übergang, - die rechtlichen, wirtschaftlichen und sozialen Folgen des Übergangs, - die in Aussicht genommenen Maßnahmen

Abb. 17.1 RL 2001/63/EG über die Wahrung von Ansprüchen beim Übergang von Unternehmen, Betrieben oder Unternehmens- und Betriebsteilen. (Betriebsübergangs-Richtlinie)

16.2.1 Fall Ayse Süzen, EuGH vom 11.03.1997, Rs. C-13/95, ECLI:EU:C:1997:141	Allein die Fortsetzung einer Tätigkeit stellt für sich genommen keinen Betriebsübergang dar. Dies gilt insbesondere dann, wenn Anlagevermögen, Sachmittel, Nutzungsrechte bzw. Kundenkontakte nicht mit übertragen werden.
16.2.2 Fall Abler, EuGH vom 20.11.2003, Rs. C-340/01, ECLI:EU:C:2003:629	Unmittelbare vertragliche Beziehungen zwischen Veräußerer und Erwerber sind für das Vorliegen eines Betriebsübergangs nicht erforderlich.
16.2.3 Fall Katsikas, EuGH vom 16.12.1992, Rs. C-132/91, C-138/91, C-139/91, ECLI:EU:C:1992:517	Der Arbeitnehmer ist berechtigt, einem Betriebsübergang zu widersprechen. RL 2001/23/EG bezweckt nicht den Fortgang eines Arbeitsverhältnisses gegen den Willen des Arbeitnehmers.
16.2.4 Fall Asklepios Kliniken, EuGH vom 27.04.2017, Rs. C-680/15 u. C-681/15, ECLI:EU:C:2017:317	Die Bindung eines Erwerbers an eine dynamische Verweisungsklausel ist unter Berücksichtigung der unternehmerischen Freiheit nach Art. 16 GRCh nur dann zulässig, wenn die rechtliche Möglichkeit einer einvernehmlichen oder einseitigen Anpassung von Arbeitsbedingungen besteht.
16.2.5 Fall Unionen, EuGH vom 06.04.2017, Rs. C-336/15, ECLI:EU:C:2017:276	Bei einem Veräußerer zurückgelegte Beschäftigungszeiten gehören zu den Rechten und Pflichten, die auf den Betriebserwerber übergehen.

Abb. 17.2 Kurzübersicht Fälle

17.1 Schutz der AN bei Betriebsübergang

Die zur Richtlinie RL 2001/23/EG vom 12. März 2001 ergangene Rechtsprechung des EuGH ist allerdings nicht nur für die Funktion des Binnenmarktes von Bedeutung.[6] Ziel der Richtlinie ist auch die Sicherung erworbener Rechte von AN beim Übergang von Unternehmen, Betrieben und Betriebsteilen.[7] Aus diesem Grund gehen nach Art. 3 die Rechte und Pflichten aus einem zum Zeitpunkt des Übergangs bestehenden Arbeitsvertrages auf den Erwerber über. Nach Art. 4 stellt der Übergang eines Unternehmens, Betriebes oder Unternehmens- bzw. Betriebsteils als solcher für den Veräußerer oder den Erwerber keinen Grund zur Kündigung dar. Betriebsübergang ist der rechtsgeschäftliche, identitätswahrende Übergang eines Betriebes oder Betriebsteils, eines Unternehmens oder Unternehmensteils von dem Veräußerer auf den Erwerber.[8] Dabei wird nicht zwischen Betrieb bzw. Betriebsteilen und Unternehmen bzw. Unternehmensteilen unterschieden, da auch kleine Betriebe bzw. Betriebsteile in einem Unternehmen bzw. Unternehmensteil enthalten sind und dort aufgehen können.

17.2 Praktische Fallbeispiele

Nachfolgend soll und kann nicht auf alle mit dem Betriebsübergang verbundenen Einzelfragen eingegangen werden.[9] Es werden zunächst einzelne Entscheidungen zum Betriebsbegriff[10] sowie zum Widerspruch gegen einen Betriebsübergang[11] und danach zu der Frage, welche Rechte und Pflichten auf den Erwerber übergehen,[12] behandelt.

17.2.1 Fall Ayse Süzen, EuGH vom 11.03.1997, Rs. C-13/95, ECLI:EU:C:1997:141[13]

S. war bei der Z. Gebäudereinigung GmbH als Reinigungskraft beschäftigt. Diese setzte sie in einer Schule in Bonn, dem Aloisiuskolleg, im Rahmen eines ihr erteilten

---

[6] Vgl. hierzu Schiek a. a. O.; Thüsing a. a. O.; Klein, EuZA 2014, 325; Roettecken, NZA 2001, 415; Grau/Hartmann a. a. O.; Fuchs/Marhold/Friedrich a. a. O.

[7] Vgl. hierzu Schiek a. a. O.; Thüsing a. a. O.; Fuchs/Merkes, ZESAR 2010, 257.

[8] Vgl. Thüsing a. a. O.

[9] Vgl. hierzu insbesondere Thüsing, Europäisches Arbeitsrecht, 4. Auflage, § 5 Rn. 7–30a; Grau/Hartmann a. a. O. Rz. 15.16 ff.; Blanpain, European Labour Law, 2014, 1948–1999.

[10] Vgl. EuGH vom 14.04.1994, Rs. C-392/92 (Christel Schmidt), ECLI:EU:C:1994:134; EuGH vom 11.03.1997, Rs. C-13/95 (Ayse Süzen), ECLI:EU:C:1997:141; EuGH vom 20.11.2003, Rs. C-340/01 (Abler), ECLI:EU:C:2003:629.

[11] Vgl. EuGH vom 16.12.1992, Rs. C-132/91, C-138/91, C-139/91 (Katsikas), ECLI:EU:C:1992:517.

[12] Vgl. EuGH vom 18.07.2013, Rs. C-426/11 (Alemo-Herron u. a.), ECLI:EU:C:2013:521; ferner EuGH vom 27.04.2017, Rs. C-680/15 u. C-681/15 (Asklepios Kliniken), ECLI:EU:C:2017:317; EuGH vom 06.04.2017, Rs. C-336/15 (Unionen), ECLI:EU:C:2017:276.

[13] Siehe auch NJW 1997, 2039; NZA 1997, 433; BB 1997, 735.

Reinigungsauftrages ein. Nachdem das Kolleg den Auftrag gekündigt hatte, entließ Z. die S. sowie sieben weitere Angestellte, die alle bei der Reinigung des Kollegs eingesetzt waren. Anschließend erteilte das Aloisiuskolleg den Auftrag der Lefarth GmbH. Im Rahmen der von S. erhobenen Klage legte das Arbeitsgericht Bonn dem EuGH die Frage vor, ob dann, wenn ein Unternehmen einem Fremdunternehmen das Auftragsverhältnis kündigt, um dieses einem anderen zu übertragen, ein Anwendungsfall der Betriebsübergangs-Richtlinie gegeben sei.

Der EuGH entschied hier – anders als bei der Christel Schmidt Entscheidung[14] – dass allein die Fortführung der Tätigkeit für einen Betriebsübergang nicht ausreiche. Betriebsmittelarme Tätigkeiten würden maßgeblich durch das Personal, die Führungskräfte, die Arbeitsorganisation und die Betriebsmethoden geprägt. Ausschlaggebend sei deshalb, ob ein nach Zahl- und Sachkunde wesentlicher Teil des Personals übernommen werde. Der bloße Verlust eines Auftrages an einen Mitbewerber stelle daher für sich genommen keinen Übergang im Sinne der Richtlinie dar.[15] Das Arbeitsgericht habe festzustellen, ob und in welchem Umfang der neue Inhaber bisherigen Arbeitnehmern eine Weiterbeschäftigung angeboten hat und ob es sich hierbei um den wesentlichen Teil des Personals handele.

Die wichtigsten Leitsätze

1. Entscheidend für einen Übergang ist, ob die wirtschaftliche Einheit ihre Identität bewahrt, was dann zu bejahen ist, wenn der Betrieb tatsächlich weitergeführt oder wiederaufgenommen wird. Der Begriff Einheit bezieht sich dabei auf eine organisierte Gesamtheit von Personen und Sachen zur Ausübung einer wirtschaftlichen Tätigkeit mit eigener Zielsetzung. (Rn. 10, 11)
2. Das Fehlen einer vertraglichen Beziehung zwischen Veräußerer und Erwerber, denen nacheinander der Auftrag zur Reinigung einer Schule erteilt worden ist, kann zwar ein Indiz darstellen, dass kein Übergang im Sinne der Richtlinie erfolgt ist; ihm kommt aber keine ausschlaggebende Bedeutung zu. (Rn. 11)
3. Dabei müssen sämtliche relevanten Tatsachen berücksichtigt werden, wie die Art des Betriebes, der etwaige Übergang der materiellen Betriebsmittel wie Gebäude und bewegliche Güter, der Wert der immateriellen Aktiva im Zeitpunkt des Übergangs, die etwaige Übernahme der Hauptbelegschaft durch den neuen Inhaber, der etwaige Übergang der Kundschaft sowie Ähnlichkeit der Tätigkeiten und Dauer ihrer Unterbrechung. Diese Umstände sind jedoch nur Teilaspekte und dürfen deshalb nicht isoliert betrachtet werden. (Rn. 14)

---

[14] Im Gegensatz zu dem im Jahr 1994 entschiedenen Fall Christel Schmidt, Rs. C-392/92, ECLI:EU:C:1994:134 war die Klägerin Süzen aber nicht in dem zu reinigenden Unternehmen selbst als Putzfrau sondern bei einer Fremdfirma, die die Reinigung vertraglich übernommen hatte, beschäftigt. Dieser wurde lediglich der Reinigungsauftrag entzogen und einer anderen Firma übertragen. Diese übernahm keine materiellen Betriebsmittel.

[15] Vgl. hierzu Thüsing, Europäisches Arbeitsrecht, 4. Auflage, § 5 Rn. 21, 22; Fuchs/Marhold/Friedrich, Europäisches Arbeitsrecht, 6. Auflage, S. 413, 414.

4. Allein der Umstand, dass die zu erbringenden Dienstleistungen ähnlich sind, erlaubt nicht den Schluss, dass der Übergang einer wirtschaftlichen Einheit vorliege. Eine Einheit darf nämlich nicht als bloße Tätigkeit verstanden werden. Der Verlust eines Auftrags an einen Mitbewerber stellt daher für sich genommen keinen Übergang im Sinne der Richtlinie dar. Es ist Sache des vorlegenden Gerichts, anhand aller vorstehenden Gesichtspunkte festzustellen, ob ein Übergang stattgefunden hat. (Rn. 15, 16) ◄

17.2.2 Fall Abler, EuGH vom 20.11.2003, Rs. C-340/01, ECLI:EU:C:2003:629[16]

A war als Küchengehilfe am Orthopädischen Spital in Wien beschäftigt. Die Bewirtschaftung der Küche wurde zunächst an die Sanrest GmbH vergeben, die A als Küchenhilfe weiterbeschäftigte. Aufgrund von Streitigkeiten endete der Vertrag mit Sanrest und das Spital vergab die Bewirtschaftung an die Sodexho GmbH. Da diese A nicht übernehmen wollte, wurde ihm gekündigt. Die Firma bestritt, dass ein Betriebsübergang stattgefunden habe; sie habe es abgelehnt, auch nur einen Arbeitnehmer von Sanrest zu übernehmen, mit der sie auch keine vertraglichen Beziehungen unterhalte. Im Zuge des Kündigungsschutzverfahrens legte der Österreichische Oberste Gerichtshof dem EuGH die Frage vor, ob die Richtlinie 2001/23/EG auch anwendbar sei, wenn ein Auftraggeber den Vertrag mit einem Unternehmen beendet und mit einem zweiten neu abschließt und letzteres Unternehmen kein Personal übernimmt.

Da der Erwerber mit dem neuen Auftrag auch den Kundenstamm (Patienten, Belegschaft, Gäste) und die vom Spital zur Verfügung gestellten Betriebsmittel mit übernahm, musste auch A nach Auffassung des EuGH mit übernommen werden. Eine unmittelbare vertragliche Beziehung zwischen Veräußerer und Erwerber sei für das Vorliegen eines Betriebsübergangs nicht erforderlich.

Die wichtigsten Leitsätze

1. Die Richtlinie setzt voraus, dass eine auf Dauer angelegte wirtschaftliche Einheit übergegangen ist, deren Tätigkeit nicht auf die Ausführung eines bestimmten Vorhabens beschränkt ist. Der Begriff bezieht sich auf eine organisierte Gesamtheit von Personen und Sachen zur Ausübung einer wirtschaftlichen Tätigkeit mit eigener Zielsetzung. (Rn. 30)
2. Bei der Prüfung des Übergangs einer wirtschaftlichen Einheit, müssen sämtliche relevanten Tatsachen berücksichtigt werden. Dazu gehören die Art des betreffenden Unternehmens oder Betriebes, der etwaige Übergang der materiellen Betriebsmittel wie Gebäude und bewegliche Güter, der Wert der immateriellen Aktiva im Zeitpunkt des Übergangs, die etwaige Übernahme der Hauptbelegschaft durch den neuen Inhaber, der etwaige Übergang der Kundschaft sowie der Grad der Ähnlichkeit zwischen den vor und nach dem Über-

---

[16] Siehe auch NJW 2004, 45; NZA 2003, 1385; EuZW 2004, 52.

gang verrichteten Tätigkeiten und die Dauer einer eventuellen Unterbrechung dieser Tätigkeiten. (Rn. 33)

3. Dabei kann die Verpflegung nicht als eine Tätigkeit angesehen werden, bei der es im Wesentlichen auf die menschliche Arbeitskraft ankommt, da dafür Inventar in beträchtlichem Umfang erforderlich ist. Der Übergang der Räumlichkeiten und des vom Spital zur Zubereitung von Speisen zur Verfügung gestellten Inventars reicht für die Erfüllung der Merkmale des Übergangs der wirtschaftlichen Einheit aus. Es ist außerdem ersichtlich, dass der neue Auftragnehmer die Kunden übernommen hat. (Rn. 34, 36)

4. Der Umstand, dass unmittelbare Vertragsbeziehungen fehlen sowie wesentliche Teile des Personals nicht übernommen wurden, reicht nicht aus, um in einem Bereich wie dem der Verpflegung, bei der es im Wesentlichen auf das Inventar ankommt, den Übergang einer ihre Identität bewahrenden Einheit auszuschließen. (Rn. 37, 39) ◄

17.2.3 Fall Katsikas, EuGH vom 16.12.1992, Rs. C-132/91, C-138/91, C-139/91, ECLI:EU:C:1992:517

K ist in einem Restaurant in Hamburg beschäftigt, das zunächst vom Beklagten betrieben und von diesem mit Wirkung vom 2. April 1990 an einen Dritten weiterverpachtet wurde. Die Einrichtung des Restaurants, sonstige Sachmittel und Anlagevermögen sowie der Mietvertrag gingen auf den Dritten über. Dieser verpflichtete sich auch, alle dort tätigen AN weiterzubeschäftigen. K weigerte sich, für den Dritten zu arbeiten und widersprach dem Übergang seines Arbeitsverhältnisses. Daraufhin wurde er im Juni 1990 vom Beklagten gekündigt. K war der Auffassung, dass die Kündigung wegen eines Betriebsübergangs unwirksam und er nicht verpflichtet sei, bei dem Dritten weiterzuarbeiten. Das Arbeitsgericht legte dem EuGH die Frage vor, ob Beschäftigte dem Übergang ihres Arbeitsverhältnisses nach Art. 3 RL 2001/23/EG[17] widersprechen können und ob es sich dabei um eine günstigere Regelung nach Art. 8 der Richtlinie handele.

Der EuGH wies darauf hin, dass die Regelungen der Richtlinie 2001/23/EG zwingend seien und dass von ihnen nicht zum Nachteil der AN abgewichen werden dürfe. Gleichwohl sei es nach Art. 3 Abs. 1 AN nicht verwehrt, dem Übergang seines Arbeitsverhältnisses zu widersprechen, und damit auf den Schutz zu verzichten, den ihm die Richtlinie gewährt.

Die wichtigsten Leitsätze

1. Die Richtlinie 2001/23/EG harmonisiert die arbeitsrechtlichen Fragen eines Betriebsübergangs nur teilweise. So verpflichtet die Richtlinie die AN nicht, das Arbeitsverhältnis zu den bisherigen Bedingungen mit dem Erwerber fortzusetzen. Eine solche Verpflichtung verstieße gegen die Grundrechte der Freiheit, bei der Wahl des jeweiligen Arbeitgebers. (Rn. 31–33)

---

[17] Zum Zeitpunkt der Entscheidung RL 77/187.

2. Daraus folgt, dass Art. 3 Abs. 1 der Richtlinie es den AN nicht verwehrt, dem Übergang ihres Arbeitsverhältnisses zu widersprechen und damit auf den Schutz der Richtlinie zu verzichten. Die Richtlinie bezweckt nicht den Fortgang des Arbeitsverhältnisses für den Fall, dass AN ihre Tätigkeit beim Erwerber nicht fortsetzen wollen. (Rn. 34, 35) ◀

17.2.4 Fall Asklepios Kliniken, EuGH vom 27.04.2017, Rs. C-680/15 u. C-681/15, ECLI:EU:C:2017:317

Die klagenden AN waren in einem deutschen Krankenhaus beschäftigt, das zunächst in Trägerschaft einer kommunalen Gebietskörperschaft stand. Ihr Betriebsteil ging zunächst auf die KLS FM GmbH und im Juni 2008 sodann auf eine andere Konzerngesellschaft, nämlich Asklepios, über. Sämtliche Arbeitsverträge enthielten eine dynamische Verweisungsklausel, wonach sich ihr Arbeitsverhältnis – wie vor dem Übergang – nach dem Bundesmanteltarifvertrag für Arbeiter im kommunalen Bereich richten sollte. Die Arbeitnehmer machen gegenüber Asklepios Ansprüche auf Lohnerhöhung aus Tarifverträgen geltend, die nach Übergang ihres Betriebsteils abgeschlossen wurden.

Der EuGH ist der Auffassung, dass die Begriffe Rechte und Pflichten in Art. 3 der Richtlinie 2001/23 i. V. m. Art. 16 GRCh dahingehend auszulegen seien, dass sich eine Bindung an nach dem Zeitpunkt geltende Kollektivverträge danach richte, ob das nationale Recht sowohl einvernehmliche als auch einseitige Anpassungsmöglichkeiten für den Erwerber vorsehe.

Die wichtigsten Leitsätze

1. Ein Arbeitsvertrag kann auf Tarifverträge verweisen. Solche Klauseln können entweder wie „statische" Verweisungsklauseln allein auf die Rechte und Pflichten verweisen, die in dem zum Zeitpunkt des Unternehmensübergangs geltenden Kollektivvertrag festgelegt sind, oder – wie „dynamische" Verweisungsklauseln – auch auf zukünftige vertragliche Entwicklungen verweisen. (Rn. 16)
2. Die Richtlinie bezweckt nur, die am Tag des Übergangs bestehenden Rechte und Pflichten der Arbeitnehmer zu wahren; bloße Erwartungen und somit hypothetische Vergünstigungen, die sich aus zukünftigen Entwicklungen der Kollektivverträge ergeben könnten, sollten durch sie nicht geschützt werden. Daher verpflichtet Art. 3 nicht dazu, eine „statische" Klausel „dynamisch" zu verstehen. (Rn. 18)
3. Haben Veräußerer und Arbeitnehmer jedoch eine „dynamische" Vertragsklausel vereinbart, handelt es sich um eine sich aus dem Arbeitsvertrag ergebende Pflicht, die auf den Erwerber übergeht. Im Fall einer „dynamischen" Vertragsklausel zielt die Richtlinie aber nicht nur auf die Wahrung der Interessen der Arbeitnehmer ab, sondern auch darauf, einen gerechten Ausgleich zu den Interessen des Erwerbers zu gewährleisten. (Rn. 21, 22)

4. Bei Berücksichtigung der unternehmerischen Freiheit nach Art. 16 GRCh muss es dem Erwerber möglich sein, im Rahmen eines zum Vertragsabschluss führenden Verfahrens seine Interessen wirksam geltend zu machen. Da das deutsche Arbeitsrecht sowohl einvernehmliche als auch einseitige Möglichkeiten zur Anpassung bestehender Arbeitsbedingungen vorsieht, ist eine entsprechende dynamische Verweisungsklausel wirksam. (Rn. 29) ◄

17.2.5 Fall Unionen, EuGH vom 06.04.2017, Rs. C-336/15, ECLI:EU:C:2017:276

Streitgegenstand der Entscheidung ist u. a. die Frage, ob die bei einem Veräußerer zurückgelegten Beschäftigungszeiten zu den Rechten und Pflichten gehören, die nach Richtlinie 2001/23 auf den Betriebserwerber übergehen. Die schwedische Firma ISS hatte von zwei anderen Gesellschaften Betriebsteile übernommen. Im Zuge dieses Erwerbs gingen Arbeitsverhältnisse von vier AN über, die Mitglieder der schwedischen Gewerkschaft Unionen waren. Ein Jahr nach Übergang der Arbeitsverhältnisse sprach ISS gegenüber allen vier AN eine betriebsbedingte Kündigung unter Beachtung der einschlägigen Kündigungsfristen aus. Im Zeitpunkt des Übergangs der Arbeitsverhältnisse waren die Veräußerer durch Kollektivverträge gebunden, wonach sich Kündigungsfristen um sechs Monate verlängern konnten, sofern ein betriebsbedingt gekündigter Mitarbeiter das 55 Lebensjahr vollendet hat und er eine ununterbrochene Beschäftigungszeit von 10 Jahren vorweisen kann, was bei den klagenden AN der Fall war. Nach Auffassung des EuGH gehören zurückgelegte Beschäftigungszeiten zu den Rechten und Pflichten, die auf den Erwerber eines Betriebes übergehen.

Die wichtigsten Leitsätze

1. Nach Richtlinie 2001/23 sollen die Arbeitnehmer bei einem Wechsel des Inhabers ihr Beschäftigungsverhältnis mit dem neuen Arbeitgeber zu den gleichen Bedingungen fortsetzen, die mit dem Veräußerer vereinbart waren, um zu verhindern, dass sich ihre Lage allein aufgrund des Übergangs verschlechtert. (Rn. 18)
2. Zwar stellen die beim Veräußerer zurückgelegten Beschäftigungszeiten als solche kein Recht dar, das die übernommenen Arbeitnehmer gegenüber dem Erwerber geltend machen könnten; gleichwohl sind sie die Grundlage für finanzielle Rechte der Arbeitnehmer. Daher müssen bestehende Beschäftigungszeiten vom Erwerber in gleicher Weise übernommen und dort aufrechterhalten werden. (Rn. 21, 22)
3. Der Anspruch auf eine um sechs Monate verlängerte Kündigungsfrist ist gleichbedeutend mit einem Anspruch auf Zahlung von sechs Monatsgehältern. Damit ist dieser Anspruch als finanzielles Recht im Sinne von Art. 3 einzuordnen. (Rn. 33) ◄

17.3   Auswirkung auf die deutsche Rechtsordnung und die arbeitsrechtliche Praxis

Aus den dargestellten Entscheidungen wird deutlich, dass die Übernahme einer Hauptbelegschaft für einen Betriebsübergang ausreichend sein kann.[18] Andererseits kann bei einer Auftragsnachfolge ohne Personalübergang ein Betriebsübergang nur dann vorliegen, wenn auch Anlagevermögen, Sachmittel, Kundenkontakte oder Mietverträge mit übergehen.[19] Als Reaktion auf die frühere Christel Schmidt-Entscheidung[20] wurde in Art. 1 Abs. 1 b der Richtlinie 2001/23/EG klargestellt, dass die Richtlinie den Übergang einer ihre Identität bewahrenden wirtschaftlichen Einheit im Sinne einer organisierten Zusammenfassung von Ressourcen erfordert.[21] Insoweit ist nach dieser Ergänzung davon auszugehen, dass eine bloße Funktions- bzw. Auftragsnachfolge keinen Betriebsübergang darstellen kann.[22]

Zudem ist für einen rechtsgeschäftlichen Übergang nicht zwingend einen Vertrag zwischen Inhaber und Erwerber Voraussetzung. Eine Vereinbarung mit einer dritten Person kann hierfür ausreichend sein[23] Hinsichtlich der Frage der wirtschaftlichen Einheit hatte der EuGH in Folge der drei dargestellten Fälle ferner zu entscheiden, ob die Identität der wirtschaftlichen Einheit auch dann noch gewahrt bleibe, wenn sie beim Erwerber ihre organisatorische Selbstständigkeit verliert.[24] Entscheidend ist letztlich eine Gesamtbetrachtung aufgrund der vom EuGH in den genannten Entscheidungen aufgezeigten Kriterien.[25]

---

[18] Vgl. EuGH vom 14.04.1994, Rs. C-392/92 (Christel Schmidt), ECLI:EU:C:1994:134; EuGH vom 11.03.1997, Rs. C-13/95 (Ayse Süzen), ECLI:EU:C:1997:141; ferner Fuchs/Marhold/Friedrich, Europäisches Arbeitsrecht, 6. Auflage, S. 415–417; Thüsing, Europäisches Arbeitsrecht, 4. Auflage, § 5 Rn. 20–26.

[19] Kaiser weist darauf hin, dass die Christel Schmidt-Entscheidung lediglich von einer Kammer des EuGH als Vorlagefrage beantwortet wurde, während der Fall Ayse Süzen im Plenum mit Hinweis darauf, dass die Frage des Betriebsübergangs grundlegend geklärt werden sollte, entschieden wurde; Kaiser a. a. O., 1145; ferner Müller-Glöge a. a. O.

[20] Vgl. zu der zum Teil heftigen Kritik an der Christel Schmidt-Entscheidung im deutschen Schrifttum: u. a. Junker, NJW 1994, 2527; Kaiser, NZA 2000, 1145; ferner Müller-Glöge, NZA 1999, 444; Blomeyer, NZA 1994, 633–636.

[21] Vgl. hierzu Franzen, RdA 1999, 361; Kaiser a. a. O., 1146.

[22] Vgl. Kaiser a. a. O.; Thüsing a. a. O.

[23] Vgl. EuGH vom 20.11.2003, Rs. C-340/01 (Abler), ECLI:EU:C:2003:629; ferner EuGH vom 10.02.1988, Rs. C-324/86 (Daddy's Dancehall), ECLI:EU:C:1988:72.

[24] Vgl. EuGH vom 12.02.2009, Rs. C-466/07 (Klarenberg), ECLI:EU:C:2009:85 ferner NJW 2009, 2029.

[25] Der EuGH hat darüber hinaus in weiteren Entscheidungen zu der Frage des Übergangs von Leiharbeitnehmern auf den Erwerber des Entleiher-Betriebes und zum Übergang von Arbeitsverhältnissen kraft Gesetzes und nicht durch Vertrag, Stellung genommen; vgl. EuGH vom 21.10.2010, Rs. C-242/09 (Albron Catering), ECLI:EU:C:2010:625 ferner NJW 2011, 439; ferner EuGH vom 06.09.2001, Rs. C-108/10 (Scattolon), ECLI:EU:C:2011:542 ferner NZA 2011, 1077.

17.3.1 BAG-Rechtsprechung zum Übergang eines Betriebsteils nach § 613 a BGB

Die wesentlichen Regelungen zum Betriebsübergang enthält § 613 a BGB, dessen Ursprungsfassung bereits vor der ersten Betriebsübergangs-Richtlinie im BGB enthalten war. Änderungen aufgrund der Betriebsübergangs-Richtlinie gab es für den deutschen Gesetzgeber hinsichtlich des Widerspruchs- und Informationsrechts von AN.[26] Entsprechende Änderungen sind mittlerweile in § 613 a Abs. 5 und 6 BGB enthalten. Danach hat der bisherige AG oder der neue Inhaber die von einem Übergang betroffenen Arbeitnehmer in Textform über Zeit und Grund des Übergangs, über die rechtlichen, wirtschaftlichen und sozialen Folgen und über die in Aussicht genommenen Maßnahmen zu unterrichten. Der Arbeitnehmer kann dem Übergang innerhalb eines Monats nach Zugang der Unterrichtung nach Abs. 5 schriftlich widersprechen.[27] Sofern die Unterrichtung nach § 613 a Abs. 5 BGB inhaltlich nicht ausreichend ist, wird grundsätzlich die Frist nach Abs. 6 nicht in Gang gesetzt.[28] Insoweit stellt sich in diesem Zusammenhang insbesondere die Frage einer Verwirkung des Widerspruchsrechts bei fehlender Unterrichtung über den Betriebsübergang.[29]

Das BAG hat in mehreren Entscheidungen die Vorgaben des EuGH – insbesondere im Zusammenhang mit der Funktionsnachfolge bei der Auftragsneuvergabe[30] – umgesetzt. Dabei hatte das BAG unter anderem zu entscheiden, ob ein Betriebsübergang auch in Fällen wie der Neuvergabe von Druckereiservicedienstleistungen,[31] dem Wechsel der Bistrobewirtschaftung bei der Deutschen Bahn,[32] dem Wechsel eines Betreibers eines Frauenhauses,[33] der Neuvergabe der Bereederung eines Forschungsschiffs,[34] der Neuvergabe des Auftrags zur Personenkontrolle am Düsseldorfer Flughafen[35] und der

---

[26] Vgl. hierzu Thüsing a. a. O.; Fuchs/Marhold/Friedrich, Europäisches Arbeitsrecht, 6. Auflage, S. 430–433.

[27] Vgl. Rieble/Wiebauer, NZA 2009, 401; Dzida, DB 2010, 167; Nebeling/Kille, NZA-RR 2013, 1.

[28] Vgl. Rieble/Wiebauer a. a. O.; Nebeling/Kille a. a. O.

[29] Vgl. BAG AP BGB § 613 a Widerspruch Nr. 8 u. 23; ferner Rieble/Wiebauer a. a. O.; Nebeling/ Kille a. a. O.

[30] Vgl. hierzu Schlachter, Casebook Europäisches Arbeitsrecht, S. 253, 254; Fuchs/Merkes, ZESAR 2010, 257; ferner zum Back- an Insourcing: Bieder, EuZA 2017, 67 und Fopt, ZESAR 2016, 197.

[31] Vgl. BAG, NZA 2006, 723 (sächliche Betriebsmittel sind wesentlich, wenn ihr Einsatz den eigentlichen Kern zur Wertschöpfung ausmacht).

[32] Vgl. BAG, NZA 2006, 1039 (Bei der Prüfung eines Betriebsübergangs ist das Merkmal der eigenwirtschaftlichen Nutzung der sächlichen Betriebsmittel nicht heranzuziehen).

[33] Vgl. BAG, NZA 2006, 1096 (Wesentliche Änderungen des Konzepts und der Organisation können einem Betriebsübergang entgegenstehen).

[34] Vgl. BAG, NZA 2006, 1105 (Ein Forschungsschiff ist eine wirtschaftliche Einheit, die bei einer Neubereederung und Fortführung als Forschungsschiff ihre Identität wahrt).

[35] Vgl. BAG, NZA 2006, 1101 (Wird eine Kontrolltätigkeit unverändert und ohne zeitliche Unterbrechung fortgeführt, ist von einem Betriebsübergang auszugehen, wenn diese Tätigkeit den eigentlichen Kern der Wertschöpfung darstellt).

Übertragung einer F- und E-Abteilung[36] vorliegt. In allen Fällen betont das BAG im Anschluss an den EuGH, dass es nicht nur auf eine eigenwirtschaftliche Nutzung der sächlichen Betriebsmittel für die Frage des Betriebsübergangs ankomme. Entscheidend ist nach Auffassung des BAG, dass bei wertender Betrachtung der eigentliche Kern des zur Wertschöpfung erforderlichen Funktionszusammenhangs auf den Erwerber übergehen muss. Maßgeblich ist daher, dass eine funktional selbstständige wirtschaftliche Einheit übertragen werde. Letztlich ist aus den drei dargestellten Entscheidungen des EuGH zum Betriebsübergang rückzuschließen, dass es in jedem Fall Sache der nationalen Gerichte ist, nach den vom EuGH entwickelten Kriterien über die Frage eines Betriebsübergangs zu entscheiden.[37]

Mit der Katsikas-Entscheidung hat der EuGH die bereits vor Ergänzung der Absätze 4 und 5 in § 613 a BGB feststehende Rechtsprechung des BAG bestätigt, dass AN dem Übergang ihres Arbeitsverhältnisses widersprechen können. Diese können nicht verpflichtet werden, ein Arbeitsverhältnis bei einem AG aufrechtzuerhalten, den sie nicht frei gewählt haben. Das Urteil stellt insoweit eine Klarstellung zu der Entscheidung Daddy`s Dance Hall[38] dar, wonach die Bestimmungen der Richtlinie zwingend und damit den Verfügungen der Arbeitsvertragsparteien entzogen seien. Aus der Entscheidung wurde hergeleitet, dass der in der Richtlinie enthaltene Schutz der Verfügung der Parteien – also auch des betroffenen AN – entzogen sei. In der Katsikas-Entscheidung hat der EuGH nunmehr klargestellt, dass diese Grundsätze sich nur auf Rechte und Pflichten nach dem Übergang des Arbeitsverhältnisses aber nicht gegen den Übergang selbst beziehen. Aus den vorgenannten Gründen könne der AN einem Betriebsübergang widersprechen. In der Praxis ist nach einem Widerspruch gegen den Betriebsübergang die betriebsbedingte Kündigung zulässig, sofern die sonstigen Voraussetzungen von § 1 Abs. 2 u. 3 KSchG erfüllt sind. Es handelt sich in einem solchen Fall nicht um eine unwirksame Kündigung aus Anlass des Betriebsübergangs, sondern um eine Kündigung aus Anlass eines Widerspruchs gegen einen Betriebsübergang. In diesem Fall ist das Verbot einer Kündigung nach Art. 4 Abs. 1 RL 2001/23/EG bzw. § 613 a Abs. 4 BGB nicht einschlägig.[39]

17.3.2 Rechtsfolgen eines Betriebsübergangs nach § 613 a BGB

In der Asklepios-Entscheidung[40] hat der EuGH darauf hingewiesen, dass es einer AG nicht nur durch Teilnahme an Tarifverhandlungen, sondern auch aufgrund all-

---

[36] Vgl. EuGH vom 12.02.2009, Rs. C-466/07 (Klarenberg), ECLI:EU:C:2009:85 ferner NZA 2009, 251 (Wahrung der organisatorischen Selbstständigkeit für das Vorliegen eines Betriebsübergangs beim Erwerber nicht erforderlich).

[37] Vgl. Franzen, EuZA 2014, 305; ferner Fuchs/Merkes, ZESAR 2010, 257; Linneweber, ZESAR 2014, 465.

[38] Vgl. EuGH vom 10.02.1988, Rs. C-324/86 (Tellerup/Daddy's Dance Hall), ECLI:EU:C:1988:72.

[39] Bestätigt wurde die Rechtsprechung durch die Entscheidung des EuGH vom 24.01.2002, Rs. C-51/00 (Temco Service Industries SA), ECLI:EU:C:2002:48.

[40] Vgl. EuGH vom 27.04.2017, Rs. C-680/15 u. C-681/15 (Asklepios Kliniken), ECLI:EU:C:2017:317.

gemeiner arbeitsrechtlicher Regelungen möglich sein muss, sich von der Bindungswirkung dynamischer Klauseln zu befreien. Aus dem Wortlaut von Art. 3 Abs.
1 er-
gibt sich selbst nicht, dass dynamische Klauseln in jedem Fall den Erwerber binden.
Möglich ist aber eine Bindung des Erwerbers dann, wenn das nationale Recht dies
vorsieht, da nach Art. 8 günstigere Regelungen im Arbeitnehmerinteresse zulässig sind.[41]

Allerdings setzt eine Vereinbarkeit solcher günstigerer Regelungen mit Art. 16
GRCh voraus, dass das nationale Recht entweder eine Beteiligung des Erwerbers an
den Tarifverhandlungen vorsieht oder die Möglichkeit einräumt, dass sowohl ein-
vernehmlich als auch einseitig die dynamische Klausel nach Vertragsübergang an-
gepasst werden kann. Insoweit hat der EuGH in der Asklepios-Entscheidung die
Grundsätze der Rechtsprechung des BAG über die zeitdynamische Bindung des Erwerbers an beim Betriebsveräußerer anwendbare Tarifverträge bestätigt.[42] Ver-
gegenwärtigt man sich allerdings der hohen Anforderungen, die das BAG[43] an die
Wirksamkeit einer betriebsbedingten Änderungskündigung hinsichtlich einzelner
Entgeltbestandteile stellt, so dürfte vor dem Hintergrund von Art. 16 GRCh eine
Rechtsprechungsänderung hinsichtlich der inhaltlichen Begründung einer solchen
Änderung angezeigt sein,[44] zumal der EuGH in der Entscheidung betont, dass es
dem Arbeitgeber möglich sein muss, wirksam seine Interessen geltend zu machen.
Insoweit müsste Art. 16 GRCh auch von deutschen Gerichten für Arbeitssachen bei
der Prüfung der Zulässigkeit von Änderungskündigungen hinsichtlich dynamischer
Verweisungsklauseln künftig mit berücksichtigt werden.[45]

In Fall Unionen hat der EuGH entschieden, dass Erwerber eines Betriebsteils
zurückgelegte Beschäftigungszeiten berücksichtigen müssen.[46] Auch in Deutschland war die Frage, ob zu den Rechten und Pflichten in § 613 a Abs. 1 auch die beim
Veräußerer zurückgelegten Beschäftigungszeiten gehören, Gegenstand höchst-
richterlicher Entscheidungen. Rein formaljuristisch könnten bloße Beschäftigungszeiten nicht als Rechte im Sinne von § 613 a BGB anzusehen sein. Gleichwohl legt

---

[41] In der Entscheidung Alemo-Herron hatte der EuGH noch für das britische Recht entschieden,
dass unter bestimmten Voraussetzungen die Übernahme der Verpflichtung zur dynamischen
Weiterführung von Bezugnahmeklauseln durch den Erwerber dessen Recht auf unternehmerische
Freiheit nach Art. 16 GRCh verletzen kann. Dies soll insbesondere dann der Fall sein, wenn der
Arbeitgeber an künftige Änderungen eines Kollektivvertrages gebunden sei und auf diese Änderungen keinen Einfluss nehmen könne; vgl. EuGH vom 18.07.2013, Rs. C-426/11 (Alemo-Herron), ECLI:EU:C:2013:521; vgl. hierzu ferner Köhlert, NZA-RR 2018, 120; ferner BAG, NZA
2016, 375.

[42] Vgl. Franzen/Roth, EuZA 2018, 219, 220; Köhlert, NZA-RR 2018, 21.

[43] Vgl. BAG, NZA 2006, 587 (ggf. Sanierungsplan mit weiteren Einsparungsmaßnahmen als milderes Mittel erforderlich); vgl. ferner BAG, NZA 1999, 255.

[44] So Franzen/Roth a. a. O.

[45] Vgl. Franzen/Roth a. a. O.

[46] Vgl. so schon EuGH vom 06.09.2011, Rs. C-108/10 (Scattolon), ECLI:EU:C:2011:542; vgl. ferner zu Gleichstellungsabreden: EuGH vom 09.03.2006, Rs. C-499/04 (Werhof), EC-
LI:EU:C:2006:168 sowie zur sonstigen Weitergeltung kollektivrechtlicher Vereinbarungen: EuGH
vom 15.06.1988, Rs. C-101/87 (Bork International), ECLI:EU:C:1988:308.

schon der Wortlaut von § 613 a Abs. 1 Satz 1 BGB, wonach der Erwerber in Rechte und Pflichten im Zeitpunkt des Übergangs „eintritt", nahe, dass auch Beschäftigungszeiten – in die ein Eintritt möglich ist – zu berücksichtigen sind. So soll auch nach deutschem Arbeitsrecht verhindert werden, dass eine Betriebsveräußerung zum Anlass eines Abbaus der erworbenen Besitzstände der Arbeitnehmer genommen wird.[47] Schließlich hängen von Beschäftigungszeiten finanziell relevante Rechtspositionen ab, wie im vorliegenden Fall Kündigungsfristen oder etwa auch Ansprüche aus einer betrieblichen Altersversorgung.[48] Insoweit geht auch das BAG regelmäßig davon aus, dass die beim Veräußerer erworbenen Zeiten der Betriebszugehörigkeit fortgeführt werden müssen.[49] Ausnahmen sollen allerdings dann gelten, wenn Betriebszugehörigkeitszeiten für Rechtsverhältnisse nicht beim veräußernden, sondern erst bei der erwerbenden Unternehmen relevant werden konnten.[50]

---

[47] Vgl. BAG vom 12.05.1992, NZA 1992, 1080.

[48] Vgl. hierzu insbesondere BAG vom 08.02.1983, AP Nr. 35 zu § 613 a BGB; BAG vom 20.07.1993, AP Nr. 4 zu § 1 BetrAVG.

[49] Vgl. BAG vom 05.02.2004, NZA 2004, 845 sowie BAG vom 27.06.2002, NZA 2003, 145; zur Berücksichtigung bei der Berechnung der Wartezeit nach § 1 Abs. 1 KSchG.

[50] So z. B. Jubiläumszeiten oder Altersversorgungszeiten, für die lediglich beim neuen, nicht aber beim alten Unternehmen anspruchsbegründende Regelungen existieren; siehe hierzu Hantel, EuZW 2017, 477 sowie Köhlert, NZA-RR 2018, 120.

Schutz von AN bei Massenentlassungen und Insolvenz

18

▶ **Aktuelle Verordnungen und Richtlinien**
- EU-Richtlinie 98/59/EG (Massenentlassungs-Richtlinie)[1] (siehe Abb. 18.1)
- EU-Richtlinie 2008/94/EG (Arbeitnehmer-Insolvenzschutz-Richtlinie)[2] (siehe Abb. 18.2)
- Kurzübersicht Fälle (siehe Abb. 18.3)

Die oben genannten Richtlinien sollen Arbeitnehmer im Falle von Insolvenz und Massenentlassungen schützen.[3] Der Unionsgesetzgeber ging bei Schaffung dieser Richtlinien davon aus, dass die Verwirklichung eines gemeinsamen Marktes größere Wirtschaftseinheiten erfordern werde und sich die Unternehmen diesem Erfordernis anzupassen hätten. Daher waren Umstrukturierungen, Unternehmenszusammenschlüsse und Unternehmensschließungen, verbunden mit Insolvenzen und Massenentlassungen, vorhersehbar.[4] Die genannten Richtlinien sollen die sozialen Folgeprobleme mildern, ohne dass damit eine Einschränkung der unternehmerischen Entscheidungsfreiheit beabsichtigt war.[5] Die Rechtsetzungskompetenz für alle beiden Richtlinien ergibt sich aus Art. 115 AEUV, der eine Richtlinienkompetenz zur Angleichung von Rechtsvorschriften für den Binnenmarkt vorsieht.

---

[1] ABl. Nr. L 225 S. 16.

[2] ABl. Nr. L 283 S. 36.

[3] Vgl. Schiek, Europäisches Arbeitsrecht, S. 264 ff.; Thüsing, Europäisches Arbeitsrecht, 4. Auflage, § 6 Rn. 1–6.

[4] Vgl. Schiek a. a. O. S. 265.

[5] Vgl. Blanpain, European Labour Law, 2014, 1913; Schiek a. a. O.

P. Hantel, *Europäisches Arbeitsrecht*, Springer-Lehrbuch, https://doi.org/10.1007/978-3-662-70226-0_18

1. Primärrechtliche Kompetenznorm Art. 115 AEUV	Angleichung von Rechtsvorschriften mit unmittelbarem Einfluss auf das Funktionieren des Binnenmarktes
2. Ziel (Erläuterungsgründe 2, 4, 11)	- Im Interesse einer ausgewogenen wirtschaftlichen und sozialen Entwicklung ist der Schutz der Arbeitnehmer bei Massenentlassungen zu verstärken. - Im Interesse eines funktionierenden Binnenmarktes sollen unionsweit einheitliche Informations-, Konsultations- und Meldepflichten des Arbeitgebers vorgegeben werden. - RL enthält keine materiellen Regelungen über Kündigungsgründe
3. Begriffsbestimmungen Massenentlassungen (Art. 1)	Entlassungen, die ein Arbeitgeber aus einem oder mehreren Gründen innerhalb eines Zeitraums von 30 Tagen vornimmt, wenn die Zahl der Entlassungen - mindestens 10 in Betrieben mit i. d. R. mehr als 20 und weniger als 100 Arbeitnehmern, - mindestens 10 von 100 der Arbeitnehmer in Betrieben mit i. d. R. mindestens 100 und weniger als 300 Arbeitnehmern, - mindestens 30 in Betrieben mit i. d. R. mindestens 300 Arbeitnehmern beträgt.
4. Unterrichtungsrechte der Arbeitnehmer (Art. 2 Abs. 3)	Den Arbeitnehmervertretern sind mitzuteilen: - die Gründe der geplanten Entlassung, - die Zahl und die Kategorie der zu entlassenden Arbeitnehmer, - die Zahl und die Kategorie der i. d. R. beschäftigten Arbeitnehmer, - den Zeitraum, in dem die Entlassungen vorgenommen werden, - die vorgesehene Methode für die Berechnung etwaiger Abfindungen
5. Beratungsrechte der Arbeitnehmer (Art. 2 Abs. 1 u. 2)	- Arbeitnehmer sind rechtzeitig zu konsultieren - Ziel sollte sein, zu einer Einigung zu gelangen, um Massenentlassungen zu vermeiden oder zu beschränken.
6. Behördliche Anzeigepflicht (Art. 3)	Der Arbeitgeber hat die zuständige Behörde von der beabsichtigten Massenentlassung schriftlich zu informieren.
7. Behördliche Entlassungssperre (Art. 4)	Die der zuständigen Behörde angezeigten beabsichtigten Massenentlassungen werden frühestens 30 Tage nach Eingang der Anzeige wirksam.

Abb. 18.1 RL 98/59/EG zur Angleichung der Rechtsvorschriften der Mitgliedsstaaten über Massenentlassungen. (Massenentlassungs-Richtlinie)

1. Primärrechtliche Kompetenznorm Art. 115 AEUV	Angleichung von Rechtsvorschriften mit unmittelbarem Einfluss auf das Funktionieren des Binnenmarktes
2. Ziel (Erwägungsgründe 3 u. 4)	- Sicherstellung eines angemessenen Schutzes der betroffenen Arbeitnehmer im Falle der Zahlungsunfähigkeit des Arbeitgebers; - Gewährleistung von Zahlung nicht erfüllter Gehaltsansprüche
3. Geltungsbereich (Art. 1)	Ansprüche von Arbeitnehmern aus Arbeitsverträgen gegen zahlungsunfähigen Arbeitgeber.
4. Maßnahmen der Mitgliedsstaaten (Art. 3, 4)	- Mitgliedsstaaten schaffen Garantieeinrichtungen, die die Befriedigung der nicht erfüllten Ansprüche sicherstellen, - Mitgliedsstaaten können die Zahlungsfristen der Garantieeinrichtungen begrenzen
5. Grundsätze bei der Schaffung der Garantieeinrichtung (Art. 5)	Mitgliedsstaaten legen die Einzelheiten der Garantieeinrichtung fest, wobei - das Vermögen von Einrichtung vom Betriebsvermögen des Arbeitgebers unabhängig sein muss, - die Arbeitgeber zur Mittelaufbringung beitragen müssen, - die Zahlungspflicht der Einrichtung unabhängig von der Erfüllung der Verpflichtung zur Mittelaufbringung bestehen muss.

Abb. 18.2 RL 2008/94/EG über den Schutz der Arbeitnehmer bei Zahlungsunfähigkeit des Arbeitgebers. (Insolvenz-Richtlinie)

17.3.1 Fall Junk, EuGH vom 27.01.2005, Rs. C-188/03, ECLI:EU:C:2005:59	Mit Entlassung im Sinne der Massenentlassungs-Richtlinie 98/59/EG ist die Kündigungserklärung und nicht die tatsächliche Beendigung des Arbeitsverhältnisses gemeint.
17.3.2 Fall Balkaya, EuGH vom 09.07.2015, Rs. C-229/14, ECLI:EU:C:2015:455	Fremdgeschäftsführer und Praktikanten sind bei der Ermittlung des Schwellenwertes mit zu berücksichtigen.
17.3.3.Fall MO/SM, EuGH vom 13.07.2023, Rs. C-134/22, ECLI:EU:C:2023:567	Die in Art. 2 Abs. 3 RL 98/59/EG vorgesehenen schriftlichen Mitteilungspflichten haben nicht den Zweck, den von Massenentlassungen betroffenen Arbeitnehmern Individualschutz zu gewähren.
17.3.4 Fall Francovich, EuGH vom 19.11.1991, Rs. C-6/90, ECLI:EU:C:1991:428	Eine durch die Mitgliedsstaaten nicht ausreichend umgesetzte Richtlinie, kann einen unionsrechtlichen Schadenersatzanspruch zur Folge haben.
17.3.5 Fall Stroumpoulis EuGH vom 25.02.2016, Rs. C-292/14, ECLI:EU:C:2016:116	Arbeitnehmern steht dann ein unionsrechtlicher Schadenersatzanspruch zu, wenn der Mitgliedstaat die in RL 2008/94/EG vorgeschriebene Garantieeinrichtung nicht geschaffen und er auch sonst keinen vergleichbaren Schutz für entsprechende Arbeitnehmer vorgesehen hat.

Abb. 18.3 Kurzübersicht Fälle

18.1 Schutz von Beschäftigten bei Massenentlassungen

Aufgrund der mit Massenentlassungenverbundenen Vielzahl von Kündigungen wird es für den einzelnen Arbeitnehmer, bei einem regional begrenzten Arbeitsmarkt schwierig, eine neue Anstellung zu finden.[6] Gerade Massenentlassungen, die plötzlich und unvorhersehbar durchgeführt werden, belasten den Arbeitsmarkt stärker als Kündigungen, die über einen längeren Zeitraum gestreckt werden.[7]

Konkreter Hintergrund der Massenentlassungs-Richtlinie war die Freisetzung von über 5000 Beschäftigten des AKZO-Konzerns in Belgien.[8] Die Entlassungen sollten zunächst in nicht ausgelasteten Werken in den Niederlanden und in Deutschland erfolgen. Da in beiden Ländern die Vorschriften über die Sozialpläne und den Kündigungsschutz sich als eher schwierig erwiesen, entschloss man sich einfach, das wirtschaftlich erfolgreiche Werk in Belgien zu schließen.

Die Massenentlassungs-Richtlinie von 1998 (RL 98/59/EG vom 20. Juli 1998) regelt allerdings nicht, unter welchen inhaltlichen Voraussetzungen Massenentlassungen möglich sein sollen. Sie stellt lediglich zwei verfahrensmäßige Mindestanforderungen auf, die im Falle von Massenentlassungen unionsweit einzuhalten sind.[9] Die Schwellenwerte für das Vorliegen von Massenentlassungen sind in Art. 1 a der Richtlinie 98/59/EG geregelt.[10] Die Referenzeinheit für die Berechnung des Schwellenwertes ist nach Art. 1 Abs. 1 a der Richtlinie der Betrieb und nicht das Unternehmen.[11] Nach Art. 2 der Richtlinie haben AG vor beabsichtigten Massenentlassungen[12] die Arbeitnehmervertreter rechtzeitig zu konsultieren, um zu einer Einigung zu kommen. Diese Konsultation erstreckt sich zumindest auf die Möglichkeit, Massenentlassungen zu vermeiden oder zu beschränken sowie auf die Möglichkeit,

---

[6]Vgl. Thüsing a. a. O.; Schiek, Europäisches Arbeitsrecht, 4. Auflage, Rn 1–3; Fuchs/Marhold/Friedrich, Europäisches Arbeitsrecht, 6. Auflage, S. 389 ferner S. 400.

[7]Vgl. Thüsing a. a. O.; Fuchs/Marhold a. a. O.; Daher hatte bereits die Europäische Gemeinschaft in einer Richtlinie von 1975 Angleichungen von Rechtsvorschriften der Mitgliedsstaaten über Massenentlassungen vorgenommen.

[8]Vgl. Hinrichs, Kündigungsschutz und Arbeitnehmerbeteiligung bei Massenentlassungen, 2001, S. 23; Schiek a. a. O. S. 265; Naber/Sittard in Preis/Sagan, Europäisches Arbeitsrecht, 2. Auflage, § 14 Rz. 14.2.

[9]Vgl. Hütter, ZESAR 2015, 28.

[10]Auf die Beendigung befristeter Arbeitsverträge findet die Richtlinie entsprechend Art. 1 Abs. 2 a grundsätzlich keine Anwendung.

[11]Vgl. hierzu auch EuGH vom 30.04.2015, Rs. C-80/14 (USDAW und Wilson), ECLI:EU:C:2015:291; EuGH vom 13.05.2015, Rs. C-392/13 (Rabal Cañas), ECLI:EU:C:2015:318.

[12]Nach Art. 1 der Richtlinie 98/59/EG sind Massenentlassungen Entlassungen, die ein Arbeitgeber aus einem oder mehreren Gründen, die nicht in der Person der Arbeitnehmer liegen, vornimmt und bei denen – nach Wahl der Mitgliedsstaaten – die Zahl der Entlassungen a) entweder innerhalb eines Zeitraums von 30 Tagen mindestens 10 in Betrieben mit in der Regel mehr als 20 und weniger als 100 Arbeitnehmern bzw. mindestens 10 % der Arbeitnehmer in Betrieben mit in der Regel mindestens 100 und weniger als 300 Arbeitnehmern bzw. mindestens 30 in Betrieben mit in der Regel mindestens 300 Arbeitnehmern, b) oder innerhalb eines Zeitraums von 90 Tagen mindestens 20, und zwar unabhängig davon, wie viele Arbeitnehmer in der Regel in dem betreffenden Bereich beschäftigt sind, beträgt.

ihre Folgen durch soziale Begleitmaßnahmen, die insbesondere Hilfen für eine anderweitige Verwendung oder Umschulung der entlassenen AN zum Ziel haben, zu mildern.[13] Nach Art. 3 besteht für AG die Verpflichtung, der zuständigen Behörde die beabsichtigen Massenentlassungen rechtzeitig anzuzeigen.

18.2   Schutz von Beschäftigten bei Insolvenz

Eher sozialrechtlichen Inhalt hat dann die Insolvenz-Richtlinie RL 2008/94/EG. Mit dieser Richtlinie wird dem generellen Schutzbedürfnis von AN für den Fall Rechnung getragen, dass AG zahlungsunfähig werden.[14] Ziel der Richtlinie ist daher die Sicherung des Arbeitsentgeltes bei zahlungsunfähigen AG. So sieht die Richtlinie für Entgeltansprüche aus einem näher definierten Zeitraum bei Insolvenz von AG eine Zahlungspflicht durch eine Garantieeinrichtung vor.[15] Danach sind die Mitgliedsstaaten nach Art. 3 verpflichtet, Garantieeinrichtungen zu schaffen, die eine Befriedigung nicht erfüllter Ansprüche von Arbeitnehmern in Folge von Insolvenz sicherstellen. Nach Art. 4 können die Mitgliedsstaaten aber die Zahlungspflicht der Garantieeinrichtungen begrenzen. So können die Mitgliedsstaaten nach eigenem Ermessen die Dauer des Zeitraums festlegen, für den die Garantieeinrichtung die nicht erfüllten Ansprüche zu befriedigen hat. Allerdings darf diese Dauer jedoch einen Zeitraum, der die letzten drei Monate des Arbeitsverhältnisses umfasst, nicht unterschreiten, Art. 4 Abs. 2 RL 2008/94/EG.

18.3   Praktische Fallbeispiele

Der EuGH musste sich im Zusammenhang mit Massenentlassungen in einer für das deutsche Arbeitsrecht grundlegenden Entscheidung[16] mit der Frage auseinandersetzen, was unter Entlassung im Sinne von Art. 3 und 4 der EU-Richtlinie 98/59/EG zu verstehen ist.[17] Schließlich ging es auch um die Frage, welche Mitarbeiter bei der Zahl von Schwellenwerten zu berücksichtigen sind.[18]

Der EuGH hatte sich im Zusammenhang mit der Insolvenz-Richtlinie (bzw. deren Vorläufer) bislang vorrangig mit Schadenersatzfragen wegen unterbliebener oder fehlerhafter Umsetzung der Richtlinie durch die Mitgliedsstaaten auseinander-

---

[13] Vgl. zum Betriebsbegriff in Richtlinie 98/59/EG: EuGH vom 15.02.2007, Rs. C-270/05 (Athinaiki Chartopoiia), ECLI:EU:C:2007:101 ferner NZA 2007, 319.

[14] Vgl. Fuchs/Marhold/Friedrich Europäisches Arbeitsrecht, 6. Auflage, S. 372, 373; Riesenhuber, Europäisches Arbeitsrecht, 2. Auflage, § 28, Rn. 1, 2; Colneric, EuZA 2008, 224.

[15] Vgl. Colneric a. a. O.

[16] Vgl. hierzu u. a. Ferme/Lipinski, NZA 2006, 937; Bauer/Krieger/Powietzka, DB 2005, 445; Thüsing, Europäisches Arbeitsrecht, 4. Auflage, § 6 Rn. 18–22; sowie grundlegend Hinrichs, Kündigungsschutz und Arbeitnehmerbeteiligung bei Massenentlassungen, 2001, S. 68 ff.

[17] Vgl. EuGH vom 27.01.2005, Rs. C-188/03 (Junk), ECLI:EU:C:2005:59.

[18] Vgl. EuGH vom 09.07.2015, Rs. C-229/14 (Balkaya), ECLI:EU:C:2015:455.

zusetzen.[19] Gegenstand der Entscheidungen sind daher eher Staatshaftungsfragen im Zusammenhang mit fehlerhafter Umsetzung von Richtlinien und nicht so sehr arbeitsrechtliche Fragen.[20]

18.3.1 Fall Junk, EuGH vom 27.01.2005, Rs. C-188/03, ECLI:EU:C:2005:59[21]

J war bei der Arbeiterwohlfahrt (AWO) als Pflegehelferin/Hauspflegerin beschäftigt. 2002 stellte die AWO aufgrund von Zahlungsschwierigkeiten einen Antrag auf Eröffnung des Insolvenzverfahrens. Der Insolvenzverwalter teilte dem Betriebsrat am 19. Juni 2002 mit, dass er wegen der Schließung des Betriebes beabsichtige, sämtliche noch bestehenden Arbeitsverhältnisse zum 30. September 2002 zu kündigen und eine Massenentlassung durchzuführen. Mit Schreiben vom 27. Juni 2002 kündigte die AWO das Arbeitsverhältnis von J aus betriebsbedingten Gründen zum 30. September 2002. Mit Schreiben vom 27. August 2002, das am selben Tag beim Arbeitsamt einging, zeigte die AWO diesem die Entlassung von 172 Beschäftigten zum 30. September 2002 gem. § 17 Abs. 3 KSchG an. J. machte vor dem Arbeitsgericht geltend, dass die Kündigung unwirksam sei, da das Anzeigeverfahren noch nicht abgeschlossen sei. Das ArbG Berlin hat das Verfahren ausgesetzt und dem EuGH die Frage vorgelegt, ob die Richtlinie 98/59/EG dahingehend auszulegen sei, dass unter Entlassung im Sinne von Art. 1 die Kündigung als der erste Akt zur Beendigung des Arbeitsverhältnisses zu verstehen sei oder die Beendigung des Arbeitsverhältnisses mit Ablauf der Kündigungsfrist.

Nach Auffassung des EuGH sei mit Entlassung im Sinne der RL 98/59/EG die Kündigungserklärung gemeint und nicht die vollendete Tatsache. Dies bedeute, dass das Konsultationsverfahren nach Art. 2 stattfinden muss, bevor AG die Kündigungserklärung wirksam aussprechen. Das Konsultationsverfahren könne seinen Sinn nur erfüllen, wenn es stattfinden müsse, bevor AG die Kündigungserklärung (Entlassung) aussprechen. Hinsichtlich der Anzeige bei den staatlichen Stellen sei allerdings nur der Eingang der Anzeige bei der zuständigen Behörde Wirksamkeitsvoraussetzung vor Ausspruch der Kündigung. Das Anzeigeverfahren müsse nicht abgeschlossen sein.

Die wichtigsten Leitsätze

   1. Der Begriff „Entlassung" muss im Sinne der Richtlinie bestimmt werden. Die einheitliche Anwendung des Unionsrechts und der Gleichheitssatz verlangen, dass Begriffe, die nicht ausdrücklich auf das Recht der Mitgliedstaaten verweisen, autonom und einheitlich ausgelegt werden, wobei diese Auslegung

---

[19] Vgl. EuGH vom 09.11.1995, Rs. C-479/93 (Francovich II), ECLI:EU:C:1995:372 sowie EuGH vom 10.07.1997, Rs. C-94/95 (Bonifaci II), ECLI:EU:C:1997:348.

[20] Vgl. EuGH vom 19.11.1991, Rs. C-6/90 (Francovich), ECLI:EU:C:1991:428; EuGH vom 03.12.1992, Rs. C-140/91 (Suffritti), ECLI:EU:C:1992:492; EuGH vom 25.02.2016, Rs. C-292/14 (Stroumpoulis), ECLI:EU:C:2016:116; ferner Schiek, Europäisches Arbeitsrecht, 3. Auflage, S. 287 ff.; Riesenhuber a. a. O.

[21] Siehe auch NJW 2005, 1099; NZA 2005, 213; EuZW 2005, 145.

unter Berücksichtigung des Regelungszusammenhangs und des mit der Regelung verfolgten Zweckes zu ermitteln ist. (Rn. 27, 29)

2. Art. 2 Abs. 1 sieht die Verpflichtung vor, die Arbeitnehmervertreter rechtzeitig zu konsultieren, wenn Massenentlassungen beabsichtigt sind. Nach Art. 3 Abs. 1 hat der Arbeitgeber der zuständigen Behörde alle beabsichtigten Massenentlassungen anzuzeigen. Das Tatbestandsmerkmal „beabsichtigt", setzt voraus, dass noch keine Entscheidung getroffen worden ist. Dagegen ist die Kündigung Ausdruck einer Entscheidung, das Arbeitsverhältnis zu beenden, und dessen tatsächliche Beendigung mit dem Ablauf der Kündigungsfrist stellt nur die Wirkung dieser Entscheidung dar. (Rn. 35, 36)

3. Damit sind die verwendeten Begriffe ein Indiz dafür, dass die Konsultations- und Anzeigepflichten vor einer Entscheidung zur Kündigung von Arbeitsverträgen entstehen. Diese Auslegung wird schließlich durch das in Art. 2 Abs. 2 der Richtlinie vorgegebene Ziel bestätigt, Kündigungen zu vermeiden oder zu beschränken. Dieses Ziel ließe sich nicht erreichen, wenn die Konsultation der Arbeitnehmervertreter nach der Entscheidung stattfände. Die Kündigung darf also erst nach Abschluss des Konsultationsverfahrens ausgesprochen werden. (Rn. 37, 38)

4. Ferner sieht Art. 3 vor, dass der Arbeitgeber der zuständigen Behörde „alle beabsichtigten Massenentlassungen" anzuzeigen hat. Nach Art. 4 Abs. 2 der Richtlinie besteht der Zweck der Anzeige darin, es der Behörde zu ermöglichen, nach Lösungen für die durch die beabsichtigten Massenentlassungen aufgeworfenen Probleme zu suchen. Nach Art. 4 Abs. 1 werden die Kündigungen der Arbeitsverträge erst mit Ablauf von 30 Tagen wirksam. Diese Frist entspricht folglich dem Mindestzeitraum, der der zuständigen Behörde für die Suche nach Lösungen zur Verfügung stehen muss. (Rn. 46, 47, 50, 51)

5. Der Ablauf einer anderen als der in der Richtlinie vorgesehenen Kündigungsfrist wäre sinnlos, wenn überhaupt keine Frist zu laufen begonnen hätte. Die Art. 3 und 4 stehen Kündigungen nicht entgegen, sofern diese unmittelbar nach Anzeige der beabsichtigten Massenentlassung bei der zuständigen Behörde erfolgen. (Rn. 52, 53) ◀

18.3.2 Fall Balkaya, EuGH vom 09.07.2015, Rs. C-229/14, ECLI:EU:C:2015:455

B. ist seit 2011 als Techniker bei der Kiesel Technik GmbH beschäftigt. Diese kündigt im Februar 2013 sämtliche Arbeitsverhältnisse und stellt ihren in die Verlustzone geratenen Geschäftsbetrieb in Deutschland ein. Insgesamt wurden 19 AN, darunter B., gekündigt. Nach Auffassung der GmbH wurde aufgrund dieser Zahl der Schwellenwert von mehr als 20 Personen für eine Massenentlassungsanzeige nach § 17 Abs. 1 Nr. 1 KSchG nicht erreicht. B. ist der Auffassung, dass zwei weitere Personen, nämlich der Fremdgeschäftsführer sowie eine Umschülerin mit zu berücksichtigen seien.

Das für die Kündigungsschutzklage zuständige Arbeitsgericht Verden setzte den Rechtsstreit aus und legte dem EuGH die Frage vor, ob die genannten Personen als

AN im Sinne von Art. 1 Abs. 1 RL 98/59 anzusehen seien. Der EuGH ist der Auffassung, dass sowohl der Fremdgeschäftsführer der GmbH als auch die Umschülerin als AN i. S. v. RL 98/59 anzusehen seien, sodass der Schwellenwert von mehr
als 20 AN erreicht sei.

Die wichtigsten Leitsätze

1. Der Unionsgesetzgeber gewährleistet mit der Harmonisierung der Rechtsvorschriften über Massenentlassungen einen vergleichbaren Schutz der Rechte
   der Arbeitnehmer in den Mitgliedsstaaten. Auch sollen die Belastungen, die
   für die Unternehmen in der Union mit diesen Schutzvorschriften verbunden
   sind, einander angeglichen werden. (Rn. 32)
2. Der Begriff des „Arbeitnehmers" ist anhand objektiver Kriterien zu definieren, die das Arbeitsverhältnis im Hinblick auf die Rechte und Pflichten der
   Betroffenen kennzeichnen. Der Umstand, dass ein Geschäftsführeran-
   stellungsvertrag nach deutschem Recht kein Arbeitsverhältnis begründet, ist
   bei einer autonomen Auslegung ohne Bedeutung. (Rn. 33, 34)
3. Grundsätzlich kann die Leitungsperson einer Kapitalgesellschaft von der Gesellschafterversammlung jederzeit gegen ihren Willen abberufen werden.
   Zudem unterliegt sie der Weisung und Aufsicht des genannten Organs. Auch
   ist zu berücksichtigen, ob die Leitungsperson Anteile an der Gesellschaft besitzt. Daher kann sich auch ein Mitglied der Unternehmensleitung in einem
   Unterordnungsverhältnis befinden. (Rn. 40)
4. Der Begriff des Arbeitnehmers erfasst auch Personen, die Vorbereitungs- oder
   Ausbildungszeiten absolvieren, wenn diese Tätigkeiten nach Weisung absolviert werden, ohne dass es dabei auf die Produktivität und die beschränkte
   Vergütung ankommt. Daher ist auch eine Umschülerin, die finanziell allein von
   öffentlichen Stellen gefördert wird aber in einem Unternehmen praktisch mitarbeitet, als Arbeitnehmerin im Sinne von RL 98/59 anzusehen. (Rn. 50, 51) ◄

18.3.3 Fall MO/SM, EuGH vom 13.07.2023, Rs. C-134/22, ECLI:EU:C:2023:567[22]

Der Kläger war 39 Jahre bei einer GmbH beschäftigt, über deren Vermögen im Jahr
2019 das Insolvenzverfahren eröffnet wurde. Am 17. Januar 2020 wurde das Verfahren zur Konsultation des Betriebsrates eingeleitet. Dieser erklärte am 22. Januar
2020, dass eine keine Möglichkeit sehe, die beabsichtigten Entlassungen zu vermeiden. Einen Tag später, am 23. Januar 2020 wurden die beabsichtigten Massenentlassungen bei der zuständigen Agentur für Arbeit angezeigt. Am 28. Januar 2020
wurde das Arbeitsverhältnis des Klägers fristgerecht gekündigt. Der Kläger erhob
Kündigungsschutzklage und machte u. a. geltend, dass die sowohl nach Art. 2
Abs. 3 RL 98/59/EG sowie § 17 Abs. 3 KSchG vorgeschriebene Übermittlung einer

---

[22] Siehe auch NZA 14/2023, 887.

Abschrift der an den Betriebsrat gerichteten Mitteilung an die Agentur für Arbeit unterblieben sei. Der Insolvenzverwalter machte geltend, dass die fraglichen Normen nicht den Individualschutz der von einer Massenentlassung betroffenen Arbeitnehmer oder die Vermeidug von Entlassungen bezwecke. Die Übermittlung einer Abschrift der an den Betriebsrat gerichteten Mitteilung an die zuständige Agentur für Arbeit habe lediglich den Zweck, letztere über die geplanten Entlassungen zu informieren, damit diese sich auf einen überhöhten Vermittlungsbedarf einstellen könne. Nachdem die Klage in erster und zweiter Instanz erfolglos geblieben ist, legte das BAG dem EuGH die Frage vor, ob ein Verstoß gegen § 17 Abs. 3 KSchG bzw. Art. 2 Abs. 3 RL 98/59/EG die Unwirksamkeit der Kündigung zur Folge habe, da weder die Richtlinie noch das nationale Recht eine ausdrückliche Sanktion für einen entsprechenden Verstoß vorsehe.

Der EuGH führt aus, dass die entsprechenden Vorschriften zur Informationsübermittlung nicht das Ziel haben, dass die zuständigen Behörden sich mit der individuellen Situation jedes einzelnen Arbeitnehmers befassen sollen. Vielmehr müsse die zuständige Behörde die beabsichtigten Massenentlassungen allgemein betrachten, um sich in Anbetracht der Gegebenheiten des Arbeitsmarktes einen Überblick über den anstehenden Vermittlungsbedarf zu verschaffen. Daher diene die schriftliche Mitteilung nach Art. 2 Abs. 3 RL 98/59/EG nicht dem Zweck, den von Massenentlassungen betroffenen Arbeitnehmern Individualschutz zu gewähren.

Die wichtigsten Leitsätze

1. Die in Art. 2 Abs. 3 RL 98/59/EG vorgesehene Übermittlung von Informationen an die zuständige Behörde diene nur zu Informations- und Vorbereitungszwecken, damit diese ggf. ihre Befugnisse aus Art. 4 (Entlassungssperre) der Richtlinie wirksam ausüben kann.
2. Der zuständigen Behörde soll es durch die Übermittlung von Informationen ermöglicht werden, die negativen Folgen der beabsichtigten Massenentlassungen soweit wie möglich abzuschätzen und in die Lage zu versetzen, nach Lösungen für die dadurch entstehenden Probleme zu suchen.
3. Nach alledem ist auf die Vorlagefrage zu antworten, dass Art. 2 Abs. 3 RL 98/59/EG dahin auszulegen ist, dass die vorgesehenen schriftlichen Mitteilungen nicht den Zweck haben, den von Massenentlassungen betroffenen Arbeitnehmern Individualschutz zu gewähren. ◄

18.3.4 Fall Francovich, EuGH vom 19.11.1991, Rs. C-6/90, ECLI:EU:C:1991:428[23]

F. sowie weitere AN hatten für Firmen in Italien gearbeitet, dafür aber nur gelegentlich Abschlagszahlungen auf ihren Lohn erhalten. F. erhob Klage, worauf der Arbeitgeber zur Zahlung von rund 6,0 Mio. Lira verurteilt wurde. Die Zwangsvoll-

---

[23] Siehe auch NJW 1992, 165; NVwZ 1992, 157; ZIP 1991, 1610.

streckung blieb erfolglos, nachdem die maßgebenden Firmen 1985 Insolvenz angemeldet hatten. Der Kläger verklagte daraufhin den italienischen Staat und verlangte die in der Insolvenz-Richtlinie 2008/94/EG[24] vorgesehenen Garantien, hilfsweise Schadenersatz. Das zuständige italienische Gericht legte dem EuGH die Frage vor, ob sich aus der Insolvenzrichtlinie Schadenersatzansprüche zu Gunsten des Klägers ergeben.

Der EuGH stellt zunächst fest, dass Italien seiner Verpflichtung auf Einrichtung in der Richtlinie vorgesehener Garantieeinrichtungen nicht nachgekommen sei.[25] Sodann weist er darauf hin, dass die Richtlinie nicht nur Mitgliedsstaaten sondern auch dem Einzelnen Rechte und Pflichten verleihen kann. Die nationalen Gerichte müssen daher die Bestimmungen des Unionsrechts auch in Amtshaftungsfällen anwenden, um ihre Wirksamkeit zu gewährleisten. Verstößt ein Mitgliedsstaat gegen seine Verpflichtung zur Umsetzung einer Richtlinie, so bestehe ein Entschädigungsanspruch, wenn drei Voraussetzungen erfüllt sind. Erstens müsste das durch die Richtlinie vorgeschriebene Ziel zum Inhalt haben, dem Einzelnen Rechte zu verleihen. Zweitens muss der Inhalt dieser Rechte auf der Grundlage der Richtlinie ausreichend bestimmt sein. Schließlich muss ein Kausalzusammenhang zwischen dem Verstoß gegen die dem Staat auferlegte Verpflichtung und dem dem Geschädigten entstandenen Schaden bestehen.

Im vorliegenden Fall war unklar, wer Schuldner der in der Richtlinie genannten Garantieansprüche sein sollte. Da neben staatlichen Instanzen auch AG als Verpflichtete in Betracht kamen, wurde aus der Richtlinie selbst nicht deutlich, wer genau Schuldner sin sollte, sodass den betroffenen AN mangels Bestimmtheit keine Amtshaftungsansprüche zustanden.[26]

Die wichtigsten Leitsätze

1. Ein Mitgliedsstaat, der eine Richtlinie nicht fristgemäß umgesetzt hat, kann dem Einzelnen nicht entgegenhalten, dass die Richtlinie keine Wirkung entfaltet. Demnach kann sich der Einzelne auf Bestimmungen einer Richtlinie, die inhaltlich und hinreichend bestimmt sind, gegenüber allen innerstaatlichen, nicht richtlinienkonformen Vorschriften berufen. (Rn. 11, 12)
2. Was den Inhalt der Garantie für nicht erfüllte Ansprüche anbelangt, hat der Mitgliedsstaat die Wahl zwischen drei Möglichkeiten: a) dem Zeitpunkt des Eintritts der Zahlungsunfähigkeit des Arbeitgebers, b) dem Zeitpunkt der Kün-

---

[24] Zum Zeitpunkt der Entscheidung Richtlinie 80/987/EWG.

[25] Die Frist zur Umsetzung der Richtlinie endete am 23.10.1985.

[26] Nach dieser Entscheidung erließ die italienische Regierung im Januar 1992 ein Dekret zur Umsetzung der Richtlinie, worin gleichzeitig Schadenersatzregelungen wegen verspäteter Umsetzung der Richtlinie enthalten waren. Hiervon ausgenommen waren Arbeitnehmer, gegenüber deren Arbeitgeber kein Verfahren zur gemeinschaftlichen Befriedigung ihrer Gläubiger durchgeführt wurde. Hierzu gehörte auch Herr Francovich, der sich mit einer erneute Vorlage an den EuGH wandte. Der EuGH wies diese erneute Klage in dem Urteil vom 09.11.1995, Rs. C-479/93 (Francovich II), ECLI:EU:C:1995:372 ab, weil wegen der nach wie vor bestehenden Unklarheit der Richtlinie keine Verletzung von Richtlinie oder Gleichbehandlungsgrundsatz vorlag.

digung zwecks Entlassung des betreffenden Arbeitnehmers wegen Zahlungsunfähigkeit des Arbeitgebers, c) dem Zeitpunkt des Eintritts der Zahlungsunfähigkeit des Arbeitgebers oder dem Zeitpunkt der Beendigung des Arbeitsverhältnisses wegen Zahlungsunfähigkeit des Arbeitgebers. (Rn. 15)

3. Dem Mitgliedsstaat steht somit ein Wahlrecht hinsichtlich des Zeitpunkts zu,
von dem an die Befriedigung der Ansprüche garantiert werden muss. Jedoch
schließt die Tatsache, dass der Staat zwischen mehreren möglichen Mitteln
zur Erreichung des vorgeschriebenen Ziels wählen kann, nicht aus, dass der
einzelne vor den nationalen Gerichten die Rechte geltend machen kann, deren
Inhalt sich bereits aufgrund der Richtlinie mit hinreichender Genauigkeit bestimmen lässt. (Rn. 17, 18)

4. Allerdings regelt die Richtlinie nicht, wer Schuldner der Garantieansprüche
ist. Der Mitgliedsstaat verfügt hier über einen weiten Gestaltungsspielraum.
Dabei kann der Staat nicht allein deshalb als Schuldner angesehen werden,
weil er die Richtlinie nicht fristgemäß umgesetzt hat. Die Richtlinie ist daher
in dieser Hinsicht nicht ausreichend bestimmt, um Schadenersatzansprüche
zu begründen. (Rn. 25, 26) ◄

18.3.5 Fall Stroumpoulis EuGH vom 25.02.2016, Rs. C-292/14, ECLI:EU:C:2016:116

Die Kläger waren griechische Seeleute, die 1994 in Piräus mit einer in Malta[27] re-
gistrierten Gesellschaft (Panagia Malta) Heuerverträge abgeschlossen haben, um an
Bord eines Kreuzfahrtschiffes zu arbeiten, das unter maltesischer Flagge fuhr und
im Eigentum dieser Gesellschaft stand. Das Schiff, das wegen einer Pfändung seit
September 1992 im Hafen von Piräus festgehalten wurde, sollte im Sommer 1994
gechartert werden. Da die Panagia Malta ihre Heuer nicht zahlen konnte, erstritten
die Kläger ein rechtskräftiges Urteil, das allerdings mangels Masse nicht vollstreckt
werden konnte. Sie machten sodann gegen den griechischen Staat Ansprüche auf
Staatshaftung geltend, weil Besatzungen von Hochseeschiffen nicht Zugang zu
Garantieeinrichtungen gewährt wurde. Im Rahmen dieses verwaltungsgerichtlichen
Verfahrens wurde dem EuGH u. a. die Frage vorgelegt, ob Seeleute eines Mitgliedsstaates, die auf einem Schiff Dienst geleistet haben, das unter der Flagge eines nicht
zur Union gehörenden Staates fährt, sich hinsichtlich ihrer nicht erfüllten Ansprüche
auf die Richtlinie 2008/94/EG[28] berufen können.

Der EuGH führt zunächst aus, dass Zweck der Richtlinie sei, allen AN durch die
Befriedigung nicht erfüllter Ansprüche aus Arbeitsverträgen einen Mindestschutz
bei Zahlungsunfähigkeit von AG zu garantieren. Sodann sei es nicht erforderlich,
dass sie die Tätigkeit auch im Hoheitsgebiet des jeweiligen Mitgliedsstaates aus-

---

[27] Malta war zum Zeitpunkt der Entscheidung noch nicht Mitglied der Union.
[28] Zum Zeitpunkt der Entscheidung Richtlinie 80/987.

üben müssen. Zudem verweist der EuGH darauf, dass ein griechisches Gericht die maltesische Gesellschaft für zahlungsunfähig erklärt habe. Insoweit sei offenkundig, dass Panagia Malta tatsächlich einen Sitz in Griechenland habe. Unabhängig davon darf den AN der durch die Richtlinie eingeführte Schutz nicht allein deshalb vorenthalten werden, weil AG keinen Sitz in der Union haben.

Der griechische Staat habe es versäumt, nicht in der Union tätige Gesellschaften zu Beitragszahlungen zu verpflichten, um eine Garantieeinrichtung zu finanzieren. Schließlich sehe das griechische Recht keinen einer Garantieeinrichtung gleichwertigen Schutz für Seeleute vor. Es waren lediglich Hilfsmaßnahmen für Seeleute für drei Monate vorgesehen, die im Ausland ohne erneute Anheuerung zurückgelassen werden. Dies sei unzureichend, sodass sich Staatshaftungsansprüche ergeben konnten.

Die wichtigsten Leitsätze

1. Die Richtlinie 2008/94/EG hat eine soziale Zweckbestimmung, die darin besteht, allen Arbeitnehmern auf der Ebene der Union einen Mindestschutz bei Zahlungsunfähigkeit des Arbeitgebers zu garantieren. Die Arbeitsverhältnisse des Ausgangsverfahrens enthalten hinreichende Anknüpfungen zum Unionsrecht. (Rn. 30)
2. Die Richtlinie beschränkt sich nicht auf den Sitz des Arbeitgebers oder die Flagge, die das Schiff führt. Sie gilt auch unabhängig davon, in welchen Meeresgewässern (Küstenmeer, Wirtschafszonen eines Drittstaates, Hohe See) das Schiff gefahren ist. (Rn. 39)
3. Sodann ergibt sich aus Art. 5, dass die Arbeitgeber zur Mittelaufbringung für die Garantieeinrichtung nur dann beitragen müssen, wenn diese nicht in vollem Umfang durch die öffentliche Hand gewährleistet ist. Da vorliegend keine Garantieeinrichtungen geschaffen wurden und auch kein vergleichbarer Schutz im Ausland vorgesehen war, hat Griechenland die Richtlinie nicht ausreichend umgesetzt, sodass unionsrechtliche Schadenersatzansprüche dem Grunde nach bestehen. (Rn. 79, 80) ◄

18.4 Auswirkung auf die deutsche Rechtsordnung und die arbeitsrechtliche Praxis

Die vorgenannten Entscheidungen sind insbesondere für das in Deutschland zu beachtende Verfahren bei Massenentlassunge von großer praktischer Bedeutung. Insbesondere in der betrieblichen Praxis für Unternehmen und Insolvenzverwalter sind die vom EuGH entwickelten Grundsätze von großer praktischer Relevanz. Dagegen entfaltet die Rechtsprechung des EuGH zum Arbeitnehmer-Insolvenzschutz seine Bedeutung eher für sekundärrechtliche Schadenersatzansprüche gegen den Staat außerhalb der betrieblichen Praxis.[29]

---

[29] Vgl. hierzu Hantel, ZESAR 2018, 460.

18.4.1 BAG-Rechtsprechung zur Entlassungssperre nach § 18 KSchG

Die wesentlichen Regelungen über Massenentlassungen sind in den §§ 17, 18 KSchG sowie den §§ 111–113 BetrVG enthalten. Die vorgenannten Regelungen existierten in Deutschland schon vor Verabschiedung der Massenentlassungs-Richtlinie RL 98/59/EG. Praktische Auswirkungen hatte insbesondere die Junk-Entscheidung.[30] Nach § 18 Abs. 1 KSchG werden anzeigepflichtige Entlassungen vor Ablauf eines Monats nach Eingang der Anzeige nur mit Zustimmung der Bundesagentur für Arbeit wirksam. Dies bedeutet, dass bis zum Ablauf der Monatsfrist eine von AG erklärte Kündigung keine Wirkung entfalten kann.

Nach Auffassung des BAG[31] verbietet die vorgenannte Regelung aber nicht den Ausspruch von Kündigungen unmittelbar nach Erstattung (Eingang) der Anzeige bei der Bundesagentur für Arbeit. Selbst wenn man unter Entlassungen im Sinne von § 18 Abs. 1 KSchG wie der EuGH den Ausspruch der Kündigung selbst versteht, lässt sich nach Auffassung des BAG dem Gesetzeswortlaut lediglich entnehmen, dass die ausgesprochene Kündigung ohne Einhaltung der Frist von einem Monat nicht vollzogen werden kann. Das Wirksamwerden „bezieht sich somit auf den Eintritt der Rechtsfolgen der Kündigung und nicht auf den Ausspruch".

Diese Auslegung entspricht auch dem vom EuGH hervorgehobenen Gesetzeszweck, nach dem lediglich ein Mindestzeitraum von 30 Tagen zwischen Eingang der Anzeige und der tatsächlichen Beendigung des Arbeitsverhältnisses liegen soll. Daher werden faktisch von der Sperrfrist nur solche Kündigungen erfasst, bei denen die Kündigungsfrist kürzer als die Sperrfrist von einem Monat ist.[32] Mithin ist aufgrund der dargestellten Rechtsprechung nach den Regelungen der §§ 17, 18 KSchG der Ausspruch einer Kündigung zulässig, wenn dieser nach Eingang der Anzeige bei der Bundesagentur für Arbeit erfolgt. Voraussetzung ist lediglich, dass die Beendigung des Arbeitsverhältnisses mindestens erst einen Monat nach Eingang der Anzeige eintritt.[33]

Die Entscheidung Balkay entspricht der Tendenz des EuGH, den Begriff AN weit auszulegen.[34] Hinsichtlich Fremdgeschäftsführern hatte der EuGH bereits in der Danosa-Entscheidung ausgeführt, dass die Geschäftsführerin einer juristischen Person lettischen Rechts als AN im Sinne der Mutterschutz-Richtlinie RL 92/85 an-

---

[30]Vgl. u. a. Ferme/Lipinski, NZA 2006, 937; Bauer/Krieger/Powietzka, DB 2005, 445; Osnabrügge, NJW 2005, 1093; Thüsing, Europäisches Arbeitsrecht, 3. Auflage, § 6 Rn. 18, 19.

[31]Vgl. BAG, NZA 2006, 971; BAG, NZA 2007, 25.

[32]Das in § 17 Abs. 2 KSchG i. V. m. §§ 111, 112, 112 a BetrVG vorgesehene Konsultationsverfahren mit dem Betriebsrat musste nach deutschem Recht bereits vor Verabschiedung der Richtlinie 98/59/EG vor Ausspruch der Kündigung abgeschlossen bzw. gescheitert sein. vgl. hierzu u. a. BAG, NZA 2006, 971; BAG, NZA 2007, 25; BAG, Beck RS 2009, 53327; Thüsing a. a. O. 4. Auflage, § 6 Rn. 19, 20; ferner zum zeitlichen Ablauf des Konsultationsverfahrens: Naber/Sittard in Preis/Sagan, Europäisches Arbeitsrecht, 2. Auflage, § 14 Rz. 14.94 ff.

[33]Vgl. BAG a. a. O.

[34]Vgl. hierzu Nogler, ZESAR 2009, 461; Wank, EuZA 2018, 327; Hartmann, EuZA 2017, 169.

zusehen sei.[35] Insoweit ist es nur konsequent, dass der EuGH im vorliegenden Fall den Fremdgeschäftsführer der stillgelegten GmbH als AN ansieht und zu dem Ergebnis kommt, dass er beim Schwellenwert für eine Massenentlassungsanzeige nach § 17 Abs. 1 Nr. 1 KSchG mit zu berücksichtigen sei.[36]

Interessant ist die Entscheidung auch hinsichtlich der Arbeitnehmereigenschaft der Umschülerin. In der Entscheidung Bettray[37] hatte der EuGH noch ausgeführt, dass Beschäftigungen, die allein ein Mittel zur Rehabilitation oder Wiedereingliederung (hier von Drogenabhängigen) in das Arbeitsleben darstellen, nicht zu einer Arbeitnehmereigenschaft führen, wenn es an einer tatsächlichen oder echten wirtschaftlichen Tätigkeit fehle. Im vorliegenden Fall geht der EuGH davon aus, dass auch bei geringerer Produktivität und nur geringen Arbeitsstunden von einer Eiigenschaft als AN ausgegangen werden kann, da die Person praktisch mitarbeitet, um Kenntnisse zu erwerben. Insoweit dürfte davon auszugehen sein, dass der EuGH künftig bei Tätigkeiten mit Rehabilitations- und Wiedereingliederungscharakter eher von einem Arbeitsverhältnis ausgehen wird.

Sodann ist für das Massenentlassungsverfahren nicht nur der Arbeitnehmerbegriff, sondern auch der für die Anwendung der Richtlinie einschlägige unionsrechtliche Betriebsbegriff maßgebend. An das Vorliegen eines Betriebes, an dessen Ort die Massenentlassungsanzeige zu erstatten ist, sind keine gesteigerten Anforderungen zu stellen.[38] Nach Auffassung des BAG reiche es aus, wenn die Leitung eines Betriebes die ordnungsgemäße Durchführung der Arbeit und deren Kontrolle sowie die Lösung technischer Probleme sicherstelle. Insoweit ist für den Betriebsbegriff von Luftverkehrsunternehmen nicht die Vorschrift von § 24 Abs. 2 KSchG sondern der unionsrechtliche Betriebsbegriff maßgebend.[39]

Schließlich hat die EuGH-Entscheidung MO/SM vom 13. Juli 2023[40] Auswirkungen auf das Sanktionssystem für Fehler bei der Anzeige von Massenentlassungen.[41] Das BAG geht in ständiger Rechtsprechung davon aus, dass Anzeigen, die nicht den Anforderungen des § 17 Abs. 3 KSchG entsprechen, zur Unwirksamkeit aller ausgesprochenen anzeigepflichtigen Kündigungen führt.[42] Begründet wurde vom BAG die Unwirksamkeit unter Hinweis auf § 134 BGB. Nachdem der EuGH in seiner Entscheidung vom 13. Juli 2023 ausgeführt hat, dass die Informations- und Unterrichtungspflichten nicht den Individualschutz der gekündigten Arbeitnehmer dienen, sondern allein im öffentlichen Interesse bestehen, dürfte diese Rechtsprechung nicht mehr haltbar sein.[43]

---

[35] Vgl. EuGH vom 11.11.2010, Rs. C-232/09 (Danosa), ECLI:EU:C:2010:674.

[36] Vgl. zur Berücksichtigung von Änderungskündigungen bei der Berechnung des Schwellenwertes: Franzen/Roth, EuZA 2018, 206 sowie Hartmann, EuZA 2017, 171.

[37] Vgl. EuGH vom 31.05.1989, Rs. C-344/87 (Bettray), ECLI:EU:C:1989:226.

[38] BAG vom 13.02.2020 – 6 AzR 146/19 – NJW 2020, 2828.

[39] BAG a. a. O.

[40] EuGH vom 13.07.2023, Rs. C-134/22, ECLI:EU:C:2023:567.

[41] Vgl. hierzu u. a. Schäfer, NZA 2023, 857.

[42] Vgl. BAG, NZA 2020, 1091; BAG, NZA 2020, 1006; BAG, NZA 2017, 175; BAG, NZA 2013, 966; BAG, NZA 2013, 845.

[43] Vgl. hierzu Schäfer a. a. O.; Moll, RdA 2021, 49; Lembke, NJW 2024, 1985.

18.4.2 Regelungen zum AN-Insolvenzschutz

In Anbetracht des Umstandes, dass sich gegen zahlungsunfähige AG regelmäßig keine primären Zahlungsansprüche durchsetzen lassen, verwundert es nicht, dass eine Vielzahl der EuGH-Entscheidungen zur Richtlinie 2008/94/EG Sekundäransprüche auf Staatshaftung betreffen.[44] In Deutschland bestanden schon vor Verabschiedung der AN-Insolvenzschutz-Richtlinie RL 2008/94/EG Regelungen über das sog. Konkursausfallgeld zur Sicherung vom Arbeitgeber nicht erfüllter Ansprüche wegen Zahlungsunfähigkeit.[45] Gegenwärtig sind die maßgebenden Regelungen in § 165 SGB III enthalten. Danach haben AN mit Ansprüchen auf Arbeitsentgelt bei Vorliegen eines Insolvenzereignisses Anspruch auf Insolvenzgeld. Als Insolvenzereignis gilt die Eröffnung des Insolvenzverfahrens über das AG-Vermögen, die Abweisung eines Insolvenzantrages mangels Masse oder die vollständige Beendigung der Betriebstätigkeit im Inland, wenn ein Antrag auf Eröffnung des Insolvenzverfahrens nicht gestellt worden ist und ein solches offensichtlich mangels Masse nicht in Betracht kommt.

Der Anspruch auf Insolvenzgeld besteht für das ausgefallene Arbeitsentgelt und ist auf die letzten drei, dem Insolvenzereignis vorausgehenden Monate beschränkt. Für nach Insolvenzeröffnung entstandene weitere Ansprüche können AN kein Insolvenzgeld mehr verlangen, was insoweit mit der AN-Insolvenzschutz-Richtlinie RL 2008/94/EG vereinbar ist, da diese nur einen Mindestzeitraum von drei Monaten garantieren will und den Mitgliedsstaaten bei Festlegung des Bezugszeitraums ein weites Ermessen einräumt. Im Übrigen ergeben sich – unabhängig von der vorgenannten EU-Richtlinie – weitere arbeitsrechtliche Regelungen im Insolvenzfall aus den §§ 113, 114, 120–128 InsO.[46]

Die Francovich-Entscheidung ist zunächst einmal deshalb von Bedeutung, weil der EuGH mit ihr zum ersten Mal einen gemeinschaftsrechtlichen Staatshaftungsanspruch gegenüber Mitgliedsstaaten anerkannt hat.[47] Der Grundsatz des „effet utile" gebietet es in richterlicher Rechtsfortbildung, eine solche Anspruchsgrundlage zur Verfügung zu stellen, denn nur auf diese Weise kann dem Unionsrecht in möglichst großem Umfang Wirksamkeit verschafft werden.[48]

---

[44] Vgl. hierzu Hantel, ZESAR 2018, 460.

[45] Vgl. Riesenhuber, Europäisches Arbeitsrecht, 2. Auflage, § 28 Rn. 1–5; Schiek, Europäisches Arbeitsrecht, 3. Auflage, S. 287 ff.

[46] Vgl. hierzu BAG, NZA 2006, 727; BAG, NZA 2006, 1352; BAG, NZA 2006, 720; ferner Müller-Glöge, ErfurtK, 24. Auflage, zu InsO, S. 2175; Steindorf/Regh, Arbeitsrecht in der Insolvenz, 2002.

[47] Vgl. Fuchs/Marhold/Friedrich, Europäisches Arbeitsrecht, 6. Auflage, S. 315.

[48] Vgl. EuGH vom 19.11.1991, Rs. C-6/90 (Francovich), ECLI:EU:C:1991:428; Fuchs/Marhold a. a. O. S. 283, 284; Lorz, Fallrepetitorium Europarecht, 2006, S. 47; Dieser vom EuGH entwickelte gemeinschaftsrechtliche Staatshaftungsanspruch ist nicht zu verwechseln mit dem gemeinschaftsrechtlichen Amtshaftungsanspruch nach Art. 340 AEUV. Dieser richtet sich nicht gegen Mitgliedsstaaten, sondern allein gegen die Organe der Union. Sofern Mitgliedsstaaten eine Richtlinie nicht fristgerecht umsetzen, scheidet ein Anspruch nach Art. 340 AEUV aus, sodass es nur noch aus den genannten Gründen bei dem allgemeinen gemeinschaftsrechtlichen Staatshaftungsanspruch verbleibt.

Gleichwohl war Herr Francovich – anders als die griechischen Seeleute im Fall Stroumpoulis[49] – mit seiner Klage erfolglos, da die Insolvenz-Richtlinie im Zeitpunkt der Entscheidung 1991 nach Auffassung des EuGH noch nicht ausreichend bestimmt war. Es fehlten in der Richtlinie konkrete Regelungen, wer Schuldner der Garantieansprüche sein soll. Aus dieser Entscheidung wird daher deutlich, dass Schadenersatzansprüche wegen nicht rechtzeitiger Umsetzung einer Unions-Richtlinie nur dann erfolgreich sind, wenn die Pflichten in der Richtlinie unbedingt und hinreichend genau bestimmt sind.[50] Dies bedeutet zum einen, dass eine Richtlinie die Verleihung von Rechten an Einzelne zum Inhalt haben muss, die genau bestimmt und unbedingt sind. Zum anderen muss ein Ursachenzusammenhang zwischen dem Verstoß gegen die dem Mitgliedsstaat auferlegte Umsetzungspflicht und dem dem Geschädigten entstandenen Schaden bestehen.[51]

---

[49] Vgl. EuGH vom 25.02.2016, Rs. C-292/14 (Stroumpoulis), ECLI:EU:C:2016:116.

[50] Vgl. auch zu der Frage der möglicherweise fehlenden Kausalität im Francovich-Fall: Fuchs/Marhold a. a. O. S. 315, 316.

[51] Im Fall Suffritti (vgl. EuGH vom 03.12.1992, Rs. C-140/91 (Suffritti), ECLI:EU:C:1992:492.) hat der EuGH entschieden, dass unionsrechtliche Schadenersatzansprüche erst dann in Betracht kommen, wenn die Frist zur Umsetzung einer Richtlinie abgelaufen war; vgl. Fuchs/Marhold a. a. O.

Kollektives nationales Arbeitsrecht (Streikrecht) und EU-Freiheiten

19

▶ **Aktuelle Verordnungen und Richtlinien**
- Kurzübersicht Fälle (siehe Abb. 19.1)

Nach Art. 153 Abs. 5 AEUV liegt die Regelungskompetenz für Koalitions-, Streik- und Arbeitskampfmaßnahmen bei den Mitgliedsstaaten.[1] Gleichwohl können Streik- bzw. Arbeitskampfmaßnahmen dann, wenn sie sich gegen Unternehmen aus dem EU-Ausland richten, mit EU-Grundfreiheiten kollidieren.[2]

18.3.1 Fall Laval un Partneri, EuGH vom 18.12.2007, Rs. C-341/05, ECLI:EU:C:2007:809	Arbeitskämpfe genießen den Schutz des Unionsrechts, soweit sie nicht zu einer unverhältnismäßigen Beeinträchtigung der Dienstleistungsfreiheit führen.
18.3.2 Fall Viking, EuGH vom 11.12.2007, Rs. C-438/05, ECLI:EU:C:2007:772	Dienst- und Niederlassungsfreiheit schützen nicht nur vor staatlichen Eingriffen, sondern auch vor unverhältnismäßigen Arbeitskämpfen im Zusammenhang mit einem grenzüberschreitenden Arbeitnehmereinsatz.

Abb. 19.1 Kurzübersicht Fälle

---

[1] Vgl. aber die Regelungszuständigkeiten für kollektivrechtliche Vertretungs- und Mitbestimmungsangelegenheiten in Art. 153 Abs. 1 f AEUV.

[2] Vgl. Rebhahn, ZESAR 2008, 110, 111; Jansen, NZA 2006, Beilage 2, 159; Zachert, NZA 2006, Beilage 2, 61; Kroeschell, NZA 2009, 1006; Thüsing, Europäisches Arbeitsrecht, 4. Auflage, § 12 Rn. 6.

19.1   Die Beachtung der Dienst- und Niederlassungsfreiheit

Zu Arbeitskämpfen zwischen Koalitionen aus unterschiedlichen Mitgliedsstaaten kann es dann kommen, wenn Arbeitgeber versuchen, die günstigeren arbeitsvertraglichen Regelungen ihres Niederlassungsstaates bei grenzüberschreitender Tätigkeit zur Anwendung zu bringen und Gewerkschaften im Tätigkeitsstaat hierauf mit Streikmaßnahmen reagieren. Da sich EU-Dienstleister beim grenzüberschreitenden Arbeitseinsatz grundsätzlich auf die Dienstleistungsfreiheit und unter bestimmten Voraussetzungen auch auf die Niederlassungsfreiheit berufen können, ergeben sich die in Entsendungsfällen klassischen Rechts- und Interessenkonflikte zwischen Dienstleistungsfreiheit und Arbeitnehmerschutz.

19.2   Das Streikrecht als Bestandteil des EU-Rechts

Trotz der Bereichsausnahme nach Art. 153 Abs. 5 AEUV ist das Streikrecht Bestandteil des EU-Rechts ist, da mittlerweile entsprechende Garantien in Art. 27, 28 GRCh enthalten sind.[3] Allerdings entfalten die kollektivrechtlichen Regelungen in Art. 27 und 28 GRCh keine unmittelbare Rechtswirkung für alle Mitgliedsstaaten, da sich die GRCh nur auf Fälle der Anwendung von Unionsrecht bezieht, Art. 51 Abs. 1 und 2 GRCh. Daher lässt sich aus dem in Art. 28 GRCh vorgesehenen Recht auf Koalitionsverhandlungen und Koalitionsmaßnahmen unmittelbar kein unionsweites Streikrecht herleiten.[4] Allerdings hat nach Art. 11 Abs. 1 EMRK – der über Art. 52 Abs. 3 GRCh Grundrechtswirkung entfaltet – jede Person das Recht, zum Schutz seiner Interessen Gewerkschaften zu gründen und Gewerkschaften beizutreten. Es kann dahingestellt bleiben, ob sich aufgrund des Wortlautes aus dieser Regelung ein Recht auf kollektive Maßnahmen, wie Streik oder Aussperrung herleiten lässt.[5] Nach Sinn und Zweck dürfte sich aus dieser Vorschrift ein Streikrecht ableiten lassen, weil nur so die Gewerkschaften handlungsfähig sind.

Schließlich ist das Recht zum Streik ausdrücklich in Teil II Art. 6 Nr. 4 Europäische Sozialcharta (ESC) enthalten.[6] Zwar handelt es sich, wie in Kapitel A dargestellt, bei der ESC nur um eine völkerrechtliche Vereinbarung, aus der Einzelpersonen oder Koalitionen keine subjektiven Rechte ableiten können. Gleichwohl sind die vorgenannten Regelungen als völkerrechtliche Verpflichtung von den Gerichten für Arbeitssachen bei der Beurteilung der Rechtmäßigkeit von Arbeitskampfmaßnahmen zu beachten.[7]

---

[3] Vgl. EuGH vom 18.12.2007, Rs. C-341/05 (Laval un Partneri), ECLI:EU:C:2007:809; EuGH vom 11.12.2007, Rs. C-438/05 (Viking), ECLI:EU:C:2007:772.

[4] Vgl. Rebhahn, ZESAR 2008, 110, 111; Jansen, NZA 2006, Beilage 2, 159; Zachert, NZA 2006, Beilage 2, 61.

[5] Vgl. Rebhahn a. a. O.; Thüsing, Europäisches Arbeitsrecht, 4. Auflage, § 1 Rn. 68, 69 sowie § 12 Rn. 8 u. 9–11; Knöfel, EuZA 2008, 228.

[6] Vgl. hierzu BAGE 104, 166; ferner zur Vereinbarkeit des Verbots von Streiks für Beamte mit Art. 11 Abs. 1 EMRK: BVerfG vom 12.06.2018, 2 BvR 1738/12; siehe auch Steinrück/Surer, NZA 2014, 580.

[7] Vgl. BAGE 46, 322, 348; 104, 166.

19.3   Praktische Fallbeispiele

Tatsächlich war wegen der unklaren Rechtslage lange umstritten, ob überhaupt von einem unionsweiten Streikrecht, das den EU-Grundfreiheiten entgegengehalten werden kann, auszugehen ist. Der EuGH hat in den beiden nachfolgend dargestellten Fällen zu den angesprochenen Problemen erstmals entschieden, dass das gewerkschaftliche Streikrecht zum EU-Primärrechts gehört.[8] Zugleich führte der EuGH aber aus, dass die nationalen Gewerkschaften bzw. ihre Verbände bei den Arbeitskampfmaßnahmen die Dienstleistungs- und Niederlassungsfreiheit sowie den Verhältnismäßigkeitsgrundsatz zu beachten haben.

19.3.1 Fall Laval un Partneri, EuGH vom 18.12.2007, Rs. C-341/05, ECLI:EU:C:2007:809[9]

Firma L. ist ein lettisches Unternehmen, welches Arbeitskräfte an ihre schwedische Tochtergesellschaft (Baltic) verleiht. Baltic wiederum ist von der Stadt Vaxholm mit Bauarbeiten beauftragt. Arbeitgeber der nach Schweden entsandten lettischen Bauarbeiter ist die Firma Laval geblieben. Auf die Arbeitsverhältnisse findet ein lettischer Tarifvertrag Anwendung. Die schwedische Bauarbeitergewerkschaft hat von L. den Abschluss des schwedischen Bautarifvertrages verlangt und nach Verweigerung Arbeitskampfmaßnahmen ergriffen. Der zunächst nur von der Bauarbeitergewerkschaft geführte Arbeitskampf wurde durch die schwedische Elektrikergewerkschaft unterstützt. Dabei wurde die Baustelle von L. blockiert und die Stromversorgung eingeschränkt. L. musste die Arbeiten nach kurzer Zeit einstellen und für Baltic Insolvenz anmelden.

Die schwedische Baugewerkschaft berief sich auf das in Schweden in Gesetz und Verfassung veranerte Arbeitskampfrecht, wonach solche weitgehenden Arbeitskampfmaßnahmen ohne weiteres zulässig seien. Es gelte der Grundsatz der freien Wahl der für notwendig erachteten Arbeitskampfmaßnahmen, ohne dass eine Verhältnismäßigkeitsprüfung durchgeführt werden müsse. Zudem verwies die Baugewerkschaft darauf, dass die in Art. 3 Abs. 1 der Richtlinie 96/71/EG genannten Tätigkeiten gerade Hoch- und Tiefbauarbeiten mit umfassen und hierfür in Tarifverträgen Mindestlöhne festgesetzt werden können. Im Zuge der von L. gegen die Gewerkschaft erhobenen Klage legte der schwedische Arbetsdomstol dem EuGH die Frage vor, ob es der Dienstleistungsfreiheit zuwider laufe, dass gewerkschaftliche Organisationen über eine kollektive Maßnahme versuchen, ausländische Unternehmen zur Anwendung eines schwedischen Tarifvertrages zu zwingen.

Nach Auffassung des EuGH führe der Arbeitskampf trotz des in Art. 3 Abs. 1 der Entsende-Richtlinie RL 96/71/EG enthaltenen Ziels, Mindestarbeitsbedingungen zu sichern, und des in der schwedischen Verfassung veranerten Arbeitskampfrechts zu

---

[8] Vgl. EuGH vom 18.12.2007, Rs. C-341/05 (Laval un Partneri), ECLI:EU:C:2007:809; EuGH vom 11.12.2007, Rs. C-438/05 (Viking), ECLI:EU:C:2007:772.
[9] Siehe auch NZA 2008, 159; EuZW 2008, 775; DB 2008, 71.

einer unverhältnismäßigen Verletzung der Dienstleistungsfreiheit nach Art. 56 AEUV. Zwar können nach der Richtlinie RL 96/71/EG Mitgliedsstaaten dem in ihr Hoheitsgebiet entsandten AN den innerstaatlich festgelegten Kern zwingender Arbeitsbedingungen garantieren. Dazu gehören insbesondere Regelungen über Mindestlohnsätze. Dabei muss der Mitgliedsstaat die Mindestlohnsätze auf eine in Art. 3 Abs. 1 und 8 der Richtlinie RL 96/71/EG vorgesehenen Weise bestimmen, was vorliegend nicht der Fall war, weil es sich bei den Tariflöhnen nicht um Mindestlöhne handelte und der Tarifvertrag auch nicht allgemein verbindlich war.

Die wichtigsten Leitsätze

1. Die Dienstleistungsfreiheit verwehrt es den Mitgliedsstaaten nicht, ihre Vorschriften hinsichtlich der Mindestlöhne auf jedermann zu erstrecken, der auch nur vorübergehend einer nichtselbstständigen Arbeit in ihrem Hoheitsgebiet nachgeht, unabhängig davon, in welchem Staat der Arbeitgeber seine Niederlassung hat. Die Anwendung derartiger Vorschriften muss allerdings zum Schutz der Arbeitnehmer geeignet sein und darf nicht über das hinausgehen, was zur Erreichung dieses Ziels erforderlich ist. (Rn. 57)
2. In Schweden überlassen es die staatlichen Stellen den Sozialpartnern, die Lohnsätze im Wege von Tarifverhandlungen festzulegen. Art. 3 Abs. 1 RL 96/71 bezieht sich hinsichtlich Lohnverpflichtungen dagegen nur auf Mindestlohnsätze. Daher kann diese Bestimmung nicht herangezogen werden, um eine Verpflichtung dieser Dienstleister zu rechtfertigen, Lohnsätze zu beachten, die keine Mindestlöhne sind und überdies nicht nach den hierfür in der Richtlinie vorgesehenen Modalitäten festgelegt werden. (Rn. 69, 70)
3. Art. 3 Abs. 7 lässt sich nicht dahin auslegen, dass Arbeitsbedingungen eingehalten werden müssen, die über die zwingenden Bestimmungen über ein Mindestmaß an Schutz hinausgehen, da das Schutzniveau grundsätzlich auf Mindestlohn und Mindesturlaub beschränkt ist. (Rn. 80, 81)
4. Das Recht auf Durchführung einer kollektiven Maßnahme ist als Grundrecht anzuerkennen, das fester Bestandteil des Unionsrechts ist, doch kann seine Ausübung entsprechend Art. 28 GRCh bestimmten Beschränkungen unterworfen werden. Das Streikrecht, einschließlich der Blockade von Baustellen, genießt in Schweden ebenso wie in anderen Mitgliedsstaaten den Schutz der Verfassung. Dieses Recht darf aber nicht die unionsrechtlichen Grundfreiheiten verletzen. (Rn. 91, 92) ◄

19.3.2 Fall Viking, EuGH vom 11.12.2007, Rs. C-438/05, ECLI:EU:C:2007:772[10]

V. ist ein Fährunternehmen mit Sitz in Finnland. Es betreibt sieben Schiffe, darunter die Rosella, die unter finnischer Flagge auf dem Seeweg zwischen Tallinn und Hel-

---

[10] Siehe auch NZA 2008, 124; EuZW 2008, 246; BB 2008, 75.

sinki verkehrt. Solange die Rosella unter finnischer Flagge fährt, ist V. nach finnischem Arbeitsrecht verpflichtet, den geltenden Tarifvertrag für finnische Seeleute einzuhalten. Dagegen sind die Löhne estnischer Besatzungen nicht so hoch wie die der finnischen Besatzung. Die Rosella wurde in Folge der unmittelbaren Konkurrenz durch estnische Schiffe, die auf derselben Linie mit geringeren Lohnkosten verkehrt, mit Verlust betrieben. Statt das Schiff zu veräußern, plante Viking 2003 es umzuflaggen und in Estland registrieren zu lassen, um einen neuen Tarifvertrag mit einer Gewerkschaft in Estland abschließen zu können.

Das Umflaggen würde für die auf dem Schiff Beschäftigten zu einem Wechsel von den günstigeren finnischen zu den schlechteren estnischen Arbeitsbedingungen führen. V. unterrichtet gemäß dem finnischen Arbeitsrecht die zuständige Gewerkschaft der Seeleute (FSU), die ihren Widerstand zum Ausdruck brachte. Nachdem Verhandlungen zwischen V. und der FSU gescheitert waren, rief die FSU zum Streik auf, dem die Besatzung der Rosella folgte. V. erhob bei dem nach den einschlägigen Vereinbarungen zuständigen High Court of Justice (England und Wales) Klage und beantragte festzustellen, dass die Maßnahmen der FSU gegen die Niederlassungsfreiheit verstoßen. Der Court of Appeal (England und Wales) legte dem EuGH die Frage zur Vorabentscheidung vor, ob die gegen ein privates Unternehmen gerichtete kollektive Maßnahme einer Gewerkschaft, mit dem Ziel, einen bestimmten Tarifvertrag abzuschließen, aufgrund der Sozialpolitik der EG gerechtfertigt sei und nicht in den Anwendungsbereich der Niederlassungsfreiheit falle.

Der EuGH führt zunächst aus, dass sowohl die Dienstleistungs- als auch die Niederlassungsfreiheit nicht nur vor staatlichen Behörden, sondern auch vor unverhältnismäßigen kollektiven Maßnahmen durch Gewerkschaften schützt. Das Recht auf Umflaggen sei mit der Verlagerung eines Betriebes vergleichbar und falle daher in den Anwendungsbereich der Niederlassungsfreiheit nach Art. 49 AEUV. Da auf der anderen Seite auch das Recht zur Durchführung einer kollektiven Maßnahme einschließlich des Streikrechts als Grundrecht anzuerkennen sei, muss im Einzelfall eine Rechtsgüterabwägung vorgenommen werden. Im vorliegenden Fall führe die kollektive Maßnahme der FSU dazu, dass V. nicht in der Lage ist, von seinem Recht auf Niederlassungsfreiheit in Estland Gebrauch zu machen und die in Estland geltenden Arbeitsbedingungen zur Anwendung zu bringen. Eine solche Einschränkung sei nur dann gerechtfertigt, wenn zwingende Gründe des Allgemeininteresses, etwa des Schutzes von AN, eine entsprechende Maßnahme gebieten und geeignet sind, dieses Ziel zu erreichen.

Die wichtigsten Leitsätze

1. Der Umstand, dass Art. 153 Abs. 5 AEUV[11] der Union keine Regelungskompetenzen für das Arbeitskampfrecht verleiht, kann eine kollektive Maßnahme nicht von der Anwendung des Art. 49 AEUV[12] ausnehmen. Daher können die Grundfreiheiten auch gegenüber einer Gewerkschaft geltend gemacht werden. (Rn. 40, 41, 61)

---

[11] Zum Zeitpunkt der Entscheidung Art. 137 EG.
[12] Zum Zeitpunkt der Entscheidung Art. 43 EG.

2. Die kollektive Maßnahme hat zur Folge, dass es für V. weniger attraktiv und sogar zwecklos ist, von ihrer Niederlassungsfreiheit Gebrauch zu machen, da die kollektive Maßnahme das Unternehmen und seine Tochtergesellschaft daran hindert, im Aufnahmemitgliedsstaat in den Genuss der gleichen Behandlung wie die anderen in diesem Staat niedergelassenen Wirtschaftsteilnehmer zu kommen. (Rn. 72)

3. Eine Beschränkung der Niederlassungsfreiheit kann nur zulässig sein, wenn mit ihr ein berechtigtes, im Allgemeininteresse liegendes Ziel verfolgt wird. In einem solchen Fall muss aber außerdem die Beschränkung geeignet sein, die Erreichung des verfolgten Ziels zu gewährleisten, und darf nicht über das hinausgehen, was zur Erreichung dieses Ziels erforderlich ist. (Rn. 75)

4. Da die Union nicht nur eine wirtschaftliche, sondern auch eine soziale Zielrichtung hat, müssen die Grundfreiheiten gegen die mit der Sozialpolitik verfolgten Ziele einer Verbesserung der Arbeitsbedingungen abgewogen werden. Dabei ist zu prüfen, ob die von der Gewerkschaft betriebene kollektive Maßnahme geeignet ist, die Erreichung des verfolgten Ziels zu gewährleisten und nicht über das hinausgeht, was zur Erreichung dieses Ziels erforderlich ist. (Rn. 77, 79, 81, 84) ◄

19.4   Auswirkung auf die deutsche Rechtsordnung und die arbeitsrechtliche Praxis

Den Urteilen Laval und Viking kann – wie eingangs bereits ausgeführt – entnommen werden, dass der EuGH das gewerkschaftliche Streikrecht als Teil des EU-Primärrechts ansieht.[13] Gleichwohl hatte die Feststellung des EuGH, dass das Streikrecht als kollektivrechtliche Maßnahme fester Bestandteil der allgemeinen Grundsätze des Unionsrechts sei, keine unmittelbar positiven Auswirkungen für die beteiligten Gewerkschaften, da in beiden Fällen die Dienstleistungs- bzw. Niederlassungsfreiheit als im konkreten Fall höherrangig angesehen wurde.[14]

Insbesondere die vom EuGH geforderte Beachtung des Verhältnismäßigkeitsgrundsatzes dürfte den Gepflogenheiten einzelner Mitgliedsstaaten widersprechen, wonach das Streikrecht nur unter engen Voraussetzungen einschränkbar ist.[15] Zwar geht auch die Rechtsprechung in Deutschland wie der EuGH davon aus, dass Arbeitskämpfe verhältnismäßig sein müssen.[16] Allerdings steht der den Arbeits-

---

[13] Vgl. Rebhahn, ZESAR 2008, 110; ders., NZA 2001, 768; de Beauregard, NZA-RR 2010, 456; ferner Blanpain, European Labour Law, 2014, 1023, 1024; Fuchs/Marhold/Friedrich, Europäisches Arbeitsrecht, 6. Auflage, S. 578–580.

[14] Siehe hierzu de Beauregard, NZA 2010, 456; Rebhahn a. a. O.; Le Friant, NZA 2006, Beilage 2, 75 ff.; ferner Blanpain a. a. O.

[15] Vgl. Kroeschell, NZA 2009, 1005, 1006; Rebhahn a. a. O.; Knöfel, EuZA 2008, 228; Thüsing, Europäisches Arbeitsrecht, 4. Auflage, § 12 Rn. 6–8; ferner Jansen, NZA 2006, Beilage 2, 59; Zachert, NZA 2006, Beilage 2, 61; Blanpain a. a. O., 999–1005 (Viking) sowie 1006–1018 (Laval).

[16] Vgl. BVerfG, NZA 2004, 1338; BAG, NZA 2007, 1055, 1058.

kampf führenden Koalition eine Einschätzungsprärogative hinsichtlich Eignung, Erforderlichkeit und Angemessenheit des Streiks zu.[17] Die Bewertung einer Arbeitskampfmaßnahme durch die Gerichte für Arbeitssachen als rechtswidrig kommt daher nur in Ausnahmefällen dann in Betracht, wenn die Maßnahme offensichtlich ungeeignet oder unverhältnismäßig ist bzw. wenn die Friedenspflicht verletzt wurde.[18]

Da in Deutschland kein geschriebenes Arbeitskampfrecht besteht,[19] haben die vorgenannten Entscheidungen keine unmittelbaren Auswirkungen auf die deutsche Rechtsordnung. Gleichwohl wird das BVerfG und das BAG bei künftigen Entscheidungen die dargestellte EuGH-Rechtsprechung berücksichtigen müssen. Sofern ein Arbeitskampf in Deutschland den grenzüberschreitenden Einsatz von AN aus EU-Unternehmen betrifft, müssen deutsche Gerichte auch die EU-Dienstleistungs- und Niederlassungsfreiheit und die Wahrung des Verhältnismäßigkeitsgrundsatzes mit berücksichtigen.[20]

---

[17]Vgl. BVerfG a. a. O.; BAG a. a. O.

[18]Vgl. BVerfG a. a. O.; BAG a. a. O.; ferner Reichold, NZA 2004, 247; de Beauregard, NZA-RR 2003, 617.

[19]Der Arbeitskampf wird nach der Rechtsprechung des BVerfG und des BAG durch Art. 9 Abs. 3 GG geschützt, vgl. BVerfG, NZA 2004, 1398; BVerfG, NZA 2007, 394; BAG, NZA 2007, 1055; Das Grundrecht schützt zum einen den Einzelnen in seiner Freiheit, eine Vereinigung (Koalition) zur Wahrung der Arbeits- und Wirtschaftsbedingungen zu gründen, ihr beizutreten oder ihr fernzubleiben. Zum anderen wird auch die Koalition selbst in ihrem Bestand, ihren organisatorischen Ausgestaltungen und ihren Betätigungen geschützt, sofern diese der Förderung der Arbeits- und Wirtschaftsbedingungen dienen, vgl. BVerfG, NZA 2007, 394; Der Schutz der Koalitionsfreiheit umfasst alle koalitionsspezifischen Verhaltensweisen, insbesondere die Tarifautonomie und die damit einhergehenden Arbeitskampfmaßnahmen, vgl. BVerfG, NZA 1991, 809; BAG, NZA 2007, 1055.

[20]Vgl. Rebhahn, ZESAR 2008, 109; Zachert, NZA 2006, Beilage 2, 61; Jansen, NZA 2006, Beilage 2, 59; de Beauregard a. a. O.

Europäischer Betriebsrat/Information und Konsultation von Arbeitnehmervertretern/Nachweis von Arbeitsbedingungen

▶ **Aktuelle Verordnungen und Richtlinien**
- Richtlinie 2009/38/EG (RL Europäischer Betriebsrat)[1] (siehe Abb. 20.1)
- Richtlinie 2002/14/EG (Unterrichtungs- und Anhörungs-Richtlinie)[2] (siehe Abb. 20.2)
- Richtlinie 2019/1152 (Nachweis-Richtlinie)[3] (siehe Abb. 13.2)
- Kurzübersicht Fälle (siehe Abb. 20.3)

Das in Art. 151 AEUV vorgegebene sozialpolitische Ziel einer Verbesserung der Lebens- und Arbeitsbedingungen erfordert, dass sich die Union auch mit Fragen der Arbeitnehmervertretung, insbesondere der betrieblichen und unternehmerischen Mitbestimmung, befassen muss.

---

[1] ABl. Nr. L 122 S. 28.
[2] ABl. Nr. L 80 S. 29.
[3] ABl. Nr. L 186 S. 105–121.

1. Primärrechtliche Kompetenznorm Art. 153 Abs. 1 u. 2 AEUV	- Vertretung und kollektive Wahrnehmung der Arbeitnehmerinteressen (f) - Mitbestimmung, allerdings unter der Einschränkung von Art. 153 Abs. 5 AEUV
2. Ziel (Art. 1)	Stärkung des Rechts auf Unterrichtung und Anhörung der Arbeitnehmer in gemeinschaftsweit operierenden Unternehmen und Unternehmensgruppen
3. Maßnahmen (Art. 1)	- Schaffung eines Europäischen Betriebsrates, - Schaffung eines Verfahren zur Unterrichtung und Anhörung der Arbeitnehmer
4. Anwendungsbereich/Definition (Art. 2)	Gemeinschaftsweit operierende Unternehmen - mit mindestens 1.000 Arbeitnehmern in den Mitgliedsstaaten - und mit jeweils mindestens 150 Arbeitnehmern in mindestens zwei Mitgliedsstaaten
5. Herrschendes Unternehmen (Art. 3)	Unternehmen, das aufgrund von Eigentum, finanzieller Beteiligung usw. einen herrschenden Einfluss auf ein anderes Unternehmen ausüben kann
6. Verantwortung für die Einrichtung eines Europäischen Betriebsrates (Art. 4)	Zentrale Leitung/herrschendes Unternehmen ist dafür verantwortlich, dass - ein Europäischer Betriebsrat eingesetzt werden kann, - ein Verfahren zur Unterrichtung und Anhörung geschaffen werden kann, - den Beteiligten die erforderlichen Informationen in Bezug auf die Struktur des Unternehmens und der Belegschaft erteilt werden.
7. Sonstige Grundsätze (Art. 8–10)	- Grundsatz der Vertraulichkeit von Informationen - Schutz der Arbeitnehmervertreter

Abb. 20.1 RL 2009/38/EG über die Einsetzung eines Europäischen Betriebsrates oder die Schaffung eines Verfahrens zur Unterrichtung und Anhörung der Arbeitnehmer in gemeinschaftsweit operierenden Unternehmen und Unternehmensgruppen

1.	Primärrechtliche Kompetenznorm Art. 153 Abs. 1 u. 2 AEUV	- Unterrichtung und Anhörung der Arbeitnehmer (e) - Vertretung und kollektive Wahrnehmung der Arbeitnehmerinteressen (f) - Mitbestimmung, allerdings unter der Einschränkung von Art. 153 Abs. 5 AEUV
2.	Ziel (Erwägungsgrund 1)	- Förderung des sozialen Dialogs zwischen den Sozialpartnern, - Weiterentwicklung der Unterrichtung, Anhörung und Mitwirkung der Arbeitnehmer
3.	Grundsatz (Art. 1)	Festlegung eines allgemeinen Rahmens mit Mindestvorschriften für das Recht auf Unterrichtung und Anhörung der Arbeitnehmer von in der Gemeinschaft ansässigen Unternehmen oder Betrieben.
4.	Anwendungsbereich (Art. 3)	- Unternehmen mit mindestens 50 Arbeitnehmern in einem Mitgliedsstaat, - Betriebe mit mindestens 20 Arbeitnehmern in einem Mitgliedsstaat, - gemeinschaftsweit operierende Unternehmen wie in RL 2009/38/EG nicht erforderlich, - betroffen sind allein örtliche Unternehmen und Betriebe, die die Schwellenwerte erreichen
5.	Modalitäten der Unterrichtung (Art. 4)	Es sind Regelungen über die Unterrichtung und Anhörung zu schaffen - zur Entwicklung und wahrscheinlichen Weiterentwicklung der Tätigkeit und der wirtschaftlichen Situation des Unternehmens oder Betriebes, - zur Beschäftigungssituation, Beschäftigungsstruktur und wahrscheinlichen Beschäftigungsentwicklung, - zu wesentlichen Veränderungen der Arbeitsorganisation
6.	Sonstige Grundsätze (Art. 5–7)	- Vorrang von Vereinbarungen der Sozialpartner, - Grundsatz der Vertraulichkeit von Informationen, - Schutz der Arbeitnehmervertreter

Abb. 20.2 RL 2002/14/EG zur Festlegung eines allgemeinen Rahmens für die Unterrichtung und Anhörung der Arbeitnehmer in der Europäischen Gemeinschaft

19.5.1 Fall Bofrost, EuGH vom 29.03.2001, Rs. C-62/99, ECLI:EU:C:2001:188	Ein Anspruch auf Auskunft über Arbeitnehmerdaten besteht nach RL 2009/38/EG auch dann, wenn noch nicht feststeht, ob es sich bei der Unternehmensleitung um die Leitung eines herrschenden Unternehmens handelt.
19.5.2 Fall Kühne & Nagel, EuGH vom 13.01.2004, Rs. C-440/00, ECLI:EU:C:2004:16	Auch bei Fehlen einer zentralen Leitung eines unionsweit tätigen Unternehmens ist den Arbeitnehmervertretungen Auskunft zu erteilen. Sofern sich die zentrale Leitung außerhalb der Union befindet, ist von einer fingierten zentralen Leitung im Inland auszugehen.
19.5.3 Fall Erzberger, EuGH vom 18.07.2017, Rs. C-566/15, ECLI:EU:C: 2017:562	Die Arbeitnehmerfreizügigkeit garantiert nicht, dass ein Arbeitnehmer bei einem Wechsel in einen anderen Mitgliedsstaat die gleichen Arbeitsbedingungen vorfindet wie in dem Herkunftsstaat.
19.5.4 Fall Kampelmann , EuGH vom 04.12.1997, Rs. C-253/96, ECLI:EU:C:1997:585	Die Nachweis-Richtlinie 91/533/EWG enthält keine Vorgaben für nationale Beweislastregelungen.

Abb. 20.3 Kurzübersicht Fälle

20.1 Primärrechtliche Regelungen nach Art. 153, 151 AEUV

Daher unterstützt die Union nach Art. 153 Abs. 1 f. AEUV die Tätigkeit der Mitgliedsstaaten auf dem Gebiet der Vertretung und kollektiven Wahrnehmung der Arbeitnehmer- und Arbeitgeberinteressen, einschließlich der Mitbestimmung. Diese Kompetenzen wurden der Union allerdings unter dem Vorbehalt von Art. 153 Abs. 5 AEUV übertragen, wonach auf europäischer Ebene keine Regelung zum Koalitionsrecht und zum Recht von Streik und Aussperrung getroffen wird. Insoweit hat die Union für die Bereiche der kollektiven Wahrnehmung von Arbeitnehmerinteressen einschließlich der Mitbestimmung nach § 153 Abs. 1 f., Abs. 2 AEUV nur nachgeordnete Rechtssetzungskompetenzen, die auf Anhörungs- und Unterrichtungspflichten bzw. Regelungen für unionsweit operierende Unternehmen beschränkt sind.

Den EU-rechtlichen Regelungen der Arbeitnehmermitwirkung liegt dabei die Erkenntnis zu Grunde, dass sich die Systeme des Zusammenwirkens zwischen Arbeitgebern und Arbeitnehmern und die damit einhergehenden rechtlichen Regelungen in den Mitgliedsstaaten höchst unterschiedlich entwickelt haben.[4] Entsprechend dem Territorialprinzip haben sich unterschiedliche Systeme des betrieblichen Zusammenwirkens (eher kooperativ oder eher konfrontativ) entwickelt.[5] So gibt es

---

[4]Vgl. Riesenhuber, Europäisches Arbeitsrecht, 2. Auflage, § 31 Rn. 3; Thüsing, Europäisches Arbeitsrecht, 4. Auflage, § 12 Rn. 74–79; Mayer, BB 1999, 842, 846.

[5]Vgl. Riesenhuber a. a. O.; Mayer a. a. O.; Müller-Bonanni/Witschen in Preis/Sagan, Europäisches Arbeitsrecht, 2. Auflage, § 17 Rz. 17.9, 17.10.

unterschiedliche Modelle im Bereich der betrieblichen Mitbestimmung und der Unternehmensmitbestimmung.[6] Zudem variiert der Anteil der Arbeitnehmervertreter bei der Unternehmensmitbestimmung zwischen Drittelbeteiligung und quasi paritätischer Beteiligung.[7] Vergleichbare Unterschiede bestehen im Bereich der betrieblichen Mitbestimmung.[8] Daher bestand die Notwendigkeit, auf EU-Ebene einheitliche Grundstandards bei der Arbeitnehmermitbestimmung im Interesse einheitlicher Arbeits- und Lebensbedingungen entsprechend Art. 153, 151 AEUV zu schaffen.[9]

Die EU-Instanzen haben die Richtlinie über den Europäischen Betriebsrat 2009/38/EG und die Unterrichtungs- und Anhörungs-Richtlinie 2002/14/EG verabschiedet.[10] Darüber hinaus ergeben sich Informations- und Anhörungspflichten aus EU-Richtlinien, die spezielle arbeitsrechtliche Themen behandeln, wie z. B. nach Art. 7 RL 2001/23/EG (Betriebsübergangs-Richtlinie) bzw. Art. 2 RL 98/59/EG (Massenentlassungs-Richtlinie). Schließlich ist in diesem Zusammenhang auch die individualrechtliche Verpflichtung zum Nachweis der wesentlichen Arbeitsbedingungen nach der Nachweis-Richtlinie 2019/1152 zu nennen.

20.2   Richtlinie Europäischer Betriebsrat 2009/38/EG (Beteiligung auf transnationaler Ebene)

Nach der Richtlinie 2009/38 (Europäischer Betriebsrat) kann in gemeinschaftsweit operierenden Unternehmen und Unternehmensgruppen ein europäischer Betriebsrat gebildet werden.[11] Voraussetzung ist, dass das Unternehmen in der EU mindestens 1000 AN und zugleich jeweils mindestens 150 AN in zwei Mitgliedsstaaten beschäftigt. Nach der vorgenannten Richtlinie ist zum einen die Bildung eines europäischen Betriebsrates, zum anderen aber auch die Einrichtung eines dezentralen Verfahrens zur Unterrichtung und Anhörung der AN vorgesehen. Wichtig ist hierbei zu beachten, dass dem europäischen Betriebsrat kein Mitbestimmungs- sondern lediglich ein Unterrichtungs- und Anhörungsrecht zusteht. So ist nach Art. 1 Abs. 1 der Richtlinie 2009/38/EG nicht die Mitbestimmung, sondern nur das Recht auf Unterrichtung und Anhörung der AN in gemeinschaftsweit operierenden Unternehmen das Ziel der Richtlinie.

---

[6] Vgl. Rebhahn, NZA 2001, 763; Weiss, NZA 2003, 177; Rebhahn a. a. O. Rn. 3.

[7] Vgl. Rebhahn a. a. O.; Riesenhuber a. a. O.

[8] Vgl. Junker, NZA 2001, 131; Körner, NZA 2001, 429; Weiss a. a. O.; Rebhahn a. a. O.

[9] Vgl. Junker a. a. O.; ders., ZFA 2001, 225; Riesenhuber a. a. O.; Thüsing, Europäisches Arbeitsrecht, 4. Auflage, § 12 Rn. 19–21.

[10] Auf die Vereinbarkeit mit Art. 153 Abs. 5 AEUV soll in diesem Zusammenhang nicht weiter eingegangen werden; vgl. hierzu u. a. Thüsing, Europäisches Arbeitsrecht, 4. Auflage, § 12 Rn. 1–5.

[11] Vgl. hierzu Pulte, NZA-RR 2008, 121; Thüsing a. a. O. Rn. 19–26; Müller-Bonanni/Witschen in Preis/Sagan, Europäisches Arbeitsrecht, 2. Auflage, § 17 Rz. 17.11.

20.3 Unterrichtungs- und Anhörungsrichtlinie 2002/14/EG (Beteiligung auf nationaler Ebene)

Die Richtlinie über den Europäischen Betriebsrat soll wie dargestellt eine Unterrichtung und Anhörung der AN und ihrer Vertreter auf transnationaler Ebene ermöglichen. Mit der Richtlinie 2002/14/EG wurden dagegen erstmals europarechtliche Regelungen für die Mitwirkung der AN auf nationaler Ebene geschaffen.[12] Daher gilt die Richtlinie nach Art. 3 für alle Unternehmen mit mindestens 50 AN oder für alle Betriebe mit mindestens 20 AN in einem Mitgliedsstaat. Den Kern der Regelungen bilden Unterrichtungs- und Anhörungsrechte entsprechend Art. 4 Abs. 2. Danach sind Arbeitgeber verpflichtet, die jüngste Entwicklung und die wahrscheinliche Weiterentwicklung der Tätigkeit und die wirtschaftliche Situation des Unternehmens den Arbeitnehmervertretern mitzuteilen. Zu der Unterrichtungspflicht gehören die Beschäftigungssituation, die Beschäftigungsstruktur und die wahrscheinliche Beschäftigungsentwicklung im Unternehmen/Betrieb sowie geplante antizipierte Maßnahmen, insbesondere bei der Bedrohung für die Beschäftigung. Insoweit gehören auch Entscheidungen, die wesentliche Veränderungen der Arbeitsorganisation oder der Arbeitsverträge mit sich bringen können, einschließlich Massenentlassungen und Betriebsübergänge, zur Unterrichtungspflicht.[13]

20.4 Informations-, Anhörungs- und Beratungspflichten in Einzelrichtlinien

Daneben existieren in zahlreichen Einzelrichtlinien Informations-, Anhörungs- und Beratungspflichten der Arbeitnehmervertretungen, so u. a. in Art. 5 Nr. 3 e der Richtlinie 97/81/EG (Teilzeit-Richtlinie), in Art. 7 der Richtlinie 1999/70/EG (Befristungs-Richtlinie), in Art. 2 der EU-Richtlinie 98/59/EG (Massenentlassungs-Richtlinie) sowie in Art. 7 der EU-Richtlinie 2001/23/EG (Betriebsübergangs-Richtlinie). Aus den Unterrichtungs- und Beratungsrechten der Arbeitnehmervertreter gem. Art. 7 der Betriebsübergangs-Richtlinie hat der EuGH eine Pflicht zur Einrichtung von Arbeitnehmervertretungen abgeleitet.[14]

---

[12] Vgl. Schiek, Europäisches Arbeitsrecht, 3. Auflage, S. 316; Riesenhuber a. a. O. § 30 Rn. 1–4; Müller-Bonanni/Witschen a. a. O. Rz. 17.4.

[13] Anlass für die Verabschiedung der Richtlinie war die Schließung eines Renault-Werkes in Belgien. Der Geschäftsführer von Renault teilte dem örtlichen Betriebsrat und zugleich der Wirtschaftspresse ohne Vorwarnung mit, dass der französische Mutterkonzern aus wirtschaftlichen Gründen das Werk in Belgien schließen werde. Das Vorgehen des Renault-Konzerns löste in der Öffentlichkeit und auch bei der EU-Kommission Empörung aus. Es kam zudem zu wilden Streikaktionen. Vor diesem Hintergrund wurde die oben genannte Richtlinie verabschiedet; vgl. hierzu Thüsing, Europäisches Arbeitsrecht 4. Auflage, § 12 Rn. 52; Riesenhuber, Europäisches Arbeitsrecht, 2. Auflage, § 30 Rn. 2; ferner Schiek a. a. O. S. 316.

[14] Vgl. EuGH vom 08.06.1994, Rs. C-382/92 (Kommission/Vereinigtes Königreich), ECLI:C:1994:233; der britische Gesetzgeber wurde durch dieses Urteil gezwungen, das nach britischem Recht bislang geltende System der Arbeitnehmerinteressenvertretung zu ändern.

Eher individualrechtliche Pflichten enthält die sog.nachweis-Richtlinie (EU) 2019/1152 über transparente und vorhersehbare Arbeit.[15] Nach der vorgenannten Arbeitsbedingungs-Richtlinie (auch Nachweisrichtlinie genannt) sollen die Arbeitsbedingungen verbessert werden, indem eine transparente und vorhersehbare Beschäftigung gefördert und zugleich die Anpassungsfähigkeit des Arbeitsmarktes gewährleistet wird. Zu den nach der Nachweisrichtlinie 91/533/EWG nunmehr hinzukommenden schriftlichen Dokumentationspflichten[16] gehören insbesondere:

1. Enddatum des Arbeitsverhältnisses
2. Ggf. freie Wahl des Arbeitsorts durch den Arbeitnehmer
3. Sofern vereinbart, die Dauer der Probezeit
4. Zusammensetzung und die Höhe des Arbeitsentgelts einschließlich der Vergütung von Überstunden, der Zuschläge und Zulagen
5. Vereinbarte Arbeitszeit, vereinbarte Ruhepausen und Ruhezeiten
6. Sofern vereinbart, die Möglichkeit der Anordnung von Überstunden und deren Voraussetzungen
7. Ein etwaiger Anspruch auf vom Arbeitgeber bereitgestellte Fortbildung
8. Wenn der Arbeitgeber dem Arbeitnehmer eine betriebliche Altersversorgung über einen Versorgungsträger zusagt, der Name und der Anschrift dieses Versorgungsträgers
9. Das bei der Kündigung des Arbeitsverhältnisses vom Arbeitgeber und Arbeitnehmer einzuhaltende Verfahren, mindestens das Schriftformerfordernis und die Fristen für die Kündigung des Arbeitsverhältnisses, sowie die Frist zur Erhebung einer Kündigungsschutzklage

Unabhängig von diesen EU-rechtlichen Vorgaben bleiben die einzelvertraglichen Vorschriften über die Form und Wirksamkeit von Arbeitsverträgen unberührt. Das Erfordernis der vorgenannten Richtlinie ergab sich insbesondere deshalb, weil in vielen Mitgliedsstaaten ein Arbeitsvertrag auch mündlich geschlossen werden konnte.[17]

20.5 Praktische Fallbeispiele

Gegenstand rechtlicher Auseinandersetzungen sind insbesondere Fragen zur Reichweite des Auskunftsanspruchs im Zusammenhang mit der Bildung oder Tätigkeit eines europäischen Betriebsrates.[18] Sodann ist Streitgegenstand einer weiteren Ent-

---

[15] Obwohl es sich schwerpunktmäßig um individualrechtliche und nicht kollektivrechtliche Regelungen handelt, soll die Nachweis-Richtlinie aus inhaltlichen Gründen in diesem kollektivrechtlichen Kapitel mit behandelt werden.

[16] Vgl. hier u. a. Preis/Schultze, NJW 2022, 2297; Preis/Morgenbrodt, ZESAR 2020/351.

[17] Vgl. hierzu Birk, NZA 1996, 281; Thüsing, Europäisches Arbeitsrecht, 4. Auflage, § 12 Rn. 1, 2.

[18] Vgl. EuGH vom 29.03.2001, Rs. C-62/99 (Bofrost), ECLI:EU:C:2001:188 ferner NZA 2001, 506; EuGH vom 13.01.2004, Rs. C-440/00 (Kühne & Nagel), ECLI:EU:C:2004:16.

scheidung die individualrechtliche – insbesondere beweisrechtliche – Folge bei einem nicht ausreichenden Nachweis von Arbeitsbedingungen.[19]

20.5.1 Fall Bofrost, EuGH vom 29.03.2001, Rs. C-62/99, ECLI:EU:C:2001:188[20]

Der Betriebsrat von Bofrost Deutschland West GmbH & Co. KG verlangt zum Zwecke der Bildung eines Europäischen Betriebsrates von der Komplementär-GmbH mit Sitz in Deutschland Auskunft über Mitarbeiterzahlen und die Struktur des Unternehmens der Bofrost-Unternehmensgruppe im EU-Raum. Die GmbH verweigerte die Auskünfte, da völlig unklar sei, ob überhaupt ein herrschendes Unternehmen innerhalb der Unternehmensgruppe bestehe. Zudem berief sie sich darauf, dass die Auskünfte vertraulich seien. Das deutsche Arbeitsgericht legte dem EuGH die Frage vor, ob sich der aus Art. 4 der Richtlinie 2009/38/EG[21] ergebende Auskunftsanspruch auch gegenüber einem Unternehmen bestehe, wenn noch nicht klar sei, ob überhaupt ein herrschendes Unternehmen vorliege.

Nach dem EuGH bestehe eine Verpflichtung zur Auskunftserteilung an die Organe der internen Arbeitnehmervertretung auch dann, wenn noch nicht feststehe, ob es sich bei der Unternehmensleitung, an die sich der Arbeitnehmer wende, um die Leitung eines innerhalb der Unternehmensgruppe herrschenden Unternehmens handele. Unter Beachtung des Grundsatzes der praktischen Wirksamkeit der Richtlinie sei es unerlässlich, den Arbeitnehmervertretern Zugang zu jenen Informationen zu verschaffen, die zur Einrichtung eines europäischen Betriebsrates oder zur Schaffung eines Unterrichtungs- und Anhörungsverfahrens benötig werden.

Die wichtigsten Leitsätze

1. Nach Richtlinie 2009/38/EG wird die länderübergreifende Unterrichtung und Anhörung der Arbeitnehmer im Wesentlichen durch ein System von Verhandlungen zwischen der zentralen Leitung und den Arbeitnehmervertretern gewährleistet. Art. 4, 5 bestimmen, dass die Leitung der Betriebe eines unionsweit operierenden Unternehmens den in der Richtlinie festgelegten Verpflichtungen unterliegt. (Rn. 29, 30)
2. Die Verpflichtung besteht auf Arbeitgeberseite nicht nur für die zentrale Leitung i. S. von Art. 2 Abs. 1. Aus Gründen der praktischen Wirksamkeit ist es unerlässlich, den betroffenen Arbeitnehmern Zugang zu den Informationen zu verschaffen, aufgrund deren sie feststellen können, ob sie einen Anspruch auf Aufnahme von Verhandlungen zwischen der zentralen Leitung und ihren eigenen Vertretern haben. (Rn. 30, 31, 32)

---

[19] Vgl. EuGH vom 04.12.1997, Rs. C-253/96 (Kampelmann), ECLI:EU:C:1997:585.

[20] Siehe auch NZA 2001, 506; EuZW 2001, 275; BB 2001, 2219.

[21] Zum Zeitpunkt der Entscheidung Art. 11 der Richtlinie 94/85/EG.

3. Ein derartiges Recht auf Unterrichtung stellt eine notwendige Voraussetzung für die Feststellung des Bestehens eines unionsweit operierenden Unternehmens dar, das seinerseits Voraussetzung für die Einsetzung eines Europäischen Betriebsrates oder für ein länderübergreifendes Verfahren zur Unterrichtung und Anhörung der Arbeitnehmer ist. (Rn. 33)

4. Daher verlangt die Richtlinie, dass die Arbeitnehmer Zugang zu den Informationen erhalten, aufgrund deren sie beurteilen können, ob sie einen Anspruch auf Aufnahme von Verhandlungen haben und ggf. ihren entsprechenden Antrag korrekt formulieren können. Folglich hat ein Unternehmen die Daten über Struktur und Organisation des Unternehmens den Organen der internen Arbeitnehmervertretung zur Verfügung zu stellen. (Rn. 38, 39) ◄

20.5.2 Fall Kühne und Nagel, EuGH vom 13.01.2004, Rs. C-440/00, ECLI:EU:C:2004:16[22]

Das Speditionsunternehmen Kühne und Nagel mit Sitz in Deutschland gehört zu einer unionsweit tätigen Unternehmensgruppe, deren herrschendes Unternehmen seinen Sitz in der Schweiz hatte. Der Gesamtbetriebsrat wollte die Einsetzung eines europäischen Betriebsrates vorbereiten und verlangte zu diesem Zweck von dem Unternehmen Auskünfte über die durchschnittliche Gesamtzahl der AN und ihre Verteilung auf die Mitgliedsstaaten, die Unternehmen und Betriebe sowie über die Struktur des Unternehmens und bat ferner um Mitteilung der Bezeichnung und Anschriften der Arbeitnehmervertreter in den jeweiligen Mitgliedsstaaten. Kühne und Nagel erklärte sich unter Hinweis auf den zentralen Sitz in der Schweiz außer Stande, die Auskünfte zu erteilen. Die deutsche Gesellschaft verfüge nicht über die erforderlichen Informationen. Der Gesamtbetriebsrat wies darauf hin, dass sich die benötigten Auskünfte nur auf die Einleitung eines Wahlverfahrens nach der Richtlinie beziehen. Gefordert werden daher nur Informationen von Unternehmen in Mitgliedsstaaten. Das deutsche Arbeitsgericht legte dem EuGH die Frage vor, ob nach der Richtlinie die außerhalb der EU befindliche Leitungsebene einer Unternehmensgruppe verpflichtet sei, ihren in der Union ansässigen Unternehmen die für die Wahl zum Europäischen Betriebsrat erforderlichen Auskünfte zu erteilen.

Der EuGH führte aus, dass beim Fehlen einer zentralen Leitung eines unionsweit tätigen Unternehmens den Arbeitnehmervertretungen trotzdem Auskunft zu erteilen sei. Die Auskunft beziehe sich auf die durchschnittliche Gesamtzahl der AN und ihre Verteilung auf die Mitgliedsstaaten, die Unternehmen und die Betriebe sowie auf die Struktur des Unternehmens oder die Unternehmensgruppe. Wenn eine zentrale Leitung außerhalb der EU die Auskünfte nicht erteile, so müsse von einer fingierten zentralen Leitung ausgegangen werden. Diese zentrale Leitung bestehe im Betrieb des Unternehmens, in dem in der Union die meisten AN beschäftigt seien.

---

[22] Siehe auch NZA 2004, 160; BB 2004, 441; DB 2004, 605.

Die wichtigsten Leitsätze

1. Nach Richtlinie 2009/38/EG[23] soll sichergestellt werden, dass die Arbeitnehmer unionsweit operierender Unternehmen oder Unternehmensgruppen
angemessen informiert und konsultiert werden, wenn Entscheidungen, die
sich auf sie auswirken, in einem anderen Mitgliedsstaat getroffen werden als
dem, in dem sie beschäftigt sind. (Rn. 39)
2. Nach der Richtlinie wird die länderübergreifende Unterrichtung und Anhörung der Arbeitnehmer im Wesentlichen durch Verhandlungen zwischen
der zentralen Leitung und den Arbeitnehmervertretern gewährleistet. Im Hinblick darauf wird in allen unionsweit operierenden Unternehmen und Unternehmensgruppen auf Antrag gemäß dem Verfahren nach Art. 5 Abs. 1 ein
Europäischer Betriebsrat eingerichtet oder ein Verfahren zur Unterrichtung
und Anhörung der Arbeitnehmer geschaffen. (Rn. 40, 41)
3. Es ist aus Gründen der praktischen Wirksamkeit der Richtlinie unerlässlich,
den Arbeitnehmern Zugang zu den Informationen zu verschaffen, aufgrund
deren sie feststellen können, ob sie einen Anspruch auf Aufnahme von entsprechenden Verhandlungen haben, denn ein derartiges Recht auf Unterrichtung stellt eine notwendige Voraussetzung für die Feststellung eines
unionsweit operierenden Unternehmens dar, das Voraussetzung für die Einsetzung eines Europäischen Betriebsrats ist. (Rn. 46)
4. Jedes Unternehmen hat diese Daten, soweit es über sie verfügt oder sie sich
beschaffen kann, den Organen der Arbeitnehmervertretung zur Verfügung zu
stellen. Befindet sich die zentrale Leitung außerhalb der Union, so ist an ihrer
Stelle in Ermangelung eines Vertreters die Leitung des Unternehmens mit der
höchsten Anzahl von Beschäftigten in einem Mitgliedsstaat als fingierte zentrale Leitung verantwortlich. (Rn. 47, 50) ◄

20.5.3 Fall Erzberger, EuGH vom 18.07.2017, Rs. C-566/15, ECLI:EU:C: 2017:562

E. ist Kleinaktionär der TUI AG, die dem deutschen Mitbestimmungsgesetz
(MitbestG) unterfällt. Die TUI Gruppe ist weltweit tätig und beschäftigt in der
Union etwa 50.000 AN, davon 10.000 in Deutschland. Nach Ansicht von E. sei der
Aufsichtsrat der TUI AG falsch besetzt. Nach dem MitbestG können nur die in
Deutschland beschäftigten AN des Konzerns die Arbeitnehmervertretung für den
Aufsichtsrat wählen und selbst in den Aufsichtsrat gewählt werden (aktives und pas-
sives Wahlrecht). E. war der Ansicht, das MitbestG verstoße daher gegen das Dis-
kriminierungsverbot wegen der Staatsangehörigkeit aus Art. 18 AEUV für im Aus-
land beschäftigte AN und beeinträchtige die Arbeitnehmerfreizügigkeit aus Art. 45
AEUV. Denn der Verlust der Mitgliedschaft im Aufsichtsrat bei einer Versetzung

---

[23] Zum Zeitpunkt der Entscheidung Richtlinie 94/45/EG.

von Deutschland in einen anderen Mitgliedsstaat sei geeignet, AN davon abzuhalten, von der Arbeitnehmerfreizügigkeit Gebrauch zu machen.

Nach Auffassung des EuGH liegt weder eine Diskriminierung nach Art. 18
AEUV noch eine Verletzung des Freizügigkeitsrechts vor, da kein Anspruch darauf
bestehe, im Tätigkeitsstaat die gleichen Arbeitsbedingungen vorzufinden wie im
Herkunftsstaat.

Die wichtigsten Leitsätze

1. Der Ausschluss der außerhalb Deutschlands beschäftigten Arbeitnehmer
   eines Konzerns vom aktiven und passiven Wahlrecht bei den Wahlen des Auf-
   sichtsrats der deutschen Muttergesellschaft verstößt nicht gegen Art. 18
   AEUV, da das in Art. 45 Abs. 2 AEUV normierte Diskriminierungsverbot
   spezieller und deshalb ausschließlich zu prüfen ist. (Rn. 25, 26)
2. Zwar verlieren deutsche Arbeitnehmer durch einen Umzug in einen anderen
   Mitgliedsstaat ihr aktives und passives Wahlrecht zum Aufsichtsrat und gegebenenfalls ihr Aufsichtsratsmandat. Aus Art. 45 AEUV lasse sich jedoch
   nicht ableiten, dass Arbeitnehmer bei einem Umzug innerhalb der EU dieselben Arbeitsbedingungen wie im Herkunftsstaat vorfinden müssen.
   (Rn. 31–33)
3. Das Primärrecht der Union garantiert einem Arbeitnehmer nicht, dass ein
   Umzug in einen anderen Mitgliedsstaat in sozialer Hinsicht neutral ist und
   keine Vor- oder Nachteile haben darf. Art. 45 AEUV verschafft einem solchen
   Arbeitnehmer nicht das Recht, sich im Aufnahmemitgliedsstaat auf die
   Arbeitsbedingungen zu berufen, die ihm im Herkunftsmitgliedsstaat zustanden. (Rn. 34)
4. Das Unionsrecht hindert einen Mitgliedsstaat nicht daran, im Bereich der Vertretung von Arbeitnehmerinteressen in den Leitungs- und Aufsichtsorganen
   einer Gesellschaft vorzusehen, dass die entsprechenden Rechtsvorschriften
   nur auf die Arbeitnehmer inländischer Betriebe Anwendung finden, sodass
   das MitbestG diskriminierungsfrei ist. (Rn. 37) ◄

20.5.4 Fall Kampelmann, EuGH vom 04.12.1997, Rs. C-253/96, ECLI:EU:C:1997:585[24]

Der Landschaftsplaner K wurde von seinem Arbeitgeber, dem Landschaftsverband
Westfalen-Lippe, schriftlich über seine tarifliche Vergütungs- und Fallgruppe unterrichtet. Einige Jahre später begehrte K eine Höhergruppierung, was vom Landschaftsverband mit der Begründung abgelehnt wurde, dass die ursprünglich mitgeteilte Bewertung unzutreffend und die ausgeübte Tätigkeit in Wirklichkeit einer niederen Fallgruppe entspreche, sodass nach dem Tarifvertrag eine Höhergruppierung nicht in
Betracht käme. K erhob Eingruppierungsfeststellungsklage, die mit der Begründung

---

[24] Siehe auch NZA 1998, 137; EuZW 1998, 88; DB 1997, 2617.

abgewiesen wurde, K habe nicht dargetan, dass er tatsächlich die Voraussetzungen für die ihm ursprünglich mitgeteilte Vergütungs- und Fallgruppen erfülle. Die bisherige Eingruppierung und Bezahlung sei hierfür ohne Bedeutung. Das LAG Hamm legte dem EuGH die Frage vor, ob die Richtlinie 91/533/EWG zu einer Beweiserleichterung führe. Der Arbeitgeber müsse danach dartun, dass die schriftlich mitgeteilte ursprüngliche Eingruppierung unzutreffend gewesen sei. Sofern dieser Beweis nicht erbracht werde, brauchen AN nicht mehr darzutun, als dass seine Tätigkeit der ihm ursprünglich mitgeteilten Vergütungsgruppe- und Fallgruppe entspreche.[25]

Nach Auffassung des EuGH lasse der hier einschlägige Art. 6 der Nachweis-Richtlinie die einzelnen mitgliedsstaatlichen Rechtsvorschriften für Form, Inhalt und den Nachweis des Inhalts von Arbeitsverträgen unberührt. Damit betreffe die Nachweis-Richtlinie auch keine nationalen Beweislastregelungen. Allerdings seien die nationalen Gerichte verpflichtet, Beweislastregeln im Lichte des Zwecks der Richtlinie auszulegen, sodass der den AN gegebenen Mitteilungen für die Ausgestaltung des Arbeitsverhältnisses eine starke Vermutung der Richtigkeit zukomme.

Die wichtigsten Leitsätze

1. Nach Art. 6 der Richtlinie 91/533/EWG werden die nationalen Beweislastregeln nicht berührt. Im Interesse einer ausreichenden Information von Arbeitnehmern über ihre Rechte und einer Transparenz des Arbeitsmarktes, ist der Arbeitgeber jedoch verpflichtet, den Arbeitnehmer über die in Art. 2 Abs. 2 aufgeführten wesentlichen Punkte des Arbeitsverhältnisses in Kenntnis zu setzen. (Rn. 30, 31)
2. Diese Ziele würden nicht erreicht, wenn der Arbeitnehmer nicht die Möglichkeit hätte, die in der Mitteilung nach Art. 2 Abs. 1 enthaltenen Informationen vor den Gerichten, insbesondere in einem Rechtsstreit über die wesentlichen Punkte des Arbeitsverhältnisses, zu Beweiszwecken zu verwenden. Die Gerichte haben daher die nationalen Beweislastregeln im Lichte des Zweckes der Richtlinie auszulegen, indem sie der Mitteilung nach Art. 2 Abs. 1 der Richtlinie gesteigerte Beweiskraft beimessen. (Rn. 32, 33)
3. Da die Richtlinie keine Beweisregelung enthält, kann für den Nachweis der wesentlichen Punkte des Arbeitsvertrags aber nicht ausschließlich auf die Mitteilung des Arbeitgebers nach Art. 2 Abs. 1 der Richtlinie abgestellt werden. Der Beweis des Gegenteils ist daher zulässig und kann geführt werden, indem er nachweist, dass die in der Mitteilung enthaltenen Informationen als solche falsch oder widerlegt worden sind. (Rn. 34) ◄

---

[25] Hintergrund der Vorlagefrage sind die von der Rechtsprechung in Deutschland zu Eingruppierungsfragen entwickelten Grundsätze der dem AN obliegenden Darlegungs- und Beweislast. Danach ist es Sache der AN, nachvollziehbar im Einzelnen darzulegen und zu beweisen, dass ihre Tätigkeit den tatbestandlichen Anforderungen der Vergütungs- und Fallgruppe entspricht. Hierzu gehört auch, dass der klagende AN die Berechtigung seiner bisherigen Eingruppierung darlegen muss. Der Mitteilung durch den öffentlichen AG kommt in der Regel nur deklaratorische und keine konstitutive Wirkung zu, sodass der Erfolg von Eingruppierungsklagen im öffentlichen Dienst in aller Regel an den genannten hohen Anforderungen scheitert; vgl. hierzu u. a. BAGE 31, 26; 34, 138; BAG, NZA 1994, 515.

20.6   Auswirkung auf die deutsche Rechtsordnung und die arbeitsrechtliche Praxis

Die Richtlinie 2009/38/EG wurde in Deutschland durch das Gesetz über die Europäischen Betriebsräte (EBRG) umgesetzt.[26] Nach § 1 Abs. 1 EBRG werden zur Stärkung des Rechts auf grenzübergreifende Unterrichtung und Anhörung der AN in gemeinschaftsweit tätigen Unternehmen und Unternehmensgruppen europäische Betriebsräte oder Verfahren zur Unterrichtung und Anhörung der AN vereinbart. Ein Unternehmen ist gemeinschaftsweit tätig, wenn es mindestens 1000 AN in den Mitgliedsstaaten und davon mindestens 150 AN in mindestens zwei Mitgliedsstaaten beschäftigt, § 3 Abs. 1 EBRG. Die Einzelheiten über die Berechnung der vorgenannten Arbeitnehmerzahlen sind in § 4 EBRG geregelt.

Wenig praktische Bedeutung für die deutsche Rechtsordnung hat dagegen die Richtlinie 2002/14/EG. In Deutschland besteht traditionell schon seit langem ein betriebliches Mitbestimmungsrecht,[27] sodass die Unterrichtungs- und Anhörungs-Richtlinie für die betriebliche Praxis in Deutschland keine unmittelbaren Auswirkungen hatte. Beteiligungsrechte des Betriebsrates sind insbesondere in § 87 BetrVG (soziale Angelegenheiten), §§ 99, 102 BetrVG (personelle Einzelmaßnahmen) sowie §§ 106 ff BetrVG (wirtschaftliche Angelegenheiten) enthalten. Zudem enthalten §§ 111–113 BetrVG eingehende Regelungen über Mitwirkung und Mitbestimmung des Betriebsrates im Falle von Betriebsänderungen.

20.6.1 Reichweite des EU-rechtlichen Auskunftsanspruchs

In der Praxis besteht die Schwierigkeit für AN insbesondere darin, vom Unternehmen ausreichende Auskünfte zur Ermittlung der Arbeitnehmerzahlen zu erhalten. So ging es in dem Bofrost-Fall im Zusammenhang mit dem Auskunftsanspruch nach § 5 EBRG vor allem um die Auslegung des Tatbestandsmerkmals „die zentrale Leitung". Zudem hat die Entscheidung das Problem der Reichweite des Auskunftsanspruchs verdeutlicht. Ob ein Auskunftsanspruch gegen Schwesterunternehmen im Ausland durchgesetzt werden kann, richtet sich regelmäßig nach den dortigen gesetzlichen Regelungen.[28] Verweigert ein Unternehmen die Information über die Unternehmensstruktur etwa mit der Begründung, es könne von seinen gleichgeordneten Schwesterunternehmen keine Auskunft beanspruchen, so würden nach

---

[26] Vgl. Pulte, NZA-RR 2008, 121; Müller-Bonanni/Witschen in Preis/Sagan, Europäisches Arbeitsrecht, 2. Auflage, § 17 Rz. 17.24, 17.33; vgl. zum unionsrechtlichen Schutz von Betriebsratsmitgliedern: Benecker, EuZA 2016, 34; vgl. zur Beteiligung von örtlichen Betriebsräten bei internationalen Arbeitsverhältnissen: Neugebauer, ZESAR 2022, 104.

[27] Vgl. Betriebsrätegesetz (BRG) vom 4. Februar 1920, Reichsgesetzblatt (RGBl.) S. 147; hierzu Fitting/Trebinger/Linsenmaier/Schelz/Schmidt, Kommentar zum BetrVG, 32. Auflage, Einleitung Rn. 1–12; Däubler/Klebe/Wedde, Kommentar zum BetrVG, 19. Auflage, Einleitung Rn. 1–36.

[28] Vgl. hierzu u. a. Schlachter, Casebook Europäisches Arbeitsrecht, S. 392; Müller-Bonanni/Witschen a. a. O.

allgemeinen Beweisgrundsätzen die Arbeitnehmervertretung als Anspruchsteller die Feststellungslast tragen.[29] Dies ist besonders deshalb problematisch, weil der Arbeitnehmervertretung Interna aus der Unternehmensgruppe nicht zugänglich sein dürfte. Obwohl der Bofrost-Entscheidung nach allgemeiner Auffassung eine Umkehr der Beweislast nicht entnommen werden kann,[30] ist doch das Unternehmen oder die Unternehmensgruppe verpflichtet, der Arbeitnehmervertretung Zugang zu allen relevanten Informationen zu verschaffen, die zur Aufnahme von Verhandlungen über die Wahl eines europäischen Betriebsrates erforderlich sind.

Aus der Entscheidung Kühne und Nagel folgt zudem, dass Muttergesellschaften mit Sitz außerhalb der Union verpflichtet sind, ihren in der Gemeinschaft ansässigen Tochterunternehmen die für die Wahl zum Europäischen Betriebsrat erforderlichen Auskünfte zu erteilen. Der Hinweis darauf, dass der Sitz der Muttergesellschaft außerhalb der Union belegen ist, befreit nicht von dieser Auskunftserteilung gegenüber den in der Union befindlichen Tochterunternehmen. Nur so sind diese wiederum in der Lage, ihren AN die nach Unionsrecht gebotenen Auskünfte zu erteilen.[31]

Aus der Erzberger-Entscheidung wird deutlich, dass AN aus Art. 45 AEUV nicht herleiten können, dass sie in ihrem Tätigkeitsstaat die gleichen Arbeitsbedingungen vorfinden wie in ihrem Herkunftsstaat.[32] Insoweit bestätigt der EuGH mit dieser Entscheidung, dass es grundsätzlich das Recht der Mitgliedsstaaten ist, die einzelnen Arbeitsbedingungen festzusetzen, sofern keine Harmonisierung erfolgt ist.[33] Außerhalb von unionsrechtlichen Vorgaben kann jeder Mitgliedsstaat seine Arbeitsbedingungen in seiner Arbeitsrechtsordnung frei gestalten. Dies gilt – worauf der EuGH am Ende des Urteils hinweist – insbesondere für die Bereiche des nicht harmonisierten kollektiven Arbeitsrechts.

20.6.2 Deklaratorische Wirkung des NachwG

Die Umsetzung der Richtlinie 2019/1152 ist im Gesetz über den Nachweis der für ein Arbeitsverhältnis geltenden wesentlichen Bedingungen (NachwG) erfolgt.[34] Wie oben bereits ausgeführt werden in § 2 Abs. 1 NachwG die wesentlichen nachzuweisenden Arbeitsbedingungen, wie Name und Anschrift der Vertragsparteien, Zeitpunkt des Beginns, bei befristeten Arbeitsverträgen die vorhersehbare Dauer, der Arbeitsort, die zu leistende Tätigkeit, die Höhe des Arbeitsentgeltes, die Arbeitszeit, die Dauer des jährlichen Urlaubs sowie die Kündigungsfristen und der Hinweis auf kollektivrechtliche Vereinbarungen genannt. Durch die Neuregelung in Richtli-

---

[29] Vgl. hierzu Joost, BB 2001, 2215 sowie Schlachter a. a. O.; ferner Junker, RdA 2002, 32.

[30] Vgl. hierzu Coen, AuR 2002, 32; Schlachter a. a. O.

[31] Vgl. hierzu Schiek, Europäisches Arbeitsrecht, 3. Auflage, S. 315.

[32] Vgl. Köhlert, NZA-RR 2018, 121; Franzen/Roth, EuZA 2018, 196, 197.

[33] Wie z. B. im Bereich von Antidiskriminierungs-, Arbeitszeit- oder Betriebsübergangsregelungen oder Fragen der Beschäftigung von Teilzeit- und befristet tätigen Arbeitnehmern.

[34] Preis/Schulze, NJW 2022, 297; Preis/Morgenbrodt, ZESAR 2020,351.

nie 2019/1152 sind in § 2 Abs. 1a NachwG entsprechende Verpflichtungen für Praktikumverhältnisse geschaffen worden.

Von praktischer Bedeutung in Entsendungsfällen ist die Regelung in § 2 Abs. 2 NachwG. Danach hat der Arbeitgeber in Entsendungsfällen vor der Abreise dem AN schriftlich die Dauer der im Ausland auszuübenden Tätigkeit, die Währung, in der das Arbeitsentgelt ausbezahlt wird, ein zusätzliches, mit dem Auslandsaufenthalt verbundenes Arbeitsentgelt sowie die vereinbarten Bedingungen für die Rückkehr mitzuteilen. Allerdings hat das NachwG lediglich deklaratorische Bedeutung. Rechtsfolgen sind mit einer Verletzung des NachwG nicht verbunden.

Aus der Kampelmann-Entscheidung wird deutlich, dass eine Nichtbeachtung des NachweisG allerdings keine Auswirkungen auf die Darlegungs- und Beweislast in Eingruppierungsverfahren haben kann. Die deutsche Rechtsprechung stellt sehr hohe Anforderungen an die vom AN zu erfüllende Darlegungs- und Beweislast bei Eingruppierungsklagen.[35] Die Hoffnung, dass durch das NachwG bzw. die Nachweis-Richtlinie diese Anforderungen verringert werden können, ist mit der Kampelmann-Entscheidung enttäuscht worden.[36] Gleiches gilt für sonstige Beweislastfragen in arbeitsgerichtlichen Verfahren.[37] Auswirkungen auf die zivilprozessualen Vorschriften der gesetzlichen Vermutung nach § 292 ZPO, der Beweislast von Privaturkunden nach § 416 ZPO und der richterlichen Beweiswürdigung nach § 286 ZPO kommt dem NachwG und der Nachweis-Richtlinie wohl nicht zu.[38] Dies gilt ebenso für die oben in Kap. 15 dargestellte Beweislast für Klagen auf Bezahlung von Überstunden. Auch hier müssten AN beweisen, dass sie angeordnete Überstunden vereinbarungsgemäß zu einem bestimmten Entgelt geleistet haben, auch wenn AG ihren Pflichten aus § 2 Abs. 1 NachwG (Dokumentation der Vergütung von Übersunden) nicht nachgekommen sind. Hinsichtlich der Darlegungs- und Beweislast in Diskriminierungsangelegenheiten kann u. a. auf die Meister-Entscheidung des EuGH verwiesen werden.[39]

---

[35] Vgl. BAGE 31, 26; BAGE 34, 158; BAG, NZA 1994, 515.

[36] Vgl. zur Anwendung der Nachweis-Richtlinie und zur Darlegungslast des Arbeitgebers bei einer korrigierenden Rückgruppierung: BAG, NZA 2001, 1316; 2001, 1397.

[37] Vgl. hierzu u. a. Schlachter, Casebook Europäisches Arbeitsrecht, S. 346, 347; ferner Schwarze, RdA 1997, 350; Preis, NZA 1997, 10.

[38] Vgl. Schlachter a. a. O.; Schwarze a. a. O.; Preis a. a. O.; vgl. aber zu den verfassungsrechtlichen Fragen im Zusammenhang mit der Darlegungs- und Beweislast in arbeitsgerichtlichen Verfahren: BVerfG, NJW 2000, 1483.

[39] Vgl. EuGH vom 19.04.2012, Rs. C-415/10 (Meister), ECLI:EU:C:2012:217.

Kollisionsrecht hinsichtlich des Gerichtsstands

21

▶ **Aktuelle Verordnungen und Richtlinien**
- Verordnung (EU) Nr. 1215/2012 (Brüssel Ia-VO/EuGVVO)[1] (siehe Abb. 21.1)
- Kurzübersicht Fälle (siehe Abb. 21.2)

Das Kollisionsrecht behandelt bei grenzüberschreitenden Streitigkeiten zum einen die Frage der Bestimmung des zuständigen Gerichts und zum anderen der Anwendung der jeweiligen Rechtsordnung. Während die Bestimmung des zuständigen Gerichts allein die Frage der zuständigen Gerichtsinstanz zum Inhalt hat, betrifft die Frage der Rechtswahl die Bestimmung der auf den Rechtsstreit anzuwendenden Normen. Die Bestimmung der nationalen Rechtsordnung bedeutet nicht notwendigerweise, dass auch die Gerichte des Mitgliedsstaates, dessen Rechtsordnung anzuwenden ist, den Rechtsstreit zu entscheiden haben. So gehört die Anwendung einer fremden Rechtsordnung in bestimmten Rechtsgebieten – z. B. Familienrecht oder internationales Handelsrecht – zum Alltagsgeschäft deutscher Gerichte.

Grundsätzlich richtet sich die Frage nach der internationalen Zuständigkeit eines inländischen Gerichts nach den allgemeinen Regelungen. Danach führt die Bejahung der örtlichen Zuständigkeit eines Gerichts – z. B. nach § 17 oder 29 ZPO – grundsätzlich auch zur internationalen Zuständigkeit.[2] Ist ein Gericht nach allgemeinen Regelungen örtlich zuständig, so ist es unerheblich, ob es sich um einen

---

[1] ABl. Nr. L 351 S. 1.
[2] Vgl., NZA 1995, 1191; BAG, NZA 2003, 339; grundsätzlich zur Brüssel Ia-VO Riesenhuber, Europäisches Arbeitsrecht, 2. Auflage, § 8 Rn. 1–6, ferner Thüsing, NZA 2003, 1309; vgl aber. zur örtlichen Zuständigkeit bei wechelnden Arbeitsorten Thüsing, Europäisches Arbeitsrecht, 4. Auflage, § 13 Rn. 43.

© Der/die Herausgeber bzw. der/die Autor(en), exklusiv lizenziert an Springer-Verlag GmbH, DE, ein Teil von Springer Nature 2025
P. Hantel, *Europäisches Arbeitsrecht*, Springer-Lehrbuch,
https://doi.org/10.1007/978-3-662-70226-0_21

1. Primärrechtliche Kompetenznorm Art. 81 Abs. 1, 2 AEUV	- Effektiver Zugang zum Recht (e) - Beseitigung von Hindernissen bei Zivilverfahren (f) - Förderung einer reibungslosen Abwicklung von Zivilverfahren
2. Ziel Erhaltung und Weiterentwicklung eines Raumes der Freiheit, der Sicherheit und des Rechts (Erwägungsgründe 3 und 6)	- Bei Zivilsachen mit grenzüberschreitendem Bezug sollen Maßnahmen erlassen werden, die für das reibungslose Funktionieren des Binnenmarktes erforderlich sind. - Ausgang von Rechtsstreitigkeiten soll vorhersehbar und Sicherheit in Bezug auf das anzuwendende Recht gewährleistet sein. - Vorschriften über gerichtliche Zuständigkeit und Anerkennung und Vollstreckung von Entscheidungen sind im Wege eines Gemeinschaftsrechtsakts festzulegen, der verbindlich und unmittelbar anwendbar ist.
3. Anwendungsbereich (Art. 1)	Alle Zivil- und Handelssachen, ohne dass es auf die Art der Gerichtsbarkeit ankommt.
4. Grundsatz (Art. 4)	Personen, die ihren Wohnsitz im Hoheitsgebiet eines Mitgliedsstaates haben, sind ohne Rücksicht auf ihre Staatsangehörigkeit vor den Gerichten dieses Mitgliedsstaates zu verklagen.
5. Spezialvorschriften für Arbeitsverträge (Art. 20)	- gilt bei Ansprüchen aus einem individuellen Arbeitsvertrag gegen Arbeitgeber mit Wohnsitz im Hoheitsgebiet eines Mitgliedsstaates, - ausreichend ist das Vorliegen einer Agentur oder Zweigniederlassung in einem Mitgliedsstaat.
6. Arbeitgebergerichtsstand (Art. 21)	Arbeitgeber können alternativ verklagt werden - an ihrem Wohnsitz im Hoheitsgebiet eines Mitgliedsstaates, - am Ort, an dem der Arbeitnehmer gewöhnlich seine Arbeit verrichtet oder verrichtet hat, - oder bei wechselnden Tätigkeiten am Ort der Niederlassung, die den Arbeitnehmer eingestellt hat.
7. Arbeitnehmergerichtsstand (Art. 22)	Klage des Arbeitgebers nur vor den Gerichten des Mitgliedsstaates zulässig, in dem der Arbeitnehmer seinen Wohnsitz hat.
8. Gerichtsstandsvereinbarung (Art. 23)	Von den Vorschriften der Art. 20–22 kann durch Vereinbarung nur abgewichen werden, - wenn die Vereinbarung nach Entstehung der Streitigkeit getroffen wurde, - wenn sie dem Arbeitnehmer die Befugnis einräumt, andere als die in Art. 20–22 angeführten Gerichte anzurufen.

Abb. 21.1 VO (EU) Nr. 1215/2012 über die gerichtliche Zuständigkeit und die Anerkennung und Vollstreckung von Entscheidungen in Zivil- und Handelssachen

20.2.1 Fall Mahamdia, EuGH vom 19.07.2012, Rs. C-154/11, ECLI:EU:C:2012:491	Die in einem mit Botschaftspersonal abgeschlossenen Arbeitsvertrag enthaltene Gerichtsstandsvereinbarung darf Rechte der Arbeitnehmer nur erweitern, nicht aber einschränken.
20.2.2 Fall DFDS Torline, EuGH vom 05.02.2004, Rs. C-18/02, ECLI:EU:C:2004:74	Bei Schadenersatzansprüchen im Zusammenhang mit Arbeitskämpfen ist bei der Bestimmung des Gerichtsstandes zwischen dem Ort der unerlaubten Handlung und dem Ort, an dem der Schaden entsteht, zu unterscheiden.

Abb. 21.2 Kurzübersicht Fälle

Sachverhalt mit Auslandsbezug handelt.[3] Entsprechende Regelungen über die internationale Zuständigkeit von Gerichten enthielt zunächst das 1968 in Brüssel verabschiedete EuGVÜ, auch Brüsseler Abkommen genannt. Dieses wurde von der Verordnung (EG) Nr. 44/2001 über die gerichtliche Zuständigkeit und die Anerkennung und Vollstreckung von Entscheidungen in Zivil- und Handelssachen (EuG-VVO) verdrängt, die ihrerseits nunmehr – bis auf einzelne Ausnahmen – durch die Brüssel Ia-VO[4] ersetzt wurde.

21.1 Die Verordnung (EU) Nr. 1215/2012 (Brüssel Ia-VO/EuGVVO)

Die auf Art. 81 Abs. 2 AEUV basierende Brüssel Ia-VO ist als Verordnung in allen ihren Teilen unionsweit verbindlich und gilt unmittelbar. Sie geht nationalem Recht vor. Die Brüssel Ia-VO gilt mit Ausnahme der in Art. 1 Abs. 2 Brüssel Ia-VO angegebenen Rechtsbereiche[5] für alle Rechtsstreitigkeiten in Zivil- und Handelssachen. Während das EuGVÜ noch keine besonderen Bestimmungen über Arbeitsverhältnisse enthielt, enthalten die Art. 20–23 Brüssel Ia-VO gerichtliche Zuständigkeitsbestimmungen.

21.1.1 Zuständigkeit bei arbeitsvertraglichen Ansprüchen

Bilden Ansprüche aus einem individuellen Arbeitsvertrag den Gegenstand des Verfahrens, so bestimmt sich die Zuständigkeit grundsätzlich nach Art. 21–23 Brüssel Ia-VO.

---

[3] Vgl. Fuchs/Marhold/Friedrich, Europäisches Arbeitsrecht, 6. Auflage, S. 626, 627; Thüsing Europäisches Arbeitsrecht, 4. Auflage, § 13 Rn. 37.

[4] Verordnung (EU) 1215/2012; hierzu grundlegend Fuchs/Marhold/Friedrich, Europäisches Arbeitsrecht, 6, Auflage S. 626 ff.

[5] U. a. Personenstandsangelegenheiten, Konkurse, Unterhaltspflichten, Testaments- und Erbsachen.

Aktive Klagen gegen AG können nach Art. 21 zusätzlich zum Gerichtsstand des Wohnsitzes von AG (also in der Regel am Firmensitz) auch am Ort der Arbeitsverrichtung und mangels dessen, am Gerichtsstand der Einstellungsniederlassung erhoben werden, Art. 21 Brüssel Ia-VO. Nach Art. 21 Abs. 1 a Brüssel Ia-VO können AN vor den Gerichten des Mitgliedsstaates AG verklagen, in dem diese ihren Sitz haben. Die Anwendbarkeit dieser Bestimmung setzt voraus, dass Gegenstand des Verfahrens ein individueller Arbeitsvertrag oder Ansprüche aus einem individuellen Arbeitsvertrag sind. Gesellschaften und juristische Personen haben ihren Wohnsitz an dem Ort, an dem sich ihr satzungsmäßiger Sitz, ihre Hauptverwaltung oder ihre Hauptniederlassung befindet, Art. 63 Brüssel Ia-VO.

Zudem bestimmt Art. 21 Abs. 2 Brüssel Ia-VO, dass diejenigen AG, die mit AN einen individuellen Arbeitsvertrag geschlossen haben und die im Hoheitsgebiet eines Mitgliedsstaates eine Zweigniederlassung, Agentur oder sonstige Niederlassung besitzen, für Streitigkeiten aus deren Betrieb so behandelt werden, als hätten sie ihren Wohnsitz im Hoheitsgebiet des Mitgliedsstaates. Für diesen Fall setzt die Brüssel Ia-VO eine Niederlassung dem Wohnsitz gleich. Damit können nach Art. 21 Abs. 2 Brüssel Ia-VO die nicht in einem Mitgliedsstaat ansässigen AG gleichwohl dort verklagt werden, wo sie ihre Niederlassung haben, sofern Streitigkeiten aus diesem Betrieb vorliegen.[6] Für Klagen von AG gegen AN ist hingegen der Gerichtsstand am Wohnsitz der AN, Art. 22 Brüssel Ia-VO.[7] Problematisch weil fehleranfällig sind Gerichtsstandsvereinbarungen zum Vorteil von AG. Eine vom Arbeitnehmergerichtsstand abweichende Vereinbarung ist nach Art. 23 Brüssel Ia-VO nur dann wirksam, wenn diese Vereinbarung nach der Entstehung der Streitigkeit getroffen wird oder sie AN die Befugnis einräumen, andere als die in diesem Abschnitt angeführten Gerichte anzurufen. Insoweit dürfte eine Gerichtsstandsvereinbarung, die zum Vorteil von AG einen bestimmten Grichtsstand vorsehen, in aller Regel nach Art. 23 Brüssel Ia-VO unwirksam sein.[8]

Nach der Entstehungsgeschichte und Sinn und Zweck der Art. 20–23 Brüssel Ia-VO handelt es sich um eine Schutzvorschrift zu Gunsten der AN. Bereits zu der alten Vorschrift des Art. 5 Nr. 1 EuGVÜ wies der EuGH darauf hin, dass die Regelung den AN als der sozial schwächeren Partei einen angemessen Schutz gewährleisten soll und dass ein solcher Schutz besser gewährleistet ist, wenn für Streitigkeiten im Zusammenhang mit einem Arbeitsvertrag das Gericht des Ortes zuständig ist, an dem AN ihre Verpflichtungen gegenüber AG erfüllen, da AN sich an diesem Ort mit dem geringsten Kostenaufwand an die Gerichte wenden oder sich vor Ihnen als Beklagter zur Wehr setzen können.[9]

Entsprechend diesen Grundsätzen hatte der EuGH entschieden, dass bei einem im Hoheitsgebiet mehrerer Vertragsstaaten erfüllten Arbeitsvertrag die

---

[6] Vgl. BAGE 125, 24; BAG, RIW 2013, 804.

[7] Vgl. Thüsing a. a. O. § 12 Rn. 37–40; Riesenhuber a. a. O. § 8 Rn 12.

[8] Vgl. EuGH vom 19.07.2012, Rs. C-154/11 (Mahamdia), ECLI:EU:C:2012:491 ferner NZA 2012, 935.

[9] Vgl. EuGH vom 27.02.2002, Rs. C-37/00 (Weber), ECLI:EU:C:2002:122 ferner NZA 2002, 459.

Notwendigkeit bestehe, den Ort zu bestimmen, mit dem der Rechtsstreit die engste Verbindung aufweist, um so das zur Entscheidung des Rechtsstreits aufgrund seiner Lage am besten geeignete Gericht zu bestimmen. Nur so können AN als sozial schwächerer Partei ein angemessener Schutz gewährleistet und eine Häufung von Gerichtsständen vermieden werden.[10] Es sei daher allein der Ort entscheidend, an dem AN den größten Teil ihrer Arbeitszeit geleistet haben, sofern sich nicht doch eine engere Verknüpfung mit einem anderen Arbeitsort ergebe.[11] Somit ist auch bei der Anwendung der Brüssel Ia-VO immer zu berücksichtigen, dass diese Regelung eine Schutzvorschrift zu Gunsten der AN darstellt. Der EuGH neigt daher dazu, in Streitfällen den Gerichtsstand als ausschließlich anzunehmen, an dem es AN am leichtesten möglich ist, ihre Rechte wahrzunehmen und durchzusetzen.[12]

21.1.2 Zuständigkeit bei Ansprüchen aus unerlaubter Handlung

Im Zusammenhang mit möglichen Ansprüchen aus unerlaubter Handlung wegen Arbeitskampfmaßnahmen ist Art. 7 Nr. 2 Brüssel Ia-VO von Bedeutung. Grundsätzlich kann eine Klage bei unerlaubter Handlung danach nicht nur am Arbeitskampfort, sondern auch vor dem Gericht des Ortes erhoben werden, an dem das schädigende Ereignis eingetreten ist.[13] Dies kann der Ort sein, an dem die durch den Streik in einem anderen Mitgliedsstaat verursachten finanziellen Verluste eingetreten sind.[14]

Der EuGH hat in diesem Zusammenhang darauf hingewiesen, dass bei einem Streikaufruf gegen ein Fährschiff – das zwischen Schweden und dem Vereinigten Königreich verkehrt – dieser Ort aber nicht in jedem Fall der Flaggenstaat, also der Ort des Schiffes selbst sein muss. Vielmehr sind alle Umstände des Streikaufrufs und der Schadensentstehung bei der Bestimmung des Gerichtsstandes im Zusammenhang mit Art. 7 Nr. 2 Brüssel Ia-VO zu berücksichtigen.[15]

21.2 Praktische Fallbeispiele

Die nachfolgenden Fälle veranschaulichen die Probleme der Bestimmung der Gerichtszuständigkeit bei Botschaftspersonal sowie im Falle von unzulässigen Arbeitskampfmaßnahmen.

---

[10]Vgl. LAG Düsseldorf vom 28.05.2009, 13 Sa 1492/08; ferner EuGH Weber a. a. O.

[11]Vgl. EuGH Weber a. a. O.

[12]Vgl. hierzu sehr anschaulich: LAG Düsseldorf vom 28.05.2009, 13 Sa 1492/08 zur Zuständigkeit deutscher Arbeitsgerichte für Beschäftigte auf Binnenschiffen, die unter deutscher Flagge fahren.

[13]Vgl. Deinert, ZESAR 2012, 311; ferner Riesenhuber a. a. O. § 6, Rn. 44.

[14]Vgl. Deinert a. a. O.

[15]Vgl. EuGH vom 05.02.2004, Rs. C-18/02 (DFDS Torline), ECLI:EU:C:2004:74.

21.2.1 Fall Mahamdia, EuGH vom 19.07.2012, Rs. C-154/11, ECLI:EU:C:2012:491[16]

M ist deutscher und algerischer Staatsangehöriger und war bei der algerischen Botschaft in Berlin als Kraftfahrer über mehrere Jahre beschäftigt. Nachdem der Arbeitgeber, die Demokratische Volksrepublik Algerien, das Arbeitsverhältnis gekündigt hat, erhob M Kündigungsschutzklage und machte Bezahlung von Überstunden geltend. Das LAG Berlin-Brandenburg ging davon aus, dass weder die Kraftfahrtätigkeit noch eine vom Kläger geltend gemachte etwaige Übersetzungstätigkeit als hoheitliche Aufgaben angesehen werden können. Damit sei der Rechtsstreit der deutschen Gerichtsbarkeit mit Blick auf die diplomatische Tätigkeit der Botschaft nicht entzogen. Das Gericht legte dem EuGH aber die Frage vor, ob die im Arbeitsvertrag vereinbarte Gerichtsstandsklausel, welche die ausschließliche Zuständigkeit der algerischen Gerichtsbarkeit begründete, mit der Brüssel Ia-VO[17] vereinbar sei.

Nach Auffassung des EuGH[18] sei die Brüssel Ia-VO auch für Verträge mit Drittstaaten anwendbar. Sodann sei die im Arbeitsvertrag vereinbarte Gerichtsstandsklausel aufgrund der Regelung des Art. 23 Nr. 2 Brüssel Ia-VO unwirksam. Entsprechende Klauseln dürfen nur prorogieren, nicht aber derogieren. Da es sich bei einer Botschaft um eine Niederlassung im Sinne von Art. 20 Abs. 2 Brüssel Ia-VO handele, sei der Rechtsweg zu den Berliner Arbeitsgerichten eröffnet.

Die wichtigsten Leitsätze

1. Was den räumlichen Anwendungsbereich der Brüssel Ia-VO angeht, ergibt sich aus ihrem zweiten Erwägungsgrund, dass diese Verordnung die Vorschriften der Mitgliedstaaten über die Zuständigkeit vereinheitlichen soll, und zwar nicht nur für Rechtsstreitigkeiten innerhalb der Union, sondern auch für solche mit einem über die Union hinausweisenden Bezug, damit die Hemmnisse für das Funktionieren des Binnenmarktes, die sich aus Unterschieden der einschlägigen nationalen Rechtsvorschriften ergeben können, beseitigt werden. Die Brüssel Ia-VO enthält insbesondere in ihren Art. 20–23 ein umfassendes System, dessen Vorschriften nicht nur für die Beziehungen zwischen den Mitgliedstaaten gelten, sondern auch für die Beziehungen zwischen einem Mitgliedstaat und einem Drittstaat. (Rn. 39, 40)
2. Insbesondere wird nach Art. 20 Abs. 2 Brüssel Ia-VO der Arbeitgeber, mit dem der Arbeitnehmer einen Arbeitsvertrag geschlossen hat, wenn er seinen

---

[17] Zum Zeitpunkt der Entscheidung Verordnung (EG) Nr. 44/2001.
[18] Der EuGH stellte zunächst fest, dass der Rechtsstreit dem Anwendungsbereich der Brüssel Ia-VO unterfalle, da die diplomatische Vertretung in Bezug auf das im Streit stehende Rechtsverhältnis keine hoheitlichen Aufgaben wahrgenommen habe. Der völkergewohnheitsrechtliche Grundsatz der Staatenimmunität bestehe in der internationalen Praxis nicht absolut und komme nicht zur Anwendung, wenn keine hoheitlichen Befugnisse wahrgenommen werden.

Sitz außerhalb der Europäischen Union hat, aber in einem Mitgliedstaat eine
Zweigniederlassung, Agentur oder sonstige Niederlassung besitzt, für die Bestimmung des zuständigen Gerichts so behandelt, wie wenn er seinen Sitz im
Hoheitsgebiet dieses Staates hätte. Um die volle Wirksamkeit dieser Verordnung und insbesondere ihres Art. 20 zu gewährleisten, ist eine autonome
und damit allen Staaten gemeinsame Auslegung der in ihr enthaltenen Rechts-
begriffe geboten. (Rn. 41, 42, 43, 44)

3. Bei der Auslegung der Begriffe „Zweigniederlassung" und „Agentur" sind
   zwei unterschiedliche Kriterien zu berücksichtigen. Erstens setzt der Begriff
   „Zweigniederlassung" oder „Agentur" voraus, dass es einen Mittelpunkt ge-
   schäftlicher Tätigkeit gibt, der als Außenstelle eines Stammhauses hervortritt.
   Dieser Mittelpunkt muss eine Geschäftsführung haben und sachlich so aus-
   gestattet sein, dass er Geschäfte mit Dritten betreiben kann, dass diese sich
   nicht unmittelbar an das Stammhaus zu wenden brauchen. Zweitens muss der
   Rechtsstreit Handlungen betreffen, die sich auf den Betrieb dieser Einheiten
   beziehen. (Rn. 48)

4. Die Aufgaben einer Botschaft bestehen im Wesentlichen darin, den Entsendestaat zu vertreten und die Beziehungen zum Empfangsstaat zu fördern. Bei
   Wahrnehmung dieser Aufgaben kann die Botschaft wie jede andere öffentliche Einrichtung handeln[19] und zivilrechtliche Rechte und Pflichten erwerben
   bzw. übernehmen. Das ist der Fall, wenn sie Arbeitsverträge mit Personen
   schließt, die keine hoheitlichen Aufgaben verrichten. Daher ist eine Botschaft, soweit es um Arbeitsverträge geht, die sie im Namen des Staates geschlossen hat, eine „Niederlassung" im Sinne von Art. 20 Abs. 2 Brüssel Ia-
   VO. (Rn. 49)

5. Art. 23 der Brüssel Ia-VO beschränkt die Möglichkeit für die Parteien eines
   Arbeitsvertrags, eine Gerichtsstandsvereinbarung zu treffen. So muss eine
   solche Vereinbarung nach Entstehung des Rechtsstreits getroffen werden
   oder, wenn sie vorher getroffen wird, dem Arbeitnehmer die Befugnis einräumen, andere Gerichte anzurufen als diejenigen, die nach den genannten
   Bestimmungen zuständig sind. Eine Vereinbarung kann somit nicht den Ausschluss eines Gerichtsstandes, sondern nur die erweiterte Befugnis des Arbeitnehmers als schwächere Vertragspartei, unter mehreren zuständigen Gerichten frei zu wählen, zum Inhalt haben.[20] (Rn. 61, 62, 63) ◄

---

[19] Iure gestionis.

[20] Ferner führte der EuGH aus: Der völkergewohnheitsrechtliche Grundsatz der Staatenimmunität
gilt nicht absolut. Es ist festzustellen, dass er der Anwendung der Brüssel Ia-VO auf einen Rechtsstreit, in dem ein Arbeitnehmer eine Vergütung begehrt und sich gegen die Kündigung seines mit
einem Staat geschlossenen Arbeitsvertrags wehrt, nicht entgegensteht, wenn das angerufene Gericht feststellt, dass die von diesem Arbeitnehmer verrichteten Aufgaben nicht unter die Ausübung
hoheitlicher Befugnisse fallen, oder wenn die Klage nicht mit den Sicherheitsinteressen des Staates kollidieren kann, was vorliegend der Fall ist. (Rn. 52, 55, 56).

21.2.2 Fall DFDS Torline, EuGH vom 05.02.2004, Rs. C-18/02, ECLI:EU:C:2004:74[21]

D ist eine dänische Reederei, die mit dem Schiff Tor Caledonia – das im dänischen internationalen Schiffregister eingetragen ist und dänischem Recht unterliegt – die Fährstrecke zwischen Göteborg (Schweden) und Harwich (Vereinigtes Königreich) betrieb. Die beklagte schwedische Gewerkschaft Sjöfolk Facket för Service och Kommunikation (SEKO) rief zu Kampfmaßnahmen gegen D auf, die das Verlangen nach Abschluss eines Tarifvertrages für die auf dem Schiff tätigen polnischen Seeleute unter Hinweis auf ein dänisches Rahmenabkommen abgelehnt hat. Eine Transportarbeitergewerkschaft schloss sich diesem Aufruf durch eine Solidaritätsaktion an, sodass die Be- und Entladung des Schiffes in den schwedischen Häfen verhindert wurde. Der Fährverkehr zwischen Harwich und Göteborg wurde eingestellt und dann durch Anmietung eines Ersatzschiffes im verringerten Umfang wieder aufgenommen. D erhob daraufhin beim dänischen See- und Handelsgericht Schadenersatzklage gegen SEKO. Der Schaden sei durch die Stilllegung der Tor Caledonia und die Anmietung eines Ersatzschiffes entstanden.

Vorab musste nach dänischem Recht über die Frage der Rechtmäßigkeit des kollektiven Streikaufrufs durch ein dänisches Arbeitsgericht entschieden werden. Im Rahmen dieses Verfahrens bestand Streit darüber, ob das dänische Gericht nach Art. 7 Nr. 2 Brüssel Ia-VO[22] zuständig sei. Danach kann eine Person, die ihren Wohnsitz im Hoheitsgebiet eines Mitgliedsstaates hat, vor dem Gericht eines anderen Mitgliedsstaates verklagt werden, wenn eine unerlaubte Handlung Gegenstand des Verfahrens bildet und das schädigende Ereignis an diesem anderen Gerichtsort eingetreten ist. SEKO machte geltend, dass der Gerichtsort in Schweden liegen müsse, da von dort der Streikaufruf erfolgte. Ferner war im Streit, an welchem Ort der durch die Kampfmaßnahmen verursachte Schaden eingetreten ist. Das dänische Arbejdsret legte dem EuGH die Frage vor, ob der Schaden als Folge einer kollektiven Kampfmaßnahme im Flaggenstaat des betroffenen Schiffes entstanden sei, wenn diese Kampfmaßnahme von der Gewerkschaft eines anderen Mitgliedsstaates organisiert wird, den das Schiff regelmäßig anläuft.

Nach Auffassung des EuGH könne bei dem vorliegenden Sachverhalt ein ursächlicher Zusammenhang zwischen dem D entstandenen Schaden und dem Aufruf der SEKO zu kollektiven Maßnahmen festgestellt werden. Es reiche aus, dass die kollektive Kampfmaßnahme eine Voraussetzung für die Solidaritätsmaßnahme einer anderen Gewerkschaft war, sodass Streitgegenstand des Rechtsstreits eine unerlaubte Handlung sein könne. Bei einer unerlaubten Handlung sei nach Art. 7 Nr. 2 Brüssel Ia-VO grundsätzlich zwischen dem Ort der unerlaubten Handlung und dem Ort, an dem aus diesem Ereignis ein Schaden entstanden sei, zu unterscheiden. Es sei Aufgabe der nationalen Gerichts zu entscheiden, an welchem Ort die finanziellen Verluste eingetreten seien. Obwohl bei Seearbeitsverhältnissen sich der gewöhn-

---

[21] Siehe auch BB 2004, 543.

[22] Zum Zeitpunkt der Entscheidung Art. 5 Nr. 3 EuGVVO.

liche Arbeitsort nach der Flagge richte, sei allein der Umstand, dass im vorliegenden Fall das Schiff Tor Caledonia unter dänischer Flagge fuhr, nicht ausreichend, um als Ort angesehen zu werden, an dem der Schaden eingetreten ist. Vielmehr müssen dabei noch weitere Gesichtspunkte berücksichtigt werden, so etwa an welchem Ort Einnahmen und Ausgaben verbucht und versteuert werden.[23]

Die wichtigsten Leitsätze

1. Es kann ein ursächlicher Zusammenhang zwischen den der Klägerin angeblich entstandenen Schäden und dem Aufruf der Beklagten zu kollektiven Kampfmaßnahmen festgestellt werden. Für die Anwendung von Art. 7 Nr. 2 Brüssel Ia-VO ist ausreichend, dass die kollektiven Kampfmaßnahmen eine notwendige Voraussetzung für Solidaritätsmaßnahmen sind, die Schäden verursachen können. (Rn. 32, 34)
2. Eines der Ziele der Brüssel Ia-VO ist die Verbesserung des Rechtsschutzes. Ein Kläger soll ohne Schwierigkeiten feststellen, welches Gericht er anrufen kann, und für einen verständigen Beklagten soll erkennbar sein, vor welchem Gericht er verklagt werden kann. (Rn. 36)
3. Das ursächliche Ereignis war der von SEKO in Schweden abgegebene und verbreitete Aufruf zu kollektiven Kampfmaßnahmen. Daher ist der Ort des die Schadensersatzpflicht auslösenden Geschehens Schweden, denn es stellt den Ort dar, an dem das schädigende Ereignis seinen Ausgang nahm. (Rn. 41)
4. Allerdings bestand der Schaden in finanziellen Verlusten infolge des Abzugs der Tor Caledonia von ihrer gewöhnlichen Route und des Einsatzes eines anderen Frachtschiffs zur Bedienung dieser Strecke. Es obliegt dem nationalen Gericht, zu entscheiden, ob diese finanziellen Verluste an einem Ort außerhalb Schwedens eingetreten sind, sodass SEKO nach Wahl der D auch an diesem Ort verklagt werden kann. (Rn. 42, 43)
5. Der Flaggenstaat ist der Staat, in dem das Schiff registriert ist. Dieser Aspekt spielt aber nur dann eine entscheidende Rolle, wenn das nationale Gericht zu dem Ergebnis gelangt, dass der Schaden an Bord der Tor Caledonia eingetreten ist. In diesem Fall ist der Flaggenstaat als der Ort zu betrachten, an dem der Schaden eingetreten ist.
6. Ist der Schaden außerhalb des Schiffes eingetreten, kann nicht ohne weitere Voraussetzung am Ort des Flaggenstaates eine Schadenersatzklage gegen die die Kampfmaßnahme organisierende Gewerkschaft erhoben werden. (Rn. 44, 45) ◄

---

[23] Hintergrund des Streits über den Gerichtsstand war die unterschiedliche Rechtslage in Schweden und Dänemark hinsichtlich der Zulässigkeit von Arbeitskampfmaßnahmen. Das schwedische Verfassungsrecht erkennt Arbeitskampfmaßnahmen einschließlich Solidaritätsstreiks in weitem Umfang als zulässig an, sodass SEKO an einer Entscheidung durch schwedische Arbeitsgerichte interessiert war. Zudem war SEKO der Auffassung, dass es sich bei den Streikmaßnahmen überhaupt nicht um eine unerlaubte Handlung mit Schadensfolge handle, sodass auch unter diesem Gesichtspunkte das dänische Gericht nicht zuständig war; vgl. Schiek, Europäisches Arbeitsrecht, 3. Auflage, S. 331; ferner Rebhahn, ZESAR 2008, 109; Knöfel, EuZA 2008, 228; Deinert, ZESAR 2012, 311.

21.3 Auswirkung auf die deutsche Rechtsordnung und die arbeitsrechtliche Praxis

21.3.1 Rechtsfolgen für das individuelle Arbeitsverhältnis

Die Entscheidungen verdeutlichen, dass bei grenzüberschreitenden Arbeitsverhältnissen[24] die betroffene AN an dem Ort klagen dürfen, an dem sie am besten ihre Rechte wahrnehmen können. Dies wird üblicherweise derjenige sein, an dem sie die Arbeit verrichten bzw. zuletzt gewöhnlich verrichtet haben. Dort werden AN in der Lage sein, mit dem geringsten Kostenaufwand die Gerichte anzurufen. Nach der Mahamdia-Entscheidung dürfte eine Gerichtsstandsvereinbarung zum Vorteil von AG in aller Regel nach Art. 23 Brüssel Ia-VO unwirksam sein. Entgegenstehende arbeitsvertragliche Vereinbarungen wäre daher allein von psychologischem, nicht aber von juristischem Wert.[25] Sofern AN aber wirksam an den für sie günstigsten Gerichtsstand Klage gegen AG erhoben hat, sind letztere aber berechtigt auch vor dem gleichen Gericht Widerklage zu erheben.[26]

Da es sich sowohl bei der Brüssel Ia-VO als auch bei der Rom II-VO um Verordnungen handelt, die unmittelbare Rechtswirkung in den Mitgliedsstaaten entfalten, ergänzen diese Regelungen das ArbGG und die ZPO. Sie stehen als gleichberechtigte Regelwerke neben den vorgenannten Prozessordnungen. Zudem sind Regelungen über die justizielle Zusammenarbeit in der Union in den §§ 1067 ff. ZPO enthalten, die entsprechend § 13 a ArbGG auch für das arbeitsgerichtliche Verfahren Anwendung finden, soweit das Gesetz selbst nichts anderes bestimmt. Sodann enthält § 46 b ArbGG noch Spezialregelungen für das Europäische Mahnverfahren nach der VO (EG) Nr. 1896/2006.

21.3.2 Rechtsfolgen für kollektive Arbeitskampfmaßnahmen

Weniger eindeutig ist der Gerichtsstand für Schadenersatzansprüche bei grenzüberschreitenden rechtswidrigen Streiks oder Aussperrungsmaßnahmen. Entscheidend ist nach Art. 7 Nr. 2 Brüssel Ia-VO der Ort, an dem die finanziellen Verluste eingetreten sind. Dies muss nicht der Ort der rechtswidrigen Arbeitskampfmaßnahmen sein, der nach Art. 9 Rom II-VO für die anwendbare Rechtsordnung maßgebend ist. Insoweit kann bei Schadenersatzansprüchen wegen rechtswidriger Arbeitskampfmaßnahmen das Gericht am Sitz des betroffenen Unternehmens maßgebend sein, wenn dort der Schaden entstanden ist. Dieses Gericht muss dann aber

---

[24] Vgl. zur Beteiligung von örtlichen Betriebsräten bei internationalen Arbeitsverhältnissen: Neugebauer, ZESAR 2022, 104.

[25] Vgl. Franzen, EuZA 2014, 322, 323; Knöfel, EuZA 2008, 228; Deinert, ZESAR 2012, 311.

[26] EuGH v. 21.06.2018 – C-1/17; ECLI:EU:C:2018:478 = NZA 2018, 886 = NJW 2018, 2383 – Petronas Lubricants ItalySpA/Livio Guida; vgl. ferner Schulte Westenberg in NZA-RR 2020, 174.

nach Art. 9 Rom II-VO das Arbeitskampfrecht desjenigen Mitgliedsstaates anwenden, in dem die Streikmaßnahmen stattgefunden haben.[27] Besonders schwierig ist die Zuordnung dann, wenn die Streikmaßnahmen Schiffe und Flugzeuge betreffen, die regelmäßig zwischen den Mitgliedsstaaten verkehren.[28] Die Zuordnung eines Schiffes oder eines Flugzeuges zu einem Mitgliedsstaat (Flaggenstaat) ist wie ausgeführt weder konstitutiv für die Bestimmung des Gerichtsstandes noch für die Bestimmung der Rechtsordnung. Es handelt sich bei der Flaggenzuordnung – wie aus der Entscheidung DFDS Torline A/S deutlich wird – lediglich um eines von mehreren Kriterien zur Bestimmung des Gerichtsstandes bzw. der anwendbaren Rechtsordnung.

Nach dem deutschen Arbeitskampfrecht können rechtswidrige Streikmaßnahmen einen Eingriff in den eingerichteten und ausgeübten Gewerbebetrieb darstellen.[29] Ansprüche kommen auch bei der Verletzung der Friedenspflicht bzw. bei unzulässigen Warnstreiks in Betracht.[30] Anspruchsgrundlage wäre § 823 bzw. § 280 BGB. Diese Grundsätze kommen auch bei grenzüberschreitenden Streikmaßnahmen zur Anwendung.

Die Rechtswidrigkeit eines Arbeitskampfes kann sich neben der Nichtbeachtung der Friedenspflicht und des ultima ratio Prinzips[31] auch aus dem Einsatz unerlaubter, ggf. strafbarer Kampfmittel, wie etwa der Betriebsbesetzung, sowie der Verfolgung unwirksamer Regelungsziele ergeben.[32] Bei der Geltendmachung unverhältnismäßiger Beeinträchtigungen Dritter ist allerdings zu berücksichtigen, dass Arbeitskämpfe nicht in einem gesellschaftlichen Vakuum stattfinden und damit auch Bereiche der öffentlichen Daseinsvorsorge betroffen sein können.[33] Im Zusammenhang mit der Verhältnismäßigkeit ist daher die Einschätzungsprärogative von Koalitionen hinsichtlich Eignung, Erforderlichkeit und Angemessenheit des Streiks zu berücksichtigen.[34]

---

[27] Vgl. auch Deinert, ZESAR 2012, 311; Riesenhuber, Europäisches Arbeitsrecht, 2. Auflage, § 6 Rn. 41–46; Knöfel, EuZA 2008, 228.

[28] Vgl. EuGH vom 05.02.2004, Rs. C-18/02 (DFDS Torline), ECLI:EU:C:2004:74.

[29] Vgl. BAG, NZA 2003, 734; BAG vom 19. Juni 2012, 1 AZR 775/10.

[30] Vgl. BAG a. a. O.

[31] Vgl. BAG AP Nr. 51, 81, 116 zu Art. 9 GG – Arbeitskampf.

[32] Vgl. BAGE 58, 364; Hergenröder in Henssler/Willemsen/Kalb, Arbeitsrecht Kommentar, 12. Auflage, Art. 9 GG. Rn. 267–273.

[33] Vgl. Hergenröder a. a. O. Rn. 274.

[34] Vgl. BVerfG, NZA 2004, 1338; BAG, NZA 2007, 1058; BAG AP Nr. 78 zu § 626 BGB sowie AP Nr. 58 zu § 9 GG – Arbeitskampf.

Kollisionsrecht hinsichtlich der anzuwendenden Rechtsordnung

22

> **Aktuelle Verordnungen und Richtlinien**
> - Verordnung (EG) Nr. 593/2008 (Rom I)[1] (siehe Abb. 22.1)
> - Verordnung (EG) Nr. 864/2007 (Rom II)[2] (siehe Abb. 22.2)
> - Kurzübersicht Fälle (siehe Abb. 22.3)

Das Kollisionsrecht bestimmt, welche nationale Rechtsordnung auf ein grenzüberschreitendes Arbeitsverhältnis Anwendung findet. Als Teil des internationalen Arbeitsrechts enthält es Kollisionsnormen und keine materiell-sachlichen Regelungen. Wie bei internationalen Schuldrechtsverhältnissen finden sich die maßgebenden Kollisionsvorschriften in den Regelungen über das internationale Privatrecht (IPR).[3] Die EU-rechtliche Relevanz dieses Themas ergibt sich daraus, dass die wesentlichen Kollisionsnormen mittlerweile einheitlich in EU-Verordnungen – Rom I-VO und Rom II-VO – geregelt sind und die bisherigen Regelungen in Art. 27, 30 EGBGB abgelöst haben.

Die Rom I-VO ist auf vertragliche Schuldverhältnisse – also auch auf Arbeitsverhältnisse – anwendbar, die eine Verbindung zum Recht verschiedener Mitgliedsstaaten aufweisen, Art. 1 Abs. 1 Rom I-VO. Die Rom II-VO gilt für außervertragliche Schuldverhältnisse in Zivil- und Handelssachen, die eine Verbindung zum Recht verschiedener Staaten aufweisen, Art. 1 Abs. 1 Rom II-VO. Zu den außervertraglichen Schuldverhältnissen gehören auch solche aus unerlaubter Handlung, Art. 2 Abs. 1 Rom II-Verordnung, sodass diese Verordnung als Kollisionsnorm für

---

[1] ABl. Nr. L 177 S. 6, ber. 2009 Nr. L 309 S. 87.
[2] ABl. Nr. L 199 S. 40, ber. 2012 Nr. L 310 S. 52.
[3] Vgl. u. a. Thüsing, Europäisches Arbeitsrecht, 4. Auflage, § 13 Rn. 5; Fuchs/Marhold/Friedrich, Europäischers Arbeitsrecht, 6. Auflage, S. 640/641.

1. Primärrechtliche Kompetenznorm Art. 81 Abs. 1 u. 2 AEUV	- Regelungen über die in den Mitgliedsstaaten geltenden Kollisionsnormen (c) - Vorschriften zur Vermeidung von Kompetenzkonflikten (c)
2. Ziel: Erhaltung eines Raumes der Freiheit, der Sicherheit und des Rechts (Erwägungsgründe 1 und 6)	- Bei Zivilsachen mit grenzüberschreitendem Bezug, sollen Maßnahmen erlassen werden, die für das reibungslose Funktionieren des Binnenmarktes erforderlich sind. - Die geltenden Kollisionsnormen sollen unabhängig vom jeweiligen Staat durch dasselbe Recht bestimmbar sein. - Der Ausgang von Rechtsstreitigkeiten soll vorhersehbar und die Sicherheit in Bezug auf das anzuwendende Recht gewährleistet sein.
3. Anwendungsbereich (Art. 1)	- für vertragliche Schuldverhältnisse in Zivil- und Handelssachen, - die eine Verbindung zum Recht verschiedener Staaten aufweisen
4. Grundsatz der freien Rechtswahl (Art. 3)	- Vertrag unterliegt grundsätzlich dem von den Parteien gewählten Recht, - die Rechtswahl muss ausdrücklich erfolgen oder sich eindeutig aus den Bestimmungen des Vertrages oder aus den Umständen des Falles ergeben, - Einschränkung der freien Rechtswahl bei Individualarbeitsverträgen, Art. 8
5. Spezialregelungen für Individualarbeitsverträge (Art. 8)	- Grundsatz der freien Rechtswahl nach Art. 8 Abs. 1, - Einschränkung der freien Rechtswahl, wenn zwingende Arbeitnehmerschutzrechte entzogen werden, - Recht des gewöhnlichen Arbeitsortes bei fehlender Rechtswahl, Art. 8 Abs. 2, - nachrangiger Anknüpfungspunkt Ort der Niederlassung, - Möglichkeit der näheren Rechtsanbindung nach Art. 8 Abs. 4
6. Eingriffsnorm (Art. 9)	- Vorrang einer zwingenden staatlichen Vorschrift - Einhaltung dieser Vorschrift muss als entscheidend für die Wahrung des öffentlichen Interesses des Staates, insbesondere seiner politischen, sozialen und wirtschaftlichen Organisation, angesehen werden.

Abb. 22.1 VO (EG) Nr. 593/2008 über das auf vertragliche Schuldverhältnisse anzuwendende Recht (Rom I)

1. Primärrechtliche Kompetenznorm Art. 81 Abs. 1 u. 2 AEUV	- Regelungen über die in den Mitgliedsstaaten geltenden Kollisionsnormen (c) - Vorschriften zur Vermeidung von Kompetenzkonflikten (c)
2. Ziel Erhaltung eines Raumes der Freiheit, der Sicherheit und des Rechts (Erwägungsgründe 1 und 6)	- Bei Zivilsachen mit grenzüberschreitendem Bezug, sollen Maßnahmen erlassen werden, die für das reibungslose Funktionieren des Binnenmarktes erforderlich sind. - Die geltenden Kollisionsnormen sollen unabhängig vom jeweiligen Staat durch dasselbe Recht bestimmbar sein. - Der Ausgang von Rechtsstreitigkeiten soll vorhersehbar und die Sicherheit in Bezug auf das anzuwendende Recht gewährleistet sein.
3. Anwendungsbereich (Art. 1)	- außervertragliche Schuldverhältnisse in Zivil- und Handelssachen, - die eine Verbindung zum Recht verschiedener Staaten aufweisen
4. Außervertragliche Schuldverhältnisse (Art. 2)	- Ansprüche aus unerlaubter Handlung, - Ansprüche aus ungerechtfertigter Bereicherung, - Ansprüche aus Geschäftsführung ohne Auftrag, - Ansprüche aus Verschulden bei Vertragsverhandlungen
5. Grundsatz (Art. 4)	- Bei unerlaubter Handlung findet das Recht des Staates Anwendung, in dem der Schaden eintritt. - Dies gilt unabhängig davon, in welchem Staat das schadensbegründende Ereignis eingetreten ist.
6. Spezialregelungen für Schäden in Folge von Arbeitskampfmaßnahmen (Art. 9)	- Ausnahme für die Haftung von Personen oder Organisationen bei Arbeitskampfmaßnahmen - Für Schäden aus Arbeitskampfmaßnahmen ist das Recht des Staates anzuwenden, in dem die Arbeitskampfmaßnahme erfolgen soll oder erfolgt ist. - Das Recht des Staates, in dem der Schaden eintritt, ist grundsätzlich ohne Bedeutung.

Abb. 22.2 VO (EG) Nr. 864/2007 über das auf außervertragliche Schuldverhältnisse anzuwendende Recht (Rom II)

Schadenersatzansprüche aus Streik- bzw. Aussperrungsaktionen von Bedeutung ist[4] (vgl. unten Abschn. 17.2). Die Rom I-VO und die Rom II-VO wurden vom Europäischen Parlament und vom Rat aufgrund Art. 153 Abs. 1, 2 sowie Art. 81 Abs. 2 AEUV erlassen und ersetzen die vorangegangenen Übereinkommen von Rom.

---

[4]Vgl. hierzu Riesenhuber, Europäisches Arbeitsrecht, 2. Auflage, § 5 Rn. 45–48.

21.3.1 Fall Koelzsch, EuGH vom 15.03.2011, Rs. C-29/10, ECLI:EU:C:2011:151	Bei der Bestimmung der anzuwendenden Rechtsordnung ist dem Interesse des Arbeitnehmers als der schwächeren Vertragspartei ausreichend Rechnung zu tragen.
21.3.2 Fall Voogsgeerd, EuGH vom 15.12.2011, Rs. C-384/10, ECLI:EU:C:2011:842	Bei einer Tätigkeit von Schiffsmaschinisten in mehreren Staaten ist für die Bestimmung der anzuwendenden Rechtsordnung der Ort maßgebend, von dem aus der Arbeitnehmer seine Tätigkeit aufnimmt und an dem er Weisungen empfängt.
21.3.3 Fall Boedeker/Schlecker, EuGH vom 12.09.2013, Rs. C-64/12, ECLI:EU:C:2013:551	Bei einer fehlenden Rechtswahl kommt nicht in jedem Fall die für den Arbeitnehmer günstigere Rechtsordnung zur Anwendung.
21.3.4 Fall Nikiforidis (Griechische Schule), EuGH vom 18.10.2016, Rs. C-135/15, ECLI:EU:C:2016:774	Im Rahmen von Art. 9 Abs. 3 Rom I-VO dürfen nur Eingriffsnormen des angerufenen Gerichts berücksichtigt werden. Eingriffsnormen anderer Mitgliedsstaaten können aber als tatsächliche Umstände Berücksichtigung finden.

Abb. 22.3 Kurzübersicht Fälle

22.1 Die Verordnung (EG) Nr. 593/2008 (Rom I)

Die Anwendung der Rom I-VO erfordert zunächst einen arbeitsrechtlichen Sachverhalt, der eine Verbindung mit einem ausländischen Staat aufweist. Sodann enthält zunächst Art. 3 Abs. 1 den für alle Schuldverhältnisse geltenden Grundsatz der freien Rechtswahl. Diese Rechtswahlfreiheit nach Art. 3 Abs. 1 kann aber in Konflikt mit dem Anliegen des Arbeitnehmerschutzes geraten.[5] Aus diesem Grund enthält Art. 8 Rom I-VO für das Arbeitsrecht geltende Schutzvorschriften. Danach unterliegen Individualarbeitsverträge zwar grundsätzlich dem von den Parteien gewählten Recht. Die Rechtswahl der Parteien darf jedoch nicht dazu führen, dass AN der Schutz entzogen wird.

22.1.1 Rechtswahl nach Art. 8 Abs. 1 Verordnung (EG) Nr. 593/2008

Die Rechtswahl nach Art. 8 Abs. 1 darf somit nicht dazu führen, dass AN der Schutz entzogen wird, der ihm durch die Bestimmungen gewährt wird, von denen nach dem Recht, das nach den Absätzen 2, 3 und 4 des oben genannten Artikels mangels einer Rechtswahl anzuwenden wäre, nicht durch Vereinbarung abgewichen werden darf. Diese etwas schwer zu verstehende Regelung bedeutet, dass zwingende gesetz-

---

[5] Vgl. hierzu Riesenhuber a. a. O. § 6 Rn. 22, 28; ferner Werthebach, NZA 2006, 249; Reiserer, NZA 1994, 673; Thüsing, Europäisches Arbeitsrecht, 4. Auflage, § 13 Rn. 10–13.; vgl. grundlegend zu den arbeitsrechtlichen Besonderheiten der Rom I – VO Fuchs/Marhold/Friedrich, Europäisches Arbeitsrecht, 6. Auflage, S. 643 ff.

liche Vorschriften des deutschen Rechts auch bei einer Rechtswahl einzuhalten sind
und sich AG nicht nur „die Rosinen herauspicken" dürfen. Zwingende nationale Regelungen sind insoweit zu beachten. Da es sich bei der Verordnung (EG) Nr. 593/2008
um eine Arbeitnehmerschutzvorschrift handelt, darf wie schon ausgeführt den AN
nicht der Schutz entzogen werden, der ihnen durch zwingende Bestimmungen des
Rechts gewährt wird, das nach Art. 8 Abs. 2 der Verordnung mangels einer Rechtswahl anzuwenden wäre.[6]

22.1.2 Der Arbeitsort als Anknüpfungspunkt

Erfolgte keine Rechtswahl so findet das Recht des Staates Anwendung, in dem oder
von dem aus (sog. Flugbegleiterklausel)[7] AN in Erfüllung des Vertrages gewöhnlich
ihre Arbeit verrichtet, Art. 8 Abs. 2 Verordnung (EG) Nr. 593/2008. Hiermit ist der
Arbeitsort gemeint, also der gewöhnliche Ort, den der AN aufsuchen muss, um in
Erfüllung seines Vertrages die Arbeit zu verrichten.[8] Der EuGH betont regelmäßig
die besondere Bedeutung des Begriffs gewöhnlicher Arbeitsort im Sinne von Art. 8
Abs. 2 Satz 1 Rom I-Verordnung, da der AN üblicherweise von hier aus am besten
seine Interessen wahrnehmen kann.[9] Sind AN in einem Betrieb eingegliedert, so ist
auf den Ort des Betriebes abzustellen. In den übrigen Fällen ist der Ort entscheidend,
an dem das Arbeitsverhältnis seinen Schwerpunkt hat.

Durch den Anknüpfungspunkt Arbeitsort wird eine Gleichbehandlung mit dem
Sozialversicherungsrecht erreicht. In beiden Rechtsgebieten stellt man darauf ab,
welche Rechtsordnung ausstrahlt. Bei der vorübergehenden Entsendung soll das
Recht des Heimatlandes nach wie vor maßgebend sein, Art. 8 Abs. 2 Satz 2 Verordnung (EG) Nr. 593/2008.[10] Eine genaue Zeitangabe erfordert das Tatbestandsmerkmal „vorübergehende Arbeit" nicht. Gleichwohl muss Einigkeit über den Zeitpunkt
der Rückkehr bestehen. Um einen Gleichklang mit dem Sozialversicherungsrecht
herzustellen, wird häufig von einer vorübergehenden Verrichtung in einem anderen
Staat bis zu einer Höchstgrenze von 24 Monaten ausgegangen.[11] Wichtig ist für eine

---

[6] So u. a. BAG, NZA 2008, 761; Ferner hat der EuGH am 15. März 2011 für das deutsche Recht
entschieden, dass von dem besonderen Kündigungsschutz des § 15 KSchG nicht durch die Wahl
einer anderen Rechtsordnung abgewichen werden darf: vgl. EuGH vom 15.03.2011, Rs. C-29/10
(Koelzsch), ECLI:EU:C:2011:151.

[7] Vgl. Riesenhuber, Europäisches Arbeitsrecht, 2. Auflage, § 6 Rn. 16; Thüsing, NZA 2003, 1305,
ders in Europäisches Arbeitsrecht, 4. Auflage, § 13 Rn. 18–20.

[8] Vgl. BAGE 16, 215.

[9] Vgl. EuGH vom 12.09.2013, C-64/12 (Boedeker/Schlecker), ECLI:EU:C:2013:551 ferner
NZA 2013, 1143.

[10] Dabei wird auch zwischen einzelnen ANgruppen unterschieden. Bei ortsgebundenem Boden-
personal von Fluggesellschaften gilt in der Regel als Arbeitsort die Zweigstelle, für die das Boden-
personal tätig ist. Dagegen lässt sich beim Flugpersonal ein gewöhnlicher Arbeitsort, auf den es in
erster Linie ankommt, häufig nicht feststellen. Als Arbeitsort wird daher beim fliegenden Personal
auf das Recht des Sitzes der Fluggesellschaft abgestellt, und zwar insbesondere dann, wenn das
fliegende Personal auch die Staatsangehörigkeit des Firmensitzes hat; vgl. BAGE 71, 297.

[11] Vgl. Cornelissen, RdA 1996, 329; Deinert, RdA 1996, 341; siehe auch § 4 SGB IV.

vorübergehende Tätigkeit aber in jedem Fall, dass eine Rückkehr von vornherein vereinbart wurde. Allerdings ist dieses Kriterium nicht allein entscheidend, da auch bei länger andauernden Auslandsaufenthalten von 4–5 Jahren in aller Regel eine Rückkehrregelung getroffen wird.[12]

22.1.3 Die Niederlassung als Anknüpfungspunkt

Erst wenn weder eine Rechtswahl nach Art. 8 Abs. 1 noch ein Arbeitsort nach Art. 8 Abs. 2 vorliegt, unterliegt der Arbeitsvertrag gem. Art. 8 Abs. 3 Verordnung (EG) Nr. 593/2008 dem Recht des Staates, in dem sich die Niederlassung befindet, die die jeweiligen AN eingestellt hat. Für AN, die einem ständigen Arbeitsplatzwechsel in verschiedenen Staaten unterliegen, bestimmt Art. 8 Abs. 3 der Verordnung (EG) Nr. 593/2008, dass sich das Vertragsverhältnis nach dem Ortsrecht der einstellenden Niederlassung bestimmt.[13]

Allerdings kommt das Recht der Niederlassung nur nachrangig zur Anwendung. Der EuGH hat ausgeführt, dass in Fällen, in denen AN ihre Berufstätigkeit in mehreren Staaten verrichten, ein besonderes Bedürfnis bestehe, diesen als der schwächeren Partei einen angemessenen Schutz zu gewährleisten.[14] Nach diesen Grundsätzen kann das Recht der Niederlassung erst dann zur Anwendung kommen, wenn sich unter keinem Gesichtspunkt das für AN günstigere Recht des Arbeitsortes feststellen lässt.

22.1.4 Ausnahmetatbestände des Art. 8 Abs. 4 und Art. 9

Sollte sich aus den Gesamtumständen ergeben, dass der Arbeitsvertrag eine engere Verbindung zu einer anderen Rechtsordnung aufweist, so ist das Recht dieser Rechtsordnung anzuwenden. Als Umstände können dabei die gemeinsame Staatsangehörigkeit und der gemeinsame Wohnsitz der Parteien gelten.[15] Alledings muss auch hier dem Arbeitnehmerschutz Rechnung getragen werden. Geboten ist damit ein Günstigkeitsvergleich zwischen dem gewählten und dem sich aus der objektiven Anknüpfung ergebenden Recht.[16]

Sodann weicht Art. 9 der Rom-I-Verordnung von dem in Art. 3 Abs. 1, Art. 8 Abs. 1 enthaltenen Grundsatz der freien Rechtswahl für den Fall ab, dass Gründe des öffentlichen Interesses dies gebieten. Diese Vorschrift erlaubt es den angerufenen Gerichten, unter außergewöhnlichen Umständen von der Rechtswahl abzuweichen, wobei Art. 9 als Ausnahmeregelung allerdings eng auszulegen ist.

---

[12] Vgl. Deinert a. a. O.

[13] Vgl. BAG, DB 1999, 806; Riesenhuber, Europäisches Arbeitsrecht, 2. Auflage, § 6 Rn. 19.

[14] Vgl. EuGH vom 15.03.2011, Rs. C-29/10 (Koelzsch), ECLI:EU:C:2011:151.

[15] Vgl. BAG, NZA 1990, 841; BAGE 71, 297.

[16] Vgl. Thüsing, Europäisches Arbeitsrecht, 4. Auflage, § 13 Rn. 24; Riesenhuber, Europäisches Arbeitsrecht, 2. Auflage, § 6 Rn. 29.

22.2   Die Verordnung (EG) Nr. 864/2007 (Rom II)

Die Verordnung Rom II gilt für außervertragliche Schuldverhältnisse in Zivil- und Handelssachen, die eine Verbindung zum Recht verschiedener Staaten aufweisen.[17] Betroffen sind vor allem entsprechend Art. 2 Abs. 1 der Verordnung Schadenersatzansprüche aus unerlaubter Handlung.

22.2.1 Recht des Staates am Ort des Schadenseintritts

Nach Art. 4 Abs. 1 der Verordnung gilt der Grundsatz, dass das Recht des Staates Anwendung findet, in dem der Schaden eintritt. Dies gilt unabhängig davon, in welchem Staat das schadensbegründende Ereignis oder dessen indirekte Schadensfolge eingetreten ist. Haben jedoch die geschädigte und die schädigende Person im Zeitpunkt des Schadenseintritts ihren gewöhnlichen Aufenthalt in demselben Staat, so unterliegt die unerlaubte Handlung dem Recht dieses Staates. Nach Art. 4 Abs. 3 Rom II-VO ist aber auch bei Ansprüchen aus unerlaubter Handlung eine mögliche engere Verbindung zu einer anderen Rechtsordnung zu prüfen.

22.2.2 Recht des Staates am Ort der Arbeitskampfmaßnahmen

Für das kollektive Arbeitsrecht von Bedeutung sind die Regelungen in Art. 9 Rom II-VO. Für Schadenersatzansprüche aus Arbeitskampfmaßnahmen ist das Recht des Staates anzuwenden, in dem diese Arbeitskampfmaßnahme erfolgt ist.[18] Damit unterliegen Schäden aus Arbeitskampfmaßnahmen nicht dem Recht am Ort des Schadenseintritts, sondern dem Recht des Staates, in dem die Arbeitskampfmaßnahme erfolgt ist.[19]

Schwieriger ist die Bestimmung des anwendbaren Rechts dagegen bei transnationalen Arbeitskampfmaßnahmen, etwa beim Streik von Schiffs- und Flugpersonal in mehreren Staaten. Hier kommen unterschiedliche Orte als Anknüpfungspunkte für die Rechtswahl in Betracht.[20] Letztlich wird es in diesen Fällen auf den Schwerpunkt des Arbeitskampfes bzw. auf die engste Anbindung zu einer bestimmten Rechtsordnung ankommen.[21]

---

[17] Vgl. Riesenhuber a. a. O. § 6 Rn. 41–48.

[18] Vgl. Riesenhuber a. a. O.; Leible/Lehmann, RIW 2007, 721; Deinert, ZESAR 2012, 311.

[19] Vgl. Leible/Lehmann a. a. O.; Deinert a. a. O.

[20] Vgl. Leible/Lehmann a. a. O.; Deinert a. a. O.

[21] In einer vergleichbaren Interessenlage, die allerdings nicht die anwendbare Rechtsordnung sondern die Bestimmung des Gerichtsstandes in Arbeitskampfmaßnahmen betraf, hat der EuGH entschieden, dass nicht allein der Flaggenstaat, also die Registrierung, des Schiffes oder Flugzeugs maßgeblich ist, sondern auch sonstige Umstände, wie der Ort von Einnahmen und Ausgaben und der Eintritt der finanziellen Verluste maßgeblich sein kann; vgl. EuGH vom 05.02.2004, C-18/02 (DFDS Torline), ECLI:EU:C:2004:74.

22.3   Praktische Fallbeispiele

22.3.1 Fall Koelzsch, EuGH vom 15.03.2011, Rs. C-29/10, ECLI:EU:C:2011:151[22]

Der in Deutschland lebende K. unterzeichnete 1998 in Luxemburg einen Arbeitsvertrag als Lastkraftwagenfahrer mit der Transportgesellschaft Gasa, einer Gesellschaft dänischen Rechts. Im Arbeitsvertrag wurde die Anwendung luxemburgischen Rechts und im Falle von Streitigkeiten die Zuständigkeiten der luxemburgischen Gerichte vereinbart. Gegenstand des Arbeitsvertrages ist die Beförderung von Blumen und anderen Pflanzen von Odense (Dänemark) zu Bestimmungsorten vor allem in Deutschland aber auch in andere europäischen Länder mit Lastwagen. Die Abstellplätze der Lastwagen befinden sich in Kassel, Neukirchen und Osnabrück. In Deutschland verfügt Gasa weder über einen Gesellschaftssitz noch über Geschäftsräume. Die Lastwagen sind in Luxemburg zugelassen. Die Fahrer sind in Luxemburg sozialversichert.

Nachdem Gasa Umstrukturierungsmaßnahmen und eine Reduzierung des Einsatzes von Transportfahrzeugen von Deutschland aus angekündigt hatte, gründeten die Beschäftigten in Deutschland im Januar 2001 einen Betriebsrat. K. wurde als Ersatzmitglied gewählt und nahm an Betriebsratssitzungen teil. 2001 kündigte die Gasa dem K., der Kündigungsschutzklage vor einem deutschen Arbeitsgericht erhob, das sich für örtlich unzuständig erklärte. Daraufhin erhob der Kläger beim Tribunal du travail de Luxembourg Klage gegen Gasa mit dem Antrag, diese zur Zahlung von Schadenersatz wegen unrechtmäßiger Kündigung und rückständigem Lohn zu verurteilen. Seine Klage begründete er damit, dass zwingende Bestimmungen des deutschen Rechts zum Schutz von Betriebsratsmitgliedern Anwendung finden müsse (§ 15 KSchG), da der Vertrag dem deutschen Recht unterläge, wenn die Parteien keine Rechtswahl getroffen hätten. Die luxemburgischen Instanzen entschieden, dass der Rechtsstreit ausschließlich luxemburgischem Recht unterliege und wies die Klage wegen Nichtanwendung des deutschen Kündigungsschutzrechts ab. Der Cour d`appel de Luxembourg[23] setzte im Rahmen der Schadenersatzklage das Verfahren aus und legte dem EuGH die Frage vor, ob die in Art. 8 Abs. 2 Satz 1 Rom I-VO bestimmte Kollisionsnorm dahin auszulegen sei, dass, wenn der AN seine Arbeitsleistung in mehreren Staaten erbringt, aber regelmäßig in einen von diesen zurückkehrt, dieser Staat als derjenige anzusehen sei, in dem er gewöhnlich seine Arbeit verrichte.

Nach Auffassung des EuGH gelte zunächst nach Art. 8 Abs. 1, Art. 3 Abs. 1 Rom I-VO entsprechend dem Grundsatz der Vertragsfreiheit das von den Arbeitsvertrags-

---

[22] Siehe auch NJW 2011, 1578; NZA 2011, 625; EuZW 2011, 302.

[23] Daraufhin erhob der Kläger auf der Grundlage des Gesetzes über die zivilrechtliche Haftung des luxemburgischen Staates eine Schadenersatzklage gegen Luxemburg wegen schlechten Funktionierens seiner Justizdienste. Die luxemburgischen Gerichte hätten eine Vorabentscheidung des EuGH einholen müssen, um insbesondere das Kriterium des Ortes der gewöhnlichen Verrichtung der Arbeit im Hinblick auf die Umstände des vorliegenden Falles zu präzisieren.

parteien gewählte Recht. Allerdings bestimmt Art. 8 Abs. 1 Satz 2 Rom I-VO, dass diese Rechtswahl nicht dazu führen dürfe, dass dem AN der durch deutsche Bestimmungen gewährte Schutz entzogen wird, von denen nicht durch Vereinbarung abgewichen werden darf. Bezogen auf den besonderen Kündigungsschutz des § 15 KSchG bedeute dies, dass im Falle der Anwendung deutschen Rechts eine Kündigung des Klägers unwirksam wäre. Die Anwendung deutschen Rechts kommt im vorliegenden Fall allein nach der Regelung von Art. 8 Abs. 2 in Betracht, wenn Deutschland das Land wäre, von dem aus der Arbeitnehmer in Erfüllung des Vertrages gewöhnlich seine Arbeit verrichte.[24]

Sodann führt der EuGH aus, dass in Fällen, in denen der AN seine Berufstätigkeit in mehreren Vertragsstaaten verrichte, ein besonderes Bedürfnis bestehe, den AN als der schwächeren Partei einen angemessenen Schutz zu gewährleisten. Insoweit sei Art. 8 Abs. 2 so zu verstehen, dass er die Anwendung des Rechts des Staates zu gewährleisten habe, in dem der AN seine berufliche Tätigkeit ausübt und nicht des Rechts des Staates, in dem der Arbeitgeber seinen Sitz hat. Der EuGH verweist in diesem Zusammenhang darauf, dass der AN seine wirtschaftliche und soziale Tätigkeit in Deutschland ausübt und von dort die Arbeitstätigkeit beeinflusst. Das Recht dieses Staates bleibt dann nach Art. 8 Abs. 2 Satz 2 Rom I-VO auch dann anwendbar, wenn Leistungen vorübergehend in einem anderen Staat erbracht werden.

Die wichtigsten Leitsätze

1. In Fällen, in denen der Arbeitnehmer seine Berufstätigkeit in mehreren Vertragsstaaten verrichtet, ist dem Schutz des Arbeitnehmers als der schwächeren Vertragspartei ausreichend Rechnung zu tragen. So kann der mit Art. 8 Rom I-VO bezweckte Schutz nur erreicht werden, wenn das Recht des Staates zur Anwendung komme, in dem der Arbeitnehmer seine Berufstätigkeit ausübt, und nicht das Recht des Staates, in dem der Arbeitgeber seinen Sitz hat. Denn der Arbeitnehmer übt seine wirtschaftliche und soziale Tätigkeit im erstgenannten Staat aus und dort beeinflusst das geschäftliche und politische Umfeld die Arbeitstätigkeit. Daher müsse die Einhaltung der örtlichen Arbeitnehmerschutzvorschriften soweit wie möglich gewährleistet werden. (Rn. 41, 42)
2. Unter Berücksichtigung des Ziels von Art. 8 Rom I-VO ist das Kriterium des Staates, in dem der Arbeitnehmer gewöhnlich seine Arbeit verrichtet, weit auszulegen. Im Gegensatz dazu ist das Kriterium des Orts der Niederlassung, die den Arbeitnehmer eingestellt hat, nur dann anzuwenden, wenn das angerufene Gericht nicht in der Lage sei, den Staat der gewöhnlichen Verrichtung der Arbeit zu bestimmen. Dieser Grundsatz gelte auch dann, wenn der Arbeitnehmer seine Tätigkeit in mehreren Vertragsstaaten ausübt und es dem angerufenen Gericht möglich sei, den Staat zu ermitteln, mit dem die Arbeit eine maßgebliche Verknüpfung aufweist. (Rn. 43, 44)

---

[24] Eine solche Anwendung deutschen Rechts war zuvor von den luxemburgischen Arbeitsgerichten abgelehnt worden.

3. Das Merkmal des Staates, in dem die Arbeit gewöhnlich verrichtet wird, ist so aufzufassen, dass es sich auf den Ort bezieht, an dem oder von dem aus der Arbeitnehmer seine berufliche Tätigkeit tatsächlich ausübt, und, in Ermangelung eines Mittelpunkts der Tätigkeit, auf den Ort, an dem er den größten Teil seiner Arbeit ausübt. (Rn. 45) ◄

22.3.2 Fall Voogsgeerd, EuGH vom 15.12.2011, Rs. C-384/10, ECLI:EU:C:2011:842[25]

V. hat im Jahr 2001 einen Arbeitsvertrag mit dem luxemburgischen Unternehmen Navimer abgeschlossen, in dem die Anwendung luxemburgischen Rechts vereinbart wurde. Die Unterzeichnung des Arbeitsvertrages erfolgte am Sitz der Naviglobe NV in Antwerpen (Belgien), einem Tochterunternehmen von Navimer. Von August 2001 bis April 2002 arbeitete V. als erster Maschinist an Bord der Schiffe MS Regina und Prince Henri. Beide Schiffe sind Eigentum von Navimer. Einsatzgebiet war die Nordsee. Im April 2002 kündigte das Unternehmen dem V., der Naviglobe und Navimer vor dem Arbeitsgericht Antwerpen verklagte und beantragte, beide Unternehmen gesamtschuldnerisch zu verurteilen, ihm die nach belgischem Gesetz vorgesehene Kündigungsentschädigung zu zahlen. Zur Begründung trug er vor, dass die zwingenden Bestimmungen des belgischen Gesetzes über Arbeitsverträge anwendbar seien und zwar unabhängig von der Rechtswahl der Parteien. Dabei machte er ferner geltend, er habe seine Arbeit hauptsächlich in Belgien verrichtet, wo er die Anweisungen von Naviglobe entgegengenommen habe und wohin er nach jeder Reise zurückgekehrt sei. Das Arbeitsgericht Antwerpen erklärte sich hinsichtlich der Klage gegen Navimer für örtlich unzuständig.[26] Auf seine Kassationsbeschwerde legte der Arbeitsgerichtshof Antwerpen dem EuGH die Frage vor, ob der Staat, in dem sich die Niederlassung befindet, danach zu beurteilen sei, ob dort der AN eingestellt wurde oder gewöhnlich seine Arbeit verrichtet.

Der EuGH sieht den rechtlichen Schwerpunkt des vorliegenden Problems nicht in der Bestimmung der Niederlassung sondern der Bestimmung des Rechtes des Ortes, an dem der AN gewöhnlich seine Arbeit verrichtet. Der EuGH verweist darauf, dass in Fällen, in denen die Tätigkeit in mehreren Staaten verrichten, der Ort, von dem aus AN ihre Tätigkeit aufnehmen und in dem Weisungen empfangen, von besonderer Bedeutung sei. Zudem beantwortet der EuGH die Frage, dass der Ort der einstellenden Niederlassung dort sei, wo AN den Arbeitsvertrag geschlossen

---

[25] Siehe auch NJW 2012, 597; NZA 2012, 227; EuZW 2012, 61.

[26] Die Klage gegen Naviglobe wurde für zulässig aber unbegründet erklärt, da Voogsgeerd die nach luxemburgischen Recht – nicht aber nach belgischem Recht – vorgesehene 3 monatige Ausschlussfrist zur Geltendmachung von Schadenersatzansprüchen wegen missbräuchlicher Kündigung nicht eingehalten habe. Offenkundig stellte diese Nichtbeachtung der dreimonatigen Ausschlussfrist den eigentlichen Hintergrund für den Streit um die Anwendung luxemburgischen oder belgischen Rechts dar.

oder das Arbeitsverhältnis begründet wurde. Zudem müsse die einstellende Niederlassung keine rechtlich selbstständige Einheit mit eigener Rechtspersönlichkeit sein.

Die wichtigsten Leitsätze

1. Art. 8 Abs. 1 Satz 2 Rom I-VO[27] sieht vor, dass die Rechtswahl nicht dazu führen kann, dass dem Arbeitnehmer der Schutz entzogen wird, der ihm durch die zwingenden Bestimmungen des Rechts am Arbeitsort gewährt wird. Dabei ist in erster Linie das Kriterium des Staates, „in dem der Arbeitnehmer gewöhnlich seine Arbeit verrichtet", und erst subsidiär das Kriterium der „Niederlassung, die den Arbeitnehmer eingestellt hat" zu berücksichtigen. Dabei sieht Art. 8 Abs. 4 vor, dass diese beiden Anknüpfungskriterien nicht anwendbar sind, wenn sich aus der Gesamtheit der Umstände ergibt, dass das Arbeitsverhältnis engere Verbindungen zu einem anderen Staat aufweist; in diesem Fall ist das Recht dieses anderen Staates anzuwenden. (Rn. 25, 26, 27)
2. Aus dem Wortlaut von Art. 8 Abs. 2 ergibt sich eine Rangordnung unter den Kriterien, die für die Bestimmung des auf das Arbeitsverhältnis anzuwendenden Rechts zu berücksichtigen sind. Dabei ist das Kriterium des Staates, in dem der Arbeitnehmer „gewöhnlich seine Arbeit verrichtet", weit auszulegen, während das vorgesehene Kriterium des Ortes der „Niederlassung, die den Arbeitnehmer eingestellt hat", nur anzuwenden ist, wenn das angerufene Gericht nicht in der Lage ist, den Staat zu bestimmen, in dem gewöhnlich die Arbeit verrichtet wird. (Rn. 34, 35)
3. Daher sind unter Berücksichtigung des Wesens der Arbeit in der Seefahrt sämtliche Umstände zu berücksichtigen, die die Tätigkeit des Arbeitnehmers kennzeichnen und es ist zu bestimmen, in welchem Staat sich der Ort befindet, von dem aus der Arbeitnehmer seine Transportfahrten durchführt, Anweisungen zu diesen Fahrten erhält und seine Arbeit organisiert, sowie der Ort, an dem sich seine Arbeitsmittel befinden. Ist der Ort, von dem aus der Arbeitnehmer seine Transportfahrten durchführt und auch die Anweisungen für seine Fahrten erhält, immer derselbe ist, dann ist er als der Ort anzusehen, an dem der Arbeitnehmer gewöhnlich seine Arbeit verrichtet. (Rn. 38, 39) ◄

22.3.3 Fall Boedeker/Schlecker, EuGH vom 12.09.2013, Rs. C-64/12, ECLI:EU:C:2013:551[28]

B war langjährige Mitarbeiterin bei dem mittlerweile insolventen Einzelhandelsunternehmen Schlecker. Sie begann zunächst ihre Tätigkeit 1979 in den Filialen in Nordrhein-Westfalen. Ab 1994 wurde sie als Geschäftsführerin von Schlecker in den Niederlanden angestellt. In dieser Eigenschaft übte sie die Funktion der Ge-

---

[27] Zum Zeitpunkt der Entscheidung Art. 6 Abs. 1 des Übereinkommens von Rom.
[28] Siehe auch NZA 2013, 1163; NJW 2014, 1363, EuZW 2013, 825; ZIP 2013, 2119.

schäftsleitung von Schlecker für 300 Filialen in den Niederlanden mit ca 1250 Beschäftigten aus.

Im Jahr 2006 teilte Schlecker der B. mit, dass ihr Arbeitsplatz ersatzlos wegfalle und wies sie an, in Dortmund als Bereichsleiterin zu unveränderten Arbeitsbedingungen weiter tätig zu sein. B. klagte in den Niederlanden, wo ihr eine Abfindung in Höhe von 557.651,52 € brutto zugesprochen wurde. Die Entscheidung stand aber unter der Bedingungen, dass niederländisches Recht auf das Arbeitsverhältnis anwendbar sei. Bei einer Anwendung deutschen Arbeitsrechts war ein Abfindungsanspruch mangels gesetzlicher Abfindungsregelung nicht vorgesehen. Aufgrund eines von Schlecker eingelegten Rechtsmittels legte der Gerechtshof te Arnhem dem EuGH die Frage nach der anzuwendenden Rechtsordnung vor.

Der EuGH stellte zunächst fest, dass sich der Arbeitsplatz von B in den Niederlanden befinde, sie aber mittlerweile in Deutschland ihren Wohnsitz habe und auch in das deutsche Sozialversicherungssystem einbezogen war. Da eine Rechtswahl nicht getroffen wurde, ergebe sich die besondere Bedeutung des Ortes, an dem der AN gewöhnlich seine Arbeit verrichtet, Art. 8 Abs. 2 Rom I-VO. Es sei Sache des vorlegenden Gerichts, den Sachverhalt darauf zu bewerten, ob eine engere Verbindung zu einer anderen Rechtsordnung als dem gewöhnlichen Arbeitsort vorliege, wobei allerdings nicht in jedem Fall die für die AN günstigere Rechtsordnung zur Anwendung kommen müsse.

Die wichtigsten Leitsätze

1. Da die Parteien keine ausdrückliche Wahl getroffen haben, könnte Deutsches Recht anwendbar sein, weil die Gesamtumstände nach Art. 8 Abs. 4 Rom I-VO auf eine engere Verbindung zu Deutschland hindeuten. Dazu gehört die Tatsache, dass der Arbeitgeber eine deutsche juristische Person war, dass das Gehalt vor Einführung des Euro in Deutscher Mark gezahlt wurde, dass die Altersrentenversicherung bei einem deutschen Versicherer abgeschlossen war, dass B. ihren Wohnsitz in Deutschland beibehalten hatte, wo sie ihre Sozialbeiträge entrichtete, dass der Arbeitsvertrag auf zwingende Bestimmungen des deutschen Rechts verwies und dass der Arbeitgeber die Fahrtkosten von Frau B. von Deutschland in die Niederlande erstattete. (Rn. 27, 29)

2. Somit ist für die Bestimmung des anzuwendenden Rechts der Ort, an dem der Arbeitnehmer gewöhnlich seine Aufgaben verrichtet, vorrangig zu berücksichtigen. Da das Ziel von Art. 8 Rom I-VO ist, dem Arbeitnehmer einen angemessenen Schutz zu gewähren, muss diese Bestimmung sicherstellen, dass auf den Arbeitsvertrag das Recht des Landes angewandt wird, mit dem dieser Vertrag die engsten Anknüpfungspunkte aufweist. Diese Auslegung darf jedoch nicht zwingend in jeder Fallkonstellation zur Anwendung des für den Arbeitnehmer günstigeren Rechts führen. (Rn. 32, 34)

3. Daraus folgt, dass das auf den Vertrag anwendbare Recht insbesondere unter Berücksichtigung des Kriteriums des Ortes der gewöhnlichen Verrichtung der Arbeit zu bestimmen ist. Wenn ein Vertrag enger mit einem anderen Staat als

dem des Ortes der Arbeit verbunden ist, etwa weil dort Steuern und Abgaben gezahlt werden, kommt das Recht dieses anderen Staates zur Anwendung. (Rn. 39, 40, 41) ◄

22.3.4 Fall Nikiforidis (Griechische Schule), EuGH vom 18.10.2016, Rs. C-135/15, ECLI:EU:C:2016:774

N. ist griechischer Staatsangehöriger und seit 1996 als Lehrer an einer von der Republik Griechenland getragenen Grundschule in Nürnberg beschäftigt. Zwischen Oktober 2010 und Dezember 2012 kürzte die Republik Griechenland die Bruttovergütung von N. aufgrund der vom griechischen Gesetzgeber erlassenen Gesetze über Maßnahmen zur Bewältigung der Krise der Staatsfinanzen um 20.262,32 €. Mit diesen Gesetzen sollten die Vereinbarungen, die die Republik Griechenland mit der EU, der EZB und dem IWF getroffen hatte, umgesetzt werden. Die Maßnahmen wirkten nach griechischem Recht unmittelbar auf die Arbeitsverhältnisse ein und führten ohne jeden weiteren Umsetzungsakt zu einer Verminderung von Vergütungsansprüchen.

N. erhob in Deutschland Klage vor dem Arbeitsgericht Nürnberg und forderte höhere Vergütung für den genannten Zeitraum. Zunächst verweist das Gericht darauf, dass die Tätigkeit von N. im Rahmen eines privatrechtlichen Arbeitsverhältnisses eine Staatenimmunität Griechenlands ausschließe und bejaht die internationale Zuständigkeit deutscher Gerichte nach Art. 21 Brüssel Ia-VO.[29] Sodann war streitentscheidend, ob die Stützungsgesetze unmittelbar oder mittelbar auf ein in Deutschland zu erfüllendes und deutschem Recht unterliegendes Arbeitsverhältnis Anwendung finden. Das deutsche Recht lasse Entgeltkürzungen, wie sie die Republik Griechenland vorgenommen habe, ohne Änderungsvertrag oder Änderungskündigung nicht zu. Da der Arbeitsort von N. in Deutschland lag und sich auch sonst keine engere Verbindung mit der Rechtsordnung eines anderen Staates ergab, sei deutsches Recht anwendbar. Das BAG legte dem EuGH die Frage vor, ob Eingriffsnormen des griechischen Staates Anwendung finden können. Da nach Art. 9 Rom I-VO nur Eingriffsnormen des Staates des angerufenen Gerichts oder in dem die durch Vertrag begründete Verpflichtung erfüllt werden soll, zulässig sind, käme nur eine Eingriffsnorm des deutschen Rechts in Betracht, sodass die Gehaltskürzung nicht zu rechtfertigen wäre.

Der EuGH geht zunächst davon aus, dass Art. 9 Rom I-VO als Ausnahmeregelung von dem Grundsatz der freien Rechtswahl eng auszulegen sei. Allerdings können solche Eingriffsnormen als tatsächliche Umstände berücksichtigt werden, wenn ein anderer Mitgliedstaat durch eine entsprechende Regelung eine Verpflichtung nach dem Unionsrecht erfülle.

---

[29] Zum Zeitpunkt der Entscheidung Art. 18 Abs. 1, Art. 19 Nr. 2 a EUGVVO.

Die wichtigsten Leitsätze

1. Art. 9 der Rom I-VO weicht von dem in Art. 3 Abs. 1, Art. 8 Abs. 1 enthaltenen Grundsatz der freien Wahl des anwendbaren Rechts durch die Parteien ab. Diese Ausnahme bezweckt, dem angerufenen Gericht unter außergewöhnlichen Umständen zu erlauben, Gründe des öffentlichen Interesses zu berücksichtigen. Als Ausnahmeregelung ist Art. 9 aber eng auszulegen. (Rn. 42, 43)
2. Auch wollte der Unionsgesetzgeber Beeinträchtigungen des Systems der Kollisionsnormen, die durch die Anwendung anderer Eingriffsnormen als denen des Staates des angerufenen Gerichts verursacht werden, beschränken. Dürfte das angerufene Gericht Eingriffsnormen der Rechtsordnung anderer Mitgliedsstaaten[30] anwenden, könnte das das Ziel dieser Verordnung, die Rechtssicherheit im europäischen Rechtsraum zu gewährleisten, gefährden. Daraus folgt, dass Art. 9 dahin auszulegen ist, dass andere Eingriffsnormen als die des Staates des angerufenen Gerichts oder des Staates, in dem die durch den Vertrag begründeten Verpflichtungen erfüllt werden sollen, nicht zu berücksichtigen sind. (Rn. 45, 46)
3. Da der Arbeitsvertrag von N. in Deutschland erfüllt worden und das vorlegende Gericht ein deutsches Gericht ist, kann dieses im vorliegenden Fall die griechischen Eingriffsnormen nicht anwenden. Art. 9 dieser Verordnung verbietet es jedoch nicht, Eingriffsnormen eines anderen Staates als tatsächliche Umstände zu berücksichtigen, soweit materielle Normen des anzuwendenden Rechts dies vorsehen. (Rn. 50, 51)
4. Die Rom I-VO harmonisiert nämlich allein die Kollisionsnormen für vertragliche Schuldverhältnisse und nicht die materiellen Vorschriften des Vertragsrechts. Soweit Letztere vorsehen, dass das angerufene Gericht eine Eingriffsnorm der Rechtsordnung eines anderen Staates als tatsächlichen Umstand berücksichtigt, würde dies nicht gegen Art. 9 Abs. 1 verstoßen.
5. Nach alledem ist Art. 9 Abs. 3 dahin auszulegen, dass er es dem angerufenen Gericht nicht erlaubt, andere Eingriffsnormen als die des Staates des angerufenen Gerichts anzuwenden. Es ist ihm jedoch nicht verboten, solche anderen Eingriffsnormen als tatsächliche Umstände zu berücksichtigen, wodurch auch nicht der in Art. 4 Abs. 3 EUV niedergelegte Grundsatz der loyalen Zusammenarbeit in Frage gestellt wird. (Rn. 52, 53) ◄

22.4 Auswirkung auf die deutsche Rechtsordnung und die arbeitsrechtliche Praxis

22.4.1 Rechtsfolgen für das individuelle Arbeitsverhältnis

Bei grenzüberschreitenden Arbeitsverhältnissen erfolgt in der betrieblichen Praxis in aller Regel keine Rechtswahl. Somit gilt grundsätzlich das Recht des gewöhn-

---

[30] Ausgenommen derjenigen, auf die Art. 9 Abs. 2 und 3 der Rom I-VO ausdrücklich Bezug nimmt.

lichen Arbeitsortes bzw. des Ortes, von dem AN ihre Arbeit verrichten, Art. 8 Abs. 2 Satz 1 Rom I-VO. Aber auch in diesem Fall ist -wie sich aus der Schlecker-Entscheidung ergibt – eine engere Anbindung an eine andere Rechtsordnung denkbar. Dies kann, wie gesehen, auch für die AN ungünstigere Folgen haben. Der nach niederländischem Recht sehr weitgehende Abfindungsanspruch würde bei Anwendbarkeit der deutschen Rechtsordnung nicht bestehen.[31] So hat der EuGH in dieser Entscheidung festgestellt, dass der Schutzzweck von Art. 8 Rom I-VO nicht dazu führe, dass immer die für AN günstigere Rechtsordnung Anwendung finden müsse.

Aus der Koelzsch-Entscheidung wird zudem deutlich, dass dem Recht am Ort der einstellenden Niederlassung nach Art. 8 Abs. 3 Rom I-VO nur eine sehr nachrangige Bedeutung zukommt. Insbesondere kommt das anzuwendende Recht der einstellenden Niederlassung nur dann in Betracht, wenn unter keinem Aspekt ein Ort bestimmt werden kann, an dem oder von dem aus die zu erfüllende Tätigkeit ausgeübt wird und sich auch keine nähere Rechtsanbindung finden lässt.

Ist eine Rechtswahl getroffen worden, so steht eine solche Vereinbarung – wie aus den Entscheidungen Koelzsch und Voogsgeerd deutlich wird – unter dem Vorbehalt, dass hierdurch keine zwingenden nationalen Schutzvorschriften für AN verletzt werden. Sollte sich aufgrund des Rechts des Arbeitsortes, der Niederlassung oder Gesamtheit der Umstände eine für AN günstigere Rechtsnorm herleiten lassen, so ist diese anzuwenden. Der AG kann daher nicht damit rechnen, dass eine arbeitsvertraglich vereinbarte Rechtsordnung in jedem Fall zur Anwendung kommt. In einem solchen Fall wird es Aufgabe des AN bzw. seines Prozessvertreters sein, bei den in Betracht kommenden Rechtsordnungen nach kollidierenden Normen zu suchen, die zwingende Schutzvorschriften darstellen.

Die Entscheidung Nikiforidis (Griechische Schule)[32] veranschaulicht, wie im grenzüberschreitenden Arbeitsrecht Fragen der gerichtlichen Zuständigkeit und des anzuwendenden Rechts getrennt zu prüfen sind. Da der gewöhnliche Arbeitsort des Klägers in Deutschland liegt, sind nach Art. 21 Abs. 1 b Buchst. i Brüssel Ia-VO[33] die deutschen Gerichte international zuständig. Erst nach Feststellung der gerichtlichen Zuständigkeit stellt sich die Frage nach der anzuwendenden Rechtsordnung aufgrund der Regelungen von Art. 8, 9 Rom I-VO[34] Hier ging es vorrangig um die Frage, ob die griechischen Stützungsgesetze als Eingriffsnormen entsprechend Art. 9 Rom I-VO zu betrachten seien.[35]

---

[31] Vgl. Linneweber, ZESAR 2014, 457.

[32] Die Entscheidung wird im deutschen Schrifttum zum internationalen Arbeitsrecht als kollisionsrechtliche Delikatesse bezeichnet; vgl. Junker, EuZA 2016, 1; Hartmann, EuZA 2017, 190.

[33] Zum Zeitpunkt der Entscheidung Art. 19 Brüssel I-VO.

[34] Es gilt der Grundsatz „Brüssel kommt vor Rom". Dies bedeutet, dass bei grenzüberschreitenden Sachverhalten zunächst über die Brüssel Ia-VO die internationale Zuständigkeit des Gerichts und erst danach über die Rom I-VO die anzuwendende Rechtsordnung zu bestimmen ist.

[35] Skeptisch hierzu: Hartmann, EuZA a. a. O., S. 191; vgl. grundsätzlich zur Bedeutung von Eingriffsnormen nach Art. 9 I Rom I-VO Fuchs/Marhold/Friedrich, Europäisches Arbeitsrecht, 6. Auflage, S. 649 ff.

Grundsätzlich kommen als Eingriffsnormen nur staatliche Vorschriften des angerufenen Gerichts in Betracht. Während Art. 9 Abs. 2 Rom I-VO der Heranziehung von Eingriffsnormen des Gerichtsstaats keine Grenzen setzt, ist nach Art. 9 Abs. 3 Rom I-VO die Heranziehung von Eingriffsnormen fremder Staaten weitgehend ausgeschlossen.[36] Da die deutschen Normen einen entsprechenden Eingriff nicht vorsahen, wäre die Gehaltsreduzierung rechtsunwirksam. Gleichwohl weist der EuGH am Ende seiner Entscheidung noch auf Ausnahmen hin. Art. 9 Rom I-VO verbietet es nicht, Eingriffsnormen eines anderen Staates als tatsächliche Umstände zu berücksichtigen, soweit eine materielle Vorschrift der anzuwendenden Rechtsordnung dies vorsieht. Eine entsprechende Berücksichtigung wäre auch im Kontext mit den Loyalitätspflichten nach Art. 4 Abs. 3 EUV möglich. Insoweit bestünde nach deutschem Recht die Möglichkeit, die Dramatik der griechischen Schuldenkrise im Rahmen von § 313 BGB (Wegfall der Geschäftsgrundlage) zu berücksichtigen und die Klage des griechischen Staatsangehörigen wegen der Gehaltsreduzierung abzuweisen.[37]

---

[36] Vgl. hierzu Junker a. a. O. S. 2.
[37] So Junker, EuZA 2016, 1, 2.

Kollisionsrecht hinsichtlich des Systems der sozialen Sicherheit

23

▶ **Aktuelle Verordnungen und Richtlinien**
- Verordnung (EG) 883/2004 zur Koordinierung der Systeme der sozialen Sicherheit[1] (siehe Abb. 4.1)
- Verordnung (EG) 987/2009 zur Festlegung der Modalitäten und Koordinierung der Systeme der sozialen Sicherheit[2] (siehe Abb. 4.2)
- Kurzübersicht Fälle (siehe Abb. 23.1)

Eine effektive Wahrnehmung der Arbeitnehmerfreizügigkeit erfordert eine Koordinierung der nationalen Sozialversicherungssysteme. Der Zugang zum Arbeitsmarkt anderer Mitgliedsstaaten wäre – wie im Kapitel über Freizügigkeit schon angesprochen – erschwert, wenn ein AN bei einem Arbeitsplatzwechsel innerhalb der Union sozialversicherungsrechtliche Nachteile bei Krankenversicherung, Rentenversicherung, Arbeitslosenversicherung[3] oder sonstiger Leistungen befürchten müssten.[4] Den AN muss es ermöglicht werden, ihre sozialen Rechte ohne Einschränkung in Anspruch nehmen zu können.[5] Aber auch AG sind bei der Beschäftigung von AN aus dem EU-Ausland auf eindeutige Regelungen über die Anwendbarkeit nationaler Systeme der sozialen Sicherheit angewiesen.[6]

---

[1] ABl. Nr. L 166 S. 1, ber. ABl. Nr. L 2004 S. 1 und ABl. 2007 Nr. L 204 S. 30.

[2] ABl. Nr. L 284 S. 1.

[3] Vgl. hierzu Wendtland, ZESAR 2010, 355; Waltermann/Kämpfer, DB 2006, 893; Kowanz in Nägele, EG-Arbeitsrecht in der deutschen Praxis, S. 347.

[4] Vgl. Fuchs, NZA 2005, Beilage 2, S. 97, 98; Wendtland a. a. O.; Riesenhuber, Europäisches Arbeitsrecht, 2. Auflage, § 3 Rn. 35–38 u. a. zur Nichtanerkennung von Personenstandsurkunden.

[5] Vgl. Wendtland a. a. O.; Waltermann/Kämpfer a. a. O.; Kowanz a. a. O.

[6] Vgl. zu den Auswirkungen des Brexit auf das koordinierende Sozialrecht: Leopold, ZESAR 2021, 329; Thüsing, Europäisches Arbeitsrecht, 4. Auflage, § 2 Rn. 23a.

© Der/die Herausgeber bzw. der/die Autor(en), exklusiv lizenziert an Springer-Verlag GmbH, DE, ein Teil von Springer Nature 2025
P. Hantel, *Europäisches Arbeitsrecht*, Springer-Lehrbuch,
https://doi.org/10.1007/978-3-662-70226-0_23

22.3.1 Fall Paletta II, EuGH vom 02.05.1996, Rs. C-206/94, ECLI:EU:C:1996:182	Den Arbeitgeber trifft die uneingeschränkte Beweislast für die missbräuchliche Erlangung von ärztlichen Attesten oder Dokumenten, die in anderen Mitgliedsstaaten erstellt wurden.
22.3.2 Fall Dafeki, EuGH vom 02.12.1997, Rs. C-336,/94, ECLI:EU:C:1997:579	Die Zumessung einer geringeren Beweiskraft für ausländische Urkunden, die in einem gerichtlichen Verfahren geändert wurden und die zur Geltendmachung von Ansprüchen eines europäischen Arbeitnehmers notwendig sind, verletzt die Arbeitnehmerfreizügigkeit.
22.3.3 Fall Fitzwilliam Technical Services (FTS), EuGH vom 10.02.2000, Rs. C-202/97, ECLI:EU:C:2000:75	Zeitarbeitsunternehmen können sich nur dann auf Privilegierungsvorschriften der VO 883/2004 berufen, wenn im Niederlassungsstaat eine nennenswerte Geschäftstätigkeit ausgeübt wird und nicht nur eine sog. Briefkastenfirma besteht.
22.3.4 Fall A-Rosa Flussschiff, EuGH vom 27.04.2017, Rs. C-620/15, ECLI:EU:C:2017:309	Sowohl nach VO (EG) Nr. 883/2004 als auch dem Gebot der vertrauensvollen Zusammenarbeit gem. Art. 4 Abs. 3 EUV sind grundsätzlich Bescheinigungen von Sozialversicherungsträgern anderer Mitgliedsstaaten anzuerkennen.
22.3.5. Fall Team Power Europe, EuGH vom 03.06.2021, Rs. C-784/19, ECLI:EU:C:2021:427	Die 24-Monats-Regelung in Art. 12 der VO (EG 883/2004) ist als Ausnahmevorschrift restriktiv auszulegen und erfordert, dass das Entsenden der Unternehmen im Niederlassungsstaat eine nennenswerte Tätigkeit ausübt.

Abb. 23.1 Kurzübersicht Fälle

Dabei lässt das Recht der Union die unterschiedlichen Systeme der sozialen Sicherheit in den Mitgliedsstaaten unangetastet,[7] da die Sozialpolitik grundsätzlich in die Zuständigkeit der Mitgliedsstaaten fällt. Gleichwohl ergibt sich ein Regelungsbedürfnis bei einem Wechsel eines Arbeitnehmers in einen anderen Mitgliedsstaat.[8] Daher enthält Art. 48 AEUV eine Ermächtigung, zum Zwecke der Koordinierung von sozialversicherungsrechtlichen Ansprüchen und Leistungen, die erforderlichen gesetzlichen Regelungen zu erlassen. Nach dieser Bestimmung können das Europäische Parlament und der Rat die auf dem Gebiet der sozialen Sicherheit für die Herstellung der Freizügigkeit der Arbeitnehmer notwendigen Maßnahmen beschließen. Zu diesem Zweck kann insbesondere ein System eingeführt werden, das zu- und abwandernden Arbeitnehmern sowie deren anspruchsberechtigten Angehörigen Folgendes sichert:

---

[7] Vgl. Leopold, ZESAR 2008, 344.

[8] Vgl. Thüsing, Europäisches Arbeitsrecht, 4. Auflage, § 2 Rn. 79–81; Riesenhuber a. a. O. § 3 Rn. 35–40; Fuchs/Marhold/Friedrich, Europäisches Arbeitsrecht, 6. Auflage, S. 7, 83; Wendtland a. a. O.; Waltermann/Kämpfer a. a. O.

a. *Die Zusammenrechnung aller nach den verschiedenen innerstaatlichen Rechtsvorschriften zu berücksichtigenden Zeiten für den Erwerb und die Aufrechterhaltung des Leistungsanspruchs sowie für die Berechnung der Leistungen;*
b. *Die Zahlung der Leistungen an Personen, die in dem Hoheitsgebiet der Mitgliedstaaten wohnen.*

Die EU-Instanzen haben von der Ermächtigung des Art. 48 AEUV durch Schaffung spezieller Sozialversicherungs-Verordnungen, nämlich der Verordnung (EG) 883/2004 und der Durchführungs-Verordnung (EG) 987/2009, Gebrauch gemacht.

23.1   Die Verordnung (EG) Nr. 883/2004 zur Koordinierung der Systeme der sozialen Sicherheit

Der persönliche Anwendungsbereich dieser Verordnungen erfasst AN,[9] ihre Angehörigen und unter bestimmten Voraussetzungen auch Selbstständige.[10] In sachlicher Hinsicht sollen diese Verordnungen die Ansprüche von Arbeitnehmern, die in anderen EU-Staaten tätig sind, hinsichtlich Renten-, Kranken-, Arbeitslosen-, Unfall- und Pflegeversicherung koordinieren.[11]

23.1.1   Kollisionsrechtliche Bestimmungen

Wie im internationalen Privatrecht hat auch im Sozialrecht das Kollisionsrecht die Aufgabe, bei Fällen mit Auslandsberührung zu entscheiden, welches nationale Sachrecht auf den Fall zur Anwendung gelangt. Art. 11 Abs. 2 der Verordnung (EG) 883/2004 enthält den Grundsatz, dass Personen nur den Rechtsvorschriften eines Mitgliedstaates unterliegen. Diese Vorschrift verankert das Prinzip der Einheitlichkeit des Sozialrechtsstatus.[12] Zum einen soll mit diesem Prinzip sichergestellt werden, dass grenzüberschreitend tätige Erwerbspersonen nicht ohne sozialen Schutz bleiben. Zum anderen wird verhindert, dass Doppelversicherungen entstehen, die einerseits mit doppelten Beitragslasten, andererseits aber auch mit dem Vorteil dop-

---

[9] Vgl. zum Arbeitnehmer-Begriff im Sinne von VO (EG) Nr. 883/2004: EuGH vom 01.02.2017, Rs. C-430/15 (Tolley), ECLI:EU:C:2017:74; Arbeitnehmer ist danach jeder, der gegen ein Risiko, das vom System der sozialen Sicherheit erfasst wird, pflicht- oder freiwillig versichert ist; vgl. auch Franzen/Roth, EuZA 2018, 215.

[10] Dabei ist anzumerken, dass weder die Freizügigkeitsverordnung – mit Ausnahme der Ansätze in Art. 7 Abs. 2 und 3 – noch die Entsende-Richtlinie Regelungen über die Sozialversicherungspflicht von Arbeitnehmern bei grenzüberschreitender Tätigkeit enthalten, vgl. Heuschmid/Schierle in Preis/Sagan, Europäisches Arbeitsrecht, 2. Auflage, § 16, Rz. 16.35.

[11] Vgl. Heuschmid/Schierle a. a. O.; Schlegel, AuR 2011, 384; Siebert, ZESAR 2015, 328; Vießmann, ZESAR 2015, 149.

[12] Vgl. Thüsing a. a. O.§ 2 Rn 79; Riesenhuber a. a. O.§ 3 Rn 40, 41; ferner Eichenhofer, ZESAR 2008, 341 sowie Fuchs, NZA 2005, Beilage 2, 99; Waltermann/Kämpfer, DB 2006, 893; Kolmhuber in Nägele, EG-Arbeitsrecht in der deutschen Praxis, S. 64, 65.

pelten Leistungsbezugs verbunden wären. Einheitlichkeit des Sozialrechtsstatus bedeutet auch, dass keine Aufspaltung hinsichtlich verschiedener Zweige der sozialen Sicherheit entsteht.[13] Für die kollisionsrechtliche Anknüpfung besteht nach Art. 11 Abs. 3 a der Verordnung (EG) 883/2004 zunächst einmal das sog. Beschäftigungslandprinzip.[14] AN unterliegen den Rechtsvorschriften des Staates, in dem sie beschäftigt sind. Art. 11 Abs. 3 a der Verordnung (EG) 883/2004 folgt also dem Grundsatz des lex loci labores.[15] Ausnahmen hiervon ergeben sich aus dem Wohnsitzlandprinzip im Zusammenhang mit Leistungen bei Arbeitslosigkeit und dem Prinzip des Arbeitgebersitzes, wenn die Tätigkeit in zwei oder mehreren Mitgliedsstaaten erfolgt, Art. 13 Abs. 1 b der Verordnung (EG) 883/2004. Eine für die Praxis wichtige Ausnahme erfährt der Grundsatz, dass der Beschäftigungsort das entscheidende Kriterium für die Zuordnung ist, im Falle der Entsendung von AN ins Ausland. Nach Art. 12 Abs. 1 der Verordnung (EG) 883/2004 ist eine Entsendung ins Ausland für den Verbleib im bisherigen System der sozialen Sicherheit unschädlich, wenn die voraussichtliche Dauer von 24 Monaten nicht überschritten wird.[16]

23.1.2 Konzept der Koordinierung

Ziel dieses Konzeptes ist die Sicherung und Zusammenrechnung aller nach den verschiedenen innerstaatlichen Rechtsvorschriften zu berücksichtigenden Zeiten über die Grenzen der Mitgliedsstaaten hinaus. Auf diesem Wege soll erreicht werden, dass den AN im Hinblick auf ihre soziale Absicherung keine Nachteile entstehen.[17] Dabei bleibt es aber Sache der einzelnen Mitgliedsstaaten, die Voraussetzungen für den Erwerb von Ansprüchen festzulegen. Sie unterliegen dabei nach Art. 4 lediglich der Verpflichtung zur Gleichbehandlung.[18]

---

[13] Dabei fallen Beihilfen für Behinderte nicht in den Anwendungsbereich der VO (EG) Nr. 883/2004; EuGH vom 26.03.2015, Rs. C-316/13 (Fenoll), ECLI:EU:C:2015:200 sowie EuGH vom 16.09.2015, Rs. C-433/13 (Kommission/Slowakei), ECLI:EU:C:2015:602; ferner grundlegend hierzu Resch, NZS 1996, 603; Bokeloh, NZS 2015, 321; ferner zum Gleichbehandlungskonzept in VO 883/2004: Kovács, ZESAR 2022, 51.

[14] Vgl. Heuschmid/Schierle a. a. O. Rz. 16.38; ferner zur Frage des Versicherungsschutzes während mobiler Arbeit im EU-Ausland: Atanassov, ZESAR 2023, 73.

[15] Vgl. hierzu Fuchs, NZA 2005, Beilage 2, S. 97, 98; ferner Kolmhuber a. a. O.

[16] Vgl. Heuschmid/Schierle a. a. O. Rz. 16.38.

[17] Vgl. Waltermann/Kämpfer a. a. O.; Fuchs a. a. O.

[18] Für die rechtspolitisch besonders brisante Frage des Anspruchs auf Sozialhilfeleistungen enthält Art. 70 der VO (EG) Nr. 883/2004 Sonderregelungen für sog. beitragsunabhängige Geldleistungen. Für solche Geldleistungen kommt in Abweichung von Art. 7 wieder die Wohnsitzklausel zur Anwendung, Art. 70 Abs. 3 VO (EG) Nr. 883/2004. Dies bedeutet, dass entsprechende Leistungen davon abhängig gemacht werden können, dass der Anspruchsteller in dem jeweiligen Mitgliedsstaat auch wohnt. Daher werden beitragsunabhängige Geldleistungen nach Art. 70 Abs. 4 ausschließlich in dem Mitgliedsstaat, in dem die betreffenden Personen wohnen, und nach dessen Rechtsvorschriften gewährt; vgl. hierzu EuGH vom 11.11.2014, Rs. C-333/13 (Dano), ECLI:EU:C:2014:2358, ferner NJW 2015, 145.

Zudem geht die Verordnung nach Art. 5 von dem Grundsatz aus, dass bestimmte Sachverhalte, Ereignisse, die im Hoheitsgebiet eines anderen Mitgliedsstaates eingetreten sind, so zu behandeln sind, als ob sie im Hoheitsgebiet des Mitgliedsstaates, dessen Rechtsordnung Anwendung findet, eingetreten wären.[19] Sodann dürfen die Regelungen über die Koordinierung der sozialen Systeme nach ständiger Rechtsprechung des EuGH nicht dazu führen, dass die in einem Mitgliedsstaat erworbenen Leistungen durch EU-Recht beschränkt werden.[20] Sodann enthalten die Art. 17 ff. dann speziellere Regelungen zu den einzelnen Versicherungszweigen, wie der Krankenversicherung, der Rentenversicherung, der Unfallversicherung sowie der Arbeitslosenversicherung.[21]

23.2   Die Durchführungs-Verordnung (EG) Nr. 987/2009

Ziel der Verordnung (EG) 987/2009 ist die Durchführung der vorgenannten Grundverordnung (EG) 883/2004. Die Umsetzungsverordnung soll einen möglichst reibungslosen Ablauf und eine effiziente Handhabung der Verfahren zur Koordinierung der Systeme der sozialen Sicherheit ermöglichen. Die Verordnung enthält daher Regelungen über Umfang, Modalitäten und Verfahren des Datenaustauschs zwischen den Sozialversicherungsträgern, über Rechtswirkungen, der in einem Mitgliedsstaat ausgestellten Dokumente und Belege, über Zusammenrechnung von Anwartschaftszeit sowie über Modalitäten von Verwaltungsvereinbarungen.[22] Sodann enthält diese Durchführungsverordnung noch ergänzende Regelungen zur Bestimmung des anzuwendenden Rechts, insbesondere im Zusammenhang mit den Verfahrensvorschriften. Um im Interesse der Dienstleistungsfreiheit und der Freizügigkeit eine möglichst weitgehende soziale und steuerliche Angleichung zu ermöglichen, sieht die Verordnung Regelungen über die Weitergabe von Daten entsprechend Art. 3 und 4, aber auch über die Rechtswirkung von Dokumenten und Belegen anderer Mitgliedsstaaten nach Art. 5 vor.

---

[19] Allerdings darf dieser Grundsatz nicht dazu führen, dass aufgrund von Ereignissen, die in einem Mitgliedsstaat eingetreten sind, ein anderer Mitgliedsstaat zuständig wird oder dessen Rechtsvorschriften anwendbar wären; vgl. Erwägungsgrund 11; ferner v. Maydell, Sach- und Kollisionsnormen im internationalen Sozialversicherungsrecht, 1967; Fuchs, NZA 2005, Beilage 2, 99.

[20] Vgl. hierzu grundlegend EuGH vom 21.10.1975, Rs. C-24/75 (Petroni), ECLI:EU:C:1975:129; Bokeloh ZESAR 2012, 121.

[21] Vgl. hierzu grundlegend: von Maydell, Sach- und Kollisionsnormen im internationalen Sozialversicherungsrecht, 1967; Schuler, Das internationale Sozialrecht der Bundesrepublik Deutschland, 1988, S. 251.

[22] Vgl. zu Fragen der Wohnortbegründung nach Art. 11 VO Nr. 987/2009: Roßbach/Skowron, ZESAR 2022, 267.

23.3   Praktische Fallbeispiele

Gerade im Zusammenhang mit der Rechtswirkung von Dokumenten und Nachweisen anderer Mitgliedsstaaten über sozialversicherungsrechtliche Sachverhalte kommt es zu Rechtsstreitigkeiten. Streitgegenstand war dabei die Beweiskraft von Arbeitsunfähigkeitsbescheinigungen von niedergelassenen Ärzten aus dem EU-Ausland,[23] um Personenstandsurkunden zur Geltendmachung von Rentenansprüchen[24] sowie um Genehmigungen und Bescheinigungen für im EU-Ausland tätige Unternehmen.[25]

23.3.1 Fall Paletta II, EuGH vom 02.05.1996, Rs. C-206/94, ECLI:EU:C:1996:182[26]

Deutsche Gerichte für Arbeitssachen hatten über die Lohnzahlungsklage von vier Mitgliedern der italienischen Familie P zu entscheiden, die bei einem württembergischen Unternehmen beschäftigt waren. Alle vier wurden im Anschluss an den Werksurlaub gemeinsam von einem italienischen Arzt krankgeschrieben. Zum Zwecke der Krankmeldung übersandten die Arbeitnehmer Arbeitsunfähigkeitsbescheinigungen des zuständigen italienischen Sozialleistungsträger an die Betriebskrankenkasse des Arbeitgebers. Entsprechende Krankschreibungen sind auch in den Jahren zuvor erfolgt. Das Unternehmen verweigerte die Lohnfortzahlung im Krankheitsfall, da er gravierenden Zweifel an einer krankheitsbedingten Arbeitsunfähigkeit aller vier Familienmitglieder habe. Das BAG legte dem EuGH die Frage zur Vorabentscheidung vor, ob und unter welchen Voraussetzungen von einer missbräuchlichen oder betrügerischen Anwendung der Verordnung zur Koordinierung der sozialen Sicherungssysteme auszugehen sei.

Nach Auffassung des EuGH schütze das Unionsrecht nicht die missbräuchliche Geltendmachung von Ansprüchen. Gleichwohl sei es Aufgabe des Arbeitgebers, eine missbräuchliche Erlangung von Attesten oder Dokumenten im Einzelfall nachzuweisen. Allein Zweifel würden hierfür nicht ausreichen, da andernfalls die Vorgaben aus der Verordnung (EG) Nr. 883/2004 sowie der Durchführungs-Verordnung (EG) Nr. 987/2009 über die Anwendung der Systeme der sozialen Sicherheit auf Arbeitnehmer nicht beachtet wären.

---

[23] Vgl. EuGH vom 02.05.1996, Rs. C-206/94 (Paletta II), ECLI:EU:C:1996:182.

[24] Vgl. EuGH vom 02.12.1997, Rs. C-336/94 (Dafeki), ECLI:EU:C:1997:579.

[25] Vgl. EuGH vom 10.02.2000, Rs. C-202/97 (Fitzwilliam Technical Services – FTS), ECLI:EU:C:2000:75; EuGH vom 27.04.2017, Rs. C-620/15 (A-Rosa Flussschiff), ECLI:EU:C:2017:309.

[26] Siehe auch NJW 1996, 1881; NZA 1996, 635; EuZW 1996, 375.

Die wichtigsten Leitsätze

1. Das nationale Gericht ist bei einem missbräuchlichen Verhalten des Betroffenen an die gemäß Durchführungs-Verordnung EG Nr. 987/2009[27] getroffenen Feststellungen über die Arbeitsunfähigkeit nicht gebunden, da eine missbräuchliche oder betrügerische Geltendmachung von EU-Recht nicht gestattet ist. Bei der Würdigung eines solchen Verhaltens sind allerdings die Ziele der einschlägigen Bestimmungen des EU-Rechts zu beachten. (Rn. 24, 25)
2. Grundsätze, nach denen der Arbeitnehmer zusätzlichen Beweis für die durch ärztliche Bescheinigung belegte Arbeitsunfähigkeit erbringen muss, wenn der Arbeitgeber Umstände darlegt und beweist, die zu ernsthaften Zweifeln an einer Arbeitsunfähigkeit Anlass geben, sind nicht mit den Zielen des EU-Rechts und der Verordnungen vereinbar. Dies hätte nämlich für den Arbeitnehmer, der in einem anderen als dem zuständigen Mitgliedstaat arbeitsunfähig geworden ist, Beweisschwierigkeiten zur Folge, die das EU-Recht gerade vermeiden soll. (Rn. 26)
3. Die Verordnungen verwehren es hingegen dem Arbeitgeber nicht, Nachweise zu erbringen, anhand deren das nationale Gericht gegebenenfalls feststellen kann, dass der Arbeitnehmer missbräuchlich oder betrügerisch eine festgestellte Arbeitsunfähigkeit gemeldet hat, ohne krank gewesen zu sein.[28] (Rn. 27) ◄

23.3.2   Fall Dafeki, EuGH vom 02.12.1997, Rs. C-336,/94, ECLI:EU:C:1997:579[29]

Die griechische Staatsangehörige D arbeitete von 1966 bis 1988 in Deutschland und beantragte Altersrente. Nach der seinerzeit geltenden Regelung konnten Frauen Altersrente mit Vollendung des 60. Lebensjahres beziehen. Entsprechend ihren Angaben in der ursprünglichen Aufenthaltserlaubnis und auch in den Arbeitsverträgen war sie am 3. Dezember 1933 geboren. Ihrem 1989 gestellten Antrag legte sie eine vom zuständigen Athener Amtsgericht korrigierte Geburtsurkunde vor, die als Geburtsdatum den 20. Februar 1929 auswies. Dieses Geburtsdatum hatte das mit einem Einzelrichter besetzte Gericht mit Urteil vom 4. April 1986 aufgrund des „Verfahrens bei Verlust der Archive und Personenstandsbücher" neu festgesetzt. D wurde die Zahlung einer Rente verweigert, weil sie das erforderliche Rentenalter von 60 Jahren nicht erreicht habe. Die Behörde ging dabei von dem ursprünglich angegebenen Geburtsdatum 3. Dezember 1933 aus. Das Sozialgericht Hamburg hat dem EuGH die Frage zur Vorabentscheidung vorgelegt, ob die Anwendung des

---

[27] Zum Zeitpunkt der Entscheidung Verordnung Nr. 574/72.

[28] Vgl. auch EuGH vom 03.06.1992, C-45/90 (Paletta I), ECLI:EU:C:1992:236.

[29] Siehe auch EuZW 1998, 47.

Grundsatzes der freien Beweiswürdigung auf die Beweiskraft von Personenstandsurkunden mit der Arbeitnehmerfreizügigkeit vereinbar sei.

Der EuGH führt aus, dass durch die Nichtanerkennung der korrigierten Geburtsurkunde die Arbeitnehmerfreizügigkeit verletzt sei. Die Zumessung einer geringeren Beweiskraft für ausländische Urkunden, die zur Geltendmachung von Ansprüchen einer AN notwendig sei, habe diskriminierende Wirkung und verletzt
daher die Arbeitnehmerfreizügigkeit. Ein entsprechendes Verfahren lasse sich auch
nicht durch den Hinweis auf national sehr unterschiedliche Verfahren zur Feststellung von Personenstandsdaten rechtfertigen. Der Beweiswert ausländischer Urkunden sei unter Berücksichtigung des Freizügigkeitsrechts nach der Verordnung (EG)
883/2004[30] und der Durchführungs-Verordnung (EG) Nr. 987/2009[31] dem inländischer Urkunden gleichzustellen.

> **Die wichtigsten Leitsätze**
>
> 1. Einen Anspruch auf eine Leistung der sozialen Sicherheit, der sich aus dem
>   Freizügigkeitsrecht ergibt, müssen Arbeitnehmer durch bestimmte, in den
>   Personenstandsbüchern enthaltene Angaben belegen. Ob eine Personen-
>   standsurkunde als unrichtig angesehen werden kann, hängt in hohem Maße
>   davon ab, in welchem Verfahren und unter welchen Voraussetzungen eine sol-
>   che Geburtsurkunde geändert werden kann; hier können zwischen den Mit-
>   gliedstaaten erhebliche Unterschiede bestehen. (Rn. 11, 17)
> 2. Die Behörden und Gerichte eines anspruchsverpflichtenden Mitgliedstaats
>   sind nach EU-Recht grundsätzlich nicht verpflichtet, nachträgliche Be-
>   richtigungen durch die Behörden des Heimatstaates genauso zu behandeln
>   wie derartige Berichtigungen durch die Behörden des anspruchsver-
>   pflichtenden Mitgliedstaats. (Rn. 18)
> 3. Allerdings ist die Geltendmachung der Ansprüche, die sich aus der Freizügig-
>   keit der Arbeitnehmer ergeben, ohne die Vorlage von Personenstands-
>   urkunden, die im allgemeinen vom Heimatstaat des Arbeitnehmers aus-
>   gestellt werden, nicht möglich. Folglich sind die Behörden und Gerichte des
>   Tätigkeitsstaats nach VO (EG) 883/2004 verpflichtet, von den Behörden des
>   Heimatstaates ausgestellte Urkunden über den Personenstand zu beachten,
>   sofern deren Richtigkeit nicht durch konkrete, einzelfallbezogene Anhalts-
>   punkte ernstlich in Frage gestellt ist. (Rn. 19) ◄

23.3.3 Fall Fitzwilliam Technical Services (FTS), EuGH vom 10.02.2000, Rs. C-202/97, ECLI:EU:C:2000:75[32]

FTS ist ein irisches Zeitarbeitsunternehmen, das Arbeitnehmer – alle irische Staatsangehörige – sowohl in Irland als auch in den Niederlanden einsetzt. Die in die

---

[30] Zum Zeitpunkt der Entscheidung Verordnung (EWG) Nr. 1408/71 (VO soziale Sicherheit).
[31] Zum Zeitpunkt der Entscheidung Verordnung (EWG) Nr. 574/72 (Durchführungs-VO soziale
Sicherheit).

Niederlande entsandten AN werden im Agrar- und Gartenbaubereich beschäftigt. FTS nimmt die Entsendetätigkeit von Irland aus vor. Die Arbeitsverträge werden sämtlichst durch die Geschäftsstelle in Dublin abgeschlossen. In dieser Geschäftsstelle sind 20 Personen beschäftigt, in ihrer Zweigstelle in Delft (Niederlande) nur 2 Personen. Es wird irisches Recht vereinbart und die AN werden für die Dauer der Entsendung in die Niederlande dem irischen System der Sozialversicherung „pay related social insurance" angeschlossen. Nachdem FTS drei Jahre hintereinander in den Niederlanden höhere Umsätze als in Irland erzielt hat, kam die zuständige niederländische Sozialversicherungsbehörde zu der Auffassung, dass die entsandten AN zu Unrecht dem irischen System der sozialen Sicherung angeschlossen seien und verlangte die entsprechenden Arbeitgeberbeiträge. FTS rügt eine Verletzung der Dienstleistungsfreiheit sowie der Verordnung (EG) 883/2004.[33] Die Arrondissementrechtsbank Amsterdam legte dem EuGH die Frage vor, ob die von einem Mitgliedsstaat ausgestellte Bescheinigung auch hinsichtlich der darin festgelegten Rechtsfolgen für andere Mitgliedsstaaten bindend sei und ob die Ausnahme[34] vom Grundsatz der Sozialversicherungspflicht im Tätigkeitsstaat erfordere, dass AG in dem Mitgliedsstaat, in dem sich ihre Betriebsstätte befindet, eine nennenswerte unternehmerische Tätigkeit entfalten.

Der EuGH ist der Auffassung, dass Zweck der Verordnung (EG) 883/2004 sei, die AN, die innerhalb der Union zu- und abwandern, dem System der sozialen Sicherung nur eines Mitgliedsstaates zu unterwerfen, sodass die Kumulierung anwendbarer nationaler Rechtsvorschriften mit entsprechenden Schwierigkeiten vermieden werden. Der Grundsatz, dass AN den Rechtsvorschriften des Mitgliedsstaates unterliegen, in dem sie tatsächlich tätig sind, erfährt bei entsandten Arbeitnehmern Einschränkungen. Sofern der Niederlassungsstaat eine Bescheinigung über die Sozialversicherungspflicht erteilt hat, liegt eine Bindungswirkung auch für die Sozialversicherungsträger des Beschäftigungsstaates vor. Diese sog. E-101-Bescheinigung[35] begründe daher eine Vermutung dafür, dass der AN an das System der sozialen Sicherheit des Mitgliedsstaates, in dem das Zeitarbeitsunternehmen seine Betriebsstätte hat, ordnungsgemäß angeschlossen sei und binde folglich den zuständigen Träger des Tätigkeitsstaates. Voraussetzung hierfür sei aber, dass das Unternehmen im Niederlassungsstaat eine nennenswerte Geschäftstätigkeit ausübt und nicht nur eine bloße Briefkasten-Adresse unterhält.

---

[32] Siehe auch NZA-RR 2000, 201; EuZW 2000, 380; NZS 2000, 291.

[33] Zum Zeitpunkt der Entscheidung Verordnung Nr. 1408/71; Nach dieser Verordnung bleiben bei einem ins EU-Ausland entsandten Arbeitnehmer hinsichtlich des Sozialrechts die Rechtsvorschriften des Niederlassungsstaates anwendbar, sofern die voraussichtliche Dauer der Tätigkeit 12 Monate (nunmehr 24 Monate) nicht überschreitet.

[34] Art. 12 Abs. 1 VO (EG) 883/2004.

[35] Vgl. u. a. Art. 19 Abs. 2, Art. 15 Abs. 1 Durchführungs-Verordnung (EG) 987/2009.

Die wichtigsten Leitsätze

1. Die Ausnahmevorschrift des Art. 12 der VO (EG) 883/2004[36] hat insbesondere das Ziel, die Dienstleistungsfreiheit zugunsten von Unternehmen zu fördern, die Arbeitnehmer in andere Mitgliedstaaten als den Staat ihrer Betriebsstätte entsenden. Ohne diese Bestimmung wäre ein Unternehmen verpflichtet, seine Arbeitnehmer in einem anderen Mitgliedstaat anzumelden, wenn sie zur Verrichtung von Arbeiten von begrenzter Dauer in diesen entsandt würden; was Dienstleistungsfreiheit beeinträchtigen könnte. (Rn. 28, 29)
2. Unternehmen können sich aber nur dann auf diese Sonderregelungen berufen, wenn sie in ihrem Niederlassungsstaat eine nennenswerte Geschäftstätigkeit ausüben. Dabei sind die Zahl der Betriebsstätten im Niederlassungsstaat und in anderen Mitgliedsstaaten, die Beschäftigtenzahl, der Sitz der Verwaltung, der Ort, an dem die entsandten Arbeitnehmer eingestellt und an dem die Verträge mit Kunden geschlossen werden, in einer Gesamtschau zu berücksichtigen. (Rn. 42, 43)
3. In der sog. E-101-Bescheinigung erklärt der Niederlassungsstaat, dass sein eigenes System der sozialen Sicherheit während der Dauer der Entsendung anwendbar bleibt. Wegen des Grundsatzes, dass die Arbeitnehmer nur einem einzigen System der sozialen Sicherheit angeschlossen sein sollen, hat diese Bescheinigung damit zur Folge, dass das System der sozialen Sicherheit des Tätigkeitsstaates nicht angewandt werden kann. (Rn. 33, 48, 49)
4. Der Grundsatz der vertrauensvollen Zusammenarbeit nach Art. 4 Abs. 3 EUV[37] verpflichtet den zuständigen Träger, den Sachverhalt ordnungsgemäß zu beurteilen und damit die Richtigkeit der in der E-101-Bescheinigung aufgeführten Angaben zu gewährleisten, sodass der Tätigkeitsstaat hieran gebunden ist. Jede andere Lösung würde den Grundsatz des Anschlusses an ein einziges System der sozialen Sicherheit sowie Vorhersehbarkeit und Rechtssicherheit beeinträchtigen. (Rn. 51, 52, 54) ◄

23.3.4 Fall A-Rosa Flussschiff, EuGH vom 27.04.2017, Rs. C-620/15, ECLI:EU:C:2017:309

Die A-Rosa Flussschiff GmbH mit Sitz in Deutschland, betreibt u. a. zwei Kreuzfahrtschiffe auf der Rhône (Frankreich) und der Saône (Frankreich), auf denen 45 bzw. 46 Saisonarbeiter beschäftigt sind, die aus anderen Mitgliedsstaaten als Frankreich stammen und im Hotelbetrieb eingesetzt sind. Die beiden Schiffe befahren ausschließlich die französischen Binnengewässer. A-Rosa verfügt über eine Zweig-

---

[36] Bei der Tätigkeit eines entsandten Arbeitnehmers, die 24 Monate nicht überschreitet, findet das Recht des Niederlassungs- und nicht des Tätigkeitsstaates Anwendung.
[37] Zum Zeitpunkt der Entscheidung Art. 5 EG-Vertrag.

stelle in der Schweiz, die für alles zuständig ist, was mit dem Einsatz der Schiffe, dem Betrieb, der Verwaltung sowie mit den Personalangelegenheiten, d. h. mit dem auf den Schiffen beschäftigten Personal, zu tun hat.[38]

Aufgrund einer im Juni 2007 durchgeführten Überprüfung der beiden Schiffe stellte die zuständige französische Sozialversicherungsbehörde Unregelmäßigkeiten bei der sozialen Absicherung der im Hotelbetrieb tätigen Arbeitnehmer fest. Diese Feststellung führte zu einem Nacherhebungsbescheid über 2.024.123 € wegen ausstehender Beiträge zur französischen Sozialversicherung für die Zeit von 2005 bis 2007. Im Rahmen der Überprüfungen legte A-Rosa für diesen Zeitraum Bescheinigungen E 101 für sämtliche betroffenen AN vor, die von der schweizerischen Sozialversicherungsanstalt gemäß der Verordnung Nr. 883/2004[39] ausgestellt wurden. Daraus ergab sich, dass die auf den A-Rosa Schiffen tätigen Personen nach Schweizer Recht sozialversichert waren und entsprechende Beiträge geleistet wurden. Mit der Begründung, dass die Arbeitnehmer ausschließlich in Frankreich tätig waren, wurden diese Bescheinigungen nicht anerkannt. Im Rahmen des sich daran anschließenden Verfahrens legte der Cour de cassation dem EuGH die Frage vor, ob die Bescheinigungen E 101 auch für Frankreich bindende Wirkung entfalten, wenn die in Rede stehenden Schiffe ihre Fahrten ständig und ausschließlich in Frankreich durchführen. Der EuGH geht von einer solchen Bindungswirkung aus und verweist u. a. auf den Grundsatz der vertrauensvollen Zusammenarbeit nach Art. 4 Abs. 3 EUV. Danach müssen grundsätzlich Bescheinigungen von Sozialversicherungseinrichtungen anderer Mitgliedsstaaten vom Tätigkeitsstaat anerkannt werden.[40]

Die wichtigsten Leitsätze

1. Die Bescheinigung E 101[41] – ebenso wie die materiell-rechtlichen Regelungen in der Verordnung Nr. 883/2004 – soll die Freizügigkeit der Arbeitnehmer und die Dienstleistungsfreiheit fördern. In dieser Bescheinigung erklärt der zuständige Träger des Mitgliedsstaats, in dem der Arbeitgeber seine Betriebsstätte hat, dass sein eigenes System der sozialen Sicherheit anwendbar bleibt. Wegen des Grundsatzes des einzigen Systems der sozialen Sicherheit, hat diese Bescheinigung zur Folge, dass das System der sozialen Sicherheit des anderen Mitgliedsstaats nicht angewandt werden kann. (Rn. 37, 38)

2. Der Grundsatz der vertrauensvollen Zusammenarbeit nach Art. 4 Abs. 3 EUV verpflichtet den ausstellenden Träger, den Sachverhalt ordnungsgemäß zu beurteilen und damit die Richtigkeit der in der Bescheinigung E 101 auf-

---

[38] In den Arbeitsverträgen mit den bei A-Rosa beschäftigten Arbeitnehmern ist die Anwendung schweizerischen Rechts vereinbart.

[39] Zum Zeitpunkt der Entscheidung VO Nr. 1408/71.

[40] Diese Grundsätze kamen aufgrund des Abkommens EU-Schweiz auch für die schweizerischen Sozialversicherungen zur Anwendung.

[41] Vgl. u. a. Art. 19 Abs. 2, Art. 15 Abs. 1 Durchführungs-Verordnung (EG) 987/2009.

geführten Angaben zu gewährleisten. Gleichermaßen würde der Tätigkeitsstaat seine Verpflichtungen nach Art. 4 Abs. 3 EUV verletzen, wenn er sich nicht an die Angaben in der Bescheinigung E 101 gebunden sähe und die Arbeitnehmer zusätzlich seinem eigenen System der sozialen Sicherheit unterstellte. (Rn. 40, 41)

3. Solange also eine Bescheinigung E 101 nicht für ungültig erklärt wird, hat der Tätigkeitsstaat dem Umstand Rechnung zu tragen, dass der Arbeitnehmer bereits dem Recht der sozialen Sicherheit des Niederlassungsstaates unterliegt. Der Träger kann daher die fraglichen Arbeitnehmer nicht seinem eigenen System der sozialen Sicherheit unterstellen. Gelangen die beteiligten Träger bei der Beurteilung eines Sachverhalts zu keiner Übereinstimmung, können sie sich an die Verwaltungskommission der Union wenden und ggf. ein Vertragsverletzungsverfahren einleiten. (Rn. 43–46) ◄

23.3.5 Fall Team POWER EUROPE, EuGH vom 03.06.2021, Rs. C-784/19, ECLI:EU:C:2021:427

Nach Art. 12 der VO (EG) 883/2004 unterliegt eine entsandte Person für die Dauer von 24 Monaten hinsichtlich der Sozialversicherung weiterhin der Rechtsordnung ihres Heimatstaates. Voraussetzung dafür ist allerdings, dass der entsendende Arbeitgeber, in der Regel ein heimisches Leiharbeitsunternehmen, auch gewöhnlich in diesem Mitgliedsstaat tätig ist.

Ein bulgarisches Leiharbeitsunternehmen beantragt für bulgarische AN, die an ein in Deutschland ansässiges Unternehmen verliehen werden soll, eine sog. A1-Bescheinigung nach EU-Verordnung Nr. 883/2004/EG. Mit dieser soll bescheinigt werden, dass die bulgarischen Rechtsvorschriften auch in der Zeit der Überlassung auf Arbeitnehmer anwendbar seien. Die zuständige Behörde lehnt den Antrag mit der Begründung ab, dass das Leiharbeitsunternehmen in Bulgarien keinen nennenswerten Teil seiner Tätigkeit ausübe. Tatsächlich überlässt das Unternehmen Leiharbeitnehmer nur an entleihende Unternehmen, die in anderen Mitgliedsstaaten tätig sind.

Das zuständige bulgarische Verwaltungsgericht legt dem EuGH die Frage vor, ob ein in einem Mitgliedsstaat ansässiges Leiharbeitsunternehmen einen nennenswerten Teil seiner Tätigkeit in der Überlassung von Leiharbeitnehmern für Unternehmen ausüben muss, die in dem gleichen Mitgliedsstaat niedergelassen und tätig sind.

Der EuGH verweist darauf, dass die Sonderregelungen des Art. 12 EU-Verordnung Nr. 883/2004/EG für entsandte AN eine Ausnahme vom allgemeinen sozialrechtlichen Grundsatz darstelle, wonach eine Person den Rechtsvorschriften des Mitgliedsstaates unterliege, in dem sie eine selbstständige oder abhängige Tätigkeit ausübe. Diese Ausnahmevorschrift sei restriktiv auszulegen, da andernfalls für Unternehmen ein Anreiz geschaffen werde, sich in den Mitgliedsstaaten niederzulassen, die die günstigsten Rechtsvorschriften im Bereich der sozialen Sicherheit aufweisen.

Die wichtigsten Leitsätze

1. Ein Leiharbeitsunternehmen ist dadurch gekennzeichnet, dass es eine Reihe von Tätigkeiten ausübt, die in der Auswahl der Einstellung und der Überlassung von Leiharbeitnehmern an entleihende Unternehmer bestehen. Auswahl und Einstellung von Leiharbeitnehmern ist nicht bloß „reine interne Verwaltungstätigkeit".

2. Im vorliegenden Fall besteht der Unternehmenszweck ausschließlich in der späteren Überlassung von Arbeitnehmern an entleihende Unternehmen im EU-Ausland. Erst durch diese Überlassung wird der eigentliche Umsatz erwirtschaftet.

3. Die unionsrechtlichen Regelungen nach Verordnung Nr. 883/2004, wonach für entsandte Arbeitnehmer weiterhin die Rechtsvorschriften ihres Herkunftsstaates maßgebend sind, stellt eine Ausnahme vom allgemeinen Grundsatz dar, wonach eine Person den Rechtsvorschriften des Mitgliedsstaates unterliegt, in dem die abhängige Tätigkeit ausgeübt wird.

4. Daraus folgt, dass Leiharbeitsunternehmen, die die Auswahl und Einstellung von Arbeitnehmern in den Mitgliedsstaat ausüben, in dem sie niedergelassen sind, nur dann in diesem Mitgliedsstaat auch nennenswerte Tätigkeiten ausüben, wenn sie dort auch in nennenswertem Umfang Arbeitnehmer an Unternehmen verleihen, die in dem gleichen Mitgliedsstaat ansässig und tätig sind. ◄

23.4 Auswirkung auf die deutsche Rechtsordnung und die arbeits- und sozialrechtliche Praxis

Aus den vorgenannten Entscheidungen lassen sich mehrere sozialversicherungsrechtliche Grundsätze für die arbeitsrechtliche Praxis – nicht nur bei der Beschäftigung von AN aus anderen Mitgliedsstaaten, sondern auch im Entsendebereich – herleiten.

23.4.1 Grundsatz des einzigen Systems der sozialen Sicherheit sowie des sozialversicherungsrechtlichen Günstigkeitsprinzips

Grundsätzlich sollen AN bei einem grenzüberschreitenden Arbeitseinsatz in der Union nur einem einzigen System der sozialen Sicherheit angeschlossen sein. Daher sieht Art. 11 Abs. 1 Satz 1 VO Nr. 883/2004[42] vor, dass für die soziale Sicherheit nur die Rechtsvorschriften eines Mitgliedsstaates zur Anwendung kommen. Dieser Grundsatz, dass der AN nur einem einzigen System der sozialen Sicherheit ange-

---

[42]Vgl. auch Art. 10 VO Nr. 987/2009; ferner Franzen, EuZA 2018, 217.

schlossen sein soll, gilt allerdings nur für den jeweiligen Tätigkeitszeitraum. Art. 10 VO Nr. 883/2004 sieht daher ein Verbot des Zusammentreffens von Leistungen nur bei Leistungen gleicher Art aus derselben Pflichtversicherungszeit vor. Sofern somit AN zu früheren oder späteren Zeiten in anderen Mitgliedsstaaten tätig werden, kann das Recht eines anderen Mitgliedsstaates anwendbar sein und einen Anspruch auf mehrere Leistungen aus unterschiedlichen Systemen der sozialen Sicherheit begründen. So enthält die Verordnung Nr. 883/2004 in Art. 6[43] Regelungen über die Zusammenrechnung von Versicherungszeiten sowie den Grundsatz, dass erworbene Rechte in Systemen der sozialen Sicherheit anderer Mitgliedsstaaten nicht verlustig gehen dürfen.[44] Auch dürfen Sozialversicherungsansprüche, die bereits nach nationalem Recht bestehen, durch Unionsrecht nicht beschnitten oder eingeschränkt werden.[45]

23.4.2 Keine geringere Beweiskraft von Dokumenten aus EU-Mitgliedsstaaten

Die Entscheidungen Paletta II und Dafeki zeigen, dass das sowohl die Dienstleistungsfreiheit als auch das Recht der Freizügigkeit kollisionsrechtliche und prozessuale Auswirkungen haben können.[46] Dies gilt insbesondere für Fragen der Darlegungs- und Beweislast in arbeitsgerichtlichen oder sozialgerichtlichen Verfahren. So können die Anzeige- und Nachweispflichten nach § 5 EntgeltfortzahlungsG auch durch Bescheinigungen von Ärzten aus anderen Mitgliedsstaaten erbracht werden. Solchen Bescheinigungen kommt keine geringere Beweiskraft zu als die von deutschen Ärzten. Will der Arbeitgeber die Unrichtigkeit solcher ärztlichen Bescheinigungen geltend machen, trifft ihn hierfür die uneingeschränkte Beweislast. Es gibt keine Beweiserleichterung hinsichtlich eines Attestes von Ärzten aus anderen Mitgliedsstaaten.[47]

---

[43] Vgl. ferner Art. 12 VO Nr. 987/2009.

[44] Nur wenn unionsrechtliche Kollisionsnormen zu einer für den Betroffenen günstigeren Rechtsfolge führen, ist dies mit Unionsrecht vereinbar; so EuGH vom 12.06.1986, Rs. C-302/84 (Ten Holder), ECLI:EU:C:1986:242 zu dem fehlenden Anspruch auf Leistungen aus der niederländischen Arbeitsunfähigkeitsversicherung, wenn der letzte Beschäftigungsstaat Deutschland war; ferner EuGH vom 10.07.1986, Rs. C-60/85 (Luijten), ECLI:EU:C:1986:307 zu dem fehlenden Anspruch auf Familienbeihilfe nach niederländischem Recht, wenn lediglich in Belgien eine selbstständige Tätigkeit ausgeübt wird; sowie EuGH vom 15.12.1995, Rs. C-352/06 (Bosmann), ECLI:EU:C:2008:290 zur Frage eines Kindergeldanspruchs in Deutschland, wenn die Anspruchstellerin in den Niederlanden arbeitet.

[45] Vgl. EuGH vom 21.10.1975, Rs. C-24/75 (Petroni), ECLI:EU:C:1975:129; ferner Bokeloh, ZESAR 2012, 121, 122; Eichenhofer, Sozialrecht der europäischen Union, 4. Auflage, Rn. 117; Dem Kläger Petroni stand in dieser Entscheidung allein auf Grund einer 17-jährigen Tätigkeit als Bergarbeiter in Belgien eine Jahresrente von 34.358 bfrs zu, die erst aufgrund von Bestimmungen des Gemeinschaftsrechts in Anbetracht von italienischen Versicherungszeiten gekürzt wurde. Dies ist mit den Grundsätzen des europäischen Sozialrechts nach Art. 48 AEUV unvereinbar.

[46] Vgl. Thüsing, Europäisches Arbeitsrecht, 4. Auflage, § 2 Rn. 80, 81.

[47] Vgl. Thüsing a. a. O.; Bauer/Diller, NZA 2000, 711; Fuchs, NZA 2005, Beilage 2, 97; ferner LAG BW, NZA-RR 2000, 414.

In der Paletta II-Entscheidung[48] hat der EuGH darauf hingewiesen, dass trotz der grundsätzlichen Bindung an das Attest dem Arbeitgeber der Beweis des Rechtsmissbrauchs nicht abgeschnitten sei.[49] Dies gilt im Übrigen auch bei Attesten von deutschen Ärzten, wenn der Arbeitgeber die Arbeitsunfähigkeit bezweifelt.[50] In einem solchen Fall hat das Unternehmen aber zu beweisen, dass der die Bescheinigung ausstellende Arzt durch Simulation getäuscht wurde oder er den Begriff der krankheitsbedingten Arbeitsunfähigkeit verkannt oder sich mit der Frage der Arbeitsunfähigkeit gar nicht auseinandergesetzt hat.[51] Im Fall Dafeki hat der EuGH die Verpflichtung zur Anerkennung der Personenstandsurkunden aus Griechenland im Grunde allein aus dem Freizügigkeitsrecht hergeleitet.

Vergleichbar wie in den Entscheidungen Paletta II und Dafeki waren auch die Behörden des Tätigkeitsstaates in den Fällen FTS[52] und A-Rosa Flussschiff an die sog. E-101-Bescheinigung gebunden, sofern es ihnen nicht gelingt einen Missbrauch zu beweisen. Bei Zweifeln müssen die beteiligten Mitgliedstaaten ein

---

[48]Vgl. zu der zum Teil erheblichen Kritik an der Entscheidung im deutschen Schrifttum: Junker, NJW 1994, 2527; Blomeyer, NZA 1994, 635; Kaiser, NZA 2000, 1150.

[49]Im Ergebnis ist es in der Angelegenheit Paletta II dem Unternehmen letztlich nach der Entscheidung des EuGH doch noch gelungen ist, die Unrichtigkeit der Bescheinigungen zu beweisen. Im Rahmen der erneuten Verhandlung des Paletta-Falls vor dem LAG Baden-Württemberg wies das Gericht auf die massiven und sich überschneidenden Arbeitsunfähigkeitszeiten der vier Familienmitglieder und die Vermutung des Gerichts hin, dass diese nicht richtig sein konnten. Dem Arbeitnehmer könne jedoch nicht der Gegenbeweis abgeschnitten werden, dass er tatsächlich erkrankt war. Aus diesem Grund beschloss das LAG gegenbeweislich, die italienischen Ärzte als Zeugen zu vernehmen. Da einer der Ärzte zwischenzeitlich verstorben war und ein anderer sich nicht erinnern konnte, wurde schließlich die Klage abgewiesen; vgl. auch EuGH vom 03.06.1992, Rs. C-45/90 (Paletta I), ECLI:EU:C:1992:236; ferner LAG BW, NZA-RR 2000, 514; Bauer/Diller, NZA 2000, 711; Thüsing a. a. O. Rn. § 2 Rn 80, 81.

[50]Vgl. BAG, NZA 1993, 23; BAG, NZA 1996, 1030; Lepke, Kündigung bei Krankheiten, 10. Auflage, Rn. 365.

[51]Vgl. BAG a. a. O.; Lepke a. a. O.

[52]Die eigentliche Relevanz des Falles FTS bestand aber in der Frage, wie nachhaltig die Bindung des entsendenden Unternehmens an den Niederlassungsstaat bzw. den Mitgliedstaat der Betriebsstätte sein muss, insbesondere wenn es sich bei dem Arbeitgeber um ein Leiharbeitsunternehmen handelt. Der EuGH wies zu Recht darauf hin, dass zumindest eine nennenswerte Geschäftstätigkeit ausgeübt werden müsse, damit sich das Unternehmen auf die Dienstleistungsfreiheit berufen könne. Sofern dies der Fall sei, sei es für das Unternehmen ausreichend, sich im Entsendungsfall auf Urkunden und Unterlagen, die er bereits im Niederlassungsstaat erbracht hat, zu berufen; vgl. Fuchs a. a. O. S. 100; ferner Kolmhuber in Nägele, EG-Arbeitsrecht in der deutschen Praxis, S. 65; Bloße Briefkastenfirmen dürften daher für die Inanspruchnahme des dargestellten Sozialversicherungsprivileges nicht ausreichen. Die fehlende Bindung an den Niederlassungsstaat nachzuweisen, ist allerdings Sache der Sozialversicherungsbehörden des Tätigkeitsstaates, die die Anwendung ihres Systems der sozialen Sicherheit geltend machen.

unionsinternes Verwaltungsverfahren über die Verwaltungskommission einhalten.[53] Da ein solches Verfahren vorliegend nicht durchgeführt wurde, blieb es dabei, dass Frankreich auch unter Beachtung von Art. 4 Abs. 3 EUV an die Feststellungen in den Bescheinigungen E 101 gebunden war, sodass der Nacherhebungsbescheid gegen Unionsrecht verstoßen hatte.[54]

23.4.3 Ausstrahlungswirkung

Im deutschen Sozialrecht sind Regelungen über die Ausstrahlungs- bzw. Einstrahlungswirkungen entsprechend Art. 12 Abs. 1 VO (EG) 883/2004 im Zusammenhang mit der Entsendung von AN in den §§ 4, 5 SGB IV enthalten. Durch die Privilegierungsregelungen von Art. 12 Abs. 1 kann es daher dazu kommen, dass ein entsandter AN sozialversicherungsrechtlich dem Heimatstaat zugeordnet ist, während er arbeitsrechtlich aufgrund der Regelung von Art. 3 Abs. 1 Richtlinie 96/71/EG (Arbeitnehmerentsende-Richtlinie) dem Recht des Tätigkeitsstaates, z. B. hinsichtlich des Mindestlohns und des Mindesturlaubs, unterworfen ist.[55] EU-Unternehmen haben daher für ihre ins EU-Ausland entsandten AN arbeitsrechtlich die Regelungen des Tätigkeitsstaates anzuwenden, sofern sie den harten Kern an Arbeitsbedingungen im Sinne der oben genannten Richtlinie ausmachen.

Hinsichtlich des Sozialversicherungsrechts können dagegen innerhalb der ersten 24 Monate die sozialversicherungs-rechtlichen Regelungen ihres Niederlassungsstaates zur Anwendung gebracht werden. Dabei kann für alle entsandten AN – im Übrigen auch für Selbstständige – durch eine sog. A1-Bescheinigung (vormals E101-Bescheinigung) nach Art. 19 Abs. 2 VO (EG) Nr. 987/2009 das Bestehen eines Sozialversicherungsschutzes bestätigt werden.[56] In der dargestellten EuGH Entscheidung Team Power Europe[57] hat der EuGH allerdings zum Ausdruck gebracht, dass die 24-Monats-Regelung nach Art. 12 der VO (EG 883/2004) als Ausnahmevorschrift restriktiv auszulegen sei. Sofern der unternehmerische Zweck ausschließlich darin besteht, Personal am Ort der Niederlassung einzustellen um es an Unternehmen an anderen Mitgliedsstaaten zu verleihen, kommt die 24-Monats-Regelung nicht zur Anwendung.

---

[53] Vgl. Art. 15, 16 VO Nr. 987/2009.

[54] Art. 4 Abs. 3 EUV ist aufgrund des Abkommens EG-Schweiz auch bei der Auslegung von Bescheinigungen E 101 durch Schweizer Sozialversicherungsbehörden zu berücksichtigen. Vgl. zum Widerruf einer A1-Bescheinigung: Lach, ZESAR 2023, 158 sowie zum sonstigen Verfahren bei A1-Bescheinigungen: Walser/Kärcher, ZESAR 2023, 425.

[55] Vgl. Kowanz in Nägele, EG-Arbeitsrecht in der deutschen Praxis, S. 347; Krimphove, Europäisches Arbeitsrecht, 2. Auflage, Rn. 485.

[56] Vgl. hierzu Heuschmidt/Schierle in Preis/Sagan, Europäisches Arbeitsrecht, 2. Auflage, § 16 Rz. 16.38.

[57] Fall Team POWER EUROPE, EuGH vom 03.06.2021, Rs. C-784/19, ECLI:EU:C:2021:427; vgl. hierzu auch: Becker, ZESAR 2021, 467.

Beschäftigtendatenschutz im EU-Recht

24

▶ **Aktuelle Verordnungen und Richtlinien**
- Verordnung (EG) 883/2004 zur Koordinierung der Systeme der sozialen Sicherheit[1] (siehe Abb. 4.1)
- Verordnung (EG) 987/2009 zur Festlegung der Modalitäten und Koordinierung der Systeme der sozialen Sicherheit[2] (siehe Abb. 4.2)
- Kurzübersicht Fälle (siehe Abb. 24.1)

24.2.1 HPR Hessen EuGH vom 30.03.2023, Rs C-34/21, ECLI:EU:C:2023:270	Die Öffnungsklausel nach Art. 88 DSGVO erfordert, dass der nationale Gesetzgeber spezifische Vorschriften zum Datenschutz im Beschäftigungskontext erlässt. Die bloße Wiederholung allgemeiner datenschutzrechtlicher Grundsätze reicht hierfür nicht aus, so dass in diesem Fall die DSGVO anwendbar bleibt.
24.2.2 Fall CRIF GmbH EuGH vom 04. Mai 2023, Rs C-487/21, ECLI:EU:C:2023:369	Eine Kopie nach Art. 15 Abs. 3 DSGVO muss alle personenbezogenen Daten zum Gegenstand haben, die es der betroffenen Person ermöglichen, die Rechtmäßigkeit der Verarbeitung zu überprüfen.
24.2.3 Fall Österreichische Post EuGH vom 04.05.2023, Rs. C-300/21, ECLI:EU:2023:370	Betroffene müssen für einen Anspruch nach Art. 82 DSGVO einen materiellen oder immateriellen Schaden konkret darlegen. Eine Rechtsverletzung von einigem Gewicht ist nicht erforderlich, die Verhängung von Strafschadensersatz aber in der DSGVO auch nicht vorgesehen.

Abb. 24.1 Kurzübersicht Fälle

---

[1] ABl. Nr. L 166 S. 1, ber. ABl. Nr. L 2004 S. 1 und ABl. 2007 Nr. L 204 S. 30.

Der Begriff des Beschäftigtendatenschutzes umfasst den Schutz des allgemeinen Persönlichkeitsrechts von Beschäftigten, speziell vor dem Hintergrund des Rechtes auf informationelle Selbstbestimmung und dem Grundrecht auf Gewährleistung der Integrität und Vertraulichkeit informationstechnischer Systeme nach Art. 2 Abs. 1, Art. 1 Abs. 1 GG.[3] Weder in Deutschland noch in der Union gibt es spezielle Normen zum Beschäftigungsdatenschutz. Dies hat sich auch mit Ausnahme von § 88 DSGVO durch die DSGVO nicht geändert. Die DSGVO hat als EU-Verordnung in Deutschland unmittelbare Wirkung. Sie verdrängt insoweit die bisherigen deutschen Regelungen.

Vor Verabschiedung der Datenschutzgrundverordnung (DSGVO)[4] waren die wesentlichen Regelungen zum Datenschutz von Beschäftigten in § 32 BDSG enthalten. Die Verarbeitung von Beschäftigungsdaten war danach zur Erfüllung gesetzlicher Pflichten, im Rahmen eines Bewerbungsverfahrens sowie zur Durchführung und Beendigung des Arbeitsverhältnisses zulässig. Wesentliche Grenze war der Verhältnismäßigkeitsgrundsatz, wonach in jedem Fall ein sachlicher Grund zur Verarbeitung der Daten erforderlich war.

24.1 Begrifflichkeiten der DSGVO

Vergleichbar dem deutschen Datenschutzrecht ist das zentrale Tatbestandsmerkmal „Verarbeitung personenbezogener Daten".[5] Zu den personenbezogenen Daten gehören unter anderem der Namen der Person, seine Telefonnummer und Informationen über ihr Arbeitsverhältnis und ihre Freizeitbeschäftigung.[6] Zu den typischen personenbezogenen Daten im Beschäftigungskontext gehören neben der Personalakte die Lohnsteuerkarte, Sozialversicherungsnachweise, Nachweise über Berufsausbildung, Arbeitsunfälle, Krankheitszeiten, Urlaubsvertretungen, berufliche Entwicklungen, Weiterbildungsmaßnahmen, Leistungen, Beurteilungen und Zeugnisse, Bewerbungsunterlagen, Abmahnungen, Betriebsbußen.[7] In digitaler Hinsicht gehören E-Mails, RFED-Chips, GPS oder Handy-Ortungen sowie von Smartphones erfasste Aufzeichnungen, Bildschirmanzeigen sowie sonstige interne Dokumente zu den personenbezogenen Daten.[8]

---

[2] ABl. Nr. L 284 S. 1.

[3] Vgl. hierzu grundlegend BVerfGE 89, 69; BVerfG NJW 2019, 827; sowie zum Grundrecht auf Gewährleistung der Vertraulichkeit und Integrität informationstechnischer Systeme: BVerfGE 120, 274 (308, 309).

[4] Verordnung (EU) 2016/679 des Europäischen Parlaments und des Rates vom 27. April 2016 zum Schutz natürlicher Personen bei der Verarbeitung personenbezogener Daten, zum freien Datenverkehr und zur Aufhebung der Richtlinie 95/46/EG (Datenschutz-Grundverordnung – DSGVO), vgl. hierzu Riesenhuber, Europäisches Arbeitsrecht, 2. Auflage, § 13, Rn. 1, 2; Thüsing, Europäisches Arbeitsrecht, 4. Auflage, § 10, Rn. 3, 4.

[5] Riesenhuber, Europäisches Arbeitsrecht, 2. Auflage, § 13, Rn. 8; Thüsing, Arbeitsrecht, 4. Auflage, § 10, Rn. 20.

[6] EuGH Lindqvist vom 06.11.2023 – Rs. C-101/01, ferner: Riesenhuber a. a. O. Rn. 9.

[7] Thüsing a. a. O. Rn. 21.

Des Weiteren ist der Verantwortliche nach Art. 5 I DSGVO von Bedeutung.
Arbeitsrechtlich von Bedeutung ist dabei, inwieweit der Betriebsrat in datenschutzrechtlicher Hinsicht als Verantwortlicher anzusehen ist oder ob seine Tätigkeit dem Arbeitgeber zugerechnet werden muss.[9] Art. 5 DSGVO enthält die auch im
deutschen Datenschutzrecht bekannten Grundsätze für die Verarbeitung personenbezogener Daten, nämlich die Rechtmäßigkeit und Transparenz, die Zweckbindung,
die Datenminimierung, die Richtigkeit, die Speicherbegrenzung sowie die Integrität
und Vertraulichkeit.[10]

24.2 Praktische Fallbeispiele

Arbeitsrechtlich von Bedeutung ist der Art. 88 DSGVO. Diese Regelung enthält zu
Gunsten der Mitgliedsstaaten eine Öffnungsklausel, wonach diese durch Rechtsvorschriften oder durch Kollektivvereinbarungen spezifischere Vorschriften zu personenbezogener Beschäftigungsdaten im Beschäftigungskontext vorsehen können. Zen-
trales Tatbestandsmerkmal in Art. 88 DSGVO ist der Begriff des Beschäftigten, ohne
dass die Verordnung hierzu eine Legaldefinition enthält.[11] Sofern die Vorausetzun-
gen von Art. 88 DSGVO erfüllt sind, verdrängen diese spezifischen Vorschriften der
Mitgliedsstaaten nach die allgemeinen Regelungen der DSGVO. Sofern dies nicht
der Fall ist, verbleibt es bei der unmittelbaren Geltung der DSGVO, das heißt auch
im Beschäftigtenkontext kommen die allgemeinen datenschutzrechtlichen Regelungen der DSGVO zur Anwendung.

Der EuGH hat in den nachgenannten Entscheidungen Grundsätze entwickelt,
unter welchen Voraussetzungen von spezifischen Vorschriften auszugehen ist, sodass
ausschließlich nationales Recht zur Anwendung kommt. Des Weiteren war der Beschäftigten-Datenschutz insbesondere für Fragen des Anspruchs auf Auskunft über
verarbeitete Daten im Beschäftigungskontext sowie über Schadenersatzansprüche
im Streit, wenn diesen Auskunftsbegehren nicht nachgekommen worden ist.

24.2.1 HPR Hessen EuGH vom 30.03.2023, Rs C-34/21, ECLI:EU:C:2023:270

Im Bundesland Hessen wurde im Zuge der Corona-Pandemie ein Livestream-Unterricht per Videokonferenz in öffentlichen Schulen eingeführt. Das Kultusministerium legte durch zwei Erlasse im Jahr 2020 den rechtlichen und organisatorischen
Rahmen des Schulunterrichts während der Covid-19-Pandemie fest. Während die Eltern der Kinder ihre Einwilligung in diese Datenverarbeitung erteilen mussten, war
dies für die betroffenen Lehrkräfte nicht vorgesehen. Deren Hauptpersonalrat (HPR)

---

[8] Peisker, Der datenschutzrechtliche Auskunftsanspruch, S. 169 ff.; ferner Thüsing a. a. O.

[9] Thüsing a. a. O. Rn. 26.

[10] Riesenhuber a. a. O. Rn. 15.

erhob daraufhin Klage beim Verwaltungsgericht und rügte, dass der Livestream-Unterricht ohne Einwilligung der betroffenen Lehrkräfte erfolgt. Das Kultusministerium vertrat die Ansicht, dass die Datenverarbeitung durch § 23 Abs. 1 S. 1 des Hessischen Datenschutz- und lnformationsfreiheitsgesetzes (HDSIG) gedeckt sei, sodass keine Einwilligung eingeholt werden müsse. Die hessische Vorschrift sei fast inhaltsgleich zum § 26 Abs. 1 S. 1 BDSG formuliert und erlaube eine Verarbeitung von personenbezogenen Daten von Beschäftigten, „wenn dies für die Begründung des Beschäftigungsverhältnisses oder nach Begründung des Beschäftigungsverhältnisses für dessen Durchführung, Beendigung oder Abwicklung sowie zur Durchführung innerdienstlicher planerischer, organisatorischer, sozialer und personeller Maßnahmen erforderlich sei". Eine entsprechende Einwilligung der betroffenen Lehrkräfte sei daher entbehrlich. Zudem falle das HDSiG unter die Öffnungsklauseln nach Art. 88 Abs. 1 DSGVO,[12] der es den Mitgliedstaaten erlaube, im Bereich der Beschäftigtendaten „spezifischere Vorschriften" zu erlassen.

Das vom Personalrat angerufene VG Wiesbaden setzte das Verfahren aus und legte dem EuGH die Frage zur Vorabentscheidung vor, ob eine nationale Vorschrift, die als Umsetzung der Öffnungsklausel gedacht ist, auch dann anwendbar ist, wenn die Voraussetzungen des Art. 88 Abs. 2 DSGVO (Maßnahmen zur Wahrung der menschlichen Würde insbesondere hinsichtlich der Transparenz der Datenverarbeitung) nicht erfüllt werden. Nur in diesem Fall wäre die Einwilligung der Lehrkräfte zum Livestream-Unterricht entbehrlich.

Der EuGH stellte zunächst fest, dass es bei den von Lehrkräften durch Videokonferenz-Livestream erteilten öffentlichen Schulunterricht, um die Verarbeitung personenbezogener Daten, die in den Anwendungsbereich von Art. 88 DSGVO falle. Sodann führt der EuGH aus, dass nationale Vorschriften nur dann von der Öffnungsklausel des Art. 88 Abs. 1 DSGVO gedeckt seien, wenn es sich hierbei um „spezifischere Vorschriften" handele. Diese Vorschriften müssen einen zu dem geregelten Bereich passenden Regelungsgehalt haben, der sich von den allgemeinen Regeln der DSGVO unterscheide und deren Bestimmungen nicht lediglich wiederhole.

Der EuGH geht davon aus, dass die hessischen Datenschutzregelungen lediglich die bereits in Art. 6 Abs. 1 lit. b DSGVO aufgestellten Bedingungen für die Rechtmäßigkeit der Verarbeitung wiederhole und somit keine spezifischere Vorschrift i. S. d. Art. 88 Abs. 1 DSGVO darstelle. Es sei dann lediglich vom vorlegenden Gericht zu prüfen, ob die hessischen Datenschutzregelungen unter der Berücksichtigung der Rechtsgrundlage der DSGVO, insbesondere Art. 6 Abs. 1 lit. c und lit. e DSGVO, anwendbar seien.

---

[11] Riesenhuber a. a. O. Rn. 20; Thüsing a. a. O. Rn. 31.

[12] Diese spezifischeren Vorschriften müssen nach Art. 88 Abs. 2 DSGVO Regelungen zu bestimmten Grundsätzen der DSGVO vorsehen, etwa zur Wahrung der menschlichen Würde oder der

1. Bei dem von Lehrkräften im Rahmen von Videokonferenz-Livestream erteilten öffentlichen Schulunterricht kommt es zur Verarbeitung personenbezogener Daten im Sinne der DSGVO. (Rn. 37, 38)
2. Spezifische Vorschriften im Sinne von Art. 88 II DSGVO dürfen sich nicht auf eine bloße Wiederholung der Bestimmungen der DSGVO beschränken. (Rn. 65)
3. Sofern die in Art. 88 DSGVO genannten Voraussetzungen und Grenzen durch nationale Rechtsvorschriften nicht beachtet werden, ergeben sich die Rechtsgrundlagen für eine Verarbeitung von Daten im Beschäftigungskontextaus den allgemeinen Regelungen der DSGVO, insbesondere aus Art. 6 DSGVO. (Rn. 84,85,88) ◀

24.2.2 Fall CRIF GmbH EuGH vom 04. Mai 2023, Rs C-487/21, ECLI:EU:C:2023:369

CRIF GmbH, eine österreichische Kreditauskunftei, liefert auf Verlangen ihrer Kunden Informationen über die Zahlungsfähigkeit Dritter, zu denen der Kläger des Ausgangsverfahrens gehört. Dieser beantragte 2018 bei CRIF auf der Grundlage von Art. 15 DSGVO Auskunft über die Verarbeitung der ihn betreffenden personenbezogenen Daten. Außerdem bat er um Zurverfügungstellung einer Kopie der Dokumente, nämlich E-Mails und Auszüge aus Datenbanken, die u. a. seine Daten enthalten, „in einem üblichen technischen Format". CRIF übermittelte in aggregierter Form eine Liste seiner personenbezogenen Daten, die Gegenstand der Verarbeitung waren. Der Kläger ist der Auffassung, dass CRIF ihm eine Kopie sämtlicher Dokumente, die seine Daten enthalten, wie etwa E-Mails und Auszüge aus Datenbanken, hätte übermitteln müssen und legt Beschwerde bei der Datenschutzbehörde ein.

Das vorlegende Gericht stellt dem EuGH die Frage, ob die in Art. 15 III 1 DSGVO vorgesehene Verpflichtung, eine Kopie der personenbezogenen Daten zur Verfügung zu stellen, erfüllt sei, wenn der für die Verarbeitung Verantwortliche die personenbezogenen Daten als Tabelle in aggregierter Form übermittelt. Bestehe darüber hinaus ein Rechtsanspruch auf Auszügen aus Dokumenten oder von ganzen Dokumenten sowie auf originalgetreue Reproduktion der personenbezogenen Daten und reiche die Zurverfügungstellung in einem elektronischen Format.

Der EuGH führt zunächst aus, dass der Begriff „Kopie" im gewöhnlichen Sinne zu verstehen sei und die originalgetreue Reproduktion oder eine entsprechende Abschrift umfasse. Eine rein allgemeine Beschreibung von Daten entspreche nicht dem Begriff einer Kopie. Sinn und Zweck von Art. 15 DSGVO sei es, die Rechte der betroffenen Personen zu stärken und präzise festzustellen. Entsprechend dem 63. Erwägungsgrund habe das Auskunftsrecht zum Ziel, dass die betroffene Person in angemessenen Abständen die Rechtmäßigkeit der Verarbeitung ihrer persönlichen Daten überprüfen könne. Die Kopie nach § 15 III DSGVO müsse daher alle personenbezogenen Daten zum Gegenstand haben, die es der betroffenen Person ermöglichen, die Rechtmäßigkeit der Verarbeitung zu überprüfen. Das Recht auf eine Kopie nach Art. 15 III DSGVO sei Teil des Auskunftsrecht nach Absatz 1. Es lege damit lediglich die Modalitäten des Auskunftsanspruchs fest. Sofern der Antrag in elektronischer Form gestellt werde, sei der Verantwortliche auch berechtigt, die entsprechenden Informationen ebenfalls elektronisch zu übermitteln, Art. 19 III 3 DSGVO.

Die wichtigsten Leitsätze

1. Art. 15 III 1 DSGVO ist dahingehend auszulegen, dass das Recht eine Kopie der personenbezogenen Daten zu erhalten bedeutet, dass eine originalgetreue und verständliche Reproduktion aller dieser Daten zu übermitteln ist. (Rn. 45)
2. Die Übersendung einer Kopie muss daher Auszüge aus Dokumentationen oder von ganzen Dokumentationen umfassen, soweit dies unerlässlich ist, um der betroffenen Person die wirksame Ausübung ihr durch die Verordnung verliehenen Rechte zu ermöglichen. (Rn. 41)
3. Der Begriff Informationen im Sinne von Art. 15 III 2 DSGVO bezieht sich ebenfalls auf personenbezogene Daten, die gem. Satz 1 zur Verfügung gestellt werden müssen. Eine Übermittlung in elektronischer Form ist zulässig, wenn der Antrag in entsprechender Form gestellt wird. (Rn. 50, 53) ◄

24.2.3 Fall Österreichische Post EuGH vom 04.05.2023, Rs. C-300/21, ECLI:EU:2023:370

Die Österreichische Post, eine im Adressenhandel tätige Gesellschaft, sammelte Informationen über die politischen Affinitäten der österreichischen Bevölkerung. Mit Hilfe eines Algorithmus, der verschiedene soziale und demografische Merkmale berücksichtigte, definierte sie „Zielgruppenadressen". Die so generierten Daten wurden an verschiedene Organisationen verkauft, um ihnen den zielgerichteten Versand von Werbung zu ermöglichen.

Im Rahmen dieser Tätigkeit wurden auch Daten verarbeitet, aus denen im Wege einer statistischen Hochrechnung eine hohe Affinität des Klägers zu einer bestimmten österreichischen politischen Partei ableitete. Diese Informationen wurden nicht an Dritte übermittelt, aber der Kläger, der der Verarbeitung seiner personenbezogenen Daten nicht zugestimmt hatte, fühlte sich dadurch beleidigt, dass ihm eine Affinität zu der fraglichen Partei zugeschrieben wurde. Die Speicherung von Daten zu seinen mutmaßlichen politischen Meinungen durch die Österreichische Post habe bei ihm großes Ärgernis und einen Vertrauensverlust sowie ein Gefühl der Bloßstellung ausgelöst, sodass er Klage auf Unterlassung und Schadensersatz vor dem Landgericht Wien erhob.

Dieses gab 2020 dem Unterlassungsbegehren statt, und wies das Schadenersatzbegehren wegen fehlenden Nachweises eines immateriellen Schadens ab. Berufungs- und Revisionsgericht legen dem EuGH dem Rechtsstreit vor und weisen zunächst daraufhin dass aus dem 146. Erwägungsgrund der DSGVO hervorgehe, dass mit Art. 82 DSGVO eine eigenständige Haftungsregelung für den Schutz personenbezogener Daten eingeführt worden sei, die die in den Mitgliedstaaten geltenden Regelungen überlagert habe. Daher seien die in Art. 82 DSGVO enthaltenen Begriffe, insbesondere der in Abs. 1 verwendete Begriff „Schaden", autonom auszulegen und die Voraussetzungen für den Eintritt der Haftung nicht anhand der Vorschriften.

Das vorlegende Gericht neige dazu, dass Schadenersatz nach Art. 82 DSGVO nur dann zustehe, wenn der betroffenen Person tatsächlich ein materieller oder immaterieller Schaden entstanden sei. Die Gewährung eines solchen Schadenersatzes hänge vom Nachweis eines konkreten Schadens ab, der sich vom erwähnten Verstoß unterscheide, welcher für sich genommen das Vorliegen eines immateriellen Schadens nicht belege, da Daten nicht an Dritte weitergegeben worden seien. Zudem sei die Verhängung von Strafschadenersatzin der VO nicht vorgesehen.

Ferner werde um Stellungnahme zu der von der Österreichischen Post vertretene Auffassung gebeten, dass die Gewährung eines solchen Schadenersatzes von der Voraussetzung abhänge, dass durch den Verstoß gegen den Schutz personenbezogener Daten ein besonders hoher Schaden entstanden sei. Dagegen dürfe ein solcher Schaden nicht ersetzt werden, wenn er völlig vernachlässigbar sei, wie dies bei bloßen unangenehmen Gefühlen der Fall sei, die mit einem solchen Verstoß typischerweise einherginge. Aus dem Vorlagebeschluss geht hervor, dass außer diesen vorübergehenden gefühlsmäßigen Beeinträchtigungen kein Schaden festgestellt werden konnte.

Der EuGH hat entschieden,[13] dass ein bloßer DSGVO-Verstoß allein keinen Schadenersatzanspruch nach Art. 82 DSGVO auslöse. Der Betroffene müsse einen materiellen oder immateriellen Schaden konkret darlegen. Bei der Bemessung der Schadenersatzhöhe müssen allerdings die unionsrechtlichen Grundsätze der Effektivität und Äquivalenz beachtet werden. Daher gebe es für den Schadenersatzanspruch auch keine Bagatellgrenze, sodass eine einfache Rechtsverletzung für die Geltendmachung eines Schadenersatzanspruchs ausreiche. Rechtsverletzungen „von einigem Gewicht" seien nicht erforderlich. Diese Argumentation würde eine kohärente (einheitliche) Rechtsdurchsetzung hindern und damit dem Grundsatz der Effektivität von Schadenersatzpflichten widersprechen.[14] Sodann sei die Verhängung von Strafschadenersatz in der DSGVO nicht vorgesehen.

Die wichtigsten Leitsätze

1. Der Begriff „Schaden" und im vorliegenden Fall speziell der Begriff „immaterieller Schaden" im Sinne von Art. 82 DSGVO muss in Anbetracht des Fehlens jeglicher Bezugnahme auf das innerstaatliche Recht der Mitgliedstaaten eine autonome und einheitliche unionsrechtliche Definition erhalten. (Rn. 44)
2. Dabei ist als Erstes festzustellen, dass in der DSGVO der Begriff „Schaden" für die Zwecke der Anwendung dieses Instruments nicht definiert ist. Art. 82

---

berechtigten Interessen und Grundrechte der betroffenen Personen, so wie etwa in § 26 BDSG, vgl. ferner Thüsing, Europäisches Arbeitsrecht, 4. Auflage, § 10 Rn. 10–12.

[13] Vgl. EuGH vom 04.05.2023, Rs. C-300/21, ECLI:EU:C:2023:370.

DSGVO beschränkt sich auf die ausdrückliche Feststellung, dass nicht nur ein „materieller Schaden", sondern auch ein „immaterieller Schaden" Anspruch auf Schadenersatz eröffnen kann, ohne dass eine wie auch immer geartete Erheblichkeitsschwelle genannt wird. (Rn. 45)

3. Würde aber der Ersatz eines immateriellen Schadens von einer Erheblichkeitsschwelle abhängig gemacht, könnte dies die Kohärenz der mit der DSGVO eingeführten Regelung beeinträchtigen, da die graduelle Abstufung einer solchen Schwelle, von der die Möglichkeit, Schadenersatz zu erhalten, abhinge, je nach Beurteilung durch die angerufenen Gerichte unterschiedlich hoch ausfallen könnte. (Rn. 49)

4. Allerdings bedeutet diese Auslegung nicht, dass eine Person, die von einem Verstoß gegen die DSGVO betroffen ist, der für sie negative Folgen gehabt hat, vom Nachweis befreit wäre, dass diese Folgen einen immateriellen Schaden im Sinne von Art. 82 dieser Verordnung darstellen. (Rn. 50)

5. In diesem Zusammenhang ist darauf hinzuweisen, dass der sechste Satz des 146. Erwägungsgrundes besagt, dass die DSGVO einen „vollständigen und wirksamen Schadenersatz für den erlittenen Schaden" sicherstellen soll. (Rn. 57)

6. In Anbetracht der Ausgleichsfunktion des in Art. 82 DSGVO vorgesehenen Schadenersatzanspruchs ist eine finanzielle Entschädigung als „vollständig und wirksam" anzusehen, wenn sie es ermöglicht, den aufgrund des Verstoßes gegen diese Verordnung konkret erlittenen Schaden in vollem Umfang auszugleichen, ohne dass ein solcher vollumfänglicher Ausgleich die Verhängung von Strafschadenersatz erfordert. (Rn. 58) ◄

24.3 Auswirkung auf die deutsche Rechtsordnung und die arbeits- und datenschutzrechtliche Praxis

24.3.1 Beschränkter Anwendungsbereich von Art. 88 Abs. 1 DSGVO

Der Fall HRP Hessen veranschaulicht die strengen Tatbestandsvoraussetzungen der in Art. 88 Abs. 1 und 2 DSGVO enthaltenen Öffnungsklauseln zu Gunsten der Mitgliedsstaaten. Nur wenn die dort genannten Voraussetzungen erfüllt sind, wird die DSGVO verdrängt und kämen wieder nationale Regelungen zur Anwendung. Sofern es sich lediglich – wie im Fall des Hessischen Datenschutzrechts – um die Wiedergabe allgemein bekannter datenschutzrechtlicher Grundsätze handelt, fehlt es an einer spezifischen Vorschrift im Sinne von Art. 88 Abs. 1 DSGVO sodass die allgemeinen EU-rechtlichen Datenschutzgrundsätzen, insbesondere bei Art. 6 Abs. 1 lit. c und e Abs. 3 DSGVO zur Anwendung kommen, wonach bei fehlender Einwilligung der Betroffenen zur Datenverarbeitung eine spezifische nationale EMG erforderlich ist. Ob die in § 26 BDSG vorgesehene Rechtfertigung für Datenverarbeitung ohne Einwilligung des betroffenen Lehrpersonals – insbesondere auch in Zeiten der Pandemie – ausreichen, haben die nationalen Gerichte zu entscheiden.

24.3.2 Was ist eine Kopie i. S. d. Art. 15 III DSGVO

In dem Verfahren CRIF (gegen die österreichische Datenschutzbehörde) hat der EuGH im Urteil vom 4. Mai 2023[15] sich mit dem Begriff der Kopie nach Art. 15 III DSGVO auseinandergesetz Die Übermittlung einer aggregierten Liste seiner personenbezogenen Daten reicht danach nicht aus, um die Auskunftspflicht nach § 15 Abs. 3 DSGVO zu erfüllen. Insoweit ist für die betriebliche Praxis von Belang, was AG nach Art. 15 DSGVO schulden.[16] Das BAG[17] fordert für das Auskunftsverlangen einen präzisen vollstreckungsfähigen Antrag und unterscheidet insoweit zwischen Anspruch auf Auskunft nach Art. 15 III 1 und dem nachrangigen Anspruch auf Zurverfügungstellung einer Kopie nach Art. 15 III 3 DSGVO. Auf vergleichbarer Linie dürfte der EuGH mit der vorliegenden Entscheidung liegen, wonach das Recht auf eine Kopie nach Art. 15 III DSGVO lediglich Teil des Auskunftsrecht nach Absatz 1 sei.[18] Erforderlich sei nach Art. 15 III DSGVO die Zurverfügungstellung aller Dokumente, die personenbezogene Daten enthalten in einem üblichen technischen Format. Dies umfasse eine originalgetreue Reproduktion der personenbezogenen Daten, sodass der EuGH den Begriff der Kopie entsprechend den Grundsätzen des „effet utile" eher weit auslegt.

Der Fall CRIF GmbH betrifft zwar keinen arbeitsrechtlichen Sachverhalt, ist aber gleichwohl von praktischer arbeitsrechtlicher Relevanz. Im Rahmen von Kündigungsrechtsstreitigkeiten machen AN häufig Auskunftansprüche nach § 15 DSGVO geltend, um den Druck auf AG zu erhöhen.

24.3.3 Schadenersatz bei Verletzungen der DSGVO

Wie ausgeführt, hat nach Art. 82 DSGVO jede Person, der wegen eines Verstoßes gegen diese Verordnung ein materieller oder immaterieller Schaden entstanden ist, einen Anspruch auf Schadenersatz gegen den Verantwortlichen oder gegen den Auftragsverarbeiter Ein Anspruch setzt zunächst voraus, dass der für die Datenverarbeitung Verantwortliche gegen Bestimmungen der Datenschutzgrundverordnung verstoßen hat und personenbezogene Daten betroffen sind. Dieser Verstoß muss wiederum zu dem Eintritt eines Schadens beim Betroffenen geführt haben. Wobei unter Schäden nicht nur materielle Schäden, sondern auch immaterielle Schäden fallen.

Dabei kann sich ein Anspruch auf Schadensersatz wegen Verstoßes gegen die Datenschutzgrundverordnung auch daraus ergeben, dass die verantwortliche Stelle dem Anspruch des Betroffenen auf Erteilung einer Auskunft über die verarbeiteten Daten nach Art. 15 DSGVO nicht ordnungsgemäß nachgekommen ist. Dieser Pflicht muss die verantwortliche Stelle, also das Unternehmen, in der Regel innerhalb eines Monats nachgekommen sein, vgl. Art. 12 Abs. 3 Satz 1 DSGVO.

---

[14] Vgl. EuGH a. a. O.

[15] EuGH (C-487/21) – ECLI:EU:C:2023:369.

[16] Steinau-Steinbrück/Benckert, NJW-Spezial 2023, 530.

[17] BAG, NJW 2022,960.

In dem oben dargestellten Verfahren „Österreichische Post" hat der EuGH in diesem Zusammenhang entschieden,[19] dass ein bloßer DSGVO-Verstoß allein keinen Schadenersatzanspruch nach Art. 82 DSGVO auslöse. Daher müssen Betroffene einen materiellen oder immateriellen Schaden konkret darlegen. Eine Erheblichkeitsschwelle für den Schadensersatzanspruch gibt es allerdings nicht, wobei aber die DSGVO auch keinen Anspruch auf Strafschadensersatz vorsieht.[20] Ergänzt wird Art. 82 DSGVO durch den Schadensersatzanspruch nach § 280 I BGB.[21] Zwischenzeitliche liegen unterschiedliche Urteile von deutschen Gerichten für Arbeitssachen vor, ohne dass eine einheitliche Linie hinsichtlich der Voraussetzungen für einen immateriellen Schadensersatzanspruch erkennbar ist.[22]

---

[18] Vgl. zum grundsätzlichen Auskunftsanspruch nach Art. 15 DSGVO Riesenhuber, Europäisches Arbeitsrecht, 2. Auflage, § 13, Rn. 39–42.

[19] Vgl. EuGH vom 04.05.2023, Rs. C-300/21, ECLI:EU:C:2023:370.

[20] Vgl. EuGH a. a. O.; siehe ferner: Thüsing, Europäisches Arbeitsrecht, 4. Auflage, § 10, Rn. 46, 47.

[21] Vgl. Thüsing a. a. O.

[22] Vgl. LAG Berlin-Brandenburg vom 18.11.2021 – 10 Sa 443/2; Ein Koch war vom AG abgemahnt und versetzt worden. Er wollte erfahren, welche Personen von den Vorgängen der Versetzung und der Abmahnung erfahren haben und wann die damit verbundenen personenbezogenen Daten gelöscht werden. Nachdem der Arbeitgeber die erbetenen Auskünfte in einem Antwortschreiben nicht erteilt hatte, verlangte er von ihm die Zahlung eines Schmerzensgeldes. Nach Auffassung des LAG habe der AG durch unvollständige Antworten gegen die Pflichten nach Art. 15 DSGVO verstoßen. Der immaterielle Schaden liege darin, dass der AN aufgrund der unvollständigen Auskünfte keine ausreichenden Kenntnisse über die Verarbeitung seiner personenbezogenen Daten erlang habet. Hierdurch erleide er einen Kontrollverlust. Er sei auch nicht verpflichtet gewesen, die Ergänzung der erteilten Auskünfte zu fordern. Der AG hätte erkennen können, dass die Auskunft unvollständig gewesen ist. Hierzu hätte nach Auffassung des LAG die Lektüre von Art. 15 Abs. 1 DSGVO ausgereich. Zwischenzeitlich hat das BAG auf die Revision des AG die Entscheidung abgeändert und die Klage abgewiesen, vgl. BAG vom 20.06.2024 8 AZR 91/22: sodann hatte das LAG Stuttgart über eine Schadensersatzforderung zu entscheiden, weil ein international tätiges Unternehmen, personenbezogenen Daten des Klägers an die Konzernzentrale in die USA übermittelt und die begehrte DSGVO Auskunft erst nach rund einem Jahr erteilt hatte. Der immaterielle Schaden lag nach Ansicht des Klägers darin, dass US-Ermittlungsbehörden Zugriff auf seine Daten nehmen könnten. Dies wäre für ihn von Nachteil, wenn er sich im Laufe seines Lebens in den USA aufhalten würde. Das LAG Stuttgart verneinte einen Anspruch auf Schadensersatz, weil der Kläger keinen konkreten Schaden dargelegt habe. Hierfür reiche die abstrakte Gefahr des Zugriffs durch US-Behörden nicht aus. vgl. LAG Stuttgart vom 25.02.2021 – 17 Sa 37/20; vgl. grundsätzlich zum Schadensersatzanspruch Riesenhuber, Europäisches Arbeitsrecht, 2. Auflage, § 13 Rn. 65 ff.; Thüsing, Europäisches Arbeitsrecht, 4. Auflage, § 10 Rn. 45–52.

Literatur

Ahrends, Das europäische Urlaubsrecht, 2018
Barnard, EU-Employment-Law, 4. Auflage, 2012
Barnard/Peers, European Union Law, 2013
Blanpain, European Labour Law, 2014
Borchardt, Schriftenreihe der Europäischen Richterakademie Trier, Band 9
Calliess/Ruffert, EUV/AEUV 6. Auflage, 2022
Däubler/Klebe/Wedde, Kommentar zum BetrVG, 19. Auflage, 2024
Eichenhofer, Sozialrecht der europäischen Union, 8. Auflage, 2022
Fitting/Trebinger/Linsenmaier/Schelz/Schmidt, Kommentar zum BetrVG, 32. Auflage, 2024
Frenz, Europarecht, 3. Auflage, 2021
Fuchs/Marhold/Friedrich, Europäisches Arbeitsrecht, 6. Auflage, 2020
Grau/Hartmann in Preis/Sagan, Europäisches Arbeitsrecht, 2. Auflage, 2019
Grünberger in Preis/Sagan, Europäisches Arbeitsrecht, 2. Auflage, 2019
Herdegen, Europarecht, 24. Auflage, 2023
Hergenröder in Henssler/Willemsen/Kalb, Arbeitsrecht Kommentar, 12. Auflage, 2024
Heuschmid/Schierle in Preis/Sagan, Europäisches Arbeitsrecht, 2. Auflage, 2019
Hinrichs, Kündigungsschutz und Arbeitnehmerbeteiligung bei Massenentlassungen, 2001
Hobe/Fremuth, Europarecht, 11. Auflage, 2023
Jarass/Pieroth, Grundgesetz, 18. Auflage, 2024
Koberski/Asshoff/Eustrup/Winkler, AEntG, 3. Auflage, 2011
Kolmhuber in Nägele, EG-Arbeitsrecht in der deutschen Praxis, 2007
Kowanz in Nägele, EG-Arbeitsrecht in der deutschen Praxis, 2007
Kraushaar in Nägele, EG-Arbeitsrecht in der deutschen Praxis, 2007
Krimphove, Europäisches Arbeitsrecht, 2. Auflage, 2001
Lepke, Kündigung bei Krankheiten, 16. Auflage, 2018
Lorz, Fallrepetitorium Europarecht, 2006
Martiny in Münchener Kommentar zum Bürgerlichen Gesetzbuch, 3. Auflage, 1998
Müller-Bonanni/Jenner in Preis/Sagan, Europäisches Arbeitsrecht, 2. Auflage, 2019
Müller-Glöge, Erfurter Kommentar zum Arbeitsrecht, 24. Auflage, 2024
Naber/Sittard in Preis/Sagan, Europäisches Arbeitsrecht, 2. Auflage, 2019
Nägele, Arbeitsrecht in der deutschen Praxis, 2007
Peisker, Der datenschutzrechtliche Auskunftsanspruch, 2023
Pötters in Preis/Sagan, Europäisches Arbeitsrecht, 2. Auflage, 2019
Preis in Preis/Sagan, Europäisches Arbeitsrecht, 2. Auflage, 2019
Randelshofer/Forsthoff in Grabitz/Hilf/Nettesheim, Das Recht der Europäischen Union, Band I, 54. Auflage, 2014
Riesenhuber, Europäisches Arbeitsrecht, 2. Auflage, 2021
Roloff in Preis/Sagan, Europäisches Arbeitsrecht, 2. Auflage, 2019

Sagan in Preis/Sagan, Europäisches Arbeitsrecht, 2. Auflage, 2019
Schiek, Europäisches Arbeitsrecht, 3. Auflage, 2007
Schlachter, Casebook Europäisches Arbeitsrecht, 2005
Schliemann/Meyer, Arbeitszeitrecht, 2. Auflage, 2002
Schmidt, Arbeitsrecht der Europäischen Gemeinschaft, 2001
Schuler, Das internationale Sozialrecht der Bundesrepublik Deutschland, 1988
Schütz/Bruha/König, Casebook Europarecht, 2004
Sodan, GG, 5. Auflage, 2024
Spelge in Groeger, Arbeitsrecht im öffentlichen Dienst, 2. Auflage, 2014
Stein/Frank, Staatsrecht, 21. Auflage, 2010
Steindorf/Regh, Arbeitsrecht in der Insolvenz, 2002
Thüsing, Europäisches Arbeitsrecht, 4. Auflage, 2024
Ulber in Preis/Sagan, Europäisches Arbeitsrecht, 2. Auflage, 2019
v. Maydell, Sach- und Kollisionsnormen im internationalen Sozialversicherungsrecht, 1967
v. Münch/Kunig, Grundgesetz-Kommentar, 7. Auflage, 2021
Wendeling-Schröder/Stein, Kommentar zum AGG, 2008
Wißmann in Festschrift für Schaub, 1998
Wlotzke/Preis/Kreft, Kommentar zum BetrVG, 4. Auflage, 2009,

Stichwortverzeichnis

The manufacturer's authorised representative in the EU is Springer
Nature Customer Service Centre GmbH, Europaplatz 3, 69115 Heidelberg,
Germany. If you have any concerns regarding our products, please
contact ProductSafety@springernature.com

Printed and bound by CPI Group (UK) Ltd, Croydon, CR0 4YY
28/04/2026
02098513-0007